日本怪異妖怪事典

九州・沖縄

朝里樹 監修
闇の中のジェイ 著

笠間書院

はじめに

本作は『日本怪異妖怪事典』という事典シリーズの九州・沖縄編です。第一弾の北海道編、第二弾の関東編、第三弾の東北編、第四弾の近畿編、第五弾の中部編、第六弾の中国編、第七弾の四国編に続く第八弾であり、本シリーズの最終巻でもあります。

ここではまず、シリーズ全体に係る監修者として、本シリーズの概要について説明させていただければと思います。

すでに前巻までを購入済みの方は何度も読んだと思われるかもしれませんが、初めて手に取ったのが本書、という方もおられるかと思いますので、ご容赦いただければ幸いです。

『日本怪異妖怪事典』シリーズは、日本の各地の伝承や伝説、神話、昔話、都市伝説、学校の怪談などに残る、実際に人々の間に伝えられているものから、物語や絵画、現代の児童書など、人の手で創作された作品に登場するものまで、様々な怪異・妖怪を幅広く集め、それらが伝えられていたり、登場する舞台となっている地方ごとに収集し、紹介する事典です。

そして本作は九州と沖縄に伝わるものたちが数多《あまた》に掲載されています。

執筆者は大分県にて妖怪の収集・研究活動を行っている闇の中のジェイさんです。地元九州地方で活躍されている方ということもあり、本書には他の書籍ではなかなか見られないような珍しい怪異・妖怪が大挙して登場します。

本書を読むと、九州・沖縄地方には驚くほど多くの怪異・妖怪たちが存在していることを知ることができます。海を隔てた本州に伝わるものと同じものが伝わっていることもあれば、その地域独自の怪異・妖怪が語られていることもあります。特に沖縄県は琉球《りゅうきゅう》王国で独自の文化を形成してきた歴史がありますから、他の地域では見られない独自の妖怪たちが登場します。その他にも九州各地に現れる塗り壁、鹿児島県に伝わる一反木綿など、誰もが知っているあの妖怪たちもこの巻で詳しく解説されています。

有名なものから本書を読んで初めて知るであろうものまで、バリエーション豊かな怪異・妖怪たちが目白押しの本なのです。

九州・沖縄地方にお住まいの方はもちろんのこと、そうでない方も、興味を持ったのであればぜひ次のページをめくってみてください。南国の夏のように熱く、楽しい、そして不思議な世界が、あなたを待っています。

朝里樹

はじめに

本書『日本怪異妖怪事典　九州・沖縄』は九州地方七県（福岡県、佐賀県、長崎県、熊本県、大分県、宮崎県、鹿児島県および薩南諸島）と沖縄県に関する怪異・妖怪の情報について調べ、収集し、まとめた事典です。

既刊の『日本怪異妖怪事典』各巻同様に収録対象は以下のように定めています。

▼一、地誌や伝説、昔話や寺社縁起などにみられるもの
▼二、民間伝承や俗信などにみられるもの
▼三、随筆や説話集にみられるもの
▼四、世間話や噂《うわさ》、風聞集、怪談集、都市伝説、実話怪談などにみられるもの
▼五、物語や演芸などの芸能作品にみられるもの
▼六、絵画などにみられるもの
▼七、児童書ほか創作性の高い媒体上にみられるもの

一～四は各地域で伝承されていたり、特定の場所にゆかりがあると語られたりしているもの。五～七はイメージが明確に共有され、特定の作品設定に依拠していたり、創作物にのみ存在したりしている傾向の強いものとなっています。『日本怪異妖怪事典　関東』の著者

である氷厘亭氷泉氏は土地や生活と結びついている妖怪を「伝承妖怪」、個々の作品に依存するかたちで存在する妖怪を「画像妖怪」と命名し、区別して扱う必要性を説いています。また、地方別・都道府県別にみていく上で、その地域独自の色合い、特徴はほとんど存在しないという認識が大切であることも関東編のコラムで書かれています。今現在使用されている都道府県に則《のっと》った区分はあくまで便宜上のものでしかないという点に注意が必要です。このことは『47都道府県・妖怪伝承百科』の第一部第一章にて香川雅信氏も【妖怪に「県民性」をみるなどという安易な試みは捨て去ったほうがよいだろう】と記しています。

本書でもこれらの考えに基づき、名前が同じであったり、似たような話・要素を伴っていたりする怪異・妖怪をなるべく収録し、類似点や差異が比較できるように努めました。物語を伴う絵巻に登場する妖怪たちやアマビコをはじめとする予言獣たちが各県ではなく「その他」の章に配置されているのは、あくまで描かれた作品の舞台設定が九州であるためです。

長々と堅苦しいことを書いてしまいましたが、研究だけではなく、創作の題材にしたり、地域の伝承を知るきっかけにしたり、本書を読んで九州・沖縄の怪異・妖怪に興味をもっていただくことができれば幸いです。

闇の中のジェイ

目次

日本怪異妖怪事典　九州・沖縄

COLUMN

索引

凡例

一、この事典では、九州および沖縄地方において伝承・記録された怪異・妖怪、あるいはそれらと関連していると思われる俗信、占い、言語、不思議な存在・場所・物体、そのほか物語・絵画などで広く享受された存在を収集し、県別に分け、五十音順に並べたものである。鹿児島県の島嶼《とうしょ》部は鹿児島県（薩南諸島）として別立てした。また、舞台が複数県にまたがるもの、西海や筑紫、九州、肥前等の表記のみで、地域をそれ以上特定できる情報が見受けられないものについては「九州・沖縄広域」の章に記載した。

一、絵画、芸能など伝承に関連しない部分を主として創作されたものについては、「その他」の章に記載した。

一、項目名は基本的に参考文献中にある語彙《ごい》もしくはその組み合わせ、あるいは「〇〇の怪」として立項した。

一、本文中に登場する別の独立した項目名については、太字で示した。

一、各項目中の地名は、原則として参考資料中の記載に拠る。市町村合併等で行政区画変更がなされている場合は、（現・〇〇）の形式で示した。

一、怪異、妖怪・幽霊・祟り・怪物等、話者および原著者の認識に依存する単語の使用方法については、可能な限りそれぞれの項目中での参考文献における使用方法を継承した。

一、参考文献は『文献名』、参考雑誌記事・論文名は著者名「記事名」（『文献名』巻・号）で掲示した。巻末の参考文献一覧では、すべて正式名称で記載した。

福岡県

【あ】

青いハンカチ赤いハンカチ［あおいはんかちあかいはんかち］

福岡県田川市から『学校の怪談　一三　幽霊によばれた校長先生』に投稿された色問いの怪。

夜に学校の見回りをしていた男性がトイレで小用を済ませていたところ、天井から「青いハンカチ赤いハンカチどちらが欲しい」と声が聞こえてきた。男性は「いらないよ」と答えたが天井の声はしつこく「どっちが欲しい」と尋ねるため、「青」と男性は答えた。すると、体中の血を吸い取られ、真っ青になって男性は死んでしまったという。（日本民話の会　学校の怪談編集委員会（編著）『学校の怪談　一三　幽霊によばれた校長先生』）

秋の霧［あきのきり］

福岡県豊前市求菩提《くぼて》の下八丁坂の秋霧の地名由来譚《たん》。

昔、お秋という女が八丁坂を通りかかった際に何者かに斬り殺された。ゆえに秋斬りと呼ばれていたが、転じて秋霧となったという。秋になると山が突然霧に包まれることがあるが、この霧はお秋が招き寄せるのだとされている。

八丁坂を二町（約二一八メートル）ほど登った道の左側に「妙空禅定尼霊位」と刻まれた自然石の墓がある。これは殺されたお秋の墓だといわれている。（重松敏美『豊刕　求菩提山修験文化　攷』）

アクマ風［あくまかぜ］

福岡県太宰府市でいう魔風、ユキアイ（コラム参照）の類。

小学生がアクマ風に当たったことで、首が回らなくなった。祈禱《きとう》してもらうことになり、畳を上げて火を焚き、四隅に弓矢をあげて拝むと子どもの首が回るようになったという。（太宰府市史編さん委員会（編）『太宰府市史　民俗資料編』）

アケクレ

福岡県の犬ヶ岳（豊前市）の山の怪。

真夜中の深山で猟師が夜明けを待っていると、いつの間にか周囲が明るくなってくる。夜が明けたとほっとしていると、やがてまたスーッと暗闇に戻ってしまう。これはアケクレという魔性の仕業《しわざ》だとされている。（重松敏美『豊刕　求菩提山修験文化攷』）

足うりばあさん［あしうりばあさん］

福岡県福岡市から『学校の怪談　一三　幽霊によばれた校長先生』に投稿されたトイレの怪。

小学校の北校舎四階のトイレに足うりばあさんがいるという。（日本民話の会　学校の怪談編集委員会（編著）『学校の怪談　一三　幽霊によばれた校長先生』）

小豆シャキシャキ［あずきしゃきしゃき］

福岡県福岡市でいう音の怪。

西南学院大学国語国文学会民俗学研究会『西南学院大学民俗調査報告』一に記されている。

福岡市西区の畑中地区や草場地区では、寺院の陰や地蔵の所で小豆をかきまわすような音が聞こえると幽霊や化け物が出るという。（小松和彦・常光徹（監修）『47都道府県・妖怪伝承百科』）

アズキショキショキ

福岡県鞍手《くらて》郡若宮町金丸（現・宮若市金丸）にいたという動物、怪物。

金丸の越後に二、三抱えほどある椋《むく》の大木があり、その大木の根元をアズキショキショキがねぐらにしていたという。アズキショキショキは狐あるいは狸《たぬき》の類だと考えられている。（若宮町誌編さん委員会（編）『若宮町誌』下巻）

あずきとぎ

福岡県甘木市七日町《なぬかまち》（現・朝倉市甘木七日町）でいうイマニモ（コラム参照）の類。

昔、小さい橋があり、その川にお化けがいた。橋の上でとある人が「今は、もうおらんじゃろう」と言うと、橋の下から「今でもおるばい」という声とともに、キンショキショキと小豆を洗う音がしたという。（金沢敦子・中島忠雄・山中耕作（編）『日本の民話　一一　九州（一）』）

海御前［あまごぜん］

ウミゴゼン、アマゴゼとも。福岡県の河童の元締め。

平教経《たいらののりつね》の奥方であり、壇之浦の合戦時に入水し、河童になったとされる。普段は河童を支配しているが、毎年五月の節句から蕎麦《そば》の花が咲く秋頃までの間、河童たちを自由にし、白いものや笹《ささ》に関係あるものを水中へと引き込ませるとされる。これは源氏の旗が白で、家紋が笹リンドウであるためだという。（北九州市史編さん委員会（編）『北九州市史　民俗』、加藤恵「県別日本妖怪事典」『歴史読本　臨時増刊　特集「異界の日本史　鬼・天狗・妖怪の謎」』平成元年一二月増刊号、民俗學研究所『綜合日本民俗語彙』）

あわよし

福岡県北九州市田野浦でいう幽霊船の類。まやかしの意。

夜に航海している際、向こうの船が逆風のはずなのに順風に乗ったかのようにこちらへ迫ってくることがある。この船はどんな闇夜でもはっきり見えるとされる。若い船員は「かわさにゃいけんど」と慌てるが、老練の船頭は「あわよしじゃけまっすぐに行け」と言う。そのまままっすぐ進んでも衝突する寸前には向こうの船はポツンと消えてしまう。これは死んだ人の霊が招くのではないかといわれている。（北九州市史編さん委員会（編）『北九州市史　民俗』）

犬鳴峠［いぬなきとうげ］

福岡県宮若市と糟屋《かすや》郡久山町の境にある峠。この峠にはいくつか怪談話があり、よく聞かれるものとしては焼殺された被害者が火達磨《ひだるま》状態で現れるという。（朝里樹『日本現代怪異事典』）

かつて「車を貸さなかった」という理由で、若者が不良グループからリンチされ、白いセダンの車中で焼き殺された。そのため、犬鳴トンネルを白いセダンで訪れると気が狂うなどの噂《うわさ》が立ったという。（吉田悠軌『ホラースポット探訪ナビ』）

旧犬鳴トンネルへ向かう旧道を含め、現在は進入禁止となっている。（宮若市「旧犬鳴トンネルについて（映画『犬鳴村』）」）

犬鳴村［いぬなきむら］

福岡県犬鳴峠（宮若市・糟屋《かすや》郡久山町）に存在するとされる村。

村の入り口には「この先、日本国憲法は通用せず」と書かれた看板が立っている。道には侵入者を告げる罠《わな》が設置されており、外部の人間が来たことがわかると、凶器を持った村人たちが襲いかかってくるという。（朝里樹『日本現代怪異事典』）

牛鬼［うしおに］

福岡県浮羽《うきは》郡田主丸町（現・久留米市田主丸町）の辺りに出たという怪物。

頭や手足は牛、体は鬼の姿をしており、夜な夜な牛馬を盗み、女子どもを攫《さら》った。（市場直次郎（編著）『豊国筑紫路の伝説』、劉寒吉・角田嘉久『日本の伝説　三三　福岡の伝説』、人文社編集部『日本の謎と不思議大全　西日本編』、山口敏太郎・天野ミチヒロ『決定版！　本当にいる日本・世界の「未知生物」案内』）

産女［うぶめ］

福岡県福岡市中央区天神三丁目でいう子育て幽霊。安国寺にうぶめの墓と呼ばれる墓石がある。

身籠もったまま死に、葬られたはずの女が毎夜寺の近くの飴屋《あめや》で飴を買った。不思議に思った人々が赤子の泣き声を頼りに墓を掘り起こすと死者の胎内から女児が産まれていた。しかし、やがてこの子どもも死んでしまったため、母子の霊魂のために建立したのが、この墓であるという。（市場直次郎（編著）『豊国筑紫路の伝説』）

馬の足［うまのあし］

福岡県でいう生物の部位が上から下がる怪。馬の脚とも表記。

夜になると、木の枝から馬の足が下がる。（民間伝承の会（編）『民間伝承』第四巻第七号、春日市史編さん委員会（編）『春日市史』下巻、北九州大学民俗研究会（編）「背振山麓の民俗」『日本民俗調査報告書集成　九州・沖縄の民俗　福岡県編』、小松和彦・常光徹（監修）『47都道府県・妖怪伝承百科』）

馬の首［うまのくび］

福岡県でいう生物の部位が上から下がる怪。

篠瀬《しのせ》（現・豊前市篠瀬）の鍋淵付近は夜になると馬の首が出るという。（重松敏美『豊刕　求菩提山修験文化　攷』）

筑紫野市阿志岐《あしき》のこじゃかん様という場所は昼でも薄暗い所で、ここに馬の首が下がっていたという。（筑紫野市史編さん委員会（編）『筑紫野市史　民俗編』）

海女［うみおんな］

福岡県東北部の海上に現れる女性姿の妖怪。

柏原の蜑《あま》（海で魚や貝を獲る人、また塩を焼く人）の話によると、かづめの大島の沖に海女はいるといい、ときどき海の上を歩いている女の姿を見ることがあるという。（桜田勝徳「漁村民俗誌」『桜田勝徳著作集』一、民俗學研究所『綜合日本民俗語彙』）

同名の妖怪は鹿児島県下甑島《しもこしきしま》にも伝わる。

海坊主［うみぼうず］

福岡県築上郡椎田町（現・築上町）でいうあやかしの類。

嵐の夜、船に入ってくる海水を柄杓《ひしゃく》で汲《く》み出していると、海坊主が現れる。海坊主は船を沈めるために「柄杓を出せ出せ」と言って海水を船に入れようとする。そういう時は穴の開いた柄杓を海坊主に差し出すという。（椎田町史編纂委員会（編）『椎田町史　民俗編』）

大蟹［おおがに］

福岡県福津市でいう寺に現れる化け蟹の類。

祥雲寺にて問答を行い、負けた和尚を食い殺していた。ある和尚に逆に負けてしまい、退治された。蟹の背にある窪《くぼ》みは、この際についた傷の跡であるという。（山中耕作「大分・福岡の伝説分類案　その三」

『西南学院大学古典文学研究』第五輯）

大章魚［おおだこ］

福岡県糸島郡志摩町芥屋《けや》（現・糸島市志摩芥屋）の大門《おおと》の伝説。玄武岩の海蝕《かいしょく》洞窟に棲むタコ。

一人の海女が大章魚の隙を狙って足を一本切り落とした。日ごとに一本ずつ切り取っていたが、残り一本というところで、その足に巻きつかれ海中に引き込まれた。しかし、それ以来大章魚は姿を見せず、浦辺は安穏になったという。（市場直次郎（編著）『豊国筑紫路の伝説』）

大谷ばば［おおたにばば］

福岡県大野峠（飯塚市）でいう子ども脅しの類。

大野の里では、子どもが長泣きすると「大谷ばばに食わせるぞ」と脅していたという。

昔、大野の地に好色な美女がいた。結婚したが、夫の精気を吸い尽くして死なせてしまった。若後家となった女は地区中の男と肉体関係を結んだため、長老衆によりなべぶたかぶせ（村八分）になり、村を追放された。三郡山《さんぐんさん》と砥石山《といしやま》の境の大谷という所の岩穴に隠れ住んだ女は、薪を取りに山に来た男を捕まえては己が肉欲を満たした。色欲は年老いても衰えず、足まで届くほどの白髪を振り乱し、赤い櫛《くし》を咥《くわ》えて化け物の真似をし、驚いて腰を抜かした男を片っ端から押さえ込んだという。

大谷ばばは実在の人物であったらしく、大正（一九一二〜二六）の初め頃の豪雪の日に行き倒れた四〇歳ほどの女だったとされる。元は糟屋《かすや》郡宇美町の漬物屋の女房で、雪のために全身真っ白で長い髪も白髪に見えたため、「大谷ばば」と呼ぶようになったという。（朝日新聞筑豊支局（編）『ふるさと筑豊』）

子どもへの脅し文句に使うのはマズい人物な気がする。

大ネズミ［おおねずみ］

福岡県鞍手《くらて》郡若宮町浅ヶ谷（現・宮若市山口浅ヶ谷）の猫塚の伝説に登場するネズミ。

一〇〇〇年以上は生きたと思われるネズミ。鞍手、宗像《むなかた》、遠賀《おんが》から集まった猫たちと争い、退治された。（若宮町誌編さん委員会（編）『若宮町誌』下巻）

大狒狒［おおひひ］

福岡県北九州市伊川村（現・北九州市門司区）の異類婚姻譚《たん》。平山釈迦堂の由来譚。

忠兵衛という者が大狒狒退治に行ったが、逆に大狒狒に襲われてしまう。命乞いに娘を嫁にやると忠兵衛は言ってしまう。一人娘は嫁入りを承知し、重い品物を入れた焼き物の壺《つぼ》を狒狒に背負わせて池の側の道を通った。娘はわざと簪《かんざし》を池に落とし、狒狒に簪を取りに行かせた。狒狒が背負っている壺に水が入って重くなり、とうとう力尽きて狒狒は沈んでしまった。狒狒の冥福を祈るために建てられたのが、平山釈迦堂だという。（北九州市史編さん委員会（編）『北九州市史　民俗』）

おさん狐［おさんぎつね］

福岡県北九州市十三塚に出る狐。たびたび里人や山越えの人たちをたぶらかす。

旅人が十三塚を越えていると、おさんと名乗る美しい娘が出てきて、道案内をしようと言う。話し相手に良いと連れだって歩いているといつの間にか雑木林の中に迷い込んでしまっているという。（北九州市史編さん委員会（編）『北九州市史　民俗』）

オサンサン狐［おさんさんぎつね］

福岡県早良《さわら》郡早良町内野（現・福岡市早良区内野）の飛石や野中原に出るという狐。化かして川を渡らせたり、狐火を灯したりする。（北九州大学民俗研究会（編）「背振山麓の民俗」『日本民俗調査報告書集成　九州・沖縄の民俗　福岡県編』）

お千［おせん］

福岡県筑紫野市でいう火の怪。その中でも探し物をする怪火の類。

お千が簪《かんざし》を落としてしまい、探しても見つからなかったため川に身を投げて死んだ。阿志岐《あしき》から大石へ嫁入りの途中に落としたという話のほか、蠟屋《ろうや》という金持ちの家の奥さんから使用人であるお千がカンザシを借りたが里歩きの際に落としたという話もある。お千が死んだ後、火の玉が出るようになった。これは火の玉となったお千が、なくしたカンザシを探しているのだという。お千の火の玉は三軒屋の松の木にしばらく休み、汐井《しおい》橋のほうへ飛んで行くという。

また、隈にお千の墓があり、ここから火の玉が出て、西小田から川沿いに下見まで出るといわれ、これを知った猟師が夜中に鉄砲で火の玉を撃ったところ、火の玉は出ないようになったが、猟師も死んでしまったという。（筑紫野市史編さん委員会（編）『筑紫野市史　民俗編』）

オラガンさん

「ほんのりと怖い話スレ　その一四」で語られた怪談。福岡県のある山の寂れた神社に現れたという怪人。

片足を引きずる落ち武者のような姿をしており、白目をむき、幾筋もの血を流している。オラガンさんに見つかった場合、次のような対処がとられる。髪を剃《そ》り、その時来ていた服とともに髪も燃やす。体を酒と塩で清めることで、数日の耳鳴り程度で済むとされる。（朝里樹『山の怪異大事典』、同『21世紀日本怪異ガイド１００』、並木伸一郎『眠れないほど面白い都市伝説』）

女人面犬［おんなじんめんけん］

福岡県から『学校の怪談「A」小学校の非常階段』に投稿された人面犬の類。

夜、道を歩いていると前方から怖くなさそうな犬が来た。近づいてみると顔が女の人になっており、笑っていたという。（常光徹『学校の怪談「A」小学校の非常階段』）

【か】

餓鬼［がき］

福岡県北九州市小倉南区道原《どうばる》、合馬《おうま》でいう俗信。

茶碗《ちゃわん》を叩くと餓鬼が寄るという。（北九州市史編さん委員会（編）『北九州市史　民俗』）

カシマおばけ

福岡県でいう電話の怪。

ある日電話がかかってきて、「名前は？」「住所は？」などと尋ねられる。この問いに正確に答えないと家にやって来てしまう。名前は女性ならば「カシマカシコ」、男性ならば「カシマカシオ」、住所は「カシマ市カシマ区カシマ町」、電話番号は「カシマのカシマ」と答えなければならない。また、この話を聞いた人は一週間以内に五人の人に同じ話をしなければならないという。（松山ひろし『呪いの都市伝説　カシマさんを追う』）

カシマレイコさん

福岡県でいうカシマの怪。

一三日の金曜日に、カシマレイコさんが、死神の鎌のような物を持ち、家まで殺しに来る。また、二〇歳までに「カシマレイコさん」という名前を忘れていなければ必ず不幸になる。対処法として、深夜二時に鏡に向かって「カシマさん、ごめんなさい」と三回続けて言い、四九日間続ければ助かるという。（松山ひろし『呪いの都市伝説　カシマさんを追う』）

禍垂［かすい］

「死ぬ程洒落にならない怖い話を集めてみない？」二九三で語られた怪談。犬鳴山（福岡県宮若市）周辺に現れるとされる。下半身がない人間のような姿をしており、木の枝に手でぶら下がっている。周辺で事故死した人の霊を使役するとされている。（朝里樹『日本現代怪異事典』、同『21世紀日本怪異ガイド100』）

神の島の白蛇［かみのしまのはくじゃ］

福岡県京都《みやこ》郡小波瀬《おばせ》村（現・苅田町《かんだまち》）でいう異類報恩譚《たん》。

二作という苅田の浜の漁師が、子どもたちに殺されそうな白蛇を助けた。翌日、浜の若者たちと沖に漁に出たが、嵐に遭い、波にのまれて誰も住んでいない小島に流された。帰る舟もなく、西側の遠くに霞《かす》む京都の郡の連山を見ていると、二作の後ろから白蛇が現れ、海の中へと入っていった。白蛇の去って行った後を見ると、幅一間（約一・八メートル）の小道ができており、二作はその小道を通って無事に苅田の浜へ帰り着くことができた。今でも潮が引けば、苅田の浜から神の島まで細い小道ができて歩いて渡れるという。（加来宣幸（編）『「新版」日本の民話　三〇　福岡の民話　第一集』）

ガワッパ

福岡県八幡区（現・八幡東区・八幡西区）でいう水怪。

馬にはね飛ばされ右手が折れた子ガワッパを村の医者が助けた話がある。（千里眼あゆみ編集グループ（編）『民話千里眼』）

川姫［かわひめ］

福岡県築上郡の一部や岩岳川（豊前市）の長淵にいるとされる女性姿の妖怪。水怪の類。

水野葉舟「妖怪名彙」（『民間伝承』第四巻第七号）によると、築上郡の一部では、村の若い衆が水車場に集まっている時などに、回っている水車の陰にいつの間にか美しい女が立っていることがあるという。これが川姫であり、川姫の存在に気が付いたらその座にいる年寄りが戒めの合図をして皆下を向いて息を殺す。この際にもし川姫を見て心を動かす者がいると精気を抜かれてしまうとされる。

また、長淵には次のような話がある。

夕方に岩岳川の長淵の辺りを求菩提《くぼて》（豊前市）の男が一人で帰っていた。ふと前方を見ると美しく着飾った若い女が男のほうを向いて手招きをしていた。男は吸い寄せられるように女のほうに向かって歩いていくが一向に近づくことができない。しばらくすると全身が冷たいものに浸っていくような感じがするため、男が気づいて慌てて後ずさりすると、そこは川の中であった。驚いた男は土手に這《は》い上がり、村の人に話すと、「それは川姫から引き寄せられたので、もうちょっとのところで溺《おぼ》れ死ぬところだったんじゃ」と言われたという。（重松敏美『豊前　求菩提山修験文化　攷』）

旧犬鳴トンネル［きゅういぬなきとんねる］

筆者が高校生時代に福岡県出身の話者から聞いた話。

宮若市と糟屋郡久山町の間にあるトンネル。旧犬鳴トンネル近くにある電話ボックスにお婆さんがいれば、何か出るという噂《うわさ》がある。話者の友人と親しい男仲間三、四人で車に乗り、旧犬鳴トンネルへと向かった。噂の電話ボックスを見るとお婆さんがいたため、「これは出る」と確信して、そのままトンネルに向かった。トンネルの手前で車から降り、歩いてトンネルに入っていくと特に霊感があるといわれていた一人が何やらおびえたようにピョンピョンとあちこちに飛び跳ねながら付いて来る。その挙動のおかしさに「どうした?」と尋ねると「道路にいっぱい人の顔がある」と答えた。他の人にはまったく見えず、その人だけ見えており、これはやばいと思い、引き返したという。筆者聞き取り。

現在、トンネルおよび旧道は完全封鎖され、侵入禁止となっている。（宮若市「旧犬鳴トンネルについて（映画『犬鳴村』）」）

斬り合う人形［きりあうにんぎょう］

福岡県遠賀《おんが》郡遠賀町今古賀でいう人形の怪。

寛文三年（一六六三）、操り人形の興行での争いにより、斬首された者が出た。それ以来、操り人形を行うと夜に人形が斬り合い、血が流れるという。（山中耕作「大分・福岡の伝説分類案　その三」『西南学院大学古典文学研究』第五輯）

キンショクショク

福岡県筑紫野市でいう恐ろしいもの。松葉谷のお薬師様にお堂があり、子どもたちは日が暮れるまでここで遊んでいたが、日没になると大急ぎで家へと帰る。また、夜ここを通る際は急いで駆け抜ける。走る時に「今でも出る出るキンショクショク」と子どもたちは口々に叫んだという。キンショクショクの意味はよくわからない。（筑紫野市史編さん委員会（編）『筑紫野市史　民俗編』）

九月蚊帳の化け物［くがつがやのばけもの］

福岡県北九州市門司区猿喰《さるはみ》、小倉南区合《おう》馬《ま》と道原《どうばる》でいう禁忌の俗信。

九月になっても蚊帳を吊ることを九月蚊帳と呼ぶ。九月蚊帳を吊れば化け物が出るという。（北九州市史編さん委員会（編）『北九州市史　民俗』）

口裂け女［くちさけおんな］

福岡県福岡市に現れた怪人。岩崎真幸

「口裂け女」資料」（『磐城民俗』通巻二七号）に載る。

マスクをした美人が「私きれい?」と尋ねる。これに「きれい」と答えると美人はマスクを取り外す。マスクの下は、口が耳まで裂け、真っ赤な唇をしている。「これでもきれい?」と言って、襲ってくる。異常に足が速く、突然凶暴になるという。（国際日本文化研究センター「怪異・妖怪伝承データベース」）

首切りババァ［くびきりばばぁ］

福岡県八女《やめ》郡から日本民話の会 学校の怪談編集委員会（編）『学校の怪談スペシャル』三に投稿されたもの。色問いの怪。

ある学校の旧校舎が取り壊される前のこと。その校舎のトイレの左から二番目の個室に首切りババァが出た。首切りババァは「赤、黄色、青、どれがいい」と尋ねてくる。赤と答えれば鎌で首を切られ、黄色と答えるとトイレの中に引きずり込まれ、青と答えると体中の血を吸われてしまうという。（朝里樹『日本現代怪異事典』）

車の上のお爺さん［くるまのうえのおじいさん］

福岡県出身の話者の体験談。

自宅車庫から車に乗って発進してすぐ、道路にお爺さんが三人ほど座って話していた。轢《ひ》いたと思った瞬間、いつの間にかお爺さんたちは消えてしまっており、「おかしいなあ」と思いつつもそのまま出かけることにした。町に出ると知り合いとすれ違ったが、その知り合いが大慌てで話者の車を追いかけてきた。車を停め、窓を開けると、その知り合いは「車の屋根に爺さん乗せてるけん、なんしよんのか」と言った。その知り合いには、屋根に爺さんが何人か座って話しているのが見えたという。筆者聞き取り。

黒雌鶏の総領娘［くろめんぜりのそうりょうむすめ］

福岡県早良《さわら》郡早良町（現・福岡市早良区早良）の昔話に登場する鶏の怪。総領娘とは長女の意。

とある夫婦に家を継ぐお嬢さんが生まれて、一五、六年経ってから再び母親は子を授かって産んだ。綺麗な子どもであったが、その子どもが三つになると消え失せてしまった。また子どもを授かり産んだが、三、四歳頃にまたいなくなった。さらに子どもを授かった際両親は「何者から取られているのだろうか」と心配で寝ずの番をしていた。ある日、六部（諸国をめぐる僧）が回ってきたため、夫婦は今までのことを話し、六部に泊まってもらって調査をしてもらうことにした。六部も休み、夫婦も子どもを抱いて寝入っていると、奥の間で寝ている総領娘が出てきて、両親に近づいた。両親が抱いている子を取り上げると黒い雌鶏の姿になってその子どもを引き裂いて食べはじめた。六部は夫婦を起こそうと口をきこうにもしゃべることができない。六部がじっと見ている前で、子ども一人を食べ終えた雌鶏は娘の姿に戻り、納戸へ入って寝てしまった。

　夜が明けて、夫婦に犯人を告げた六部が帰ろうとすると、総領娘が「木戸口までお見送りしましょう」と言ってきた。今度は自分が食べられると思った六部は見送りを断るが、総領娘は木戸口まで見送りに来て六部に語った。「あたしは前世が黒い雌鶏であった。卵を生んで温めて雛《ひな》を育てようと思っても、五回も卵を温める前にこの夫婦が食べてしまった。それであたしは仇討《あだう》ちにこの夫婦の子を食べていた。まだ二人、あたしが仇《かたき》を取らないといけない。しかし、あなたに正体を見られた以上、あたしも鳥に戻って山へ行きます」と語ったという。

（北九州大学民俗研究会（編）「背振山麓の民俗」『日本民俗調査報告書集成　九州・沖縄の民俗　福岡県編』）

コウガイヒラクチ

筑後（福岡県）でいう槌蛇《つちへび》の類。

頭が櫛笄《くしこうがい》のように広く、尾は細い。ヒラクチとはマムシを指す方言。漢字で書くと「笄平口」。（坂井久光「槌の子　その後」『あしなか』通巻一四〇号、山本素石『逃げろツチノコ』）

高良山筑後坊［こうらさんちくごぼう］

『天狗経《てんぐきょう》』に記されている四十八天狗の一つ。高良山（福岡県久留米市）の天狗。（知切光歳『天狗考』上巻）

コックリサン

福岡県鞍手《くらて》郡若宮町（現・宮若市）でいう占い。

　紛失物、盗難物、病気、運勢などについてコックリサンに聞いていたという。占う方法は大まかに二種類ある。（若宮町誌編さん委員会（編）『若宮町誌』下巻）

こてつ婆［こてつばばぁ］

福岡県北九州市八幡区帆柱山に棲んでいたという吸血婆。こてつ婆さんとも。

　もともと帆柱山の麓の村里にある一軒の宿屋の下女であったが、主人の酷《ひど》い仕打ちに怒り、喉に噛《か》み付いて主人を殺した。数十年後、帆柱山にこてつ婆という妖婆が棲みつき、近隣の村人たちを悩ませた。そこで、一人の武士がこてつ婆退治に行ったところ、老杉の陰から白髪のこてつ婆が襲いかかった。武士が刀で斬りつけたところ、こてつ婆は消え去り、白髪が数本残ったが、この白髪が白蛇へと変わった。武士が再び刀を振るうと、元の白髪へ戻った。記念にと、刀の束に白髪を巻き付けて武士は宿へと帰った。しかし、武士が寝ている隙に、白髪はこてつ婆へと変わり、武士の喉に噛みついて殺し、血を吸い続けた。この様を見た一人の僧が念仏を唱えると、こてつ婆は姿を消した。祟りを畏れた村人はこてつ婆を祀《まつ》り、毎年、髪の毛を供えるようになったという。（北九州市史編さん委員会（編）『北九州市史　民俗』、加来宣幸（編）『［新版］日本の民話　五二　福岡の民話　第二集』）

コロガリ

筑後（福岡県）でいう槌蛇《つちへび》の類。転がるという動作に基づく名称。（山本素石『逃げろツチノコ』）

【さ】

宰府高垣高林坊［さいふたかがきこうりんぼう］

『天狗経《てんぐきょう》』に記されている四十八天狗の一つ。福岡県筑紫野市と筑紫郡太宰府町（現・太宰府市）の境にある竈門山《かまどやま》の天狗。（知切光蔵『天狗考』上巻、村上健司（編著）『日本妖怪大事典』）

サボテン

福岡県北九州市門司区猿喰《さるはみ》、小倉南区合《おう》馬《ま》でいうサボテンの俗信。

サボテンを戸袋の下に植えておくと、泥棒が入った際に戸を叩いて教えてくれるという。（鈴木棠三『日本俗信辞典　動・植物編』、北九州市史編さん委員会（編）『北九州市史　民俗』）

シイ

福岡県でいう牛馬を害する獣。

貝原好古『筑前続風土記』によるとシイは狸《たぬき》に似ているとされる。夜中に人家に入って来るといい、牛馬はシイに遭うとたちまち病死するという。優れた犬であってもシイを獲ることはできないが、シイは鳴り物を恐れるとされており、多くの人を動員し、山に入って鐘太鼓を鳴らして狩り出せば打ち殺すことができるという。（和歌森太郎（編）『くにさき　西日本民俗・文化における地位』）

シキユウレエ

福岡県宗像市《むなかたし》鐘崎や糸島市志摩野北でい

う海の怪奇現象。

夜の海上で北風が吹き、苦潮《にがしお》が来ることで海面一帯が白くなることをシキユウレエと呼んでいる。シキユウレエの中に入ると船が動かなくなったり、柄杓《ひしゃく》を貸せと言われたりする。（桜田勝徳「漁村民俗誌」『桜田勝徳著作集』一）

司生蟲［ししょうむし］

福岡県宮若市の竜ヶ岳城がある山の主。

形はイモリに似ているとも、栄螺《さざえ》に似ているともいう。普段は姿を見せないが、この山へ敵が攻め登ってくると、多数の井戸の中から夥《おびただ》しい数の司生蟲が現れ、山を覆い尽くしてしまう。敵は司生蟲に足をとられて滑り、なかなか攻め登ることができないとされる。（日野巌「日本妖怪変化語彙」『動物妖怪譚』下、朝日新聞筑豊支局（編）『ふるさと筑豊』）

七本足［しちほんあし］

福岡県北九州市の脇浦《わきのうら》でいうヘビダコの類。
蛇が磯の石垣に頭を打ち付けて蛸《たこ》と化したものを七本足と呼ぶ。夏になると多くいるが、臭いため食べられない。（民俗學研究所『綜合日本民俗語彙』）
千葉県ではヤナギダコと呼ぶ。長崎県の**七本足**も参照。

十畳間の化け物［じゅうじょうまのばけもの］

福岡県北九州市門司区猿喰《さるはみ》でいう俗信。

一〇畳の間には化け物が出るという。（北九州市史編さん委員会（編）『北九州市史 民俗』）

シンショキショキ鳥［しんしょきしょきどり］

福岡県飯塚市でいう鳥の由来譚《たん》。

昔、筑穂町内住に刀鍛冶《かじ》が住んでいた。息子は道楽者であり、苦労をかけてばかりいた。領主の依頼で刀を鍛えることになったが、その際親子喧嘩《げんか》になった。その時の怒りの念が刀に宿ったのか、献上の際に領主の使者が刀を受け取り、試みに鞘《さや》を払って、一振りしてみたところ、刀が飛んでいき、近くの小川で米を磨いでいた刀鍛冶の妻の背中に突き刺さってしまった。妻の死後、近くの森に見なれない鳥が飛んできては「シンショキショキ、シンショキショキ」と米を磨ぐような声で鳴く。これは米を磨ぎながら横死した妻の亡魂であろうという。（市場直次郎（編著）『豊国筑紫路の伝説』）

宗葉火［そうばび］

福岡県那珂《なか》郡下白水《しもしろうず》村（現・春日市下白水）でいう光物、怪火の類。

文政（一八一八〜三〇）の頃、下白水村の庄屋（もしくは使用人）で宗葉という者がいた。宗葉は、干ばつによって上納米の納入ができず苦境に陥っていた農民に代わり、免租を願い出た。免租の請願は許されたのだが、聾者《ろうしゃ》であった宗葉は請願を拒絶されたと勘違いしてかぶりを振ってしまったため、無礼者として手打ちとなった。農民たちは宗葉の墓を建てたが、干ばつの年には必ず火の玉が上がるようになり、この火の玉を村人は宗葉火と呼んだという。

　宗葉の墓はかつて春日西小学校近くの貧土池の傍らにあったが、区画整理により、古水《こすい》の藤克巳の宅地へと移された。(春日市史編さん委員会(編)『春日市史』下巻)

【た】

狸の腹鼓
[たぬきのはらつづみ]

福岡県福岡市、柳川市でいう狸の怪。

　博多の街に子狸を育てながら暮らす、目の見えない一人娘がいた。この娘に恋をした若者がいたが、断られた。嫁にならないのはあの子狸のせいだと思った若者は狸を殺そうと娘の寝所に忍び込んだが、誤って狸とともに娘も殺《あや》めてしまった。寺の裏地に娘と狸を埋めたところ、毎夜その場所から腹鼓が聞こえるようになったという。(加来宣幸(編)『[新版]日本の民話　三〇　福岡の民話　第一集』)

　柳川市の話は呼び子の怪となっている。三五郎という鼓の名人が大きな狸と「三五郎はチャンポロリン」「そういうお前がチャンポロリン」と叫び合う。朝には庭に腹の皮が破れた狸が死んでいたという。(日本児童文学者協会(編)『福岡県の民話』)

ダラシ

福岡県北九州でいう餓鬼憑《つ》きの類。

　山道で急に空腹や疲労を感じて動けなくなるのは、ダラシという怪物の仕業《しわざ》であるという。ダラシに憑かれる場所はたいてい決まっており、かつて、その地で餓死した者の霊が留まって、通行人を悩ますのだとされる。ダラシに憑かれたら、何か食べ物を食べてその残りを近くの藪《やぶ》に捨てる、もしくは掌《てのひら》に「米」の字を書いて舐《な》めるのが良いとされる。(民俗學研究所『綜合日本民俗語彙』)

ツバキの六尺［つばきのろくしゃく］

福岡県でいうツバキの俗信。

甘木市（現・朝倉市）ではツバキで六尺（天秤棒《てんびんぼう》）を作ると肩の血を吸うという。（鈴木棠三『日本俗信辞典　動・植物編』）

北九州市門司区猿喰《さるはみ》、小倉南区合馬《おうま》でもツバキの六尺棒は肩の血を吸うといっている。（北九州市史編さん委員会（編）『北九州市史　民俗』）

床下坊主［とこしたぼうず］

福岡県京都《みやこ》郡勝山町（現・みやこ町勝山）でいう子ども脅しの類。

床下坊主は顔も髪も真っ白な坊主だとされる。床の下におり、いつも床の穴から外の世界を覗いている。

夜更かししたり、言うことを聞かない子を見つけると「ちょっとこい。ちょっとこい」と言って、子どもを穴の中に呼び込む。床の下に連れて行かれると、床下坊主は一緒に遊ぶ友達ができたと喜んで、決してその子どもを帰してはくれないという。（勝山町史編纂委員会（編）『勝山町史』下巻）

トリイダシ

福岡県芦屋市（ママ。遠賀《おんが》郡芦屋町の誤りか）でいう野狐使い。

医者が見放した病人もトリイダシが祈ることで治したという話がある。西以三『筑後地鑑』などにはトリイダシを「取出」と表記しているが、『綜合日本民俗語彙』ではトリイダシは「問い出し」ではないかと記している。

四国、九州地方ではトリイダシは占いの一種であり、稲荷や地蔵などが憑《つ》いて、人の禍福を予言し、病気を治すとされる。（民俗學研究所『綜合日本民俗語彙』）

トリダシ

福岡県宗像《むなかた》郡神湊町《こうのみなとまち》（現・宗像市神湊）でいう憑《つ》き物。

急に何かが取り憑いたことで、一種の通力を得た者をトリダシと呼ぶ。女性がトリダシになることが多く、山から薪を取って帰ってきた老婆に、その薪の中にいた神が乗り移った事例もあるという。特に正直な人がトリダシになるといい、人を一〇〇〇人助けるとただの人間に戻るという。（民俗學研究所『綜合日本民俗語彙』）

【な】

鍋かぶり ［なべかぶり］

福岡県北九州市小倉南区頂吉《かぐめよし》にいたという怪童。耳ねぶりとも。

頭に鍋のような物を被っており、通行人に飛びついては耳たぶをねぶり取る。特に若い娘の耳たぶを狙うと決して逃がさないという。大変すばしっこく、姿をよく見た者は誰もいないとされる。

福智の権現様の娘の耳たぶに飛びつこうとしたところ、どこからか飛んできた鋭い矢によって、上下の唇を串刺しにされ、鍋かぶりは石になってしまった。この矢は父神とも彦山権現の若神が放ったともいわれている。（千里眼あゆみ編集グループ（編）『民話千里眼』）

入道坊主 ［にゅうどうぼうず］

福岡県企救《きく》郡（現・北九州市、行橋市）でいう見越し入道の類。（佐藤清明『現行全国妖怪辞典』）

青森県八戸市《はちのへし》や福島県、愛知県南設楽《みなみしたら》郡作手《つくで》村（現・新城市）、山口県厚狭《あさ》郡にも同名の妖怪がある。

熊本県にも海坊主の類として同名の妖怪が記録されている。

人魚 ［にんぎょ］

福岡県福岡市博多区冷泉町にある人魚塚の由来譚《たん》。

貞応元年（一二二二）四月、博多の海辺に長さ八一間（約一四五・八メートル）もある人魚が漂着した。阿部大富という博士が占ったところ、人魚出現は国家長久の瑞《ずい》兆《ちょう》であると言った。この人魚を埋めた塚が龍宮寺の人魚塚だという。また右と異なり、庄の浦にいた人魚の化身の乙女を葬ったのがこの人魚塚であるという話もある。（市場直次郎（編著）『豊国筑紫路の伝説』、劉寒吉・角田嘉久『日本の伝説　三三　福岡の伝説』）

塗り壁 ［ぬりかべ］

筑前（福岡県）遠賀《おんが》郡の海岸でいう進路妨害の怪。

夜道を歩いていると、急に行く先が壁になって、どこへも行けない状態になる。これを「塗り壁」と呼び、棒で下を払うと消えるが、上を叩いてもどうにもならないという。（柳田国男「妖怪名彙（四）」『民間伝承』通巻第三十七号）

似た妖怪に鞍手《くらて》郡鞍手町の**練り塀**のほか、大分県各地の**カベヌリ・塗り壁・ヌルカベ・屏風の迫《さこ》**など、熊本県の**塗り壁**、薩南諸島の**海塞ぎ・シマーブー**、山口県の金の網、長崎県対馬や高知県の**ノブスマ**といったものがある。

また、塗り壁とは呼んでいないが、産屋のタヌキや弓取のタヌキも大きな岩や壁のようなもので道を塞ぐことがあるという。（重松敏美『豊刕　求菩提山修験文化　攷』）

遠賀郡の塗り壁は柳田国男「妖怪名彙」（『妖怪談義』収録）で紹介されており、この情報を元に漫画家水木しげるは『ゲゲゲの鬼太郎』の仲間として「ぬりかべ」というキャラクターを漫画に登場させている。

練り塀［ねりべい］

福岡県鞍《くら》手《て》郡鞍手町でいう進路妨害の怪。鞍手町誌編集委員会（編）『鞍手町誌』に載る。

宵の口、暗くなってからの野良仕事帰りに、目の前に突然練り塀が現れる。これは狐の仕業《しわざ》とされる。

似たものに、福岡県遠賀《おんが》郡の**塗り壁**、大分県各地の**カベヌリ・塗り壁・ヌルカベ・屛風の迫**《さこ》など、熊本県の**塗り壁**、薩南諸島の**海塞ぎ・シマーブー**、山口県の金の網、長崎県対島や高知県の**ノブスマ**といったものがある。（猫侍「うすきみわりぃ活動報告研究発表　臼杵のカベヌリ」『怪』一六号）

【は】

羽犬［はいぬ］

福岡県筑後市の伝説に登場する犬の怪。羽の生えた獰猛《どうもう》な犬がおり、家畜を食い殺し、村人を恐れさせていた。天正一五年（一五八七）に豊臣秀吉が九州を平定した際にこの羽犬を退治した。（人文社編集部『日本の謎と不思議大全　西日本編』）

ヒーベェーモン

福岡県宗像《むなかた》郡大島村（現・宗像市大島）でいう海の怪火。桜田勝徳の「筑前巡島記」

に載る。

ヒーベェーモンとは「流れ仏の火」の意。船の上からは見えないが、トコ（カンズカを入れる穴、カンズカとは櫂《かい》の柄のこと）から覗くとわかる。しかし、ヒーベェーモンを見ると必ずわざ（悪戯《いたずら》）をされるという。（桜田勝徳『桜田勝徳著作集』六、民俗學研究所『綜合日本民俗語彙』）

ピエロ

福岡県福岡市でいうピエロの姿をした化け物。ポプラ社編集部（編）・渡辺節子（構成）『映画「学校の怪談」に寄せられたこわーいうわさ』に紹介されている。

満月の夜にトイレの鏡を覗くとピエロが出現する。満月を見たピエロは化け物になり、覗いた人を殺しに来るという。大勢で覗く、もしくは逃げる時に二手に分かれることで難を逃れることができるとされる。（小松和彦（監修）『日本怪異妖怪大事典』）

一ツ目小僧 ［ひとつめこぞう］

福岡県早良《さわら》郡早良町原田（現・福岡市早良区早良）の昔話に登場する山の神の使い。

猟師の目の前で、一匹の蚯蚓《みみず》が蛙《かえる》に食べられ、その蛙は蛇に呑まれ、そこへ狸《たぬき》が出てきた。猟師はその狸を撃とうとしたが腕が萎《な》えて引き金が引けなかった。不思議に思い、出てきた狸をよくよく見るとまな板を担いでいた。不吉な予感がし、「この狸を撃てば私は何者かに命を取られるだろう」と観念して帰ろうとした。すると一ツ目小僧が現れて猟師をニッと睨《にら》み、「良い了見が付いたぞ。お前がわしを撃てば、このまな板の上でお前を料理するところだった」と言って消え去ったという。（北九州大学民俗研究会（編）「背振山麓の民俗」『日本民俗調査報告書集成　九州・沖縄の民俗　福岡県編』）

ヒモジ谷 ［ひもじだに］

福岡県築上郡椎田町（現・築上町）の真如寺にあるという谷。餓鬼穴《がきあな》、飢渇穴の類。

この谷を通ると大変お腹がすく。山仕事をする人たちは昼の弁当を必ず一口残しておき、この谷に差し掛かる際に残しておいた一口を食べたという。

（椎田町史編纂委員会（編）『椎田町史　民俗編』）

兵庫虫 ［ひょうごむし］

福岡県北九州市でいう虫の怪。祟り。

小笠原藩の家老である犬甘《いぬかい》兵庫は藩政に多大な功績があったが、讒言《ざんげん》によって福智に押し込められた。犬甘兵庫が死んだ後、福智一帯に野菜の害虫が現れ、多くの被害をもたらした。村人はこの害虫を兵庫虫と呼び、犬甘兵庫の祟りと考えて懇《ねんご》ろに供養したところ、被害は収まったという。（北九州市史編さん委員会（編）『北九州市史　民俗』）

この兵庫虫とは、鱗翅《りんし》目ヤガ科に属するヨトウガの幼虫「ヨトウムシ（夜盗虫）」のこと。昼間は土の中に潜み、夜になると作物等を食い荒らす、体表が暗褐色のイモムシである。（北九州市史編さん委員会（編）『北九州市史　民俗』、新村出（編）『広辞苑第二版補訂版』、岡島秀治（監修・指導）『ポケット版　学研の図鑑　一　昆虫』）

船幽霊［ふなゆうれい］

福岡県でいうあやかしの類。

鐘岬《かねのみさき》（宗像《むなかた》市）では盆一三日、一五日に漁へ出ると船幽霊に出遭うという。（桜田勝徳「漁村民俗誌」『桜田勝徳著作集』一）

「所々船幽霊の事」（『蓬生談』第五巻一二）には糟屋《かすや》郡宮ノ浦や京都《みやこ》郡行事村（現・行橋市）の沖にある蓑島《みのしま》に現れた船幽霊について記している。（森春樹『蓬生談』中巻）

ほけりをかける幽霊［ほけりをかけるゆうれい］

福岡県鞍手《くらて》郡の怪談に登場する幽霊。

昔、幽霊が出るという家があり、若者五○人が木刀を手にその家へ見回りに行った。一時頃、二階から幽霊がやって来て行灯《あんどん》の油を呑もうとしたため、木刀で叩き倒そうと若者たちが打ちかかったところ、幽霊にほけり（息）を吐きかけられて皆倒れてしまった。明くる夜、田村香造という豪勇の人が刀と土瓶と行灯を持って、例の家へと赴いた。前夜と同じく一時頃に幽霊が現れて行灯の油を呑もうとしたため、ここぞと思う所を刀で斬りつけたが、幽霊は香造にも青いほけりのようなものを吹きかけた。香造はその場で倒れて気絶したが、夜が明けてようやく生気づき帰って行ったという。（福岡県教育会（編著）『全国昔話資料集成一一　福岡昔話集』）

【ま】

マメショクショク

福岡県筑紫野市でいう化け物、もしくは音の怪。

気味の悪い音を立てる化け物だとされる。（筑紫野市史編さん委員会（編）『筑紫野市史　民俗編』）

迷い船［まよいぶね］

福岡県遠賀郡岡垣町大字波津《はつ》でいうあやかしの類。

満月に近い月の冴えた盆の晩、風に逆ら

って進む船影を見ることがある。また、何も見えないのに、話し声は聞こえることがある。漁を休まないといけない盆の一五日の晩、沖へ四人が鯖《さば》獲りへと行き、大漁であったが、そのうち、人の首が海面に浮かび、笑ったり転がったりした。大急ぎで逃げたが、獲れた魚はすべて草鞋《わらじ》で、四人は逐次発狂していき皆死んでしまったという。（桜田勝徳「漁村民俗誌」『桜田勝徳著作集』一）

紫女［むらさきおんな］

筑前（福岡県）の袖の湊《みなと》（福岡市博多区）に現れた怪女。

伊織という武士の元に通っては精血をすすり、弱らせていたが、伊織が懇意にしている医者が見とがめ、伊織に「この女を斬るように」と勧めた。その晩、近寄ってきた女を抜き打ちにしたところ、消え去った。しかし、妄執により姿を現すため、国中の僧侶を集めて弔うと、紫女は消え、伊織も危ないところを助かることができた。（井原西鶴『西鶴諸国ばなし』）

メラ

福岡県八女《やめ》郡串毛でいう山の怪。

髪が長く、泣き声は赤子に似ているが、赤子の形はしていないとされる。山中を歩き回る際に髪の毛が樹木に引っかかるため泣くという。（高橋文太郎『山と人と生活』）

モメンヒキババア

福岡県の屋敷町で子どもたちに恐れられている老婆の妖怪。

水野葉舟が幼少の頃に聞いた話を「妖怪名彙」（『民間伝承』第四巻第七号）に紹介している。

幼少期の水野が住んでいた家の近くに屋敷跡の空き地があり、そこに落葉樹（榎《えのき》もしくは椋《むく》）の古木があった。その古木が風で鳴る音が、綿くり車のようであったため、この音が聞こえると子どもたちは「モメンヒキババだ」と言って恐れた。

モメンヒキババアは白髪の老婆で、古木の下で綿くりの車を回している。人が近づくと振り返って恐ろしい目で睨《にら》むという。

【や】

夜叉御前 ［やしゃごぜん］

安楽平《あらひら》城（福岡県福岡市）の城主小田部氏の妾《めかけ》。地名由来譚《たん》。

嫉妬した小田部氏の本妻によって殺され、谷に投げ込まれたが、死後に夜叉もしくは大きな白蛇となって人々に取り憑《つ》き、殺すようになった。そのため、夜叉御前が投げ込まれた谷を「夜叉御前谷」とも「蛇谷」とも呼ぶという。（北九州大学民俗研究会（編）「背振山麓の民俗」『日本民俗調査報告書集成　九州・沖縄の民俗　福岡県編』）

ヤマイソジ

筑前（福岡県）宗像《むなかた》郡本木村（現・福津市本木）に出たという化け物。

大正元年（一九一二）八月一二日から八月一六日にかけて「伝説の博多」（『福岡日日新聞』）に連載された記事に紹介されているもの。

夜な夜な権兵衛という村人の女房を襲い、床下へ引き込んでいた。この化け物を退治するために大勢の人間が動員されたが、なかなか捕まらず、国主秘蔵の南蛮渡来の唐犬「山嵐」と相打ちになったことでやっと仕留められた。

村のとある老爺《ろうや》は、これはヤマイソジという化け物ではないかと語る。阿波の国（徳島県）で幼少の頃に祖父から聞いたという話によると、ヤマイソジの形態は普通の女ぐらいで頭は短い。男女に付きまとっては迷わせ、ヤマイソジに憑《つ》かれた人は次第に衰弱して死ぬという。（湯本豪一（編）『大正期怪異妖怪記事資料集成』上）

山叔父 ［やまおじ］

福岡県八女《やめ》市矢部でいう山男。

しゃがむと頭よりも膝頭のほうが高い。（桜田勝徳「八女紀行」『桜田勝徳著作集』六）

山オラビ ［やまおらび］

福岡県八女《やめ》地方でいう呼び子の類。

八女郡串毛村（現・八女市）では、山オラビは山中に棲んでいるという。山仕事へ行くとヤーイと呼ぶ声がする。その声にこちらからオーイと答えると、向こうからもオーイと呼びかけてくる。ついには山オラビが近づいてきて人間をオラビ殺す（叫び殺す）とされる。（高橋文太郎『山と人と生活』）

八女市矢部では山へ行ってヤイヤイ言うと、山オラビが負けじとヤイヤイと叫び返す。串毛村と同様にこちらでも、ついには山オラビが人をオラビ殺すとされている。この際、破れ鏡（割れ鐘か?）を叩くことで山オラビのほうが負けるという。（桜田勝徳「八女紀行」『桜田勝徳著作集』六）

山の神の風［やまのかみのかぜ］

福岡県宗像《むなかた》郡津屋崎村（現・福津市）でいうユキアイ（コラム参照）、魔風の類。

一二月二四日のヤマノカミノセンタクビに山に入ると、山の神の風にあって、病気になるという。（民俗學研究所『綜合日本民俗語彙』）

山姫［やまひめ］

犬ヶ岳（福岡県豊前市）の山の怪。

山中で急に腰が痛くなり倒れて起き上がれなくなるのは、山姫が来て血を吸っているからだとされる。（重松敏美『豊刕　求菩提山修験文化　攷』）

大分県、宮崎県、鹿児島県、薩南諸島のほか、九州外では神奈川県、岡山県に**山姫**の話が見受けられる。

山姥［やまんば］

福岡県でいう人食い老婆。ヤマウバ、ヤマオバとも呼ぶ。

主に「天道さんの金の鎖」「牛方山姥」の類の民話に登場する。「天道さんの金の鎖」の話では、天から落ちた山姥の血でソバの茎もしくは根が赤く染まったとしている。（勝山町史編纂委員会（編）『勝山町史』下巻、重松敏美『豊刕　求菩提山修験文化攷』、椎田町史編纂委員会（編）『椎田町史　民俗編』）

【わ】

わに

福岡県でいう鱶《ふか》の類か。

『南朝咄』に豊前吹手の浜で、旅の僧が「わに」に取られた話が載っているという。『絵本百物語』ではこの「わに」を礒撫《いそなで》と同一視している。（竹原春泉『桃山人夜話～絵本百物語～』）

COLUMN

福岡県の幽霊ばなし01

福岡県の怪異妖怪について調べていると、幽霊についての話が多くみられた。

刀研ぎ屋の夫婦がいたが、主人が早くに死んでしまう。若い嫁のために両親は養子を迎えたが前の主人の幽霊が二人の寝床に怒鳴り込む。養子も負けじと「文句があるなら生き返ってみろ」と言い返したところ、幽霊は引き下がった。幽霊が出たと評判になった刀研ぎ屋は屋号を「御研ぎ師幽霊屋」と改めたという。

この他、毎夜、下駄の音を高らかに鳴らして外を通っていく、綱場町の幽霊。赤子を抱いて欲しいと渡してくる女坑夫の幽霊。藍島《あいのしま》へ島流しにあい、伐採していた木の下敷きになって死んだお遍路さんの亡霊。ドスドスと足音を立てて歩いていたが、桜を植えてからは出なくなった鎧《よろい》兜《かぶと》姿の武士の話など、死者の名前がわからない話もあるが、それだけに収まらない。

月毛の馬に跨《また》がり、空中を駆け巡った紅梅姫の幽霊。息子を慈しんだ力姫の亡霊。村の若者たちの嫉妬心により嬲《なぶ》られ、焼き殺された狭吾七《さごしち》の怨霊。嫉妬した内儀に責め殺され、次々と怪事を起こしたおしめの亡霊。七年目の法事を自ら頼みに来た山岸惣右衛門など、名が残っている幽霊譚《たん》もある。

〔参考文献〕
・福岡シティ銀行「博多に強くなろう」編纂室（編）『博多に強くなろう』一
・朝日新聞筑豊支局（編）『〔新装版〕ふるさと筑豊—民話と史実を探る—』
・北九州市史編さん委員会（編）『北九州市史　民俗』
・英彦山民俗資料緊急調査委員会（編）『昭和四十七年度英彦山民俗資料緊急調査報告書　英彦山の民俗』
・筑紫野市史編さん委員会（編）『筑紫野市史　民俗編』

佐賀県

【あ】

赤い手［あかいて］

佐賀県伊万里市東山代町川内野《かわちの》でいう子ども脅しの類。

神の門の東の端に小さい天神様があり、その入口の所に短い天神小路がある。天神小路には赤い手が出るといって、子どもを脅かしていたという。（伊万里市史編さん委員会（編）『伊万里市史　民俗・生活・宗教編』）

アゼハシリ

佐賀県でいう動物霊。

稲荷下ろしや死人の霊を呼び出すなどの降霊術の最中、呼び出したい霊とは関係なく降りてきた、位のない狐や狸《たぬき》などの獣を佐賀地方では「アゼハシリ」と呼ぶ。（喜田貞吉（編著）・山田野理夫（編）『憑物』）

アヤカシ

佐賀県の海の怪。

海難事故で死んだ人の魂がかつての仲間を誘うために出現する。船に近づき水を求めてくるが、底を抜いた杓子《しゃくし》を与えなければならないという。（加藤恵「県別日本妖怪事典」『歴史読本　臨時増刊　特集「異界の日本史　鬼・天狗・妖怪の謎」』平成元年一二月増刊号）

いせえび女房［いせえびにょうぼう］

佐賀県鳥栖市《とすし》でいう異類婚姻譚《たん》。魚女房、蛤《はまぐり》女房の類。

洗濯していた美しい女に、ある男が求婚し、一緒に暮らしはじめた。しかし、鍋の中におしっこを入れて味付けをしていたところを目撃し、男は離縁する。女と知り合った川まで送ったところ、女は元のいせえびの姿となって、泳ぎ去ったという。（宮地武彦（編）『［新版］日本の民話　六〇　佐賀の民話　第一集』）

磯女［いそおんな］

佐賀県東松浦郡加唐島《かからしま》（現・唐津市鎮西町加唐島）でいう海に現れる女性姿の妖怪。

加唐島の鷹《たか》の巣《す》でとある船人が磯女に出くわし、無塩の魚を求められた。船人は磯女の隙を見て、友綱（艫綱《ともづな》）を鉈《なた》で切り、その場から逃げた。磯女は大いに恨んだが、どうすることもできなかった。それゆえにこの辺りの船は友綱をとらない（艫綱を使って船を繋《つな》いでおかない）という。（桜田勝徳「松浦の島々」『桜田勝徳著作集』六）
磯女の伝承は佐賀県の他に長崎県、熊本県、鹿児島県にも存在する。

岩山の爺さん婆さん
［いわやまのじいさんばあさん］

佐賀県鳥栖市《とすし》河内町でいう山の忌日《いみび》に現れるもの。

一二月二〇日、一月二〇日には山に行くものではない。二〇日に山に行くと怪我をするという。この日は山の神が山の木を数えているので、その日に山の木を伐《き》ると事故があるとされる。

そんな二〇日に山へ行った者がいた。岩山まで来たところ、いつも清らかに流れている滝の水が、その日は濁っていた。妙なことだと滝の上を見ると、年寄りの婆さんと爺さんが立っていた。婆さんと爺さんのほうを見ていると、婆さんと爺さんはニヤーッと笑い、ズルーッと舌を出すと自身の額につけた。恐ろしくなったその人は一生懸命に走り狂い、家へと帰ったという。（鳥栖市誌編纂委員会（編）『鳥栖市誌資料編第一一集　とすの口承文芸』）

ウグメ

佐賀県でいう産女《うぶめ》の類。

東松浦郡七山村藤川（現・唐津市七山藤川）では妊婦が死ぬとウグメになるという。人に子を抱いてくれと頼んで、子どもを差し出すが、それはいつも石塔である。何か欲しい物をウグメに頼むと授けてくれるとされる。（桜田勝徳「肥前の山」『桜田勝徳著作集』七）

ウブメ

佐賀県伊万里市でいう河童懲罰譚《ちょうばつたん》に出てくるもの。
昔、脇田に住んでいた婆さんがウブメを助けたことで、大力を授かっている。この婆さんはその後、亀屋の堤という大きな池で河童に襲われるが、ウブメから授かった大力を発揮し、逆に河童を捕らえている。（和田寛（編）『河童伝承大事典』）
力で河童を圧倒する話では、もともと力が強かったり、なにかしらの術に長《た》けている男が制圧する話が多く見受けられる。ウブメの頼みを聞き入れ、お礼に大力を授かる話は男女ともにある。河童への懲罰にしても、大力を授かる話にしても、それぞれ独立して成り立っていることが多いが、伊万里市の事例のように、ウブメから大力を授かり、悪戯《いたずら》してきた河童をその大力で懲らしめる展開は珍しいように思う。
河童懲罰譚で河童以外の妖怪が現れる話は他に、大分県佐伯市浅海井浦《あざむいうら》の伝説があり、この話では争っている**大ガニ**と**大ウナギ**を懲らしめられた河童たちが退治している。

おさん狐［おさんぎつね］

佐賀県唐津の鏡山に棲むという古狐。梶原の庄屋の娘「おさん」に化けては悪さを行っていたが、勘右衛どんに懲らしめられた。（富岡行昌『日本民話　唐津かんねの昔』）

恐ろしか牛の化物［おそろしかうしのばけもの］

佐賀県伊万里市南波多町原屋敷でいう呼び子の怪。

山の中に恐ろしい化け物がおり、それをヤソウジャという者が退治することになった。おらびごつ（叫び競争）をすることになり、化け物は「ヤソウジャはたんぽこだん」と叫んだ。これを受けてヤソウジャも「そういう者もたんぽこだん」と叫び返した。お互い叫び合うたびにだんだん大声になっていったが、化け物は次第に疲れて声が小さくなって、ついには声が出なくなった。「これで化け物は死んだ」とヤソウジャは村の者たちを引き連れて、化け物の所へ向かった。そこには普通の雄牛の何倍も大きく恐ろしい牛が死んでいた。大きな綱を使い、みんなで村まで引っ張って帰った。祝いにその肉を煮て食べることになったが、集まった人数が多かったため、一皿一枚ずつしか食べることができなかったという。（宮地武彦（監修）・北九州大学民俗研究会（編）『波多の民話』）

おっぽぎ狐［おっぽぎぎつね］

佐賀県鳥栖市《とすし》おっぽぎに出ていたという狐狸《こり》。おっぽぎは今泉との境にある場所。道の両側から木が生い茂り、今泉のほうへと抜ける小さい道がある。

ここに出る狸《たぬき》、もしくは狐は重箱を狙い、帰り道を隠して人を迷わせるとされる。（鳥栖市誌編纂委員会（編）『鳥栖市誌資料編第一一集　とすの口承文芸』）

お鶴やこ［おつるやこ］

佐賀県三養基《みやき》郡綾部に出る狐。「河内の鳴門」の芝居に出てくるお鶴という巡礼に化けるのがうまいとされている。

昔、蓑原《みのばる》におみねさんというお婆さんが住んでいた。綾部の風天さん（風の神）というお宮の秋祭りの日、おみねさんがお供えのご馳走を重箱に詰めて、風天さんの所へ向かっていると、途中の森で鈴の音が聞こえた。森の中にとうとく堂があり、お堂の前に一人の可愛らしい巡礼娘が立っていた。娘はおみねさんにご馳走を分けて欲しいと頼むが、おみねさんは「これはお供え物だから」と断る。おみねさんが二、三歩進むと巡礼の姿は消え、周囲の景色もそば畑に変わった。手に提げていた重箱はずっしりと重くなり、どこか遠くの山から野狐が鳴く声が聞こえてきた。野狐に騙《だま》されたと気づいたおみねさんは無我夢中で知らない道を駆けていったが、途中で田んぼの畦《あぜ》道《みち》に座り込んでしまい、気を失ってしまった。帰ってこないので迎えに来た爺《じい》さんに起こされたおみねさんが重箱の中身を見てみると、中には馬糞《ばふん》がぎっしり詰まっていたという。（佐賀県小学校教育研究会国語部会（編著）『佐賀のむかし話』）

女子谷［おなごだに］

佐賀県伊万里市南波多町古川の伝説。イマニモの怪（コラム参照）。

笠椎《かさじ》から古川へ行く道の、人里離れた場所の谷川に、昔、白装束姿の首のない女が油瓶を提げ、馬に乗って現れたという。（伊万里市史編さん委員会（編）『伊万里市史　民俗・生活・宗教編』）

『波多の民話』では、首がないのは馬のほうとされている。女子谷を通りかかった者が「この辺りには、首切れ馬が出るそうじゃが」と呟《つぶや》きつつ歩いていると、「今にも、今にも……」と言いながら、噂《うわさ》の首切れ馬が現れた。それを見た人は「おどろしかーっ（恐ろしい）」と大声で叫び、一目散に逃げ帰った。ゆえに女子谷はおどろし谷とも呼ばれている。（宮地武彦（監修）・北九州大学民俗研究会（編）『波多の民話』）

オラビソウテ

佐賀県東松浦郡七山村藤川（現・唐津市七山藤川）でいう呼び子の怪。

山でオラビソウテに出遭って叫びかけると叫び返す。桜田勝徳「肥前の山」には【八女《やめ》紀行のヤマオラビ】と書かれている。（「肥前の山」『桜田勝徳著作集』七）

藤川では山彦はヤマヒビキと呼んでいるため、オラビソウテはただの反響ではなく、叫び比べを描いた話なのだろう。

柳田国男の「妖怪名彙」をはじめ、いくつかの書籍ではオラビソウケと表記されているが、廣田龍平の資料調査によると、オラビソウテが正しい表記のようである。（廣田龍平「妖怪と、人類学的な雑記　オラビソウケは存在しない」）

【か】

ガアタロ

佐賀県東松浦郡鎮西町打上（現・唐津市鎮西町打上）でいう水怪。

六月一日に川へ行くとガアタロに引かれるという。（市場直次郎『日本の民俗　四一　佐賀』）

かしゃ

佐賀県西松浦郡有田町でいう死人。

かしゃとは化者であり、お通夜の晩、不意に雷鳴風雨が起こる有様を「かしゃのかけとる」という。「かしゃのかける」ことは不吉なことだと思われている。『有田皿山の方言』には「かしゃ」とはあるいは「火車」であろうかとも記している。（有田町史編纂委員会（編）『有田皿山の方言　有田町史　別編』）

カナワ

佐賀県佐賀郡大和町（現・佐賀市）の川上川に出たという光物、怪火の類。年経た蝮《まむし》がなったもの。

川上峡という峡谷一帯にカナワの化け物が出現していた。夜更けに火の玉となっては、川の上を飛び回り、手当たり次第に人に襲いかかっていた。夜に官人橋を渡るとカナワに襲われて死んでしまうため、日が暮れてからはこの辺りに人々が近づくことはなかった。川上川には多くの魚がいたが、カナワを恐れてあまり漁をする人はおらず、網を打っても早々に引き上げていた。ある時、親子連れの二人が舟に乗って漁をしていたが、思いもよらぬ大漁であったため、暗くなるまで漁を行ってしまった。突如、火の玉が現れ、二人が乗っている舟に近づいてきた。あまりの恐ろしさに気を失っていた二人が目を覚ますと、川岸に大きな鯰《なまず》が死んでいた。鯰の腹が膨れていたため、割いてみると、鯰はカナワを呑み込んでいた。川上峡のほとりには川上神社があり、神社の祭神は淀姫《よどひめ》である。鯰は淀姫様のお使いとされていたため、二人は助けてくれた鯰を手厚く葬ると、「決して鯰を捕らない。鯰を食べない」と淀姫様に誓いを立てたという。（伊藤清司（監修）・宮田登（責任編集）『ふるさとの伝説　四　鬼・妖怪』）

釜蓋の化け物［かまぶたのばけもの］

佐賀県唐津市相知町《おうちちょう》横枕でいうイマニモ（コラム参照）の類。釜蓋権現社の由来に登場するもの。千束越えの旧道路であった釜蓋谷に出ていたという化け物。

釜蓋の化け物は口が耳まで裂けており、鏡のように光る目をしている大入道であったとされる。「釜蓋の化け物ぞ」と言いながら現れ、夜に裏道を通る人を驚かせた。老《ろう》爺《や》と孫がこの裏道を通りかかり、「昔、ここに釜蓋の化け物が出たということであるが、もう今時分はそんなことはあるまい」と話すと「今でも、今でも」と言って釜蓋の化け物が現れたという。釜蓋権現をこの裏道に勧請したところ、釜蓋の化け物は現れなくなったという。（小松和彦・常光徹（監修）『47都道府県・妖怪伝承百科』、藤田正雄『横枕郷土誌』）

がめ

佐賀県佐賀郡川副町大詫間《かわそえまちおおだくま》（現・佐賀市川副町大詫間）でいうカメの俗信。

長い時間泳ぐとがめから取られる、がめが卵を産みに来たところを捕まえると病気になる、がめを捕まえると早く死ぬという。（「大詫間の民俗」『日本民俗調査報告書集

成　四一　九州・沖縄の民俗　佐賀県編』）

唐津城の水怪［からつじょうのすいかい］

佐賀県唐津市唐津城の壕《ほり》に棲んでいたという妖怪。中村弘毅『思斉漫録』上巻の巻之一に見受けられる。

唐津城の後ろの壕に妖怪がおり、これに出遭った者は気を失っていた。よく見てみる者もいなかったため、この妖怪の姿形は知られていなかった。味地義兵衛という人がこの妖怪の話を聞いて、城の壕に妖怪が棲んでいるなど深く恥ずべきことだと、一人で噂《うわさ》の場所へと向かった。件《くだん》の壕は人家からは遠く、妖怪の話に恐れて往来する人もおらず、昼間であっても物凄《ものすご》い雰囲気を放つ場所であった。味地が壕のほとりに立つと、たちまち壕の中から妖怪が出現した。顔の色は藍《あい》より青く、大きな眼は光り輝いており、背が高く大きいものが義兵衛を睨《にら》んだまま水上に立った。義兵衛は少しも恐れずに妖怪の前に座り、向かい合ったまま目を見張った。時が経つにつれて、氷が日光によって溶けていくように、妖怪も次第に消えていき、跡形もなくなった。以後、その壕に妖怪が出てくることはなくなったという。（日本随筆大成編輯部（編）『日本随筆大成』第二期二四）

川獺［かわうそ］

佐賀県鳥栖《とす》市《し》幸津町《さいつまち》でいう肝抜き。

幸津町では川獺は尻から手を入れて、じご（内臓）を引き出すとされ、腸でもなんでも引き出すという。（鳥栖市誌編纂委員会（編）『鳥栖市誌資料編　第一一集　とすの口承文芸』）

カワソ

佐賀県三養基《みやき》郡北茂安町（現・みやき町）でいう水怪。

川祭りをするとかわそに引かれないという。（北茂安町史話伝説編集委員会（編）『北茂安町の史話伝説』）

カワソウ

佐賀県小城市、佐賀市でいう水怪。

小城町教育委員会（編）『小城の口承文芸』によると、小城市小城町では、堀に入るとカワソウから足を引かれる、尻穴から手を入れられてジゴ（内臓）を抜き取られるという。（小松和彦・常光徹（監修）『47都道府県・妖怪伝承百科』）

佐賀市松原町の松原神社、本庄町の本庄神社、六座町の北向天満宮などの門の上には、水難防除のためにカワソウの木像とされるものが取り付けられている。（市場直次郎『日本の民俗　四一　佐賀』、市場直次郎（編著）『豊国筑紫路の伝説』）

がわたろ

佐賀県伊万里市黒川町黒塩背戸の溜め池に棲む水怪。

人に悪さをしていたところを、早背戸という相撲《すもう》取《と》りに退治された。早背戸は退治したがわたろを穴に埋め、その上に石を置いて、「この石が溶けてなくなるまで、世に出てはならぬ」と言ったという。（伊万里市史編さん委員会（編）『伊万里市史　民俗・生活・宗教編』）

ガワタロー

佐賀県伊万里市南波多の谷口、古里、重橋、水留《つづみ》、古川でいう水怪。

谷口ではガワタローは人を引き込むとされるが、ガワタローを見た者はいない。

重橋では、体が焼けるように暑い夏の日に、ある人が水を被るために川へ行ったが、死んでしまった。尻の穴が抜けていたため、ガワタローのせいだろうとされている。

水留にある神社に悪戯者《いたずらもの》のガワタローがいた。そこの神社の花立からはキュウリのワタがたくさん出てきたという。ガワタローはキュウリとジゴ（尻子）を好むとされる。（宮地武彦（監修）・北九州大学民俗研究会（編）『波多の民話』）

カワッソ

佐賀県武雄市橘町潮見川一帯に棲んでいたという水怪。

嘉禎三年（一二三七）に橘公幸が伊予国（愛媛県）から当地に移り、潮見神社の背後の山頂に潮見城を築いた。橘氏の眷属《けんぞく》のカワッソたちも潮見川に移り住み、この川の流域で人畜に害をなすようになった。そこで橘氏の後裔《こうえい》の渋江氏がカワッソを戒め、川の上流にある浮橋から下流の潮見神社一の鳥居東側の茶畑の中にある平石の辺りまでいっさい害を与えないようにとカワッソに約束させた。この茶畑の中にある長さ二メートル余りの平石はカワッソの誓文石と呼ばれており、この石に花が咲くまでは人に害を与えないと約束したという。（辺見じゅん・佛坂勝男・宮地武彦『日本の伝説三八　佐賀の伝説』、市場直次郎（編著）『豊国筑紫路の伝説』）

かわっそう

佐賀県西松浦郡有田町でいう水怪。河童の意。

水死した人の肛門《こうもん》が開いているのは、かわっそうに尻子（尻子玉。尻付近の内臓）を抜かれたからだと解釈し、「かわっそうのしっご（尻子のことか）とる」という言葉がある。（有田町史編纂委員会（編）『有田皿山の方言　有田町史　別編』）

ガワッパ

佐賀県東松浦郡玄海町外津《ほかわづ》、鎮西町打上（現・唐津市鎮西町打上）、鳥栖市《とすし》牛原町、神埼郡千代田町（現・神埼市千代田町）でいう水怪。

玄海町外津では祇園に海で泳ぐと、ガワッパが尻子（尻子玉。尻付近の内臓）を抜くという。（玄海町町史編纂委員会（編）

『玄海町の民俗』）

鎮西町打上では川祭りの際に、団子を作って川に投げ入れることで、ガワッパの害を防ぐことができるとされる。（市場直次郎『日本の民俗　四一　佐賀』）

鳥栖市牛原町には、毎晩便所でガワッパが手を差し出してくるために、その手を斬ったという話がある。毎晩、「その手を返せ」と言ってきていたとされる。（鳥栖市誌編纂委員会（編）『鳥栖市誌資料編　第一集　とすの口承文芸』）

神埼郡千代田町では、川で一人の男が泳いでいると、ガワッパが出てきて水中に引っ張り込み、尻の穴から手を突っ込んで、腸を引き出したという。（和田寛（編）『河童伝承大事典』）

棺おけのばあさん［かんおけのばあさん］

佐賀県鹿島市の昔話。一つ家の怪。

肥前国多良岳（佐賀県）の麓《ふもと》に爺《じい》さんと婆さんが住んでいた。婆さんが先に死んでしまい、床の間に置かれた。すると、婆さんは棺おけの中から「とったん（とうさん）、おるかん」と呼ぶようになった。最初は喜んだ爺さんだったが、少しでも返事が遅れると怒ったように「とったん、おるかん」と叫ぶので、次第に恐ろしくなった。そこで爺さんはお遍路さんに身代わりを頼み、村はずれの若者宿（若者が集まる集会所兼宿）へと逃げ込んだ。若者宿では祝いの寄り合いを行っており、爺さんにも小豆飯を分けてくれた。留守番をしていたお遍路さんは隣室からの「とったん、おるかん」の声に気味が悪くなり、逃げ出してしまう。返事がないことに怒った棺おけのばあさんは棺おけに入ったまま転がり、お遍路さんを追いかけていたが、若者宿の前まで来ると止まった。宿に入り、一人一人匂いを嗅《か》いで回ったが、全員小豆飯の匂いばかりで違う匂いの者はおらず、また外へ転がり出て行った。（佐賀県小学校教育研究会国語部会（編著）『佐賀のむかし話』）

菊之介の幽霊［きくのすけのゆうれい］

佐賀県佐賀市材木町一丁目で起こったという幽霊譚《たん》。

二代目中村梅玉の一座が福岡県直方の日若座でこけら落としをやり、九州一円をドサ回りしたことがあった。初めは順調であったが、途中で客入りが落ちてしまった。その頃、下回りの菊之介が心臓脚気で寝つき、興行先に預けて一座は次の興行地へと旅立った。佐賀まで来た時のこと、十三夜の月が明るい晩、楽屋で一座が次の出し物の話をしていたところ、近くの橋口屋という蕎麦《そば》屋から盛蕎麦が一四杯届いた。誰が寄越した蕎麦なのかわからなかったが、皆で食べていると楽屋の入り口に人影があることに気が付いた。流行の小紅の浴衣に宝結びの紋で薄羽織を着てお辞儀をしているのは、興行先に預けていた菊之介であった。皆に世話になった礼に蕎麦を食べてもらいたいと話す菊之介に構わず食い続けていた一同であったが、一人の役者が菊之介がすでに死んでおり、預けていた小屋の主から骨を取りに来いと先日知らせがあったことを思い出した。小屋の入り口には誰もおらず、目の前には人数分の蕎麦がある。そこへ座員の走り使いをしている男が菊之介の骨壺《こつつぼ》を持ってきた。事情を聞こうと蕎麦屋へ尋ねると、役者風の色の白い人が注文し代金も払ってもらっているという。代金が木の葉に変わっていたら楽屋まで代金を取りに来て欲しいと伝えたが、蕎麦屋は代金の請求に来ることはなかったという。（今野圓輔（編著）『日本怪談集―幽霊篇―』）

狐の風 [きつねのかぜ]

佐賀県でいう憑《つ》き物。

狐の風を負った時は狸《たぬき》に禁厭《きんよう》（まじない）してもらうと正気に復するという。これは狸のほうが狐よりも一段才智が勝れているからだという。（喜田貞吉（編著）・山田野理夫（編）『憑物』）

狐の嫁入り [きつねのよめいり]

佐賀県伊万里市大川内町、鳥栖市《とすし》立石町・本町・養父町《やぶまち》・河内町《かわちまち》でいう光物、怪火の類。鳥栖市山浦町では狐のご膳《ぜん》迎えと呼ぶ。

大川内町では夜中に通る提灯《ちょうちん》の行列を狐の嫁入りと呼んでいる。（小松和彦・常光徹（監修）『47都道府県・妖怪伝承百科』）

鳥栖市では有明海の不知火《しらぬい》のような光の行列を狐の嫁入りと呼んでいる。狐の涎《よだれ》がそういう火に見えるとされている。（鳥栖市誌編纂委員会（編）『鳥栖市誌資料編　第一一集　とすの口承文芸』）

首ちょうちん [くびちょうちん]

佐賀県でいう妖怪。邪視、もしくはユキアイ（コラム参照）の類か。

マイバースデイ編集部（編）『私は霊にとりつかれた！』に紹介されているもの。暗い夜道に現れる。首から分離した自分の頭を竹の棒に、まるで提灯《ちょうちん》のようにぶら下げており、その生首はぼんやりと光を放っているという。この恨めしそうな顔に睨《にら》まれると、重い病にかかってしまう。

佐賀県の他に四国や東京都錦糸町にも目撃談があるとされる。（朝里樹『日本現代怪異事典』）

蜘蛛の精 [くものせい]

佐賀県伊万里市でいう異類婚姻譚《たん》。食わず女房の類。

蜘蛛が飯を食わない嫁として女房になるが、正体がバレて竹の籠に男を入れて家に持って帰ろうとする。男は逃げるが、蜘蛛は捕まえるために再び男の家を訪れる。そして囲炉裏《いろり》の鉤《かぎ》を伝って降りてくるが、火《ひ》箸《ばし》で焼き殺されてしまう。（宮地武彦（編著）『昔話研究資料叢書　別巻　肥前伊万里の昔話と伝説』）

食わず女房 ［くわずにょうぼう］

佐賀県でいう異類婚姻譚《たん》。飯食わず女房の類。

伊万里市南波多町では、女に化けた蜘蛛《くも》が嫁になり、握り飯を自分の背中に放り込んでいた。正体がバレたことに気が付いた嫁はすんなり男と別れた。満腹になるまで握り飯を食べたから蜘蛛の腹は大きいという。（宮地武彦（編）『〔新版〕日本の民話六〇　佐賀の民話　第一集』）

杵島《きしま》郡白石町福田秀津《ひでつ》では山伏に見破られた化け物が家族を食おうとしたが、山伏が持っていた菖蒲《しょうぶ》を恐れて逃げ去っている。（宮地武彦（編）『〔新版〕日本の民話七一　佐賀の民話　第二集』）

ゲームババア

佐賀県のある小学校の七不思議の一つ。実業之日本社（編）『こわーい！　都市伝説&怪談DX』に紹介されているもの。

学校にゲームソフトを持ってきていると、教室に誰もいない時にゲームババアが現れ、そのゲームソフトを持っていってしまう。ゲームババアは一〇〇〇本以上のゲームソフトを所持しているとされる。（朝里樹『日本現代怪異事典』）

高麗墓 ［こうらいばか］

佐賀県伊万里市脇田町の伝説。

古瓶屋《ふるかめや》の橋の修復に、高麗人陶工の墓石を使用したところ、大雨に見舞われたり、悪疫が流行したりしたため、多くの人が死んだ。祈禱師《きとうし》のお告げにより、墓石を踏みにじっているためだと判明し、墓石を元に戻し、懇《ねんご》ろに弔ったところ、災厄は治まったという。（伊万里市史編さん委員会（編）『伊万里市史　民俗・生活・宗教編』）

子育て幽霊 ［こそだてゆうれい］

佐賀県鳥栖市《とすし》、東松浦郡厳木町《きゅうらぎまち》（現・唐津市）でいう死亡した産婦の幽霊。

鳥栖市では断片的に話が伝わっている。妊娠したまま死んだ女が墓に埋められたが、墓の中で赤ん坊が産まれた。幽霊となった女は飴《あめ》がた屋で飴がたを買い、子どもに与えていた。飴がた屋が女の後をつけてみると、とある墓の前で消えてしまう。赤ん坊の泣き声が聞こえたので墓を掘ってみると、母体は崩れていたが、赤ん坊は飴がたをしゃぶって生きていた。そのため、妊婦が死んだ場合は、母体は死んでいても赤ん坊を取り出してから祀《まつ》らないといけないとされている。（鳥栖市誌編纂委員会（編）『鳥栖市誌資料編　第一一集　とすの口承文芸』）

厳木町では正安寺という寺とよさわ川近くの飴屋での出来事として語られている。話の内容は鳥栖市をはじめ、多くの地域で語られるものと同じであり、厳木町でも鳥栖市の話同様に、妊娠したまま死んだ場合、必ず母と赤ん坊を分けて埋葬する由来譚《たん》となっている。（厳木町史編纂委員会（編）『厳木町史』上巻）

小太尻坊主［こたじりぼうず］

佐賀県東松浦郡玄海町外津《ほかわづ》でいう海の怪。

　玄海原子力発電所の三、四号機のある辺りの磯《いそ》をコタジリと呼び、そこにはコタジリボウズが出るので注意しろといわれていた。雨の日の浜に現れるとされる。浜の五〇メートル沖の海上にコタジリボウズが現れ、それを見たイカ捕りの漁師が病気になったという。（玄海町町史編纂委員会（編）『玄海町の民俗』、小松和彦・常光徹（監修）『47都道府県・妖怪伝承百科』）

コックリさん

占いの一種。

佐賀県唐津市呼子町《よぶこちょう》では、カトリック信者のいる所には狐が降りてこないといわれており、そのためコックリさんができないという。諸説あるコックリさんの起源の一つに、「キリシタンが伝えた邪法である」という説があるが、呼子町の話はこの起源を一部否定する形になる。（小松和彦（監修）『日本怪異妖怪大事典』）

駒石［こまいし］

佐賀県伊万里市大川町駒鳴から東松浦郡北波多村志気《しげ》（現・唐津市北波多志気）へ越える駒鳴峠《とうげ》にある石の怪。

　馬の形に似ている駒石という石があり、この石が毎夜いなないていた。日在《ひあり》城の城主が石工を伴い、馬の形の喉《のど》にあたる所を割らせると、以後鳴かなくなったという。（伊万里市史編さん委員会（編）『伊万里市史　民俗・生活・宗教編』、市場直次郎（編著）『豊国筑紫路の伝説』）

子持ち女の幽霊［こもちおんなのゆうれい］

佐賀県伊万里市、小城《おぎ》市、鳥栖《とす》市に伝承のある幽霊。

　夜、墓地などに現れ、通りがかりの人に赤子を抱かせる。だんだん重くなっていく赤子に耐えることができた者に大力を授ける。（小松和彦・常光徹（監修）『47都道府県・妖怪伝承百科』）

　この幽霊を**ウブメ**と呼んでいる話は佐賀県では少ないとされるが、まったくないわけではない。ウブメの他に**ウグメ**という表記も見られる。

コンニャクの化け物［こんにゃくのばけもの］

佐賀県佐賀市中の館町の乾亭院《けんこういん》に現れた化け物。イマニモ（コラム参照）の怪。

　境内にある大きな楠《くすのき》からぶら下がっては下を通る者の頬《ほお》を撫《な》でた。刀で斬っても二つ四つ八つに増えるばかりで埒《らち》が明かないという。

幕末の頃、二人の青年がここを通りかかった。「昔はこの大楠にコンニャクの化け物の出たてっよう」「そいばってん、今なら何の出るものか」と話した途端、大楠の梢から「今ないばってん」と凄《すご》みを帯びた声とともにコンニャクの化け物がぶら下がり、二人の頬にくっついたという。（後藤道雄（編）『新佐賀夜話』）

【さ】

魚女房 ［さかなにょうぼう］

佐賀県佐賀郡諸富町大堂津（現・佐賀市諸富町）でいう異類婚姻譚《たん》。蛤《はまぐり》女房などの類話がある。

大変出来の良い嫁で、朝食の味噌汁《みそしる》は大変美味しかった。姑《しゅうとめ》はどのようにあの美味しい味噌汁を作っているのか気になり、早く起きて隠れて嫁を見ていた。嫁は見られているとは気づかずに鍋におしっこを入れて、味噌汁にしていた。真実を知った姑はいっさい味噌汁を食べようとしなかった。味噌汁を作っているところを見られたと気づいた嫁は「大変お世話になって」と言って、魚の姿になって川を泳いでいったという。（宮地武彦（編）『［新版］日本の民話　七一　佐賀の民話　第二集』）

座敷化け物 ［ざしきばけもの］

佐賀県藤津郡鹿島町（現・鹿島市）旧城内に現れたという、人を押さえつける怪。

夜半過ぎに、旧城内にある中学校寄宿舎の特別舎の八畳の座敷に寝ると、必ず何者かが出てきて布団の上から押さえつける。息もできないほど強く押され、目を開けて見ると何者もいない。寄宿舎の中ではこの八畳の部屋にのみ現れ、布団の敷き場所、敷き方によって押さえられる時があるという。

講道館四段の豪傑が、柔道教師としてこの中学校に赴任したが、この人も下宿に入った夜に押さえられた。これはと思い、布団を少し引っ張って片寄せて寝ると何もなかったという。（喜田貞吉（編著）・山田野理夫（編）『憑物』）

獅鬼 ［しき］

佐賀県伊万里市眉山《まゆやま》にいたという怪獣。大きさは二丈（約六メートル）ほどあり、牛にも獅子《しし》にも似た姿をしているとされる。

後朱雀《ごすざく》天皇の御代（一〇四〇）の頃、大川野と若木の境にある眉山の岩穴に獅鬼が棲んでおり、夜になると里に出てきて人間や家畜を襲った。村人は宇野御厨《うののみくりや》に住んでいた地頭の渡辺源太夫久に相談し、源太夫は息子の蒲江三郎糺《ただす》とともに獅鬼退治に向かった。源太夫は村の若者たちを集めると眉山で鉦《かね》や太鼓を打ち鳴らさせ、歓声をあげさせることで獅鬼を誘い出し、追い回した。獅鬼は猛烈な勢いで暴れ回り、地響きがするような咆哮《ほうこう》を上げた。あまりの激しさに村人たちは見守ることしかできなかったが、淀姫《よどひめ》神社の境内から白羽の矢が飛び、獅鬼の頭に突き刺さった。獅鬼は暴れ狂い、尾根伝いに厳木《きゅうらぎ》の瀬戸木場まで逃げたが、そこで息絶えてしまった。あの白羽の矢は諏訪《すわ》大明神のおかげであろうと、獅鬼の頭を淀姫神社の鳥居の脇に埋め、この塚を埋牛塚と呼んだ。しかし、それからというもの、村ではたびたび悪病が流行り、良くないことが続いたため、これは獅鬼の祟りであろうということになり、丑《うし》の日に埋牛塚で牛祭りを行うようにした。それにより、悪い病は流行らなくなったという。（厳木町史編纂委員会（編）『厳木町史』上巻、伊万里市史編さん委員会（編）『伊万里市史　民俗・生活・宗教編』）

しき幽霊 ［しきゆうれい］

佐賀県唐津市の小川島でいうあやかしの類。

雨の降る暗い晩に出る火。百人一首の「由良の門《と》をわたる船人」を歌うと消えるという。また、しき幽霊は瀬（浅瀬）や魚になって現れる。しき幽霊の瀬に出遭った場合は、その真ん中を乗り切る（突っ切る）と良いとされる。しき幽霊が鰯《いわし》となって湊《みなと》の前に多く現れたことがあり、その際、網を引いても一匹も獲れなかったため、しき幽霊だとわかったという。（桜田勝徳「松浦の島々」『桜田勝徳著作集』六）

白い髪のお婆さん ［しろいかみのおばあさん］

佐賀県佐賀郡（現・佐賀市）からの投稿。以前、トイレに鏡があり、それを見ていると鏡に白い髪のお婆さんが映る。何人も見た人がいたが、今はトイレに鏡が一つもないという。（日本民話の会　学校の怪談編集委員会（編）『学校の怪談　遠足に幽霊がついてきた』）

白い手 ［しろいて］

佐賀県佐賀郡（現・佐賀市）からの投稿。学校の放送室に誰もいないのに、放送室の窓に白い手があるのが見えたという。（日

本民話の会　学校の怪談編集委員会（編）『学校の怪談　一四　こっくりさん、きてください』）

白いもや［しろいもや］

（投稿者が転校する前の学校の話であるため、佐賀県での出来事とは限らないが、佐賀県の話としてここに紹介する）

学校の七不思議の一つ。屋上に行くと、白いもやに囲まれて下に落ちるという。佐賀県三養基《みやき》郡からの投稿。（日本民話の会　学校の怪談編集委員会（編）『学校の怪談　一二　体育館であそぶ霊』）

すろこ

（投稿者が転校する前の学校の話であるため、佐賀県での出来事とは限らないが、佐賀県の話としてここに紹介する）

学校の七不思議の一つ。廊下の真ん中で「すろこ」と言うと、神隠しに遭うとされる。（日本民話の会　学校の怪談編集委員会（編）『学校の怪談　一二　体育館であそぶ霊』）

底幽霊［そこゆうれい］

佐賀県でいう海の怪。

佐賀県、長崎県の両県にこの話があるとされるが、事例は長崎県のものばかりである。（民俗學研究所『綜合日本民俗語彙』）

【た】

たいのお魚女房［たいのおさかなにょうぼう］

佐賀県鳥栖《とす》市藤木町の異類婚姻譚《たん》。類話として、**魚女房**や蛤《はまぐり》女房などがある。

とある海辺の家が嫁をもらった。料理がとてもうまく、朝の味噌汁《みそしる》が特に美味しいものであった。どのようにしてこんなに美味しい汁を炊くのかと姑《しゅうとめ》は気にかけていた。そのうち、夜中に嫁の姿が見当たらないようになっていた。そんなことが何日か続いた晩、姑が嫁の後をつけてみると、嫁は海に入り、鯛《たい》のお魚になっていた。その味噌汁のおつゆは鯛が鍋に跨《また》がっておしっこを出していた汁であった。（金沢敦子・中島忠雄・山中耕作（編）『日本の民話　一一　九州（一）』、鳥栖市誌編纂委員会（編）『鳥栖市誌資料編　第一一集　とすの口承文芸』）

宝化物［たからばけもの］

佐賀県伊万里市の昔話に登場する宝の精。

諸国修行していたお坊さんが、化け物が出るという評判がある空き家に泊まった。夜中、金色の裃《かみしも》を着た侍のような化け物が現れ、庭のほうを向いて「善哉《ぜんさい》。善哉。善哉」と言った。すると庭から「へぇー」と返事がして別の化け物が現れ、二人でなにやら話していたが、消えてしまった。次に白い裃を着た化け物が現れ、先ほどの化け物と同じように「善哉。善哉。善哉」と言うと、「へぇー」と返事をする化け物と話をして、消えた。今度は赤い裃を着た化け物が現れ、先の化け物たちと同様なことをして、消えていった。この光景を見ていたお坊さんは自分も「善哉。善哉。善哉」と言ってみた。すると同じように「へぇー」と言って化け物が出てきたので、何者なのか尋ねた。金の裃が金の精、白の裃が銀の精、赤の裃が銅の精であり、自分は壺《つぼ》の精だと答えた。理由を尋ねると、ここは昔栄えた長者の屋敷跡であり、地下に宝物が埋まっていると壺の精は答えた。翌朝、様子を見に来た近所の人たちとともに床下を掘ると、大判小判がたくさん埋まっており、お寺を設けて、屋敷跡のお祀《まつ》りができたという。（宮地武彦（編著）『昔話研究資料叢書　別巻　肥前伊万里の昔話と伝説』）

大分県臼杵市にも同様の話がある。

ダキの化け物［だきのばけもの］

佐賀県唐津市鎮西町加唐島《かからしま》でいうあやかし、磯女《いそおんな》の類。ダキの女化け物ともいう。

東唐津の漁師の親子三人がダキの下に船を泊め、海岸に上がって火を焚いていると、女が近づいてきて「魚をくれ」と言う。父親は女の様子がおかしいと思い、子ども二人に「船のオモテの中の魚を持ってきてやれ」と命じた。初めから船に魚などなかったため、子どもたちは「魚など見つからないよ」と船の上から父親に呼びかけた。「そんなことはないはずだ」と言いながら父親は船に乗り込むと、艫綱《ともづな》も碇綱《いかりづな》も切り捨て、沖へと逃げた。女は「えい、命をとりそこねた」と言って悔しがった。以来、東唐津の船は加唐島にやって来ても碇を下ろすだけで、艫綱はつけないという。（日本民俗学会（編）『離島生活の研究』、今野圓輔『日本怪談集　妖怪篇』下、関山守彌（編著）『日本の海の幽霊・妖怪』）

ちなみに、ダキとは断崖のことであり、化け物が出現した場所を指している。この話や化け物を「ダキ」という名前で紹介する本もあるが、決してこの女化け物の名前ではない。『日本怪談集　妖怪篇』の著者、今野圓輔も加唐島のダキの女怪がいったいどんなフルネームなのか不明なのは残念なことであると記している。

類話に大分県の**海じじい**や**一つ目小僧**がある。

タツクチナワ

北九州地方では耳のある蛇をタツクチナワと呼ぶ。

佐賀県小城《おぎ》郡藤尾の龍天池では、タツクチナワが水面を通う際にここで泳ぐと必ず河童の難に遭うという。（民俗學研究所『綜合日本民俗語彙』）

千待坊 ［ちまちぼう］

佐賀県伊万里市二里町でいう巨人。

今から四〇〇〇年前、千待坊という大男がどこからかやって来て、片方の足は渚村に、もう片方の足は川東岳村に据えて、山に腰を下ろした。この時から千待坊が腰かけた山を腰岳と呼ぶようになった。千待坊が腰岳に座ったまま周囲の様子を眺めていると、渚村のセン婆さんと川東岳村のヨシ婆さんが海岸まで行って稗《ひえ》を取って食べていることに気が付いた。千待坊は二人を呼ぶと、今は米という立派な食べ物があると伝え、米の作り方を教えるからこれからは米を作るといいと言った。渚の上と南川東の岳屋敷という所には、千待坊に教えてもらって作った田の中に「千待坊の足形」が残っているという。二人に米の作り方を教えた千待坊はその後、西のほうへと行ったらしく、脇野の上辺りの大王という所と、大久保の上辺りに千待坊の足跡が残っているともいわれている。（伊万里市史編さん委員会（編）『伊万里市史　民俗・生活・宗教編』）

辻まき ［つじまき］

佐賀県でいう魔風、ユキアイ（コラム参照）の類。辻風の意。

辻まきはあらゆる毒気の集中するものだという。往来で辻まきに出くわすことを風負うと呼び、祓《はら》うには、禁厭《きんよう》（まじない）として三度唾《つば》を吐くと良いとされる。（喜田貞吉（編著）・山田野理夫（編）『憑物』）

テケテケ

佐賀県の小学生からの投稿。花子さん研究会（編）『トイレの花子さん』四に掲載されているもの。

右手に鎌、左手にハサミを持ち、鼻や口から臭い膿《うみ》のようなものを垂れ流している。禿《は》げ頭に小さな人間を生やしており、この人間は「テケテケ、置いてけ、魂、置いテケ」と鳴き続ける。口から吐き出された黄色い液体に当たると同じ怪物になってしまうことが示唆《しさ》されている。（朝里樹『日本現代怪異事典』）

天火 ［てんび］

佐賀県でいう怪火。

火災の前兆であるため忌むが、東松浦郡厳木町天川《きゅうらぎまちあまがわ》（現・唐津市厳木町天川）では、天火が出ると天気が良くなるとされる。天火が家の中に入ると病人があるといい、その際は鉦《かね》を叩いて天火を追い出す。（民俗學研究所『綜合日本民俗語彙』）
　神埼郡吉野ヶ里町では、天火が現れると村中の人が集まり、箕《み》などを叩きながら、「天火さんな、お立ちんなさい」と大声で一晩中騒いだという。（小松和彦・常光徹（監修）『47都道府県・妖怪伝承百科』）
『甲子《かっし》夜話』巻九ではテンピと呼び、念仏を唱えながら郊外へと追い出すという。（松浦静山（著）、中村幸彦・中野三敏（校訂）『甲子夜話』一）

豆腐盗り狐［とうふとりぎつね］

佐賀県鳥栖市《とすし》六反に出たという化け狐。六反の豆腐盗り狐と呼ばれる。

　六反から鳥栖へ渡るには川を石跳びで横切って渡らなければならなかった。本鳥栖で豆腐を買って、この石跳びの所まで来ると、豆腐盗り狐から豆腐を盗られてしまう。ある人が狐に盗られないように竿《さお》の先に買った豆腐を括《くく》りつけて石跳びを渡っていると、向こうから「下にー、下にー」と殿様の行列がやって来ていた。その人は急いで豆腐を置き、土下座をしていたところ、狐に豆腐を盗られてしまったという。（鳥栖市誌編纂委員会（編）『鳥栖市誌資料編　第一一集　とすの口承文芸』）

トリイザシ

佐賀県東松浦郡七山村藤川（現・唐津市七山藤川）では急に神が乗り移った人をトリイザシと呼ぶ。乗り移る現象自体は「オサガリ」と呼ぶ。（桜田勝徳「肥前の山」『桜田勝徳著作集』七）

鳥渕［とりぶち］

佐賀県伊万里市東山代町滝川内木場集落にあるという深い淵《ふち》。

ここで漁をすると水の色が変色し、天気も急変するとされる。また、人を食べるほどの大鯰《おおなまず》や大鰻《おおうなぎ》が棲んでいるという。（伊万里市史編さん委員会（編）『伊万里市史　民俗・生活・宗教編』）

【な】

なばの化け物［なばのばけもの］

佐賀県東松浦郡七山村東木浦（現・唐津市七山木浦）でいうキノコの化け物。

武者修行をしていた侍が空き寺に泊まることになった。真夜中頃、侍の寝ている場所の天井の辺りでガタゴトと音がした。侍が「上にいる者は何者か」と尋ねると、それは「なばの化け物」と答えた。侍となばの化け物が一番恐ろしいものについて話をすると、なばの化け物は夜明けまで、侍が恐ろしいと言っていた金をジャランジャラン落とし続けた。朝になり、侍はなばの化け物が一番恐ろしいと言っていた塩を買ってくると、裏山のなばが多く立っている所に塩をかけた。それにより、なばは死んでしまったという。（宮地武彦（編）『［新版］日本の民話　七一　佐賀の民話　第二集』）

ヌレオンナ

佐賀県でいう女性姿の妖怪。

濡れそぼった女の姿をしており、雨の夜などに現れる。祟るということはあまりないが、出遭うと気持ちが悪くなることがあるという。（加藤恵「県別日本妖怪事典」『歴史読本　臨時増刊　特集「異界の日本史　鬼・天狗・妖怪の謎」』平成元年一二月増刊号）

ねこかぼちゃ

佐賀県伊万里市でいう毒南瓜《かぼちゃ》。

猫の目ん玉から芽が出ている南瓜は非常に強い毒を持ち、人間を殺す。南瓜を食べる場合は、自分で作った南瓜でないといけないとされる。（宮地武彦（編著）『昔話研究資料叢書　別巻　肥前伊万里の昔話と伝説』）

【は】

白衣の嫁［はくいのよめ］

佐賀県藤津郡太良町《たらちょう》太良油津《あぶらつ》に伝わる「幽霊徳利《どっくり》」の伝説に登場する幽霊。

姑《しゅうとめ》の使いで、嫁が徳利を持って油を買いに行った。その帰りに嫁川の渡瀬を渡る際に徳利を落としてしまったことで、瓶口を破損させてしまい、嫁は身投げした。それからというもの、渡瀬に白衣の嫁が何かを持って現れ、渡瀬を渡る者にその何かを差し出すようになった。多良糸岐《たらいとき》の御目付である大坪羽左衛門が渡瀬を渡ると、件《くだん》の白衣の嫁が現れ、何かを差し出したので受け取り、帰宅後受け取った物を見てみると、それは黒色の小徳利であった。その後、この川を嫁川と呼ぶようになり、この徳利は幽霊徳利と呼ばれた。以来、白衣の嫁は現れなくなったという。（辺見じゅん・佛坂勝男・宮地武彦『日本の伝説　三八　佐賀の伝説』）

白蛇の尼僧［はくじゃのにそう］

佐賀県伊万里市東山代町の白蛇山の伝説に登場する白蛇。

八〇〇年前、浦川内の上の辺りの岩山に大きい洞穴があり、いつからか白蛇が棲んでいた。この白蛇は美しく心根の優しい大蛇で、もともとは黒髪山に夫とともに棲んでいた。夫の大蛇は天童岩を七巻半も巻くほど長大で乱暴者であり、口から火を吹きながら里に下りては、牛馬や人間を呑んでいた。ある日、領主の有田栄に頼まれた鎮西八郎為朝により夫は討ち殺されてしまう。妻である白蛇も殺されるのではないかと、地中深く穴を掘って隠れ、ほとぼりが冷めた頃に夜陰に紛れて西へと逃げた。白蛇は浦川内の洞穴を安住の地に決めると、夫の悪行とそれを止められなかった自身を悔い、毎日仏を拝んでいた。ある日、白蛇の夢の中に薬師如来《にょらい》が現れ、白蛇を人間へと化身させた。人間となった白蛇は尼僧《にそう》となって多くの人の病を治していった。数年後、自分の寿命を悟った白蛇の尼僧は自分を慕う村人たちを早めに帰らせた。明朝、尼僧を訪ねてみると白蛇の脱け殻だけが残っていたという。（伊万里市史編さん委員会（編）『伊万里市史　民俗・生活・宗教編』）

白髪のおばあさん［はくはつのおばあさん］

真夜中に長い白髪のお婆さんがトロンボーンを吹いているという話が佐賀県佐賀郡（現・佐賀市）から投稿されている。（日本民話の会 学校の怪談編集委員会（編著）『学校の怪談　一三　幽霊によばれた校長先生』）

化け猫［ばけねこ］

佐賀藩主鍋島家に祟った化け猫が有名。三大怪猫譚《かいびょうたん》の一つ。幕末には歌舞伎の題材となり、全国的に有名となった。

鍋島藩の殿様が、かつての君主である龍造寺家の血を引く盲人と碁《ご》を打つが、勝負のもつれからその人を殺してしまう。その人の飼い猫であるコマにより、息子の死を知った母親は自害し、コマはその血を舐《な》めて化け猫となる。猫の祟りにより、殿様は毎晩悩まされるが、忠義の家臣が側室に化けていた猫を退治した。猫の死骸は五尺（約一・五メートル）を超えるほど大きかったという。

杵島《きしま》郡白石町の泰盛山秀林寺には鍋島猫騒動にゆかりのある猫大明神の猫塚が存在している。塚や掛け軸には七尾の猫の姿が描かれている。（小松和彦・常光徹（監修）『47都道府県・妖怪伝承百科』、辺見じゅん・佛坂勝男・宮地武彦『日本の伝説　三八　佐賀の伝説』、東雅夫『妖怪伝説奇聞』）

機織り狐［はたおりぎつね］

佐賀県鳥栖《とす》市立石町でいう古狐。

夜半頃に裏の山からやって来る。細縞《ほそじま》の単衣《ひとえ》に黒繻子《しゅす》の帯を結んだ老婆に化け、川の中の石に座ってうつむいたまま、ブーンブーンと機をひく。

また、亀石を隔てた道の反対側に楠《くすのき》の老木があり、幹の根元から一間（約一・八メートル）ほどの高さが洞《ほら》になっている。ときどき、老婆に化けていない時の機織り狐はこの洞から這《は》い出て老木に登り、枝の上から道行く人の頭に砂を振りかける。機織り狐が砂を撒《ま》く時は楠の葉がサラサラと鳴って、人の首筋に砂が降りかかるという。（鳥栖市誌編纂委員会（編）『鳥栖市誌資料編　第一一集　とすの口承文芸』）

はちがめ

佐賀県伊万里市木須町木須西でいう動物報恩譚《ほうおんたん》、カブトガニの俗信。伊万里ではカブトガニを「はちがめ」と呼んでいる。

はちがめに酒をかけると、大きな巻貝を背負って戻ってくるという。（伊万里市史編さん委員会（編）『伊万里市史　民俗・生活・宗教編』）

八ちょん狐［はっちょんぎつね］

佐賀県鳥栖《とす》市平田町でいう狐。八丁土手野狐とも。

鉄道の所で青い明かりを灯す。（鳥栖市誌編纂委員会（編）『鳥栖市誌資料編　第一一集　とすの口承文芸』）

話の内容としては、狐火、怪火、光物の類か。

鼻黒犬［はなぐろいぬ］

佐賀県鳥栖市《とすし》平田町でいう子ども脅し。米倉山の辺りでは、わがままを言ったり、泣きわめいたりする子どもに「泣きやまんげんと鼻黒犬が出てくるぞ」と言っていたという。（鳥栖市誌編纂委員会（編）『鳥栖市誌資料編　第一一集　とすの口承文芸』）

花子さん［はなこさん］

佐賀県の小学校でいう生物の部位が下がる怪。

佐賀県の中学生からマイバースデイ編集部（編）『音楽室に霊がいる！』に投稿されたもの。

一三日の金曜日の夜に、ある小学校の体育館裏の柳の木の周りを三回まわり、「花子さん」と呼ぶと柳の枝の辺りに女の首が現れ、「はい」と返事をするという。（朝里樹『日本現代怪異事典』）

ばばしゃん狐［ばばしゃんぎつね］

佐賀県唐津市佐志峠《とうげ》に出る古狐。お婆さんに化けて現れるため、「ばばしゃん狐」と呼ばれる。

ある時、ばばしゃん狐があまりにも悪さを働くため、大庄屋に賞金をかけられる。この話を聞いた勘右衛どんは、ばばしゃん狐を捕まえて賞金をもらおうと、ばばしゃん狐退治に向かった。ある日の日暮れに勘右衛どんは博労《ばくろう》（牛馬の仲買人）の格好をし、他所《よそ》から借りてきた馬を引いて太閤様の道（朝鮮と戦争した際、名護屋に城を築き、その時に作らせた道）を歩いていた。すると、坂の途中から勘右衛どんの後をつけてくる者がいる。振り返ると、腰は曲がり、頭髪は真っ白く、風呂敷包みを腰に巻き付けたお婆さんがいた。勘右衛どんがこんな遅くにどこへ行くのか尋ねると「名護屋の娘の所からの帰りで、佐志の八幡様の所へ帰る」と答えた。暗くなるし、悪路だからとお婆さんを馬に乗せた勘右衛どんは、落ちると危ないからとお婆さんを縄で馬にきつく縛り付けた。

そのまま佐志の大庄屋の元へ向かった勘右衛どんは、ばばしゃん狐を捕まえたから賞金をくれと言った。声を聞いて集まった村の者たちが馬を見ると、木の株が縛り付けられている。狐が木の株に化けたと気が付いた勘右衛どんは、村の人たちに頼んで庄屋の家の座敷に木の株を運んでもらった。座敷には大きな囲炉裏《いろり》があり、火がどんどん燃えていた。戸口という戸口をすべて閉め切って、株を囲炉裏に放り込むと、大火傷した狐が襖《ふすま》を蹴破《けやぶ》って隣の部屋に逃げ込み、仏壇の位牌《いはい》に化けた。勘右衛どんは位牌が一つ増えていることに気づくと、「俺が頭を下げると、ここの位牌も頭を下げる。頭を下げない位牌が狐だ」と言った。それを聞いた狐が前のほうに頭を傾けると、「今前に傾いた位牌が、ばばしゃん狐だ」と、狐が化けた位牌を縛ってしまった。ばばしゃん狐を捕まえた勘右衛どんは五両のお金をもらって帰ったという。（富岡行昌『日本民話　唐津かんねの昔』）

一つ目の大男［ひとつめのおおおとこ］

佐賀県東松浦郡玄海町平尾地区の小山ン坂にある馬乗り石坂という所に出た化け物。

昭和の初め頃、夜中に一人の若者が若者宿（若者が集まる集会所兼宿）へと向かっていたところ、この坂で一つ目玉の大男と遭遇し、金縛りにあった。その大男は四本足で、背丈が七、八尺（約二・一〜二・四メートル）もあった。どちらも前に進むことができずにいたが、いつの間にか大男は消えていた。その後もこの大男と遭遇した人は何人かいたという。（玄海町ホームページ「おじいさんの昔話　第一〇話」）

兵主部［ひょうすべ］

佐賀県でいう水怪。

杵島《きしま》郡橘村（現・武雄市）の潮見神社は河童の主である渋江氏を祀《まつ》っている。その祖先に兵部大輔島田丸という人がおり、工匠の奉行を務めていた。春日社の大工事の際に使った人形を川に捨てたところ、人形は河童となって害をなした。これを島田丸が鎮めたため、以後、河童を兵主部と呼ぶようになったという。（民俗學研究所『綜合日本民俗語彙』）

貧乏神［びんぼうがみ］

佐賀県でいう俗信。

三養基《みやき》郡北茂安町（現・みやき町）では茶碗《ちゃわん》を叩くと、貧乏神が寄ってくる。箸《はし》がなくなるのは、貧乏神が杖《つえ》にして屋外に出るためであるという。（北茂安町史話伝説編集委員会（編）『北茂安町の史話伝説』）

佐賀市川副町大詫間《かわそえまちおおだくま》では晩に口笛を吹くと貧乏神が寄ってくるという。（「大詫間の民俗」『日本民俗調査報告書集成　四一　九州・沖縄の民俗　佐賀県編』）

フクロウ

佐賀県でいうフクロウの俗信。

フクロウが家の近くで鳴くと、凶事や心配事が起こる。夜鳴くと人が死ぬという。（鈴木棠三『日本俗信辞典　動・植物編』）

船幽霊［ふなゆうれい］

佐賀県東松浦郡玄海町仮屋でいうあやかしの類。

風もないのにスッスッと近づいてくる船は船幽霊だという。この船をよく見ると、帆を巻く車が帆柱に付いていないことがわかる。船幽霊は魚を焼く臭いを嫌がるとされ、松明《たいまつ》に魚をくべると、船幽霊はすぐ消えてしまうという。（玄海町町史編纂委員会（編）『玄海町の民俗』）

フルオトシ

佐賀県鹿島市古枝地区でいう下がる怪。

薄暗い山道を歩いていると、木の上から大きなお化けが落ちてきて、人を食べるという。（塗り佸 @Plaster_wall のツイート）

ベートーベンの絵［べーとーべんのえ］

（投稿者が転校する前の学校の話であるため、佐賀県での出来事とは限らないが、佐賀県の話としてここに紹介する）

学校の七不思議の一つ。ベートベンの絵と目が合うと呪われて死ぬとされる。（日本民話の会 学校の怪談編集委員会（編）『学校の怪談　一二　体育館であそぶ霊』）

ペタペタ

佐賀県佐賀市からポプラ社編集部（編）『映画「学校の怪談」によせられたこわーいうわさ』に投稿されたもの。

忘れ物を取りに学校へ戻ったため、遅い時間に下校していると、背後からペタペタと音がする。ペタペタに追いかけられている間に転べば何事もないが、そのまま逃げ続けていると、手足を切り取られるという。（朝里樹『日本現代怪異事典』）

蛇婿［へびむこ］

佐賀県でいう異類婚姻譚《たん》。

佐賀市本庄町鹿子《かのこ》では、蛇が侍に化けて、姫の元に通い、姫の腹には蛇の子が宿った。お遍路さんの入れ知恵により、姫は侍の着物の裾に針を刺した。侍の正体が判明し、姫の腹の子も菖蒲湯《しょうぶゆ》で堕《お》りた。そして蛇は、「この鳳凰《ほうおう》の巣の卵を取ってきた者に姫をやる」という立札を見て、木に登ったが、鳳《おおとり》に小突かれて木の枝から落ち死んでしまう。

東松浦郡呼子町《よぶこちょう》小川島（現・唐津市呼子町小川島）では、三月の桃酒、五月の菖蒲酒、九月の菊酒で蛇の子が堕りている。（宮地武彦（編）『［新版］日本の民話　七一　佐賀の民話　第二集』）

東松浦郡厳木町《きゅうらぎまち》（現・唐津市厳木町）では、大蛇が三姉妹のうち一人を嫁にもらうという条件で、田んぼに水を入れる。水を入れてもらった爺《じい》さんは、約束どおり大蛇に嫁として娘を一人やらないといけないため、食事ができなくなる。心配になって事情を聞く長女と次女だが、大蛇の嫁には行けないと断る。末の娘は事情を聞くと「水を入れてくれたのだから、自分が行こう」と大蛇の嫁に行ってしまう。厳木町の話では、大蛇は退治されずにここで話が終わる。（厳木町史編纂委員会（編）『厳木町史』上巻）

ホタル

佐賀県でいうホタルの俗信。

家の中にホタルが舞い込むと火事になる。小城《おぎ》郡では天井にホタルが付いた家は遠からず火事になるという。ホタルと火事についての俗信は新潟県、静岡県、奈良県、岡山県にもある。（鈴木棠三『日本俗信辞典　動・植物編』）

【ま】

みそ五郎［みそごろう］

佐賀県でいう巨人。伊万里市を中心にした自然伝説、地名由来譚《たん》。

雲仙岳（長崎県）や脊振山《せふりさん》（福岡県・佐賀県）に腰を掛けて、有明海で顔を洗うほどの大男だとされる。

鮒越《ふなごえ》堤は踏み越えた際に付いた両足跡に水が溜まってできたものとされ、大野岳と城古岳《じょうごだけ》を朸《おうこ》（物を担う時に使う棒）で背負って、足を踏ん張った際の足跡が黒川牟田の中木場と志気《しげ》山田の堤付近に残っている。大浦の広谷や藤津郡太良町《たらちょう》にはみそ五郎の足跡と呼ばれる窪地がある。

みそ五郎が志気から牟田まで跨《また》いだところ、睾丸《こうがん》が大野岳や前平山、鏡山（唐津市）の頂上に引っかかった。そこでみそ五郎が削り取ってしまったため、これらの山の頂上は平らになった。この時投げ捨てられた前平山の頂は井野尾の三岳になり、大野岳や鏡山の泥土は唐津湾の高島や波多津の三岳、黒川の七ツ島になったという。その他、竜王峠《とうげ》はみそ五郎が多良岳（藤津郡太良町）の土を投げてできたもの、有明海にある沖ノ島はみそ五郎が鍬《くわ》で土を投げてできたものといわれている。（伊万里市史編さん委員会（編）『伊万里市史　民俗・生活・宗教編』、北波多村史執筆委員会（編）『北波多村史　自然、集落誌・民俗編』、市場直次郎『日本の民俗　四一　佐賀』、辺見じゅん・佛坂勝男・宮地武彦『日本の伝説　三八　佐賀の伝説』）

百足婿［むかでむこ］

佐賀県藤津郡太良町《たらちょう》上川原でいう異類婚姻譚《たん》。

青年に化けた百足が娘の腹に子を宿す。しかし、娘は物知りから菖蒲酒《しょうぶざけ》を飲むと良いと聞き、飲んだところ、百足の子は流産した。（宮地武彦（編）『［新版］日本の民話七一　佐賀の民話　第二集』）

もぐらの化身［もぐらのけしん］

佐賀県鳥栖市《とすし》曽根崎町の民話に出てくる化け物。

一度に三升（約四・五キロ）の飯を食べる息子がいたが、親に追い出された。歩いているうちに同じ境遇の大男二人と出会い、三人で仕事を探した。とある集落に着くと、そこは化け物が出るというので、三人は化け物退治をすることになった。化け物が現れ、一人目、二人目が大木を引き抜いて立ち向かうも化け物に抱きかかえられてしまう。三人目は化け物の耳を切ることができ、化け物は死んでしまった。化け物の正体はモグラの化身で、退治の際に使った藁束《わらたば》を「もぐらば」と呼ぶようになったという。（稲田浩二・小沢俊夫（編）『日本昔話通観　第二三巻　福岡・佐賀・大分』）

モナリザの怪［もなりざのかい］

佐賀県佐賀郡（現・佐賀市）からの投稿。友達との読書中に生ぬるい風が吹いてきたため、前を向くとモナリザの顔が浮いており、「ニヤ」と笑って消えたという。（日本民話の会　学校の怪談編集委員会（編）『学校の怪談　学校の七不思議』）

【や】

ヤコの鋸引き［やこののこぎりびき］

佐賀県伊万里市大川内町でいう怪音。山中から木を伐《き》り倒す音、石の転がる音が聞こえてくるという。（小松和彦・常光徹（監修）『47都道府県・妖怪伝承百科』）

弥五郎渕の鯉［やごろうぶちのこい］

佐賀県伊万里市大川町駒鳴の松浦川の渕に住む怪魚。

身の丈一丈（約三メートル）といわれる太い鯉で、若い男を見ると綺麗なお姫様に化けて、男の血を吸い取り殺してしまうという。

昔、駒鳴村に弥五郎という若者が年を取った母親と暮らしていた。ある日、近くにある松浦川の土手で竹を伐っていると、手持ちの道具（斧《おの》、もしくは鉈《なた》とも）を川に落としてしまう。川に潜って探しても見つからず、日も暮れる頃、最後にもう一回と潜ると薄暗い水底から若く美しい女が出てきた。女は「こっち、こっち」と弥五郎を招き、手を引きながら立派な御殿へと連れて行った。一晩中もてなされた弥五郎は朝に夢心地のまま帰宅したが、昨晩のことが忘れられず、再び川へ潜った。するとあの女が待っており、再度、一晩中弥五郎をもてなした。そんなことが一〇日も二〇日も続いた。おかしいと感づいた母親が弥五郎の後をつけると、毎晩川に潜っていることがわかった。翌朝、弥五郎が戻ってくると母親は、あそこには頭が甚八笠《じんぱちがさ》ほどもある太い鯰《なまず》がいること、その鯰の御頭の鯉は綺麗なお姫様に化けて若い男の血を吸って取り殺してしまうことを言い聞かせ、川に行かないように注意した。しかし、弥五郎は母親に隠れて、その後も毎晩渕へ通い続け、とうとう家に帰ってこなかった。村人は「弥五郎はあの渕の鯉に取り殺された」と噂《うわさ》し、この渕は弥五郎渕と呼ばれるようになったという。（佐賀県小学校教育研究会国語部会（編著）『佐賀のむかし話』、伊万里市史編さん委員会（編）『伊万里市史　民俗・生活・宗教編』）

藪神様［やぶがみさま］

佐賀県伊万里市東山代町川内野《かわちの》でいう民間神、憑《つ》き物。

「神の門の下がり」と呼ばれる低地に藪神様がある。善人悪人問わず取り憑くため、村人は近づかないという。（伊万里市史編さん委員会（編）『伊万里市史　民俗・生活・宗教編』）

雪ン姥［ゆきんば］

佐賀県鳥栖《とす》市田代昌町でいう雪の怪および子ども脅しの怪。

寒いから早く寝ないと雪ン姥が出てくると言って、子どもを脅かすのに使われる。いつまでも起きていると外から雪ン姥が入ってくるという。（鳥栖市誌編纂委員会（編）『鳥栖市誌資料編　第一一集　とすの口承文芸』）

雪ん坊［ゆきんぼ］

佐賀県鳥栖《とす》市田代昌町でいう雪の怪、子攫《さら》いの怪。

雪ん坊から攫われるから早く寝るようにと子どもを脅かすのに使われる。（鳥栖市誌編纂委員会（編）『鳥栖市誌資料編　第一一集　とすの口承文芸』）

横槌［よこづち］

佐賀県三養基《みやき》郡北茂安町（現・みやき町）鬼塚山にいるという槌蛇《つちへび》の類。

胴体の長さ一九センチ余り、胴回り三〇センチ、尻尾の長さ一〇センチ余り、尻尾の周囲一〇センチ、頭部中央に目玉が一つある。蛇の王者であり、一声叫ぶと付近の蛇は残らず集まってくるという。（北茂安町史話伝説編集委員会（編）『北茂安町の史話伝説』）

夜こぶ［よるこぶ］

佐賀県佐賀市金立町《きんりゅうまち》東千布でいう俗信の由来譚《たん》。『さがの民話』に紹介されているもの。

山小屋で大工たちが寝ていると、女が山小屋にやって来て、次々と大工たちを殺した。ある大工が血の跡を辿《たど》ってみると、山奥の大きな穴にこぶ（蜘蛛《くも》）がいた。女はこぶが化けたものだった。そのため、「夜こぶは親に似ても殺せ」といわれている。（稲田浩二・小沢俊夫（編）『日本昔話通観 第二三巻 福岡・佐賀・大分』）

【ら】

リン

佐賀県東松浦郡玄海町花の木でいう人魂。

立小便の最中などにリンが寄ってきて、体に入り込んだら病気になる。

また、雨の日に新しいリンが出るという。（玄海町町史編纂委員会（編）『玄海町の民俗』）

ろくたん狐［ろくたんぎつね］

佐賀県鳥栖《とす》市原町曽根崎に出たという

狐。
　揚げ豆腐を持ち歩いていると盗ってしまう。豆腐を重箱に入れ、竹や杖《つえ》の先に結び付けていても、重箱の中から抜き取ってしまうという。（鳥栖市誌編纂委員会（編）『鳥栖市誌資料編　第一一集　とすの口承文芸』）
豆腐盗り狐と同一の狐か。

【わ】

わく童様［わくどうさま］

佐賀県伊万里市木須町木須西の伝説。
瀬戸地区と木須地区の境近くにわく童谷があり、そこの岩穴には大きなガマガエルが棲んでいる。このガマガエルはわく童様と呼ばれており、火災の難から里の集落を守っているとされている。（伊万里市史編さん委員会（編）『伊万里市史　民俗・生活・宗教編』）
　豊後国（大分県）の初代国司大友能直が編纂《へんさん》したといわれる奇書『上記』に記されている鹿児島県の**大墓**《たにぐく》も岩屋に棲む大きなガマガエルであったが、わく童様とは違い、こちらは人を襲っている。

COLUMN イマニモの怪 02

「噂《うわさ》をすれば影が差す」という。

二人連れの通行人のうち、一人が「昔、この辺りには○○（過去の人物もしくは化け物怪物）がいたそうだ」と話していると「今にも（今でもいるぞ）」と言って、噂の○○が目の前に出現する。

九州ではこのような怪異譚《たん》がいくつか見受けられ、本書で紹介したものでは福岡県のあずきとぎ、佐賀県の女子谷《おなごだに》、釜蓋《かまぶた》の化け物、コンニャクの化け物、熊本県の油すまし、今にも坂、嘘越え、堪忍《かんねん》後《ご》家女《けじょ》、大分県の今にも石、宮崎県のトンゴシ婆が該当する。

宮崎県児湯郡高鍋町の米とぎチンジョキジョキを紹介したい。ある闇夜に二人の婦人が洗町を通り過ぎようとしていた。一人が「この洗橋の下には昔、米とぎの化け物がいたそうね」と話しかけると、橋の下から「いまもおります、チンジョキジョキ。いまもおります、チンジョキジョキ」という怪しい声が聞こえてきた。驚いた婦人たちはほうほうの態《てい》で逃げ帰ったという。

米とぎチンジョキジョキは正体が判明しており、宮越や川原の水守が橋の下で鍬《くわ》を叩いたり、石垣でこすったりすることで、チンジョキジョキという音をたて、驚かしていたのだという。

九州外のイマニモの怪では、群馬県渋川市に「今でも坂」という話がある。

色白の瞽女《ごぜ》が坂道を通っていると悪漢に襲われ、殺された。以来、瞽女の幽霊が出るようになった。秋の暮れ方、二人の青年が正体を確かめようと、坂道に出向いた。一人が「今でも出るなんてやっぱり嘘だよ」と言った途端、血泡を吹いた瞽女が現れ、涙を溜めた眼で二人を見つめたという。

［参考文献］
・宮崎県（編）『宮崎県史　別編　民俗』
・「風流妖怪納涼大放談会」『夫婦生活』昭和二六年八月号

長崎県

【あ】

赤うで［あかうで］

長崎県諫早市《いさはやし》多良の峠に出る化け物、再度の怪。

諫早のはずれの福田村に七五郎という男が住んでいた。ある日、七五郎は急に鹿島のほうへ行く用事ができた。家族には「赤うでが出るから夜が明けてから行け」と止められるが、「見損なうな」と腰に長い山刀を差し、四ツ時（夜一〇時頃）に家を出た。提灯《ちょうちん》で道を照らしながら峠を越えていると、向こうから一人の若い尼さんがやって来た。尼さんは七五郎の顔を見つめると「おまえは七五郎さん……」と言いながら、稲荷の鳥居のような赤うでをぬっと出して、七五郎の帯を捕まえた。七五郎は腰の刀に手をかけたが、帯の前を摑《つか》まれているため、刀が抜けず、尼さんに体当たりをくらわせた。しかし、風のように手応えがなく、尼さんは向こうのほうへと去っていった。驚きつつも七五郎が下り道を降りていくと、今度は後ろから人の好さそうな六〇歳くらいの年寄りがスタスタと追いついてきた。七五郎と年寄りが二人連れだって歩いていると、七五郎は年寄りに先ほど出会った尼さんの話を語った。年寄りは立ち止まって七五郎の顔を見つめると「その腕はこれよりも太かったかっ……」と言いながら右腕を出した。それは紅がら染めした伏見の稲荷の鳥居よりもさらに大きな腕であり、その腕で七五郎の頭を摑もうとした。翌日、福田村の人が峠を通ってみると道端に気を失った七五郎が倒れていたという。

（吉松祐一（編）『［新版］日本の民話　四八　長崎の民話』）

足長［あしなが］

長崎県神崎山の海辺に現れた妖怪。『甲子《かっし》夜話』巻之廿六《にじゅうろく》の六に書かれている。

平戸城（平戸市）の北西二里（約七・八キロ）ばかりに神崎山があり、その海辺である人が小舟に乗って汀《みぎわ》から六、七〇間（約一〇八〜一二六メートル）離れた場所で釣りをしていた。ふと海浜のほうを振り返ってみると、何者かが松明《たいまつ》を掲げて歩き回っていた。よく見ると腰から上は常人と変わらないが、足の長さが九尺（約二・七メートル）ばかりあった。従者が言うには、これは足長と呼ばれるもので、足長が現れれば必ず天気が変わるとされている、早くここから立ち去らないといけないと語る。空には雲一つない晴れやかな夜であったため、どうして天気が変わることがあろうかと言いつつも舟を引き返させて十余町（一一キロ余り）も漕《こ》いでいた頃、黒雲がたちまち起こって雨が降りしきり、城下に帰ることができなくなったため、周辺に泊まることになった。少し経つと雨は止んで、空は晴れたという。（松浦静山（著）、中村幸彦・中野三敏（校訂）『甲子夜話』二）

新しい地蔵様 「あたらしいじぞうさま」

長崎県島原半島の昔話に登場する地蔵。

昔、とある村に新しく地蔵様を祀《まつ》った。初めの二、三年の間はさまざまな供え物をしていたが、次第にお供えする人も少なくなっていった。その後、村の者が一晩に一人ずついなくなるようになった。村人たちは化け物が取っているに違いないと思ったが、どこから出てくるのか、正体が少しもわからなかった。そうしているうちに村人たちはことごとく捕らえられてしまって、残り一人となった。そこへ一人の旅人が村を通りかかった。宿を乞おうにもどの家にも誰もおらず、唯一残っている者の家にやって来た。話を聞いた旅人は村人を奥の座敷に寝かせると、自分は戸口で待った。一時を過ぎる頃、外のほうで足音がしてきた。戸を開けて入ってきたところを旅人は刀を抜いて切りつけた。しかし、化け物は逃げてしまい、いくら探しても見つからず、旅人はその晩は寝てしまった。翌朝起きてみると血の跡があるため、辿《たど》ってみると例の地蔵様の穴の中へ続いている。そこで地蔵様を引き起こしてみると大きな穴があり、その中に蒼白《あおじろ》くなった村人たちがいた。地蔵様にどうしてこんなに人を捕らえるのか尋ねると、今までご馳走を供えてもらっていたが、近頃になって一つも捧げてくれないからその罰だと地蔵様は申された。これからは今までどおりご馳走を供えてお祀りするからと言って、村人たちを許してもらった。それからは村人たちはまた供え物をあげるようになったという。（関敬吾『全国昔話資料集成　二一　島原半島昔話集』）

脂を除く奇魚 「あぶらをのぞくきぎょ」

『天文雑説』に紹介されている大魚。

少弐嘉頼《しょうによしより》が対馬国（長崎県対馬）へ渡った際、にわかに大暴風が吹き起こり、舟は数百里の海上を矢よりも速く走るほどであった。やがて丑《うし》の刻（夜の二時頃）に周囲一抱え、長さ五、六丈（約一五～一八メートル）もある真っ黒なものが、舟の上を横さまに掠《かす》めて、たちまち海中へと躍り込んだ。嘉頼の舟はその時の余波を受けて海底へと巻き込まれそうになったが、幸い何事もなく済んだ。なんだったのだろうかと、火を灯してよく見てみると、舟底に二石（約三六〇リットル）ばかり魚脂が溜まっていた。漁師を呼んでどういう訳か尋ねてみると「これは海底に棲む大魚が、脂の乗ったために体が痒《かゆ》くなって堪らず、こういう振る舞いをしてその脂を除くのだ」と答えたという。（巌谷小波（編）『「説話」大百科事典　大語園』第三巻）

広域の**海蛇**、**あぶらこき**も参照。

アマンシャグメ

長崎県壱岐島でいう邪魔者。アマグシャグメ、アマヌシャグメ、アマンシャグマとも。

折口信夫『壱岐民間伝承採訪記』には、たつたの番匠とアマンシャグメが渡良《わたら》と沼津の間の橋の渡し合いをして争ったという伝説が紹介されている。たつたの番匠が三〇〇〇体の藁《わら》人形を用いて橋を完成させようとしたが、アマンシャグメが鶏の真似をして、橋渡しを邪魔したという。この時、用いられた藁人形のうち、一〇〇〇体が川へと流れてガァタロになったとされる。

『日本昔話記録　一三　長崎県壱岐島昔話集』によると、アマンシャグメはお釈迦《しゃか》様の使い者ともされていた。

昔、蚯蚓《みみず》がアマンシャグメに「世の中の土を食ってしまったら何を食えばよいのですか」と尋ねた。するとアマンシャグメは「その時は日の照る所に出ておれ」と答えた。それにより蚯蚓は夏でも炎天に照らされて死んでいるのだという。

また、昔は米、麦、大豆、黍《きび》とすべての穀物は根元から実っていた。しかし「これでは人間が良過ぎる」とアマンシャグメがこれらの穀物を手ですごいた（「しごく」の意）。稲、麦とすごき、大豆をすごきかけたが、莢《さや》の先が尖《とが》っていたため痛くてすごけず、根元を少しすごいて止めた。それで今でも大豆は根元近くまで実るという。次に黍をすごいたが、葉で指を切り、血が流れたため黍の茎は赤くなったとされる。また、畑に作物ばかり生えているのもいかんと、アマンシャグメは天から雑草の種子を蒔《ま》いた。草取りも箒《ほうき》で掃けば取れていたのを、アマンシャグメは鎌で一本一本抜いて取るようにした。当時の気候はいつも八月頃のようで夜は月夜ばかり、食べ物も米の飯ばかり食べることができていた。これをアマンシャグメは「安楽すぎる」と、寒い冬や暑い夏を作り、闇夜があるようにし、米の飯をたやすく食えないようにした。このようにアマンシャグメは人間に悪いことばかりしたため、神の怒りにより虫けらにされたという。

上記の話に関連してか、蝶《ちょう》の蛹《さなぎ》や蟷螂《とうろう》の蛹（実際のカマキリは不完全変態を行うため、「蛹」はない）をアマンシャグメと呼んだり、さまざまなことに反対する者に対してもアマンシャグメと呼んだりする事例が見受けられる。（村上健司（編著）『妖怪事典』、柳田国男（編）・山口麻太郎（採録）『日本昔話記録　一三　長崎県壱岐島昔話集』、東條操（編）『全国方言辞典』、山口麻太郎『壱岐島方言集』）

飴買い幽霊［あめかいゆうれい］

長崎県長崎市麹屋町《こうじやまち》の幽霊井戸の由来譚《たん》に登場する幽霊。

昔、麹屋町に一軒の飴屋があった。ある夜、髪は振り乱し、顔は青ざめ、白い着物を着た二四、五歳ほどの女が、京訛《きょうなま》りのある言葉で飴を一文分買い求めた。そんな夜が四、五晩続いた一週間目、お金がないので一文分の飴を恵んで欲しいと女は恥ずかしそうな様子で頼んだ。飴屋がいつものように飴を三本チリ紙に包んで渡すと、女は嬉しそうに頭を下げて去って行った。女の正体を突き止めようと思っていた飴屋が女の後をつけると、光源寺の本堂横の墓の中へと消えていった。墓に近づくと、柳の陰に鬼灯《ほおずき》のような火の玉が上り、下のほうから赤ん坊の泣き声が聞こえた。翌朝、光源寺の和尚に昨晩の出来事を話すと、和尚は柳の木の下の新墓の卒塔婆《そとば》のいわれを話した。長崎に藤原清永という若い彫刻師がおり、全国の古い社寺を巡って彫刻の腕を磨く旅をしていた。京都で腕を磨いていたところ、加茂川の宿の娘と恋仲となった。延享五年（一七四八）五月に長崎から手紙が届き、故郷へ帰ってみると親戚の人々に勧められ嫁をもらうことになった。京都の娘が清永を頼って長崎にやって来てこのことを知ると、長旅の疲れもあって病みつき、そのまま亡くなった。驚いた清永は光源寺に頼み、葬式を済ませ、例の柳の下に手厚く葬った。そこでその墓を掘り起こしてみると、中から生まれたばかりの男の子が這《は》い出てきた。清永も寺にやって来ると改めて供養をし、赤ん坊は清永が育てることになった。一ヶ月後、寝ていた飴屋の枕元に例の女が現れた。世話になった礼をしたいと言う女に飴屋は「この辺は水が出ず、毎年夏は困るので水が欲しい」と伝えた。翌日、飴屋が横町を歩いていると、朱色の美しい女櫛《おんなぐし》が一つ落ちていた。櫛が落ちていた所を掘ると冷たい水が湧き出し、そこを井戸とした。この井戸は道路整備で埋められて現存していないが、当時はどんな日照りの夏であっても涸《か》れることはなかったという。清永は死んだ女の姿を粘土で作ると、供養として光源寺に納めた。毎年八月一六日の晩にはこの幽霊像を御開帳している。

（吉松祐一（編）『［新版］日本の民話　四八　長崎の民話』、山口麻太郎（編著）『西海の伝説』、福田清人・深江福吉『日本の伝説　二八　長崎の伝説』）

アモジョー

長崎県壱岐島でいう、おばけ、妖怪を意味する児童語。アモヨーとも。

また、地に小さい穴を穿《うが》ち、穴の中に棲む白い子虫もアモジョーと呼ぶ。ヌカボ、ヤマヌカボという名の草はアモジョーグサとも呼ばれ、この草の穂に歯糞《はくそ》を付けて、アモジョーの穴に差し入れてアモジョーを釣り出す遊びをアモジョー釣りと呼ぶ。

（山口麻太郎『壱岐島方言集』）

熊本県の**アモジヤ**も同様な用いられ方をする。

アヤカシ

長崎県対馬でいう海の怪奇現象。光物、怪火の類。

夕方、沖のほうに夜灯が現れ、まぐれ（夕方の少し後）には大きな火が磯《いそ》に来る。この火の中に歩いてくる子どもの形が見える。沖では、船の形となって、灯がたくさんついて見える、その灯が増えたり減ったりする。瀬のない所に瀬ができたり、山の形などになって船の行く手に塞《ふさ》がることもあるが、ぶつかっていけば消えてしまう。

アヤカシか否か区別する方法があり、前方に火が見えた時、目の前に手を伸ばして親指を一本立てる。すると普通の火であれば指の両側から後光が出るが、魔性の火の場合は指に隠れて見えないとされている。また、牛に荷を積む時に使用するY型の棒の叉《また》の間から見ると、魔性のものを見分けることができるという。（井之口章次『日本の俗信』、長崎県教育委員会文化課（編著）「長崎県文化財調査報告書　第一三集　対馬西岸阿連・志多留の民俗—対馬西岸地域民俗資料緊急調査—」『日本民俗調査報告書集成　九州・沖縄の民俗　長崎県編』）

安徳様の火玉 ［あんとくさまのひだま］

長崎県北高来郡田結村《たゆいむら》川下名（現・諫早《いさはや》市《し》飯盛町）でいう光物、怪火の類。

大庭耀「千々石灘沿岸伝説」（『旅と伝説』通巻一二号）に紹介されているもの。

川下名に「安徳様」という字名の場所があり、夜になると付近の山から怪しい火が出る。陸地にいる人からはその火は見えず、海上の漁師たちからはこの火が見えるとされる。提灯《ちょうちん》より大きい火が川下名から江の浦のほうへ飛んでいき、再び元の場所へと帰る。村人はこの火を安徳様の火玉と呼んでおり、これを尊崇して安徳神社を建てたという。（村上健司（編著）『妖怪事典』）

イキエエ

長崎県対馬南部でいうユキアイ（コラム参照）の類。

小児などの遊魂にいきあたることをイキエエという。（瀧山政太郎『対馬南部方言集』）

石垣くずし ［いしがきくずし］

長崎県長崎市五島町青方《あおかた》でいう音の怪。**石投げんじょ**の類か。

夜、暴風でも大雨でもないのに「ガラガラ、ガラガラ、ドーン」と石垣が崩れたような音がする。多くの人間が耳にしているにもかかわらず、翌朝、家の周囲を見ても崩れた所がないという。（前田和義『ふる里の方言と風習』）

石投げんじょ ［いしなげんじょ］

長崎県でいう海の怪音。

江島《えのしま》では五月の霧もやの深い晩に漁をしていると、突然岩が崩れ落ちる大きな音がする。翌日、そこへ行ってみても何事もない。（桜田勝徳「江島平島記」『桜田勝徳著作集』六）

『広辞苑』では石を投げる老人の意として、「石投尉」と字をあてている。（新村出（編）『広辞苑　第二版補訂版』）
　もしくは「石投げん所」か。

磯女［いそおんな］

長崎県でいう海に現れる女性姿の妖怪。五島宇久島神の湊では磯女は乳から上が人の形で、下は幽霊のように流れている（ぼやけている）とされる。いつも磯におり、船を襲うという。また、前から見れば別嬪《べっぴん》だが、後ろ姿を見た人はいないともいう。北松浦郡宇久町本飯良《もといいら》（現・佐世保市宇久町本飯良）では、磯女は頭が人で、尻は魚の姿をしており、にこにこ笑ってやって来るという。（桜田勝徳「漁村民俗誌」『桜田勝徳著作集』一、関山守彌（編著）『日本の海の幽霊・妖怪』）
　五島列島では磯女は磯幽霊の一種だとされる。美女の姿で海中から現れ、漁夫や釣りに出ている人を海中に誘い込んで溺死《できし》させる。久賀《ひさか》西岸の岩屋観音下の磯などでは、頻繁に磯女が現れ、人々を悩ませたという。（久保清・橋浦泰雄『五島民俗図誌』）
　青方では磯女はワカメなどの海藻を食べるため髪が黒くて美人なのだという。あちこちに島や岩場があるように見せかけ、漁師や釣り人を誘い出して海中に引きずり込み死亡させるとされている。（前田和義『ふる里の方言と風習』）
　北松浦郡小値賀町《おぢかちょう》の唐見崎では磯女の正体は水死者とされている。中央大学民俗研究会「五島列島小値賀島　調査報告書」（『常民』二号）に報告されているもので、凪《なぎ》の日に女が出てきて、海中にある魂を陸に帰してくれるように、船頭に頼むという。
　榊木敏「伝説の島原（四）」（『旅と伝説』二巻七号）では雲仙市瑞穂町の磯女の話を紹介している。西郷という場所で、松原の中にある石に美女が座って沖のほうを眺めていた。その黒髪は長く、髪の端は砂原に広がっていた。通りがかりの相撲取《すもうと》りが美女に声をかけようとしたが、女の鋭い叫び声に体が硬直してしまう。女は相撲取りが触れていた髪を伝って、彼の血を吸い取った。翌日、村人に発見されて家に帰りついた相撲取りだったが、ついに死んでしまったという。（国際日本文化研究センター「怪異・妖怪伝承データベース」、『日本の海の幽霊・妖怪』）
　南松浦郡三井楽町嵯峨島《さがのしま》（現・五島市三井楽町嵯峨島）でも磯女に襲われると血を吸いつくされ死んでしまうとされる。磯女はガニ（蟹《かに》）が出世したものであるため、海辺の丘の上に建てた櫓《やぐら》であろうと、どこへでも登って行くことができる。艫綱《ともづな》を伝って磯女が船に入ってくるため、艫綱を陸に張らないという。また、苫《とま》の毛は魔物からは剣に見えるため、魔物は苫に近寄らない。苫を被って寝ていたことで磯女に襲われずに助かったという人は多いという。
　南松浦郡樺島（現・五島市）では、磯女は前から見ると普通の姿であるが、背中側には何もないとされる。美しい顔でにこやかに笑っているが、ちょっかいを出すと鬼のような恐ろしい姿に変わるといわれ、恐れられている。

一二月のある晩、西彼杵郡《にしそのぎ》外海町《そとめちょう》（現・長崎市外海地区）の磯で、女たちが磯物を採り、焚火に当たっていると、一人の見知らぬ女も一緒にいることに気が付いた。すると、その女の胸の辺りが覆い被さるほど膨らんで大きくなり、皆を食い殺そうと追い回した。その後、一二月には磯に出ないようになったという。（『日本の海の幽霊・妖怪』）

島原半島南高来郡小浜町（現・雲仙市小浜町）辺りでも、他所《よそ》の港に碇泊《ていはく》する際、苫の毛を三本着物の上に載せて寝ると、磯女に血を吸われないといわれ、またフリガカリ（錨《いかり》だけを投げおろし、錨綱の範囲で潮のまにまに動く状態）をするのも良いという。（民俗學研究所『綜合日本民俗語彙』）

イナゴ

長崎県壱岐島の虫の怪。

折口信夫『壱岐民間伝承採訪記』には次のように記されている。

熊沼右衛門の怨霊がイナゴとなって田を荒らした。この男は、壱岐生まれの盗賊であり、平戸で打ち首獄門になった後、壱岐島に戻ったという。（池田弥三郎・大藤時彦・牧田茂・和歌森太郎（編）『日本民俗誌大系　第二巻　九州』）

インネン

長崎県五島列島の福江島でいう憑《つ》き物。特定の死霊、祖霊、動物霊、神仏が憑いて、心身に異常を生じさせる。インネンに憑かれた時はホウニンと呼ばれる呪術者に祓《はら》ってもらうが、とあるホウニン曰く「インネンによる病は信仰と医療が協力しないと本復しない」という。（佐々木宏幹『聖と呪力』）

ウーメ

長崎県壱岐島でいう光物、怪火の類。

折口信夫『壱岐民間伝承採訪記』、山口麻太郎『壱岐島民俗誌』に見受けられる。

ウーメは青い火の玉であり、光線が散らずにフラフラと浮動する。増えたり、減ったりし、これは人の霊魂だとされている。

湯ノ本ではウーメが飛ぶ時はビュウという音がするという。いつもウーメの火を見ているという人（話の製造者の可能性があり、注意が必要だと折口氏は記す）がおり、他の人に見えずともその人にはウーメの飛ぶ音が聞こえるという。夜、手水《ちょうず》に行くとウーメが寄ってくるため、夜間は外出しないようにしていると語る。小鰯《こいわし》を獲りに出て、浦内へ振り向くと一四、五の提灯《ちょうちん》と思われる火が見えた。ともに乗っていた四人ともウーメと気づき、一心に漕《こ》ぎ戻すと火がだんだん小さく、細くなってわからなくなってしまった。かと思うと再び太くなり、家の屋根を飛び越し、尾の長さが三〇間（約五四メートル）になって墓場の所で下へと下がっていった。ウーメの火を追い詰めたと語る人もおり、追い詰めた先に行ってみると牛の糞《くそ》であったという。（池田弥三郎・大藤時彦・牧田茂・和歌森太郎（編）『日本民俗誌大系　第二巻　九州』）

ウグメ

長崎県でいうあやかしの類。

平戸ではウグメが船につくと、船が動かなくなる。また、風がないのに船が追いかけてくることがある。こういう時は海に灰を放り込むと消えるとされる。（桜田勝徳「松浦の島々」『桜田勝徳著作集』六）

西彼杵《にしそのぎ》郡江島《えのしま》（現・西海市崎戸町江島）ではしらせ（がん瀬とも）にたくさんウグメの火が見えるという。（桜田勝徳「江島平島記」『桜田勝徳著作集』六）

五島列島の小値賀島《おぢかじま》でも船幽霊をウグメと呼ぶ。ウグメにつけられるといくら櫓《ろ》を押しても船がのびない（進んでいかない、または進みにくい）という。（桜田勝徳「漁村民俗誌」『桜田勝徳著作集』一）

上記のとおり、ウグメと呼ばれる妖怪は基本的に海に現れるものを指すが、島原半島では子育て幽霊の話や産女《うぶめ》の話に登場する産婦の亡霊もウグメと呼んでいる。（関敬吾『全国昔話資料集成　二一　島原半島昔話集』）

牛鬼［うしおに］

長崎県長崎市に伝わる鬼。

三股太夫という長者の下で牛番として働く道太郎という男がいた。この道太郎に三股太夫の娘が恋をしてしまう。三股太夫は道太郎を辞めさせようと思ったが、道太郎は働き者で人柄も良く、辞めさせる理由がなかった。しかし、ある日道太郎は山で子牛をなくしてきてしまい、三股太夫は道太郎に子牛を連れ帰ってくるまで戻ってくるなと追い出してしまう。その後、子牛は自力で戻ってきたが、道太郎は帰って来ず、三股太夫の娘も道太郎を追って山へと入ってしまった。数年後、三股太夫の家の裏山で牛の鳴き声をあげる鬼とその鬼の肩にとまる一羽の白い小鳥を人々は目にするようになった。その山を吼牛山《もうしやま》と呼んでいる。（ゆーぞう「長崎市の民話・伝説」）

海姫様［うみひめさま］

長崎県北松浦郡小値賀町《おぢかちょう》でいう海に現れる女性姿の妖怪。

中央大学民俗研究会「五島列島小値賀島調査報告書」（『常民』二号）に報告されている。

前方《まえがた》では海姫様の正体は水死者とされており、**磯女**とほとんど同じものであるとされる。凪《なぎ》の日に女が出てきて、海中にある魂を陸に帰してくれるように、船頭に頼むという。（小松和彦・常光徹（監修）『47都道府県・妖怪伝承百科』、国際日本文化研究センター「怪異・妖怪伝承データベース」）

海坊主［うみぼうず］

長崎県壱岐島でいう海に出る妖怪。（山口麻太郎『続壱岐島方言集』）

ウンメ

長崎県壱岐島でいう光物、怪火の類。折口信夫『壱岐民間伝承採訪記』に見受けられる。

難産で死んだ者や若くして死んだ者がなるとされる。年寄り等はウンメドリと呼ぶ。気味の悪い青い色の光をしており、宙をぶらぶらとしていたかと思うと、ぼとぼとと消えたりする。また、波形に動くともいう。狸《たぬき》が栄螺《さざえ》の殻に火を灯すことで見せているともいわれる。

湯ノ本ではウンメの火はものを言っても消えるから、ウンメが出たらものを言うなという。また、舟で死んだ人がある時にはウンメがよく出る、人の姿で現れる、叫び起こすとウンメの火がほっと出たなどの話がある。（池田弥三郎・大藤時彦・牧田茂・和歌森太郎（編）『日本民俗誌大系　第二巻　九州』）

ウンメン

長崎県壱岐島本居でいう光物、怪火の類。折口信夫『壱岐民間伝承採訪記』に見受けられる。

雨の晩に現れる魔厭《まえん》の火であり、通常の火と違って後光がささない（**アヤカシ**参照）。船から隔てた所に火を灯す者がおり、その火は一つから二つになり、三つになる。海で難儀して死んだ者の仕業《しわざ》であるとされる。（池田弥三郎・大藤時彦・牧田茂・和歌森太郎（編）『日本民俗誌大系　第二巻　九州』）

大ガニ［おおがに］

長崎県平戸市の蟹《かに》が淵《ふち》の由来譚《たん》に登場するカニ。

太田の平の農民である三吉という者の子どもが行方不明になった。蟹が淵にその子どもの着物が浮いたため、河童《かっぱ》に取られたのだろうと三吉は嘆き悲しんだ。殿様の鬼八郎定公はこのことを聞くと蟹が淵に赴き、単身潜って怪物を探した。一度目は見つからなかったが、再度潜った際に怪物を見つけたので、馬手差《めてざし》を持ち、綱を身に付けて潜っていった。間もなく水面が血に染まり、鬼八郎がその元気な姿を見せた。鬼八郎が「怪物を退治した。この綱を引け」と命じ、侍たちが引き上げてみるとそれは甲わたり三畳敷ほどの大ガニであった。この大ガニが淵の主だったと思われ、退治された後は怪しいことはなくなり、淵もいつしか埋まったという。（稲田浩二・大島建彦・川端豊彦・福田晃・三原幸久（編）『日本昔話事典』、山口麻太郎（編著）『西海の伝説』）

大蛸［おおだこ］

長崎県南高来郡布津町（現・南島原市布津町）の伝説に登場するタコ。

大崎岬の主であり、たくさんの仲間を獲っていくオト婆さんに仲間の代わりにと足を一本ずつ渡していた。八日目、雨の降る前の晩に来て欲しいとオト婆さんに伝え、約束の日が来ると、蛸の胴体ごと獲ろうと矛《ほこ》を突き刺してくるオト婆さんを残った足で巻き込み、海中へと引き込んだ。（吉松祐一（編）『〔新版〕日本の民話　四八　長崎の民話』）

オト女の火の項目も参考。

お菊の幽霊［おきくのゆうれい］

長崎県福江市（現・五島市）の怪談。皿屋敷の類。

徳川時代中頃、福江下の町某家中の屋敷で祝宴が行われていたが、大切な皿が一枚なくなった。屋敷の主人は皿がなくなったのは女中のお菊の罪であると、風呂場で折《せっ》檻《かん》し、斬殺した。以後、風呂場にお菊の幽霊が出て、皿を数える声が聞こえるため、その湯殿を締め切り、釘付けにして使用しないことにした。明治初年（一八六八）に、屋敷の家族は他へと移り住み、屋敷も取り払われたが、後年、別の人が住まいを移して建てたところ、湯殿の跡地辺りは怪事がたびたび起こった。便所の戸がひとりでに開く、女中が病気に罹《かか》って暇《いとま》を乞うて帰るといったことがあり、ついには借財のために住居を人手に渡して立ち退いたという。大正年間（一九一二～二六）に入るとその家を改造して、養蚕《ようさん》組合の乾繭場《かんけんじょう》兼繭市場となったが、不審火により全焼した。以来、三〇余年空き地のままであったが、昭和二四年（一九四九）春、県農業信用組合連合会支部の洋風建築が建てられた。しかし、それでも怪事は止まず、風呂場を家の中に造ると必ず火事になるため、湯殿は外に設けなければならなかった。福江市が大火に見舞われた後は善教寺嵒川荘《いわかわしょう》の説教所がその場所に建てられたため、霊魂も鎮まって今後は不思議なことは起こらないであろうといわれている。（久保清・橋浦泰雄『五島民俗図誌』、福江市史編集委員会（編）『福江市史』上巻）

推測で話が終わっており、その後本当に何事もなかったのかは不明。また、『五島民俗図誌』では女中の名前はお菊となっているが、『福江市史』上巻では女中の名前は書かれていない。

オグメ

長崎県諫早《いさはや》地方でいう妖怪。

三度手を叩くと山の峰から飛んでくるという。（柳田国男「妖怪談義」『妖怪談義』）

似た妖怪としては竹皮草履《ぞうり》を三度叩くとこちらに来るといわれている高知県幡《はた》多郡のケチ火がある。

オゴジョ

長崎県福江市（現・五島市）でいう子ども脅しの類。妖女の意。「早よう寝んとオゴジョんくっぞ」という用い方をする。（福江市史編集委員会（編）『福江市史』上巻）

オゴジョガモジョ

長崎県福江市（現・五島市）でいう妖怪、化け物。山狐をオゴジョガモジョと呼ぶこともある。

山狐や妖怪、化け物は「かむぞう」と叫びながら出現すると信じられたことが名の由来とされる。

また、福江市では化け物を幼児語でカモカモと呼ぶ。（福江市史編集委員会（編）『福江市史』上巻）

オト女の火［おとじょのひ］

長崎県南高来郡布津町（現・南島原市布津町）でいう光物、怪火の類。

嵐や大雨が降る前の晩になると、大崎岬の松林の上に火の玉が昇る。次第に大きくなると三つ四つに分かれ、海上を飛び回り、また一つに固まると波の中へと吸い込まれる。壊れた火の玉が雲仙岳のほうへと飛び散っていく時もあり、炎のように真っ赤な色だったり、虹のように美しく見えたりすることもあるという。この火の玉をオト女の火と呼んでいるのは、次のような伝説に由来する。

布津村のはずれの一軒家にオトという一人の老婆が住んでいた。天気の良い朝にはいつも矛《ほこ》を担いで、岬のほうへ魚や貝を獲りに出かけた。夕方近くにはたくさん獲ったアジやハマグリ、サザエを大きな籠に入れて帰り、町や家の前で売っていた。とある暑い日、さっぱり獲物がなく、オト婆さんが帰ろうとすると、足元の岩の間から一メートルはありそうな大きな蛸《たこ》の足が出てきた。オト婆さんが両手でその足を摑《つか》み、引っ張ると根元から足は切れた。翌日も獲物がさっぱりない代わりに蛸の足が現れ、オト婆さんはその足をもぎ取って、籠に入れて担いで帰った。そんな日が続いて八日目、蛸の胴体を持って帰ろうとオト婆さんがいつもの岩に腰かけていると、一本だけ足が残った蛸が現れた。蛸は涙ながらに自分は岬の主であること、仲間の身代わりに自分の足を一本ずつオト婆さんに与えていたことを語り、雨の降る前の晩に来て欲しいと約束した。数日後、雨の降りそうな晩に、オト婆さんは矛を担いで岬へと向かった。蛸が姿を見せると、オト婆さんは蛸の目玉めがけて矛を突き刺した。蛸は大きな足をオト婆さんの首にからみつけると、そのまま波の中へと巻き込んでいった。その夜は一晩中海が荒れ狂った。それからというもの、雨が降りそうな晩には決まって大崎岬の松林の上に火の玉が現れるようになったという。（吉松祐一（編）『［新版］日本の民話　四八　長崎の民話』）

おんびん火［おんびんび］

長崎県五島列島でいう光物、怪火の類。黄銅色に光り、大小伸縮自在とされ、出現する数は多様に変化する。単独で現れる時もあれば、無数にたくさんになったり、少なくなったりする場合もある。走り回ることもあるといい、この火の玉に当たると何もかも焼けてしまうとされる。おんびん火に向かって小便をすると近寄って来るともいわれている。通常の火と違い後光がささない（**アヤカシ**参照）ともいう。（久保清・橋浦泰雄『五島民俗図誌』）

おんめん火［おんめんび］

長崎県五島列島でいう光物、怪火の類。人魂。

青く光っており、ぬらぬらと飛ぶ。死人がある時は死人の家の裏から出たり、墓所から死人の家へ飛んだりすることもある。通常の火と違い後光がささないとされる（**アヤカシ**参照）。（久保清・橋浦泰雄『五島民俗図誌』）

【か】

風［かぜ］

長崎県でいうユキアイ（コラム参照）、魔風の類。東彼杵《ひがしそのぎ》郡萱瀬村《かやぜむら》（現・大村市萱瀬地区）では、頭や顎《あご》が大きく腫《は》れた時は風にあったという。

五島では憑《つ》き物のことをカゼといい、憑かれたことを風を負うという。（民俗學研究所『綜合日本民俗語彙』）

桛掛女子［かせかけおなご］

長崎県壱岐島の妖怪。どのような妖怪かは不明。（山口麻太郎『続壱岐島方言集』）

関係があるかはわからないが、壱岐島には「かせ掛け蚯蚓《みみず》」という動物由来譚《たん》がある。

同じ年頃の女が二人、隣り合って住んでいた。二人とも機織《はたお》りが上手で、村の市の日に着ていく着物の織物競争をすることになった。一人は糸も太く粗く粗雑ではあったが、約束の日までに織り上げた。もう一人は丁寧に織っていたが、織り上げないうちに期限の日が来てしまった。仕上げることができなかった女は仕方なく、かせを首にかけて甕《かめ》の中に入り、夫に担がれて市へと行った。女二人は人混みの中で出くわし、お互いに罵《ののし》り合った。恥ずかしくなった夫が甕を地上に投げたため、中の女は裸のまま投げ出されてしまい、衆人環視の恥ずかしさのあまり地中へと潜り込んでしまった。これが首に白い輪のある蚯蚓になったのだという。（民俗學研究所『綜合日本民俗語彙』、稲田浩二・大島建彦・川端豊彦・福田晃・三原幸久（編）『日本昔話事典』）

大分県にも「かせ掛け蚯蚓」という昔話はあるが、こちらは初めから蚯蚓と蝦蟇《がま》が織り比べをしている。

川の女［かわのおんな］

長崎県鳴滝町（現・長崎市鳴滝）や本河内でいう水怪。

朝方、鳴滝町諏訪神社下付近の中島川のほとりに女がにんまり笑って立っていることがある。「こんな時間にどうして」と思いながら振り返ると、すでに女はいなくなっている。この美人を見たという人は何人もおり、これは河童に違いないと噂《うわさ》された。

本河内では農民が、川の中で娘が水をジャブジャブする姿をよく見かけたという。通りかかった際、この可愛い娘に声をかけると「魚を獲っているたい」と娘は答えるが、魚がいるとは思えないほど、川の水は浅いという。（九州河童の会（編）『九州河童紀行』）

河坊主［かわぼうず］

長崎県諫早《いさはや》市、西彼杵《にしそのぎ》郡外海《そとめ》町《ちょう》黒崎（現・長崎市外海地区）でいう水怪。川坊主とも表記。

諫早市の河坊主は松本友記「河童の話（三）」（『民俗学』三巻一号）に紹介されている。

北高来郡有喜《うき》村（現・諫早市有喜地区）で鍛冶屋《かじや》をやっている乙市という人がいた。乙市が家に帰るために、川の飛石を渡っていると、川から河坊主が出てきて、持っていた松明《たいまつ》を吹き消した。乙市が逃げようとすると、後ろから帯を強く引っ張ったという。（小松和彦（監修）『日本怪異妖怪大事典』、国際日本文化研究センター「怪異・妖怪伝承データベース」）

また、北高来郡高来町（現・諫早市高来

町）では川坊主は三歳くらいの子どもの姿をしており、谷蟹を食べたりして生きているとされる。（長崎県教育委員会文化課「有明海沿岸地区の民俗―有明海沿岸地域民俗資料緊急調査報告書」『日本民俗調査報告書集成　九州・沖縄の民俗　長崎県編』）

西彼杵郡外海町《そとめちょう》黒崎には川坊主の婿入《むこい》りの話がある。干上がった田に水を入れてくれた者に三人いる娘のうち一人を嫁にやると、じいが独り言を呟《つぶや》くと、川坊主が一夜で田に水を溜める。娘三人に事情を話すと、末の娘が了承する。末の娘は嫁に行く代わりに千成瓢箪《せんなりびょうたん》が欲しいと言う。翌朝、川坊主は頬被《ほおかぶ》りをして迎えに来る。娘は綺麗な着物を着て、瓢箪をさげて家を出る。川端に出ると、川坊主は泳いで向こう岸に渡ってしまう。娘は川の中の石を伝って一つずつ跳んで渡っていたが、川の真ん中辺りで瓢箪を川上に向かって投げ込んだ。川坊主は拾ってやろうと川に飛び込み、瓢箪にしがみつくと沈んでしまう。瓢箪はまた浮かび上がるため、再び挑みかかるとすぐに沈む。何度やっても浮き沈みを繰り返すため、川坊主は気味が悪くなり、嫁のことは諦めて逃げていったという。（吉松祐一（編）『［新版］日本の民話　四八　長崎の民話』）

諫早市の河坊主に似た妖怪に大分県の**川坊主**がある。

ギャタロ

長崎県五島でいう水怪。（日野巌「附　日本妖怪変化語彙」『動物妖怪譚』下）

麒麟［きりん］

長崎県島原の昔話に登場する人食い麒麟。

夜になると泣いてばかりの子どもがいた。ある晩、その子どもが酷《ひど》く泣いてどうしても泣き止まないため、母親が「外に放り出すぞ」と言うと、外から「放り出さば放り出せ」という声がした。母親は子どもが言ったものと思い、戸の外に子どもを突き出して雨戸も閉めてしまった。初めは外から子どもの泣く声がしていたが、次第に泣き声は遠ざかっていった。不思議に思った母親が外に出てみると、遠くの空を麒麟が子どもを引っ摑《つか》んだまま飛んでいた。母親は後を追いかけたが、とうとう子どもを見失ってしまった。母親は子どもを探して方々を歩き回り、泣いてばかりいたため、盲目になってしまった。攫《さら》われた子どもは雲の上で麒麟に養われていたが、麒麟の不在時に同様に養われていた馬が子どもの元にやって来て「あの麒麟はお前を食べようと思って連れてきたのだ。逃げるなら麒麟がいないうちに逃げ出せ。この蔵に打ち出の小槌《こづち》と三つの玉があるから、これを持って俺の背中に乗れ」と言った。子どもは馬の言うとおりにし、馬とともに逃げ出したが、逃げたことに気が付いた麒麟が追いかけてきた。子どもは馬に「打ち出の小槌で俺の尻を『一〇〇〇里』と言って打て」と言われ、言うとおりにすると馬は一度に一〇〇〇里を駆けた。しばらく駆けると麒麟が追いついてきたので、「今度は『万里』と言って打て」と言われ、言われたとおり打つと一時に万里駆けた。こうして一〇〇〇里万里一〇〇〇里万里……と駆け逃げたが、麒麟はすぐに追いついてしまう。そこで今度は「玉を一つ、『山出ろ』と言って投げろ」と馬が言うので、投げると馬と麒麟の間に高い山ができた。しかし、麒麟はその高い山を越えて来てしまう。今度は「川出ろ」と言って投げると大きな川ができた。しかし、この川も麒麟はわけなく渡って追いかけてくる。そして最後の玉を「火出ろ」と言って投げると、一面火の海になり、麒麟は焼け死んでしまった。こうして子どもは無事に盲目の母の元へと帰ることができたという。（関敬吾『全国昔話資料集成　二一　島原半島昔話集』）

日本放送出版協会（編）『日本昔話名彙』では厄難克服譚《たん》のうち、「三枚の御札」に類するものとしており、麒麟は鬼神のことか、と記している。

金の塊 ［きんのかたまり］

長崎県西彼杵《にしそのぎ》郡外海町《そとめちょう》黒崎（現・長崎市）でいう金の精。

「年の晩には金の塊が堀切ば通る」といわれており、噂《うわさ》を聞いて農民の五蔵どんが雪の中、堀切へと向かった。辺りが薄暗くなってくると、向こうから黒い紋付を着て、腰に刀を二本差した侍がやって来た。五蔵どんは松の木の陰に身を潜《ひそ》め、侍が前を通る際に持っていた杖《つえ》で打ちかかろうとしたが、気後れして打ちかかれず、侍はそのまま通り過ぎてしまった。次に汚れた頭巾を被り、茶色の袈裟《けさ》を着たお坊さんが雪駄を鳴らしながらやって来たが、またしても気後れして杖を打ちおろすことができなかった。三番目に琵琶《びわ》を担いだむさ苦しい格好の座頭が高下駄を履き、前かがみになって通りかかった。五蔵どんが座頭の頭に杖をくらわせると、一文銭のひっかけを落として座頭は後も見ずに逃げて行った。後でわかったことだが、侍を打てば徳川の慶長小判を、坊さんを打てば銅貨銭を落とすとのことだった。五蔵どんはがっかりして帰った。（吉松祐一（編）『［新版］日本の民話四八　長崎の民話』、ゆーぞう「長崎市の民話・伝説」）

参考資料元の『長崎の民話』、「長崎市の民話・伝説」ともに題名は「年の晩の金の塊」なのだが、『長崎の民話』だと噂の内容が「金の魂が堀切ば通る」となっている。単なる誤字であろうか。

グゼ

長崎県でいうあやかしの類。グゼ船とも。『甲子《かっし》夜話』巻之廿六《にじゅうろく》に記されているもの。

海で溺《おぼ》れて死んだ者の魂が迷い、怪しいことをするといい、夜に往来する船を惑わすという。

夜、志自岐《しじき》浦にて舟で帰っている者がいたが、途中で突然櫓《ろ》が動かなくなり、舟が停まってしまった。怪しんで櫓を見ると、海面から乱髪の人が首を出し、櫓に食いついて動かないようにしていた。これは舟幽霊だと気づき、驚いて水棹《みさお》で突き放そうとしたが、離れず、灰を振りかけたところしばらくして離れた。松浦静山は、闇夜であったため、海面の様子もよく見えない中、舟幽霊の顔色だけが鮮明に見えているのは疑わしいことであるとしつつも、これはグゼの仕業《しわざ》であると記している。

　また壱岐島に住んでいる馬添の喜三右衛門が海を渡っている際にグゼに遭遇した。初めはどこか遥《はる》か遠くに人声が多く聞こえていたが、船頭はすでに心得ており「程なくグゼが来る。絶対見てはいけない。見ればこの舟に祟りがある。少しでも見てはいけない」と喜三右衛門を制した。舟の中でひれ伏していると間もなくかの声が近くになり、大いに騒がしくなった。見るなと言われたが、見たくなり少し顔を上げて見ると、大船の帆を充分に揚げてはいるが、その舟は横ざまに向けて走ってきた。人が大勢乗っていたが、皆影のようで、腰より下は見えない。おのおのの手には何か持っており、喜三右衛門が乗っている舟に潮を汲《く》み込もうとしている。船頭は舳《とも》に立って、何か唱え事をし、守札のような物を持ってお祓《はら》いをしている様子であったが、やがて灰を四方に振り散らした。すると舟の左に来ていたグゼ船は灰を撒《ま》いてからは舟の右側に移動しており、次第に遠くへと行ってしまった。「もはやよし」と船頭が言うと舟の中にいた者たちは頭を上げた。その頃にはグゼは跡形もなく消えていたという。（松浦静山（著）、中村幸彦・中野三敏（校訂）『甲子夜話』二）

　桜田勝徳は「第二章　漁祭と海の信仰　四　船幽霊など」（『漁村民俗誌』）にて【グゼ船という語は自分の見聞の限りでは最早死んでいる】と記している。（桜田勝徳「漁村民俗誌」『桜田勝徳著作集』一）

件〔くだん〕

長崎県に出現した怪物。

　鷹島中通ではどこかで件が予言するとされる。牛が人間のように口をきき、流行病《はやりやまい》の襲来や戦などの不幸を予言する。来たるべき不幸に備える方法を伝授した件は四～七日くらいで死んでしまうという。件が伝授した方法がどこからか流行り、軒ごとに藁苞《わらづと》を吊るしたり、特殊な食べ物を拵《こしら》えたりした。この流行りを「こと」と呼び、行うことで流行病などに罹《かか》らないという。（桜田勝徳「松浦の島々」『桜田勝徳著作集』六）

　五島の奥島にある農家の飼牛が人面牛体の件を産んだことが明治四二年（一九〇九）六月二一日の『名古屋新聞』に掲載されている。生後三一日目に「明治三七年（一九〇四）に日本はロシアと戦争する」と言って死んだ。（湯本豪一『日本の幻獣図譜　大江戸不思議生物出現録』、人文社編集部

『日本の謎と不思議大全　西日本編』）

平戸で件が生まれたという噂《うわさ》が佐世保のほうから面高《おもだか》に伝わっている。人面牛体で、件が生まれると事変がある。戦争や悪疫の流行などあまり良いことは起こらない。件は生まれてすぐに死ぬが、死に際に予言をし、その災害から逃れる方法を教える。件の言うことに間違いはないという。江島《えのしま》では件は千里眼みたいなものであるという。（桜田勝徳「江島平島記」『桜田勝徳著作集』六）

首切れ馬［くびきれうま］

長崎県壱岐島でいう妖怪。読みはクビキレムマとも。

首のない馬と思われるが、詳細は不明。（山口麻太郎『続壱岐島方言集』）

ゲドガキのバケモン

長崎県南松浦郡岐宿《きしく》町字二本楠《にほんぐす》（現・五島市岐宿町二本楠）と玉之浦町字荒川（現・五島市玉之浦町荒川）との間にあるゲドガキという場所に棲んでいるとされる化け物。

昔、玉之浦町字中須に丑松《うしまつ》という子どもがいた。ある夜、丑松が激しく泣いたため、丑松の父が「そんなに泣くとゲドガキのバケモンに食わすぞ」と叱ったところ、戸外から「そんならおれに食わせろ」と応じる大きな声がした。父は驚き「これが一人前になったら食わせるで……」と言い逃れた。その後、一人前の若者になった丑松が福江から酒樽《さかだる》を一丁背負って帰る途中、ゲドガキを通った。するとゲドガキのバケモンが出てきて、「汝《なんじ》の父から汝はもらったぞ……」と言って丑松に襲いかかってきた。丑松も力が強かったため、大いにバケモンと闘った。バケモンが背後から酒樽を摑《つか》んで引っ張ったところ、からげ縄が切れたため、丑松は無事に帰ることができた。しかし、再度ゲドガキを通った際はからげ縄が苧綱《おづな》であったため、前回のように切れず、そのうち酒樽が壊れた。丑松は中に入っていた酒で滑り、転んでしまったことで、バケモンに食われた。その夜、ゲドガキのバケモンは丑松の父の家に行くと「お前の子はもらったぞ」と告げたという。（久保清・橋浦泰雄『五島民俗図誌』）

コウズ鳥［こうずどり］

長崎県でいう転生譚《たん》、由来譚。コウズ鳥とは梟《ふくろう》のこと。コウズは小僧の意。

南高来郡加津佐町《かづさちょう》（現・南島原市加津佐町）のとある寺に馬の飼育が嫌いな小僧がいた。和尚の目をごまかし、馬に青草を与えずに枯草ばかりを与え続けたため、馬を死なせてしまった。夜になると、馬の霊が「コウズコウズ、枯草ドスコ」と鳴いたという。（福田清人・深江福吉『日本の伝説　二八　長崎の伝説』）

コーケ神［こーけがみ］

長崎県壱岐島でいう憑《つ》き物。

飯の後に茶を飲まないとコーケ神が憑いて、いくら食べても食い足らないようになってしまう。（山口麻太郎『続壱岐島方言集』）

コガネグモの琵琶弾き［こがねぐものびわひき］

長崎県長崎市外海《そとめ》地区の大蜘蛛《おおぐも》。

夜、琵琶弾きが歌の最中にばちを飛ばした。それを狩人が拾うとばちは粘り、はがそうとするが糸で丸め込まれる。その時、一番鶏が鳴き「取って喰おうと思ったが、一番鶏が鳴いてしまった」という声がした。翌日、狩人は撃ち殺すつもりで猟銃を持っていき、歌声と同時に琵琶弾きを撃つと巨大なコガネグモだったという。（ゆーぞう「長崎市の民話・伝説」）

【さ】

佐尾鼻の怪獣［さおばなのかいじゅう］

長崎県南松浦郡新上五島町の佐尾鼻の辺りに出たという怪物。

野村純一「江頭源次報告ノート」『柳田国男未採択昔話聚稿』に記載されている。昭和の頃、夜に漁をしていた漁船が大きな鰐《わに》のような怪物に襲われた。漁師が船先に移動すると怪物もそちらに回り、船尾に逃げると怪物も回り込んだ。助けを求められた仲間の漁師たちの一人が、先端に包丁を括《くく》りつけた竹竿を怪物の口に放り投げ込んだことで怪物はどこかへと姿を隠したという。（人文社編集部『日本の謎と不思議大全　西日本編』、山口敏太郎・天野ミチヒロ『決定版！　本当にいる日本・世界の「未知生物」案内』）

シキ幽霊［しきゆうれい］

長崎県西彼杵《にしそのぎ》郡、壱岐島でいう海の怪奇現象もしくはあやかしの類。シキユーレイ、しきゆうれぇとも表記。

西彼杵郡江島《えのしま》（現・西海市崎戸町江島）では単に幽霊とも呼んでいる。何もないはずの場所に島がいくつもいくつもできるうえに島も先へと進む。また、シキ幽霊は魚になって船にいっぱいついてくることもあるという。シキ幽霊に遭遇した際は莨《たばこ》をのむと良いとされる。（桜田勝徳「江島平島記」『桜田勝徳著作集』六）

國學院大學民俗学研究会「長崎県西彼杵郡西彼町《せいひちょう》旧亀岳村」（『民俗採訪』通巻昭和四六年度号）には西彼杵郡西彼町（現・西海市西彼町）のシキ幽霊について記されて

いる。シキ幽霊は海に出る妖怪としているものの、海面にニガリが溜まり、夕方になって光ることをシキ幽霊と呼んでいる。（国際日本文化研究センター「怪異・妖怪伝承データベース」）

壱岐島のシキ幽霊については折口信夫『壱岐民間伝承採訪記』に見受けられる。壱岐島では単にシキとも呼び、本居ではしゅぎゅうれぇと呼ぶ。旧師走の二九日の夜や雨夜などに船を出すとシキ幽霊によく出遭う。波の一部だけが白っぽく見え、舟にぴったりとひっついて動く。舟の下を通ることもあり、そこらじゅう白くなる。舟の中も明るくなるほどだという。この際、何ともいえぬ妙な臭いがするとされる。こうなるとしばらくの間は真っ白な中を漕《こ》ぎ抜けることはできないとされ、二〇分くらい続くこともあるという。これは海の中で死んだ人の仕業《しわざ》とされ、シキがつくと魚が獲れなくなってしまう。シキがついた際は、ランプをつければ消えると言う人もいる。

山口麻太郎『壱岐島民俗誌』では、シキ幽霊は夜に汽船や軍艦にたくさんの灯りをともしてみせることがあり、この灯りはついたり消えたりと変化すると報告している。折口氏が紹介しているシキ幽霊とは少し違うようである。（池田弥三郎・大藤時彦・牧田茂・和歌森太郎（編）『日本民俗誌大系　第二巻　九州』）

西彼杵郡雪ノ浦村幸物《こうぶつ》（現・西海市大瀬戸町雪浦幸物郷）では白樫の榾《ほだ》（薪にする小枝などのこと）から光が出るのもシキユウレイと呼んでいる。これは海面が光ったり、辺りが真っ白になることをシキ幽霊と呼ぶことの転用と考えられる。（民俗學研究所『綜合日本民俗語彙』）

壱岐島のシキ幽霊に似たものに愛媛県や大分県の**シラミ**がある。

三重県や福岡県、佐賀県にも特徴があやかしに類似するシキユウレイ（**しき幽霊**、**シキユウレエ**）がある。

七本足［しちほんあし］

長崎県壱岐島では、七本足のタコは化け物と見なしており、食用にしない。また、タコはヘビが化生したものと伝えている。（鈴木棠三『日本俗信辞典　動・植物編』）

福岡県の**七本足**も参照。

精霊風［しょうろかぜ］

長崎県五島でいう魔風、ユキアイ（コラム参照）の類。

盆の一六日の朝は、精霊風が吹いて病気になるといい、墓や墓道には決して行かないという。（民俗學研究所『綜合日本民俗語彙』）

白金のつきもの［しろかねのつきもの］

長崎県南高来郡小浜町（現・雲仙市小浜町）でいう「取付く引付く」の類。

正直な爺《じい》さんが山へ薪拾いに行くと、「ひっつこう、ひっつこう」という声が聞こえてきた。爺さんが「ひっつこばひっつけ」と言うと、爺さんの体に白金がたくさん付いた。これは神様の授けだろうと、喜んでひっついた白金を持って帰った。隣に住む欲深い爺さんはこれを聞くと、山へと向かった。しかし、いつまで経っても何の声もしないため、帰ろうとすると「ひっつこう、ひっつこう」という声がした。そこで「ひっつこばひっつけ」と言ったところ、体にたくさん糞《くそ》が付いた。欲深爺さんは着物を洗うのにうんざりしたという。（関敬吾『全国昔話資料集成　二一　島原半島昔話集』）

底幽霊［そこゆうれい］

長崎県でいうあやかしの類。

五島列島では文字どおり海底に真っ白な姿で現れる幽霊だとされている。（久保清・橋浦泰雄『五島民俗図誌』）

西彼杵《にしそのぎ》郡平島（現・西海市崎戸町平島）では底幽霊に憑《つ》かれると舟が動かなくなるという。底幽霊は海坊主のようになったり、幽霊船になったりするともいう。（民俗學研究所『綜合日本民俗語彙』）

『綜合日本民俗語彙』では、佐賀県・長崎県の両県に話が多くあると記しているが、長崎県の事例しか記載していない。

袖とり川［そでとりごお］

長崎県壱岐島でいう民間神。

折口信夫『壱岐民間伝承採訪記』には、所々、道の側に袖とり川と呼ばれる場所があり、そこで転ぶのは良くないため、片袖をもいでおくという。

『西海の伝説』にいくつか袖取川と呼ばれている川が紹介されている。

壱岐郡勝本町加須のつうら川に高麗橋があり、橋の上で転ぶと着物の袖を切って川に投げ入れないと災難があるとされている。壱岐郡芦辺町《あしべちょう》那賀郷国分にある袖取川の辺りでも転んだら必ず袖を取って川伯《かっぱ》にあげなければならないとされている。袖とき川と呼ばれる場所もあるという。（池田弥三郎・大藤時彦・牧田茂・和歌森太郎（編）『日本民俗誌大系　第二巻　九州』、山口麻太郎（編著）『西海の伝説』）

【た】

ダッガコドン

おそらく長崎県でいう子どもの怪。「死ぬ程洒落にならない怖い話を集めてみない?」一三〇スレッドに二〇〇六年五月二五日に書き込まれたもの。

子どもたちが遊んでいると、見知らぬ子どもが混じっており、その子どもを「ダッガコドン」と呼ぶ。

この際、正体を聞くと殺される、家に帰してくれない、連れ去られるなどという。

大人の前にも姿を現すようで、寝ていた体験者を連れて行こうとしたが、地元の七《なな》嶽《たけ》神社でもらった退魔（札か?）を机の上に置いていたため助かった。ダッガコドンは死んだ子どもの数だけいるという。（「怖い話まとめブログ」）

ダラシ

長崎県雲仙市、島原市でいう餓鬼《がき》憑《つ》きの類。

井上円了『於ばけの正体』や、『土の鈴』通巻四号に掲載された白倉土甲「ダラシのついた話　其の一」、田中田士英「ダラシのついた話　其の二」、菊地寛晃「ダラシのついた話　其の三」、『旅と伝説』通巻八二号の関敬吾「『だらし』につけられる話」にダラシについての事例が報告されている。

ダラシは辻《つじ》や坂道、山道で憑くとされる。温泉岳（雲仙岳）をはじめ、岩下越の峠、平石越にあるノトンの坂付近でダラシが憑いたという話がある。

ノトンの坂の辺りは昔、餓死した人がおり、その霊魂が土に留まって通る者に憑くのだといわれている。また、平石観音の下の辺りでは何人か首を吊《つ》っており、それが祟っているともされる。

ダラシに憑かれると手足がしびれたようになる、体中がだるくなり飢餓感に襲われる、動こうとしても手足が動かなくなる等により、一歩も進むことができなくなってしまう。

ダラシに憑かれた際の治療法としては食べ物を食べることが基本で、二、三町（約二一八～三二七メートル）進んだ先にある茶屋で蕎麦《そば》や冷や飯、茶漬け飯などの食事を取ることで回復した、通りがかりの人から分けてもらった弁当や持参しておいた握り飯を食べたことで元気になったという話を文献などでよく見かける。中には落ちていた高野豆腐を拾って食べたことで体調が戻ったという話もある。また、食べた後、残りを付近の藪《やぶ》に捨てることでダラシが離れるともされる。食べ物がない時は手に「米」という字を指先で書いて、その字を舐《な》めても元気になるとされている。

食べ物を携えておけばダラシの難に遭うことはないとされるが、鰯《いわし》売りの男が鰯の荷の側で昏倒《こんとう》していたという話や、先に述べたように握り飯を持参していたのにダラシに憑かれた話もあるので、過信できない。ノトンの坂を通る際は事前にしっかり食事を取っておき、握り飯を持っていって、憑かれる前にノトンの坂で一つ食べ、残りを周辺の藪の中に投げることで無事に山を越えることができるとされている。（柳田国男「ひだる神のこと」『妖怪談義』、国際日本文化研究センター「怪異・妖怪伝承データベース」）

テンテンテコボシ

長崎県壱岐島武生水町《むしょうずちょう》（現・壱岐市郷ノ浦町）でいう廃寺の化け物。椿《つばき》で作られた柱。

修行の旅に出ていた小僧が、日が暮れたため、とある村の荒れ果てた大きな寺に泊まった。「恐ろしい時はクド（竈《かま》）の中に入って寝ろ」と和尚に教えられていた小僧がクドの中でじっとしていると、夜更けに外から声が聞こえてきた。「テンテンテコボシ殿おうちでござるか」という外の声に「これはチクリンノサンゾクテウ殿か。今夜は無塩の良い肴《さかな》が来ているが、クドの中に入っているので手がつけられぬ」と寺の中から答えた。小僧が恐る恐る声のするほうを見ると、大きな柱が口を開けて話していた。外にいた者が立ち去るとしばらくして「テンテンテコボシ殿おうちか」と声がした。「ホツコボクノコンコン殿か。今夜は無塩の肴が来ているが、クドの中にいるのでどうにもならぬ」と柱の怪物が答えると、外の怪物は立ち去った。翌朝、小僧は村人たちに寺の化け物の正体を話し、化け物退治をした。竹林の中を探すと三本足の鳥がおり、北の古木に狐がいたので、捕まえて殺した。大勢の大工を雇い、テンテンテコボシと呼ばれていた柱を抜き替えたところ、その柱は椿の木でできていることがわかった。柱を割ると、食べられた人たちの髪や骨などがたくさん出てきたという。（柳田国男（編）・山口麻太郎（採録）『日本昔話記録　一三　長崎県壱岐島昔話集』）

豆腐娘［とうふむすめ］

長崎県五島大津の町はずれにある祠《ほこら》の主。

豆腐好きとされ、祠のある道を通る際は豆腐を供えないと、この娘が海に引きずり込んでしまう。元は石田城内に女中として殿に仕えていた。誤って敷居を踏んだ音をオナラの音と殿に勘違いされ、なじられたために娘は入水したという。（吉松祐一（編）『［新版］日本の民話　四八　長崎の民話』）

通り風［とおりかぜ］

長崎県五島久賀島《ひさかじま》でいう魔風、ユキアイ（コラム参照）の類。

通り風に当たるとクサフルなどといい、

精神に異常をきたすことがあるという。（民俗學研究所『綜合日本民俗語彙』）

トボシ

長崎県江島《えのしま》でいう怪火。火をともすこと自体「火をとぼす」と言っているので、「ともし」の意であろう。

夜に現れる海上の怪火をトボシと呼んでいる。

水死人のお金を取って安楽に暮らしている家があるが、その家の裏の木には火がとぼるという。

また、水死人が身柄を拾ってもらいたさに火をとぼすこともある。沖のほうでしきりに合図する火船らしきものが見えたため、鰯《いわし》の縫きり網を引いてみたところ、水難者を引き揚げた。その次の網を引いてみると今度は大漁であり、勇んで帰航したところ、その日は火船を出していないことがわかったという。（桜田勝徳「江島平島記」『桜田勝徳著作集』六）

【な】

灘風［なだかぜ］

長崎県平島でいう魔風、ユキアイ（コラム参照）の類。

灘風に当たると、急に気分が悪くなって、数日の間、熱が出る。（桜田勝徳「江島平島記」『桜田勝徳著作集』六）

南蛮井戸と寝返りの間［なんばんいどとねがえりのま］

長崎県西坂の本蓮寺《ほんれんじ》にある井戸と部屋にまつわる怪談。

本蓮寺が建っている場所にはもともとサン・ジュアン・バプチスタ寺というキリシタン寺があった。慶長一九年（一六一四）にキリシタン禁令により破却されたが、井戸は残った。厳しくむごいキリシタン迫害に慄《おのの》いた伴天連《バテレン》の一人がこの井戸に身を投げたとも、役人によって神父や大勢の信者が井戸に投げ込まれたともいわれ、以来この井戸に怪異が現れるようになったという。

ある朝、寺の小僧が住持の座布団を取りに井戸の後方にある住持の扣《ひか》えの間へと向かった。行ってみると白髭《しらひげ》の老人が住持の座布団の上にキチンと座っており、小僧は住持に「座布団はお客様がお敷きになっております」と告げた。早朝にお客はいないはずだがと住持が扣えの間へ行ってみると、そこに老人の姿はなかったという。

井戸に向き合って四畳半の薄暗い部屋があり、そこは寝返りの間と呼ばれている。この部屋で井戸に足を向けて寝るといつの間にかどんでん返しで向きが変わっており、また、人々がざわめく声や泣き叫ぶ声が聞こえてくるという。

寝返りの間の入口に老人の絵が描かれた杉戸がある。日本で初めて西洋画を描いたとされる山田右衛門が描いたもので「南蛮杉戸」と呼ばれていた。ある夜、寝返りの間の評判を聞いて、日親という坊さんがこの部屋で寝た。夜中頃、足音が聞こえたため、起き上がると、南蛮杉戸に描かれている老人が抜け出して日親のほうへと歩み寄ってきた。老人の目が異様に光っていたため、日親は老人に飛びかかり、懐に忍ばせていた短剣で老人の目をくりぬいた。老人は足を止めたものの、日親は翌日から夜ごとうなされるようになり、五、六日後に亡くなったという。この南蛮杉戸であるが、原爆投下の際に寺とともに焼けてしまい、現存していない。（永島正一『長崎ものしり手帳』、吉松祐一（編）『［新版］日本の民話四八　長崎の民話』）

人魚 ［にんぎょ］

長崎県でいう人間の女性の上半身に下半身が魚となっている怪魚。

『甲子夜話《かっしやわ》』巻之廿《にじゅう》の二六によると、延享（一七四四～四八）の初め平戸から出発した船が玄界灘《げんかいなだ》を渡った際、舳《とも》のほう一〇余間（一八メートル余り）の海中に女が現れた。腹の下は見えなかったが、色は青白く、髪は薄赤色で長く、船のほうを見て微笑み、潜っていった。その際に魚身が現れ尾が出たことにより、目撃した人々は初めてこの女が人魚だと知ったという。

また、明治二四年（一八九一）九月二六日付の『扶桑新聞』にも人魚の記述がある。対馬の下県郡《しもあがたぐん》豆酘村《つつむら》（現・長崎県対馬市厳原町《いづはらまち》）で一人の人夫が海中に怪しい魚がいるのを見つけ、魚突器で仕留めた。取り上げてみると、頭部は女児の頭のごとく、目鼻口耳も備え、頭髪もあり、手のようなものもあり、純然たる人間の姿に相違なきものの、腹から下は魚類であり、色は浅黒くあたかも鯉《こい》に似ている。長さは二尺（約六〇センチ）余り、腹部の周囲一尺八寸（約五四センチ）ぐらいもある。「これこそ世にいう人魚であろう。人魚を食べれば一〇〇〇歳の齢《よわい》を保つことができる」とこの人夫は人魚を料理して食べ尽くしてしまった。味はなかなか美味く、鯛《たい》や鯉等の類ではなかったという。（松浦静山（著）、中村幸彦・中野三敏（校訂）『甲子夜話』二、湯本豪一（編）『地方発明治妖怪ニュース』）

ヌリ棒 ［ぬりぼー］

長崎県壱岐島でいう妖怪。

山口麻太郎『続壱岐島方言集』には、夜間に道側の山から突き出す、とある。

方言集にはカタカナで「ヌリボー」と表記されているが、山口麻太郎『壱岐島民俗誌』には【海坊主、湯坊主、カセカケオナゴ、ヌレオナゴ、海オナゴ、ヌリ棒、首キレ馬】といった表記が見える。多くの書籍で「ヌリボー」を「塗り壁」などの通行妨害の妖怪の類として扱っているが、「ヌリ棒」表記で山から突き出す妖怪なのであれば、岸から大きな煙管《キセル》を突き出す徳島県の大煙管や岩の側を通ると杓子《しゃくし》が突き出される岡山県の杓子岩などの類なのではないだろうか。

濡れ女子［ぬれおなご］

長崎県壱岐島や対馬でいう妖怪。

壱岐島では全身濡れた女の形をしており、海あるいは沼に出るものだという。（山口麻太郎『続壱岐島方言集』）

対馬では濡れそぼった女の姿の怪物だといい、雨の夜に出るとされる。（瀧山政太郎『対馬南部方言集』）

ノブスマ

長崎県対馬でいう進路妨害の怪。

夜、歩いていると白い襖《ふすま》のようなものが突然現れて、右にも左にも動くことができなくなり、進退窮《きわ》まることがある。これを「ノブスマ」と呼ぶ。『対馬南部方言集』の著者瀧山政太郎はこれをむささびの翅《はね》を張る様子を妖怪化したものかとみている。

同名同種の妖怪は高知県にもある。

【は】

火［ひ］

長崎県平戸でいう海の怪火。

難破者を見殺しにした土地があり、難破した夜と同じような暴風雨の夜には、いつもそこで火を見るという。（桜田勝徳「松浦の島々」『桜田勝徳著作集』六）

ヒダルゴ

長崎県壱岐でいう餓鬼憑《がきつ》きの類と思われるもの。

山口麻太郎『壱岐島民俗誌』に見受けら

れる。

食事を取らないでヒダルイ思いをしていると、ヒダルゴがつくとされる。(池田弥三郎・大藤時彦・牧田茂・和歌森太郎(編)『日本民俗誌大系　第二巻　九州』)

餓鬼憑きになってからヒダルイ思いをするのではなく、ヒダルイ思いをしてからヒダルゴは憑くようだ。

人食いなば［ひとくいなば］

長崎県壱岐島の昔話に登場する人食い茸《きのこ》。

山中の宮で人がいなくなるため、何者かがいて人を食べているのではないかと噂《うわさ》になった。この何者かを退治しようと一人行き、二人目も向かったが帰ってこなかった。三番目に子どもが行き、夜になると眠気がさした。その際、足を引っ張る者がいるので、灯りをつけて床下を確認すると、足を引っ張っていたのは茸で、茸の付近には人骨が散らばっていた。子どもは急いで家に帰り、味噌汁《みそしる》を拵《こしら》えてもらうと、宮の床下に持っていき、茸に味噌汁をかけた。すると茸は次第に縮まっていき、ついには消えてなくなったという。(民俗學研究所『綜合日本民俗語彙』)

一声叫び［ひとこえおらび］

長崎県対馬でいう呼び子の怪。

山中で一声「オウ」と叫ぶ怪物、もしくは一度だけ名前などを呼ぶお化け。人がこの「オウ」という声に応じて「オウ」と応えると怪物もまた「オウ」と言う。交互に「オウ」という応答を続け、人が負ければ怪物の餌食《えじき》になってしまう。そのため、山中で「オウ」の一声を耳にしても応えてはならないといい、また、人を呼ぶ場合は「オウオウ」と二声発する、もしくは二声三声続けて名前を呼ぶのが作法だという。(瀧山政太郎『対馬南部方言集』、井之口章次『日本の俗信』)

呼び子の怪で一声叫びと同じように短い応答をするものは他に大分県佐伯市の河童や宮崎県西都市《さいとし》の**山んばば**がある。

フナシトギ

長崎県壱岐島でいうコバンザメについての俗信。

沖で船を停めては人を害するといわれる。また、綱を伝って、船に上がってくるともいわれている。(山口麻太郎『続壱岐島方言集』)

山口麻太郎『壱岐島民俗誌』では怪魚としての色合いが強く記載されている。形はドンコに似て白い腹の両側に四肢がある。船に吸いついては船を停め、あるいは綱を伝って船内に入り込み、人を食うという。(民俗學研究所『綜合日本民俗語彙』)

船幽霊［ふなゆうれい］

長崎県でいうあやかしの類。

江島《えのしま》では帆船汽船に化け、中には灯りを

いっぱいつけている船もある。こういう船は人の乗る船の側まで来ると急に消え、消えた瞬間に生臭いにおいがするという。

島になることもあるが、波は寄せず、すべてはっきり見えるとされる。（桜田勝徳「江島平島記」『桜田勝徳著作集』六）

福江市椛島《かばしま》（現・五島市）では船幽霊を見た時、大きいと言えばさらに大きくなり、小さいと言えばさらに小さくなるとされる。

島民が五島灘《ごとうなだ》を長崎、佐世保に向け一二時間前後かけて航海していた頃のこと、長崎で鮮魚を売った帰りの夜に月明かりの中、急に船足が停まった。いくら漕《こ》いでも舟は進まず、艫押《ともおし》が艫下を見ると大きめの蛙《かえる》に似た怪物が三四、手を横に広げて踏ん張っていた。驚いた艫押が舵取《かじと》り棒でその怪物を叩くと、青い稲妻が海上一面を噴流した。再び同じことが起き、目指す椛島の山がかすかに見えはじめると、一艘《いっそう》の大きな旅客船が突然現れ、数千の灯りを灯したまま徐々に接近してきた。誰かが「大きな船ね」と言うと「言うな」と船頭が叱るも遅く、船はますます大きくなった。面舵《おもかじ》、取舵で躱《かわ》そうとしたが、躱すことができず、皆が観念して目を瞑《つぶ》ったところ、音沙汰がないため目を開けてみると、巨大な船はどこにもその姿はなかったという。（福江市史編集委員会（編）『福江市史』上巻）

【ま】

まぐれもゆ

長崎県対馬市厳原町《いづはらまち》内院の妖怪。「まぐれもよ」とも。

正体不明。夕暮れ時に辻《つじ》に立つ暗い影をまぐれもゆと呼ぶ。（対馬観光物産協会「Ghost of Tsushima（ゴーストオブツシマ）と対馬の妖怪について」）

夕方より少し後の時間帯を「まぐれ」という。

ミコシ

長崎県江島《えのしま》でいう幽霊もしくは化け物。幽霊などの一種とされており、武者修行の侍などに化けたものをミコシという。（桜田勝徳「江島平島記」『桜田勝徳著作集』六）

ミコシという名前であるが、壱岐島の**ミコシ入道**とはまた異なっているようだ。

ミコシ入道［みこしにゅうどう］

長崎県壱岐島志原村（現・壱岐市郷ノ浦町）でいう妖怪。

夜遅く、平川堤の旧街道を歩いていると頭上でワラワラワラと笹《ささ》の音がする。この際、黙って通ると竹が倒れかかって死んでしまう。音がしたら「ミコシ入道見抜いたぞ」と言えば、消え失せるという。（山口麻太郎『続壱岐島方言集』、山口麻太郎『壱岐島民俗誌』、池田弥三郎・大藤時彦・牧田茂・和歌森太郎（編）『日本民俗誌大系　第二巻　九州』）

ミコシ入道という名前ではあるが、いわゆる「見越し入道」とは撃退呪文が似ていること以外、同一視することは疑問に思う。

味噌五郎［みそごろう］

長崎県西彼杵《にしそのぎ》郡外海町《そとめちょう》西出津《にししつ》（現・長崎市外海地区）、長崎市福田町字大平、南高来郡西有家町《ありえちょう》（現・南島原市西有家町）、南高来郡千々石町《ちぢわちょう》（現・雲仙市千々石町）でいう力の強い巨人。自然伝説。地名由来譚《たん》。

西有家町役場『西有家町の民話　みそ五郎やん』によると、味噌五郎は人が良く、力持ちで、畑仕事の手伝いをしたり、山を切り開いたりしては農民から好物の味噌を分けてもらっていた。西有家町では、味噌五郎は高岩山に棲んでおり、雲仙岳に腰を下ろして、有明海で顔を洗うほど大きかったという。味噌五郎が畑仕事で鍬《くわ》を振るっている最中に尻もちをつき、その際に鍬から落ちた土で有明海の湯島ができた。味噌五郎が掘った跡に水が溜まったものが雲仙の空地だとされる。（小松和彦・常光徹（監修）『47都道府県・妖怪伝承百科』）

長崎市福田町字大平にもみそ五郎が棲んでおり、小江《こえ》の浜で籠いっぱいに貝を拾い、肩に担いで帰ろうとした。近くの木を担い棒にして、片方の籠には貝を、もう片方には大きな石を入れて浜から山へと運んだ。頂上に向かって登りはじめたが、途中一休みするために籠に入れていた大石を向こうの山陰に片手で軽々と放り投げた。この大石は山の真ん中辺りに突き刺さった。この大石もみそ五郎と呼ばれている。（ゆーぞう「長崎市の民話・伝説」、長崎県小学校教育研究会国語部（編）『読みがたり長崎のむかし話』）

長崎県史談会（編）『長崎県郷土誌』には、味噌五郎が飼っていたという大牛について紹介されている。千々石町には、尾ノ先、尾ノ上、鞍置、牛ノ頸という地名があるが、これらすべてを繋《つな》いだ長さ二里（約七・八キロ）が、味噌五郎の大牛の大きさに相当するとされる。（『47都道府県・妖怪伝承百科』）

味噌五郎と好物の味噌に関する話として次のようなものがある。味噌五郎が大瀬戸地方（現・西海市）のほうから大城と小城という二つの山を竿《さお》で担いで峠を歩いてきた。峠の頂上に着くと、疲れたため村の人々に味噌を舐《な》めさせて欲しいとねだった。しかし、村人たちにとって味噌は大切なものであったため、味噌五郎の頼みを断った。峠頂上にある大城公園と、峠の下で転げ落ちた島のようになっている小城は、頼みを断られた味噌五郎が放り出した二つの山だとされる。また、繋がった岩のような釣りの名所「竿ばな（佐尾鼻か）」は味噌五郎が担いでいた竿だという。大城、小城、竿ばなの由来譚であるが、これは巨人味噌五郎ではなく、味噌を腹いっぱい舐めるとどんな力でも出せる味噌五郎爺《じい》さんという爺さんが置きっぱなしにした大石だという話もある。（吉松祐一（編）『［新版］日本の民話　四八　長崎の民話』、「長崎市の民話・伝説」、福田清人・深江福吉『日本の伝説　二八　長崎の伝説』）

佐賀県にも**みそ五郎**という巨人の話がある。

メットッポ

長崎県五島でいう一つ目の妖怪。

怖がらせるのみで、人に危害を加えたといった話は聞かない。（久保清・橋浦泰雄『五島民俗図誌』）

目一つ五郎［めひとつごろう］

長崎県島原半島の南高来郡小浜町（現・雲仙市小浜町）の蕎麦《そば》の根の由来に登場する人を食う者。

とある夫婦に子どもが産まれ、育てていたが、目一つ五郎が来てその子どもを食べてしまった。父親は目一つ五郎が食べている物に気が付かず、もらって食べてみると子どもの小指であったため、その場から逃げ出して公孫樹《いちょう》に登った。公孫樹にはすでに母親が登って隠れていた。子どもを食べ終えた目一つ五郎は二人を探しにやって来て、池に二人の影が映っていたため、笊《ざる》で掬《すく》おうとした。それを見ていた父親が笑ったため、二人は目一つ五郎に見つかった。目一つ五郎が、二人がどうやって登ったのか尋ねると、母親は「足に油をつけて登った」と答えた。目一つ五郎は教えられたとおり、足に油をつけて登ると、足が滑って蕎麦畑に落ち、死んでしまった。その時の目一つ五郎の血に染まって、蕎麦の根は赤くなったとされる。（関敬吾『全国昔話資料集成　二一　島原半島昔話集』）

メヒトツボ

長崎県対馬でいう怪物。

夜に現れる、目の一つある怪物だという。

（瀧山政太郎『対馬南部方言集』）

もの言い山［ものいいやま］

長崎県壱岐郡芦辺町《あしべちょう》箱崎（現・壱岐市芦辺町箱崎）にある山。

節替わりの雨夜などには、楢《なら》の葉を綴《つづ》って着た化け物が出たり、怪しい話し声が聞こえたりしたという。（山口麻太郎（編著）『西海の伝説』）

【や】

ヤコ

長崎県北松浦郡平戸（現・平戸市）や壱岐島でいう憑《つ》き物。

北松浦郡平戸のヤコは猫のような形をしており、白いヤコや黒いヤコがおり、時折見かける人がいるとされる。ヤコヅキは症状が長引くとされ、主に日蓮宗の人が憑かれやすいと語る人もいる。平戸町度島《たくしま》ではヤコナバ（野狐茸、ゴマナバとも）と呼ばれるキノコがあり、これを食べた二人が翌朝までものを言えないようになり、そのうちしばらく経って口走るようになったこともヤコが憑いたと呼んだ。（谷川健一（編）「全国憑きもの報告集成」『日本民俗文化資料集成　七　憑きもの』）

壱岐島では平戸と違い、人の目に見えない狐とされているが、やはり人に憑くという。山口麻太郎『壱岐島民俗誌』によると、壱岐島でもヤコの憑いた者をヤコヅキと呼び、憑かれると精神に異常を来すとされる。ヤコは脇の下に隠れるといい、豆腐と小豆飯を好むという。稲荷念じなどの法でヤコを落とすことができる。

折口信夫『壱岐民間伝承採訪記』には、ヤコは鼬《いたち》のような姿をしており、人の脇に潜むと、その人はヤコヅキになると記している。ヤコは塩辛類が嫌いなため、ヤコヅキも塩辛を食べなくなるという。（『壱岐島方言集』、池田弥三郎・大藤時彦・牧田茂・和歌森太郎（編）『日本民俗誌大系　第二巻　九州』）

ヤザイドン

長崎県平戸市堤町でいう藪神《やぶがみ》。

以前、藪だった所に祀《まつ》られており、人に憑《つ》いて悪いことをする。小さな瓦葺《かわらぶき》の祠《ほこら》にヤザイドンは祀られているが、もともとは藁束《わらたば》製のトビイエを毎年作り直していた。

病気でふらふら歩いている人がいると、おかしいからとヤザイドンが取り憑くことがある。病人のいる家はトビイエを作って祀るという。（小松和彦（監修）『日本怪異妖怪大事典』、国際日本文化研究センター「怪異・妖怪伝承データベース」）

矢戸どん［やどどん］

長崎県西彼杵《にしそのぎ》郡出津町（現・長崎市外海地区）に伝わる幽霊。光物、怪火の類。矢戸地域の平家の落人の魂とも、古戦場の武士の霊ともされる。

鎧兜《よろいかぶと》を身に着け馬に乗った矢戸どんが赤い灯籠を灯しながら、たくさんの騎馬武者を従えて大野岳の麓から赤首の堺の荒川谷を通り、黒崎の浜へと降りる。静かに海の中を歩いて沖へと向かっていくと、沖に美しい万灯籠《まんどうろう》が浮かぶ。遠くからは万灯流しにも見え、近くでは武士の甲冑《かっちゅう》の鳴るような音が聞こえる。しかし、これが見えると四、五日以内に大暴風雨となり、海が荒れ狂うという。（吉松祐一（編）『［新版］日本の民話　四八　長崎の民話』、ゆーぞう「長崎市の民話・伝説」、福田清人・深江福吉『日本の伝説　二八　長崎の伝説』）

山ウロ［やまうろ］

長崎県南松浦郡青方町（現・新上五島町青方郷）でいう童姿の妖怪。

丈が三、四尺（約九〇～一二〇センチ）、毛だらけの人の子の形をしている。相撲《すもう》を挑むという。（民俗學研究所『綜合日本民俗語彙』）

福江市（現・五島市）には山の妖怪としてヤスウロの名前も見受けられる（福江市史編集委員会（編）『福江市史』上巻）が、これは誤植が疑われる。

ヤマオロ

長崎県福江、壱岐でいう山に出る子ども姿の妖怪、山の音の怪。

ヤマオロは人間の嬰児《えいじ》に似た小さい妖怪であり、山で木を伐るような音をさせるという。（久保清・橋浦泰雄『五島民俗図誌』）

福江市（現・五島市）には山の妖怪としてヤスオロの名前も見受けられる（福江市史編集委員会（編）『福江市史』上巻）が、これは誤植が疑われる。

熊本県にも同名の妖怪がある。

山女［やまおんな］

長崎県福江や壱岐などの島に棲むとされる女性姿の妖怪。

貞方留之助という子どもが父親と山仕事

へ行き、引き連れてきた牛馬を繋《つな》いでいる所で餡餅《あんもち》を食べていた。するとどこからともなく一人の美女が現れて「エヘヘ、エヘヘ」と笑いながら近づいてきた。牛や馬も酷《ひど》く驚いた様子を見せ、留之助は「トッツァン、トッツァン、ヨカオナゴが来た……」と言った。父親が急いで来たが、父親にはその女の姿は見えず、そのうち女はヘゴ（シダの一種）の中へと隠れてしまった。この時、留之助は父親から山女だと聞かされたという。（久保清・橋浦泰雄『五島民俗図誌』）

ヤマダチ

長崎県壱岐島でいう怪物。

奥山にいるといい、獣ではなく、人に近い容姿をしている。（山口麻太郎『続壱岐島方言集』）

ヤマダチ（山立）は狩人やマタギ、山賊のことであるが、ヤマダチに対する認識の零落により、壱岐島では怪物の名前となったと考えられている。（新村出（編）『広辞苑 第二版補訂版』、民俗學研究所『綜合日本民俗語彙』）

山姥［やまんば］

長崎県西彼杵《にしそのぎ》郡外海町《そとめちょう》黒崎（現・長崎市）や南高来郡（現・島原市、南島原市、雲仙市）、壱岐市、対馬市、五島市、福江市（現・五島市）でいう女の妖怪。大概の話では人を食べる存在だとされており、長崎県でも他県と同様に「天道さんの金の鎖」や「牛方山姥」の類の民話に登場することが多い。西彼杵郡外海町黒崎、南高来郡、壱岐市では「馬子と山姥」の話が、対馬市では「天道さんの金の鎖」の話が語られている。また、焼いた石で山姥を退治する話も対馬市や福江市で採取されている。

長崎県下県《しもあがた》郡佐須村（現・対馬市厳原《いづはら》町《まち》）の山姥はとても大きな乳を持っているとされ、乳飲み子を見ると乳で巻き取ってしまうという。また、椎根《しいね》のむしろうちという場所でむしろ打ちをしていた姉妹のうち、姉を大きく膨らませた乳でからめとって連れ去ったという話もある。どちらの話でも妹や乳飲み子の父親に焼けた石を投げつけられて退治されている。両話ともに、鈴木棠三「対馬の昔話（一）」（『旅と伝説』通巻一四〇号）による。

赤島ウ山の山姥は鬼みたいな顔をし、乳がとても大きかったとされる。山姥は夜になると村に出てきては子どもを攫《さら》い、噛《か》み殺していたという。村はずれに一人暮らしの機《はた》織り婆さんがいた。この婆さんの所に山姥が毎晩遊びに来るようになっていたため、村人たちのことを思い、婆さんは山姥を退治することにした。囲炉裏《いろり》の火の中にぎびぎび石（すべすべした青石）を入れておき、囲炉裏の火で温《ぬく》もった山姥の大きく流れ広がった乳の上にその焼いた石を載せた。山姥はその場から逃げ出したが、山中で死んでいたという。

関山守彌「昔話と民俗―五島嵯峨島の場合―」（『日本民俗学』通巻一〇七号）では

五島市三井楽町《みいらくまち》の話で、山姥の子が娘の腹に虫を宿したというものがある。たとえ腹に虫を宿すことができても、桃の酒、菖蒲《しょうぶ》酒《ざけ》、菊酒を節句に飲むと虫を下されてしまうと、山姥は己が子に話したという。（福江市史編集委員会（編）『福江市史』上巻、吉松祐一（編）『［新版］日本の民話　四八　長崎の民話』、国際日本文化研究センター「怪異・妖怪伝承データベース」）

雪法師［ゆきほうし］

長崎県南松浦郡新上五島町青方でいう雪の怪。

大雪が降った夜、笠《かさ》を被り、袈裟《けさ》をかけた坊さんがあちこちに立っている。家に招き入れて、火を焚《た》いてやると、二、三人いた坊さんが消えてしまう。その後、家に招き入れた者は三日三晩熱を出して寝込んでしまったため、村人は雪の晩は家の入り口を閉め、外に出なくなったという。（前田和義『ふる里の方言と風習』）

ユッオナゴ

長崎県南松浦郡新上五島町青方でいう雪の怪。雪女郎、雪娘とも。

白い着物を着た色気のある美人の姿をしている。

大雪の降った夜中に現れ、男を見ると「こっちこい、こっちこい」と手招きする。側に行くとユッオナゴの吐く息で凍死するという。（前田和義『ふる里の方言と風習』）

湯坊主［ゆぼうず］

長崎県壱岐島の妖怪。温泉の湯壺《ゆつぼ》に出現する。（山口麻太郎『続壱岐島方言集』）

ヨゴレハッチョウ

長崎県でいう子ども脅しの類。ヨゴエハッチョウとも。

民俗學研究所『綜合日本民俗語彙』では、長崎市でいう深夜に出現する化け物の名前であるとし、ヨボエハッチョウからの転訛《てんか》、もしくは夜声八町という諺《ことわざ》が由来ではないかと記している。

四字熟語の一つに「夜声八町」、もしくは「夜声八町ささやき八町」という諺がある。夜は辺りが静かなため、たとえ小さな声、囁《ささや》き声であったとしても八町（約八七二メートル）先まで聞こえるといわれることから、聞こえやすいことの譬《たと》えとして使われる言葉である。（北村孝一（監修）『故事俗信ことわざ大辞典』）

ヨゴレハッチョウは夜声八町という言葉から生まれた化け物であり、夜声八町自体は本来であれば四字熟語、諺の類なのだが、そのまま夜声八町の名称で子ども脅しに使用される事例も見受けられる。

通訳コーディネーターの工藤浩美氏は子どもの頃、祖母に縁側に連れて行かれて竹《たけ》藪《やぶ》のほうを示されて「悪かことしたら夜声はっちょうに食わせるぞ。夜声はっちょうはあんたのごと言うこと聞かん子を食べにくるとたい」と言われたという。（「工藤浩美の東へ西へ　夜声はちょう」）

『ペコロスの母に会いに行く』の著者岡野雄一氏も子どもの頃に母親から「早う寝んば夜声八丁の来っぞ」と言われていたという。島原のとあるスナックの年配ママが「誰も来んであんまり静かかけん、夜声八丁でん良かけん来てくれんかな」と愚痴をこぼしていたという変わった使用例もある。（「夜声八丁」『ペコロスの母に会いに行く』）

ちなみに岡野氏の母親は熊本県天草が出身地のようであるが、熊本県にも**ヨゴレハッチョウ**の事例が存在する。

ヨロヅナセノ

長崎県でいう**磯女**の類と思われるもの。

有明海および千々岩海の沿岸では、大晦日の晩と盆の一七日の晩は恐ろしい祟りがあるため、漁を絶対に休む習慣があった。この晩は漁獲量が非常に多いとされるが、禁を犯すと死をもって報いられるか、大病に侵されるといわれている。

ある漁村の頑固親父が大晦日の晩に磯漁りへ出かけ、大漁で帰ろうとした。すると恐ろしく鋭い叫び声がし、風もないのに持っていた炬火《きょか》（松明《たいまつ》）の火が消えた。頑固親父が慌てて帰りはじめると、見えない何かが接近し、「年越の晩と言うに、人はみんな休んでいるのに、貴様ばかりは強欲な、たった一人で磯漁りに出やがって。一晩は海のものにも休ませてもいいじゃないか」と言って、彼の横顔を殴りつけた。逃げ帰った頑固親父は翌日の正月の酒も飲めず、死ぬまで床を離れられなかったという。

（榊木敏「海の驚異」『旅と伝説』通巻八号）

COLUMN

ユキアイ〜行旅《こうりょ》の人これに遭へば〜 03

鳥山石燕の『今昔画図続百鬼　明』に「百々《ももん》爺《じい》」という妖怪が描かれており、「行旅の人これに遭へばかならず病むといへり」という文が添えられている。また、竹原春泉の『桃山人夜話』巻第五「第卅九　風の神」の絵には「其かぜにあたればかならず疫傷寒をわづらふ事とぞ」という文が書かれている。

本書に頻出している「ユキアイ」あるいは「魔風」の類というのは、これら百々爺や風の神のような怪異妖怪たちである（※百々爺は鳥山石燕の創作ではあるが）。

急に悪寒発熱を催して気分が悪くなったり、突発的に怪我を負ったりすることがある。これは、通行中に神霊の類とぶつかったり、行き当たったりしたためだと解釈される。全国各地で言い、通り神に遇《あ》う、悪い風に当たったなどと言われる。九州ではよく「風を負う」「風に逢う」と言う。

行き逢うとされる神は山の神や水神、ミサキ神などで、行逢神と呼称することもある。また、徳島県海部郡木頭村《きとうそん》（現・那賀郡那賀町）では、死者の霊に襲われることをイキアイと呼んでいる。

行き逢った際は、仏壇を拝んだり、般若心経を上げたり、箕《み》で扇ぐなどのまじないをしたりすることで治る。拝み屋や尼さん等の祈禱師《きとうし》に頼んで治療してもらうというところもあり、大分県臼杵市ではこれを「風抜き」と呼んでいる。

人だけではなく、牛馬も行き逢いに遭うとされ、馬が進まなくなったり、牛の加減が悪くなったりするという。

［参考文献］
・鳥山石燕『鳥山石燕　画図百鬼夜行全画集』
・竹原春泉『桃山人夜話〜絵本百物語〜』
・民俗學研究所『改訂　綜合日本民俗語彙』
・臼杵市史編さん室（編）『臼杵市史』下

熊本県

#【あ】

赤いスポーツカーの怪 ［あかいすぽーつかーのかい］

熊本県阿蘇の怪談。

赤いスポーツカーが修学旅行のバスを追い抜く。すると、再び同じ赤いスポーツカーがバスを何度も追い抜いていくという。（朝里樹『日本現代怪異事典』）

小豆とぎ ［あずきとぎ］

熊本県阿蘇郡阿蘇町役犬原《やくいんばる》（現・阿蘇市役犬原）かじや谷に出る化け物。再度の怪。

ある日、庄屋の息子が西町の親戚《しんせき》の所へ遣いに出された。辺りが暗くなりかける頃、息子が竹藪《たけやぶ》の辺りに差し掛かると後ろから足音がつけてくるような気がする。息子が急いでかじや谷を通り抜けようとすると、「シャカシャカ」と小豆をとぐ音がした。見ると谷川の横で長い髪の毛を垂らした女がうつむいて何かを洗っていた。女がぐいと息子のほうを振り返ると、その顔は雪のように真っ白であった。息子は一目散に逃げ出し、やっとのことで西町の親戚の家に辿《たど》り着いた。息子が「おばさん、小豆とぎが出た」と言って庭先に座り込むと、おばさんは「小豆とぎ、それはこんな顔だったろう」と振り向いた。おばさんの顔は川端にいた小豆とぎそのものであったため、息子は「あっ」と言って気を失ってしまった。なかなか息子がやって来ないため、西町から迎えに来てみると、川沿いの藪の近くで息子が倒れていたという。（阿蘇町町史編さん委員会（編）『阿蘇町史　第二巻　資料編』）

阿蘇さま ［あそさま］

熊本県阿蘇神社（阿蘇市）の大宮司の娘。宮崎県宮崎郡佐土原町《さどわらちょう》（現・宮崎市佐土原町）の殿様の奥方であるおキタさまのこと。蛇姫さまとも。

ある年、宮崎県日向市《ひゅうがし》細島の港で佐土原の殿様が浪人者の娘である大変美しい少女に出逢った。殿様はその少女を城へと連れて帰り、側に置いて可愛がった。ある日、阿蘇さまが殿様の足を洗うと、殿様の足が腫《は》れてしまった。すると少女は「阿蘇さまは蛇の化身だから、殿様はその毒にあてられたのだ」と言いだした。殿様もこの言葉を信じ、阿蘇さまとの間に生まれた男の子を「お前も蛇の化身だろう」と、柱にぶつけて殺した。そして家来に命じて、阿蘇さまを実家の阿蘇家へと丁重に送り返した。肥後国（熊本県）阿蘇の大池まで来た阿蘇さまはその池に身を投げた。付き添いの者が驚いていると、池から蛇の姿となった阿蘇さまが現れ、「自分は蛇ではない。殿に捨てられた恨みでこうなった。殿や子孫に祟ってやる」と言って姿を消した。その後、殿様は足を患《わずら》い、生まれた姫たちも不幸が続いた。阿蘇さまの霊を鎮めるため、弁天山の麓《ふもと》に阿蘇大明神を祀《まつ》ったが、この社《やしろ》は現存しておらず、山の中腹に阿蘇さまの碑が残されている。

また、竹下勇一郎「佐土原藩譜」によると、佐土原城の島津以久《しまづもちひさ》には肥後国阿蘇宮の大宮司家から迎えた夫人がいた。慶長八年（一六〇三）、以久が日向巡視の最中に出逢った美少女を召し寄せた後、この夫人を実家へと送り返した。夫人は自ら死を選んだといい、一説には絶食して死んだともいう。（宮崎県（企画・編）『みやざきの神話と伝承101』）

アノシ

熊本県八代郡上松求麻村《かみまつくま》（現・八代市坂本町）でいう山の怪。忌詞《いみことば》であり、**ヤマワロ**を指す。アノシとは指示代名詞であり、「あの人」という程度の気持ちだという。この村の人々はヤマワロに対し、それほどの親近感を抱いている。アノシの他にヤマンシという呼び方もする。（丸山学『熊本県民俗事典』）

油すまし［あぶらすまし］

熊本県天草市でいうイマニモ（コラム参照）の類。

ある老婆が孫と草隅越《くさずみごえ》を通った際に、油ずましがこの辺に出ていたという話を思い出し、「ここにゃむかし油瓶さげたとん出よらいたちゅぞ」と語ると、「今もー出るーぞー」と言って油ずましが出てきたという。

上記の話を紹介している浜田隆一『天草島民俗誌』では「油ずまし」と表記しているが、現地では油を搾ることを「すめる」といい、また付近に「すべり道の油すましどん」と呼ばれる石像がある（由来不明）ため、この項目では主に「油すまし」と表記する。

油すましは「油瓶が下がってくる怪ではないか」という説をまま見かける。

これは油すましを紹介している、柳田国男の「妖怪名彙」が似たような妖怪、共通点があると思われる妖怪を並べているためで、油すましもツルベオトシ、フクロサゲ、ヤカンヅル、アブラスマシ、サガリと並べて紹介されている。アブラスマシ以外の妖怪たちはそれぞれ釣瓶《つるべ》、袋、薬缶《やかん》、馬の首が上から下がってくる怪である。

「妖怪名彙」では、アブラスマシは【油瓶下げたのが】と記述されているため、柳田は油瓶が下がってくる怪と解したと見られる。

しかし、

・筆者の知る類話の多くが、人型（大入道や婆）もしくは人の体の一部（生首や脛《すね》）が出てくる怪であること。

・類話の名称が「場所による命名（うそ越、今にも坂、今にも石）」か「昔いた人物のあだ名（かんねんごけじょ、トンゴシ婆）」によって付けられていること。
・「油瓶さげたとん」というのは「油瓶提げた殿（人、者）」という意味なのではないかと思われること。
・油すましの伝承地区に近い場所に油すましどんと呼ばれる石像があること。

以上のことから「油すましは人型の怪が出てくる」モノではないかと考える。

また、小場佐昭吾という方が実地調査を行ったところ、昭和三〇年代（一九五五～六四）まで天草地方の各地に「すめ屋」もしくは「油ずめ屋」等と呼ばれる人たちがいたという。カタシの実を集めて搾る時期があり、その時期に他所《よそ》から来ていた油搾り専門の人たちを「すめ屋」と呼んでいた。「すめ屋」の人々は人里離れた場所にある小屋を借りて滞在し、夜遅くには酒を呑みに来ていたので、里の人々は「すめ屋」が子どもや女性に悪さをしないか懸念していた。夜遊びしたり、悪さしたりする子には「すめやさんが連れて行かすよ」というふうに躾《しつけ》に使われていた節もあるという。小場佐氏は酒徳利を提げて酔っている「すめ屋」の姿から「油すまし」という妖怪ができたのではないかと考察している。（「妖怪横好き」二〇一三年六月五日の小場佐昭吾氏のコメント、小場佐昭吾氏のFacebookページ二〇一四年七月一五日投稿）

「油ずまし」の話でお婆さんが思い出したという油ずましとはこの「油すめ屋」本人たちのことだったのではないかと思われる。

余談、蛇足《だそく》的な話であるが、小説家京極夏彦氏は以前、「油ずまし」の話の採集地近辺にて「夕方に油瓶を提げて出るのは狸《たぬき》だろう」という話を聞いているという。夕暮れに草隅越周辺で行き逢う人が油瓶を提げていたら、それは狸が化けているから気を付けるように、という言い伝えがあったという。（京極夏彦『文庫版　妖怪の理　妖怪の檻』）

類話ではその場にいないはずの「昔いた人物」が出てくるが、怪談「油すまし」も狸が今は亡き「油すめ屋」に化けて現れたという話だったのかもしれない。

アモジャ

熊本県玉名郡南関地方でいう妖怪。

庭に細い竪穴《たてあな》を掘り、棲んでいるとされる。（日野巌「附　日本妖怪変化語彙」『動物妖怪譚』下）

長崎県でも妖怪を意味する児童語にアモジョ、アモヨ、ガモジョがあり、アモジャもそれらに類するものと考えられる。

ただ、アモジャという言葉は妖怪以外にハンミョウの幼虫を指す名称にも使われる。ハンミョウの幼虫は地面に竪穴を掘って棲み処《か》としている。穴の近くを通る他の昆虫を襲い、食べる習性があり、これを利用したハンミョウ釣りという遊びもある。「附　日本妖怪変化語彙」の記述は妖怪ではなく、この昆虫のことと思われる。

長崎県の**アモジョー**の項目も参照。

イキアイカゼ

熊本県菊池市鞍岳《くらだけ》でいうユキアイ（コラム参照）、魔風の類。

山の中でイキアイカゼに当たると熱が出る。これは山の者の仕業《しわざ》とされ、山の者と行き合わないように気を付けなければならないという。（丸山学『熊本県民俗事典』）

磯女［いそおんな］

熊本県天草市でいう海辺に現れる女性姿の妖怪。

天草市御所浦町では磯女は翁《おきな》に化けるという。ある人が竹崎で魚釣りをしていたところ、白髪の翁が来て、炙《あぶ》っていたエビを食わせろと言う。その人は驚き、艫綱碇綱《ともづないかりづな》を切って逃げた。翁は残念そうにおめいたという。（桜田勝徳「不知火の海」『桜田勝徳著作集』七）

天草郡深海《ふかみ》村（現・天草市深海町）では、磯女は夜中に艫綱を伝って船に入り込むとされる。長い髪の毛を眠っている人の上に被せて、髪の毛先で生き血を吸う。吸われた人は後で死ぬという。（丸山学『熊本県民俗事典』）

また、深海の磯女は一〇〇〇年経たアワメ（フナムシ）の化身であるとされる。この世のものとは思えない美しさで人を引きつけ、血を吸いつくすのだという。（深海地区振興会「どんくのつぶやき　磯女の噺」『深海の歴史』）

磯女の伝承は熊本県の他に佐賀県、長崎県、鹿児島県にも存在する。

壱寸坊蛇［いっすんぼうへび］

肥後国（熊本県）求麻郡御城下五日町（現・人吉市五日町）に出たという大蛇。

太さは二、三尺（約六〇～九〇センチ）余りまわり、長さは三尺（約九〇センチ）余り、体の色は白く、譬《たと》えるなら足がない犬のような姿をしている。また、イモムシによく似ている。

御城下五日町を流れる球磨川の端に大きな榎《えのき》があり、地上三、四間（約五・四～七・二メートル）ほどの所が二股になっている。この二股の間が空洞になっていて、その中に壱寸坊蛇は棲んでいるとされる。人を害することはないとされるが、壱寸坊蛇と顔を見合わせてしまうと病むことがあるといい、榎の下を通る時は頭を下げて通るという。（橘南谿（著）・宗政五十緒（校注）『東西遊記』二）

一足鳥［いっそくちょう］

肥後国（熊本県）神の瀬の岩戸にいるという鳥。神の瀬の岩戸は求麻川を八里（約三一キロ）ほど遡った場所にある。

全体的には燕《つばめ》に似ており、背中は黒く、腹は白く、尾は短い。足は一つで、鍾乳石《しょうにゅうせき》の間を飛び歩く。岩戸の奥から入り口まで数百羽が群がっており、近くまで飛んでくるが素早いため確かな形を見定められない。一足鳥は岩戸の神の使いと言い伝えられており、一足鳥を捕らえると周辺の村に大風、洪水、疫癘《えきれい》などの祟りがおよぶとされる。（橘南谿（著）・宗政五十緒（校注）『東西遊記』二）

この一足鳥とはツバメの一種であるイワツバメのこと。山燕とも呼ばれる。全長一七～一八センチほどの小形の鳥で、高山や海辺の岩壁に集団営巣し、壺型《つぼがた》の巣を作る。また、山麓《さんろく》の人家や寺院の軒下、橋の下などにも営巣する。（新村出（編）『広辞苑　第二版補訂版』、今泉吉典・宇田川竜男（監修）『ポケット科学図鑑　六　動物』）

余談であるが、中華料理のツバメの巣のスープに使われるのは、アマツバメの一種であるアナツバメの巣。イワツバメ同様に山や海岸の洞窟に集団営巣するが、イワツバメとはまた別の鳥であることを記しておく。

イデモチ

熊本県球磨《くま》郡さかま淵の主。熊本県でイデとは溝や井堰《いせき》を意味し、イデモチとは淵の主、淵の王の意であるという。

淵の底に障子が立ててあり、その中にいるという。腹に吸盤があり、人を取り殺す。（民俗學研究所『綜合日本民俗語彙』）

水中に棲み、吸盤があるということで、創作物ではカエルやタコ、ハゼがイメージされるが、丹後（京都府北部）の滝壺に「みとじ」というアワビの化け物がいるという話があるため、「イデモチ」もアワビやカサガイなどの腹足綱の貝やヒザラガイの類なのかもしれない。

余談であるが、深野酒造の焼酎「よけまん」には、「イデモチ」が描かれたバージョンもある。（深野誠一「妖怪焼酎の誕生」『怪』四三号）

犬神［いぬがみ］

熊本県球磨《くま》郡一帯でいう憑《つ》き物。インガメとも。

犬神憑きの家の人にのみ姿が見え、他人には見えない。犬神憑きの人が他人を呪う際、犬神をその人に取り憑かせる。不平不満を他人に対して持っても犬神は対象に乗り移るとされる。犬神に取り憑かれた人は必ず病気になり、苦しむ。狂い死にする者もあるという。犬神はしつこいものとされ、食いついたらなかなか離れない。犬神に憑かれたと気づくと、祈禱師《きとうし》を呼び、お祈りによって犬神を払ってもらう。郡内に何名かの祈禱師がおり、なかなか繁盛している。犬神憑きの家には病人が多い、犬神憑きの家には祠《ほこら》がある、犬神を飼っている家では天井裏に毎晩米を撒《ま》いてやるなどともいう。犬神憑きの家とその他の家とでは縁組を絶対行わない。犬神は村内でさまざまな争いを巻き起こし、訴訟事件まで起きたことがある。犬神は誰にでも憑くものではなく、特に憑きやすい人がいる。犬神の中には福神といって、その家を金持ちにするものと、反対に貧乏にさせるものとがある。

天草郡では犬神とは言わず、ヤコの信仰が広い。（丸山学『熊本県民俗事典』）

今にも坂［いまにもさか］

熊本県下益城《しもましき》郡豊野村下郷小畑（現・宇城市豊野町下郷小畑）にある坂。大入道、イマニモ（コラム参照）の類。

熊本県下益城郡教育支会『下益城郡誌』に載る。

昔、夜に今にも坂を通ると、大入道が行く手を塞《ふさ》ぐように現れ、両の膝頭《ひざがしら》に射るような眼光を放って驚かせる。人が、先の話をしながらこの坂を通ると「今にも」といって大入道が現れるため、今にも坂という名前になったという。（日本放送協会（編）『日本伝説名彙』）

ウグメ

熊本県天草郡（現・天草市ほか）でいうあやかしの類。

天草市御所浦町では海でおぼれ死ぬとウグメになるという。ウグメは島や汽船になって現れる。こちらに向かってきて突き当たりそうになるが、やりかける（こちらからぶつかっていく）つもりで船をかまわずやると消えてしまう。

また、ウグメはアカトリを貸せという。アカトリの底を抜いて渡さないと船を沈められてしまう。碇《いかり》を入れる際、石を投げ入れ、「それ碇を入れるぞ」と言ってウグメを騙《だま》し、それから碇を投げ入れる。（桜田勝徳「不知火の海」『桜田勝徳著作集』七）

大江村向辺田《むこうべた》では、ウブメとも呼んでいる。夜の海上に船や岩となって現れて脅かし、また魚になって出ることもある。お題目を書いて流すと良いとされるが、船中で念仏を唱えてはいけないという。墓から掘り出した一文銭を首に下げると良いともいわれる。

魚貫村《おにきむら》では、雨の降る晩にウグメがよく出るとされ、魚になって現れるとも、人が船に乗ってくるともいわれる。柄杓《ひしゃく》を貸せと言ってくるが、底を割ってから貸してやらねばならない。灰を水中に投げるか、米粒を撒《ま》いてやるとウグメは退散するという。

深海村《ふかみむら》ではウグメが出る所は一定しているという。ウグメが出るのは必ず夜であり、海面が急に白くなり、船がのばぬ（進航しない）ようになる。そんな時は燃えさしを海中に投げ入れると良いとされる。

牛深町では、ウグメは火の玉になったり、船や島になって現れる。ウグメの姿は一人だけではなく、船中にいるもの皆に見えるとされる。ウグメの仕業《しわざ》だとわかれば、木灰を海面に流せばよいが、イジ（束ね輪）の灰は無効であるという。ウグメの正体については誰も知らないため、昔難破して死んだ人の霊魂ではないかとされている。

（丸山学『熊本県民俗事典』）

ウグメ

肥後国（熊本県）でいう子どもを抱かせる怪。

墓場を通ると女子の幽霊が出てきて、「ウグメン子ば抱かしゅ」と言って、赤子を抱かせてくる。そして、いつまでも戻って来ない。このことから肥後では、約束をしておいていつまでも果たさないでいると「ぬしゃ俺にウグメン子ば抱かせたばいね」と言うという。（木村祐章（編）『全国昔話資料集成　六　肥後昔話集』）

嘘越え［うそごえ］

熊本県天草郡一町田村益田（現・天草市）にある場所。イマニモ（コラム参照）の類。浜田隆一『天草島民俗誌』に紹介されている。

ある時、夜遅くにここを通りかかった二人の旅人が「昔はここに血のついた人間の手が落ちて来おったそうだ」と話していると、「今もー」と声がして血の滴《したた》る手が坂を転び落ちてきた。驚いた二人は速足で進み、少し行くと「ここには生首が落ちて来おったそうだ」と言うとすぐに「今ああ……も」と上のほうから声がして恐ろしい生首が二人の目の前に転げ落ちてきた。二人はたまらず逃げ出したという。（池田弥三郎・大藤時彦・牧田茂・和歌森太郎（編）『日本民俗誌大系　第二巻　九州』）

産女［うぶめ］

熊本県阿蘇郡白水村吉田新町狐河原（現・南阿蘇村吉田）に出るという子どもを抱かせる怪。

夜遅くに狐河原という墓所を通ると、「オロロンオロロンオロロンバイ」と言いながら現れ、抱いている子どもを人に抱かせようとする。夜が明けてみるとウブメから預かって抱いた子どもは石塔であったという。ウブメは履物にかかるといい、ウブメが来ると思ったら、履物の緒を切って抱くのを断ると良いとされる。

明治の初め頃、島田某という人がウブメに遭遇した。狐河原にはウブメが出ると聞いていた島田某は力いっぱい走って逃げ帰ったという。（丸山学『熊本県民俗事典』）

ウブメの子だかしゅ［うぶめのこだかしゅ］

熊本県上益城《かみましき》郡益城町広崎禅王寺の観音堂の下の道に出るという産女《うぶめ》の類。

夜にここを通ると、緋《ひ》の袴《はかま》をはいた白衣の神女が現れ「ウブメの子だかしゅ」と言って泣きすがる。観音堂は昔、禅王寺という寺であり、この寺の少女が妊娠して子を産み、世間体を恥じて親子心中した。この親子が化けて、ウブメの子だかしゅになったという。（益城町史編さん委員会（編）『益城町史』）

絵巻や怪談の挿絵などにおいて、産女は下半身が真っ赤な血に染まった姿で描かれることが多い。また、山岡元隣（而隣斎）『百物語評判』や『奇異雑談集』には腰から下は血に染まっていると書かれている。ウブメの子だかしゅが緋の袴をはいているのは、それらの情報から変化したものと思われる。

馬の首［うまのくび］

熊本県玉名郡南関町関下迎町、玉名村玉名（現・玉名市玉名）、阿蘇町役犬原《やくいんばる》（現・阿蘇市役犬原）かじや谷に出たという生物の部位が下がる怪。

迎町の旧道のはずれの東側の崖《がけ》の中腹に大榎《おおえのき》があり、そこから南手にやや下ると柿の大木があった。この柿の木に馬の首が下がるという。

昭和七年（一九三二）から三〇年ほど前、玉名岡の村の入り口に榎の大樹があり、この木に馬の首が下がるとされた。この馬の首を見た者は熱病に罹《かか》ると騒ぎになり、協議の結果、この榎の木は伐ることにして跡地には猿田彦の祠堂《しどう》を建てたという。（能田太郎「北肥後霊木誌」『旅と伝説』通巻五三号）

昔から、かじや谷の大きな榎に馬の首が下がるという。しかし、圃場《ほじょう》整備により昔の面影は残っていない。（阿蘇町町史編さん委員会（編）『阿蘇町史　第二巻　資料編』）

おいてけ森［おいてけもり］

熊本県から常光徹（編著）『みんなの学校の怪談　緑本』に投稿されたもの。「置いてけ堀」「物言う魚」の類であるが、ここで声をかけるのはクワガタムシとなっている。

夏に山へクワガタを取りに行ったところ、後ろから「おいてけー、おいてけー」という声がした。後ろを振り返ってみたが何もおらず、「おかしいな」と思っていると再び「おいてけー」と声をかけられた。振り返ると一〇〇〇匹あまりのクワガタが並んでいた。捕まえたクワガタを置いて逃げたところ、声はしなくなったという。

名前は朝里樹『日本現代怪異事典』にて朝里氏が付けたもの。

オイワイジョ

熊本県宇土郡大岳村（現・宇城市大岳地区）にいるという白狐。（丸山学『熊本県民俗事典』）

大きな足［おおきなあし］

熊本県天草市五和町御領と天草市佐伊津町の境にあるさけん松に出たという生物の部位が下がる怪、再度の怪。さけん松とは「境の松」が訛《なま》った名称。浜田隆一『天草島民俗誌』に記載されている。

さけん松に大きな足が下がると聞いて、豪胆な男が退治に出かけた。さけん松に到着すると話のとおり大きな足がぶらりとぶら下がっていた。男が首尾よく刀で斬り落とし、帰ろうとすると、男の家の下男が迎えに来た。男が下男に大きな足の話をすると、下男は自身の着物の裾をまくり、「それはこれくらい大きかったか」と言った。見せた下男の足は先ほどの大きな足そっくりであり、男は「また出やがったな」と下男を一刀で斬り伏せた。急いで小串《おぐし》のほうへ下り、川端まで来たところ、男の乳母が鍬《くわ》を洗っていた。男が乳母に今までのことを話すと「これくらい大きかったか」とすばらしく大きな足を乳母は差し出した。降参した男は「君らには勝てぬ許してくれ。どうか家まで頼むから案内してくれ」と言うと、パッと火が灯り、男の家まで案内してくれた。門まで来ると犬が吠えたため、火は消えて見えなくなった。その後、男はご馳走をこしらえてさけん松の根の所へ持っていき、お礼をしたという。

また、御領に八造という老人がいた。この八造が若い時分に佐伊津から帰っていると、さけん松に大きな足が下がっていた。恐ろしくなった八造が御領に着くと、若者に遭遇した。八造が若者に先ほどの話をしたところ、若者は裾をまくって「これくらい大きかったか」と大きな足を出したという。（池田弥三郎・大藤時彦・牧田茂・和歌森太郎（編）『日本民俗誌大系　第二巻　九州』）

再度の怪ではないが、同じように樹上から下がる足の妖怪に、大分県の**泥足**や**今にも石**、鹿児島県の**下《さが》い股《また》**がある。

大鯰［おおなまず］

熊本県阿蘇郡一の宮町古城、上益城《かみましき》郡甲佐町白旗《しらはた》にいたとされるナマズ。阿蘇一帯で鯰の捕食を禁ずる由来譚《たん》の類。

阿蘇大明神こと健磐竜命《たけいわたつのみこと》が阿蘇の開拓のために須軽山を蹴破《けやぶ》り、のろ湖（火山灰が溶けた湖）の水を流し出したが、湖の主の大鯰が蹴落とし坂の松の枝に髭《ひげ》を巻き付け、尾籠《おごもり》に鼻をかけ、尾びれは杵島《きしま》岳の麓《ふもと》まで届き、のろ水をせき止めていた。健磐竜命は大きな蔓《つる》で作った太い縄を鯰の鼻の穴に通し、片隅の大岩に結び付けた。大鯰は苦しさのあまりのたうち回り、尾ばちは下野の蛇の尾まで届いた。健磐竜命は弱った大鯰を西に追い落とそうとしたがうまくいかなかったため、三段に大鯰を斬ったところ、のろ水とともに上益城郡まで押し流された。一の宮町中通にある鼻ぐり岩がこの時蔓を結び付けた大岩で、黒川や上益城郡嘉島《かしま》の六嘉、鯰という地名はこの大鯰に由来するという。水も干《ひ》き、田畑を開いたが、大鯰の祟りによりなかなか作物ができなかった。そこで大鯰の霊を祀《まつ》り、鯰を捕ることを禁じたとされる。（阿蘇町町史編さん委員会（編）『阿蘇町史　第二巻　資料編』、荒木精之・牛島盛光・奥野広隆・浜名志松『日本の伝説　二六　熊本の伝説』、牛島盛光（編著）『肥後の伝説』）

甲佐町白旗の山出《やまいで》地域に身分の高い絶世の美女が住んでいた。ところが、この美女の家に一人の美男子が通うようになった。嫉妬した村の若者たちは美女の元へ通う美男子に襲いかかり半殺しの目に遭わせた。すると、その翌日から山出地域の馬が次々に斃《たお》れはじめた。若者たちはあの日のことが関係あるのではないかと思い、襲った現場に行ってみると血が落ちており、辿《たど》ると池に着き、大鯰が死んで浮かんでいた。山出地域の者は大鯰の祟りとし、池の辺りに大鯰を葬って、大鯰の命日にはお祭りを行い、この地域ではいっさい鯰を食べないようにしたという。（『肥後の伝説』）

オグメ

熊本県天草郡二江村（現・天草市五和町二江）でいうあやかしの類。

夜、航海している舟を幽霊船が追いかけてくることを「舟にオグメがついた」という。オグメから杓子《しゃくし》を貸せと言われることがあり、言われるがまま杓子を貸すと、オグメがその杓子で舟の中に水を汲《く》み込み沈めてしまうとされる。（丸山学『熊本県民俗事典』）

オシハナさん

熊本県天草郡姫戸村姫浦（現・上天草市姫戸町姫浦）でいう風の女神。大風が吹く際、元気な男子が大声でホイホイと呼ぶと風が鎮まる。女の人が大声で話したり、騒いだりするとますます風は酷《ひど》くなるという。（丸山学『熊本県民俗事典』）

おもう

熊本県熊本市でいう覚《さと》り、おもいの類。

大きく強い竹の根鞭《ねぶち》を見つけるために山へ来た樵《きこり》の目の前に現れた七尺（約二・一メートル）ゆたかある化け物。「えずがっているな（恐ろしがっているな）」「逃げ出そうと思いだしているな」「殺そうと思ったな」「子どものことを思ったな」「女房のことを思ったな」「無事に家に帰れるか心配したな、おれに食われやしないか心配しはじめたな、おれが何でもかんでも言い当てるので気味悪がっているな」と次々と樵の心中を言い当てながら、樵に近づく。恐ろしさに寒気がした樵が曲げていた根鞭をパッと放してしまったところ、撥《は》ね返った根鞭がおもうの眉間《みけん》に当たった。大きな傷を受けたおもうは「やっぱりえらかもんばい。人間を馬鹿にしておったが、人間はときどき思わぬことでもやる才能がある。うっかり近づくとどんな目に遭わされるかしれんばい」と言って立ち去ったという。（荒木精之（編）『肥後の民話』）

【か】

餓鬼［がき］

熊本県でいう俗信。

八代郡鏡町（現・八代市鏡町）付近では、茶碗《ちゃわん》を叩くと餓鬼が来るという。（阪田文一「各地俗信比較」『民族』第二巻第六号）

同様の俗信は福岡県や大分県にもある。

ガゴ

熊本県葦北《あしきた》郡日奈久町《ひなぐまち》（現・八代市日奈久町）、葦北郡湯浦村（現・芦北町湯浦）でいう山神、水怪、子ども脅しの類。怪物の総称。

夜泣きすると「**ヨゴレハッチョウ**が来るぞ」と言い、それでも泣き止まないと「ガゴが来るぞ」と言う。（加藤恵「県別日本妖怪事典」『歴史読本　臨時増刊　特集「異界の日本史　鬼・天狗・妖怪の謎」』平成元年一二月増刊号）

葦北郡日奈久町では山の神をガゴと呼ぶ。ガゴは神通のため、どんな姿をしているかわからない。冬は山におり、夏になると川に上がってきて遊ぶ。川にいる時は**ガワッパ**もしくは一本手と呼ぶ。山ではガゴと呼ぶと怒るため、ヤマンワッカシと呼ばなければならないという。山に一人でうろうろしていると、ガゴに憑《つ》かれる。山で酒を飲む時は必ず最初にガゴに供える。山の中でガゴが弁当を隠すことがあるが、怒ってはならないとされ、少し離れた木の枝にかけてあったりするものだという。樵《きこり》の仕事を手伝うこともある。山の神は一年のうちに何回も人里に下りてくる。初めて山の神が人里に来るのは正月一一日であり、この日は村人たちが集まって魚や餅《もち》、水を丼に入れてガゴに供える。ガゴ寄せと呼ばれる行事で、坊さんに経をあげてもらった後、供え物を外に置く。この時、ガゴが家の周りに来ていて、供え物が地上に落ちないうちに取って食べてしまう。供え物がたくさんなくなれば、それだけ多くのガゴが加勢に来てくれるとされる。ガゴ寄せの際にガゴの悪口を言うと、その人は瘧《おこり》になって苦しめられるという。半夏である七月七日にはガゴがネザライをするために人里に下りてくる。お神酒《みき》を田にあげておくと、ガゴはガワッパになって、田の草を取ってくれるという。日奈久町でも子ども脅しにガゴは用いられ、「ガゴが出るぞ」と言って大人は子どもたちを脅す。この際、大人も子どもも**ヤマワロ**を想起しているようだという。

葦北郡湯浦村でも子どもが駄々をこねると、親がよく「ガゴに噛《か》ませるぞ」と言い、この際、子どもたちがイメージするものはやはりヤマワロであるという。（丸山学『熊本県民俗事典』）

日奈久町、湯浦村ともにヤマワロをイメージしているガゴであるが、あくまで怪物を意味する総称として使われているようで、ヤマワロと同一のものではないという。（丸山学「肥後芦北のヤマワロ」『民間伝承』第一四巻第八号）

　また葦北郡二見村赤松地域（現・八代市二見赤松町）に次のような話がある。男が山にナンベラ（小さな枯柴）を取りに行くと、近くの山の中からザワザワガヤガヤとたくさんの人間が集まっているような音がする。音がするほうに向かって何度かオーイと呼んでみるが、何の返事もないため、男は持っていたナンベラを投げつけてみた。すると投げたナンベラは地上に対してヒョイとまっすぐに立った。投げつけるナンベラがすべて同様に立つため、男は気味が悪くなり、急いで家へと帰った。村の物知りによると、それはガゴが悪戯《いたずら》したのだという。（丸山学『熊本県民俗事典』）

カゼ

　熊本県天草郡大江村向辺田《むこうべた》（現・天草市天草町大江向向辺田）でいう憑《つ》き物。

　牛に憑き、カゼが憑いた牛は痩《や》せて、動作が変わってくるという。（丸山学『熊本県民俗事典』）

金火箸［かなひばし］

　熊本県上益城《かみましき》郡益城町でいう下がる怪。

　益城町の小池から島田へ行く道に椿坂という切り通しがある。夜、ここの椿の木の下に赤く焼けた金火箸《かなひばし》がぶら下がるという。（益城町史編さん委員会（編）『益城町史』）

金ン主［かなんぬし］

　熊本県天草郡浦村名桐（現・天草市倉岳町浦名桐）の橋の本の眼鏡橋付近に出るというもの。

　浜田隆一『天草島民俗誌』に紹介されている。

　大晦日の真夜中、眼鏡橋に行くと、武士のような姿をした金ン主が立っている。金ン主と力比べをして勝つことができれば大金持ちになるという。（池田弥三郎・大藤時彦・牧田茂・和歌森太郎（編）『日本民俗誌大系　第二巻　九州』）

下半身の無い女［かはんしんのないおんな］

　熊本県の高速道路によく出るという上半身だけの怪。

　高速道路を車で走っていると、バックミラーに女の姿が映る。よく見るとその女には下半身がなく、両腕を使って走り、車と同じスピードを出している。恐ろしくなった運転手は車のスピードを一〇〇キロまで上げて走ったが、女は恐ろしい形相でその車を追い越していった。運転手は思わずハンドルを切り違えてしまい、事故を起こして死んでしまったという。（久保孝夫『女子高生が語る不思議な話』）

ガラッパ

熊本県天草郡久玉《くたま》村（現・天草市久玉町）、天草郡深海《ふかみ》村（現・天草市深海町）、葦北《あしきた》郡日奈久町《ひなぐまち》（現・八代市日奈久町）、八代市、八代郡八千把《やちわ》村（現・八代市上野町）、八代郡種山村（現・八代市東陽町）でいう水怪。略称としてガワと呼ぶ場合もある。葦北郡百済来《くだらぎ》村破木《はき》（現・八代市坂本町）では山のワッカシ、川のワッカシとも呼ぶ。

天草郡久玉村では、ガラッパは馬にかかるものとされる。ある人が厩《うまや》の陰に隠れてガラッパを捕まえ、浦の人間をいためぬ約束をさせた。約束の証文として、ガラッパは二つの石を取り出し、うち一つを人に預けた。ときどき、ガラッパが出てきては証文の石に小便をかけるという。また、船の番をしていた人がガラッパを捕まえて厩に繫《つな》いでおいた。その家の婆さんが馬に水をやりに行ったところ、ガラッパが「この糞《くそ》婆《ばば》め」と悪口を言った。怒った婆さんがガラッパに水をひっかけたため、頭の皿に水が入ったガラッパは力を得て海中にとんで逃げて行ったという。イカ釣りに行き、海に小便をしたところ、ガラッパが怒って相撲《すもう》を挑んできた。小便をした人以外の人には何も見えなかったという。春秋の彼岸にガラッパはたくさんの群れをなしてヒョンヒョン言いながら一定の筋道を通り、山を上り下りする。木の下にしゃがんでいたり、山の中の池などにいたりするとされる。黒木の根に入ることもあり、ガラッパが入った黒木は太らないようになる。そのため、大きな黒木はないという。

天草郡深海村には、ガラッパに角力《すもう》で勝ち、生のままガラッパを食って、力が非常に強くなった男がいるという。

葦北郡日奈久町では、ガラッパと角力を取る時はお互いから一つずつ約束（ルール決め）をするものだという。ガラッパは頭の皿の水がこぼれると神通力を失うため、頭に触ってはならぬことを人間に約束させる。人間よりガラッパのほうが小さいため、手元に飛び込まれてくすぐられるとすぐに人間が負けてしまうので、くすぐってはならぬことをガラッパに約束させる。泳ぎに行く際は線香立ての中の灰を額につけておくと、ガラッパに引かれないとされる。また、ガラッパは梅干しの種が嫌いとされ、海に梅干しを持って行ってはならないという。

八代市で、中年の女が誤って鉄漿《かね》付けの針を海の中に捨ててしまい、怒ったガラッパによって海に引き込まれそうになった。三、四人の男で女を取り押さえ、梨瓜《なしうり》や素《そう》麺《めん》を供えてガラッパに詫《わ》びたという。

八代郡八千把村では、夜にガラッパが厩に入ってきては、馬のたてがみをよじらせることがあるといい、線香立ての灰を上から降りかければ解けるとされる。また、御仏飯を馬に食べさせるのも良いとされる。

水俣《みなまた》市《し》では、六月一日のコツツイタチ（氷朔日《こおりのついたち》）には、ガラッパが川に沿って山から下りてくるため、決して川に入らず家でじっとしておくという。夜中に笛を吹くような声を立てて、ガラッパは通って行くとされる。（丸山学『熊本県民俗事典』）

俗にいう河童の類ではあるが、海にいると語る地域が多いのは興味深い。

がらんどん

熊本県天草郡龍ヶ岳町大道《おおどう》区丸田（現・上天草市龍ヶ岳町大道）に祀《まつ》られている民間神。

盗難や人殺しなどの犯人探しに霊験があるとされる。物を盗まれた際にがらんどんに祈願すると数日以内に腹痛を訴え、苦しむ人が出るため、その人が犯人であるとわかるという。（濱名志松『天草・霊験の神々』）

ガワッパ

熊本県上益城《かみましき》郡小峰《おみね》村（現・山都町《やまとちょう》）、天草郡宮野河内村（現・天草市河浦町宮野河内）、八代郡下松求麻《しもまつくま》村（現・八代市坂本町）、八代郡種山村（現・八代市東陽町）、八代郡柿迫《かきざこ》村（現・八代市泉町柿迫）、葦北《あしきた》郡日奈久町《ひなぐまち》（現・八代市日奈久町）、菊池郡竜門村（現・菊池市龍門）、玉名郡山北村（現・玉東町）、荒尾市でいう水怪。**ソコヒキ**やセクグと呼ぶ地域もある。

上益城郡小峰村ではガワッパは人をたぶらかすものと考えられている。夜更けに山の中から木を伐る音をさせたり、自転車のベルの音を立てたりする。ある老人が祝儀の帰り、山の中を歩いていると自分の家に辿《たど》り着き、地下足袋を脱いで寝た。翌朝、気が付いてみると山の中に一人で寝ていた。これもガワッパの仕業《しわざ》だとされている。また、ガワッパは昼上り夜下るといって、山から谷川に下ったり上がったりするものとされ、谷川に下る時一定の通り筋があるとされる。山にいる時もガワッパと呼ばれる。ガワッパは群れをなして移動し、その際にガッガッガッガッと鳴く。ガワッパの鳴き声を聞くと、猟師はその日の猟を止めて帰るという。

天草郡宮野河内村では、ガワッパはヒョンヒョンと言いながら、春の彼岸に山から海へ入り、秋の彼岸に海から山へ入るという。馬のたてがみから尾まで酷《ひど》くよじれていたら、それはガワッパの仕業だとされる。馬を川入れに連れて行き、そのまま繋《つな》いでおくと、ガワッパが来て馬につくといい、特に種馬によくつくという。ガワッパと相撲《すもう》を取り、負けてから二、三日後に死んだ人もいるという。

八代郡下松求麻村ではガワッパは鉄を嫌うとされる。池を新しく掘った際に、池の底に古鍋などの鉄物を埋めておくとガワッパがその池に棲むことはないという。また、ガワッパより猿のほうが息が長いとされる。ガワッパは六時間までしか水中で息が続かないが、猿は一日中水中に潜っていられるとされる。田植えの頃、ガワッパが水の中にいるため川の水が濁るといい、ガワッパが山に入ると水が澄んでくるとされる。

八代郡種山村では、半夏生《はんげしょう》になるとガワ

ッパは山に入って、**ヤマワロ**になるとされている。そのため半夏生後はヤマワロの好物である山桃を食べることができなくなるという。ガワッパが出ると、網が粘って川からあがらなくなるため、引き返すという。種山村にはガワッパ膏薬《こうやく》と呼ばれる家伝の傷薬を売る家がある。また、傷薬の作り方を教えてもらう際に石塔が腐るまで村の子どもを引いてはならないとガワッパに約束させて、川のほとりに石塔を立てた。石塔が早く腐るように、ときどきガワッパがこの石塔に水をかけるという。

八代郡柿迫村ではガワッパは土用の最終日に山に登るとされる。正月の餅《もち》を水につけておき、三角に切って乾かしたものをコールサンと呼ぶ。コールサンと一文銭を一緒に袋に入れ、紐《ひも》をつけて肩にかけ水に入ると、ガワッパに引かれないという。

葦北郡日奈久町にはガワッパの手紙の話がある。ある男が見知らぬ男から手紙を預かり、行き先で待っている者に渡して欲しいと頼まれた。手紙を見てみると白紙である。ガワッパの手紙は地上で見ても何も見えないが、水につけると字が現れると聞いていたので、水につけてみると「こちらで取るのに失敗したため、そちらで取って欲しい」という内容が書かれていた。手紙を預かった男は驚いたが、「この者に宝物をやってくれ」と書き換えてしまった。目的地に着くと、別の見知らぬ男が現れ「預かっている手紙を渡して欲しい」と言ってきた。手紙を受け取って読んだ見知らぬ男は不思議そうにしていたが、「潮と水が交じり合う場所に舟を出して待っていてくれ」と告げて立ち去った。言われたとおり待っていると、ガワッパが現れて舟いっぱいの魚を積んでくれた。男はこの魚を町に持っていって売り、大儲《おおもう》けしたという。ガワッパが遊んでいるところを邪魔すると、重い病気にかかるという。ガワッパに相撲を挑まれたら、一度家に帰らせて欲しいと頼み、オハツサン（お初穂、仏飯）を食べてから相撲を取ろうとすると、「お前の目が光っていて、相撲は取れない」と言って、ガワッパは逃げて行ってしまうという。申《さる》の年、申の日、申の刻に生まれた人はガワッパの姿が見え、ガワッパを捕まえようと思えばいくらでも捕まえることができる。また、ガワッパがいる渕《ふち》で泳いでもガワッパはその人に手出しできないという。

玉名郡山北村では、八朔《はっさく》（八月一日）の節句にガワッパは川から山に上がるといい、この日は子どもは川に入ってはならないとされている。（丸山学『熊本県民俗事典』）

荒尾市平井の井出川にはガワッパがたくさんいるとされる。悪さをして捕まったガワッパにお竹という女中が水を浴びせてしまったために、ガワッパは縄を引きちぎって逃げてしまった。しかし、お竹がいる間はガワッパが悪戯《いたずら》することはなかったという。（熊本県小学校教育研究会国語部会（編著）『熊本のむかし話』）

ガゴや**セコ**の項目も参照。

堪忍後家女［かんねんごけじょ］

熊本県天草郡有明町（現・天草市有明町）に出たというイマニモ（コラム参照）の類。上中満『天草こぼれ話』に紹介されているもの。

「かんねんのぃ（ごめんね）」が口癖の占い師の老婆（後家女）がおり、彼女の通り名が「かんねんごけじょ」であった。かんねんごけじょが死んだ後のこと、二人の旅人がかんねんごけじょがかつて住んでいた辺りを通りかかった。二人が「この辺りには、昔はかんねんごけじょという婆様がいたそうだ」と話していると、「今でも、おっぞいおっぞい、けへへ……」と言って、口が耳まで裂け、腰の曲がった老婆が現れたという。（化野燐「油すましとスネコスリ」『怪』一八号）

「油すましとスネコスリ」にて化野燐氏が右の話を紹介する際、【老婆（の幽霊？）が現れた】と記述しているが、この話は、その時代その場所にいるはずがない過去の人物が、噂《うわさ》をしていたら現れたという怪異譚《たん》なのだと思われる。

木心坊［きしんぼう］

熊本県でいう椿《つばき》の俗信。『民族と歴史』六巻五号に紹介されているもの。

椿の木をすりこぎに用いると、後に木心坊となるという。（柳田国男「妖怪名彙（三）」『民間伝承』通巻第三六号）

金柑婆［きんかんばばあ］

熊本県出身の話者から聞いた自己責任怪談。

この話をすると金柑ぐらい小さい婆が鎌を持って襲ってくる。筆者聞き取り。

現代怪異の鬼ババや一寸婆の類か。

金平狐［きんぺーぎつね］

熊本県球磨《くま》郡山江村大河内の白い化け狐。

小瀬口という場所に大きな欅《けやき》があり、その欅の深い空洞に棲んでいる。一〇〇歳になる狐で、しばしば美女に化けては川漁などに行った人を水中へ誘い込む。自動車の上に金平狐が乗っかると、急に車の運転が重くなるという。（丸山学『熊本県民俗事典』）

クッカケサン

熊本県天草郡有明町楠甫《くすぼ》（現・天草市有明町楠甫）地区でいう路傍神。

旅人の草鞋《わらじ》を取ることを好む神様。草鞋などを取られないようにするため、人々は草鞋や草履《ぞうり》などをこの神に供えておくという。（荒木精之・牛島盛光・奥野広隆・浜名志松『日本の伝説　二六　熊本の伝説』）

長崎県壱岐島《いきのしま》では似た類にゾウリトリガミがある。

クリヨウドン

熊本県天草郡二江村（現・天草市五和町二江）でいう光物、怪火の類。出る日は一定しないものの、九の日に出ることが多い。火の色は青白く、決して提《ちょ》灯《うちん》ではない。道がないはずの場所を移動していく。海岸に近い山の峰でたびたび見たと言う老人もいる。（丸山学『熊本県民俗事典』）

黒牛［くろうし］

熊本県でいう進路妨害の怪。

夜中、道の真ん中に黒牛が寝そべって、通ることができないという。（那須良輔『むだばなし』）

黒坊主［くろぼうず］

熊本県鹿本《かもと》郡植木町（現・熊本市北区植木町）でいう子ども脅しの類。光目とも呼ぶ。

体や手足は金火箸《かなひばし》のように細く、両目はランランと光っており、黒坊主の目を見ると目が見えなくなるとされる。

黒坊主は夜中に民家の煙出しから台所へ侵入し、甕《かめ》の水を飲むともいわれており、早く寝て夜は目を覚まさないようにグッスリ寝たほうが良いという。（牛島盛光（編著）『肥後の伝説』）

クワシャ

熊本県阿蘇郡小国町でいう魔物。

死者の上をクワシャが通ると死人が立ち上がるとされる。（丸山学『熊本県民俗事典』）

ケンニン

熊本県上益城《かみましき》郡内大臣山でいう山の怪。川太郎を山のケンニンと呼んでいる。

猟師にケンニンの姿が見えない時でも犬にはケンニンが見えるため、犬がウオーと立吠え（長く吠えること）をすることでケンニンがいることがわかる。猟師は犬の立吠えを聞くと猟をやめてすぐに帰る。

昭和元年（一九二六）、オバネ（峰や山頂。熊本県では山裾の草原のことも指す）を横切って建てた小屋があり、そこを使っていた友人が交換してくれと言うため、自分が使っていた小屋と交換して、その小屋に泊まった。夜中に突然大きな石を落とす音がし、続いて木を落とす音がした。小屋を引き払うと、その後は別に何も変わったこともなかった。この小屋は山のケンニンの通り道に当たっていたと思われている。（丸山学『熊本県民俗事典』）

こっけ狐［こっけぎつね］

熊本県阿蘇郡阿蘇町（現・阿蘇市）でいう老狐。こっけとは熊本の言葉で年功を経た者の意。（東條操（編）『全国方言辞典』）『阿蘇町史　第二巻　資料編』ではこつけ狐と表記。

　ある日、山の中を行者坊主が歩いていると一匹のこっけ狐が昼寝をしていた。行者は持っていた法螺貝《ほらがい》を狐の耳元で力まかせに吹き鳴らすと、狐は驚き飛び上がって、一目散に藪《やぶ》の中へと逃げ込んだ。翌日、行者が山道を通りかかると、昨日の狐がしきりに木の葉を拾っては唾《つば》をつけて自身の体に貼りつけていき、行者が密かに懸想していた女に化けるところを目撃した。行者が狐の後をつけると狐は女の家の前まで来て、ふっと姿が見えなくなった。行者が家の中を覗くと、女が戸口を見て「はよお上がって、お茶なっと飲みなっせ」と声をかける。行者は白々しい狐と思いながら茶を飲み、いきなり女を叩き倒して荒縄で縛り、割り木で打ちすえた。女の悲鳴を聞いて家の者や近所の人たちが駆け付け、行者坊主も縛り上げられた。家の中にいた女は狐ではなく本物の当人であり、行者は役所に突き出されて、散々油を絞られたという。（阿蘇町町史編さん委員会（編）『阿蘇町史　第二巻　資料編』）

こっけ狸［こっけだぬき］

熊本県肥後でいう苔《こけ》の生えた古狸。こっけとは熊本の言葉で年功を経た者の意。（東條操（編）『全国方言辞典』）

　負けず嫌いの和尚がおり、本堂で木魚を叩いてお経をあげていた。ある時、和尚がお経をあげはじめると、縁側からも木魚の音がする。それが毎晩続いたため、和尚は「どっちが続くか叩き比べをしよう」と思い、夜が明けるまで木魚を叩いた。すると、明け方に縁側からどさっという音がして、木魚の音がしなくなった。和尚が縁側に行ってみると、こっけ狸が顎《あご》を血だらけにして死んでいた。狸は和尚の真似をして、縁端を顎で叩いていたのだが、今晩はとうとう根尽き果ててしまっていたという。（木村祐章（編）『全国昔話資料集成　六　肥後昔話集』）

【さ】

笹の葉模様の着物の幽霊 [ささのはもようのきもののゆうれい]

熊本県阿蘇郡小国町の怪談に登場する幽霊。

ある夏の夕方、婆さんが一人でご飯を食べていると、縞《しま》に笹の葉の模様がついた着物を着た娘が戸をスーッと開けて入ってきた。そして、座敷の仏壇の前に座って、鉦《かね》を鳴らした。よく見ると縁家の娘で、この娘は長いこと胸の病気で寝たきりになっていた。「あんた、病気の悪かて聞いとったが、ようまあ私が家までお詣りに来てくれたね」と声をかけると、仏壇を拝み終えた娘は黙って立ち上がり、婆さんの後ろに回った。そのまま、婆さんにおぶさると婆さんの肩越しに痩《や》せた手を伸ばして首の前で合掌した。途端、急に背中が軽くなり、娘の姿はスーッと消えた。「今が臨終だったばいな」と婆さんが思っていると、二人連れが、娘が死んだという報せに来た。娘が死んだ時の着物はやはり笹の葉の模様であったという。（木村祐章（編）『全国昔話資料集成　六　肥後昔話集』）

青森県のアマビト、岩手県のオマク、秋田県の面影などの類か。

ジェイソン村 [じぇいそんむら]

熊本県にあるとされる廃村。読みは「じぇいそんそん」とも。

ホッケーマスクを被ったアメリカの殺人鬼が村人を殺戮《さつりく》したことによって廃村になったという村のこと。熊本県の他に、秋田県、茨城県、神奈川県、群馬県にもあるとされる。

また、新潟ジェイソン村という新潟県新潟市西蒲区角田浜付近にあったとされる集落の都市伝説もあるが、こちらの話では家族を惨殺した少女が集落の住人を全滅させている。（朝里樹『日本現代怪異事典』）

シタババ

熊本県上益城《かみましき》郡益城町飯田でいう子ども脅しの類。

田へ子どもが行くとシタババが出るぞと言って脅す。詳細不明。（益城町史編さん委員会（編）『益城町史』）

シバカキ

熊本県玉名郡南関町でいう飛礫《つぶて》の怪。

夜に路傍で石を投げる怪物。（柳田国男「妖怪名彙（二）」『民間伝承』通巻第三五号、民俗學研究所『綜合日本民俗語彙』）

「妖怪名彙」にて柳田国男は、シバカキという名前から短い草が生えた所を引っ掻くような音もさせるのだろうと類推しているが、シバカキの「カキ」は砂を掛ける、水を掛けるの「掛け」が変化したものではないだろうか。そのため、漢字を当てるなら「芝掛き」あるいは「石場掻き」であろうか。

能田太郎「玉名郡昔話（三）」（『昔話研究』第一巻第四号）には、シバカキは狸《たぬき》の悪戯《いたずら》だと記している。

似た妖怪に沖縄県の**イシナギマジムン**がある。

シャキーン

熊本県出身の話者から聞いた自己責任怪談。

夢を見ていると大きな鋏《はさみ》を持ったシャキーンが追いかけてくる。逃げきって目が覚めればよいが、追い付かれると二度と目覚めることはできない。シャキーンから逃げる際には行く手にドアがいくつも出現し、正しい順でドアを通っていかないと、目覚めることができない。そして、この話を聞いた人の夢に現れるとされる。筆者聞き取り。

銃くれ井戸［じゅうくれいど］

熊本城登城口行幸坂《みゆきざか》の中ほどから左手にある石垣の中、旧西出丸跡にあったという井戸。

雨の夜にはよく「銃を返してくれ、銃をくれ」という悲しい呼び声が井戸から聞こえてくる。

明治末から大正の初め頃、ここで兵器庫の歩哨《ほしょう》が夜間の勤務中、井戸に銃を立てかけたまま用足しへ離れた。そこへ巡察将校が見回りに訪れ、銃を持ち去ってしまった。便所から戻った兵隊は天皇陛下から賜った銃がないことに気づき、思いあまって井戸へと身を投げた。それ以来、井戸から声が聞こえるようになったという。

戦前、この一帯に第六師団司令部の兵舎、兵器庫、弾薬庫などがあり、歩兵第一三連隊に勤務した経験のある人は、西出丸兵器庫の歩哨の夜が一番嫌だったと語る。（牛島盛光（編著）『肥後の伝説』）

獣人［じゅうじん］

熊本県天草郡天草町（現・天草市）でいう足跡の怪。

日本の野鳥を研究するために来日していたカナダ人男性が天草町お万が池の近くで長さ四〇センチ、幅二〇センチの足跡を発見した。地元では獣人がいるのではないかと噂《うわさ》になり、地元の新聞には記事と足跡の写真が掲載されたという。（山口敏太郎・天野ミチヒロ『決定版！　本当にいる日本・世界の「未知生物」案内』）

重箱婆［じゅうばこばばあ］

熊本県上益城《かみましき》郡木倉《きのくら》村（現・上益城郡御船町）、山鹿市熊入町、熊本市に出たという妖怪。

楠田祥「木倉の怪〔九〕」(『九州日日新聞』大正一〇年(一九二一)一月三〇日付)には木倉に出現した重箱婆の話が紹介されている。夜、道を歩いていると白髪の老婆から「髪を梳《と》かす間、重箱を持ってくれ」と頼まれる。受け取ると重箱は徐々に重くなり、やがて老婆は消えて重箱は石に変わったという。

熊本県警察本部警務部教養課『管内実態調査書　城北篇』によると、山鹿市熊入町の下馬地蔵横の杉の木の枝に、毎夜、重箱婆が下がったという。(小松和彦・常光徹(監修)『47都道府県・妖怪伝承百科』)

熊本市に出た重箱婆は再度の怪となっている。

熊本城近くの法華坂の上と下に茶店がある。ある日の夕方、旅人が坂上の茶店に寄り、奥にいた女に話しかけると振り向いた顔は目も鼻も口もないのっぺらぽんであった。驚いた旅人が坂下に駆け込むと、そこにいた女ものっぺらぽんであったという。

また、ある男が本妙寺に参って提灯《ちょうちん》を灯して帰っていると、千箇寺《せんがじ》詣り(一〇〇〇の神社を参拝することを目指して巡礼する人)が脚絆《きゃはん》の紐《ひも》を結びたいと近づいてきた。提灯を差し出すと、千箇寺詣りの膝《ひざ》から下は目玉ばかりであった。驚いた男が逃げると、夜なきうどん屋がやって来た。事情を聞いたうどん屋の主人が差し出して見せた脛《すね》にも目がいくつもあったという。(荒木精之(編)『肥後の民話』)

宮崎県にも**重箱ばば**という化け狸《だぬき》がいる。また、似た名称の妖怪に山口県の重箱姫がある。

不知火〔しらぬい〕

熊本県でいう光物、怪火の類。八代海の不知火が特に有名であり、地元では主に**龍《りゅう》燈《とう》**と呼ばれ、地域によっては**千燈籠《せんとうろう》**、神の灘《なだ》渡りと呼ぶ。

八代海の不知火は毎年七月二九日や旧暦七月晦日《みそか》の晩、八朔《はっさく》である八月一日の夜明け前に海上に出現するといわれている。晴天の干潮時に現れ、風の強い日には現れない。百井塘雨『笈埃《きゅうあい》随筆』や橘南谿『西遊記』によると、海上に赤い火が一つ現れ、左右に分かれて三つになる。次第に火の数は増え、四、五里(約一五・六〜一九・五キロ)にわたって燃え連なる。そしていつしか消え失せてしまうという。不知火が出現する夜、漁師は仕事を休み、船を出すことを禁じている。火の出所を確かめようと小舟を出した者がいた。連なる火の中に舟を差し入れても不知火は舟の前後遠くにあるばかりで、不知火にいくら近づこうとしても舟の近くには一つも火が見えなかったという。

景行天皇が火の国(肥前・肥後)で熊襲《くまそ》を征伐《せいばつ》した際、不知火によって無事に船を岸につけることができたという話は多くの書籍に見られる。かの鳥山石燕《せきえん》も『今昔画図続百鬼　晦』に不知火を描き、「筑紫の海にもゆる火ありて、景行天皇の御船を迎しとかや。されば歌にもしらぬひのつくしとつづけたり」と記している。この故事は『日本書紀』や『肥前風土記』、『肥後風土記』によるものであるが、『不知火・人魂・狐火』の著者神田左京は景行天皇が見た火は不知火ではないと指摘している。

景行天皇は葦北《あしきた》から船を出し、火の国へ向かったが、夜になり船を着ける場所がわからなくなった。その時、行く手はるか遠くに火の光が見え、景行天皇は船頭にまっすぐ火の所を目指すように命じた。これによって船を岸に着けることができた。「火の燃えている所はなんという国か。また、何者の火であるか」と土地の者に尋ねた。土地の者は「これは八代の豊村（火の邑《むら》とも）ですが、誰の火かはわかりません」と申し上げた。

逸話は右のとおりであるが、海上の火であるならば、火が燃えている場所の国名を尋ねるやり取りがあるのはおかしい。景行天皇が見たという火は陸の火であり、よく知られている海上の不知火とは無関係であると、神田左京は説いている。

不知火の正体については発光生物説や蜃《しん》気楼《きろう》説などあるが、漁火《いさりび》という説が有力で、神田左京も不知火漁火説について論じている。（丸山学『熊本県民俗事典』、日本随筆大成編輯部（編）『日本随筆大成』第二期一二、橘南谿（著）・宗政五十緒（校注）『東西遊記』二、新村出（編）『広辞苑　第二版補訂版』、荒木精之・牛島盛光・奥野広隆・浜名志松『日本の伝説　二六　熊本の伝説』、鳥山石燕『鳥山石燕　画図百鬼夜行全画集』、『不知火・人魂・狐火』、『風土記』、日本蜃気楼協議会『蜃気楼のすべて！』）

浜田隆一『天草島民俗誌』には、天草郡志柿村（現・天草市志柿町）の不知火について記している。大晦日の夜に山の上から火が下って海に入り、志柿村の海岸にずらりと灯る。この不知火は船幽霊の火と違って、必ず後光がさすという（長崎県の**アヤカシ**参照）。（池田弥三郎・大藤時彦・牧田茂・和歌森太郎（編）『日本民俗誌大系　第二巻　九州』）

熊本県の他に有明海や鹿児島県、沖縄県、愛媛県にも不知火という名の怪火の伝承が見受けられる。（小松和彦（監修）『日本怪異妖怪大事典』）

白ハンズウ［しろはんずう］

熊本県の妖怪。白ハンズウとは白い水瓶《みずがめ》の意。

『むだばなし』の著者、那須良輔の家の裏にある森の中に現れていたという。【白い水ガメがフラフラと真夜中に歩いていたら、ちょっとこわい】と那須良輔は想像している。

白坊主［しろぼうず］

熊本県鹿本《かもと》郡植木町（現・熊本市北区植木町）の妖怪。杵下《きねさ》がりとも呼ぶ。

熊本県警察本部警務部教養課（編）『管内実態調査書　城北篇』に記述されている。

植木町の国道三号線と二〇八号線の旧交差点近くに昔、センダンの巨木があり、夜更けにその木の下を通ると上から白坊主が杵で頭を打つ。「木の下を通って白坊主が出たら上を見ずに走って帰れ」「頭を杵で打たれても決して上を見るな」と戒められていた。もし上を見ると白坊主が笑っており、白坊主の息がかかると死ぬか大病を患うからだという。（牛島盛光（編著）『肥後の伝説』、小松和彦・常光徹（監修）『47都道府県・妖怪伝承百科』）

心霊写真［しんれいしゃしん］

死者の姿もしくは体の一部が写真に写り込んだもの。一八七八年に熊本県熊本鎮台で撮影された写真が日本で最初の心霊写真とされる。（朝里樹『日本現代怪異事典』）

セコ

熊本県八代郡泉村（現・八代市泉町）、菊池郡（現・菊池市）鞍岳《くらだけ》、上益城《かみましき》郡小峰《おみね》村（現・山都町）、上益城郡内大臣山、上益城郡白糸村（現・山都町）、下益城《しもましき》郡砥用《ともち》町（現・美里町）、球磨《くま》郡小畑村、球磨郡四浦《ようら》村（現・相良《さがら》村四浦）、球磨郡五木村、球磨郡山江村、球磨郡球磨村、八代郡柿迫村（現・八代市泉町柿迫《かきざこ》）でいう山の怪、忌み言葉、山神の類。

上益城郡小峰村ではガワタロと呼ぶが、木原谷では、**ヤマワロ**と呼んでいることがヤマワロ自身に聞こえるのは悪いためセコと呼ぶという。姿は見えないが、大きさは猫ぐらいとも小さな子どもぐらいともいう。谷間の水がある所によくおり、川から峰に向かってセコのウジ（通路）が通っていて、ときどき川に沿って上り下りする。木の葉が落ちる頃、秋から冬にかけて夜にオバネ（稜線）で子どものような声でおらぶ（叫ぶ）のが聞こえる。セコがおらぶ声は初めは大きく、だんだん小さくなるという。木を倒す音などもさせるが、人のほうから悪いことをしない限りは、人に危害を加えないとされる。

上益城郡内大臣山では、セコの大きさは三歳の子どもぐらいだとされ、黒い毛が生えている。また、テゴ（手籠）を背負っているセコを見たという人もいる。秋の彼岸に山に上り、春の彼岸に下る。

下益城郡砥用町では、セコは日暮れの頃に山に登り、夜明けに山を下って行く。セコにつけられる（憑《つ》かれる）と儲《もう》かるといい、セコがついた家は栄えるともいう。セコの声は人の声に似ており、歌も唄う。セコの声を追ってみたところ、雪の上に猫のような足跡が残っていたという。人間に危害を加えることはないが、セコを怒らせると病気になる。モマ（むささび）を射ちに行くと、セコに騙《だま》されることが多い。モマの鳴き声をセコが出すことで、猟師を迷わせる。セコに騙されていると思ったら、早く家に帰り、「今夜は俺が悪かった」と言って謝ると良い。山小屋に置き忘れた煙草を盗ったり、夜や雨降りの日には伐木を引き出すコバズリの音や竹を伐る音をさせたりするという。

球磨郡小畑村ではセコは春の彼岸に山から下り、秋の彼岸に川を伝って山へと帰る。

山中でセコがいる所に人が行くと、毛が一本立ちする。段塔という山で窯《かま》に炭木を入れていると、セコが加勢をしてやろうとやって来た。大変力が強く、朝から昼まで手伝ってくれた。昼飯に塩鰯《しおいわし》を出したが、セコはいきなり逃げ出した。その晩、立て込んであったものをひっくり返されていたという。

球磨郡四浦村では、セコは赤子くらいの大きさだとされる。滅多に人の目に見えないが、肘枕《ひじまくら》をして脇の下から覗くと見える。セコが来て風呂に入るため、山小屋では風呂の蓋《ふた》を被せないまま寝るという。

球磨郡五木村では、ヤマワロとも呼ぶ。冬の間は山におり、夏になると川に入る。セコはヨーイとは発音できないため、山で人を呼ぶ際はオーイと呼ばずに、ヨーイと呼ぶという。山の中にサシガネを置き忘れて帰ると、必ずセコに盗まれて見えなくなる。山の中にサシガネをはじめ金物を置いておく時は唾《つば》をかけておくと、セコに盗まれないとされる。

球磨郡山江村大河内では、セコは人間の目に見えないとされる。犬がセコに遭うと、ギャーッと叫んで主人の股の間に逃げ込み、そこから動かない。セコは川に入るとガアッパになるという。毎月一日と一五日に山と川と入れ替わり、移動する際に低い声でホーイホーイと言いながら列を作って行く。通り道は決まっており、セコの通り道に罠《わな》を仕掛けることはもちろんのこと、家や炭窯を作ると大変なことになる。

球磨郡球磨村神瀬や上益城郡白糸村では、セコはヒョウヒョウ、もしくはキチキチと鳴く。また、爺《じい》さんのような声や子どものような声を立てることもあり、山で働く人はその声によってセコの機嫌を察するという。木を倒し、竹を折り、石を割るような音をさせるが、音がした所に行ってみても誰もいないという。

八代郡柿迫村では、セコが川に入ると**ガワッパ**になるという。川からオバネにセコの道があり、気づかずにそこで昼寝をすると、セコが別の場所に移動させる。夜に山小屋で寝ていると、石を掘る音や木を倒す音をさせる。土佐（高知県）から大勢の山師が五家荘《ごかのしょう》一帯の山に来ており、よくセコの話をしたという。セコに悪いことをすると、夜にやって来ては山小屋を揺り動かしたりするが、墨壺《すみつぼ》の墨糸を山小屋に張りまわしておけば、セコは悪戯《いたずら》しに来ないという。また、遠くでセコが大きな声で騒ぎ立てる際は、山小屋に下げた鋸《のこぎり》を叩けば、セコの騒ぎが鎮まるという。

八代郡泉村五家荘ではセコは山の神のツカイテとされ、先祖は大山祇命《おおやまつみのかみ》だという。毎月十三夜から十五夜の満月の間に川を出て山に上がって**ヤマオロシ**になり、二五日から二八日の頃に山を下りて川に入り、**ワッパ太郎**となる。移動の際、人間と同じ歌を同じ節回しで陽気に歌うが、よく聴くとセコの歌には余韻がないとされる。猟師が誤って、セコが居る所に足を踏み入れると、頭髪が逆立ち、体が立ちすくんでしまう。また、犬も尻尾を巻いて座り込んでしまう。近くの柴をかき集めて火をつけ、その煙でセコを退散させると良い。セコがつけたら山仕事が捗《はかど》り、セコに嫌われたら山鳴りがしたり、大木や岩石が落ちたりするため、山師は仕事をやめるという。

セコを見てから猟を行っても決して捕れるものではないという。鞍岳の山師がモマ射ちに行った。モマの鳴き声がするため、声のする所の上に出て待っていると、破《や》れ鍋を叩くような音がした。これはセコがモマの鳴き声を真似ていたのを山師が本物のモマと思い銃を向けていたので、セコがびっくりしたのだという。しまったと思った山師は「私は知らなかったのだから許してくれ。うちに帰ってさっそくお神酒《みき》をあげるから」と詫《わ》びを言ってその場を引き揚げた。帰る途中、間近な樹の枝に鳩が三羽止まっているのを見て撃ってみたが、一羽も落ちなかった。セコを驚かしているため、その祟りだという。

八代郡河俣村（現・八代市東陽町河俣）ではセコという呼び方は知らないという。（丸山学『熊本県民俗事典』、民俗學研究所『綜合日本民俗語彙』）

セコ坊主〔せこぼうず〕

熊本県球磨《くま》郡小畑村でいう山の怪。

セコ坊主が鳴く時に猟をしてもどうしても獲れない。セコ坊主は聞き分けは良いので、猟をすることをすぐセコ坊主に断れば良いとされる。秋の彼岸には昔の古道を通って帰るといい、セコ坊主の鳴き声がよく聞かれる。

猿はセコ坊主よりも毛が三本多く、それだけ人間に近いため、猿のほうがセコ坊主より強いという。（丸山学『熊本県民俗事典』）

千燈籠〔せんとうろう〕

熊本県本渡《ほんど》市（現・天草市本渡町）でいう怪火、光物の類。**不知火**《しらぬい》の別称。

八朔《はっさく》（八月一日）の晩に本渡市の海岸から千燈籠が見えるという。（丸山学『熊本県民俗事典』）

ソコヒキ

熊本県上益城《かみましき》郡小峰《おみね》村（現・山都町）でいう水怪。底引の意。

ヤマワロや**ガワッパ**をソコヒキとも呼ぶという。（丸山学『熊本県民俗事典』）

ソデキリサン

熊本県天草郡有明町楠甫《くすぼ》（現・天草市有明町楠甫）地区でいう路傍神。袖もぎの類。

通行人の袖を切ることを好む神様。この神を拝まずに通ると、たちまち袖を切り取られてしまうという。（荒木精之・牛島盛光・奥野広隆・浜名志松『日本の伝説　二六　熊本の伝説』）

【た】

狸の怪［たぬきのかい］

「熊本城内狸の事（目録は「八代城内狸の事」）」（『耳嚢《みみぶくろ》』巻之一〇）に記されている怪異。

　細川越中守在所に鎗剣《そうけん》の優れた使い手がおり、その者が怪異があるという空き家に住むことになった。家族従者ともども引き連れて移り住み、しばらくは何もなかったが、ある夜、閨《ねや》の中に一人の男が現れた。「自分は長い間この屋敷に住んでいる者であるが、あなた方が引っ越してきて大変迷惑している」という旨を述べた。これに対し主人は「拝領された屋敷であるため、いまさら明け渡すことはできない。あなたも長年住んでいると言うが、今まで我々の目に付かずに暮らしてきておいて、自分の住居であると主張するのは勝手ではないか。もし、女子ども等を嚇《おど》かし、あるいは人をたぶらかすような真似をすれば、こちらにも考えがある」ということを述べた。これを聞いた怪異の男は「畏《かしこ》まり候」と帰り、その後も時折現れては機嫌などを訊ねた。半年ほど経った頃、怪異の男が麻裃《かみしも》を着て現れ、「屋敷の端の拾間（一〇間＝約一八メートル）四方の土地をいただきたい」と願い出た。主人が許可すると、大人数で材木や石材を運び込む音が聞こえた。怪異の男がお礼に現れ、主人をいただいた土地に建てた御殿に案内し、料理を振る舞い、お土産を渡した。四、五日後、再び怪異の男が礼を述べに現れた。主人は密かに「異変があればこのようにせよ」と家来に申し付けた。怪異の男は一振りの刀を献上したいと申し出た。主人は刀を受け取り、抜くと怪異の男を一刀両断に切りつけた。この騒ぎに怪異の男の召使いたちも狸の姿となって逃げ去った。役人にすぐに検分に来てもらい、斬り殺された怪異の男はしばらくの間はそのままであったが、さらし置くうちに狸の姿を現した。調べると、怪異の男が振る舞った料理は主人が仕えている主の台所のもので、怪異の御殿は城の二の丸、献上された刀は主の宝蔵品であった。この怪異の男を斬り殺していなかったら、不注意を主に咎《とが》められ、身の破滅を招くところであったという。（根岸鎮衛（著）・長谷川強（校注）『耳嚢』下）

タロジャ

熊本県上益城《かみましき》郡益城町飯田でいう子ども脅しの類。

　山へ子どもが行くとタロジャが出るぞと言って脅す。詳細不明。（益城町史編さん委員会（編）『益城町史』）

俵蛇［たわらへび］

肥後（熊本県）でいう槌蛇《つちへび》の類。

俵に似た形状の蛇の意。

薩摩（鹿児島県）や宮崎県でも**俵蛇**の名称が使われる。（坂井久光「槌の子　その後」『あしなか』通巻一四〇号、山本素石『逃げろツチノコ』）

タントクボウ

熊本県阿蘇郡黒川村竹原（現・阿蘇市黒川）でいう鼻高天狗、風の神。山の上にお祀《まつ》りしており、祭りの日には青年と子どもが角力《すもう》を行う。（丸山学『熊本県民俗事典』）

鉄瓶コロガシ［てつびんころがし］

熊本県上益城《かみましき》郡益城町でいう妖怪。転がり出る怪か。

益城町の小池から島田へ行く道に椿坂があり、その一町（約一〇九メートル）ほど先に赤土坂という切り通しがある。ここにはゴマの蝿《はえ》（護摩の灰、泥棒の意）が出たり、鉄瓶コロガシという妖怪が出るという。（益城町史編さん委員会（編）『益城町史』）

天火［てんび］

熊本県玉名郡南関町でいう怪火。

天より落ちる火で、流星とは別物であるとされる。提灯《ちょうちん》の火のようで尾をひかず、屋上に落ちれば火事になるという。（民俗學研究所『綜合日本民俗語彙』）

トコマノスケ

熊本県天草郡姫戸村姫浦（現・上天草市姫戸町姫浦）でいう水の神。祟りが大変酷《ひど》い神とされている。

とあるお婆さんが溝の上に洗濯物を干したところ、水神の祟りを受けて高熱を出し、なかなか熱が下がらなかった。祈禱師《きとうし》に相談すると、干した洗濯物の中にヨモジ（腰巻）があり、その滴が溝に落ちたため水神が怒って祟っていることが判明した。祈禱師にお祓《はら》いをしてもらうと数日で熱も下がり、お婆さんは元気になったという。（丸山学『熊本県民俗事典』）

トックリ

熊本県上益城《かみましき》郡益城町広崎禅王寺の観音堂の西下は、北から南へ向かって坂になっている。この坂を下から上に向かってトックリがゴロゴロと音を立てて転がってくる。これは観音堂で死んだ白装束の巡礼の怨念が化けたものであるという。（益城町史編さん委員会（編）『益城町史』）

徳利《とっくり》や瓶、手杵《てぎね》や槌《つち》といった器物のほか、槌蛇の類が坂を転がり落ちてくるという話は多々あるが、この話では下から上へと逆に転がっている。無実の罪で殺された者の生首や遺品が坂を登ったり、川を遡ったりする話もあるため、それらの話と合わさったものと考えられる。

とっくり狐［とっくりぎつね］

熊本県天草郡牛深町（現・天草市牛深町）にあるとっくり坂付近に出る狐。

浜田隆一『天草島民俗誌』には、とっくり坂を通るとよく徳利《とっくり》が転がっており、取ろうとするとコロコロとどこまでも転がっていくと記している。（池田弥三郎・大藤時彦・牧田茂・和歌森太郎（編）『日本民俗誌大系　第二巻　九州』）

また、徳利を転がす音だけさせることもあるようで、コロコロと転がる徳利の音で人を誘導し、その間に置いたままにした荷物を荒らしてしまう。女に化けることもあり、道案内すると見せかけて、一晩中とっくり坂付近を連れまわすこともある。

噂《うわさ》を聞いた権之助という侍が狐退治に出かけた。女に化けた狐の首を絞めつけることで懲らしめ、狐が持っているという魔法の徳利をもらうことになった。徳利の中に入っている酒を山の神にお供えし終えてから権之助に渡すと言った狐は、酒を岩の上にトクトクと流しはじめた。権之助は酒がこぼれる音をじっと聞いていたが、その音は小川の音であり、夜が明けて若者たちに肩を叩かれるまで権之助は気が付かなかったという。（浜名志松（編）『日本の民話　四七　天草の民話』）

トックリヘビ

肥後（熊本県）でいう槌蛇《つちへび》の類。徳利《とっくり》のような形状の蛇の意。

近江（滋賀県）、薩摩（鹿児島県）、大分県でも**トックリヘビ**の名称が使われる。（山本素石『逃げろツチノコ』）

【な】

にっしいぎりぎり

熊本県球磨《くま》郡四浦《ようら》村（現・相良《さがら》村四浦）に現れた大男。

ある年の夕方、門口に立って、左手に四角にたたんだ手拭いを恭《うやうや》しく持ち、その手拭いをまるで本に見立てたかのように右手でゆっくりとめくるような動きをする。そして、「にっしいぎりぎり……にっしいぎりぎり」と怒鳴る。（小山勝清（著）・高田宏（編）『心の民俗誌』）

入道坊主［にゅうどうぼうず］

熊本県天草郡二江村（現・天草市五和町二江）でいう海坊主の類。

通詞島近くの松林の鼻で、二江村の歯医者親子が夜釣りをしていたところ、入道坊主を見たという。その人はもともと非常に健康であったが、入道坊主を見た直後に酷《ひど》い病気になった。以来、その人は釣りに行かなくなり、その近辺の人も松林の鼻で釣りをしないようになったという。（丸山学『熊本県民俗事典』）

ニュントセ

熊本県上益城《かみましき》郡益城町に出る化け物。

夕暮れから夜にかけて、広崎の大友山を通ると、目の前に七尺（約二・一メートル）ゆたかの大男が現れ、逃げると追いかけてくる。この化け物をニュントセと呼ぶ。（益城町史編さん委員会（編）『益城町史』）

場所は不特定であるが、ニュントセと同じく、逃げると追いかけて来る山の妖怪にミッチェル嬢がある。

塗り壁［ぬりかべ］

熊本県でいう進路妨害の怪。

「木倉《きのくら》の怪（一）」（『九州日日新聞』大正一〇年（一九二一）一月二〇日付）には上益《かみまし》城《き》郡御船町木倉の坂（迫道）の塗り壁の話が紹介されている。夜、坂道の途中で目の前に突然真っ白い壁が出現し、何も見えなくなる。無理に進もうとすると溝に落ちたり、崖《がけ》に突き当たったりする。対処法としては、気持ちを落ち着かせ、この壁を手で塗り回す真似をする、もしくは煙草をふかして壁が消えるのを待つと良いとされる。狸《たぬき》の仕業《しわざ》とされ、塗り壁の他に無数の小石が降ってくる、鍋がぶら下がるといったことが起こったという。（小松和彦・常光徹（監修）『47都道府県・妖怪伝承百科』）

また、筆者は大学時代に熊本県出身の同年代の学生から「幼稚園に通っていた頃に先生が、ぬりかべは三つ目の犬で道を塞《ふさ》ぐと言っていた」という話を聞いている。筆者聞き取り。

三つ目の犬のようなぬりかべといえば、アメリカのブリガムヤング大学所蔵の妖怪絵巻に描かれた「ぬりかべ」を想起させる。絵巻には絵と名前しか表記されておらず、この絵巻ぬりかべが、福岡県をはじめ、大分県、熊本県に話のある塗り壁を描いたものかはわかっておらず、「絵巻のぬりかべこそ、九州に伝承される塗り壁の本来の姿である」とは断言できない。（「特別座談会　二つの妖怪絵巻からぬりかべの謎を探る」『怪』二四号、塗り佶「ヌリカベイデオロギー」『怪魅型』）

この絵巻ぬりかべが日本で知られるようになったのは二〇〇七年以後のこと。筆者と同年代の学生が幼稚園児の頃ということは一九九〇年代前半にあたる。この学生の名前、連絡先、具体的な出身地を尋ねていないという致命的ミスを犯しており、追調査が困難な状態にある。三つ目犬のぬりかべの伝承について詳細をご存じの方はぜひ教えていただきたい（ちなみにこの学生は、絵巻ぬりかべを知らなかった、ということを追記しておく）。

濡れもせんの幽霊 ［ぬれもせんのゆうれい］

熊本県阿蘇郡小国町でいう灰の発句、幽霊の歌の類。

昔、俳句に凝っていた人がいた。ある時、都から「濡れもせん」という題で一句作るようにとお達しが来た。いざ作ろうとしたが難しく一句も浮かばないまま死んでしまった。そしてその晩からその家に毎夜幽霊が出るようになった。ある年、旅の俳諧師《はいかいし》が村を訪れ、噂《うわさ》を聞いて幽霊が出る荒れ家に泊まった。「濡れもせん」と言いながら現れた幽霊に対し俳諧師はすかさず「水鏡、写して見れど、濡れもせん」と一句作った。再び「濡れもせん」と詠うと幽霊は「あーら、うれしや、有難や。お陰で極楽に行けまする」と言って消え去ったという。（木村祐章（編）『全国昔話資料集成　六　肥後昔話集』）

猫岳の大きな猫 ［ねこだけのおおきなねこ］

熊本県阿蘇郡高森町上色見《かみしきみ》の民話に登場する猫の怪。

上色見に右源太という狩人がいた。冬に猪《いのしし》撃ちに行き、茅《かや》を燃やして猪を待っていると、向こうから目も口も鼻もないのっぺらぼんが来て、大きな金玉を炙《あぶ》りはじめた。しかし、燃え広がった茅束が化け物の金玉に当たった。化け物は「右源太、思わんことをする。また、明日の晩来るぞ」と言って立ち去った。明晩、右源太が温《ぬく》もっていると、再び化け物が現れた。右源太が「こら、困ったもんじゃ」と思うと、化け物は「なんも困ったこつはにゃあばい、右源太。今日は、お前とおりゃあ叫び比べするばい」と言った。まず化け物が根子岳の大半が崩れるほどの大声で叫んだ。次に右源太は「この筒から叫ぶから」と化け物の耳の辺りを鉄砲で撃った。するとにわかに大嵐がやって来て、化け物は宙へと舞い去った。夜が明けてみると、血が落ちており、右源太が跡を辿《たど》ると天狗岩へと続いていた。天狗岩の下には布を被った者と寝ている爺《じい》がいた。「俺はもう命がない。右源太の家では三月一五日には山ん神祭りをするから、婆は洗濯婆さんのふりをして右源太の所へ行き、あいつを噛《か》み砕いてくれ」と話しているのを右源太は聞き、村へと帰った。三月一五日、右源太は村の若い者を集めて婆が来るのを待った。すると案の定、洗濯婆さんが雇って欲しいとやって来た。「雇っても良いが、ここは木戸口を三回往復しないと屋敷に入れないことになっている」と右源太は婆さんに伝えると、婆さんは言われたとおり、三回木戸口を行ったり来たりして屋敷に上がろうとした。そこを右源太は婆の盆の窪《くぼ》を狙って鉄砲を撃った。するとにわかにかき曇り婆は雲に包まれて、根子岳のほうへと舞い去った。右源太と村の若い者が天狗岩の下へ行ってみると、奥の岩屋に大きな猫が二匹、頭をそろえて死んでいたという。（金沢敦子・中島忠雄・山中耕作（編）『日本の民話　一一　九州（一）』）

根子岳の猫の怪といえば、猫の屋敷、**猫の王**の話であるが、この話ではさとりやおもいの魔物の話、狸《たぬき》の金玉八畳敷や山姥《やまんば》の乳の話、大声比べの話、山姥もしくは山爺が仇討《あだうち》に来る話など、山の妖怪に関する話が合わさったものとなっている。

猫の王 ［ねこのおう］

熊本県根子岳に棲むという猫の王様。

毎年、節分の夜、もしくは除夜等に阿蘇郡中の猫が根子岳に集まって、猫の王に挨《あい》拶《さつ》をするとされる。その時期になると、根子岳の至る所で、猫の鳴き声がし、猫の行列を見ることができるという。

猫の王の棲み処《か》に人間が迷い込み、そこの食べ物を食べたり、風呂の湯を浴びたりするとすぐに体中に毛が生えて猫の形になってしまうともいう。（荒木精之（編）『肥後の民話』、小松和彦・常光徹（監修）『47都道府県・妖怪伝承百科』）

のっぺらぽん

熊本県でいう顔のパーツがない化け物、再度の怪。

昔、とある旅人が山の中を進んでいると日が暮れてしまった。向こうに家の灯りが見え、そこに行き、一晩の宿を乞《こ》うと中から婆さんが出てきた。婆さんの顔を何気なく見ると、目も鼻も口もなかった。「うあ、化けもん出た」と逃げ出した旅人はやっとのことで村に辿《たど》り着くと、向こうから娘が来た。今しがた化け物に遭った話を娘に語ると、下を見ていた娘が「その化けもんな、こぎゃんつらじゃったろ」と顔を上げると「のっぺらぽん」であったという。（木村祐章（編）『全国昔話資料集成　六　肥後昔話集』）

【は】

肥後阿闍梨 ［ひごあじゃり］

『天狗経』に記されている四十八天狗の一つ。熊本県熊本市金峰山の天狗。（知切光歳『天狗考』上巻、村上健司（編著）『日本妖怪大事典』）

ヒョースベ

熊本県八代郡下松求麻《しもまつくま》村（現・八代市坂本町）でいう忌み言葉。

ヤマワロを呼ぶ時は「ヤマワロ」とは呼ばずに「ヒョースベ」と言わなければなら

ないとされる。（丸山学『熊本県民俗事典』）

船幽霊［ふなゆうれい］

熊本県天草郡上津浦村（現・天草市有明町上津浦）、天草郡宮野河内村（現・天草市河浦町宮野河内）、天草郡深海《ふかみ》村（現・天草市深海町）でいうあやかしの類。

上津浦村では滅多に舟幽霊は出ないとされるが、舟幽霊が出ると舟が進まないようになるという。灰を海に流すと良いというが、その場合、こちらの舟にも必ず悪いことがあるという。

宮野河内村では、夜中に決まった場所に出るとされる。横から乗りかけるようにやって来るが、かまわずに漕《こ》げば良い。橋田という老人が鬼池の近くで風上りにどんどん進む船を見た。そこである老婆が煙草をのみ、吸い殻を海の中に落としたところ、その船は見えなくなった。気が付けば橋田老人の船は一里（約三・九キロ）ばかり反対の方向へと曳《ひ》いていかれていたという。

牛深市深海では船幽霊が船に下がるといくら漕いでも船は動かない。船幽霊が柄杓《ひしゃく》を借りに来た場合、底を抜いて貸さないといけないとされる。（丸山学『熊本県民俗事典』）

熊本県では他に幽霊船の話も見受けられる。

古いツバキのワラ打ち［ふるいつばきのわらうち］

熊本県でいう器物の怪。廃寺の化け物の話の一種か。

『むだばなし』の著者、那須良輔の故郷の村の話に登場するもの。昔、村のとある古い土蔵の中にお化けが出るとされた。村人たちが土蔵を調べてみると、椿《つばき》の木でできた古いワラ打ちが一つ出ただけであった。土蔵横に古沼があり、そこが怪しいと毒を流したところ、大きな鮒《ふな》が一尾浮いた。ワラ打ちを割ったところ、赤い血が流れたという。

掘れ掘れ［ほれほれ］

熊本県有明海の沖合でいうあやかしの類。

昔、舟に米俵を積んで、菊池川を下りてきた子連れの夫婦がいたが、暴風雨で舟がひっくり返り、人も米も沈んでしまった。それ以来、小雨が降りだすと有明海の沖合の海底から「掘れ掘れ」という男女の声が聞こえる。その声を聞いた者は「また掘れ掘れが出たっ」と言って慌てて帰る。

また、非常に魚が獲れる晩に舟を出すと、今まで帆をかけて走っていた舟が止まってしまう。目の前には白い人の姿が現れる。その際、蓑《みの》を着て、念仏を唱えながら、金《こん》比羅《ぴら》様のお札を前に差し立てて拝むと、幽霊はやがて消えてしまい、止まっていた舟が動きだすという。（小寺融吉「船幽霊」『旅と伝説』通巻五四号）

【ま】

目一つ五郎［めひとつごろう］

熊本県球磨《くま》川《がわ》水域でいう妖怪。

小山勝清の話によると、目一つ五郎は山に棲んでおり、谷の崖路《ほきじ》などに現れるという。（柳田国男「目一つ五郎考」『一つ目小僧その他』）

モウレイ鳥［もうれいどり］

熊本県でいう付きまとう音の怪。

夜に人の後ろを、チャッチャッと鳴きながら、どこまでもついてくるという。（那須良輔『むだばなし』）

モマ

熊本県でいうムササビの俗信。

モマは煙を食いに来るという。（鈴木棠三『日本俗信辞典　動・植物編』）

大分県や宮崎県にも**モマ**の俗信が見受けられる。

【や】

山オナゴ［やまおなご］

熊本県球磨《くま》郡藍田村大塚（現・人吉市）でいう山の怪。

山で昼飯を食べたら箸《はし》を折っておかないと、山オナゴが箸を拾って人間の口の大きさを測るという。（丸山学『熊本県民俗事典』）

ヤマオロ

熊本県天草郡高戸村（現・上天草市龍ヶ岳町高戸）や八代郡河俣村（現・八代市東

陽町河俣）でいう山の怪。

ヤマオロはヒョンヒョンといって鳴く。山に行く際は仏飯を食べていくと良いとされ、子どもが山へ遠足に行く時などは親が仏飯を食べさせるという。（丸山学『熊本県民俗事典』）

長崎県にも同名の妖怪がある。

ヤマオロシ

熊本県八代郡泉村五家荘《ごかのしょう》（現・八代市泉町五家荘）でいう山の怪。川にいる**ワッパ太郎**が山に入るとヤマオロシになるという。ワッパ太郎、ヤマオロシ、この二つの状態を通じて**セコ**と呼ばれている。（丸山学『熊本県民俗事典』）

山女［やまおんな］

熊本県鹿本《かもと》郡岳間《たけま》村、菊池郡（現・菊池市）鞍岳《くらだけ》、上益城《かみましき》郡内大臣山、球磨《くま》郡五木村でいう山にいる女性姿の妖怪。

国見山の山女は丸裸で、頭はウッポリ髪（結ばずにバラバラに垂らした髪型）であったといい、人の姿を見るやすぐに道下へ隠れてしまったという。

山犬落という場所に現れた山女もウッポリ髪であったが、毛先は地べたに届くほど長く伸びており、毛には節があったという。山女は笑う時に人間の血を吸うとされ、山女に出遭ったという母親は間もなくして死んだという。

球磨の白髪岳で山師たちが火を焚いていると、山女がやって来て、乳を広げて炙《あぶ》りはじめた。山師の一人が料理のために焼いていた石を山女の乳の中に投げ込むと、山女は山が崩れるような音をさせて逃げて行ったという。

鉾尾《ほこのお》という地域にお婆さんがおり、一人で留守番をしているとお産のために一週間ほど小屋のツチを貸して欲しいと、山女がやって来た。一週間後、山女が再びやって来るとお婆さんに礼を述べ、「これから先、あなたには小遣いの不自由はさせせぬ」と言う。それからというもの、お婆さんの財布にはいつでも金が入っていた。しかし、お婆さんの聟《むこ》が金を使い込んでからは、山女も金をくれなくなったという。これは八代郡栗木村古園（現・八代市泉町栗木古園）のお里婆さんの話であるという。**ヤマンバ**の項目を参照。

右のように語られる山女であるが、もともとは人間であったという話も見受けられる。

営林署に勤めていた山崎さんという人が、国見山の巡視中に、山女と思われる怪しい女に出遭った。驚いた山崎さんが鉄砲を向けると、女は撃ってくれるなと、手を合わせて頼んでくる。「お前は誰か」と山崎さんが訊くと「自分は向山の生まれで、七歳の時に母と一緒に栗拾いに行って迷ってからずっと山で暮らしている。この内大臣の山は深いが千谷もないので、いつまでも棲んでおれない。近く阿蘇のほうへ廻るつもりだが、子どもは残していくためよろしく頼む」と女は語ったという。

菊池郡虎口村（現・菊池市龍門虎口）に嫁ぎに来た女が三年経って急に行方不明になった。消えた日を命日とし、三年忌をしていたところへ急に例の女が現れた。「今までどうしていたのか」と問うと、「深葉山から矢筈嶽《やはずだけ》の辺りに棲み、人を食って生きている。山にいる時はこういう姿をしている」と女は言い、身の丈一丈（約三メートル）ばかり、頭に角がある山女の本性を見せたという。（丸山学『熊本県民俗事典』）

ヤマシサン

熊本県八代郡河俣村（現・八代市東陽町河俣）でいう山の怪。

ヤマワロの異名としてヤマシサンと呼んでおり、山仕事をする人に対しては決して「ヤマシ」とは呼ばないという。（丸山学『熊本県民俗事典』）

ヤマワロ

熊本県宇土郡大岳村（現・宇城市大岳地区）、天草郡高戸村（現・上天草市龍ヶ岳町高戸）、天草郡宮野河内村（現・天草市河浦町宮野河内）、天草郡御所浦町（現・天草市御所浦町）、天草郡河浦町（現・天草市河浦町）、八代市日奈久町《ひなぐまち》（現・八代市日奈久町）、八代郡種山村（現・八代市東陽町）、八代郡上松求麻《かみまつくま》村（現・八代市坂本町）、八代郡下松求麻《しもまつくま》村（現・八代市坂本町）、八代郡河俣村（現・八代市東陽町河俣）、八代郡泉村（現・八代市泉町）、阿蘇郡色見《しきみ》村（現・高森町色見）、阿蘇郡黒川村（現・阿蘇市黒川）、阿蘇郡阿蘇町（現・阿蘇市）、葦北《あしきた》郡佐敷町（現・芦北町佐敷）、葦北郡湯浦村（現・芦北町湯浦）、球磨《くま》郡五木村、上益城《かみましき》郡七滝村（現・御船町七滝）、水俣市湯出でいう山の怪、子ども脅しの類。山童とも表記。また、ヤマンモン、ヤマント、ヤマンワッカシ、山の伯父やん、ヤマウラ、山の子ども、**アノシ**、**ヒョースベ**、**ヤマシサン**、ホイホイさん、ヒューヒューさんなどとも呼ばれる。

赤ん坊、もしくは子どもくらいの大きさで、全身に毛が生えている。頭は扁平《へんぺい》で、口には蝮《まむし》のような歯がある。指は五本で一本爪、足も長いが、手も非常に長い上、魚や山桃をとる時にはゴムのように伸びる、二倍に伸びるともいう。また、湯浦村女島の老人によれば、ヤマワロの足には踵《かかと》がないという。ヤマワロの姿について語られているものの、ヤマワロは人に姿を見られることを嫌い、人に気づくと姿を隠すともされる。ヤマワロの姿が見える人と、見えない人もいるようで、酔った老人を乗せた人力車夫がヤマワロが出るという川渕を通ったところ、急に「ヤマワロが来ている」と言って、老人が立ち上がって騒ぎだした。車夫には何も見えず、老人を宥《なだ》めようとしたが、とうとう車夫も老人も車ごと河原へ転げ落ちたという。

ヤマワロは魚、山桃のほか、酒や小豆飯、

ハッタイが好物とされ、筍《たけのこ》も横から齧《かじ》って食べるという。相撲《すもう》を取ることを好み、また歌を歌うことも好きだという。人間が歌っていた歌を覚えて歌うが、歌詞はよく聞き取れないとされる。

　ヤマワロは唾《つば》や金物を嫌うとされる。しかし、ヤマワロに斧《おの》を隠されたという話もある。お札を持っているとヤマワロに悪戯《いたずら》されない、仏飯をあらかじめ食べておいたり、墨壺《すみつぼ》を持っておくとヤマワロに出遭わないともいう。四方に墨打ちしておくと、その内側にヤマワロは入ってこないともされる。猿とヤマワロは仲が悪く、猿はヤマワロよりも強いという。

　右のほか、牛馬を乗り回したり、馬のたてがみをよじる等の悪戯をする。猟犬がヤマワロをつけると、ヤマワロは犬が吠えないように犬の口の中に木片を立てる。彼岸の時期に山と川を移動するが、ヤマワロの通り筋に小屋を建てると揺さぶられ、昼寝をしているとうなされる。風呂に入ることがあり、後で風呂桶《ふろおけ》を見ると脂で水が汚れている。山仕事を手伝ってくれるが、木を運んで肩から下ろす際はヤマワロは早めに肩から外すため、「一二三」の「二」で木を下ろさないといけない。ヤマワロと約束した時は約束の内容を違えてはいけないとされ、「仕事を手伝ってくれたら、魚を一荷持ってくる」と言ったら、小さい魚であっても二匹を別々に括《くく》って、一荷にしてヤマワロに持っていかないといけない、などヤマワロについての話は枚挙にいとまがない。

　熊本県内で事例の多いヤマワロであるが、熊本県全土にヤマワロの話があるわけではないようである。丸山学氏の研究によれば、熊本県のヤマワロ伝承は南に濃く、北に進むにつれて薄くなっている。山村であっても、九州山脈との連帯のない地方ではほとんどヤマワロの伝承を見出だすことができないという。具体例を示すと、宇土郡大岳村ではあまりヤマワロの話はなく、子どもが駄々をこねたりすると「ヤマワロが来るぞ」と言って脅かす程度のものだという。天草郡高戸村、宮野河内浦村、御所浦町も大岳村と同様で、阿蘇郡内牧町（現・阿蘇市内牧）ではヤマワロとは言わず、ガッパのまま冬の時期に山へ帰るとされる。菊池郡竜門村（現・菊池市龍門）ではヤマワロの伝承がないどころか、ガワッパが冬に山へ登るかどうかもはっきりしない。玉名郡山北村（現・玉東町）ではヤマワロという言葉自体知られていない。

　天草郡河浦町板野河内に、浪人の宰川荒左衛門と山童の頭目が笑い比べをした話がある。笑い声で木の葉を吹き飛ばしたほうがこの地の持ち主になろうという賭《か》けを行い、荒左衛門は山童に後ろを向かせた上で山童の耳元で猟銃を撃ち、木の葉を落としている。賭けに負けた山童はこの地を去り、荒左衛門は田を拓くことができたという。

（丸山学『熊本県民俗事典』、牛島盛光（編著）『肥後の伝説』、阿蘇町町史編さん委員会（編）『阿蘇町史　第二巻　資料編』、丸山学「肥後芦北のヤマワロ」『民間伝承』第一四巻第八号、同「山童伝承」『民衆史の遺産　第七巻　妖怪』）

ヤマンバ

熊本県八代郡栗木村（現・八代市泉町栗木）、八代郡柿迫《かきざこ》村（現・八代市泉町柿迫）、八代郡泉村（現・八代市泉町）、宇土郡緑川村（現・宇土市）、天草郡深海《ふかみ》村（現・天草市深海町）、葦北《あしきた》郡佐敷町（現・芦北町佐敷）でいう山にいる女性姿の妖怪。山うばとも。

宇土郡緑川村では、山の木にヤマンバの髪の毛がひっかかっていることがある。中には三尺（約九〇センチ）くらいの髪の毛もある。猟師はヤマンバの髪の毛を見つけると、大事に持って帰り、山の神の所へ置きに行く。ヘクソカズラに小銭を繋《つな》いで、木の枝にかけてあることもあり、これも山姥の仕業《しわざ》だとされる。

八代郡柿迫村では、山から山姥が子を抱いて里に下りてきて、ちょっと抱いていてくれと頼んで姿を消すことがあるという。

八代郡栗木村古園に次のような話がある。古園にお里というお婆さんがおり、ある日他の者と一緒に山へ行った。お里が連れから遅れて進んでいる途中、美しいヤマンバに出遭った。ヤマンバはお里に「室を貸してください」と手を合わせた。数週間後、座敷でお里が孫を抱いて昼寝していると、ヤマンバが縁側に来て頭を下げて行った。その後、財布を開いてみるといつでも金が入っていたり、夢でヤマンバがアメリカに連れて行ってくれたりした。終戦後はヤマンバが金をくれることはバッタリ止んだという。（丸山学『熊本県民俗事典』）

天草郡深海村では、山姥はテンコブ（ジョロウグモ）の化身であるとされる。口は耳まで裂け、人を捕まえては頭から丸かじりするという。（深海地区振興会「どんくのつぶやき　磯女の噺」『深海の歴史』）

上記のほか、「食わず女房」や「牛方山姥」の類にも山姥は登場している。

「食わず女房」の話では夫の留守中に自分が飯を食べるのではなく、裏山に握り飯を持っていき、山姥の子どもたちに与えていた。風呂《ふろ》桶《おけ》から夫が逃げたことに気が付いた山姥は大きな鼻で嗅《か》ぎまわって夫を探すが、香り高い菖蒲《しょうぶ》と蓬《よもぎ》の草むらに夫が隠れていたため、見つけ出すことができず山へ帰ってしまう。五月の節句に菖蒲と蓬を軒先に飾る由来となっている。

「牛方山姥」の話では山姥に食べられる物は塩俵や塩ブリ、馬となっている。多くの地域で見られる、山姥の家に逃げ込み、山姥が焼いた餅《もち》を横取りし、風呂桶で寝ていた山姥を焚き殺す話もあるが、子馬に食べられた母馬の仇《かたき》を取る話もある。子馬の仇討《あだう》ちでは、犬と猫と雄鶏が子馬に手助けし、山姥を退治している。（熊本県小学校教育研究会国語部会（編著）『熊本のむかし話』、荒木精之（編）『肥後の民話』、熊本史談会（編）『肥後の民話と伝説』）

幽霊瀬［ゆうれいせ］

熊本県天草市魚貫町《おにきまち》から牛深町茂串《もぐし》へ入る手前に小森という場所があり、ここに幽霊瀬と呼ばれる瀬がある。昔、綿を積んだ船が通りかかったが、この瀬に乗り上げて難破した。付近の人々は岸に流れ着いた綿を拾って喜んだが、夜に岸近くの道を通ると、死んだ船乗りの魂が現れ、「温っかろう。温っかろう」と言って、肩を叩く。特に、綿入れを着た人にはしつこく叩くという。（荒木精之・牛島盛光・奥野広隆・浜名志松『日本の伝説　二六　熊本の伝説』）

ユキガゴジョ

熊本県八代郡下松求麻《しもまつくま》村（現・八代市坂本町）でいう雪の怪。

雪の中、ユキガゴジョという怪物が出るという。（丸山学『熊本県民俗事典』）

ヨゴレハッチョウ

熊本県でいう子ども脅しの類。

子どもが夜泣きすると、母親が「ヨゴレハッチョウが来るぞ」と言う。ヨゴレハッチョウで泣き止まないと、次は「**ガゴ**が来るぞ」と言うという。（加藤恵「県別日本妖怪事典」『歴史読本　臨時増刊　特集「異界の日本史　鬼・天狗・妖怪の謎」』平成元年一二月増刊号）

長崎県でも同名の子ども脅しを用いる。

【ら】

龍燈［りゅうとう］

熊本県宇土半島の南部の村、八代郡の海に面した地域、天草郡宮野河内村（現・天草市河浦町宮野河内）でいう光物、怪火の類。**不知火**《しらぬい》の別称の一つであるが、宇土郡（現・宇土市、宇城市）では昔から龍燈と呼んでいるという。リュートーとも表記。

八朔《はっさく》（八月一日）の晩に沖合に現れる海上の光。龍燈を見るための場所を龍燈場と呼んでおり、八代海に沿っていくつか龍燈場がある。沿岸の地域にリョウゴンサンを祀《まつ》った祠《ほこら》は非常に多く、龍燈は海底からリヨウゴンサンが出現されるのだと説く古老も多いという。

　宮野河内村のリュートーは右の龍燈と少し異なり、歳の晩（大晦日の晩）一時頃に男岳の山の上から出るとされる。山の上から出た後は鍋のヘゴの火のように海面いっぱいに広がり、一時間ばかりして自然に消えるという。（丸山学『熊本県民俗事典』）

【わ】

ワッパ太郎［わっぱたろう］

　熊本県八代郡泉村五家荘《ごかのしょう》（現・八代市泉町五家荘）でいう水の怪。川におり、山に入ると**ヤマオロシ**になるという。ワッパ太郎、ヤマオロシ、この二つの状態を通じて**セコ**と呼ばれている。（丸山学『熊本県民俗事典』）

大分県

#【あ】

あいたのうの火［あいたのうのひ］

大分県大分市でいう光物、怪火の類。

昔、経塚山の麓《ふもと》の辺りをとある巡礼者が通りかかった。しかし、金品目的の悪者に殺され、有り金を盗られてしまった。それ以来、雨の降る夜、経塚山の麓からぶらぶら提灯《ちょうちん》のような、六部（巡礼者）の妄念の火が迷い出る。悪者に襲われた際、六部は「あいたのう」（「痛いよう」の意）と言って泣いたため、この火をあいたのうの火と呼んでいる。（郷土史蹟伝説研究会『増補　豊後伝説集　全』）

赤壁［あかかべ］

大分県中津市、臼杵市《うすきし》でいう壁の怪。

中津市の合元寺《ごうがんじ》の壁はもともと白壁であったが、戦（黒田軍と宇都宮軍との戦いとも、中津城主と小倉城主との戦いともされる）の際に付いた血の手形を消すため、何度も白く塗り直した。しかし、そのたびに赤い掌《てのひら》の形が浮かび上がってくるため、壁全体を赤く塗って血の色を隠すようになったという。（大分縣教育會（編）『大分縣郷土傳説及び民謡』、土屋北彦（編）『日本の民話　五九　大分の民話　第二集』）

永禄（一五五八～七〇）の末年、臼杵城の鐘楼堂の下に多くの死骸が埋められた。その亡霊の祟りにより、堂の壁はいつも桃色がかっており、刀傷の痕《あと》さえ鮮やかに残っていたという。壁を塗り替えたばかりの頃は真っ白な壁も、夕日が当たる日数が積もるとだんだん赤みを帯び、最後には刀痕までもが浮かび上がるとされている。（酒井富三「臼杵町誌（四九）」『豊州新報』）

赤子屋敷［あかごやしき］

大分県中津市にあったという幽霊屋敷。産女《うぶめ》の類。

昔、物持ちの屋敷があったが、何らかの事情で没落し、荒れ放題になった。この屋敷に住んでいた若嫁は姑《しゅうとめ》に毎日いじめられており、苦しみのあまりに、屋敷内の古井戸に身を投げた。しかし、生まれたばかりの赤子を残したため、子を思う一念から成仏できず、亡霊となって門前に現れては、門前の通行人に「赤子を抱かせよう」と呼びかけるという。亡霊に出遭って、気絶する者、腰を抜かす者、悲鳴をあげて一目散に逃げる者もいる中、気丈にも赤子を抱いてやった者もいた。亡霊は男に赤子を預けると煙のように消え去り、隣の地域の八日市辺りまで赤子を育てるための水飴《みずあめ》を買いに行った。一刻も経つと亡霊は戻ってきて、男に礼を述べると赤子を受け取って屋敷内へと消えていった。赤子を母親から預かる時は、正面から受け取ると赤子が噛《か》み付くため、背中のほうから受け取らなければならないという。（佐藤正義『郷土ひとりある記』）

赤猫の変化 ［あかねこのへんげ］

大分県臼杵市《うすきし》でいう猫の怪。

昔、祇園洲《ぎおんのす》のある家で年老いた赤猫を飼っていたが、いつからかいなくなってしまった。ある晩、下男の作兵衛が、その家の祖母の部屋で「あやとせえ、あやとせえ」と鉢巻き姿で踊る赤猫を目撃した。後日の深夜、作兵衛は主人と雉《きじ》撃ちに出かけることになっていた。主人を待っていると、「作兵衛ようい」と呼ぶ声とともに、二つの提《ちょ》灯《うちん》の灯が大きくなりながら近づいてくる。怖くなった作兵衛が頭上で刀を振り回すと「きゃっ」という悲鳴とともに、怪物は屋根伝いに消え失せた。明け方、血筋の跡を辿《たど》ると主人の家まで続いており、家の中では、昨夜祖母が厠《かわや》で足を怪我したと騒ぎになっていた。作兵衛から昨晩の出来事を聞いた主人が祖母の傷を無理に見ようとすると、祖母は火を吹くような権幕で物凄《ものすご》い姿へと変貌した。怪物と信じた主人は袈裟《けさ》懸けに切り捨てたが、死んだその容姿は祖母のままであった。皆が悲嘆していると、次第に正体を現し、恐ろしい怪猫の姿になったという。（酒井富三「臼杵町誌（五二）」『豊州新報』）

臼杵市には他にショウベエ婆という類話がある。

空き家の化け物 ［あきやのばけもの］

大分県臼杵市《うすきし》の昔話。器物、古道具の怪。

ある日、諸国行脚をしていたお坊さんが一軒の空き家に泊まった。その晩、床下からむぐりむぐりとしたものが出てきて、「ばんぐりばんぐりばばんぐり、われなーべにすーりこぎがおっしゃんおっしゃんのしゃん」と踊りだした。これは面白いと思い、お坊さんはしばらく見ていたが、あれを一つ打ってやろうと、空き家にあった餅《もち》搗《つ》き杵《ぎね》を持って「しんきぼうずにしんがらがっさまんだもったさーいづち」と言って打った。するとグワラングワラングワランと大きな音がして、何事も起こらないため、お坊さんはそのまま寝た。翌朝、様子を見に来た近所の人たちに起こされたお坊さんは、昨晩の出来事を語った。何か落ちていないかと、皆で探してみると、小皿や椀《わん》や鍋の欠片《かけら》がいっぱい落ちていたという。（後藤貞夫「北海部郡昔話（二）―大分県北海部郡臼杵町―」『昔話研究』第一巻第四号）

新潟県佐渡島に「ちいちい袴《ばかま》（チクチクチばかま）」という昔話がある。縁の下にあった古い鉄漿《かね》付け楊枝が袴をはいた小男になって、その家で暮らすお婆さんの目の前で歌い踊った話である。日本放送出版協会（編）『日本昔話名彙』や民俗學研究所『綜合日本民俗語彙』、稲田浩二・大島建彦・川端豊彦・福田晃・三原幸久（編）『日本昔話事典』には、同類の話が岡山県と大分県にもあると記述されており、これを受けて、ちいちい袴は新潟県、岡山県、大分県の妖怪であると紹介する書籍もある。大分県にあるという、「ちいちい袴」と同類の話とは、この空き家の化け物の話のことである。千葉県の「ちんちん袴」、東京都の「小袴」、岡山県の「ちんちんちょぼし」と、佐渡島の「ちいちい袴」に似た話はいくつか見られるものの、大分県の空き家の化け物の話は古道具が夜中に歌い踊るという部分しか同じ特徴はなく、他の話と比べると共通点は薄い。今後さらに似た話が大分県で採取されるまでは、「ちいちい袴」の分布として大分県を含むのは誤りといえる。

空家の幽霊［あきやのゆうれい］

大分県直入《なおいり》郡（現・竹田市）でいう灰の発句、幽霊の歌の類。

幽霊が出るという空家に大胆な人が泊まった。囲炉裏《いろり》に火を焚いて番をしていると、丑三《うしみ》つ（午前二時頃）頃に納戸のほうからカターンという音がして幽霊が出てきた。囲炉裏の側に座った幽霊は灰をかき混ぜながら「掻きまずる灰は浜辺の色に似て」と言っては「わーん」と泣く。何度も繰り返すので、後の句ができないため毎晩出るのかと思った大胆な人は幽霊が先の句を告げてすぐに「ゆるりが海か沖の見ゆるに」と言った。それを聞いた幽霊は、後の句を聞いて安心したため今後は出ないと告げて消え去ったという。（柳田国男（編）・鈴木清美（採録）『日本昔話記録　一〇　大分県直入郡昔話集』）

小豆洗い［あずきあらい］

大分県中津市、国東市《くにさきし》、日田市、竹田市、豊後大野市、別府市、臼杵市《うすきし》でいう音の怪、子ども脅しの類。

夜が更けてから犬丸川のほとりを通ると、シャキンシャキンと小豆を洗うような音が川の中から聞こえてくる。下毛郡尾紀村（現・中津市）の人々は小豆洗いが出ると言っている。（大分縣教育會（編）『大分縣郷土傳説及び民謠』）

東国東郡国東町成仏（現・国東市国東町成仏）では小豆洗いはイタチが口をチャキチャキ言わせている音なのだとしている。（大分県総務部総務課（編）『大分県史　民俗篇』）

日田市では、夕暮れ時に川の洗い場付近を通ると洗い場のほうから「ギーン、ショキ、ショキ。ギーン、ショキ、ショキ」と音だけが聞こえてくる。これは小豆洗いが小豆を洗っている音だとし、振り返ってみても誰もいなかった、もしくはお婆さんが背中を丸めて何かを洗っていたという。（ＮＴＴ日田電報電話局編集委員会（編）『豊後日田の昔ばなし』）

昔、直入《なおいり》郡直入町（現・竹田市）にある鷺瀬《さぎぜ》のすぐ上の小谷の川で若い娘が小豆を洗っていたが、鷺瀬に棲む川太郎が娘を水中に引き込み、尻を抜いた。その後、夜になると鷺瀬では「今日もとぎましょ。シャッシャッシャッ」と歌う娘の声が聞かれるようになった。娘を殺した川太郎が工藤天《てん》若《にゃく》という武士に退治されると、小豆洗いの音は聞こえなくなり、娘の命日が近づく頃、鷺瀬の上に娘の化身と思われる一羽の白鷺が舞うようになったという。（直入町誌刊行会編集委員会（編）『直入町誌』）

大野郡朝地町（現・豊後大野市）のススミゾ谷に小豆洗いが出るといわれている。夜中、山陰からサラサラ、サラサラと小豆洗いをしているような音がするので、よく見ると暗闇の中に白手拭いを被った女の姿が見えるが、腰から下は見えなかったという。（朝地史談会（編）『あさじ昔ばなし』）

別府市でも路傍の妖怪として小豆洗いが知られており、川辺で小豆を洗う音が聞こえるが、洗っている人の姿が見えないという。（別府市（編）『別府市誌』）

臼杵市では、小豆洗いが出るといわれている場所が各所にある。

野津町の落谷から田野のほうへ少し行った所は峠で人家がなく、「くずれ岩」と呼ばれる寂しい場所で、よく山が崩れて土砂が落ちてきていた。ここに小豆洗いが出たといい、山の上の大きな千年杉に棲み、通行人や村人を驚かした。真夜中に「シャッ、シャッ」と小豆を洗うような音をさせたり、小石をバラバラと投げつけたり、山の上から土をザァーッと落としたりしたとされる。ある日の昼間、くずれ岩の道を亀山右近という武士が通りかかった。この時、小豆洗いが亀山右近めがけて小石を投げつけた。怒った亀山右近は腰の名刀を抜くと、山を駆け上り、小豆洗いが棲むといわれる千年杉を切り倒した。さらにお供の者に切り倒した木に油をかけさせ、とうとう焼き尽くしてしまった。以来、くずれ岩に小豆洗いは出なくなったという。（平山喜英（編著）『豊後野津のおとぎばなし』）

深田後楽にある観音の井戸に小豆洗いが出る。夜に一人で坂を上っていると、小豆を洗う音がする。（臼杵市教育委員会社会教育課（編）『臼杵石仏地域の民俗』）

平清水から福良《ふくら》の天神様へ向かう参道の途中にある滋野松の前の溝に小豆洗いが出るといい、福良の天神様の北東側の谷間にある井戸にも小豆洗いが出るといわれる。夜になるとシャリシャリという小豆を洗う音がするが、正体を確かめようと近づくも何事もない。その場から離れると再びシャリシャリという音がする。齋藤行雄氏の聞き取りによるものだが、他にも、子どもが遅くまで起きていると、ショキショキ、ショキショキという音とともに「もう寝やらんか。もう夜は更けたぜよ」という小豆洗いの声が聞こえてくるという。（臼杵妖怪共存地区管理委員会・臼杵ミワリークラブ（編）『亀城下異談』、同『うすきあるきMAP　八　うすきミワリーマップ』）

夜になると大溝に小豆洗いが出る。耳を澄ますとシャゴシャゴと小豆を洗う音がする。正体は川獺《かわうそ》だとされる。（村上あや「名残りの花　うすきあれこれ　四五」『大分合同新聞』）

夜が更けると、新町と浜町の間の溝に小豆洗いが出て、小豆を洗う音がする。（村上あや「うすきの花びら　三四」『大分合同新聞』）

臼杵市内の小豆洗いは夜に井戸や溝に出現し、小豆を洗う音をさせる点が共通している。

北海部《きたあまべ》郡丹生村（現・大分市）でもかつては小豆洗いの怪談があったが、近年では聞かれなくなったという。（富來成太郎（編）『丹生村史』）

この他、大分県内では**川姫**や溝川のおさん、**せこ**が小豆を洗う音を立てるとする地域もある。**あずきあらいばば**、**あずきアレー**、**小豆しょしょり**、**小豆研ぎ**、**溝川の小豆洗**の項目も参照。

あずきあらいばば

大分県豊後大野市の原田と大木の間の小川の橋の近くに現れたもの。

夕方になると一人の婆が赤い汁の出る物をしょうけ（ざる）に入れて洗う。洗っている物を尋ねれば、小豆と答える。あずき洗い、もしくはあずきあらいばばと呼ばれており、赤子を攫《さら》ってはその肝を食べているのだという。（千歳村アカデミアの会（編）『わしどうん村ん昔ばなし　千歳村の伝説・民話・地名民俗等』）

あずきアレー

大分県中津市でいう子ども脅しの類。名前は「あずきあらい」が訛《なま》ったもの。

谷川の末にあずきアレーが現れる。あずきアレーが出てきて川で小豆をショッキ、ショッキと洗いに来るから気を付けないといけない。遅く帰るとあずきアレーのお化けが出てきて恐ろしいと、子どもたちは母親や祖母からいつも言われていたという。（松下康子『耶馬の里ばなし』）

小豆しょしょり［あずきしょしょり］

大分県臼杵市《うすきし》でいう小豆洗いの類。またはイタチやムジナの俗信。

町八町内の蔵などで小豆を洗うような音がする。正体はイタチともムジナともいわれる。

臼杵ミワリークラブの会長の聞き取りによるもの。（臼杵妖怪共存地区管理委員会・臼杵ミワリークラブ「臼杵の妖怪リスト」、同（編）『亀城下異談』）

この他、大分県下には**小豆洗い**、**あずきあらいばば**、豆洗い、溝川のおさん、**川姫**などが小豆洗いを行うとされる。臼杵市では小豆しょしょりの他に小豆洗いの話がある。

小豆研ぎ［あずきとぎ］

大分県国東市《くにさきし》、大分市、竹田市、臼杵市《うすきし》、佐伯市《さいきし》でいう音の怪、子ども脅しの類。

国東市武蔵町では川にアズキトギが出るとされた。川で小豆を洗っている他は特に人に危害を加えることはないという。（武蔵大学人文学部日本民俗史演習『大分県国東半島武蔵町の民俗』）

大分市の仏生寺にあった、かつての入口

の石橋の所や高城住宅辺りのぐぼりという場所辺りでは夜になるとザクザクという小豆を洗うような音がするという。これは狐か狸《たぬき》が後ろ足で砂を蹴る音だとされる。（佐藤芳雄（編）『牧のあゆみ』）

竹田市明治地区折立では夜になると、アズキトギという化け物がサクサクという小豆を洗う音を立てて人を驚かした。このアズキトギを鎮めるために地蔵様を作ったとされる。（竹田市史刊行会（編）『竹田市史』下巻）

臼杵市佐志生《さしう》では暗くなると裏道や瀬戸道に小豆とぎが出るとされる。小豆とぎは、米を磨ぐ音よりも何倍も大きい音を出すとされ、子どもがいくら叫んでも小豆とぎの小豆を磨ぐ音に遮《さえぎ》られて他の人には声がまったく聞こえない。そのため「暗くなるまで遊んでいると、今に小豆とぎから攫《さら》われるで」「暗くならないうちに、早く帰らないと小豆とぎが出るぞ」と子どもは聞かされていたという。（竹本正夫『大正も遠くなりにけり』その四）

佐伯市米水津《よのうづ》では七曲りの坂に小豆研ぎと**塗り壁**が出るとされ、後ろからシャキシャキという音がすると提灯《ちょうちん》の火が消える。振り返ると後ろに柱ほどの太さの棒が一本立っている。正体は狸だという。（土屋北彦（編）『日本の民話　五九　大分の民話　第二集』）

赤豆洗［あづきあらい］

大分県の四島でいう藁打《わらう》ち槌《づち》状の妖怪、転がり出る怪。

一面に毛の生えた藁槌のような形をしており、人が通ると転げかかるという。

出現場所である「四島」がどこのことなのかは不明。記述のある三浦魯一「両豊民間信仰」（『郷土研究』第一巻第五号）には豊後国（大分県）速見郡南端字小田付近と豊前（福岡県東部・大分県北西部）の宇佐郡津房辺りの二つの地域が一緒に挙げられている。そのため、宇佐市、杵築市《きつきし》、別府市、速見郡日出町《ひじまち》のどこかではないかと思われる。筆者の知り合いたちからは「宇佐市の東椎屋《しいや》の誤字でないか」、「日出町の八島神社の八島の誤字ではないか」といった意見をいただいている。

ちなみに、柳田国男の「妖怪名彙」掲載「ツチコロビ」の項目にある九州の小豆洗いというのは、この赤豆洗のことである。

雨坊主［あまぼうず］

大分県下毛郡三光村（現・中津市）の化け物。

大正（一九一二～二六）の頃に子どもがよく描いていたという化け物。唐傘の形をした一つ目一本足の小僧の姿で、雨の降る日に出るとされる。（三光村誌刊行委員会（編）『三光村誌』）

犬神［いぬがみ］

大分県でいう憑《つ》き物。インガミ、インガメとも呼ぶ。犬神が憑いているとされる家は犬神持ち、犬神使い、インガミ使い等と呼ばれる。中国、四国、九州に犬神についての俗信は分布しているが、九州では特に大分県が甚《はなは》だしく多いという。

犬神は一般の人には見えず、犬神使いにしか見えないとされる。そのためか、容姿についてさまざまに語られている。体長は一五センチ、胴回りは三センチくらいと具体的な大きさから、ハツカネズミほどの大きさ、ネズミより大きいがモグラより小さい、猫の子よりも小さいとする地域もある。見た目についても、土色、濃い鼠色《ねずみいろ》、黒、三毛、ブチ模様、白などとされ、モグラやネズミに似ている、小さいネズミのような動物、白黒斑《まだら》のイタチのような動物ともいわれている。尻尾についても言及されており、竹箒《たけぼうき》状の黒い尻尾をしている、尾が分かれている、尻尾の毛が長い等とされる。

この他、犬神は体毛が粗い、宙を歩くため足音も聞こえない、子をたくさん産む、水瓶《みずがめ》の中に入れて養うことで飼い主は金持ちになるとされている。また、犬神を蛇と捉える所もあり、犬神の家の主人が怒ると、相手の腹が痛くなる。そのためか、空腹になると「犬神が憑いた」とその地域では言っている。

犬神が生まれた理由については三種類語られている。

かつて悪い犬がおり、始末がつかなかったため、海の中に突き出ていた岩場にその犬を置き去りにした。その犬はやがて啼《な》き死に、犬の魂が人に祟って、犬神となった。

弘法大師が唐から帰国する際に、麦二粒をアキレス腱《けん》の切り傷に隠して持ち帰ろうとした。そのことに犬が気づき、大師に向かってさかんに吠えたが、役人による身体検査では何も見つからなかったため、この犬は斬り殺された。犬にすまないことをしたと、帰国後に大師は犬神を祀《まつ》ることにし、その犬神を請《う》けて里に帰ってくる人もいるという。

犬を繋《つな》いでおき、目の前に食べ物を置いて食べさせず、犬が死んだ後こっそり祀る。効果が薄れると、また同様にして犬神を作り、使うという。この起源を受け、飢えた犬の首を腐敗させ、その首に湧いたウジを乾かしたものを犬神と称して一匹一〇〇〇円で希望者に頒《わ》ける巫女《みこ》もかつてはいたという。

犬神を作る他に、犬神が棲んでいるとされている場所もいくつかある。橋の下や四辻のほか、集落のはずれに犬神藪《やぶ》、犬神川原、犬神小路《しょうじ》と呼ばれる場所があり、そこに犬神は棲んでいるともいう。こういう場所から犬神を持ち帰ることもある。

アカハゲと呼ばれる丘を汚すと憑く。アカハゲに通じる道で転ぶと憑く。犬神持ちの家の前で転ぶと憑く。橋の上で転んで「痛い」と言うと犬神が憑くという地域もあり、そこでは「痛いと言ったのは嘘《うそ》じゃった」と言って橋を渡る。犬神を落とすために野外に赤飯を供えるが、その供えた赤飯を食べると食べた人に犬神が憑く。犬神は非常に物を欲しがり、犬神が欲する物を与えないと憑く。犬神の話をしただけでも憑く。犬神持ちだった家が没落して他国へ移住する際に、向かい隣であった家に犬神を憑けて逃げてしまった。以来、犬神を憑けられたその家が犬神持ちになったという話もある。また、金持ちが貧しくなり、他人をうらやむと犬神筋になり、床下に穴を掘って犬神を飼うともいわれる。犬神持ちの人の気に障《さわ》ったり、妬ましいと思われたりすると憑く。犬神持ちの人に対して喜怒の情を表すと憑くなどともいわれている。

転んだことにより犬神が憑いた場合、左足の親指から犬神は憑くため、転んだらすぐに親指を捻《ひね》ると良いとされる。犬神に憑かれると、発熱や悪寒を催す。急病人が出る。不運が続く。病人とは思えないほどの力を出す。二、三合の酒を平気で呑む。犬の真似をする。予言をする。人間や牛馬の命を食い殺す。犬神が体の中に入って食って回り、頭や足など体中が痛む。体の表面を犬神が動くのが見えるという。

犬神が憑いた時は近くの石垣や、犬神持ちの家の裏に小豆飯を置いておく。翌朝、小豆飯がなくなっていれば、犬神憑きによる症状は治る。もしくは、梅干しの種を犬神持ちの家の前に置き、振り向かず、誰にも見られずに逃げると良いともいう。お神《み》酒《き》と水を神棚に供え、痛む所に手を当てて心経を一〇巻読み上げるという方法もある。

祈禱師《きとうし》に依頼し、犬神を落としてもらう場合もある。憑き物を落とすのは神職より、山伏や老婆の祈禱師が多いとされ、座頭や法印に頼むこともある。地域によってはヨリガラという女法師を雇ってきて、憑いた犬神を移してもらうこともあるという。ヨリガラの家は犬神筋とはまた別であるとされる。ヨリガラに御幣《ごへい》を立てた後、その御幣を橋から川へ流す。御幣が流れている間は川遊びをしてはいけない。

犬神をコロコロと呼んで愛玩《あいがん》し、床下に無数の犬神を飼っていた犬神使いの婆さんがおり、この婆さんは人に犬神を憑けることは少なく、むしろ憑き物を落としていたという。

犬神を使う祈禱師が逆に犬神を憑けることもあったようで、病気を治す祈禱の最中、「あなたが私の首から犬神を入れた」と病人が言ったという話もある。

南天が犬神払いになるという地域もある。犬神が赤飯を好むため、他家に赤飯を贈る際は南天の葉を添えるという。また、犬神は熱湯に入れるとすぐに死ぬという地域もある。

酷《ひど》い処置の仕方として、犬神が憑いた病人を四辻に捨てれば症状が治るというものがある。永らく中風で床に就いていた老人が、犬神が憑いているからだと判断されて、寒い真夜中に四辻の橋の上に捨てられた。その老人はそのまま亡くなったという。また、寒い時期であれば棒で死ぬほど叩く、暑い時期ならば焼き火箸《ひばし》を押し付けると落ちるなどと信じられたこともあった。

特定の地域の者や、精神病者が親族にいる者の他、移り住んできた他所《よそ》者であったり、相当な財をなしてその地域で幅をきかせている者だったりすると、村人からは犬神を使って蓄えたとして敬遠され、少なくとも村内での縁組はできにくいという。以前ほどの財産もなく、犬神憑きの噂《うわさ》が衰退してもなお、縁組については敬遠されることがある。

犬神使いは枡《ます》の量り込み、量り出しをやると考えられている。米を購入する際に、一升枡が一升二合になり、売る時は八合枡となる。また、第三者に犬神を憑けることで、その家から金品を持ち出させるという。ゆえに、大分限（大金持ち）にならずとも遊んで暮らせるようになるという。犬神が体を濡らして、よその干した籾《もみ》をつけて持って帰るとする地域もある。

憑き物筋の家でその憑き物を飼っているのは主婦であり、憑き物はその家の女系に伝わるとされ、娶《めと》ると憑き物も持ってくるが、婿《むこ》の場合は実家が憑き物筋であったとしてもさして恐ろしくないとされている。

大分県では過去に犬神の噂による世間の圧迫から名誉棄損として訴訟沙汰となっている。

集落のある漁夫の娘は数年前から発作的に精神に異常を呈する様子があった。大正一〇年（一九二一）七月二三日の夜、その娘が突然跳び起きたかと思うと、寝間着姿のまま外へと駆けだし、自宅から数町隔てた某の軒下へと行き、そこで倒れて人事不省に陥った。漁夫とその妻が娘の有様を見て、「これは某の犬神が憑いているからだ」と断定し、「某の犬神、早く娘の体から逃げ失せぬと近所の犬を集めて噛《か》み殺させるぞ」と大声で叫びながら、娘の背を激しく殴打し、一五分ほどして娘は正気に戻った。しかし、二八日の朝、漁夫の家で餅《もち》を搗《つ》いていたところ、寝ていた娘が突然這《は》い出し、「餅をくれよ」と言った。母親が「まだやられぬ」と告げたところ、娘は「私帰りたい」と言いだした。そして、蛇のように座敷から庭へと這い出し、道路をのた打ちながら、再び某の軒下に這い込んだ。前回同様一五分ほどの打ち問答で娘を正気づかせると、親子三人は某を罵《ののし》りながら引き揚げていった。以来、某の家は誹謗《ひぼう》中傷の憂き目に遭い、村会議員の家に嫁いでいた某の妹も離縁となった。堪りかねた某は漁夫家族を相手取って名誉棄損の告訴を提起した。この件を受け、訴えを受理した署長は「つまらぬ伝説を信じて他人に危害を加えるのは、むしろ言うほうが犬神以上にわるい奴だ」と語っている。

犬神分限と呼ばれた金持ちがおり、犬神に欲しい物を盗んで来いと命じたから分限者になったのだと噂をされた。そこでその人は「犬神憑きと言うが、俺の手を見てくれ。これが犬神だ」と言って荒れた手を見せた。自分の働きによって分限になったことを認めてもらおうとしたのだという。（臼杵市教育委員会社会教育課（編）『臼杵石仏地域の民俗』、瀬川清子「怪異」『民間伝承』第五巻第一号、染矢多喜男『日本の民俗　四四　大分』、日出町『日出町誌　本編』、井之口章次「三重町の犬神」『民間伝承』第一四巻第九号、一宮左内「大分県の犬神」『民間伝承』第一五巻第二号、石塚尊俊「憑物筋の膨張とそれ以前―大分県海辺地方における―」『日本民俗文化資料集成　第七巻憑きもの』、同『日本の憑きもの　俗信は今も生きている』、是永勉『別府今昔』、千歳村アカデミアの会（編）『第二集　わしどうん村ん昔ばなし　千歳村の伝説・民話・地名民俗等』、九重町（編）『九重町誌』上巻、久住町誌編集委員会（編）『久住町誌』、三重町役場企画商工観光課（編）『大分県三重町誌　総集編』、直入町誌刊行会編集委員会（編）『直入町誌』、大山町誌編纂委員会（編）『大山町誌』、大分市教育委員会『九六位山麓の民俗』、喜田貞吉（編著）・山田野理夫（編）『憑物』、挾間町誌編集委員会（編）『挾間町誌』）

猪の瀬戸の狐［いのせどのきつね］

大分県別府市でいう狐の怪。

ある年、叡山《えいざん》（京都府京都市・滋賀県大津市）の山伏が祠堂金《しどうきん》集めのために豊後（大分県）へ赴き、別府の朱雀院阿弥陀寺を宿坊として由布院方面へ勧進に行った。ところが一、二ヶ月経ってもこないので御岳権現の山伏にも助力を頼み、猪の瀬戸一帯を捜索すると猪の瀬戸の山麓の山陰に大石に圧し潰《つぶ》されて死んでいる件《くだん》の山伏が見つかった。山伏修験者一同が大祈禱《だいきとう》を始め、天台の法力によって山伏の死霊を呼び起こし、死因を尋ねた。その話によると、猪の瀬戸を通る際、山の中腹に狐が寝ていたので、狩人に捕まらないように逃がしてやろうと法螺貝《ほらがい》を吹くと狐は驚いて飛び起き、鶴見の裏山へ逃げて行った。これは善いことをしたと喜んでいると、山の上から大小さまざまな石が雨霰《あめあられ》のように落ちてきたので、山の彼方《かなた》を見ると数十匹の狐が石を転がし落としていた。防ぐ術もなくとうとう大石に圧し潰されてしまったという。これを聞いた山伏たちは猪の瀬戸の狐を調伏するための護摩を焚き、大法会を一晩中執行した。あくる朝、朝見川や朝見の田に数えきれないほどの狐が首を突き込んで死んでいた。その後、湯布院山道を通る旅人は狐の害を受けたことがないという。（堀藤吉郎『別府の伝説と情話』、大分合同新聞社・梅木秀徳『大分の伝説』下巻）

猪の瀬戸の蛇［いのせどのへび］

大分県別府市でいう蛇の怪。猪の瀬戸の主。

昔、鶴見の里に新作という爺《じい》さんがいた。いつも馬を引いて、湯布院まで荷物を運ぶことで生計を立てていた。ある年の夏、帰りが遅くなった新作は猪の瀬戸の辺りに差し掛かったところ、急に馬が立ち止まって動かなくなった。新作が困っていると、新作が立っている所のすぐ前の草むらが揺れ、かっぽりのような下駄を履いた娘が新作のほうへ歩いてくる。娘は新作の前まで来て、顔を見るなり突然草むらの中へ飛び込み消えてしまった。その途端、馬は再び歩きはじめた。新作は妙に思いながら鳥居峠の一軒茶屋まで行き、そこの婆さんを起こし、先ほどの出来事を詳しく話した。すると茶屋の婆さんが言うには、その娘は猪の瀬戸の主である蛇で、これに出遭って助かる者はそういないということであった。蛇は火が苦手で、新作は煙草を吸っていたために助かったのだという。（大分県小学校教育研究会国語部会（編）『大分のむかし話』、河野伸枝『大分の昔ばなし』）

猪の瀬戸の蟲物［いのせどのまじもの］

大分県別府市でいう憑《つ》き物の類。

疲れて空腹の人々に憑く形のない魔物の虫なので饑虫（**ヒムシ**）とも呼ぶ（「饑」は飢えるなどの意味）。猪の瀬戸の木陰で休んでいる旅人に憑くといわれ、蟲物に憑かれると眠気を催し、終《しま》いには喰い殺されてしまうという。猪の瀬戸を往来する際は米粒でも良いので食べ物を持っていれば蟲物は憑かないといわれている。近郷近在の村人は怠け者に「仕事をするのが嫌で寝ていて喰われるのが好きなら猪の瀬戸に行け。喰われるぞ」と言っていたという。猪の瀬戸は昔から魔の難所であったため、受難者供養のために不動明王の石像を建立し、蟲物調伏の大法会を行ったところ、蟲物が憑くことはなくなったという。（堀藤吉郎『別府の伝説と情話』）

今にも石［いまにもいし］

大分県日田郡中川村（現・日田市）でいうイマニモの怪（コラム参照）。

明治初年（一八六八）頃のある晩、中川村谷の車坂を二人連れの農民が上がっていた。昼間でも暗い杉山の中で、太い石が道を覗いている所に二人は差し掛かり、「昔はここにエズイモン（化け物）が出たちゅばな」と一人が言った。すると突然、太い石の側から「今にもー」と破《や》れ鐘のような叫び声とともに鑵須《かんす》（鑵子。青銅もしくは真《しんち》鍮《ゆう》製の釜で、湯を沸かすために用いる）のように太い毛むくじゃらな脛《すね》が一本、二人の目の前にぶら下がった。ゆえにこの太い石を今にも石と呼んでいる。（郷土史蹟伝説研究会『増補　豊後伝説集　全』）

ウーヒト

大分県国東市《くにさきし》、大分市、臼杵市《うすきし》でいう巨人。ウウヒト、うひととも。大きい人、大《おお》人《ひと》の意。

夏のある日、八面山《やちめんざん》にウウヒトが腰をかけて昼飯を食べることにした。左足を金色の山に、右足を仮宮と小倉谷の間の山にふんばった。ウウヒトはむすびを食べはじめたが、むすびの中に石が混じっており、これを噛《か》んでしまい、二つに割れた石の片方が歯にはさまった。大平山から引き抜いた木を楊枝にすることで、はさまった石を取り除いた。食べ終えたウウヒトは周防灘《すおうなだ》の水を口づけにして飲み、腰を伸ばして空を仰いだ。ところが、天に鼻を打ち付けてしまい、息絶えてしまった。金色の山にはウウヒトの足跡だとされる窪《くぼ》みがあり、箭山《ややま》権現石舞台の上にある二個の大石は、ウウヒトが口の中から取り出した石だとされ、積み石と呼ばれている。（三光村誌刊行委員会（編）『三光村誌』）

　大分市植田《わさだ》には次のような話がある。昔、南のほうから大男がやって来て、芹《せり》の山に片足を踏み出した。大男が踏みつけた場所が黒い岩山で、岩山の下は軟らかな黄色い岩土であったため、黒い岩山が揺れ動き、大男は思わず足を踏み外してしまった。その際、黄色い岩土に足が深くめり込んだ。驚いた大男は片方の足を高崎山へ向け、もう一方の足を引き上げると、急ぎ北のほうへと歩いていった。大男がいなくなり、人々が大男の踏みつけた跡に行ってみると、黒い岩山に大男の足跡がついていた。その足跡をウーヒトの足跡と呼んでいる。また、岩が崩れて、足をめり込ませた場所は深くえぐられて、恐ろしい谷になっていた。その後、その谷は大曽の谷と呼ばれ、木が茂り、羊歯《しだ》が覆い被さって昼でも暗い場所となっており、大蛇が棲んでいるといって、誰もその谷に近づかなかったという。（牧野桂一（編著）『植田のむかしばなし』）

　臼杵市佐志生《さしう》の言い伝えでは、樅《もみ》の木山（大分市）にうーひとと呼ばれる巨人が棲んでおり、大分側の湾で顔を洗ったという。（臼杵妖怪共存地区管理委員会・臼杵ミワリークラブ（編）『亀城下異談』）

　北海部《きたあまべ》郡佐賀関町（現・大分市）小黒にもウーヒトの池と呼ばれる場所があるが、こちらは巨人ではなく、弁慶の足跡に水が溜まったものだという。たくさんの兵士によって烏帽子岳《えぼしだけ》（城山）へと追い上げられた弁慶であったが、大薙刀《おおなぎなた》を地面に突き立てると、空高く跳び上がり、小黒の丘に一歩足をつけ、大股で高島を跳び踏み、四国の佐田岬へと立ち去ったとされる。（大分県小学校教育研究会国語部会（編著）『大分の伝説』、梅木秀徳・辺見じゅん『日本の伝説　四九　大分の伝説』、大分合同新聞社・梅木秀徳『大分の伝説』上巻）

　ウーヒトの他に、大分県では大人の名称で、足跡の伝説がある。大分市上野丘、牧の東原から大谷、猪野《いの》、蓬莱山《ほうらいさん》、木佐上《きさがみ》の山中、志生木《しゅうき》、古宮に大人の足跡があったという。また、大人は高崎山や樅ノ木山、白山に腰を掛け、海で顔を洗った、河口の水を飲もうとしたといった話もある。（『日本の伝説　四九　大分の伝説』）

ウグメ

　大分県直入《なおいり》郡（現・竹田市）でいう産女《うぶめ》の類。

　妊婦が出産できないまま死ぬと、次の世に行くことができず、幽霊となって出てくる。これをウグメと呼ぶ。（古庄賢士「豊後直入郡地方」『なら』三二号）

　長山源雄『豊後国直入地方の民間伝承』には次のように記している。

　柏原村《かしわばるむら》西福寺馬場口にウグメが出て、通行人に子を抱いてくれと頼む。子を抱くと、それは藁《わら》打つ槌《つち》であったり、石であったりすることがあるという。（池田弥三郎・大藤時彦・牧田茂・和歌森太郎（監修）『日本民俗誌大系　第一〇巻　未刊資料Ⅰ』）

牛鬼 ［うしおに］

大分県佐伯《さいき》市でいう怪物。

神山の牛鬼は頭が牛で、体が人間の姿をしている。牛鬼を見た人は熱を出して寝込む。釈間講の先達がお経を唱え、寝込んだ人の体を経本で叩くと良くなったという。

畑野浦シンナシガ尾の牛鬼は、顔は鬼で体は人間の姿をしている。ある夕暮れ時、尾根伝いにしきびの花を持った数人が急いで帰っていると牛鬼が現れた。皆恐ろしがって尻込みしていた中、長老が呪文を唱えた。すると牛鬼は体を一足かわし、その間に皆、飛んで帰ったという。（平木修一『入津湾の民俗』）

うどんが下る家 ［うどんがさがるいえ］

大分県国東《くにさき》市でいう祟り。

西国東のミハタの人が家を建ててもらったが、支払う代金がなかった。棟上げの晩、大工が「うどんを喰わせてくれ」と言うため、うどんを食べさせ、大工が寝ている間に殺し、床下に大工を埋めた。その後、この家ではうどんが下がるようになり、立ち腐れとなった。その家を誰が借りてもうどんが降って眠ることができない。その家の瓦を他の場所へ持っていっても家鳴りがするため寝られないという。（宮崎一枝（編）『昔話研究資料叢書　二　国東半島の昔話』）

姥が池 ［うばがいけ］

大分県大分市永興《りょうご》のヨクジ山の頂上にある池。

付近の農家は毎朝、老婆に戸を叩かれ、「早く起きよ起きて働け」「明日は雨」「明日も良い天気」と声をかけられる。しかし、その老婆の姿を見た者はいない。これは姥ヶ池の主が老婆に化けてやっているのだろうといわれている。（大分縣教育會（編）『大分縣郷土傳説及び民謡』、渡辺克己『大分今昔』）

乳母の火 ［うばのひ］

大分県大分市でいう光物、怪火の類。

鶴崎城の城主大友氏鑑《うじあき》は家督相続をめぐって大友宗家に反して討たれてしまう。落城の際、大友氏鑑の娘は乳母とともに城外へと逃げ、鶴崎川の岸辺に辿《たど》り着いた。しかし、もはやこれまでと覚悟を決め、姫は乳母に自分の胸を剣で突くように迫った。乳母は姫の遺体を葬ると、目印として楠《くすのき》を植えた。その後、乳母は九六位山の円通寺に行き、姫のために経を読んでもらうと、山中で自害した。姫が亡くなった地にはその後、姫之宮春日神社が建てられ、毎年九月、姫の命日に祭りを行うようになった。祭りの日には九六位山から火が飛んできて、目印の楠に留まる。これは乳母が死んでもなお、姫の霊を守り続けているのだろうと考え、人々は乳母の火と呼んでいるという。（日本児童文学者協会（編）『大分県の民話』、梅木秀徳・辺見じゅん『日本の伝

説　四九　大分の伝説』）郷土史蹟伝説研究会『増補　豊後伝説集全』には、祭りの日だけではなく、雨の降る日にも火が飛んでくるという話も載せている。

また、目印の楠であるが、ある商人がこの楠を船の帆柱にするために伐って売ろうと考え、大木伐採の儀式として、前日に一度鉈《なた》を打ち込んでおいた。すると翌朝には幹の天辺から四つに裂けてしまっており、帆柱にできなかったという。

ウブメ

大分県南海部郡《みなみあまべ》小野市村田代（現・佐伯《さいき》市《し》）でいう後をつけてくる音の怪。

夜道を歩いているとチッチッチッと鳴いてついて来るものがある。これをウブメというが、正体は不明である。（郷田洋文「東九州の行事伝承（三）」『西郊民俗』通巻八号）

似たものに津久見市の**フナザンさん**や、宮崎県の**チッチ**、**ミサキ**がある。

産女［うぶめ］

大分県国東市《くにさきし》、臼杵市《うすきし》、豊後大野市、竹田市、佐伯市《さいきし》でいう死亡した産婦の妖怪。

国東市国東町では、ウブメは雨の降る夕暮れ時によく現れるといい、ウブメの子を抱く時は向こう向きに抱かないと、ウブメを見て怖がった子から噛《か》み付かれるという。（大分県総務部総務課（編）『大分県史　民俗篇』）

臼杵市では産褥《さんじょく》にて死亡すると、胎児を分離し、別々に葬儀を行い、埋葬することになっており、胎児を出さずに葬るとその女はウブメになるという。夜な夜な墓から現れて乳をもらいに徘徊《はいかい》するとされる。野津町ではウグメとも呼び、風連鍾乳洞《しょうにゅうどう》の近くにかつてあった大きな淵《ふち》にウブメが出ていたという。生暖かい風が吹き、雨が降る夕暮れ時に特にウブメが出たといい、風連を通る際は必ず鎌を腰に携えて通れ、ウブメの子を抱く時は必ず向こう向きに抱け、でないと子が噛みつくとされた。ウブメは「草履《ぞうり》の鼻緒の切れるまで、子を抱いてくれ」と言って現れる。ウブメの子を受け取ったら、腰の鎌で草履の鼻緒を切り「草履の鼻緒が切れたぞ」と大声で叫ぶ。すると、風連の川下でジャブジャブとおしめを洗う音がしていたのが止み、ウブメが子を受け取りに来て、鍾乳洞の穴の中へと消えていく。淵に身持ち（妊婦）の若い女が投身自殺して以後、ウブメの伝説が生まれたという。（久多羅木東浦「妊娠出産育児に関する臼杵地方の民俗（下）」『臼杵史談』第三巻第一八号、神野専一（編）『野津町誌』、平山喜英（編著）『豊後野津のおとぎばなし』）

豊後大野市三重町では死んだ妊婦は身を二つに分けてやらないと成仏できないとされ、成仏できない子孕《こはら》み女が産女になるという。髪も着物もびしょ濡れの姿で十字路に出て、赤子を抱いてくれと頼む。しかし、赤子を絶対に受け取りに来ないとされ、夜が明けると赤子ではなく石を抱いていることに気づくという。一方、次のような話もある。おつるという女がおり、身持ちになってから夫と姑《しゅうとめ》に冷遇されて産み月に下の谷川の淵に身を投げた。おつるは産女になり、「ねんねこやー、ねんねこやー」と子守歌を歌いながら、淵の近所をうろつくようになった。宮相撲《みやずもう》では大関になれるほどの力持ちが正体を見届けようと淵に向かうと、産女が現れて「この子を抱いちおくれ」と赤子を抱かされた。その赤子は大変重く、大関はたじたじしてしまい、その拍子に草履の緒が切れてしまった。「草履が切れたあ」と言うと、産女が再び現れて、子どもの守りをしてくれたお礼をすると言う。大関は力を所望すると、産女は大関の口の中に臭い唾《つば》を吐き込み、姿を消した。夜が明けて、大関が顔を洗おうと手拭いを絞ると絞り切れてしまい、家に帰って縁に上がると縁板を踏み割ってしまった。大関は翌晩また淵に行くと「向こうの倍の力にしてくれ」と頼んだ。相手の倍の力が出るようになった大関は大阪相撲の大関にまでなった。その後、産女が出るその淵はおつる淵と呼ばれるようになったという。（大分県小学校教育研究会国語部会（編著）『読みがたり大分のむかし話』、三重町役場企画商工観光課（編）『大分県三重町誌総集編』）

大野郡大野町田中（現・豊後大野市大野町田中）の仲村長秋という人が一杯機嫌で大之原（代原？）を通ると、孩子《がいし》（幼い子）を抱えた女が「しばらくこの子を抱いていておくれ。ちょっと買い物をしてくる」と言う。不憫《ふびん》に思った長秋がその子を抱いて傍らの石に腰を下ろして待っていると、女が帰ってきて喜んで礼を述べ、孩子に飴《あめ》を与えた。そして、自分は産女であり、お礼に貴殿を能書家にして差し上げると言うと煙のように消えた。その後、長秋は一風変わった書風で一家をなしたという。（岡本香村『竹田奇聞』中）

佐伯市の堅田川右岸の石打の沖にマスガ池と呼ばれる沼池があり、夜にマスガ池を通ると産女に出遭うと恐れられたという。（佐伯市教育委員会・佐伯市高齢者教室（編）『佐伯の昔話』）

馬鬼［うまおに］

大分県黒岳（由布市・竹田市）に現れた怪物。鬼馬とも。

杉谷宗重『大友興廃記』には次のようにある。

天正（一五七三〜九二）の初め頃、朽網《くたみ》三河守鑑康《あきやす》の代のこと、黒岳の麓《ふもと》に八幡宮があり、毎年神馬を牽《ひ》いて祭礼を行っていた。その神馬は、広野に放しておいた馬を次の年の祭りの際に捕まえてきて神馬としていた。ある年のこと、放しておいた馬を捕まえるために探したが、見つからなかった。そこで別の馬を改めて神馬として牽き、野に放しておいて次の年に捕まえようとしたが、この馬も見つからなかった。これは前に放しておいた馬が新たに放した馬を食い殺したのではないかと噂《うわさ》になった。その後、黒岳の麓に草刈りに入った樵《きこり》が帰って来なくなった。辻斬りに遭ったのではないかともいわれたが、例の神馬が鬼となって人馬ともに食い殺したのではないかともいわれた。山を探してみると、多くの人馬の骨が見つかった。その後も往来の人々の声が聞こえると、馬が現れて危害を加えるという事件が度重なった。そこで三河守鑑康は大久保蔵人、上高因幡守《いなばのかみ》の二人に馬鬼退治を命じた。蔵人は長刀を携え、因幡守は弓を持って前岳の麓の今成峠の下にある日草ば屏風岩《びょうぶいわ》の所で馬鬼が現れるのを待った。すると、通常の馬よりも毛が長く伸びた蘆毛馬《あしげうま》が現れた。顔から襟、須彌《しゅみ》の髪（背に近い所のたてがみ）まで真っ赤に染まり、怒り嘶《いなな》き、歯嚙《はが》みして二人に襲いかかってきた。因幡守は矢を放ったが、馬の襟合いを通り抜けて当たらず、二の矢を放とうとする隙に馬鬼は蔵人に飛びかかった。蔵人は長刀の石付を屏風岩に突いて待ち構えていたため、襲いかかってきた馬鬼の胸に長刀が突き通り、耐えきれずに絶命した。死体をそのままにし、翌日来てみると、不思議にも馬鬼の死骸は見つからなかった。その後、馬の祟りか、蔵人の子孫には男子が産まれなくなった。そこで宮を建造して、馬鬼の宮とし、毎年お祭りすることを欠かさなかった。その年から、今成峠には、以前はなかった清水が湧き出したという。（垣本言雄『大分県郷土史料集成』上巻）

馬鬼については中島魯直『両豊記』や北村清士（編）『救民発敗記』にも書かれているが、『大友興廃記』とは細部が異なっている。

直入《なおいり》郡久住町都野（現・竹田市久住町）の嵯峨《さが》明神では毎年一〇月一五日に神保会《じんぼえ》が行われており、大友家から代々神馬を献じ、朽網氏から寄進する習わしであった。『大友興廃記』の記述にもあるとおり、祭りが終わった一六日に黒岳の麓に神馬を放って野馬とし、次の年に狩り出すが、ある年に放った神馬が見つからず、その後数年にわたって祭礼のたびに放った馬がいなくなり、黒岳や阿蘇野の辺りを通る人が何ものかに襲われるようになった。初めに姿を隠した神馬が馬鬼となって馬や人を襲うようになったのだと、人々は噂した。噂を聞いた大友義鑑は馬鬼を退治するために家来の大久保蔵人、城香因幡守の二人を黒岳へと派遣した。蔵人は大弓に八寸（約二四センチ）の雁股《かりまた》を、因幡守は大長刀を携え、夜には黒岳麓の今水越え火草場という所に辿《たど》り着いた。二人は二手に分かれて、各自大岩を盾にして、馬鬼を呼び寄せるために謡曲を大声で吟じはじめた。しばらくすると、山上から真っ黒な怪物が飛んできたため、蔵人は矢を放ったが、怪物の急所を外してしまった。しかし、馬鬼は勢い余って蔵人を飛び越し、岩の反対側にいた因幡守の大長刀の上に落ちたことで腹を貫かれ、蔵人の二の矢を受けて退治された。夜が明けてから姿を確認すると、普通の馬を二頭合わせたほどの大きさで、目は燐光《りんこう》のような光を放ち、口は耳まで裂け、たてがみの長さは二メートルほど。頭上には二本の角が生えていた。二人は朽網親光に馬鬼を退治した旨を申し上げて、朽網家より府内へと馬鬼の死体を送り届けた。ところが、馬鬼の祟りか次第に二人の子孫が減っていったため、塔力原に社《やしろ》を建てて、馬鬼祭りを行った。今水越えの辺りはもともと水の出ない土地であったが、馬鬼が棲みついてからは水が湧くようになったため、地名を今水と呼び、二人が盾にした大岩を立石と呼ぶようになったという。（朝日新聞社（編）「新豊州夜話　三九」）

　郷土史蹟伝説研究会『増補　豊後伝説集全』にも同様の話が収録されているが、神馬が最初にいなくなったのは、大友政親の時であるといい、馬鬼の鼻の内側は朱のように赤かったと伝えている。

　大分合同新聞社・梅木秀徳『大分の伝説』下巻、小野喜美夫『飯田の民話と伝説』、久住町誌編集委員会（編）『久住町誌』では神馬に対してか、名前が鬼馬となっている。『大分の伝説』下巻および『飯田の民話と伝説』はほぼ同様の内容が記されている。天正二年（一五七四）に放した神馬が鬼馬となっており、これを朽網氏の家臣で、弓に長じた城香因幡守、長刀の名手である大久保蔵人が退治する。二人が岩の上に立って謡曲を謡っていると、鬼馬が突然現れて走ってくる。因幡守は矢を射るも、鬼馬はひるまず、蔵人は鬼馬を避けると一刀のもとに斬り倒した。仕留めた鬼馬の首を斬り落として城中へと持ち帰り、胴体は大石の側に埋めたところ、石の下から水が湧き、この湧き水を今水と呼んでいるという。また、『飯田の民話と伝説』では、鬼馬は火のついた木を投げつけると近寄らないため、黒岳の麓に行く人は火のついた木を用意していたと記している。

『久住町誌』では次のような話となっている。

　嵯峨大明神の秋の祭礼が終わるのは一〇月一八日。天正三年（一五七五）八月一日に鬼馬退治のため、今水ヶ原まで家臣たちは登り、大声で謡曲高砂《たかさご》を謡った。現れた鬼馬の白い毛は足に巻き付いており、目は大きく日月のようであった。城香因幡守が弓をかけ、大窪蔵人助（他と表記が異なる）が鬼馬の脚を一本斬り落とした。そこへ他の武士たちが集まって鬼馬を仕留め、斬り取った鬼馬の首を朽網宗暦に献上。首は御隠居館の近くに深々と埋葬したという。（『久住町誌』）

馬の首［うまのくび］

大分県宇佐市、中津市、国東市《くにさきし》、玖珠《くす》郡玖珠町、由布市、別府市、大分市、臼杵市《うすきし》、豊後大野市、竹田市、佐伯市《さいきし》でいう生物の部位が下がる怪。

　宇佐郡封戸村道上（現・宇佐市）にケンギュウの坂と呼ばれる坂がある。ここは馬《うま》剝場《はぎば》として、病死した馬や傷付き使いものにならなくなった馬を運んで皮を剝いでいたという。この馬剝場から少し北のほうに櫨《くす》の木が一本あり、この木に馬の首が下がるといわれている。（大分縣教育會（編）『大分縣郷土傳說及び民謠』）

　下毛郡三光村（現・中津市）小地区内で

牛馬が死んだ時は、地区の人が集まり、牛馬の死体を山野に埋葬していた。夕方になると、埋葬した付近に馬の首が下がるという。（三光村誌刊行委員会（編）『三光村誌』）

東国東郡武蔵町古市（現・国東市武蔵町古市）の競馬塚でも馬ん首が下がるという。昔、競馬塚の辺りで馬の皮を剥いでいたとされる。（田城擴『ふるさとに残る「武蔵の昔話」』第二集）

東国東郡国見町（現・国東市）にある新涯トンネルでは馬の首が追いかけてくるといわれている。昔、新涯トンネルに馬の生首が下げられたことがあったのだという。（「おおいた珍遺産」『月刊シティ情報おおいた』二九六号）

玖珠郡の神宮八幡に上る途中に古後井路《こごいじ》があり、ここを渡ると樹と竹が生い茂って道を覆い、暗くなっている所がある。夜にここを通ると馬の首が宙に浮いているという。（田坂保「玖珠の古語り」『玖珠郡史談』第二七号）

大分郡挾間町（現・由布市）および別府市では人通りの少ない橋や、藪《やぶ》が道を覆っているような寂しい所に馬の首が下がる、馬の首が出るとされる。（別府市（編）『別府市誌』、挾間町誌編集委員会（編）『挾間町誌』）毎夜、鉄輪《かんなわ》の湯の原から石垣村（現・別府市）八幡の一の鳥居に白馬の首が現れ、通行人をおびやかした。そこで両村の人々が祠《ほこら》を建てて祀《まつ》ったところ、白馬の首が現れることはなくなったという。（郷土史蹟伝説研究会『増補　豊後伝説集　全』）

大分市では次のように伝えられている。牧地域の大迫のとある場所では馬の首が下がる。（佐藤芳雄（編）『牧のあゆみ』）夜、横瀬小学校西の明治水路の下口を、家畜を酷使する人が通ると、馬の首が下がる。（牧野桂一（編著）『稙田のむかしばなし』）夜な夜な佛崎の辺りに馬の首が現れて、通行人を悩ませた。そこである篤志家が佛崎の崖《がけ》に南無阿弥陀仏と日月の徽章《きしょう》とを彫ったところ、馬の首が出なくなったという。（『増補　豊後伝説集　全』）

昔、王子ヶ城主と筒井ヶ城主との間で戦争が行われ、大野郡野津町（現・臼杵市野津町）の土橋、入道原で戦闘があった。その際に殪《たお》れた軍馬の首が夜になると飛ぶという。（神野専一『野津町誌』）

大友と島津が戸次《へつぎ》河原で戦った頃のこと。臼杵市街の西南、二王座と原山と田町口に跨《また》がる丁字型の掘割道である切り通しに片山勝之進（「臼杵町誌」曰く仮名）という藩士の屋敷があった。勝之進は初雪という全身雪白の名馬を飼っており、戸次河原の戦いでも、大友勢として初雪に跨がって出陣した。奮戦したものの、八方から矢を受けて深手を負い、勝之進は落馬してしまった。勝之進は遺書をしたためると、愛馬初雪の首飾りの下に秘め、臼杵へ帰って奥方に文を渡して欲しいと頼んで息絶えた。雨のそぼ降る夜に初雪は片山家に辿《たど》り着いたものの、夫の戦死を察した奥方に、主人を捨てて帰った不忠者と叱りつけられ、奥方に命じられた下僕によって首を刎《は》ねられてしまう。その際、切れた首飾りの下から血染めの遺書が現れ、奥方はその文を読むと、初めて初雪の忠義を知り、自身の浅はかな行いを悔いて、初雪の死骸を懇《ねんご》ろに葬った。しかし、次の晩から門の脇に白馬の首が現れるようになり、恨めし気に嘶《いなな》く声を屋敷の人々が耳にするようになった。毎夜続くため、僧侶を招いて施餓鬼《せがき》を営み、社《やしろ》を建てたことで、馬の首は出なくなったと伝えられている。伝説では馬の首は出なくなったというが、旧藩時代から明治にかけて、雨のそぼ降る夜にどこからともなく変な音がし、小笹《こざさ》の間から白い馬の首がニョッと出るという噂《うわさ》があった。また、大正（一九一二〜二六）の頃でも切り通しには馬の首が出るといわれていたという。（酒井富三「臼杵町誌（四九）」『豊州新報』、臼杵市史編さん室（編）『臼杵市史』下）

大野郡朝地町（現・豊後大野市）の普光寺に行くまでに札の辻という道があり、一石一字塔の案内木が立っている。この案内木を過ぎた右手に一本堂という小高い丘があり、国東塔に似た塔があった。この一本塔までの道を火の玉を連れた馬の生首が通っていたといわれている。この馬の首を鎮めるために早尾原一石一字幢《どう》を建てたという。（朝地史談会（編）『あさじ昔ばなし』）

四つ割りから三重町（現・豊後大野市）川辺の途中に気味の悪い所があり、ここにも馬の首が出るという。（三重町役場企画商工観光課（編）『大分県三重町誌　総集編』）

昔、竹田市松本地区を流れる玉来《たまらい》川の岸辺に高さ約三〇間（約五四メートル）の垂直に切り立つ崖《がけ》があった。そこの大岩には「大」の字が彫ってあり、往還の端から見上げて「大」の字を三つ見つけると、大岩の頂上から馬の生首が降ってくるといわれていた。この大岩は、国道拡張工事により、今はない。（竹田市誌編集委員会（編）『竹田市誌』第二巻）

慶長五年（一六〇〇）一〇月三、四日、佐賀関の戦いで陣頭指揮を執っていた中川家の家老、中川平右衛門は激戦により戦死に臨み、遺書を愛馬の鞍壺《くらつぼ》に結び付け、一《ひと》鞭《むち》当てて、岡藩（竹田市）の自宅へと帰らせた。愛馬は主の家の門前に帰りつき嘶いた。主人の愛馬に気が付いた奥方であったが、主人を捨てて帰った不忠の畜生と、長押《なげし》の薙刀《なぎなた》で馬の平頸《ひらくび》を刎ねた。その怨念か、門前や人の背中に馬の首が下がるといい、祟りにより、家老の家には往々にして物言えぬ子が産まれるという。（岡本香村『竹田奇聞』上、竹田市史刊行会（編）『竹田市史』下巻、竹田・直入小中学校 図工・美術教育研究会（編）『竹田直入の民話』）

南海部《みなみあまべ》郡宇目町（現・佐伯市）塩見の黒岩峠に大きな松の木が一本生えており、この松の枝に白馬の首が下がっては、峠を通る村人を怖がらせた。村人たちは協議の末、松の木の辺りに地蔵を建立し、馬の霊を弔ったという。（宇目町誌編纂委員会（編）『宇目町誌』）

ウマンクビ

大分県国東市《くにさきし》武蔵町でいう光物、怪火および子ども脅しの類。

キツネ火の一種とされ、火の玉の形が馬

の首に似ているため、ウマンクビと呼ばれているという。

挾間地区では夜に赤子谷を通ると、ウマンクビが下がるため行かないようにと言い、糸原地区では夜になると藪《やぶ》からウマンクビが出るため早く帰ったほうが良いと言っていたという。（武蔵大学人文学部日本民俗史演習『大分県国東半島武蔵町の民俗』）

海じじい［うみじじい］

大分県佐伯市《さいきし》の昔話に登場する海の怪。

ある夜、栄螺《さざえ》取りのうまい漁師が小山ほどの量の栄螺を捕まえた。空腹の漁師は近くの小島に船を繋《つな》ぎ、島に上がって栄螺を焼きはじめた。いい具合に焼けた頃、食べようと栄螺を一個摑《つか》むと中身がない。他の焼けた栄螺を見てもすべて空っぽであった。辺りを見渡しても誰もいない。

そこで漁師は見えない者の正体がわかる方法を思い出し、船の綱を通す鉄輪《かなわ》から怖いものが居そうな場所を覗いてみた。そこには白髭《しらひげ》を生やし、痩《や》せこけた体をした海じじいが栄螺を食べている様子が見えた。

漁師は船の上の大量の栄螺を海に捨て、船を軽くすると急いで海じじいのいる小島から逃げ出した。すると、後ろのほうから「もうちっと、栄螺を食わせえ」という海じじいの声が聞こえた。（大分県小学校教育研究会国語部会（編著）『読みがたり大分のむかし話』）

似たような話は大分県内では佐伯市の他に国東市《くにさきし》に伝わる。登場する妖怪は海じじいの他に**一つ目小僧**や**海坊主**、大坊主といったものが漁師の獲物を横取りしている。県外にも類話があり、佐賀県の**ダキの化け物**、新潟県の長井戸の怪がよく似ている。

海火［うみび］

大分県佐伯市《さいきし》西野浦でいう海上の光物。

龍宮様が、安全に早く船が到着できるように、灯すものだという。

大変な大きさの火の玉が右舵《みぎかじ》の先に現れ、消え去る際はバリバリと激しい音がするという。（平木修一『入津湾の民俗』）

海坊主［うみぼうず］

大分県臼杵市《うすきし》、佐伯市《さいきし》、国東市《くにさきし》でいう海の怪。

夜、臼杵市下ノ江の海に海坊主が出るという。（臼杵妖怪共存地区管理委員会・臼杵ミワリークラブ（編）『亀城下異談』）

佐伯市入津《にゅうづ》湾一帯に海坊主の話がいくつかある。海坊主が舟に乗ると、その場所だけ沈む。海坊主が現れても、夜が明ければ海坊主が逃げるとされ、また船霊様《ふなだまさま》を嫌うため、船霊様がある場所から奥へは入ってこないとされる。畑野浦では**一つ目五郎**とも呼んでいる。

ある漁師が綺麗な娘に頼まれて、漁をさせることを条件に便を出した。娘が乗った場所が沈んだため海坊主だと思った漁師は、目的地まで急ぐと、舟から娘を降ろした。娘が降りると、舟が浮上したので、海坊主が化けているのだと確信し、漁もせずに帰ろうとしたところ、洲ノ本の沖に大量のシマアジが集まっていた。海坊主が先ほどの約束を守ってくれたのだと感謝し、その晩はシマアジで大漁であったという話がある。

　また、海坊主とは呼ばれていないが、坊主ヶ窪《くぼ》や老の窪で栄螺《さざえ》を焼いていたところ、大きな坊主（あるいは大男）が現れ、焼いていた栄螺を横取りされたという話もある。（平木修一『入津湾の民俗』）

　黒津崎（国東市）の沖は妖《あや》しの海といって魔所とされ、一の暮れ時分（夕暮れ時）には幽霊舟や海坊主が出るという。オデエモン（恐ろしいもの。国東市の方言で、恐ろしいを「おでえ」という）から命からがら浜へと逃げた漁師の親子が腹ごしらえをしようと、魚を焼いていると、磯の大岩の向こう側の海に潜んでいる海坊主に焼いていた魚を横取りされた。魚がなくなれば次は自分たちが食べられてしまうと思い、焼いた魚をなるべく遠くへとあちこちに放り投げた。海坊主の手が魚を拾っているうちに、親子二人は舟に飛び乗り、その場から磯伝いに逃げた。すると「あの人間の親子、久しぶりのゴッソーじゃったにぃ、逃げられちしもうたわい。まったく惜しいこつしたわい」という大声が聞こえてきたという。（隈井良幸『大分の消えゆく民話』）

　東国東郡武蔵町（現・国東市）古市でも似た話がある。

　昔、うたせ船に乗る船頭がおり、どんな嵐の日でも漁に出ていた。ある日、空模様が良くなかったが、その船頭は漁を決行し、途中時化《しけ》により波が高くなったため、陸へと避難した。船頭と船員が火を焚き、魚を焼いていると、後ろの山から音もなく大きな手が出てきて、焼いている魚を摑《つか》んでは食べていった。焼く魚がなくなってきたため、船頭は一番若い船員に船から魚を持ってこさせた後、甲板の中に隠れるように指示した。残りの船員は魚を焼いている間に荷造りをして船に積み込んだ。舵《かじ》を洗って出航の準備を整え、船頭が船に乗り込むと、帆をまくり、碇《いかり》を引き上げて、急ぎ海へと走り出た。すると陸から「うーん、残念なことしたのぉー」という山がひっくり返るような声が響いてきた。その後、海の時化た時には漁に出なくなったという。（田城擴『ふるさとに残る「武蔵の昔話」』第一集）

　東国東郡国東町（現・国東市）富来浦《とみくうら》では、松原の沖の尼が瀬で舟の中で寝ると海坊主に襲われる。舟の中央部の船霊様を祀《まつ》った所にいると、海坊主は出現しない。海坊主に柄杓《ひしゃく》をくれと言われたら、淦《あか》（船底に溜まる水）を汲《く》み込まれないために柄杓の底を抜いて与えると良い。築港の内に出る海坊主は女で、外海に出る海坊主は男であるという。（大分県総務部総務課（編）『大分県史　民俗篇』）

　上記のほか、地域は不明であるが次のような話もある。櫓《ろ》に海坊主が摑《つか》まっていたため、ミザオで叩いたところ、海坊主が消えた。夜釣りをしていたところ、舳《みよし》に大きな海坊主が立った。「やい糞《くそ》坊主、なにしに来た」と言って海坊主に摑みかかり、取っ組み合っていると、夜が明けて海坊主は消えた。時化模様の夜の海岸で、濡れそぼった真っ黒な海坊主に出遭うと、遭難船があったり、人が死んだりするといわれている。（大分県民具研究会（編）『大分の民俗』）

豌豆亀 ［えんどがめ］

大分県杵築市《きつきし》でいう虫の怪。

国東に住む若者「亀吉」が殺人の濡れ衣を着せられた。役人に無実を訴えても取り合ってもらえず、脱獄するも畑の豌豆の蔓《つる》で転び、役人に捕まって打ち首にされた。その後、亀吉の怨みがこもっているのか、この地の豌豆に必ず黒い虫がつくようになり、この虫を豌豆亀と呼んでいる。（朝日新聞（編）「大分むかしむかし　えんど亀」、朝日新聞社（編）「新豊州夜話　三〇」）

お犬様 ［おいぬさま］

大分県津久見市でいう、ユキアイ（コラム参照）系の憑《つ》き物。

室内で突然体に震えが来ると「お犬様が憑いた」という。憑いたら五時間くらい題目をあげてもらい、憑き物を落としてもらう。無垢島《むくしま》に憑いた人が多かったという。

筆者聞き取り。

大鮑 ［おおあわび］

大分県臼杵市《うすきし》で目撃された巨大なアワビ。

直径六〜七尺（約一・八〜二・一メートル）ほどあり、側面は時折光っていたという。（臼杵妖怪共存地区管理委員会・臼杵ミワリークラブ（編）『亀城下異談』）

大イカ ［おおいか］

大分県中津市八面山《やちめんざん》の池の主。

八面山頂上近くに大きな池がある。この池の主は大烏賊《おおいか》だとされており、なにか世の中に異変が近づくとこの烏賊が墨を吐き、池の水が黒く濁るという。（森春樹『蓬生談』中巻）

大ウナギ ［おおうなぎ］

大分県杵築市《きつきし》、津久見市、佐伯市《さいきし》、日田市の伝説に登場するウナギ。

西国東郡《にしくにさき》大田村（現・杵築市）の尾迫《おさこ》の渕《ふち》には四貫（約一五キロ）もあろうという大ウナギが棲んでおり、他にも五〇〇匁《もんめ》（約一・九キロ）、一貫（約三・八キロ）はある眷族《けんぞく》がざらにいるとされる。ある日、村の釣り名人である権平が、大ウナギが本当に居るのか確かめるために、鰻針を三本組み合わせて釣りを始めた。しばらくして、大きな耳がついている、一貫目もあろうという大ウナギを釣り上げ、村へと持ち帰った。集まった人々は「これは大したウナギだ」と言うものの、誰一人として、このウナギを食べようとは言わなかった。そこへ近所に住んでいた身分の低い者がこのウナギをもらい、その夜に料理して食べたところ、翌朝、岩間の小屋の中でその者は死んでいたという。（酒井富蔵『大田村誌』）

北海部《きたあまべ》郡青江町長野（現・津久見市）にある石灰洞の最も大きいものを男龍淵、女龍淵という。ある夫婦がこの淵の側へ畑仕事に行った際、淵の近くに生えていた柿の実を取ろうと夫が木に登った。一つ取って妻に渡し、もう一つ取ろうとした拍子に枝が折れて夫は淵に落ちた。妻は夫を助けようとしたが助けられず、夫の後を追って淵に投身した。その後、この淵で大鰻が目撃されるようになり、村人は淵に落ちた夫婦が鰻に姿を変えたのだと恐れた。この淵で大鰻を捕まえると地震、大洪水、暴風雨、飢饉《ききん》といった災いがもたらされ、捕まえた者は早死にするか、事業に失敗するか、体が不自由になるといって人々は鰻を捕まえることを禁じ、汚物を流さないようにしている。津久見市では男龍淵、女龍淵のほか、和龍淵、牛淵、濁淵、竹山淵などにも主である大鰻がいると伝えられ、これらの大鰻は龍であるという。何とかして大鰻を釣ろうとした長者がいたが、その家は潰《つぶ》れてしまったという。時が経つにつれて言い伝えが薄れたためか、明治一〇年（一八七七）に大鰻が捕獲され、昭和四年（一九二九）一〇月一日には全長三尺八寸（約一・一メートル）、胴周り九寸三分（約二八センチ）、重量一貫五〇〇匁《もんめ》（約五・六キロ）の大鰻が捕らえられている。（大分縣教育會（編）『大分縣郷土傳説及び民謠』、津久見市（編）『津久見市誌』、筆者聞き取り）

慶長（一五九六〜一六一五）の頃、南海部《みなみあまべ》郡上浦町（現・佐伯市）浅海井浦《あざむいうら》に六兵衛という篤農家がおり、暁嵐《ぎょうらん》の滝から水を引いて、水車を回していた。ある日、水車が止まったため、井路《いじ》伝いに取水口へ行ってみると、滝壺《たきつぼ》で大ウナギと**大ガニ**が格闘し、水が溢《あふ》れていた。大ウナギは二〇メートルある担い棒ほどの大きさで、大ガニの甲は箕《み》ぐらいの大きさがあった。二匹は滝の主であり、その地位を巡って争っていたが、腕を返す代わりに主退治を六兵衛から頼まれた河童たちによって捕らえられてしまい、村人の前に差し出されてしまっている。（大分合同新聞社・梅木秀徳『大分の伝説』下巻、上浦町誌編さん委員会（編）『上浦町誌』）

日田郡上野村（現・日田市）の大牟瀬に長さ二間（約三・六メートル）ばかりもあると伝えられる河の主がいる。夏の夜には、村人が瀬に入って素手で鮎《あゆ》を獲るが、河の主に出遭った時は、獲物が獲れないという。この河の主であるが、森仁里『日田郡志』上巻では「大鱣」と表記し、『大分縣郷土傳説及び民謠』では【日田郡志より】と記載しているものの、表記は「大鰻」となっている。（『大分縣郷土傳説及び民謠』、垣本言雄『大分県郷土史料集成（地誌篇）』）

鱣とはチョウザメもしくはタウナギのこと。チョウザメは北日本に分布し、タウナギは日本各地の水田や池沼に棲むことを鑑みるに、『日田郡志』の「大鱣」はオオタウナギの意か。（沖山宗雄（監修・指導）『新ポケット版　学研の図鑑　九　魚』）

大ガニ［おおがに］

大分県佐伯市《さいきし》でいう大きなカニ。ミイ（箕《み》）ほどの甲を持つカニ。**大ウナギ**と争っては水を溢《あふ》れさせ水車を止めていた。

抜き取られた腕を人間に人質として取られたカッパとその仲間たちにより大ガニと大ウナギは退治された。（上浦町誌編さん委員会（編）『上浦町誌』）

エビネ谷の鼻グリ岩の滝の下の淵《ふち》の主。石と勘違いしてウナギ籠を置いてしまうほどの大きさのカニ。（佐伯市教育委員会・佐伯市高齢者教室（編）『佐伯の昔話』）

大亀［おおがめ］

大分県中津市、日田市、杵築市《きつきし》、大分市、由布市、竹田市、豊後大野市の伝説に登場するカメ。

下毛郡（現・中津市）の机の淵《ふち》では人が何ものかに取られることが多かった。これは淵に大きな亀が棲んでいて、人を取るのだろうと噂《うわさ》になったが、噂の亀を見た人も知っている人もいなかった。噂を聞いたある猟師が、人を取るような亀がいるならば撃ち取ってみたいと思い、霜が積もっている朝に、机の淵へと向かった。関には大小さまざまな石はあるが、亀らしき姿は見えない。しばらくの間、心を鎮め、淵の上を眺めていると、霜が積もっていない石があることに気が付いた。よく見るとそれは亀であり、狙いたがわず撃ったが、亀は水煙を立てて水底深く潜り、山川を鳴り動かして、遥《はる》か遠くの中津の沖へと出ていってしまったという。（大分縣教育會（編）『大分縣郷土傳説及び民謡』）

日田市三芳小渕町《みよしこぶちまち》には次のような話がある。

大山川と玖珠川《くすがわ》の二つの奔流が合流して三隈川《みくまがわ》となり、合流地点の深渕を小渕と呼んでいる。この小渕には魔物が棲んでいるとされ、ここで水浴びをする者は滅多にいなかった。昔、横道者の佐吾七という者がいた。噂などお構いなく、ある夏の日に、佐吾七一人で小渕へと入り、水浴びをしていた。小渕から高瀬村のほうへと泳いでいると、行く手から馬の首のような怪物が佐吾七のほうに向かって迫りつつあった。陸上ならともかく、渕の真ん中で得体の知れない怪物と格闘しても勝ち目はないと考えた佐吾七はすぐに元の岸辺へと引き返すことにした。死に物狂いで川原に躍り上がった佐吾七は脱ぎ捨ててあった白の麻襦袢《あさじゅばん》を掴《つか》むと、大口を開けて迫る怪物へと投げつけた。投げつけられた麻襦袢を咥《くわ》えた怪物はそのまま渕の水底へと潜っていった。その怪物は幾百年も経た大亀であり、小渕の主であるとされる。その甲羅は三畳敷もあり、蓑《みの》のように苔《こけ》が付いているという。（NTT日田電報電話局編集委員会（編）『豊後日田の昔ばなし』、日田市立博物館（編）『日田文化』第三三号、森仁里『日田郡志』上巻には、小渕にいるのは馬の頭ほどの大きさの鼈《すっぽん》であると記されている。（垣本言雄『大分県郷土史料集成（地誌篇）』）また、日田郡大山町（現・日田市）にはさらに大きな亀の伝説がある。瀬古地区に亀山と呼ばれている小高い丘があり、大昔、大山川に棲んでいた亀が陸に上がって座り込み、亀山になったと伝えられている。（大山町誌編さん委員会（編）『大山町誌』）

　江戸時代の頃、木付《きつき》公の家臣に、生地玄蕃という大力の武士がいた。八坂川（杵築市）の丸山の淵に玄蕃が潜っていると、一メートル以上もある大亀が襲いかかってきた。玄蕃は格闘の末にこの大亀を殺し、甲羅を剥《は》いで朱で自らの名を彫り込むと川へと流した。数日後、臼杵の穂門浦に流れ着いた甲羅を拾った人がおり、盥《たらい》の代わりとして使用したという。（朝日新聞社（編）『新豊州夜話　一二六』）

　帆足万里『肄業《いぎょう》余稿』には、佐賀関（大分市）に巨大なウミガメが現れ、鯨《くじら》も逃げられないほど凶暴であったという話が載っている。（臼杵妖怪共存地区管理委員会・臼杵ミワリークラブ（編）『亀城下異談』）

　毎年七月一七日に殿上ヶ淵から大きな亀が必ず現れ、大分郡阿南村小野屋（現・由布市）の人々を苦しめた。この亀は、普段は天の川に棲んでおり、夏になると下界へ下りてきて暴れ回ると考えられていた。毎年、大亀が村人を苦しめるため、村では犠牲者を一人決め、亀に与えることにした。そうしたところ、亀は淵まで出てきて人を取るものの、村までは来なくなった。こうして犠牲者を亀に与え続けていたが、犠牲者を出すことも可哀想だということになり、淵の上にある崖《がけ》の平地になっている場所に観音様を祀《まつ》ったところ、亀が現れることはなくなった。大いに喜んだ村人は七月一七日を観音様の祭日とし、これまでの多くの犠牲者のために、殿上ヶ淵で藁舟《わらぶね》に火を灯し、お供え物にして流すようになったという。（郷土史蹟伝説研究会『増補　豊後伝説集　全』）

　竹田市豊岡地区の山王渕には古来、大亀が棲んでいるとされ、毎年、近隣の子どもの多くがこの渕の主によって水死していた。中川時代（一五九四～一八七一）の頃、飛田川村に飯倉彦五郎という潜水に長《た》けた男がいた。時の藩主が彦五郎に山王渕の主を捕獲するように命じると、彦五郎は麻紐《あさひも》の先に太い金の鉤《かぎ》を付け、山王渕へと潜った。二刻（約一時間）経った頃、急に渕の水が血汐《ちしお》に染まり、紐の合図があったため、すぐに引き上げてみると、鉤を打ち刺された大亀が現れた。亀の甲の大きさは小豆八斗が入るほどであり、藩主はこの甲を永く城中に保存したという。一説には、彦五郎が渕に潜ってみると、岩石の間に大きな洞窟があり、探るために中へ入っていくと、何者かが洞窟の入り口を塞《ふさ》いだ。怪物の仕《し》業《わざ》だと思った彦五郎が短刀で突き刺したところ、それが大亀であったという。（竹田市誌編集委員会（編）『竹田市誌』第二巻）

　大野郡犬飼町田原（現・豊後大野市犬飼町田原）に小野彦太という力持ちがいた。ある大雨の日に鎌形淵を泳いでいると、何者かが彦太の腹を下からつついた。よく見るとそれは大亀であったため、彦太は大亀を捕らえて持ち帰り、その甲を便所の屋根にしたという。（犬飼町誌刊行会（編）『犬飼町誌』）

大野郡千歳村（現・豊後大野市）の真菰《まこも》ん淵には大亀が棲んでいるといわれている。亀の甲羅は直径一メートルほどあり、その背中には柳の木が生えているという。（千歳村アカデミアの会（編）『わしどうん村ん昔ばなし　千歳村の伝説・民話・地名民俗等』）また、千歳村の大迫には「かめんくう（亀の甲）」と呼ばれる亀の形をした石がある。昔、緒方の荒平の池から井田郷へと向かって、大きな亀が這《は》ってきた。長谷の高津原、畑ヶ川の間を通り過ぎ、高津台で一休みし、長峰の辺りまで来た時、神宿にあるタツガハナの岩陰から龍が現れた。亀は龍の魔力と毒気に当てられて動けなくなったが、泥を被って身を守ることにした。しかし、亀はその場所から動けないまま、石になってしまったという。（千歳村アカデミアの会（編）『第二集　わしどうん村ん昔ばなし　千歳村の伝説・民話・地名民俗等』）

大鯛［おおだい］

大分県臼杵市《うすきし》、佐伯市《さいきし》でいう巨大なタイ。臼杵市の大鯛は地名由来譚《たん》に登場し、武田一郎『下の江の伝統と歴史・郷土の香り』に紹介されている。

昔、臼杵市の田井盆地の辺りは入江であった。この入江にすばらしく大きな鯛が入り込んで、田井の丘に跳ね上がった。鯛の耳は耳ダレに垂れ下がり、尾の中ほどが中尾に及んでいた。村人は鯛の頭をおけし山の龍神に供え、尾を平尾山に埋め、胴体は田井の福の神にお供えした。田井地域の各名称は右のような由来により付けられたものだという。（臼杵妖怪共存地区管理委員会・臼杵ミワリークラブ（編）『亀城下異談』）

佐伯市の大鯛は地震についての俗信の一つに登場し、平木修一『入津湾《にゅうず》の民俗』に報告されている。

入津湾一帯では、地震が起きた際に「トウ、トウ、トウ……」と唱える。これは「戸を開けよ」という意味の他に、地面の下にいるとされるトウという人を眠りから起こすための言葉であるともいう。地面の下には大きな鯛がおり、この鯛が暴れると地上で地震が発生するとされる。この鯛が暴れないようにトウは鯛に跨《また》がって見張っているのだが、ときどき居眠りをすることがある。大鯛はトウが眠りこけている隙に暴れて地震を起こすため、「トウ、トウ、トウ……」と呼んで、トウを目覚めさせる。起きたトウが大鯛を大人しくさせることで地震が鎮まるのだという。

大ダコ［おおだこ］

大分県中津市、国東市《くにさきし》、豊後高田市、別府市、臼杵市《うすきし》、佐伯市《さいきし》の伝説に登場するタコ。

箭山《ややま》権現（中津市）からショウケの鼻のほうへ少し行くと池があり、大蛸《おおだこ》が棲んでいるとされる。この大蛸が墨を吐くため、池の水が青黒くなっているという。（三光村誌刊行委員会（編）『三光村誌』）

東国東郡国東町（現・国東市）綱井の海岸にうば石と呼ばれる石がある。昔、立派な家に住む岩君の乳母が海岸へ行き、石の上に腰を下ろして海を眺めていた。気が付くと、大きな石の下から大きな蛸坊主の足が三本出ていた。乳母は蛸を捕まえようと思い、その足を力いっぱい引っ張ったが、石の下から出てくるどころか、反対に乳母に吸いついてきた。そこで乳母は持っていた短刀で蛸の足を一本切り落としたが、怒った蛸は残った七本の足を乳母の体に巻き付け、力いっぱい締め付けたため、乳母を取り殺してしまった。その後、乳母が座っていた石をうば石と呼ぶようになったという。

国東町来浦《くのうら》には太郎が石という石がある。昔、太郎という人がおり、干潮の際にはいつも海へと行っていた。ある日、太郎が海岸へ行くと大きな石の下に大きな蛸がいるのを見つけた。太郎は蛸の足を一本だけ切り取ると、それを持って帰った。翌日も太郎は海へと出かけたが、三日経っても太郎が帰ってこないため、村の人たちが海岸に太郎を探してみると、海岸の大きな石の下敷きになって太郎が死んでいるのが見つかった。蛸の足をすべて切り取ろうとして、蛸が怒り、大石の下へと引っ張り込まれたのだろうという。（国東町史刊行会（編）『国東町史』）

竹田津港（国東市）の湾の入り口にも太郎石という大きな石がある。昔、浜辺に漁師の太郎と爺《じい》さんが暮らしていた。ある日、太郎は漁に出たが、いっこうに魚が獲れず、近づいてはいけないと爺さんに言われていた、湾の入り口の大石の側で魚を釣ることにした。日頃の何倍もの魚が獲れ、日が傾いてきたので帰ろうとしたところ、船縁に大きな蛸がくっつき、釣ったばかりの鯛を長い足で引き寄せて取ろうとしていた。太郎はとっさに出刃包丁で蛸の足を一本切り落とすと、大蛸は海中深くへと沈んでいった。太郎は連日、大石の側で魚を獲り続け、また大蛸の足も一本ずつ切り取って帰ってきた。八日目の朝、海は荒れていたものの、太郎は構わず漁へと出かけた。しかし、太郎が帰ってくることはなかったという。（大分県小学校教育研究会国語部会（編著）『大分の伝説』）

西国東郡香々地町《かがちちょう》（現・豊後高田市）長崎鼻にも太郎岩と呼ばれる大きな岩がある。昔、見目《みめ》村山口に太郎という若者がおり、母親が病気で臥《ふ》せっていた。母に精のつく物を食べさせてやりたいと常日頃思っていた太郎は長崎鼻に行くと、大きな蛸がいることに気が付いた。太郎は何とかしてこの大蛸を手に入れようと海へと入ったところ、大蛸は猛然と太郎に襲いかかってきた。必死に大蛸と闘いながら太郎は「母のためだ。許してくれ」と叫んだ。すると、大蛸は急に大人しくなり、太郎は蛸の足を一本切り取ると、桑《くわ》てぼ（桑の葉を摘んで入れる竹籠）に入れて持ち帰った。太郎は毎日蛸の足を切り取っては母親に食べさせ、母親は日に日に回復していった。八日目、母親も元気になり、太郎は最後の一本を獲ろうと長崎鼻へ向かった。蛸は残った一本の足を振りかざして襲いかかってきた。太郎が「母の病気は良くなったぞ」と大声で叫んだところ、蛸はますますいきり立ち、太郎を一本の足で巻き込んでしまったという。

ここの太郎岩にはもう一つ話があり、太郎岩の海に浸かっている部分には大きな洞窟があって、そこに大きな蛸が棲んでいるという。名前は伝わっていないが、漁師が一日に一本ずつ大蛸の足を切り取り、八日目にして小舟ごと海中の洞窟へと引き込まれたという話がある。（香々地町誌刊行会（編）『香々地町誌』）

別府の海の近くに大蛸が眷属《けんぞく》とともに棲み、海辺を通る旅人を襲っては食べていた。ある日、偉い僧侶が通りかかり、旅人や石垣村の人を救うため、この蛸の大入道を退治した。その後、この海辺を安心して通れるようになった。大入道が棲んでいたという跡には、大小無数の蛸がいるという。（郷土史蹟伝説研究会『増補　豊後伝説集　全』）

臼杵市では果無話《はてなしばなし》の類に大蛸が登場している。ある男が水ヶ浦に差し掛かったところ、岩陰に禿《は》げ頭が見えた。医者のジョケンさんと思い、声をかけたところ、それは大蛸であり、その男はあっという間に捕まり、海の中へと引き込まれた。ブクブクともがき、海面に顔を出すと本物のジョケンさんが板知屋《いたちや》に向かって歩いているのが見えた。男はジョケンさんに助けを求めて「ジョケーン」と声をあげたが、蛸から引っ張られて「ブクブク」と沈んだ。再びもがいて「ジョケーン」と声をあげるが、「ブクブク」と沈む。「ジョケーン……ブクブク……」「ジョケーン……ブクブク……」「ジョケーン……ブクブク……」と身振り表情を面白おかしく話し、「ジョケーン……ブクブク……」と言い続ける。齋藤行雄氏の聞き取りによる。（臼杵妖怪共存地区管理委員会・臼杵ミワリークラブ（編）『亀城下異談』）

浅海《あざむ》井《い》浦《うら》（佐伯市）の海岸の宝松の少し沖におもよ瀬と呼ばれる小さな瀬がある。昔、おもよという人が磯遊びに行くと、大きな蛸が岩にへばりついていた。おもよは三尺（約九〇センチ）ほどの棒切れを拾うと、その棒切れで蛸を捕ろうとしたが、なかなか捕れない。蛸の足や腹を叩いたり、突いたりしているうちに蛸の足が一本取れた。おもよは取れた大きな足を担いで家へと帰った。その後も毎日、大蛸の足を一本ずつ持って帰り、八日目、おもよはさすがの大蛸も弱り切っているだろうと、棒切れを使わずに直接足を摑《つか》んで引っ張ることにした。おもよが大蛸に手を差し伸べた途端、大蛸はおもよの腕に足を巻きつけ、物凄《ものすご》い力で海中に引き込むと、海底へと消えていったという。（上浦町誌編さん委員会（編）『上浦町誌』）

南海部《みなみあまべ》郡鶴見町（現・佐伯市）が中浦村と呼ばれていた頃、八島の主として大蛇が棲んでおり、沖松浦野崎の磯に大蛸が棲んでいた。大蛇と大蛸は仲が悪く、ある日、決闘で勝負を決めることになった。決闘前夜、八島の大蛇は村の漁師に加勢を頼むことにし、漁師の夢の中で人の姿となって現れた。翌朝、助力を頼まれた漁師が野崎の磯へ出かけてみると、八島の大蛇と野崎の大蛸が争いはじめるところであった。大蛇は野崎の磯にある大きな松に体を巻き付けたまま、大蛸に飛びかかった。大蛸は海の中へと叩き込まれたものの、再び現れると、大蛇に襲いかかり、大蛇を海中に引きずり込もうとした。漁師は嵐のような二匹の闘いの激しさに怖気《おじけ》づき、ただ見ていることしかできなかった。やがて、大蛇が巻きついていた大きな松が根こそぎ引き抜かれてしまい、大蛇もろとも海中深くへと沈んでいった。その後、八島の大蛇の姿を見た者はおらず、また、野崎の大蛸も姿を消したという。（鶴見町誌編さん委員会（編）『鶴見町誌』）

大鯰［おおなます］

大分県由布市、玖珠《くす》郡九重町、日田市の伝説に登場するナマズ。

速見郡北由布村（現・由布市）荒木に娘がおり、ある夜遅くに継母から南由布までお使いに出された。橋まで来ると、二、三日前の出水により、橋は流されていた。困り果てた娘がしくしく泣いていると、大鯰が現れ、橋の代わりになり、娘は無事に用事を果たすことができたという。（郷土史蹟伝説研究会『増補　豊後伝説集　全』）

玖珠郡九重町の南山田地区潜石《くぐりいし》に鯰権現社という石祠《せきし》がある。昔、潜石の人々が川干しを行ったところ、人と見紛うほどの大鯰が岩穴から出てきた。大鯰を捕らえ、酒の肴《さかな》に食べてしまったところ、潜石に数々の災難が降りかかった。これは鯰の祟りではないかと、潜石水門の脇に石の祠《ほこら》を建て、お祭りしたところ、凶事が止んだという。また、潜石に猿回しが来て、猿を放したところ、淵《ふち》の主の大鯰を獲って食べてしまった。以来、潜石に悪いことが続き、これは鯰の祟りであろうと、鯰を祀《まつ》ったという話もある。祠には「安政五年午歳十月新宮」と書かれている。（九重町（編）『九重町誌』上巻、九重町教育委員会「町誌編纂室」（編）『九重町文化財調査報告　第一九輯　九重町の民俗～郷土資料調査報告～』）

森仁里『日田郡志』上巻には「永山堀の大鯰」と題して、永山の外堀に棲む大鯰について記している。全体の姿は見えないが、鯰の頭を見た人は多く、その大きさは菅笠《すげがさ》を二つ合わせたほどであるという。水から五、六尺（約一・五～一・八メートル）出ることもあるが、それでもようやく半分の大きさだとされる。水面に浮かぶ水鳥の類を食べることもある。（大分縣教育會（編）『大分縣郷土傳説及び民謡』、垣本言雄『大分県郷土史料集成（地誌篇）』）

大蜂［おおばち］

大分県速見郡日出町《ひじまち》の虫の怪。

百合若《ゆりわか》大臣を裏切った別府兄弟の次郎の霊が化したもの。百合若の復讐から逃げるために馬を走らせ、井出村まで逃げたが、

「その馬を止めてくれ」と百合若に言われた法師が傘を開いて馬を止めたことにより、次郎は百合若に捕らえられた。次郎の死体は近くの森に葬られたが、この森に僧侶が立ち入ると次郎の霊の大蜂が出てきて、僧侶を刺すという。（土屋北彦（編）『日本の民話　五九　大分の民話　第二集』）

蛇龗〔おかみ〕

『豊後国風土記』の地名由来譚《たん》に出てくる水の主。

球覃《くたみ》の郷《ごう》の村に景行天皇が行幸された際に、食膳《しょくぜん》奉仕の者が飲み水としてこの村にある泉の水を汲《く》んだ。そこには蛇龗がいたため、天皇は「きっと臭いに違いないから泉の水を汲んで使用させてはならない」と仰せになった。これによりこの泉を臭泉《くさいずみ》と呼び、その泉の名前が村の名前となったという。（吉野裕（訳）『風土記』）

蛇龗とは蛇または龍と考えられている。

オカンババ

大分県下毛郡本耶馬渓《ほんやばけい》町東谷（現・中津市本耶馬渓町東谷）でいう山に魅入られた女性。

もともとは丘の藪《やぶ》の中のあばら家で、二人の子どもと暮らす女房であったが、夫の死後、暇さえあれば、家の前の岩に座って山のほうをじっと見ていた。ある日、この女房はどんどん山の中へと入って行った。これに気づいた兄妹が泣きながら、母親の後を追ったが、大きな山桃の木の下まで来ると、「来るな」と母親に叫ばれた。振り返った母親は、髪はおどろに立ち上がり、口は耳まで裂けていた。鹿嵐山《かならせやま》のワラブチの奥の洞窟に籠もった母親はオカンババと呼ばれ、月夜の晩には「ゴッチン、ゴッチン」とまるで岩壁でも叩くような木綿を織る音が聞こえてくるという。（本耶馬渓町史刊行会（編）『本耶馬渓町史』）

おさん狐〔おさんぎつね〕

大分県東国東《ひがしくにさき》郡姫島村、豊後高田市、杵《き》築《つき》市《し》、別府市、大分市、豊後大野市、佐伯《さいき》市《し》でいう化け狐。

姫島村大悔では吉吾とおさん狐の話が語られている。おさん狐は吉吾を騙《だま》すために化けていたが、逆に吉吾に騙され、化け損なったまま酒屋に連れて行かれて、閉じ込められてしまう。盃に映った自分の顔を見て化け損なっていることに気が付き、今度は恵比須様に化けるが、吉吾が「俺が手を叩くとここの恵比須は笑う」という言葉を真に受けて、ばれてしまう。その日はそこから逃げ出したが、あくる日吉吾が本村を通りかかると「キチーゴドン、昨日はおかしかったのー」と声をかけた。驚く時は「キャンキャラキャンキャラキャー」と鳴く。（宮崎一枝（編）『昔話研究資料叢書　一二　国東半島の昔話』）

猪群山《いのむれさん》（豊後高田市）におさん狐が棲ん

でおり、人を騙《だま》すのがうまかった。村のひょうきんな若者がおさん狐を逆に騙してやろうと、お宮の前で狐が出るのを待った。すると、狐が出てきて縮緬《ちりめん》の着物を着た美しい奥さんに化け、捕まえてきた蛙《かえる》を赤ん坊へと変えると、高田の呉服屋へと入っていった。若者は呉服屋に入り、この奥さんはおさん狐で赤ん坊は蛙だと主張するが信じてもらえない。そこで赤ん坊を大きな火鉢に投げ込んだが、いつまで経っても蛙にはならず、赤ん坊のままであったため、大変な騒ぎとなった。そこへ坊さんが訪れ、「この人を殺しても、死んだ赤ん坊は生き返らない。赤ん坊の弔いをさせるから任せてくれ」と行って、若者を寺へ連れていき、得度《とくど》をするために若者の頭を剃《そ》った。村では若者が帰ってこないため、村中で捜索したところ、お宮の拝殿の下で、若者が瓦を打ち、頭の毛を引き抜かれていたという。（昔話研究懇話会『昔話―研究と資料』第三号）

　速見郡山香町《やまがまち》（現・杵築市）の野原村の上の山におさんという大人しい狐が棲んでいた。村人はおさん狐を可愛がり、狐の好きなご馳走ができると、狐の穴までわざわざ持って行く人もいた。ある時、村の浦という人が山の畑を耕していると、女の人に化けたおさん狐がやって来た。浦は一休みすることにし、おさん狐と世間話をするうちに、ずるいことを思いついた。浦はおさん狐から油揚げと小豆飯が好きで、赤犬の黒口が恐ろしいことを聞き出し、自分は馬《ば》糞《ふん》が好きで、小判が一番恐ろしいと答えた。薄暗くなった頃、一度おさん狐と別れた浦は赤犬を連れて、狐の穴へ行き、「小豆飯を持って来た」と言って赤犬を穴に入れた。驚いた狐は穴の奥深くへと逃げ込んだ。その晩、家で浦が寝ていると、おさん狐がやって来て、「馬糞だ」と言って小判を投げ込んだ。おさん狐が帰ると、浦は布団から出て小判をかき集め、壺《つぼ》に入れて床下に埋めたという。（山香町誌編集委員会（編）『山香町誌』）

　昔、速見郡別府村（現・別府市）にとめという産婆がおり、近くの村で仕事を終えた後、近道をするために狐の巣穴があるという「七つ石」という所を通って帰った。その晩、とめが寝ていると石垣の矢田の小僧が「今にも生まれそうだ」と知らせに来た。とめが小僧に連れられて、矢田家の屋敷に到着すると、座敷では奥さんが頭に鉢巻をして苦しんでいた。とめが仕事に取り掛かると、五人の子どもが生まれた。そのまま、屋敷に泊まることになったが、翌朝、とめは大きな石に柴《しば》の葉を敷き、木の葉を着て寝ていた。狐に化かされたと気づいたとめは家へと逃げ帰った。次の夜、とめの家の窓から土間へ目の下二尺（約六〇センチ）ある大鯛と小判一両が投げ込まれた。後日、別府の魚市場で大鯛がなくなったという話をとめは聞いた。お産を手伝わせたこの狐をおさん狐と呼んでいる。（大分県小学校教育研究会国語部会（編著）『読みがたり大分のむかし話』）

　大分市植田《わさだ》には文六とおさん狐の話がある。三年前に死んだ嫁の遺書を京都本山の寺に納めるため、船に乗っていた文六は、植田霊仙山の西側に住むという女と知り合った。女はおさんと名乗り、本山には夫と子どもの供養参りに行くのだという。ともに寺へと参り、用事を済ませると、おさんは文六に「ぜひ家に来て欲しい」と約束した。満月の夜、文六は教えられたとおりに稲荷の祠《ほこら》の前で三つ手を叩き、二度おさんの名を呼ぶと、豆絞りの手拭いを被ったおさんが現れた。野原の小さな小屋で、二人は酒やご馳走を呑み食いし、歌い舞い踊って楽しい時を過ごした。満月の夜になると家を抜け出し、夜更けには戻ってくる文六の様子を不審に感じた村人が文六の後をつけると、文六は手拭いを被った白狐と踊っていた。文六は狐に騙されていると思った村人は棒を持って、狐を追い回した。その後、二度と文六の前に狐は現れなかったという。（朝日新聞（編）「大分むかしむかしおさん狐」）

　大野郡千歳村（現・豊後大野市）のおさん狐は主に鹿道原《ろくどうばる》に現れ、牛を揶揄《からか》ったり、人を騙しては土産を奪ったりした。蕎麦《そば》の花を波しぶきと信じ込ませ、そこを川だと思い込ませることもあった。日頃から村人を騙すため、ある男が遊びに金を使い込んでしまったことを奥さんにごまかすために、おさん狐に騙されたフリをしたという話もある。（千歳村アカデミアの会（編）『わしどうん村ん昔ばなし　千歳村の伝説・民話・地名民俗等』、同『第二集　わしどうん村ん昔ばなし　千歳村の伝説・民話・地名民俗等』）

　昔、佐伯の城村の山王に棲む女狐が、田淵に住む与三郎という若者に懸想した。毎晩火の玉となっては「嫁にしなければこの家を焼く」と言って、家中を駆け巡った。仕方なく、与三郎はその狐を嫁にすることにし、狐の名前も「おさん」と呼ぶことにした。おさんはよく働き、よく機《はた》も織ったが、他人には一度もその姿を見せなかった。共同井戸からの水汲《みずく》みも、天秤棒《てんびんぼう》と担い桶《おけ》だけが宙に浮き、家に帰っていくのを近所の人は見かけたという。その後も二人は仲良く暮らし、与三郎が亡くなると、おさんは白無垢《しろむく》を縫い上げて枕元に置き、与三郎の家を去って行ったと語られている。（佐伯市教育委員会・佐伯市高齢者教室（編）『佐伯の昔話』）

魔物［おじいもん］

大分県津久見市でいう怖いもの、恐ろしいものの総称。

　夜、口笛を吹くと魔物（怖いもの、怪物）が寄ってくるから吹いてはいけないという。（竹本正夫『大正も遠くなりにけり』その一）

鬼壺［おにつぼ］

大分県直入《なおいり》郡玉来《たまらい》町（現・竹田市）の昔話。壺に封じられている鬼。

　昔、山道で一人の男が小さな壺を拾った。壺の蓋《ふた》を取ってみると、中から大きな鬼が出てきた。「取って食うぞ」と叫ぶ鬼に男は「堪《こら》えてくれ」と謝るも、鬼はいっこうに許してくれない。男は諦め「それなら食ってくれ。そうだけども、あなたのような大きな体がなぜそんな小さな壺に入ることができていたのか、それを教えてくれ」と言った。すると鬼は威張り「それは簡単なことだ。よく見ておれ」と言って壺の中へすうーっと入ってしまった。男は喜んで壺に蓋をし、その壺を山の洞へと投げ込んでしまったという。（柳田国男（編）・鈴木清美（採録）『日本昔話記録　一〇　大分県直入郡昔話集』）

鬼仏［おにぼとけ］

大分県宇佐市四日市にある十宝山大乗院に納められている鬼のミイラ。鬼神様とも呼ばれる。

　膝を抱えて座る鬼の全身像で、座高は約一四〇センチ、立ち上がれば二メートルほどになると思われる。肌の色は灰褐色で、手足の指は三本ずつ、尖《とが》った爪が生えている。顔は細長い逆三角形で、頭に五センチほどの角が二本生えている。

　大正一四年（一九二五）に、大乗院の檀《だん》家《か》が下関の人から購入したが、その後、購入した檀家の者が原因不明の病に罹《かか》った。鬼の祟りではないかと恐れ、昭和四年（一九二九）頃に、大乗院の当時の住職にミイラを引き取ってもらい、供養したところ、檀家の病は癒えたという。

　当時の住職が子どもの頃、裏山で近所の子どもたちと遊んでいると、恐ろしい鬼が目の前までやって来た。他の子どもは逃げたが、住職はその場に立って、鬼を睨《にら》みつけた。鬼はそのまま何もせず、静かに立ち去った。持ち込まれた鬼のミイラを見た住職は「あの時の鬼が帰ってきた」と呟《つぶや》いたという。

　昭和初期に行われた九州大学の鑑定では、人の女性の骨を主に使用し、動物の骨を組み合わせて作られた物だという。尼ヶ崎剝製《はくせい》標本社の尼ヶ崎興三氏によると、腰の骨を切って伸ばすことで身長二メートルにしており、歯には鹿、角は山羊の仲間のものが使われていることが見受けられるという意見が平成九年（一九九七）に出ている。平成一四年（二〇〇二）に行われた麻布大学のエックス線撮影では歯は馬で、角は埋め込まれていることが判明している。（『怪』第零号、荒俣宏『新日本妖怪巡礼団　怪奇の国ニッポン』、山口直樹『日本妖怪ミイラ大全』）

叫び男［おらびおとこ］

大分県佐伯《さいき》市《し》場《ば》照山《てりやま》に出るという怪物。仁王《におう》の形相をした大男の姿をしている。野宿する人の耳元で叫んで鼓膜を破り、悶《もん》絶《ぜつ》させた隙に食べるとされる。

　猟師の忠兵衛が叫び男に遭遇し、叫び比べをすることになった。先に叫び男が峰々谷々の木を揺るがし、山も割れるような声で叫びあげた。忠兵衛は耳を押さえて指でしっかり栓をして身構えたことで何とか耐えた。これでは自分が負けると思った忠兵衛は叫び男の鼻先に鉄砲を突き付けてぶっ放した。さすがの叫び男も驚き、「ほう！　われん声も太いのう。息が煙硝《えんしょう》くせぇ」と言い残して消え去ったという。（佐伯市教育委員会・佐伯市高齢者教室（編）『佐伯の昔話』）

鬼田屋敷 ［おんたやしき］

大分県杵築市《きつきし》八坂大左右《やさかだいそう》の丘にあったという屋敷跡。読み方は他に「おきたやしき」とも。

江戸時代頃、大左右の丘の上に屋敷があり、おきた姫という姫がいた。常に気高く美しく、豊後小町と称されるほどであった。速見郡日出町《ひじまち》藤原の里の谷間に「極道屋敷」と呼ばれる鬼の棲み処《か》があり、極道屋敷の鬼がおきた姫の噂《うわさ》を聞いて、毎晩通いはじめた。一九日目、しつこく求婚してくる鬼に対し、根負けして切羽詰まった姫は「明日の朝までに、この屋敷の周囲を田んぼにしたら、お前の願いを聞き入れましょう」と一時逃れの約束をした。鬼は一番鶏が鳴くまでに、必死になって鍬《くわ》を振るい、荒れ地を耕して、一町三反（約一万三〇〇〇平方メートル）の黒土の田へと変えた。鬼は大声で「約束どおり嫁にするぞ」と叫んで、屋敷内に現れた。おきた姫は必死に逃げ回った末に、日頃信仰しているお稲荷様の祠《ほこら》の中へと隠れた。どうしても姫を見つけられない鬼は怒り狂い、屋敷に火を放った。三日三晩燃え続け、土台石まで燃えたものの、姫が隠れている祠だけは燃えることなく残った。鬼との約束を破ったおきた姫はこの地に住み続けるわけにいかず、安住の地を求めてこの場所を去った。

明治末頃までは当時を偲《しの》ぶ赤い鳥居が残っていたといい、屋敷跡はその後ミカン園になったという。（杵築市教育委員会・杵築市誌刊行会（編）『杵築市誌』、大分県小学校教育研究会国語部会（編著）『大分の伝説』）

【か】

怪窓の怪物 ［かいそうのかいぶつ］

「怪窓の事」（『耳嚢《みみぶくろ》』巻之九）に登場する怪物。

中川家領分の豊州の城下もしくは城内、または家中の長屋でのことと思われる。祟りがあるといって、長年囲われた窓があった。文化九年（一八一二）七月の頃のこと、城地内修復の際に、作事方を務めた役人がその窓を塞《ふさ》いでしまった。その夜、怪しく小さいものだが、頭が大きく眼が物凄《ものすご》い怪物が現れた。作事奉行の頭や喉がその怪物に食らいつかれ、その傷がもとで間もなく死んでしまった。そのことが江戸表に聞こえて、もとのように窓を取り付けたという。（根岸鎮衛（著）・長谷川強（校注）『耳嚢』下）

餓鬼［がき］

大分県でいう俗信。

後藤「子供のしつけ方」（『民間伝承』四巻八号）によると、茶碗《ちゃわん》を叩くと餓鬼が来るというので叩かせなかったという。（国際日本文化研究センター「怪異・妖怪伝承データベース」）

カベヌリ

大分県大分市、竹田市、豊後大野市、臼《うす》杵《きし》市でいう目隠しをする怪。また佐伯市《さいきし》では通行妨害をしてくる化け物の呼称。

大分市九六位山の広内では、夜道を歩いていて突然前が見えなくなることを「壁塗り」と呼ぶ。これは狸《たぬき》が飛びついて目隠しをしたからだという。（大分市教育委員会『九六位山麓の民俗』）

竹田市竹田鷹匠町《たかじょうまち》、下本町下組ではカベヌリ、もしくは白壁と呼ぶ。山岸屋敷の前を通ると突然目の前が真っ白になり、行き先が見えなくなる。馬に乗って通れば馬が立ち往生するという。これは狐や狸が帯の上に乗って、前足で目隠しをするためだとされ、女性が夜外出する際は髪に針を隠しておき、化かされたら、帯の下の部分を刺すと良いという。（竹田市史刊行会（編）『竹田市史』下巻）

豊後大野市三重町では狸の壁塗りといい、道を歩いていて急に目の前が暗くなって歩けなくなることをそう呼ぶ。（三重町役場企画商工観光課（編）『大分県三重町誌　総集編』）

臼杵市門前では、夜に道を歩いているとカベヌリに遭い、一寸先も見えなくなる。狸もしくは狐が広げたキンタマで目隠しするためで、こういう場合は火をつけると良いとされる。煙草を一服すると見えるようになるという。また、深田の原の坂にもカベヌリが出るといい、目つぶしに遭ったらしゃがむと良いという。（臼杵市教育委員会社会教育課（編）『臼杵石仏地域の民俗』）

佐伯市宇目町では壁ぬりという化け物がたびたび出現したという。突然目の前に壁ができ、前が何も見えなくなってしまう。困り果てた地区の人々は災難除けに「木浦中島大乗妙典一時一石塔」という塔を作ったところ、化け物は出なくなったという。正体は狸か狐と考えられている。（昭和五六年度宇目町青年教室『宇目の昔ばなし』）

がも爺［がもじい］

大分県臼杵市《うすきし》でいう子ども脅しの怪。

町八町の蔵の中に現れるとされる。子どもは一人で蔵の中で遊んではいけないといわれており、いつまでも蔵の奥で遊んでいるとがも爺が出るという。

臼杵妖怪共存地区管理委員会・臼杵ミワリークラブ（編）『亀城下異談』や同『うす

きあるきMAP　八　うすきミワリーマップ』に載っているが、臼杵ミワリークラブ内部資料「臼杵の妖怪リスト」では『野上弥生子随筆集』が出典となっている。

ガワッパ

大分県竹田市直入《なおいり》でいう水怪。異類報恩譚《たん》。

昔、ある町の爺《じい》さんがガワッパを捕まえ、厩《うまや》の柱に括《くく》りつけておいたが、可哀想だと思った婆さんがガワッパの皿の中に水を入れた。皿の中に水があれば、ガワッパは百人力を発揮するとされており、縛っていた棕櫚縄《しゅろなわ》を切って逃げた。以後、毎年正月の元旦には竈口《かまどぐち》に大きな魚が一匹ずつ届くようになった。しかし、竈口に子どもが包丁を置いてからは魚を持って来なくなってしまった。直入の岡本村では今でも竈口に切れ物を置いてはいけないと言っている。（柳田国男（編）・鈴木清美（採録）『日本昔話記録　一〇　大分県直入郡昔話集』）

川者 ［かわのもの］

大分県玖珠《くす》郡、竹田市でいう水怪あるいは憑《つ》き物の類。

玖珠郡万年村では川者に憑《つ》かれると病気になる。憑かれた場合、川者をとるために法者の所へ行く。法者は御幣《ごへい》で憑かれた人を撫《な》で、紙袋の中にそれを入れて焼く。また、蛇に水をかけると溶けて逃げることがある。この蛇は山の神か川の者（ガワタロ）であるという。（今野圓助「一〇　妖怪資料（その二）」『日本の俗信　二　俗信と迷信』、柳田国男（編）『山村生活の研究』）

直入《なおいり》郡荻町柏原（現・竹田市荻町柏原）では、カワノモノに引き込まれてしまうため、土用の三日目に川へ行くものではないと言っている。（大分県史料刊行会（編）『大分県史料（二一）　第七部　民俗』）

川姫 ［かわひめ］

川辺に現れる女性姿の妖怪。

大分県内では宇佐市や中津市といった旧豊前地域に話が伝わる。

中津市耶馬渓《やばけい》の川姫は、色白い顔で、狐に似た吊り気味の細目であるとし、近くを通りかかる人をじっと見つめる。川姫と目が合った人は目を離すことができなくなり、水中に連れ込まれて、二度と陸に戻れなくなってしまう。また、川姫は山に行けば山姫と呼ばれるという。

ある夏の夜、近くの里の男があたまヶ淵《ぶち》に差し掛かると、垂水橋の欄干《らんかん》に女が腰かけていた。長い黒髪に白い顔、口に煙管《キセル》をくわえた若い女が「おいで、おいで」と男を誘った。男は持っていた棒で女に打ちかかると、女は欄干を乗り越えキャラキャラ笑いながら川へと飛び込んだ。男は棒にすがって帰宅したが、間もなく亡くなった。（三光村誌刊行委員会（編）『三光村誌』、耶

馬渓町史編集委員会（編）『耶馬渓町史』、土屋北彦（編著）『大分県の民話』五）

宇佐市院内町では、川には川姫、山には山姫がいるという。

イチガセと呼ばれる場所には昔から**小豆洗い**が出る。これは川姫の仕業《しわざ》で、夕暮れには「セッセトセー、セッセトセー」という声が聞こえるという。

両川《ふたがわ》の白岩橋ほとりで、娘が自動車を停め「乗せてくれ」と頼む。白岩橋を渡ると乗せたはずの娘の姿が見えず、娘が座っていた座席がずぶ濡れになっていた。これも川姫の仕業とされる。（院内町教育委員会内院内町誌刊行会（編）『院内町誌』）

川坊主［かわぼうず］

大分県日田郡中津江村（現・日田市中津江村）でいう灯を消す怪。

夜に提灯《ちょうちん》を灯して、平のイワヤン谷のヒノクチ滝の上の道を通ると、川坊主が出てきて提灯の灯を消すという。（中津江村誌編集委員会（編）『中津江村誌』）

カントン

大分市国分寺地域でいう水怪。

雨の降る日に現れ、綺麗な着物を着た女の子に化けては水たまりにしゃがみ込み、一緒に遊んでくれる子どもから尻を抜いてしまう。

雨の降る日に川へ泳ぎに行くとカントンに引っ張り込まれるともいわれ、土用の日であれば、カントンにアキレス腱《けん》を切られるともいう。

また、雨だれにもカントンはおり、雨降りに一人で外出すると、カントンに川に連れて行かれて肝を抜かれるとされる。

雨降りに子どもが泣くと親は「外にほたり出して、カントンに尻を抜いてもらおうかのう」と言って、脅していたという。（大分市教育委員会（編）『国分寺地域の民俗』）

カントンという名前は「川の殿」という呼び方が変化したものと思われる。似たような名称で大分市牧地域にガントンというのがある。

亀城［きじょう］

大分県臼杵市《うすきし》にある臼杵城の伝説。

臼杵城（丹生島《にうじま》城）は亀の形に似ていることから亀城、巨亀城と呼ばれる。

そのためか、臼杵城は亀の背にある岩山に築城されていると語られており、時折、亀が動くことがあるのだという。外から敵が攻めてくると、亀が城を背中に乗せたまま、沖の津久見島まで逃げるとされている。

ある日、本丸と二ノ丸の間に空堀を掘った際に亀の首を切ってしまい、以来亀は動かなくなってしまったという。（古川古松軒（原著）『西遊雑記　大分県の部』、酒井富三「臼杵町誌（四八）」『豊州新報』、郷土史蹟伝説研究会『増補　豊後伝説集　全』）

杵胴［きねずー］

大分県日田市、玖珠《くす》郡玖珠町、玖珠郡九重町でいう雪上の足跡の怪。

雪が降り積もる夜に出るとされ、朝、雪の上に点々と棒で突いたような穴があるのは、杵胴の足跡であるという。

日田市では、杵胴は長さ五、六尺（約一・五〜一・八メートル）ほど、胴回り八、九寸（約二四〜二七センチ）ほどで、目口が見当たらず、上下がわからない姿をしている。跳び上がっては一転して、上だった部位を地につけ、さらに上になっている部分を下にしてと、尺八返り（でんぐり返り）をして進む。雪が降る夜には「今夜は杵胴が出るから、外に出るな」と言って、子どもを外に出さなかったという。（ＮＴＴ日田電報電話局編集委員会（編）『豊後日田の昔ばなし』、森春樹『蓬生談』中巻）

玖珠町では杵胴は一本足の怪物とされ、なかなか眠らない子どもに「寝付かないと杵胴が来るぞ」と大人は脅していたという。（玖珠町史編纂委員会（編）『玖珠町史』下巻）

九重町では、正体を小屋の土間に押し込まれた杵としている。ともにしまわれている臼のために、毎晩吊るし柿やお供え用のスルメと昆布、卵などを盗っていた。見張っていた人間に見つかるものの、そっと見逃されている。泣く子には「泣くと杵胴が来るよ」と脅していたという。（小野喜美夫『飯田の民話と伝説』）

旧臼津トンネルの怪［きゅううきゅうしんとんねるのかい］

大分県津久見市でいうタクシー幽霊の類。

夜、臼杵市《うすきし》から津久見市へ帰るタクシーが臼津峠山頂にある旧臼津トンネルを通ると白い服を着た女性が立っており、タクシーを停めて、乗り込んでくる。運転手が行き先を訊いても答えず、ふと後ろを見ると女性は居らず、座席が濡れていたという。

この女性は峠から落ちて亡くなった人とされており、すでに身元も判明して、峠下から白骨も見つかり、供養も済んでいる。それからは女性の霊が出ることはなくなったそうだ。

筆者聞き取り。

九万坊［きゅうまんぼう］

大分県宇佐郡院内村（現・宇佐市院内町）の天狗。

院内村大門の龍岩寺の奥に棲んでおり、ときどき大音を発していたとされる。

もし、奥の院へ行って悪戯《いたずら》したりすると、たちまち九万坊が現れて、悪戯した者を取り拉《ひし》いでいたという。（宇佐郡教育会（編）『宇佐郡誌』、大分縣教育會（編）『大分縣郷土傳説及び民謠』）

楠の火［くすのきのひ］

大分県臼杵市《うすきし》でいう木の怪。

第二次世界大戦前まで臼杵城には大きな楠があり、城下で殺人や盗難などの不吉なことが起こる夜には、この木の股に赤い火の玉が灯った。そのため、火が灯る夜には、奉行所では警戒を怠らなかった。

畳櫓《たたみやぐら》の東側の崖《がけ》にこの楠はあり、大人九人が両手を広げたほどの大きさであったという。しかし、第二次世界大戦の最中、樟《しょ》脳《うのう》を取る目的で楠は切られてしまった。

齋藤行雄が聞き取りしたもの。（臼杵妖怪共存地区管理委員会・臼杵ミワリークラブ（編）『亀城下異談』）

件［くだん］

大分県豊後高田市、佐伯市《さいきし》でいう怪物。

明治三〇年（一八九七）頃に高田方面でクダンが生まれたと、武蔵町吉広で伝えられている。七軒をカンジョウし、もらった米を焚いて食べないと悪いことがあるとクダンは告げ、三日して死んだという。（和歌森太郎（編）『くにさき　西日本民俗・文化における地位』）

佐伯では、「件は真実を云うものだ、人魚は嘘《うそ》を云うものだ」と言っている。（榎田伯人「百貫五兵衛」『郷土研究』第一巻第一〇号）

大分県の件といえば、昭和三〇年代（一九五五～六四）まで別府市にあった八幡地獄の展示施設「怪物館」所蔵のミイラたちを思い浮かべる方もいると思われる。怪物館では件をはじめ、河童や人魚、鵺《ぬえ》のミイラのほか、鬼の骸骨を展示していた。展示品はあちこちから買い集めたものだといい、湯の湧出量の減少により八幡地獄および怪物館は閉鎖。ミイラも焼却処分されている。（湯本豪一『日本幻獣図説』、山口直樹『日本妖怪ミイラ大全』）

口裂け女［くちさけおんな］

大分県でいう女性姿の怪人。

臼杵市《うすきし》六ヶ迫《ろっかさこ》やサイクリングロードに口裂け女が出たという。

筆者聞き取り。

首狩り婆［くびかりばばあ］

大分県臼杵市《うすきし》でいう臨海学校の怪。

臼杵市下ノ江にかつてあった臨海社会教育施設の桜七号室に出たという。（臼杵妖怪共存地区管理委員会・臼杵ミワリークラブ「臼杵の妖怪リスト」）

蜘蛛園［くもぞの］

大分県大分市の伝説。蜘蛛の怪。

昔、大分市永興正八幡社《りょうごしょうはちまんしゃ》の森の樹から植《わさ》田《だ》の雄城《おぎ》村の山の樹の梢にかけて巣を張るほどの大蜘蛛がいた。ある時、大風によって巣が破れ、蜘蛛は落ちて死んでしまう。里人は蜘蛛が落ちた場所に蜘蛛塚を築き、その地を蜘蛛園、もしくはクモドンと呼ぶようになったという。（垣本言雄『大分県郷土史料集成（地誌篇）』、渡辺克己『大分今昔』）

クモ淵［くもぶち］

大分県豊後大野市の小津留《こづる》にある淵《ふち》。水《みず》蜘蛛《ぐも》の類。

若い男がそこで釣りをしていると小さなクモが男の足と水中とを往復する。男は足の指についた糸を側の株にかけた。すると、淵から「ヨイショー」という声がし、株が淵へ引き込まれた。逃げる男が振り向くと、淵から大坊主がこちらを睨《にら》んでいた。（朝日新聞（編）「大分むかしむかし　クモ淵」、大分県小学校教育研究会国語部会（編著）『読みがたり大分のむかし話』、三重町役場企画商工観光課（編）『大分県三重町誌　総集編』）

黒坊主［くろぼうず］

大分県南海部《みなみあまべ》郡宇目町内田（現・佐伯《さいき》市）でいう大坊主。

夜、三反畑の曲がり角付近の道を通ると、目の前に大きな黒い坊主が立ち塞《ふさ》がるという。（宇目町誌編纂委員会（編）『宇目町誌』）

ケイカロボシ

大分県佐伯《さいき》市でいう子攫《こさら》いの怪。

夕方、子どもが一人で遊んでいると、ケイカロボシが子どもを隠す。ケイカロボシとは「貝殻法師」という意味ではないかという。（平木修一『入津湾の民俗』）

ケセランパセラン

大分県臼杵《うすき》市でいう妖怪。

筆者の高校時代、部活仲間である同級生は「ケセランパセラン」を見たことがあるという。

筆者聞き取り。

けっころぼし

大分県佐伯《さいき》市西野浦でいう足に纏《まつ》わりつく怪。

夕方の薄暮れの頃、直径二〇～三〇センチくらいの白い綿のような玉が足元に転がってきて、足にくっつく。そうすることで、歩くのを邪魔し、前に進ませないようにする。（平木修一『入津湾の民俗』）

似たものに県内だと**コッケラバチ**がある。県外では足曲がりやオボに類似する。

源爺が岩の箕化物［げんじいがいわのみばけもの］

大分県竹田市豊岡地区屏風《びょうぶ》ヶ《が》渕《ふち》に出た怪物。岡城下七不思議の一つ。

鉄道工事により破壊されて今はないが、竹田駅上り線の第一トンネルのすぐ出口の右側を覆うような岩があった。岩下は一〇人くらいが雨露を凌《しの》げるような場所で、そこに箕ぐらいの大きさの怪物がノソリノソリと出たという。土亀の年経たものであろうとされる。（岡本香村『竹田奇聞』中、竹田市史刊行会（編）『竹田市史』下巻）「七不思議と音」（『伝えたいふるさと竹田』

第一五号）にも岡城下七不思議が紹介されているが、源爺が岩の箕化物は削除されて別の妖怪が記載されている。奇妙な音がする所というテーマに合わせて、音に関する妖怪で揃《そろ》えたものと思われる。（奥豊後ふるさと竹田ノート編集委員会（編）『奥豊後ふるさと竹田ノート　博物篇と人物篇』）

ゲンノババ

木神とも呼ばれる木の怪。

大分県東国東《ひがしくにさき》郡姫島村では大正（一九一二〜二六）の頃まで、夜遅くまで起きていると「ゲンノババが出るぞ」とか「木神が来るぞ」と両親や祖父母から聞かされたという。「節季の宵闇源の母が出る」とも言われる。

江戸時代（一六〇三〜一八六七）の頃、目連堂の下に源という人が住んでいた。年の瀬が迫ると島民は正月タキモン（焚き物）といい、燃料用の薪を蓄えていた。ある年、源の家では薪の工面ができず、井戸端の松の大木を伐って薪にすることにした。島では名のある松は木の神が宿っているため、大木を伐ることは御法度《ごはっと》になっていた。源が大木を伐り倒すと切り口から血が流れ出し、切り株には毎夜怪しげな火が灯るようになった。

年も暮れたある夜、寝ていた源の婆さんの耳に「バーバー、モチョヤロ！（婆、餅《もち》をやろう）」という声が聞こえてきた。その声に誘われて、婆さんが外に出てみると、肩まで垂れた白髪に耳まで裂けた口、白衣装束姿の木神が立っていた。木神は婆さんの頭を摑《つか》むと空へと連れ去った。

翌朝、捜索すると、婆さんの死骸は城ガ谷に落ちており、目連松に婆さんの白髪が引っかかっていた。

ゲンノババが出た当時、夜、村人たちは頭を摑まれないために盥《たらい》を被って戸外の厠《かわや》と屋内とを往復したという。（大分県東国東郡姫島村教育委員会内姫島村史編纂委員会（編）『姫島村史』）

鸛［こうのとり］

大分県東国東《ひがしくにさき》郡姫島村の昔話。

動物報恩譚《たん》の中でも人の姿に化けて恩返しするタイプの鳥。

年の暮れに池の端で罠《わな》にかかっていたところを貧乏な家の父親に助けられる。元日の朝に立派な身なりの人の姿で家を訪ね、鞄《かばん》を置いていく。その晩、父親の夢に現れ、自分は助けられた鸛であることや、恩返しに金の入った鞄を置いていくから着物や餅《もち》を買ってくれということを父親に告げた。その家は大金持ちになり、大阪に行ってからは鸛の名前からちなんで鴻池《こうのいけ》という屋号をつけた。（芥川龍男・渡辺宏紀（編）『国東半島の民話』第二集）

こーとろ

大分県臼杵市《うすきし》でいう子攫《こさら》いの怪、子ども脅しの怪。

町八町内でいう子どもを攫う妖怪。夜遅くまで遊ぶ子どもを連れて行くとされる。また笛を吹くともいう。

臼杵ミワリークラブの会長が聞き取りしたもの。（臼杵妖怪共存地区管理委員会・臼杵ミワリークラブ（編）『亀城下異談』）

臼杵市には他に**人盗り**という子攫いの怪もある。

小僧の妖怪［こぞうのようかい］

大分県臼杵市《うすきし》でいう子ども姿の妖怪。

食事時に、手に茶碗《ちゃわん》を持った子どもがいつの間にか家の中に現れて、じーっとこちらを見ているという。（臼杵妖怪共存地区管理委員会・臼杵ミワリークラブ「うすき妖怪マップ」）

「うすき妖怪マップ」には「座敷童《ざしきわらし》」という名称で紹介されているが、少なくとも平成二二年（二〇一〇）以降、臼杵ミワリークラブでは「小僧の妖怪」という名称で紹介している。

座敷童という名称の妖怪は大分県内では九重町や別府市に話がある。

児抱かしゅう［こだかしゅう］

大分県日田郡大山町山下（現・日田市大山町）でいう産女《うぶめ》の類。

雨夜に山下を通ると、赤ん坊を抱き、髪を振り乱した女が現れて「児を抱かしゅう」と呼びつける。赤ん坊を抱くと、急に重くなり、どんなに力が強い男でも取り落とすほどの重さになるという。（大山町誌編さん委員会（編）『大山町誌』）

子ダカショ［こだかしょ］

大分県下毛郡三光村（現・中津市）でいう産女《うぶめ》の類。

西秣《にしまくさ》大戸宮の近くの池の辺りや、倉迫越えのコレラ墓がある付近に出ていたとされる。妊娠中に死んでしまった女がなるといい、子を抱き、腰から下は血に染まった腰巻をつけている。夕暮れ時や夜半に出てきては逢った人に「子どもを抱いてくれ」と呼びかける。子どもを自分のほうに向けて抱くと噛《か》み付くため、向こう向きに子どもを抱き、草履《ぞうり》の緒が切れるまで抱いていなければならないという。（三光村誌刊行委員会（編）『三光村誌』）

コックリさん

大分県中津市、速見郡日出町《ひじまち》、大分市、津久見市でいう占い。

下毛郡耶馬渓町《やばけい》（現・中津市）ではコックリさんはカサワクド（蝦蟇《がまがえる》）であるとし、次のように行われた。

一尺（約三〇センチ）余りある棒を三本用意し、六分（約一八ミリ）くらいの所を紐《ひも》で括《くく》る。畳の三つ縁に棒を三つに広げ、その上に丸盆を伏せて載せ、風呂敷を被せる。別の盆に線香と茶碗に入れた米を供えておく。三人が片手を盆に置き、「コックリさんコックリさん、まあチョイとお出でチヨクレ。お出でたしるしに盆を右向きに回しチョクレ」と唱えると、盆が動く。お願いをすると、盆の回る方向や、棒の上がる回数で答えを示す。最後に「お御供《ごく》はないが、生御供を上げチャルから、お上ガッチヨクレ。帰ったしるしに盆を右に回しチョクレ」と唱える。

ノリイル（神懸り）と長生きしない、もしくは変なこと（気が狂う）になるからコックリさんをするなと、当時の小学生は厳しく叱られたという。（大分県教育委員会（編）『耶馬渓町の民俗』）

日出町では娘たちの間でよく行われた占い遊びだという。

三本の箸《はし》状の棒を用意し、上部三分の一ほどの箇所で括り、鼎《かなえ》状に足を広げる。上には塩を入れた皿を載せて、三本の脚に一人ずつ手を添えて、どう移動するかによって願いごとが叶うか否か占ったという。（日出町『日出町誌　本編』）

竹本正夫『大正も遠くなりにけり』その二によると、第二次大戦終結時、戦地にて復員船がいつ来るのかを占うためにコックリさんが行われたという。一枚の紙に、無造作に四八文字と数字を書く。二人で一本の箸の最上端を軽くつまんでいると、コックリさんが乗り移って箸が静かに動きだすので、移動した先の字を読んでいく。昭和二〇年（一九四五）から二五年（一九五〇）頃の結婚ラッシュ時にはもともと内地（ここでは津久見市のこと）では知られていなかったコックリさんが結婚相手や挙式年月を知るために使われたという。

昭和四七年（一九七二）頃、大分市立南大分中学一年生だった話者はコックリさんを友人としたことがあるという。

一枚の紙の左下に「はい」「いいえ」を書き、無造作にアルファベットを書く。右下の端に一〇円玉を置くが、その場所に鳥居を書いていたかは判然としない。二、三人で一〇円玉の上に指を置き、お祈りをしてから開始した。占いたい内容を言うと、指下の一〇円玉が字の間を行き来した。ある日、他の友達から相談を受けてコックリさんを行った。すると、相手が動かしているのではないかと思うぐらい一〇円玉が速く動いた。お互い相手が動かしているのだと疑い、動かしていないことを証明するために二人同時に一〇円玉から指を放すと、一〇円玉だけが勝手に進んだ。その後、いくらコックリさんを終わらせようとしても「いいえ」に行ってしまった。当時はまだコックリさんに祟られるという話はなかったと語ってくれた。筆者聞き取り。

コッケラバチ

大分県佐伯市《さいきし》でいう足に纏《まと》わりつく怪。

西谷の堤防うちには番匠川《ばんじょうがわ》に沿ってお作事役場（藩の建築工事、営繕工事をする所）があった。堤防下の道路を俗にお作事裏と呼び、ここにコッケラバチが出るという。コッケラバチは白い真綿のような塊の化け物で、転がって来ては通行人に絡みつき、足に纏わりついては歩かせず、通行人を倒したり、気絶させたりする。正体を確かめた者はいないが、お作事役場の河童、もしくは木石の精霊の仕業《しわざ》ではないかといわれている。（佐伯市史編さん委員会（編）『佐伯市史』）

子取り［ことり］

大分県宇佐郡（現・宇佐市）でいう子攫《こさら》いの怪。

『新版郷土伝説考』に記されているもの。大きな袋を背中に担いだ大男であるという。子どもの泣き声を聞きつけるとどこからともなくやって来ては、泣く子どもを背中の袋に放り込み、どこかへ連れて行ってしまうとされる。

宇佐神領のとある村に住む、おたつという女房が泣き叫ぶ我が子を脅すために「泣き止まんと子取りにやるぞ、今やるぞ、取りに来い」と言ったところ、床下から毛の生えた黒い手がニューッと差し出された。驚いたおたつは持っていた鉢の中のイビラ餅《もち》（稗《ひえ》と小麦粉と草の根を混ぜた団子）をその手に摑《つか》ませると、手は床下に引っ込んだという。（土屋北彦（編）『日本の民話　四九　大分の民話』）

子ども脅しの類が実際に出現してしまった話としては他に長崎県の**ゲドガキのバケモン**がある。

小人［こびと］

大分県大分市でいう小さい人型の妖怪、精霊。

とある大学生が子どもの頃、テレビの上に小さい人が小さい座布団を敷いて座っていたのを見た。大人に成長するにつれて、その小さい人は見えなくなったという。

また、別の大学生の母親は、襖《ふすま》をバッと開けたところ、小人が二人喧嘩していた。「見られたらいけんのに」と小人に怒られた。その小人はその家に代々棲んでいるという。

話者の体験談で、睡眠中に肩を叩かれた気がして振り向くと、ほの白い服を来た小さい爺《じい》さんが座ってこちらを見ていたという。筆者聞き取り。

コロ

大分県下毛郡三光村（現・中津市）箭山《ややま》に棲むという大蛇。転がり出る怪。

胴回りは大きいものの、長さは一メートルほどの蛇。普通の蛇のように前に這《は》うことができず、横にコロコロと転んでいくため、コロと呼ぶという。（三光村誌刊行委員会（編）『三光村誌』）

五郎坂［ごろうざか］

大分県直入《なおいり》郡直入町（現・竹田市直入町）でいう怪談。地名由来譚《たん》。

直入町上田北の釘小野地域の裏にババノオ坂という坂があった。江戸末期の頃、知恵も力も人より優れていた五郎という若者がいた。庄屋や村役人はこの五郎にいつもやり込められていたため、五郎を目の敵《かたき》にしていた。上田北下田北は天領であったため、庄屋、村役人の連名で五郎の斬首の訴状を作成し、五郎に持たせて日田の代官所へ提出させた。代官所では「優れた若者を殺すには忍びないので斬首はしばらく見合わせよ」という旨の書状を書き、五郎に持って帰らせた。しかし、庄屋や村役人は、五郎が文字を読めないことを利用し、五郎をババノオ坂に呼び出して、代官所の書状を見せ「斬首の命令が下った」と言って五郎を斬首した。この際、五郎の母親が五郎の死骸に取りすがった。「斬首の書状は偽《いつわ》りの書状であったのだぞ。五郎、お前は騙《だま》されたのを無念と思うならこの坂を上り下りして見せろ」と泣き叫んだ。すると、五郎の首が草や木の根に齧《かじ》りついて坂を上り、転がって坂を下った。そして、数回、坂の上り下りを繰り返した。この様子を見た庄屋や村役人は顔を青くして逃げ帰ったがその後、庄屋の家は死に絶えてしまった。以来、ババノオ坂を五郎坂と呼ぶようになり、坂上の岡には五郎墓と呼ばれる墓があるという。（佐藤満洋（編）『直入古談』一〜六号・第五号、直入町誌刊行会編集委員会（編）『直入町誌』）

ころび

大分県宇佐市や日田市でいう槌蛇《つちへび》の類。
森春樹の『蓬生談』中巻によると、全身は短く、一尺七、八寸（約五一〜五四センチ）ばかり。体の半分に目があり、口が大きい。腹の下から急に小さくなって尾となっている。一、二間（約一・八〜三・六メートル）、ある時は三間（約五・四メートル）も飛び跳ね、地に着くと同時に再び飛び上がる。山中にいて、草刈りの際に見ることがあるというが、森春樹の故郷でころびを見たという人の話は聞かない。玖珠《くす》郡、竹田市、国東《くにさき》市での目撃例を森春樹は挙げているが、これらもころびと呼んでいるのか、単なる怪蛇の目撃情報なのかは定かではない。

宇佐市安心院では大正中期から末期の頃、小学生たちが妻垣神社のある椎山《しいやま》で椎の実拾いをしていると、意地悪な上級生が「ころびが出たぞ！　逃げろ逃げろ！　嚙《か》み殺されるぞ！」とよく大声で叫んでいた。ここでも、ころびに嚙まれて一命を落とした者はいないどころか、実体を見た者もいないという。（安心院地区心身すこやか事業推進会（編）『伝説、民話を探るあじむの里』）

【さ】

逆柱［さかばしら］

大分県臼杵市《うすきし》内の旧家でいわれる俗信。家鳴りの怪。

木製の柱を木が生えていた時とは上下逆にして立てると家を揺らすという。

齋藤行雄が聞き取りしたもの。（臼杵妖怪共存地区管理委員会・臼杵ミワリークラブ（編）『亀城下異談』）

座敷童［ざしきわらし］

大分県玖珠《くす》郡九重町、別府市でいう屋内に現れる子ども姿の妖怪。

九重町では二、三歳くらいから五、六歳くらいの子どもの姿をしているという。座敷に現れる子どもの魂とされ、座敷童が一人で来て、スーッと出ていくと不幸になるといわれている。

ある日、大きな屋敷の主人が召使いを叱っていると、座敷に四、五歳くらいの男の子が座っているのが見えた。見たことのない子どもであったため、「お前はどこの子じゃ」と聞くと、男の子は黙ったまま出て行ってしまった。それから間もなく、屋敷の池に水がなくなって鯉が皆死に、飼っていた馬も崖《がけ》から落ち、主人自身も大病を患って死んだという。また、正直者であるが運が悪い夫婦がいた。ある日座敷から賑《にぎ》やかな笑い声がするため、夫婦が覗いてみると、三歳から五歳くらいの子どもが三人いて遊んでいた。まあどこの子どもでもいいわいと、夫婦はご馳走を作って子どもたちと一緒に食べた。食べ終えた子どもたちは歌いながら帰っていった。その後、夫婦は次々と近所の田畑が手に入り、養子夫婦が見つかり、家や倉を建て増しし、村の世話役になって、大変なお金持ちになったという。（小野喜美夫『飯田の民話と伝説』）

別府市の座敷童は筆者が蕎麦屋《そばや》で居合わせた客から聞いた話である。

平成二八年（二〇一六）頃、別府で飲み会があり、その夜は別府市内の宿に泊まった。風呂に入っていると背後で気配がしたため振り向くとドアの近くに背をこちらに向けた子どもがいた。子どもはそのままどこかへと走り去った。宿の主人にそのことを話したところ、それは座敷童で、三〇〇年前に愛媛から渡ってきたという。宿の主人も何度か会っており、本名を呼ぶと宿から去ってしまうため、あだ名でその座敷童を呼ぶようにしていると話してくれたそうだ。筆者聞き取り。

魅鬼［さっき］

大分県臼杵市《うすきし》野津でいう覚《さと》り、おもいの

類。

魅鬼は鬼の一種で、人間が思っていることは何でもすぐにわかるとされる。高さは二メートルほどで、全身に灰色の毛を生やした痩《や》せた体をしており、口は耳まで裂けて、目は大きくランランと光っており、頭には一本の太い角が生えた大男だという。

西神野《にしこうの》地区の山奥に竹山があり、そこである男が手箕《てみ》を作るために太い竹を火に炙《あぶ》りながら曲げていた。そこへ魅鬼が現れ、男が思っていることを次々と大声で言った。驚いた男は思わず曲げていた竹の片方を放してしまい、竹は魅鬼の体を強くはじいた。驚いた魅鬼は「お前は思わんことをする。大抵の人間は考えながら仕事をするが、お前は変わった人間じゃ。お前のようなわからん奴は食っても美味くなかろう」と言って、逃げて行ったという。（平山喜英（編著）『豊後野津のおとぎばなし』）

サルガミ

大分県大分市でいう憑《つ》き物。

サルガミに憑かれると、猩々《しょうじょう》のように踊り舞い、巫女《みこ》に祈禱《きとう》してもらうと素直に落ちる。サルガミは家を守る神で金持ちになるというが、犬神のように他家の長持ちに隠れているというようなことはなかったとされる。坂ノ市にサルガミを祀《まつ》っていた家があり、この家ではサルという言葉を忌んでエンコウと言った。エンコウサマはときどき水中に入っては何日も帰ってこないことがあるという。（染矢多喜男『日本の民俗　四四　大分』、大分県総務部総務課（編）『大分県史　民俗篇』）

三角顔の男［さんかくがおのおとこ］

大分県臼杵市《うすきし》でいう怪人。

夜道をとある男と道連れになって歩いていたところ、振り向いたその男の顔は三角顔であったという。（村上あや「うすきの花びら　三四」『大分合同新聞』）

三本足の雉［さんぼんあしのきじ］

大分県臼杵市《うすきし》でいう鳥の怪。

原山の竹藪《たけやぶ》には脚が三本ある雉がいるという。（村上あや「うすきの花びら　三四」『大分合同新聞』）

サンボンユビ

大分県豊後大野市のトイレの怪。

昔の学校のトイレは崖《がけ》の近くにあった。夜、学校のトイレに入るとサンボンユビが出てくるという。筆者聞き取り。

宮崎県東臼杵《ひがしうすき》郡北方村（現・延岡市）では指が三本という言い伝えからか河童のことを**サンボン**と呼ぶ。豊後大野のサンボンユビも河童のことであろうか。

シイ

大分県杵築市《きつきし》に出たという怪獣。『杵築実録』に記載されている。

天保五年（一八三四）正月、横手村と岩屋村の辺りにシイが現れ、牛が二〇頭死んだ。毎晩、一戸から松明《たいまつ》一丁に笛、鐘、太鼓、鉄砲、竹具を持ち出してシイを追い払った。鉄砲の弾薬代は一戸一分ずつの割合で使用したという。（和歌森太郎（編）『くにさき　西日本民俗・文化における地位』）

七里馬場七本杉［しちりばばななほんすぎ］

大分県竹田市豊岡地区城北町の木の怪。岡城下七不思議の一つ。

碧雲寺《へきうんじ》の前をかつては七里馬場と呼び、道と川との境に老杉が高くそびえ、よく茂っていた。夜に七里馬場を通ると、その老杉がゲラゲラと笑うという。（岡本香村『竹田奇聞』中、竹田市史刊行会（編）『竹田市史』下巻）

状探しの狸［じょうさがしのたぬき］

大分県大分市でいう狸火の類。

戦国時代の頃、城山に上野遠江守という殿様が城を構えていた。一人の飛脚がこの遠江守から大切な密書を託されたが、紛失してしまい、お手打ちとなった。死後、この飛脚は狸となってその密書を探し回っているという。

郷土史蹟伝説研究会『増補　豊後伝説集全』には右の他に、松明《たいまつ》をかざした虫追いの行列に狸の提灯《ちょうちん》らしきものが一つ混じっているのを見た、三、四人の水番が異様な泣き声を聞いた、真っ暗な時化《しけ》の夜には決まって赤い灯が広い野辺をさまよっている、といった話も紹介している。

この話を「とんとろ落ち」と紹介する本もあるが、「とんとろ落ち」とは地名である。

坂ノ市公民館・豊海大学（編）『佐尉郷坂ノ市小佐井郷土史』の坂ノ市内の地名について記している項目に「トントロオテ」という名前だけが載っている。実際に坂ノ市で聞き取りを行ったところ、そこは灌漑《かんがい》であり、川から水路に水を引き入れる所だという。しかし、なぜ「トントロオテ（発音としてはトントローテに近い）」と呼ぶのかはわからないという。

愛媛県にも「状探し」という類話があるが、こちらは怪火のみとなっている。

シラミ

大分県佐伯市米水津《さいきしよのうづ》では夜に、イワシが泳いでいる際に夜光虫が光ることをシラミ、もしくはヒキが立つと呼ぶ。かつて、シラミは変死した人の亡霊であると恐れられていた。箕《み》の形をした白く光るものが船に勢いよく迫ると、船の下に止まる。そうなると、船をいくら漕《こ》いでも動かない。前進しているようであっても、ヤマを見ると動いていないのがわかるという。（大分県

教育委員会（編）『米水津村宮野浦の民俗』）

愛媛県北宇和郡下波村（現・宇和島市下波）にも「シラミ」という同じようなものがあり、長崎県壱岐島で**シキ幽霊**と呼んでいるものもよく似ている。

白殿［しろどの］

大分県臼杵市《うすきし》でいう化け狐。

昔、臼杵城に稲荷が祀《まつ》ってあり、その眷《けん》族《ぞく》として数千の一族を持つ白狐がいたとも、臼杵坂に三匹の白狐が飼われていたとも伝わる。白狐は殿様にたいそう馴れついており、参観の際には船にもついてきていた。護衛も務め、参勤交代の際は必ず五匹の狐が武士に化けて行列に加わり、他の狐たちは行商人や旅人に化けて物見の役を務めたとされる。殿様も白狐を可愛がり、藩士たちもこの白狐を「白殿」と呼んで大事にしていた。ある時、殿様が臼杵郊外の南津留へ狩りに行き、狐も連れて行った。しばらく獲物がいなかった最中、突如雉《きじ》が現れたので撃ったところ、それは雉ではなく肥柄杓《こえびしゃく》であった。これは狐が騙《だま》したに違いないと、殿様は大いに怒り、城に帰ると「自分を騙すようなものはここに置いておくことはできぬから出ていけ」と狐に言った。その後、狐一族は城からいなくなってしまった。数年経たある年のこと、殿様が江戸詰めとなっていた時、近所で大火があった。しかし、殿様の屋敷の付近に真っ白な火事装束を身に着けた火消しの一団が現れ、目覚ましく働いたため、屋敷は火事にならずに済んだ。その後、多くの大名が見舞いに来ては「良い家臣を持たれた」と口々に誉めたが、殿様自身にはその火消しの一団に覚えがなかった。ある日、隣の藩の武士が殿様の元を訪れ、「先日の火事の際に、三匹の白狐が一生懸命火を消していたのを見た」と話したことで、あの一団は追い出した狐たちであることがわかった（別の説では狐が枕元に現れて事実を告げ、帰参を願い出たとも）。そこで再び城に狐が棲むことを殿様は許したという。

後日のこと、国許のある家老の家に使者が来た。「家の息子に竹田のこうとう稲荷から嫁をもらうので、来てください」と告げられたので、不思議に思いつつも、殿様の許可を得て、使者とともに竹田へと向かった。家老は正客として大広間に通され、珍味のご馳走を振る舞われ、酩酊《めいてい》して眠り込んだ。家老が気づくと、そこは広い野原であったが、家老の側には折包みなどがいくつも置いてあったという。

白狐たちは長い間卯寅櫓《うとやぐら》に棲みついて、臼杵城を守ったとされている。（酒井富三「臼杵町誌（四八）」『豊州新報』、梅木秀徳・辺見じゅん『日本の伝説　四九　大分の伝説』、臼杵市史編さん室（編）『臼杵市史』下、藤澤勝美『大人から子どもへの臼杵の歴史物語』）

白坊主［しろぼうず］

大分県南海部《みなみあまべ》郡鶴見町小鯛網代《こだじろ》（現・佐伯市《さいきし》鶴見大字沖松浦小鯛網代）の山道に

出たという恐ろしいもの。

大正時代（一九一二～二六）の初め頃、雨が降りそうな日に白いものを着て、フワフワと動くおでーもん（恐ろしいもの）が出た。正体はわからないままだという。（鶴見町誌編さん委員会（編）『鶴見町誌』）

城守狐［しろもりぎつね］

大分県速見郡日出《ひじ》町《まち》暘谷《ようこく》城の守り神。

慶安年間（一六四八～五二）、木下俊治は由比正雪に口説かれ、謀反《むほん》陰謀加担の血判を押すが、計画が露見してしまう。この時、暘谷城の抜け穴に棲んでいた狐が謀反発覚について通報したため、城ではこれに応じて対策を練った。藩安泰の祈禱《きとう》を城下の蓮華寺で七日間修したところ、血判状から木下俊治の名前が消えた。その事件から後、狐は城の守り神として祀《まつ》られ、今の本丸跡の西側、石垣の下にある赤い鳥居の稲荷神社に祀られているのがその狐であるという。（大分合同新聞社・梅木秀徳『大分の伝説』下巻、梅木秀徳・辺見じゅん『日本の伝説四九　大分の伝説』）

水神火［すいじんび］

大分県佐伯市《さいきし》弥生でいう川辺に出現する光物の類。

夜の番匠川《ばんじょうがわ》の川面に突然、火が燃え盛ることがある。これを水神火と呼び、水神様が川の見回りに出ているのだという。漁《いさ》りに出ている人は水神火に出遭うと、今夜は魚が捕れないといって、帰る。（弥生町誌編さん委員会（編）『弥生町誌』）

嵩ヶ穴［すうがあな］

大分県玖珠《くす》郡玖珠町の山の怪。
万年山《はねやま》の北側七分目に嵩ヶ穴と呼ばれる穴がある。穴の口周りは二尺（約六〇センチ）ぐらいで、村民の伝承によるとこの穴には嵩という山魅山男の類が棲んでおり、それにちなみこの名があるのだという。この穴の中に一人二人でいくら石を入れておいても翌日にはその石が残らず穴の出入り口に出してあるという。（森栗丈「玖珠郡志」『大分県郷土史料集成（地誌篇）』）
『玖珠郡志』には「嵩ヶ穴」にルビが振られておらず、本来どのように読むのかは不明。

砂撒き［すなまき］

大分県玖珠《くす》郡、佐伯市《さいきし》でいう音の怪、砂が降る怪。
玖珠郡の神宮八幡に上る途中に古後井路《こごいじ》があり、ここを渡ると樹と竹が生い茂って道を覆い、暗くなっている所がある。夜にここを通ると、砂撒きに砂を投げつけられるという。（田坂保「玖珠の古語り」『玖珠郡史談』第二七号）
九重町では砂撒きは人家から離れた山道や坂道の竹藪《たけやぶ》に出たといい、これは狸《たぬき》の仕《し》業《わざ》だとされている。狸が穴を掘り、後ろ足で砂を蹴《け》ることで、人にかかったり、藪に当たってザアザアという音が立つのだという。東飯田地区野倉の防衛庁道と町道の境近く、下旦《しもだん》にある某家の竹藪付近、物見塚、見留《みとめ》、丸塚、上旦、甲斐金物店前の山、木村肉店、高塚商店下手の曲がり角、筌《うけ》の口の山道、堂の尾の地蔵など、砂撒きが出るといわれている場所がいくつかあり、その場所を通る時は砂撒きに砂を掛けられたという。（九重町（編）『九重町誌』上巻、九重町教育委員会「町誌編纂室」（編）『九重町文化財調査報告　第一九輯　九重町の民俗〜郷土資料調査報告〜』、小野喜美夫『飯田の民話と伝説』）

夜、南海部郡《みなみあまべ》宇目町（現・佐伯市）の峠道を通る際、ときどきパラッパラッと小さな音がすることがある。ここでも狸が砂を撒く音だとされている。昭和の初め頃、夜に宇目町岩崎を通ると、何者かに砂を撒きかけられることがあった。往来もさかんになってきていたため、このままでは困るとお稲荷を祀《まつ》ったところ、砂を撒きかけられることはなくなったという。（宇目町誌編纂委員会（編）『宇目町誌』）

北海部郡《きたあまべ》丹生《にゅう》村（現・大分市丹生）でもかつては砂撒きの怪談があったが、近年では聞かれなくなったという。（富來成太郎（編）『丹生村史』）

また、砂撒きという名前ではないが、竹田市宮砥《みやど》地区次倉オツルミズでも、夜に狸が後ガキに砂を撒きかける所があるという。（竹田市史刊行会（編）『竹田市史』下巻）

西叡山の魔姫［せいえいざんのまひめ］

大分県豊後高田市西叡山に棲むという魔性のもの。土蜘蛛《つちぐも》。地名由来譚《たん》。

旧暦の盆の十五夜、盆の一六日には、西叡山の土蜘蛛が三人のお姫様に化けて、円福寺にお詣りするといわれ、このお姫様に途中で出遭うと、病気をするか、悪くすると死ぬこともあるという。また、この三人の魔性の女はときどき里人を捕らえて食うこともあり、麓《ふもと》の人々から西叡山の魔姫と呼ばれ恐れられた。また、一六日の朝には、川原地区の入り口付近で姫たちは必ず糞《くそ》をする習慣があり、その場所は姫糞と呼ばれている。

ある日、田福の久兵衛（金兵衛とも）が川原地区へ夜遊びに行った帰り、向こうから三人の姫が話をしながら来ていることに気が付いた。驚いて小川の土橋の下に久兵衛が隠れていると、一人のお姫様が「人間臭いぞ」と言い、次の一人が「たった一口」と言う。三人目の姫が「寺詣りだから帰りにしよう」と言って、お姫様たちは行き過ぎていった。久兵衛はたった一口にやられてはたまらないと、足音が消えてからすぐに家へと逃げ帰ったという。

盆の一六日に小田原地区の木太という樵《きこり》が西叡山で薪を採っていた。昼になり、山の中腹にある円福寺の御堂で昼寝をしていたが、辺りが薄暗くなるまで眠ってしまった。木太は慌てて帰ろうとしたが、行く手に三人の魔姫が現れて、魔姫が吐き出す蜘蛛の糸にからめとられ、御堂の隅のトクノ口の古井戸の中へと引き込まれた。その頃、野部地区の甚助という人が芝崎村から舟塚のほうへ帰る途中、姫糞付近で生臭いにおいを嗅《か》ぎ取り、急いで円福寺下の岩穴へと隠れた。様子をうかがうと、三人の姫が古井戸から木太を引き出していた。上の姫が「この男は肉が弛《ゆる》んで旨そうだ」と言い、中の姫が「では姉様、今食いますか」と言う。そこへ末の姫が「お寺詣りが済んでからにしましょう」と言って、三人で口々に話している。それを聞いた甚助は急いで山を駆け下り、里の人々に一部始終を語ったところ、甚助はばったりと倒れてそのまま息絶えてしまった。これは魔姫に影を呑まれたためだとされる。翌日、里の人が山へ行くと、山のように堆《うずたか》い糞が三つあったという。

以上の事柄から、この地方の人々は盆の十五夜には誰も姫糞を通らないようになり、盆の一六日の夜更けには決して外出しないという。（豊後高田市郷土研究会（編）『郷土研究』第一集、芥川龍男・渡辺宏紀（編）『国東半島の民話』第一集、土屋北彦（編）『日本の民話　四九　大分の民話』）

清太ヶ渕［せいたがぶち］

大分県国東市《くにさきし》安岐町《あきまち》中園にある渕。龍宮淵の類。

清太ヶ渕については諏訪寛村『閑居口号』に記されている。

昔、中園村に清太郎という者がおり、屋敷の大木の枝が大川の渕の上に差し掛かっていたため、枝を下ろそうとした。斧《おの》を持って大木に登ったところ、斧を渕へと落としてしまう。清太郎が渕に飛び込んで、斧を探していると、竜宮の世界に辿《たど》り着き、木綿機《もめんばた》を織っていた丈一丈（約三メートル）ほどの女に遭遇した。女は清太郎に早く帰るよう促すが、清太郎は帰り道がわからなくなっていた。女は機の側に置いてあったしとり（機具）を清太郎に渡し、持って行くようにと教えた。教えられるまま進むと、中園村の源太郎の井戸に浮かび上がることができた。渡されたしとりを見てみると、それは三尺（約九〇センチ）余りの蛇であった。我が家に帰ってみると、清太郎がいなくなってから三年経ち、三年忌法会を行っているところであったという。

また、宝永（一七〇四～一一）の頃のある夜、浄国寺に一人の女がやって来て、莫無上人に結縁を請われた。上人がどこから来たか尋ねると、女は清太ヶ渕から来たと言う。不思議に思った上人が、何か証拠が欲しいと持ち掛けたところ、女は消え失せた。翌朝、仏壇に三尺ほどの鱸《すずき》が跳ね回っていた。これはあの龍女の証拠であろうと、血縁をしたため、弟子の春慶を清太ヶ渕に遣わした。血縁を水に浮かべると、流水がにわかに渦巻いて、渕の底へと沈んだという。（安岐町史編集委員会（編）『安岐町史』）

セコ

大分県中津市、玖珠《くす》郡九重町、由布市、大分市、臼杵《うすき》市、津久見市、豊後大野市、竹田市、佐伯市《さいきし》でいう山中の音の怪、水辺と山とを往来する怪。

秋の彼岸を節目とし、秋冬の間に河童やガーッパ、ガッポウなどの水怪が川から山へ上がってセコになるといわれている。セコの通り道は決まっており、セコの通り道に家や小屋を建てると揺さぶられる。音真似がうまいとされ、樹木や竹を伐り倒す音がしても、音がした辺りの様子が何一つ変わっていないのは、セコの仕業《しわざ》だとされる。

下毛郡耶馬渓《やばけい》町山移《やまうつり》（現・中津市耶馬渓町山移）では、セコはホイホイ鳴くといい、行く手に小屋があっても突き抜けて通っていく。そのため、山に泊まる際はイグイを打っておき、「今晩はここに泊まるが、悪ければイグイをかやしてくれ」と言って、セコの意思を確認する。シバントの滝の上で炭を伐っていたところ、姿は見えないが水の上を足半《あしなか》で踏んでくるようなピシャッピシャッという音がした。これも音の主はセコと思われている。（大分県教育委員会（編）『耶馬渓町の民俗』）また、猿の左手を河童が恐れることから、馬屋の入り口に猿の手を打ち付けることでセコ除けにしている所もあるという。（大分県総務部総務課（編）『大分県史　民俗篇』）

九重町筌《うけ》ノ口では、セコはヒョウヒョウと鳴くといい、ウジを歩いて通る。そのため、ウジの道には泊まらないという。（千葉徳爾『狩猟伝承研究』）

大分郡挾間町（現・由布市）では山へ行った人が、気が付かずにセコを傷つけてしまい、晩に家を揺さぶられたという話がある。（挾間町誌編集委員会（編）『挾間町誌』）

大分市広内でもセコは河童が山に登ったものとしているが、広内地区は小川しかないためか、河童についての伝承は少なく、セコの話のほうが多い。臼杵市へと抜ける峠にセコの通り道があり、二、三匹が組となってブツブツ言いながら通り過ぎていく。この際、セコの姿は見えないとされる。坂や林の中を通っていると、行く手から木の環を打つ音や斧《おの》で木を伐る音がする。音がする所まで進むと、そこでは音が絶え、再び先のほうから音がする。あるいは、薪を割っている音がするため、声をかけたが、誰もいなかったという話もあり、これらもセコの仕業とされている。子どもが山から帰って来たかと思うと、ご飯を食べてすぐに山へ相撲《すもう》を取りに行くと言いだした。親はセコの仕業だと気づき、子どもにお仏飯を食べさせた。家を出た子どもであったが、やがて山から帰ってきた。自分の目が光っているため、セコが相撲を取ってくれなかったと、子どもが話したという。

大内《おおち》地区でも、冬が近づくとセコは群れをなして山へ登るが、河童とセコの交替については伝承が薄れているらしく、セコの姿自体は河童と同様だとされている。セコは人の真似をするのが上手とされ、人に危害を加えることはないという。小屋の外から何十人もの人声がするため、外に出てみたが、誰もいなかった。木《こ》挽《び》きの音や木の倒れる音をさせたり、小豆を洗うようなサクサクという音を立てることもある。日《ひ》平《ひら》の榎ヶ塔《えのきがとう》にセコが出ては、木を伐るような音を立てるため、榎の老樹の下に地蔵像を建立したところ、セコが出なくなったという。（大分市教育委員会『九六位山麓の民俗』）

臼杵市松嶽《まつがたけ》では、セコはヒューヒュー鳴くという。誰もいない竹山で竹に石を投げつけたようなカチン、カチンという音がするのはセコの悪戯《いたずら》だとされる。泊ケ内《とまりがうち》では、セコは家を壊したり、木を伐る音を立てたりするという。東神野《ひがしこうの》では、セコは全身毛だらけであり、大きさは三歳児ほどとも、蹄跡《ひづめあと》にセコが三匹入るほどともいわれる。人の声や音を真似るのがうまいが、鉄砲の音真似はできない。音真似の初めははっきりしているが、終わりのほうははっきりしていないという。（臼杵市史編さん室（編）『臼杵市史』下）大野郡野津町西神野（現・臼杵市野津町西神野）は地域が隣り合っているため、臼杵市東神野とほぼ同じように伝えられているほか、女や子どもの手足を引く、よく笑う、人の心をよく見抜く、セコに返事をすると足元に来るため返事をしてはいけないなどともいわれている。屋内には入って来ないとされ、小屋を揺らされても「止めてくれ」といえば止めるという。鰯《いわし》の頭を嫌うため「鰯をやるぞ」と言うと障《さわ》りをしない。セコに相撲を挑まれた際は「腕抜きと皿押さえが上手だ」と言えば、セコは相撲を止める。相撲でセコに抗《あらが》うと足を取られるという。水地では、セコは子どもくらいの大きさで、頭頂部の皿に水があれば、千人力だという。セコに相撲を挑まれた際は「逆立ちして取ろう」と言えば良いとされる。落谷では牛が越にセコがいるとされる。オナゴダケを伐っていると、木を倒す音がするので、音が聞こえた方向へ行ってみると、気分が悪くなった人がいるという。（野津町誌編さん室（編）『野津町誌』下、『狩猟伝承研究』、大分県史料刊行会（編）『大分県史料（二一）第七部　民俗』）

津久見市でもセコの通り道に居小屋を建てると、居小屋を揺さぶられるというほか、ゴロ寝をしていてもいつのまにか端に寄って寝ており、中央にセコの通り道ができているという。秋冬には山に入ってセコ、春夏には里に出てカッパと呼び分けられているが、カッパに対し、セコは人間に害を与えることは少ないとされる。木や竹を伐る音を出して山師や大工の真似をすることで知られており、夜中に裏山のほうから大木に斧を打ち込み、鋸《のこぎり》を引く音がし、大きな音を立てて樹が倒れる音が一晩中聞こえてきたが、翌朝、裏山の様子を見ても何一つ、昨日と変わったところはなかったという話もある。（津久見市（編）『津久見市誌』、竹本正夫『大正も遠くなりにけり』その一）また、無垢島《むくしま》にイカ釣りに行った人が、夜半、風も吹いていないのにざわざわし、押さえられて体が動かなくなった。これも河童やセコの仕業と思われている。（『臼杵市史』下）

大野郡三重町（現・豊後大野市）でもセコ道に山小屋を建てると小屋を揺らされ、体の上をセコが踏んで通るため、眠ることができないといわれている。セコは風の吹くような音を立てて通る。人間が近づく音がすると、セコは姿も見せず音も立てないとされているが、夜にセコの姿を見ると患うともいう。夕暮れに、松尾の荒瀬口にある地蔵の下の川で、シャブシャブと味噌漉《みそこ》しを洗うような音がする。これはセコかガワタロウの仕業だと思われている。（三重町役場企画商工観光課（編）『大分県三重町誌　総集編』）

　大野郡緒方町滞迫《たいさこ》区（現・豊後大野市緒方町滞迫）では、尾根筋はセコの通り道だといい、家を建てる際は尾根筋を避ける。深山に一人で作業していると、向かいの山からもこちらと同様にヨキ（斧）で受け切りをする音や大木を伐り倒す音が聞こえてくる。誰か同じように木伐りをしているのかと見てみても誰もいない。こういう時は仕事をやめて家に帰る。また、思う方向に木が倒れない場合もセコの悪戯だとされ、塩やお神酒《みき》を供えたり、榊《さかき》の木を打ち振って地面に立てて祈ると、よく倒れるという。軸丸北区では、春先になると河童が丘に上がってセコになり、ヒューヒュー鳴くという。（緒方町立歴史民俗資料館緒方町誌編纂室（編）『緒方町誌・区誌編』）知多地区では、群れの先頭の一匹がヨイと言うと、後から数知れないほど多くのセコがオイと答えて、峰を渡っていく。一晩中、セコの声が聞こえるという。（北九州大学民俗研究会（編）『大分県の民俗シリーズ（一）　緒方町の民俗』）大野郡長谷川村上畑字中村（現・豊後大野市緒方町上畑）では、セコが通るため尾根に泊まらないといい、セコは鋸の音を嫌うとされている。（『狩猟伝承研究』）

　竹田市玉来《たまらい》地区ではカッパが山に入るとセコに名前が変わる。玉来川の赤淵から宮地嶽へ向かう道はセコが通る道とされ、夜にヒョウヒョウと鳴いてセコが通っていく。城原地区下深迫《しもふかさこ》では、セコの通り道に炭窯《すみがま》を作ったため、何回も天井をセコに踏み抜かれてしまって炭を焼くことができず、寺で拝んでもらったという話がある。（竹田市史刊行会（編）『竹田市史』下巻）直入《なおいり》郡直入町（現・竹田市直入町）では、山道を歩いていると、ヒュッヒュッと鳴きながら、前になり後になりしてセコにつけられたという話があり、北向まで来るとセコの鳴き声がしなくなったという。天照皇大神神宮のお札を立てると、セコは悪戯をしなくなるとされる。（直入町誌刊行会編集委員会（編）『直入町誌』）

　南海部《みなみあまべ》郡宇目町（現・佐伯市）では、よく晴れた寒い冬の夜に、セコがヒョッ、ヒョッ、ヒョッと鳴きながら、物凄《ものすご》い速さで通り過ぎて行くが、誰もその姿を見た者はいないとされる。セコの通り道になば木を立てておくと、なば木を倒すという。（宇目町誌編纂委員会（編）『宇目町誌』）南海部郡蒲江町《かまえちょう》葛原（現・佐伯市）では、セコは毎晩同じ時刻にヒョー、ヒョーもしくはヒョッ、ヒョッと鳴いて通る。春の彼岸からは海に、秋の彼岸からは山に棲むとされる。セコの通り道に炭焼き小屋を建てると、小屋の壁に穴を開ける。セコに相撲を挑まれた時は「芋畑《いもばたけ》の中で取ろう」と言えば良い。セコは芋の蔓《つる》に足を引っかけて転び、頭の皿の水をこぼしてしまうという。また、セコは猿が嫌いなため、猿の肉を食べておくと川や海でセコに曳《ひ》かれない。西野浦では、セコは二歳くらいの子どもの姿をしており、頭に水がある。小屋を作る時、縄を張っておかないと、セコは屋根の上でも通っていくという。丸市尾《まるいちび》のセコも頭に窪《くぼ》みがあり、ここに水が溜まっていると強い。セコの通り道に柴を立てておくと、柴が動く。セコは連れだって通り、ヒョー、ヒョーと鳴く。風呂が好きであり、セコが入った後の風呂は脂っこくなる。そこで風呂をたぎらせておいたところ、セコが飛び込み「ガッ」と鳴いた。以来、セコは来なくなったという。（蒲江町教育委員会（編）『蒲江町史』、郷田洋文「東九州の行事伝承〈補遺〉」『西郊民俗』通巻一四号）南海部郡弥生町山梨子（現・佐伯市弥生山梨子）の石鎚《いしづち》神社参りに一人で行くと、どこからともなく「ヨーイ、ヨーイ」と呼びかける声が聞こえてくるが、振り返っても誰もいない。しばらく行くと、近所の知人の声色で間違った道へと誘い込もうとする。声に応じて行くと一日中同じ道を巡ることになる。これはセコの悪戯だとされる。（弥生町誌編さん委員会（編）『弥生町誌』）南海部郡米水津《よのうづ》村宮野浦（佐伯市米水津宮野浦）では、セコは子どもくらいの体長でヒュッヒュッと鳴くという。天満社の森でセコがチョウナを打ったり、鉋《かんな》をつく音の真似をしていたという。河童がセコになるとは知られていない。（大分県教育委員会（編）『米水津村宮野浦の民俗』）屋形島のセコは子どもに似ており、頭の皿の水がこぼれると弱くなる。よく人間をからかって石を投げるが、決して当たらないといわれている。（宮崎県総合博物館「離島調査報告書（二）—島野浦の歴史と民俗—付大分県深島・屋形島」『日本民俗調査報告書集成　九州・沖縄の民俗　宮崎県編』）南海部郡宇目村木浦（現・佐伯市）のセコは昼も叫び声をあげ、夜は木を伐って上からまくる（転がす）音をさせる。（『狩猟伝承研究』）南海部郡鶴見町大島のセコは六、七歳ほどの子どもの形をしており、頭は芥子《けし》坊主で、カッカッと鳴く。日和《ひより》の変わり目に群れをなして山へと登る。セコに騙《だま》されて道に迷ったり、怪我をしたりすることがあり、特に焼餅《やきもち》を懐に入れているとセコが欲しがるとされる。（民俗學研究所『綜合日本民俗語彙』）上記のほか、佐伯市ではセコの通り道を塞《ふさ》がないために、家の塀に穴を開けておいたり、切れ込みを入れておいたりした。（ひろせみほ『キミ住む街の河童のはなし』）金物を嫌うセコが、金物である鍋を谷川につけられたため、しゃもじを隠した。（『耶馬渓町の民俗』）雨の降る日に防災ダムで草刈りをしていると、後ろから赤子の泣く声がしたため、振り返ってみたが誰もいない。これもセコの仕業だと思われる。（佐伯市教育委員会・佐伯市高齢者教室（編）『佐伯の昔話』）

セコ子［せこご］

『観恵交話』に載るセコの類。

有馬左衛門佐殿領分の山（『山の人生』では豊後と考えられている）に住むもので、

三、四尺（約〇・九〜一・二メートル）ほどの大きさで顔の真ん中に目が一つある。体に毛はなく、何も着ておらず、二、三〇ずつ連れだって歩く。大工の墨壺《すみつぼ》を欲しがるが、与えれば悪いことがあるためやらないという。声はヒウヒウと高く響く。（柳田国男「一つ目小僧」『妖怪談義』、同「深山に小児を見るという事」『山の人生』、同「一目小僧」『一目小僧その他』）

余談であるが、京極夏彦の小説「肆　妖怪研究家、黄昏に咆哮す」（『虚実《うそまこと》妖怪百物語』）にて一つ目小僧に遭遇した多田克己が、墨壺を欲しがれば確実に一つ目小僧だった、と話す場面があるが、この説明はセコ子のことだと思われる。

殺生石［せっしょうせき］

大分県竹田市、玖珠《くす》郡九重町、別府市にあるという石。

杉谷宗重『大友興廃記』巻第一〇、阿部隆好『豊岡古人語集』には、直入《なおいり》郡朽網《くたみ》（現・竹田市）の殺生石について記されている。

朽網の七不思議の一つとされ、有氏村《ありうじ》御拝所の松原の少々山のほうの脇道にあるという。鳥類などがこの石に止まると、たちまち死んでしまうため、殺生石と呼ばれている。鳥だけでなく、人や獣もこの石に触れると毒気で死ぬとされる。（垣本言雄『大分県郷土史料集成』上巻、『豊岡古人語集』）

森栗丈『玖珠郡志』、佐藤成裕『中陵漫録』には玖珠郡田野（現・九重町）の千町無田にある殺生石のことが書かれている。『玖珠郡志』では真野長者跡の七異跡（七不思議）の一つ、『中陵漫録』では玖珠の三奇の一つとしている。石の下に一つの穴があり、そこから気を噴き出している。飛んでいる鳥が石に触れて落ちることがあるといい、走り回る獣も硬い殻に覆われた虫も気に触れれば死んでしまうという。那須の殺生石とは関係ないようで、『玖珠郡志』には【玉藻の前が異魂の石にもあらず】と書かれている。（垣本言雄『大分県郷土史料集成（地誌篇）』、『中陵漫録』）

別府市の殺生石は十文字原にある太刀通し岩のことだとされる。この岩が殺生石だと知らずに旅人が腰かけてしまい、たちどころに死んでしまうため、鎮西八郎為朝が太刀で一突きにして、殺生石を刺し殺したと伝えられる。石には太刀の穴と呼ばれる深い穴が開いている。この太刀の穴であるが、鎮西八郎為朝ではなく、景行天皇が開けたものだという話もある。天皇を慕ってコロコロ転がって付いてくる石があったが、景行天皇はこの石をうるさく思い、振り向きざまに睨《にら》みつけた。すると、転がり付いてきていた石がピタリと止まった。この際、腕に思わず力が入ってしまい、杖を突くように、剣で真下にあった石を突き通した。転がっていた石はにらみ石と呼ばれ、剣で貫かれた石は太刀通し岩と呼ばれるようになったという。（大分縣教育會（編）『大分縣郷土傳説及び民謡』）

銭井戸 ［ぜにいど］

大分県別府市でいう椀貸《わんか》し淵《ぶち》の類。

浜脇の朝見の上に迫という所があり、迫の小さな山の下が削られて畳二枚敷きほどの水溜まりがある。

昔、この井戸は銭に困った者に文銭を与えていた。しかし、人々がだんだん銭を返すことを忘れるようになってからは、銭を見ることができても手に取ることはできなくなった。

この井戸を銭井戸と呼び、覗いていると銅貨が水の中から湧き出るが、手に取ろうとすると銭は皆、岩の中に吸い込まれてしまうという。（郷土史蹟伝説研究会『増補豊後伝説集　全』）

『豊後伝説集　全』には水溜まりの大きさは畳二枚敷きほどと記されているが、筆者が実際に見たところ、もう少し小さい印象を受けた。賽銭《さいせん》なのか、水底には小銭が沈んでいた。

似た話に「銭瓶池《ぜにがめいけ》」「銭瓶峠の亀」がある。

千丁松火 ［せんちょうまつび］

大分県宇佐市安心院盆地七不思議の一つ。光物、怪火の類。

小雨が降る宵の頃、安心院盆地に一点の火が灯るとみるみるうちに三点五点一〇点と灯りの行列が連なり、また一つ消え、二つ消え、次々と消え失せる。上の原の狐が骨をくわえて走るのだといわれており、龍王の古城の池の土手は千丁松火を見るのに格好の土地であるという。（安心院町誌編集委員会（編）『安心院町誌』）

せんちん婆さん ［せんちんばあさん］

大分県臼杵市《うすきし》でいう便所神の類。

物を戴《いただ》くかのように両手を差し上げ、人間の不浄物を受け止める女神であるとされる。

便所に唾《つば》を吐くと、せんちん婆さんが怒って、その人の口の端をつねりゴキダコ（できもの）を作る、もしくは口の端を切るとされる。「せんちん婆さん、悪いことをしました。どうかお許しください」と便所で詫《わ》びると必ず治癒するという。

また、夜中に便所へ行く際は「せんちん婆さん、今晩はもう、おしっこに参りませんけん」と、お断りしていたという。（直良信夫『子供の歳時記』、古谷美和氏より筆者聞き取り）

宮崎県には尻を撫《な》でる**セッチンババ**という妖怪の話がある。

雪隠坊主 ［せんちんぼうず］

便所に出たとされる怪物。

大分県大分市河原内のとある家で語られていたもの。雪隠便所の中には雪隠坊主がおり、人間のケツに手を入れて、心臓を抜くと恐れられていた。そのため、雪隠坊主がいないうちに用を足さねばならない。下を覗いて、便所の中に雪隠坊主の光る目が見えたら、便器を跨《また》がなかったという。

　筆者聞き取り。

袖引き［そでひき］

　大分県臼杵市《うすきし》でいう引っ張る怪。

　岡城路赤松の街道を歩いていると体や袖を引っ張るものがいるが、振り返っても誰もいない。処刑された人が引っ張るのだとされる。

　齋藤行雄が聞き取りしたもの。（臼杵妖怪共存地区管理委員会・臼杵ミワリークラブ「臼杵の妖怪リスト」、同（編）『亀城下異談』）

袖引き婆［そでひきばばあ］

　大分県大分市でいう子攫《こさら》いの怪。

　話者が中判田に住んでいた頃、「袖引き婆が出るから夕方に垣根を曲がるな。袖を引っ張ってあの世に連れていかれてしまう」と、向かいの家に住んでいたお婆さんがよく言っていたという。

　漫画家とよのきつね。より筆者聞き取り。

【た】

鷹［たか］

　大分県東国東《ひがしくにさき》郡姫島村でいう動物報恩譚《たん》。

　動物報恩譚の中でも人の姿に化けて恩返しするタイプの鳥。

　山で罠《わな》にかかっていたところを親孝行な息子に助けられる。正月四日、姫島村では常盤《ときわ》やだらいげ（楤《たら》の木）の木を伐って海岸に打ち上げられた藻を拾って帰る「福がり」という習慣がある。しかし、息子は用事があったため「福がり」が遅れた。そこへ鷹が綺麗な娘となって蓮の茎のネバ糸で織った「蓮の曼陀羅《まんだら》しょくこの錦」という値打ちのある物を渡した。息子と母親は錦をお金に換えたことで幸せに暮らした。（芥川龍男・渡辺宏紀（編）『国東半島の民話』第二集）

宝化物［たからばけもの］

大分県臼杵《うすき》市《し》の昔話に登場する精霊たち。

武者修行していた武士が空き家に泊まると、その晩、床下から黄色い裃《かみしも》を着た人が出てきて、庭に向かって「さいわいさいわいさいわい」と言った。すると「へェい」と言って出てきたものがいて、二人でぐずぐずと話をしていたが、やがて二人とも帰った。しばらくすると白い裃を着た人が出てきて、庭に向かって「さいわいさいわいさいわい」と言うと再び「へェー」と言って出てきて二人で話し、帰っていった。その後、赤い裃を着た人が出てきて同じく「さいわいさいわいさいわい」と言い、「へェー」と返事をしたものと話をして帰った。今度は俺がやってみようと庭に「さいわいさいわいさいわい」と言うと、「へェー」と出てきた。武士はそいつの襟首を捕まえると「先ほどから出てくる裃を着た奴らは何か」と訊ねた。「この家はもともとたいそうな分限者（金持ち）の家で、床下に大判小判などのお金がたくさん入った壺《つぼ》が埋まっています。黄色い裃は金の性（精）、白い裃は銀の性、赤い裃は銅の性でございます」と答えた。「貴様は何か」と訊ねると「私は壺の性でございます」と答えるので、武士は壺の性を帰して、そのまま眠った。翌朝、近所の人が武士を起こすと、一部始終を武士は語り、皆で床下を掘ってみた。すると、大きな壺が出てきて、中には金、銀、銅がたくさん入っていたという。（後藤貞夫「北海部郡昔話（二）―大分県北海部郡臼杵町―」『昔話研究』第一巻第四号）

ほぼ同じ筋書きの話は佐賀県にも見られる。

竹切り［たけきり］

大分県豊後高田市長岩屋地区でいう空木《からき》倒しの類。

竹林の側を夕方通ると、竹を伐るような音がすることがある。これは竹伐り狸《だぬき》といって、狸が竹を叩きながら上る時の音だという。（松本和久『平成一五年度卒業論文 妖怪についての考察―豊後高田市都甲、及び周辺地域の闇と妖怪の思想―』）

狸自動車［たぬきじどうしゃ］

大分県臼杵《うすき》市《し》でいう偽自動車の類。

昭和の初め頃、夜道を自動車で進んでいると、向こうから自分の自動車と同じ自動車がやって来る。よく見ると、運転手まで自分と同じであり、こちらと同じ仕草をする。狸の仕業《しわざ》とわかった運転手は懲らしめてやろうと、狸の自動車と正面衝突させることにした。すると、ぶつかる寸前に自動車は消え、狸の大きな尻尾がライトに照らされて、道の横の川でドボンという大きな音がしたという。（臼杵妖怪共存地区管理委員会・臼杵ミワリークラブ（編）『亀城下異談』）

狸の腹鼓［たぬきのはらつづみ］

大分県竹田市、豊後大野市、臼杵市《うすきし》でいう呼び子の怪。

大野郡三重町新田地区（現・豊後大野市三重町）に太郎兵衛（もしくは高寺に太呂平）という独り身の若者が住んでいた。ある晩、囲炉裏端《いろりばた》で仕事をしていると、コトリという物音がして、外から「たーろべえはタンポコタン」という声が聞こえてきた。太郎兵衛は正体を確かめようとしたが、寒気がして立ち上がることができなかった。タンポコタンという声は一晩中続いた。翌朝、太郎兵衛が物知りの森右衛門（林ヱ門とも）爺《じい》さんに相談したところ、若い仲間を集めて、魔性の者と口争いで言い負かすと良いと助言を受けた。その晩、五人（一〇人）の若者たちを集めて声を待っていると、夜更けにコトリと音がし、「たーろべえはタンポコタン」という声が聞こえてきた。そこで一人が「そういうものこそタンポコタン」と大声でやり返した。魔性の者が再び「たーろべえはタンポコタン」と言うので、二番目に控えていた若者が「そういうものこそタンポコタン」と叫んだ。こうして魔性の「タンポコタン」に対し、太郎兵衛たちは順番に応酬していったところ、次第に魔性の者の声が疲れて擦《かす》れていき、ついには声が途絶えてしまった。そこで一同が外に出てみると、毛の抜け禿《は》げた古狸が息も絶え絶えになっていた。若者たちはこの古狸を捕まえると、早速狸汁にして食べてしまった。狸は人間と口争いをして言い負かすことで命を奪い、その分長生きをするといわれている。（朝日新聞（編）『大分むかしむかし　たんぽこたん』、隈井良幸『大分の消えゆく民話』）

臼杵市の浜地域に大島與衛門という侍が住んでいた。與衛門は鼓を打つのがうまく、夜になると座敷で鼓の稽古をしていた。ある晩、いつものように座敷で鼓の稽古をしていると、裏の竹藪《たけやぶ》から「大島與衛門ポンポコリン」という鼓の音が聞こえてきた。與衛門は「そうゆうものこそポンポコリン」と言って、鼓を打ち返した。竹藪と座敷とで「ポンポコリン」「ポンポコリン」と打ち続けた。あくる晩もその次の晩も、與衛門が鼓の稽古を始めると、裏の竹藪から「大島與衛門ポンポコリン」という鼓の音がし、與衛門も負けじと「そうゆうものこそポンポコリン」と打ち返し続けた。そのようなやり取りが一週間ほど続いたある晩、與衛門がいつものように鼓を打ちはじめたが、竹藪のほうからは何の音も聞こえてこない。その晩、與衛門は一人寂しく鼓を打った。翌日、裏の竹藪に行ってみると、狸が腹の皮を打ち破って死んでいるのが見つかった。與衛門の鼓の上手さにつられて、腹の皮が破れるまで狸は腹鼓を打ち続けたのだという。（酒井富三「臼杵町誌（四八）」

『豊州新報』）
　竹田の岡城の当直になった茅野伝右衛門は夕餉《ゆうげ》を食べ終えて満腹となり、布袋腹《ほていばら》を叩きつつ、月を鑑賞していた。すると遠くのほうから、腹を叩く真似とともに「伝右衛門の腹鼓」という声が近づいてきて、軒下までやって来た。互いに腹鼓の競争となったが、夜半にぴたりと音がしなくなった。翌朝、訝《いぶか》しりつつも伝右衛門が窓を開けてみると、古狸が腹を打ち破って斃《たお》れているのが見つかったという。（岡本香村『竹田奇聞』上）
　同様の話は多々あるが、明治九年（一八七六）二月一四日の「朝野新聞」には東京都旧御殿山の荒物屋で狸の腹鼓に対抗した記事が掲載されている。荒物屋の亭主とおかみさんは交代で四斗樽《しとだる》を叩くことで、大きな狸を打ち負かしている。（松谷みよ子『現代の民話』）

チクタン坊主［ちくたんぼうず］

　大分県大分市でいう子ども脅しの類。

　中島九条・十条の東部付近にあったチクタン池は昼でも薄気味悪く、子どもたちはチクタン坊主というお化けが出るといって、チクタン池に近づかなかったという。（渡辺克己『大分今昔』）

チチドッコイショ

　大分県津久見市保戸島にカモンバイという岩礁があり、そこに棲みついているという老女の妖怪。
　近づいた人間を胸部で圧迫し、窒息死させるという。（是永桂一「津久見の物語　後世へ」『大分合同新聞』夕刊）
　大分県では佐賀県、長崎県、熊本県、鹿児島県のような**磯女**の類の報告が見つかっていないので、珍しい話である。

血のにじむ膾［ちのにじむなます］

　大分県大分市戸次《へつぎ》の怪談。

　大年（大晦日）の夜に庄屋の家で大切な皿に膾《なます》を盛っていたが、一人の女中が割ってしまった。庄屋は女中を怒鳴りつけ、女中は井戸へ飛び込み死んだ。それからは年越しの晩に膾を作ると血がにじみ出すようになったため、その家では決して年越しの夜に膾を作らなくなったという。（郷土史蹟伝説研究会『増補　豊後伝説集　全』）

土蜘蛛［つちぐも］

　大分県豊後高田市西叡山《せいえいざん》でいう水蜘蛛の類。または直入《なおいり》郡豊岡村（現・竹田市）でいう飯食わず女房の類。

　西叡山の麓《ふもと》に茂十（喜平とも）という者がおり、西叡山に登っては薪を採ったり、木を伐って売ることで暮らしを立てていた。ある日、山で働き、一休みしていると、横にある這《は》うことで入れるほどの小穴から小さな蜘蛛が出てきて、茂十の足元に糸を巻き付けて小穴に戻っていく。これを何回と繰り返すので、茂十は不思議に思いつつも薄気味悪く、その糸を横の大石の角にかけ替えた。しばらくしてからいざ仕事にとりかかろうと、ふと大石を見ると、蜘蛛の糸は針金のようにピンと張り、大石を揺り動かしていた。茂十は驚き、あまりの恐ろしさに仕事も道具も打ち捨てて、山を一目散に逃げ下りた。そして、里の人々にこの出来事を話したが、誰一人相手にしなかった。その後、山仕事で生計を立てていた茂十が山に登らなくなったので、村人たちが得物を持って話の場所に行ってみると、大石は引き抜かれて、穴のほうへと引きずった跡が残っていた。これを見た村人たちはさすがに色を失って逃げ帰り、西叡山の土蜘蛛と評判になったという。お姫様に化ける西叡山の土蜘蛛については、**西叡山の魔姫**を参照。（豊後高田市郷土研究会（編）『郷土研究』第一集、芥川龍男・渡辺宏紀（編）『国東半島の民話』第一集）

　豊岡村では次のような話から「夜蜘蛛は親の日でも殺さにゃいけん」といわれている。昔ある所に甚兵衛という欲深い爺《じい》さんがいた。嫁をもらいたいが、嫁が来れば飯を食べさせねばならず、米が減ってしまうと考えていた。ある日、甚兵衛の所に美しい女が嫁にもらって欲しいとやって来た。聞けば何も食べないと女は言う。一〇日経っても二〇日経っても女は何も食べなかったが、様子を見ようと思い、甚兵衛は隣村に行ってくると言って家を出て、厩《うまや》の二階に上がって屋内の様子をうかがった。女は甚兵衛が出かけるやさっそく大きな四斗炊きの羽釜を出してきて、いっぱい米を入れて炊きだした。甚兵衛は晩になってから家に帰り、女に別れを切り出した。女は「ではお別れに風呂を沸かすので、入ってくれ」と言って風呂を沸かした。甚兵衛が風呂に入っていると、女が来て甚兵衛ごと風呂を担いで走り出した。山の中へと女は入っていったため、甚兵衛は木の枝に摑《つか》まることで、やっと逃れた。木の上から女のほうを見ると、向こうから一〇人余りの女が飛んで来る。やって来た女たちに「生け捕った、生け捕った」と風呂を下ろしたが、甚兵衛がいなくなっていたため「今晩、土蜘蛛に化けて甚兵衛を摑み殺してやる」と女は言った。それを聞いた甚兵衛は家に帰ると囲炉裏《いろり》にどんどん火を焚いた。天井のほうからバサバサと音がしたため、上を見ると大きな蜘蛛が甚兵衛に飛びかかろうとしている。甚兵衛は立ち上がって、蜘蛛をひっつかまえると、焚いていた火の中に投げ込んで焼き殺してしまったという。（柳田国男（編）・鈴木清美（採録）『日本昔話記録　一〇　大分県直入郡昔話集』）

天狗礫 ［てんぐつぶて］

大分県杵築市《きつきし》でいう山中の飛礫《つぶて》の怪。百井塘雨「山神の怪異」（『笈埃随筆《きゅうあいずいひつ》』）に記述がある。

　杵築の出身者で佐伯玄仙という人が夜、

友人二、三人と雉《きじ》撃ちに出かけた。とある山道に差し掛かると、左右から石が飛んできた。佐伯はすでに当たったように思えて、大いに驚いた。一行の中に心得た者がおり、人々を静かにさせて地面に座らせた。すると、夥《おびただ》しい数の大石が頭上を飛び交った。その響き渡る音も夥しかった。しばらくすると止んだので一同は立ち上がった。心得た者が言うには、これは天狗礫といい、これに当たると必ず病む。また、天狗礫に遭遇すれば、必ずその日の猟の成果はないという。今から帰るには道が遠いためにやむを得ず続行したが、結局一羽の雉も撃ち取ることなく、その朝、帰宅することになったという。（日本随筆大成編輯部（編）『日本随筆大成』第二期一二）

棟椿木［とうしゅんぼく］

大分県豊後高田市でいう古寺の化け物。椿《つばき》の怪。

とある秋の晩、山の中の集落を一人の旅僧が訪れた。廃寺に泊まると、夜中に「ドーン、ガラガラ。ドーン、ガラガラ」と大きな家鳴りがし、生臭い風が吹き込んできたため、旅僧は仏間へ行き念仏を唱え震えていた。すると外から戸を叩く音がして「トウシュンボクはお宿でござるか」という声がする。「そうおっしゃるはどなたでござるか」という声が囲炉裏《いろり》の辺りからしたかと思うと「ホクガンのロウエン」「まぁ、おより」と会話し、頭から足先まで毛が生え、眼は鏡のように光っている猩々《しょうじょう》が寺の中へと上がってきた。その後も頭の毛をうち被り、鼻が高く、口は大きく尖《とが》り、舌をベラベラさせた「サンチのリヨウ」や「サイチクリンのケイ」と名乗る化け物が囲炉裏の側へと上がってきた。しばらく四方山話《よもやまばなし》をしていると、トウシュンボクが仏壇の下に六部（巡礼の僧）がいるから取って食おうと言いだす。それを聞いた旅僧が震えながら一生懸命念仏を唱えていると、一番鶏が鳴いたため、化け物たちは「祭りは明晩にしよう」と言って消え失せた。夜が明け、廃寺へと集まってきた村の人々に一部始終を話した旅僧は皆で化け物退治をすることにした。「ホクガンのロウエン」は「北岩の老猿」であるため、北のほうの切り立った岩の下の穴に棲む年老いた猿であるとわかり、人間が入ることができるほどの大きさの戸棚をその穴の入り口に据えた。一人が柿を猿に見せびらかして、戸棚に入って内から戸を閉める。猿は人の真似をするものなので、猿が戸棚に入って戸を閉めたところを寄ってたかって戸に釘を打って開けられないようにし、薪を積んで焼き殺した。「サンチのリヨウ」は「山池の狸妖」であるため、山の池辺に棲む古狸《ふるだぬき》だとわかり、池に行ってみると、石の上で美しい女が鏡を見ながら髪を梳《す》いていた。物音を聞いて女は消えたが、これは狸が化けているのだろうと、狸の穴の前で焚き物をどんどん燃やし、煙を穴の中へと送った。耐えきれずに出てきた狸を捕まえ、狸汁にして食べた。「サイチクリンのケイ」も西のほうの鶏であろうと、ねじ殺して食べてしまった。「トウシュンボク」は「棟椿木」なので、寺の屋根に上ってみると、棟木が椿の木でできており、ゲラゲラと笑っていた。この棟木を木斧で叩き割り、杉の木と交換した。これで化け物は出なくなり、旅僧はこの寺に住むことになったという。（昔話研究懇話会（編）『昔話―研究と資料』第三号）

トウベ

大分県でいう憑《つ》き物。筋系統の蛇神。

大分県では海岸部にトウベ持ちがいたという。トウベは甕《かめ》の中で飼われ、憑かれた人にしか見えないとされる。トウベ持ちは金持ちになるが、縁組は忌避された。嫁入りした女が実家に帰ろうとすると戸口にトウベが下がり邪魔したという話もある。（大分県総務部総務課（編）『大分県史　民俗篇』）

ドーメキドン

大分県臼杵《うすき》市野津町西神野《にしこうの》でいう風神、高神、天狗。

赤い顔で鼻は高く、大きな体をしている。風神森に訪れることがあり、通る際には音がする。この辺りでは天狗の遊び木を羽休み木と呼ぶ。

ドーメキドンが訪れるという風神森は恐れられていた場所であったようで、女性は一五歳になると風神森に入れない、社《やしろ》を建て替える材料は風神森では取らない、枯れ枝一本でも取れば風神様の障《さわ》りにより、体が不随になるなどといわれている。（野津町誌編さん室（編）『野津町誌』下、大分県民具研究会（編）『大分の民俗』）

杜鵑井［とけんせい］

大分県臼杵《うすき》市多福寺にある井戸。

多福寺に一人の山伏が来て、滞留し、衆僧とともに作詩を競った。この山伏は愚才で、良い詩をいつも作れずにいた。ある時、「初聞杜鵑」の題が出たため、「今度こそは」と山伏は深く考え苦心して和尚に詩を提出した。和尚は山伏の詩を「可」と判断して脇に撥《は》ね退けておいたのだが、この様子を見た衆寮は「可」だとは知らずに「また今度も山伏の詩は不出来か」と罵《ののし》った。山伏は大いに憤って、「このたびの作は千鍛百錬して出したものなのに、この詩が可でなければ生涯良い詩はできないだろう。悔しい。衆寮に合わす顔がない」と憤ったまま井戸に飛び込んで死んだ。以来、この井戸を杜鵑井と呼ぶようになり、多福寺では杜鵑の詩を禁じ、さらに暮れから朝までは井戸の水を汲《く》むことも禁じた。この山伏の墓は寺内にあり、内誠院と称して当山守護神として祀《まつ》っているという。（酒井富三「臼杵町誌（五〇）」『豊州新報』）

また、「うすき妖怪マップ」によると、内誠院は願い事が一つ叶う神様であるという。（臼杵妖怪共存地区管理委員会・臼杵ミワリークラブ「うすき妖怪マップ」）

トックリヘビ［とっくりへび］

大分県大分市、臼杵《うすき》市《し》、豊後大野市でいう槌蛇《つちへび》の類。

北海部《きたあまべ》郡大在村（現・大分市大在地域）ではトックリヘビは、頭が徳利《とっくり》ほどもある大きな蛇、体が盥《たらい》のように丸く胴体の短い蛇、徳利ほどの大きさの蛇とされている。

上志村の地蔵山の下から丹生《にゅう》のほうへと続く坂道の途中の左側に三つの堤があり、中央の堤にトックリヘビが棲んでいたとされる。昔、堤の土手へ草刈りに行ったお爺《じい》さんが、トックリヘビと思しき蛇を目撃し、転げるようにして家へと帰った。お爺さんから事情を聞いたお婆さんも驚きのあまり寝込んでしまい、二、三日ご飯を食べることもできなくなった。以来、この堤付近は恐れられ、一人で草刈りや木を伐りに行くことはなくなったという。（大分県北海部郡大在小学校郷土史編集委員会『わたしたちの郷土　第一集　伝説編』）

臼杵市末広の柳谷でトックリヘビを捕まえたと語る老人がいる。胴の長さは一尺（約三〇センチ）ほどで、胴回りは茶飲み茶《ちゃ》碗《わん》ほど。尾はネズミの尻尾のようで、頭から背にかけては黒く小さいいら（鱗《うろこ》）がぎっしりと生えているが、腹のいらは白く、鎧《よろい》のようであるという。捕まえられたトックリヘビであるが、見るのは初めてだと皆がつつき回しているうちに死んでしまい、谷川に放り込んで下山したという。（村上あや「うすきの花びら　一一」『大分合同新聞』）

大野郡緒方町上冬原《かみふゆばる》区字辻オク（現・豊後大野市緒方町上冬原）でトックリヘビと遭遇したという話がある。古老が若い頃に辻オクを通った際、上のほうからトックリヘビが転がり落ちてきたため、驚いて走って逃げ帰ったという。（緒方町立歴史民俗資料館緒方町誌編纂室（編）『緒方町誌・区誌編』）

大野郡千歳村高畑（現・豊後大野市千歳町高畑）の松迫堤にもトックリヘビがいるといい、徳利に似た蛇だという。ある若者が松迫堤で釣りをしていると、堤の奥の水面に何かが浮かんでおり、こちらに向かって泳いでくるのに気が付いた。話に聞くトックリヘビだと思った若者は怖くなって家へと帰ったが、そのまま床に就き、食べ物も食べられず寝込んでしまったという。（千歳村アカデミアの会（編）『第二集　わしどうん村ん昔ばなし　千歳村の伝説・民話・地名民俗等』）

近江（滋賀県）、肥後（熊本県）、薩摩（鹿児島県）でも**トックリヘビ**の名称が使われる。（山本素石『逃げろツチノコ』）

富尾神［とびのおがみ］

大分県でいう憑《つ》き物。蛇神。トビノオサマとも。

大分県南部では「夜刀神《やとのかみ》」と書いた札や軸を富尾様として祀《まつ》る家があるといい、七月あるいは一二月の二〇日を祭日としている。また、日出生台《ひじゅうだい》や祖母・傾山系に棲んでいる大蛇を殺すと富尾神になるとされる。

富尾神は憑くといい、憑かれた人は発熱して蛇のように体をくねらせる。法者や巫《み》女の祈禱《きとう》によって下野国《しもつけのくに》（栃木県）の蛇塚へ蛇の霊を流すことができるという。

佐伯市《さいきし》や宮崎県東臼杵《ひがしうすき》郡北浦町（現・延岡市北浦町）などには非業の死を遂げた佐《さ》伯惟治《えきこれはる》を祀る富尾神社（鵄尾《とびお》神社）が数社存在する。佐伯惟治も富尾神と呼ばれており、蛇神富尾神と同一視されているという。

佐伯惟治の死後から数年経ち、黒沢村（現・佐伯市）に住む多田弥四郎の娘若狭に富尾権現となった佐伯惟治が乗り移った。佐伯惟治が取り憑いた若狭はまるで平地を進むように地を走り、水を歩いた。若狭の口を借りて佐伯惟治が言うには、「我が旅の疲れに飲み水を乞うた際、若狭が水を捧げてくれた。村人は若狭を所の長と思わなければならない。この黒沢に我が霊魂を祀り、鳥居を立てて清浄に致せ。もし、疑うのであれば、この村を退散させるぞ」と言うと、若狭は倒れてしまった。その後、多田弥四郎により、富尾大権現が創建され、若狭は尼となって定光と名乗った。また、佐伯惟治の霊威を恐れた遺臣たちが各地に富尾権現社を創祀《そうし》したという。（染矢多喜男『日本の民俗　四四　大分』、大分県総務部総務課（編）『大分県史　民俗篇』、佐伯市史編さん委員会（編）『佐伯市史』、宮崎県（企画・編）『みやざきの神話と伝承１０１』）

佐伯惟治の先祖にあたる大神惟基は嫗嶽《うばたけ》に棲む大蛇の血を引いているとされている。富尾神佐伯惟治が蛇神と同一視されているのはこれに由来するものか。

夜刀神は『常陸国風土記』に登場する、角がある蛇のことであるが、なぜ「夜刀神」と書いた札や軸が富尾神として祀られているのかはわかっていない。

鳥越稲荷［とりごしいなり］

大分県臼杵市《うすきし》下ノ江駅にある稲荷神社。

下ノ江駅開業の鉄道工事の際、鳥越山を切り崩した。すると事故が相次ぎ、開業後も怪火妖魔が出没した。別府の千里眼によると巣を壊された山狐の仕業《しわざ》という。そこで駅前に稲荷神社を奉祀《ほうし》したところ、事故は止んだ。毎年一一月三日に祭典が行われている。（下ノ江鳥越稲荷世話人「下ノ江鳥越稲荷大明神縁起」、吉井正治「臼杵の文化財（二六四）海辺歴史散策」『臼津タイムズ』平成二〇年九月号）

泥足［どろあし］

大分県臼杵市《うすきし》に出たとされる、生物の部位が下がる怪。

海添《かいぞえ》にある祇園橋《ぎおんばし》の袂《たもと》に柳の木があり、そこに泥足が下がったという。（村上あや「名残りの花　うすきあれこれ　四五」『大分合同新聞』）

【な】

長井戸八尺女［ながいどはっしゃくおなご］

大分県竹田市大字竹田近戸に現れたという怨霊。岡城下七不思議の一つ。

岡城の北、近戸御門を下りて約二町（約二一八メートル）の場所に怪巌《かいがん》がある。その下に長さ二間（約三・六メートル）くらいの浅い柄杓《ひしゃく》井戸があり、ここに身の丈八尺（約二・四メートル）もあるように見える女の怨霊が出る。昔、大殿の勘気に触れて、下《さ》げ截《ぜん》にされた女だという。その後、この霊を弔うために井戸の裡《うち》に観世音の石像が沈められたとされる。（岡本香村『竹田奇聞』中、竹田市史刊行会（編）『竹田市史』下巻、竹田・直入小中学校 図工・美術教育研究会（編）『竹田直入の民話』）

現代怪異の八尺様と関係があるかは不明。

『竹田百物語』ではなぜか井戸から立ち上った蒸気を正体としている。（岡の里事業実行委員会（編）・馬場尚登（写真・文）『竹田百物語　ふるさとに伝わる不思議な話』）

『竹田百物語』の筆者の方に尋ねたところ、昭和三〇年代（一九五五〜六四）に岡本香村から話をうかがった方がおり、その話を「竹田おじいもん（竹田七不思議）」として纏《まと》めた資料がある。この資料に記されている七不思議は『竹田奇聞』に載っている岡城下七不思議と内容が少し異なっており、八尺女の正体が蒸気という説もこの資料の記述に基づいているという。

ナガソデ

大分県豊後高田市でいうユキアイ（コラム参照）の類。報告者である松本和久は**ヒダル神**の一種と推測している。

山中でナガソデに出遭うと憑《つ》かれるという。体が重くなり、病気になる。憑かれた際は、ナガソデと出遭った場所に濃いお茶をお供えすると治るとされる。

昔、長安寺の住職がナガソデを封印し、三角形の石柱が建てられた。平成一五年（二〇〇三）時点では、その石柱はなく、地元の人もどうなったかわからないという。（松本和久『平成一五年度卒業論文　妖怪についての考察―豊後高田市都甲、及び周辺地域の闇と妖怪の思想―』）

流れ行灯［ながれあんどん］

竹田市に出るとされる幽霊の類。

稲葉川は鐙返《あぶみがえ》しを過ぎると深い淵《ふち》となっており、傍らに榎《えのき》の古木があるため、榎淵と呼ばれている。藩政時代から盆の一五日の夜、この淵の上流で精霊流しが行われた。

元禄（一六八八〜一七〇四）の頃、精霊

流しが終わった後、淵の上から怪しげな行灯が流れてきた。その行灯は流れに沿って左へ、右へとさまよいながら流れ、青色の火が消えたり、燃えたりする。そうしているうちに、行灯の中から寝衣をまとった女が飛び出し、「私は殺された、うらめしい」と呟《つぶや》きながら、水中に入ったり、行灯に駆け上ったりする。これは不倫を問われて殺された女の幽霊と思われている。精霊流しの際には必ずこの流れ行灯が現れるという。（加藤恵「県別日本妖怪事典」『歴史読本臨時増刊　特集「異界の日本史　鬼・天狗・妖怪の謎」』平成元年一二月増刊号）

関連があるかは不明だが、榎淵の昼行灯という話が昭和三〇年代（一九五五～六四）に岡本香村の口から語られている。（「竹田おじいもん（竹田七不思議）」）

鳴滝の渡しの魔物［なるたきのわたしのまもの］

大分県大野郡緒方町（現・豊後大野市緒方町）鳴滝の渡しに出た魔物。

緒方町から白谷へ抜けるには鳴滝の渡しを渡らないといけないが、ここの橋は土橋であるため少し雨が降るとたちまち流されてしまっていた。そこで蛇籠（竹の籠に石を入れたもの）を組んで渡しに沈め、橋脚が流されないようにすることになり、喜五郎という者が音頭をとって集落の男女総出で作業にあたった。おかげで川の流れも変わり、これで雨が降っても大丈夫だと一同は喜んだ。その晩、喜五郎の枕元に目を光らせた異様な姿の魔物が現れた。「俺は橋が流されるたびに女衆が着物の裾をからげて渡しを渡るところを見るのが楽しみなのに、あんなことをされると女衆の股倉を見られないようになる。早く元通りにしないとお前を取り殺す」と言って魔物は消えた。喜五郎は恐ろしくなり、法印に相談すると、「俺が相手になろう」とその晩、喜五郎の隣に法印は待機した。真夜中に再び魔物が現れ、「昨夜あれだけ言っておいたのにまだ元通りにしていない。お前は命が惜しくないのか。なんという肝っ玉の図太い奴だ」と言った。そこへすかさず法印が「肝っ玉だけじゃなく、なんもかも太いぞ」と言うと、魔物は「しゃらくさいことを言う。なんもかも太いなら、へのこ（男性器）も太いか。俺とへのこ比べをするか」と言い、盆の一六日の真夜中に岩鼻の立石（陰陽石）で比べる約束をした。約束の夜、喜五郎は法印に教えられたとおり、立石の裏に隠れて待っていると、生臭い風とともに魔物が現れた。喜五郎は魔物に大きな陰陽石を触らせると「さすがの俺のへのこもここまで太くはない」と負けを認めて鳴滝のほうへと消えた。以後、鳴滝の渡しの橋は大雨でも流されることはなくなったという。（土屋北彦（編）『日本の民話　五九　大分の民話　第二集』）

二頭二尾の怪獣［にとうにびのかいじゅう］

大分県大分市で捕らえられたという怪獣の死体。

明治二四年（一八九一）三月一三日付の

『福井新聞』に記されている。

明治二四年二月二七、八日頃に大分郡鶴崎町字七軒町法心寺裏の淵で投網をしたところ、怪獣の死体が引き揚げられた。一つの体に頭は二つに分かれ、牛の頭に似ている。尾は二つに裂けて竹箒《たけぼうき》のよう。単蹄《たんてい》で大きさは犬ぐらいある。この怪獣を見て驚かなかった者はいなかったという。（湯本豪一（編）『地方発明治妖怪ニュース』）

人魚［にんぎょ］

大分県国東市《くにさきし》、杵築市《きつきし》、佐伯市《さいきし》でいう半人半魚の怪物。

窪徳忠「庚申縁起話」（『庚申』通巻一七号）に東国東郡国東町（現・国東市）で人魚が振る舞われた話が紹介されている。

庚申《こうしん》のお祭りの際に、ある人の家に招かれたが、料理として赤ん坊が出された。その赤ん坊が実は人魚であったという話がある。国東町成仏では、赤ん坊を料理として出した田原村の人を庚申の仲間から外した。国東町原では、一人残った東方朔（前漢の文人）が三人分の人魚を食べて九〇〇〇年生きたと語られている。（国際日本文化研究センター「怪異・妖怪伝承データベース」）

杵築（現・杵築市）に工藤惟策という老人がおり、村内の漁人の網にかかった人魚を得た。長さ一尺六七寸（約四八～五一センチ）、腹より上に人の頭と両手がある。頭に毛髪、目、口、鼻、耳が備わっており、手は鰭《ひれ》があるはずの所にある。大脂（大指？）一つ離れて、余りの四つは相連なって形だけが見える。背鰭、鱗《うろこ》、尾などは通常の魚と同じで、色は碧《あお》く黒みを帯びており、腹は少し白い。乾物にして置いておいたが、蝕《むしば》まれて朽ちてしまった。この人魚が年経て大きく成長すれば人語も発するようになるという。（森春樹『蓬生談』上巻）

佐伯市代後に五兵衛という分限者（金持ち）がおり、殿様に鍋銭（もしくは銭仙。鍋鉄で鋳造《ちゅうぞう》した鉄銭、寛永通宝で質の悪いもの）を一〇〇貫差し上げたことから百貫五兵衛と呼ばれていた。ある時、五兵衛が網を曳《ひ》いたところ、腰から下が魚、上が人間の人魚を引き揚げた。見世物に売れば金になると五兵衛は喜んだが、人魚は泣きながら「家に年取った母が病気をしている」「幼い娘が空腹に泣いている」「逃がしてくれねば呪い殺す。七代までお前の所に祟《たた》る」とさまざまに述べ立てた。そこで五兵衛が人魚を逃がしたところ、人魚は下り松の鼻まで泳いで振り返り、「五兵衛は馬鹿だい。小指一本が一〇〇〇両一〇〇〇両」と笑って、海中へと沈んでいった。この地域では「件《くだん》は真実を云うものだ、人魚は嘘《うそ》を云うものだ」といわれている。（榎田伯人「百貫五兵衛」『郷土研究』第一巻第一〇号、佐伯市教育委員会・佐伯市高齢者教室（編）『佐伯の昔話』）

昭和三〇年代（一九五五～六四）まで別府市八幡地獄に「怪物館」という展示施設があり、ここに人魚のミイラが所蔵されていた。怪物館では人魚だけではなく、河童や**件**《くだん》、鵺《ぬえ》のミイラのほか、鬼の骸骨を展示していた。展示品はあちこちから買い集めたものだといい、湯の湧出量の減少により八幡地獄および怪物館は閉鎖。人魚をはじめとするミイラたちも焼却処分となっている。（湯本豪一『日本幻獣図説』、山口直樹『日本妖怪ミイラ大全』）

塗り壁［ぬりかべ］

大分県宇佐市、中津市、国東市《くにさきし》、速見郡日出町《ひじまち》、別府市、由布市、大分市、臼杵市《うすきし》、豊後大野市、佐伯市《さいきし》でいう進路妨害の怪。

宇佐郡院内町（現・宇佐市院内町）日岳《ひのたけ》では、人里離れた道を歩いていると、前に壁があるような気がして進めなくなる。これを狸《たぬき》の塗り壁といい、夜間だけでなく日中にも起こるという。また、小稲では、壁が出るといって、夜間に白い壁が現れて道を塞《ふさ》いでしまい、一歩も進めなくなるという。（院内町教育委員会内院内町誌刊行会（編）『院内町誌』）

下毛郡三光村（現・中津市）ではヌリカベは狐か狸の仕業《しわざ》だとされる。ヌリカベに遭って、突然目の前が真っ暗になった時は、煙草を吸うと良いとされるが、次のような話もある。

祭りの帰り、土産を提げて夜道を歩いていると、清水トンネルの入り口辺りで急に前が真っ暗になった。煙草を吸うために腰を下ろし、マッチを擦るが、何本擦っても火が出ない。仕方なく、土産を藪《やぶ》の中に投げ込むと、目の前が明るくなった。翌朝見ると、マッチをすべて逆さに擦っていたという。清水トンネル入り口辺りは魔の所とされており、入口の下のほうに魔除けとして地蔵堂が建てられている。（三光村誌刊行委員会（編）『三光村誌』）

下毛郡耶馬渓《やばけい》町山移《やまうつり》（現・中津市耶馬渓町山移）ではいたちのヌリカベ、もしくはたぬきのヌリカベと呼んでいる。いたちのヌリカベは内河野と手月の間の小道に出る。夜、ここを通ると突然前が見えなくなったが、一〇分ほどじーっとしていると見えだしたという。狸が人の背中に乗って、手で人の目を隠すことで、前が見えなくなる。上を見れば上を隠し、下を見れば下を隠すため、まったく見えなくなる。これをたぬきのヌリカベと呼ぶ。（大分県教育委員会（編）『耶馬渓町の民俗』）また、柾木《まさき》の出合を登った所をサヤノ森といい、片袖淵付近には昔からヌリカベが出るといわれている。（耶馬渓町史編集委員会（編）『耶馬渓町史』）

下毛郡山国町（現・中津市山国町）では、狸が金玉を広げて、目隠しをしているといい、塗り壁に遭った時はその場にしゃがみ、煙草に火を付けると、見えるようになるという。（大分県総務部総務課（編）『大分県史　民俗篇』）

東国東郡武蔵町（現・国東市武蔵町）では、夏の夜に一人で歩いていると、急に目の前が真っ黒になり、方向がわからなくなることがある。これを塗り壁と呼び、狸が帯の結び目に乗って、両手で人の目を塞ぐのだという。そのため、夜一人歩きをする時は、着物の帯を前結びにする。（土屋北彦『おおいた文庫　三　大分の民話《伝説》』）

日出町および別府市でも山中の道を歩いていて、突然前が見えなくなることを塗り壁と呼んでいる。どちらの地域も狸が肩に跳び乗り、目隠しするのだという。（日出町『日出町誌　本編』、別府市（編）『別府市誌』）

大分郡挾間町（現・由布市挾間町）の塗り壁は魔物が目隠ししているからだと説明している。（挾間町誌編集委員会（編）『挾間町誌』）

大分市大内《おおち》の日平《ひひら》の坂を登っている際に、狸の塗り壁に遭うと前が見えなくなる。人間だけでなく、牛も塗り壁に遭うといい、狸が牛に飛び付いて目隠しをするため、牛が前に進まなくなるという。（大分市教育委員会『九六位山麓の民俗』）

臼杵市末広では、畦道《あぜみち》を歩いていて前に進めなくなるのは、ぬりかべが現れたためだという。ぬりかべは塗り込められることを嫌うとされており、「塗ってやろうか、塗ってやろうか」と言いながら塗る真似をすると、ぬりかべは消えてしまうという。（筆者聞き取り）

大野郡朝地町（現・豊後大野市朝地町）では、春の彼岸過ぎの夜遅く、歩いていると何度行っても行き詰まりになることがあり、これを塗り壁に出遭ったという。移動中の河童の仕業とされ、先頭の河童が仕組み、後続の河童が通り過ぎると、術が解けて元の道になるといわれている。普光寺までに札の辻という道があり、一石一字塔の案内木が立っている。この案内木を過ぎた右手に一本堂という小高い丘があり、国東塔に似た塔があった。この一本塔付近を夜遅く通ると、塗り壁が出たという。（朝地史談会（編）『あさじ昔ばなし』）また、大野郡緒方町軸丸北区（現・豊後大野市緒方町軸丸）の高無礼《たかむれ》の荒神森辺りや、天道と呼ばれている場所にぬりかべが出ていたという。（緒方町立歴史民俗資料館緒方町誌編纂室（編）『緒方町誌・区誌編』）

夜、南海部《みなみあまべ》郡宇目町（現・佐伯市）横田の辺りの道を通ると、目の前に大きな白壁ができて前に進めなくなる。その場合、道にしゃがんで、一生懸命心経を唱えろといわれている。（宇目町誌編纂委員会（編）『宇目町誌』）

南海部郡米水津《よのうづ》（現・佐伯市米水津）では七曲りの坂に**小豆研ぎ**と塗り壁が出るとされる。小間物を商う婆さんが峠を登りつめ、村はずれの藪神の所まで来ると、背中の荷が急に重くなり、目の前が真っ暗になった。自宅の前に小川があり、丸木橋がかかっている。家の近くまで辿《たど》り着き、足で探りながら丸木橋を渡って、橋の中ほどで婆さんは大きな声で爺《じい》さんを呼んだ。すると、背中から川へと何かが飛び込んだ。目の前が少し明るくなり、手に持っていた油揚げがなくなっていた。翌朝、爺さんと婆さんが小川を覗いてみると、大きな狸が死んでいたという。（土屋北彦（編）『日本の民話　五九　大分の民話　第二集』）

隈井良幸『大分の消えゆく民話』に「長ン谷のヌリカベ」という話が収録されている。長ン谷の奥に迫村という一軒一集落の場所があり、東馬先生という人が家庭訪問に訪れた。その帰り、長ン谷の夜道を通り、大椋《おおむく》の所まで来ると、道がなくなって大壁が立ちはだかった。東馬先生は言い伝えの呪《まじな》いを思い出し、靴を両手にはめると「ひと腰塗ろうかな、ひと腰塗ろうかな」と言いながら、壁を撫《な》ではじめた。塗られては敵わないため、ヌリカベは逃げ出すとされているが、一向に大壁は消えなかった。万策尽き、腹立ちまぎれに土産としてもらった鶏と椎茸《しいたけ》を大壁に投げつけたところ、壁は消えてしまったという。

長ン谷および迫村が大分県のどこのことなのか特定できないが、似た話が竹田市松本地区に伝わっている。明治維新の終わり頃、矢倉村に後藤茂左衛門政義という若者がいた。午前中は郡役場に勤め、午後は自宅で近在の子弟一五名ほどに読み書き算術を教えていた。ある日、茂左が中ン谷を越え、小庄屋の裏や放光寺の前を通り、高岩という切り立った岩の裏側、岩と岩の間を通りかかった。すると、急に辺りが暗くなり、濃い靄《もや》がかかったかと思うと、道に大岩が立ちはだかった。茂左は道端に座り、煙草を一服すると、腰の弁当を道端に投げた。大岩は次第に消え、道は通れるようになったものの、弁当も消えてしまったという。（竹田市誌編集委員会（編）『竹田市誌』第二巻）

直入《なおいり》郡直入町長湯柚柑子《ゆこうじ》（現・竹田市直入町大字長湯）では、道を歩いていて急に前が暗くなり、歩けなくなることはあるものの「狸の塗り壁」とは呼んでないという。（直入町誌刊行会編集委員会（編）『直入町誌』）日田郡中津江村（現・日田市）では狸の土壁と呼んでおり、狸が尻尾で見えなくしている。腰を下ろして、煙草を吸えば見えるようになるという。（中津江村誌編集委員会（編）『中津江村誌』）

ヌルカベ

大分県大野郡清川村（現・豊後大野市清川町）でいう進路妨害の怪。

夜中に川内の古墓の前の峠を通ると、目の前に壁ができて進むことができなくなる。人々はヌルカベが出るといって怖がり、庚申塔《こうしんとう》を建てたところ、ヌルカベが出なくなったとされる。（清川村誌刊行会（編）『清川村誌』）

猫又 「ねこまた」

大分県竹田市玉来《たまらい》でいう猫の怪。

玉来は昔、猫原と呼ばれ、猫又が七匹棲んでいた。昼夜関係なく化けて出ては人々を悩ませた。（大分縣教育會（編）『大分縣郷土傳説及び民謠』）

ねんねん石 「ねんねんいし」

大分県国東市《くにさきし》蜷尻《になじり》の石の怪、産女《うぶめ》の類。

数年おきに杵築《きつき》藩主は足曳山《あしびきさん》両子寺《ふたごじ》に参詣しており、その際藩主の行列が通る村の人々は全員素足で路傍に端座し、地に額をつけてひれ伏す。ある日、一人の幼子が向かい側にいた母親に駆け寄ろうと、行列を横切ってしまい、先棒の侍によって即座に打ち首にされた。母親も気が狂い悶死《もんし》したが、その後夜になると蜷尻の川沿いの岩陰から赤ん坊の泣き声に混じって、「ねんねんや、ねんねんや」とむせび泣く母親の声がするようになった。また、夜に蜷尻を通りかかると、岩に腰かけた一人の女が赤ん坊を抱いて泣いている。そして、通りかかった人に赤ん坊を預けるが、いつまで経っても母親は帰ってこない。夜が明けてみると、河原の綺麗な石を抱いていたという。女が腰かけていたという岩を蜷尻のねんね ん石と呼ぶようになったとされる。（安岐町史編集委員会（編）『安岐町史』、大分県小学校教育研究会国語部会（編著）『大分の伝説』）

のっぺらぼう

大分県大分市や臼杵《うすき》市でいう顔のパーツがない妖怪。

大分市大道ではのっぺらぼうの小学生を見たという目撃情報がある。（おおいたインフォメーションハウス編集部「おおいた珍遺産」『月刊シティ情報おおいた』二九六号）

臼杵市掛町にある古い共同井戸には、夜になるとのっぺらぼうが出るという。（臼杵妖怪共存地区管理委員会・臼杵ミワリークラブ（編）『亀城下異談』、同「うすき妖怪マップ」）

野ふすま［のふすま］

大分県玖珠《くす》郡九重町平家山の妖怪。

二〇人の村人が山の麓《ふもと》で野宿をしたが、源助老人だけが起きていた。夜明け頃、林のほうから幕のようなものが近づいてきた。頭上に来た幕が下がると、源助が起こした一同が声をあげた。すると、幕は木立の裏に隠れた。源助が言うには、これは野ふすまであろうという。（森春樹『蓬生談』下巻）

野ぶすま［のぶすま］

大分県臼杵《うすき》市八坂神社近くの堀川の土手にある松の大木に現れた化け物。

蝙蝠《こうもり》に似た黒い大きなモノであったため、蝙蝠のコッチュウ（年経た者）であろうという。江戸時代の終わり頃に夜間、木立を飛び回って、人々を驚かした。鉄砲名人である飯沼源八に撃ち落とされた。（臼杵妖怪共存地区管理委員会・臼杵ミワリークラブ（編）『亀城下異談』）

呪いの蜜柑［のろいのみかん］

大分県大分市荷揚町の怪談。

府内のとある士族屋敷の女中が主人に隠れて蜜柑を盗んで食べたが、主人に見つかりその場で殺された。以後、そこの家族が蜜柑を食べると病気になるという。

また、別の話として次のようなものも伝わる。

この士族屋敷の主人と仲が悪い武士がいた。主人はその武士を陥れようと城内の馬を密かに殺して邸内の蜜柑の樹の下に埋めた。この罪を武士に被せたところ、武士は怒り憤死した。以来、その邸内の蜜柑をその家族が食べると、蜜柑の中から血が出るという。（郷土史蹟伝説研究会『増補　豊後伝説集　全』）

呪いの山桃［のろいのやまもも］

大分県臼杵《うすき》市《し》の怪談。

ある川のほとりに一軒の士族の家があり、その家に山桃が生えていた。女中が夜に山桃の木に登って実をちぎって食べていたところを主人が見つけて斬り殺した。以来、女中の霊の祟りか、そこの家族がその山桃を食べると病気にかかり、他の人が食べても病気にかからないという。（酒井富三「臼杵町誌（五〇）」『豊州新報』、郷土史蹟伝説研究会『増補　豊後伝説集　全』）

【は】

白竜［はくりゅう］

大分県杵築《きつき》市《し》山香町《やまがまち》の羽門《うど》の滝に棲むという竜。

昔、この滝の伽藍《がらん》に、世を避けるようにして美しい母と娘がお堂を守って住んでいた。いつの頃からか、日頃の罪を改めるために滝行を行う武士が来ていた。武士は母と娘の美しさに一目ぼれしたが、娘は訳ある身のため、「一〇〇ヶ日の間、武士に離れていて欲しい。願明けの日の戌《いぬ》の刻（午後八時頃）に再びお堂でお会いしましょう」と約束した。やがて約束の日となったが、五ッ時（戌の刻）を待てず武士はお堂を訪ねた。そこにいた娘は眼は爛々《らんらん》と輝き、滝に抗《あらが》うようにして真っ白い素肌をくねらせて水しぶきと戯れていた。妖気迫る姿に武士は思わず一声漏らしてしまった。武士に気が付いた娘は嘆き悲しみ、水底へと身を投げると深く沈み、二度とこの世に帰ってはこなかった。

時《し》雨《ぐ》れる五ッ時には羽門の滝を悶《もだ》え悲しむようにしてかき昇る白竜を見かけるという。（「羽門の滝　口伝」）

羽衣山の和尚［はごろもやまのおしょう］

大分県臼杵《うすき》市《し》の怪談。

昔、馬代《ばだい》の近くに羽衣山があり、一軒の寺があった。その寺に強盗が押し入り、和尚を殺して逃げた。しかし、強盗の男が宿に泊まると二人分の膳《ぜん》が運び込まれ、船に乗れば二人分の渡し賃を取られた。男が「一人なのになぜか」と問うと、「隣にいる連れのお坊様とで二人ではないか」と答えが返ってくる。男には見えないが、他の人にばかりお坊さんの姿が見えているということが続いたため、男は深く後悔して巡礼になったという。

齋藤行雄氏の聞き取りによる。（臼杵妖怪共存地区管理委員会・臼杵ミワリークラブ（編）『亀城下異談』）

花子さん［はなこさん］

大分県臼杵市《うすきし》のトイレの花子さん。

臼杵市のとある小学校の女子トイレの一番目を「花子さん遊びましょ」と言って、ノックすると花子さんと妹が出てくる。一番目のトイレに花子さん、二番目のトイレに妹がいるという。筆者聞き取り。

また、大分県から常光徹（編著）『みんなの学校の怪談　赤本』に次のような投稿が寄せられている。

女子トイレに花子さんがおり、一〇〇点のプリントを見せると、花子さんは逃げる。〇点のプリントを花子さんに見せると、「一緒に遊ぼう」と声をかけてくるという。

水甕転し［はんどこかし］

大分県臼杵市《うすきし》でいう転がる怪。

人家近くの寂しい道を上ると、上から次々に水甕を転がし落とす音が聞こえてくるが、怪我を負うことはない。城崎では山の上から下じゅうの原へ転がり、近戸橋の川渕《かわぶち》に落ちて沈む。深田の原の坂にも出現し、夜間この坂を上ることは恐れられた。（大分県総務部総務課（編）『大分県史　民俗篇』、平山喜英（編著）『豊後野津のおとぎばなし』、臼杵市教育委員会社会教育課（編）『臼杵石仏地域の民俗』）

ヒダル神［ひだるがみ］

大分県大分市、佐伯市《さいきし》でいう餓鬼憑《がきつ》きの類。

大分市大字下戸次《しもへつぎ》字影平の上のほうにヒダル神の石祠《せきし》が祀《まつ》られており、祠《ほこら》の前を通る時は必ず拝んでから行かないと、九六位山中でヒダル神に憑かれ空腹によって倒れるとされる。ヒダル神に憑かれたら、木の葉でも何でも良いので、口に入れると良いという。（大分市教育委員会『九六位山麓の民俗』）

佐伯市では尺間山や佐伯から蒲江浦《かまえうら》へ越える峠、青山から楠本へ越える峠、畑野浦峠、河内から佐伯へ抜ける近道の途中などでヒダル神に憑かれるとされる。空腹の時にヒダル神が憑くとも、ヒダル神が憑くことで空腹になり、歩けなくなるともいう。ご飯粒や食べ物を少しでも持っていれば、ヒダル神に憑かれないとされ、尺間山に登る際に父親から、ヒダル神に憑かれた際に必要だから弁当はすべて食べずに二、三粒残しておくようにと注意された人もいるという。また、木の実など自然にできた物を食べても良くならず、ご飯など火を通した物をほんの少しでも食べると良くなるとする地域もある。

かつて行き倒れや辻斬りがあった場所は

ヒダル神が憑くような場所になるため、そういう場所には地蔵が立っていることが多い。地蔵が立っている場所でヒダル神に憑かれたら、持っている弁当を地蔵に投げつけると良いという。（臼杵市史編さん室（編）『臼杵市史』下、平木修一『入津湾の民俗』、蒲江町教育委員会（編）『蒲江町史』）

県内では同様の類を、ひだりぃ神（臼杵妖怪共存地区管理委員会・臼杵ミワリークラブ（編）『亀城下異談』）や、ひだり神（宇目町誌編纂委員会（編）『宇目町誌』）と呼んでいる地域もある。

一つ目小僧［ひとつめこぞう］

大分県佐伯《さいき》市《し》に出るという一つ目の妖怪。

ある暑苦しい夏の晩、小雨が降る馬場の通りを、酩酊《めいてい》した一人の男が差し掛かった。ふと見ると男の行く手を若い女が歩いており、男は好奇心にかられ後をつけた。男が足を速めると、女も足を速め、緩めれば向こうも緩める。そうしてついて行くうちに女は墓地のある細道に入っていき、男に向かって振り向いた。その顔は口が耳の付け根まで裂け、顔の真ん中に大きな目が一つあり、物凄《ものすご》い形相で女は男を睨《にら》みつけた。酔いがいっぺんに醒めた男はほうほうの体《てい》で来た道をとって返し、灯りがともる夜鳴きうどん屋に逃げ込んだ。うどん屋の親父から問われ、男が山際の墓地で見た怪物について語ったところ、親父の顔がみるみるうちに墓地の化け物そっくりになり、ギョロリとした一つの目で睨みつけられ、男は悶絶《もんぜつ》してぶっ倒れてしまったという。（佐伯市教育委員会・佐伯市高齢者教室（編）『佐伯の昔話』）

また、海辺に現れた一つ目小僧の話もある。

ある晩、南海部《みなみあまべ》郡米水津《よのうづ》（現・佐伯市米水津）の息子屋の浜に、臼杵《うすき》の板知屋《いたちや》の親子二人が貝を採りに来ていた。アワビや栄螺《さざえ》などの貝を採っては籠に入れていくが、籠の中を見ると採ったはずの貝が一つもない。不思議に思った父親は籠に貝を入れずに、手に持つことにし、浜に上がって栄螺を焼いて食べることにした。舟を岸につけて、砂浜で火を焚き、貝を焼いていざ食べようとしたが、焼いていたはずの栄螺がなくなっている。「誰だ、俺の貝を盗むのは」と言いながら、父親が振り向くと、焚火の灯りに恐ろしい形相の一つ目小僧の姿が浮かび上がった。驚いた父親は息子の手をひっつかむと舟に駆け込み、櫓《ろ》を漕《こ》いで急いで沖へと逃れた。「しまった。息子を食おうと楽しみにしていたのに……」という一つ目小僧の呟《つぶや》きが父親の耳に聞こえた。その後、息子屋の浜には夜に停泊する舟は一艘《そう》もなくなったという。（土屋北彦（編）『日本の民話　五九　大分の民話　第二集』）

畑野浦には**一つ目五郎**と呼ばれる海坊主の話があり、また、長崎県、熊本県、宮崎県、鹿児島県、薩南諸島に**目一つ五郎（目ひとつ五郎、メヒトツゴロ）**と呼ばれる妖怪もあるため、佐伯市の一つ目小僧ももともとの名称は一つ目五郎だったのかもしれない。

一つ目五郎［ひとつめごろう］

大分県佐伯市《さいきし》畑野浦でいう妖怪。海坊主の類。

六尺（約一・八メートル）くらいの背丈で、一つ目一本足の姿。夜に立て繰り返し（立っては倒れる動作）で進む。出遭った人間は打ち殺されてしまうという。（平木修一『入津湾の民俗』）

似た妖怪に、宮崎県、高知県の立繰返（**タテクリカエシ**）や手杵《てぎね》の棒がある。

人盗り［ひとどり］

大分県臼杵市《うすきし》でいう子攫《こさら》いの怪。子ども脅しの類。

人盗りは子どもを盗って、生き胆を抜き取り、六神丸（動植物を用いた民間の生薬。強心剤）を作るとされる。そのため、日が暮れたら外へ出てはいけないという。（村上あや「名残りの花　うすきあれこれ　四五」『大分合同新聞』）

臼杵市には他に**こーとろ**という子攫いの怪がある。

ヒムシ

宇佐市、由布市、玖珠《くす》郡九重町でいう餓《が》鬼《き》憑《つ》きの類。別府市の**猪《い》の瀬戸の蠱物《まじもの》**もヒムシと呼ばれる。大分郡湯布院町（現・由布市湯布院町）を中心に伝承が散見される。

宇佐市院内町では峠越えの最中、急に空腹になり動けなくなることを「ヒムシがついた」という。（院内町教育委員会内院内町誌刊行会（編）『院内町誌』）

九重町千町無田では食料を持たずに通行するとヒムシが憑いて動けなくなる。吉原から麦平へ行く近道に「ぶすけ坂」という坂があり、ここを通るとヒムシが憑く。ヒムシに憑かれると腹が減って動けなくなるという。（喜田貞吉（編著）・山田野理夫（編）『憑物』、九重町教育委員会「町誌編纂室」（編）『九重町文化財調査報告　第一九輯　九重町の民俗～郷土資料調査報告～』）

由布市湯布院でも山に行く時は食べ物を持って行かないと「ヒムシがつくぞ」といわれている。ヒムシとは飢えた虫の意で、由布院越えの難所で飢え死にした旅人の死霊が通行人に憑き、激しい飢餓感を起こさせ、歩けなくさせる。食べ物を口にすれば治り、また食べ物を持っている人にはあまり憑かない。由布院町内には憑くとされる場所が二ヶ所ほどあるという。（一宮左内「大分縣の犬神」『民間伝承』第一五巻第二号、湯布院町誌編集委員会（編）『町誌『湯布院』別巻）

似たような妖怪に、大分県も含み西日本全体に伝承がある臼杵市《うすきし》のひだりぃ神、**ヒダル神**のほか、東京都伊豆の磯餓鬼、愛媛県のジキトリ、福岡県・長崎県の**ダラシ**、愛知県のダリボトケ、奈良県や和歌山県のダルなどがあげられる。

ひょうすべ

大分県臼杵市《うすきし》東神野《ひがしこうの》でいう水怪。いたずら好き。（臼杵妖怪共存地区管理委員会・臼杵ミワリークラブ（編）『亀城下異談』）

屏風の迫［びょうぶのさこ］

大分県日田郡中津江村鯛生《たいお》（現・日田市）でいう進路妨害の怪。

屏風の迫を通ると屏風が出て、見えなくなるといわれている。（中津江村誌編集委員会（編）『中津江村誌』）

琵琶頸の御輿入道［びわくびのみこしにゅうどう］

大分県竹田市大字竹田上角《うえつの》に出た大入道の類。岡城下七不思議の一つ。

岡城へ登る途中に、琵琶の頸のように折り曲がった場所がある。そこに御輿を担いだような大入道が現れるという。（岡本香村『竹田奇聞』中、竹田市史刊行会（編）『竹田市史』下巻）

御輿入道という名前であるが、仰ぎ見れば見るほど大きくなる見越し入道ではなく、初めから大きな姿で現れるようである。

また、七不思議に入っていないが、岡城敷地内の月見櫓《やぐら》で、藩主中川久盛が櫓落成の酒宴を開いていたところ、清水馬場の松の上に大入道が現れた。しかし、久盛が睨《にら》みつけると大入道は消えてしまったという話がある。（竹田市史刊行会（編）『竹田市史』下巻）

鱶［ふか］

大分県臼杵市《うすきし》の俗信。

影を呑んだ鱶はどうしても人を食うものだという。

昔、ある武士が遠方に行こうと思い、船に乗った。船は帆を揚げて、どんどん沖のほうへと進んでいたが、急に止まってしまった。「この船に乗っている誰かが鱶に影を呑まれたに違いない。皆が持っている手拭いを海に投げ込めば、影を呑まれた人の手拭いはきっと沈む」と船頭が言うため、皆、海に向かって手拭いを投げた。すると、他の人の手拭いは流れたが、武士の手拭いだけ沈んでしまった。「あなたが飛び込んで呑まれてください」と皆が言うため、武士も仕方なく舟の舳先《へさき》に出てみると、すでに大きな鱶が口を開けて待っていた。そこで武士が鱶の頭に弓矢を射ると、鱶は逃げて行き、船は再び進むようになった。港に船が着いてしばらく経ち、武士が帰りに港を通りかかると、大きな鱶が浜に揚がったと大勢の人たちが集まっていた。武士も見に行くと、その鱶は武士が弓矢を射た鱶であった。「皆見よ。頭に矢が立っちょるじゃねえか」と言って、武士が鱶の口の中に頭を突っ込んで見ていると、鱶の口のつっぱり棒が外れて、武士は鱶に食い殺されてしまったという。（後藤貞夫「北海部郡昔話―大分県北海部郡臼杵町―」『昔話研究』第一巻第三号）

梟［ふくろう］

大分県豊後高田市や臼杵市《うすきし》、佐伯市《さいきし》の昔話に登場するフクロウ。

ある春の夕暮れに、西国東《にしくにさき》郡香々地町《かがぢちょう》佐古村（現・豊後高田市香々地）の馬居原《べんはる》（売の原）にある法伝寺の小僧が一人で留守番をしていた。お勤めを済まし、ぼんやり庭を眺めていると、大松の枝でフクロウが「ふうくたふうふう」と鳴いた。何気なく「ふうくたふうふう」と小僧が鳴き声を真似ると、フクロウもそれに続くように鳴く。小僧はまた鳴き声を真似したが「これはしまった」と内心思った。フクロウと呼び合いを始めたらキリがないとされており、精根尽き果てて負けると死ぬこともあるといわれている。すでに鳴き比べを始めてしまっているため、やめることもできずに続けていると、御堂の隅に大太鼓があることに小僧は気が付いた。フクロウが鳴いた後に続けて「トントト、トントトン」と大太鼓を叩いたところ、フクロウはその音に続いて鳴いた。一晩中続け、明け方にフクロウの声が止んだため、小僧はその場に座り込んで眠りこけたが命に別状はなかったという。（香々地町誌刊行会（編）『香々地町誌』、西高国語サークル（編）『ほとけの里の民話』）

臼杵市、佐伯市西野浦ではフクロウの由来譚《たん》が語られている。ある山寺の和尚が小僧にとろろを作らせた。和尚は美味いとろろを食べたが、小僧が欲しがる様子を見せないため「自分より美味い部位を食べたのでないか」と疑い、寝ていた小僧の腹を裁ち割って中を見ると山芋《やまいも》の筋や根など美味しくない部位ばかり入っていた。後悔した和尚は幾日も泣き暮らし、鳥になって「こうずうでしこし（デシガコイシイ）」と寺の森を鳴きまわるようになった。以来、フクロウを「こうずう」とも「でしこし」とも呼ぶようになったとされる。（大分県小学校教育研究会国語部会（編）『大分のむかし話』、平木修一『入津湾の民俗』）

ちなみに大分市ではフクロウをボウズコイとも呼ぶ。（民俗學研究所『綜合日本民俗語彙』）大分県内ではボウズコイという名称の妖怪は見受けられないが、東京都多摩市や八王子には子ども脅しの類に坊主来いがある。多摩市では、いつまでも泣いて言うことをきかない子どもに「坊主来いが来るぞ」と言った。（『日本怪異妖怪事典　関東』）八王子では、夜に赤ん坊が泣くと、山からぼうずこいが来て羽の中に赤ん坊を入れて攫《さら》ってゆくといわれている。（物部玉来「諸国の俗信」『民間伝承』第六巻第二号）

フナザンさん

大分県津久見市でいう付きまとう音の怪。

「チッ……チッ」または「チュッ……チュッ……」という軽い小さい声が後をついてくるが、振り返って後ろを見ても何も見えないという。複数人いても声が聞こえるのは一人だけで、小学校裏の共同墓地から体験者の家の間でのみ声がついてきた。体験者の母曰く「フナザンサン」は水の神様で体験者を守ってくれたのだと語っている。体験者が「フナザンサン」についてこられたのは後にも先にもこの時だけだったという。（竹本正夫『大正も遠くなりにけり』その一）

船の守り神で「チチチチチ……」と鳴いて警告する船霊様《ふなだまさま》というものがあるので、これが転化したものだろうか。似たような妖怪に県内だと南海部《みなみあまべ》郡小野市村田代（現・佐伯市）の**ウブメ**がある。

船幽霊［ふなゆうれい］

大分県国東市《くにさきし》、宇佐市、速見郡日出町《ひじまち》、大分市、佐伯市《さいきし》でいうあやかしの類。舟幽霊とも表記。

国東市国東町では、船幽霊の船体は見えずに帆だけが見えるものだとされ、安岐町《あきまち》では髪の毛を燃やすか、魚を焦がせば船幽霊を避けることができるという。

宇佐市では旗竿《はたざお》の元を焼くことで船幽霊を払うことができるとされる。

速見郡日出町では船幽霊は風に逆らって走るといい、船たで（船底を熱して、付いている虫を殺したり、水分を取り除くこと）に使った大箸《おおばし》で船縁を撫《な》でると船幽霊を避けることができる。

大分市佐賀関町では、突然船が前方に現れて、衝突するように走ってくる。舵《かじ》を切って避けても再び前方に現れる。船を停止させたり、衝突するように乗り切れば、船幽霊は消えるという。（大分県民具研究会（編）『大分の民俗』）

佐伯市では、船が重くなるのは、船幽霊が憑《つ》いたためだとされ、船幽霊に憑かれたらみさお（原文ママ）の先を焼き、船幽霊に付けると離れるという。蒲江町《かまえちょう》高山でも船に幽霊が付きまとうことがあり、帆船がこちらの舟にやり上げてくる。トンド焼きでふすべた（いぶした）水竿《みさお》で舟の周囲を混ぜることで、幽霊が離れるという。また、蒲江浦などでは船幽霊からエナゴ（杓《しゃく》）を貸せと言われたら、エナゴの底を抜いて貸さないと、船幽霊が船に水を汲《く》み込み沈んでしまうという。

西野浦では、夜に漁に出ると、おかしなところがある大きい汽船と遭遇することがある。ランプが反対に点いていたり、まったく点いていなかったりする。「灯りがないぞお」と叫べば、汽船に灯りが点《つ》き、船が汽船に衝突しそうになって避けられずにそのまま行っても衝突せずに船体が通り抜け、汽船の姿がたちまち消えてしまう。進んでくる汽船を避けようとすると、船が岩などにぶつかってしまうという。

畑野浦でも、三本柱を立てた船が突風のように向こうから進んでくる。危うくぶつかると思っていると、船は火の玉となって散ってしまった。（平木修一『入津湾の民俗』、蒲江町教育委員会（編）『蒲江町史』）

船幽霊の他に水かけ幽霊、海幽霊とも呼ぶ地域もある。（鶴見町誌編さん委員会（編）『鶴見町誌』）同様の類に県内では亡者や**亡者船**、**モーレイ**がある。

踏切のクモ［ふみきりのくも］

大分県からの投稿として、真宵魅鬼（編著）『マジこわ！ 本当にあった⁉ こわ〜い話』に掲載されたもの。

上半身と顔だけの女がぼろ布に包まれた状態で踏切内の線路上にいる。ちょうど赤ん坊ぐらいの大きさのため、心配して近づいた人の首に髪を巻き付ける。逃げようとすると足に髪を絡ませて転ばせてしまう。長い髪を八方に広げたその姿は巨大なクモのようで、笑みを浮かべて、捕らえた獲物に飛び掛かる。

投稿者はとある晩、コンビニからの帰り道で襲われた。首に巻き付いた髪を引きちぎり、踏切の外へ逃げたところへ電車が通っていった。女の姿は消えてしまったが、足には女の髪が絡みついていたという。

豊後河太郎［ぶんごかわたろう］

『日本山海名物図会』巻之三に紹介されている水怪。

全身に毛が生えた五、六歳の子どものようで、鋭い目つきをした猿に似ている。人を恐れないが、近寄ると水中へ飛び込む。人に取り憑《つ》いて水中に引き込み、殺すこともある。河太郎と相撲《すもう》を取った人は正気を失い、大病を患う。樒《しきみ》の抹香を水で飲ませれば、正気に戻る。（平瀬徹斎『日本山海名物図会』、平川毅「カッパからみた江戸時代人の自然観」）

豊後の国何がしの女房［ぶんごのくになにがしのにょうぼう］

「豊後の国何がしの女ばう死骸を漆《うるし》にて塗りたる事」（『諸国百物語』巻之二）に登場する女房。屍《しかばね》の怪。一つ家の怪のバリエーションの一つか。

とある夫婦がおり、一七歳の妻が早死にした。夫は遺言どおり、妻の死体に内臓の代わりに米を詰め、妻の骸《むくろ》を漆で塗り固め、鉦鼓《しょうこ》を持たせた上で持仏堂に安置させた。

この死んだ妻は、夫が再婚するたびに後妻を脅かして里に帰らせていた。ある後妻が夫に深夜の出来事を告げたため、先妻は後妻の首をねじ切り、夫も噛《か》み殺してしまった。（高田衛（編・校注）『江戸怪談集』下、太刀川清（校注）『百物語怪談集成』）

ヘクソカズラの精［へくそかずらのせい］

大分県玖珠《くす》郡玖珠町の伝説に登場する植物の精。

昔、万年山《はねやま》の北側に樟《くすのき》の大樹がそびえ立っていた。木の天辺は雲の上まで伸びており、日が昇れば有明海まで影が届き、日が沈む頃には四国松山まで影がかかるほどの大木であった。そのため、地面に日が当たらず、作物が育たなかった。そこで腕自慢の木挽《こび》きや身の丈九〇〇尺（約二七〇メートル）もある大男がこの樟の大樹を伐り倒そうとしたが、翌日には傷が治ってしまっている。困り果てていたところ、樟の木の上からヘクソカズラの精が下りてきた。ヘクソカズラの精は樟の木から養分をもらう代わりに、樟が傷つけばすぐに汁を出して傷口に塗ることで、傷を治していた。また、臭いにおいを出すことで、食い荒らす虫がつかないようにしていた。しかし、樟はヘクソカズラが出す汁が臭いと、笑ったり、嫌がったり、痛めつけたりしていた。樟の恩知らずさに腹を立てたヘクソカズラの精は大男に、伐る度に木屑《きくず》を焼き捨てれば良いことを伝えた。教えられたとおり、毎日伐った木屑を焼き捨てたところ、三年三ヶ月で樟の大樹を伐り倒すことができたという。（玖珠町史編纂委員会（編）『玖珠町史』下巻）

蛇女［へびおんな］

大分県由布市でいう蛇の怪。

由布市湯の平は温泉地である。初夏の夜、某旅館で二人の旅人が入浴していたところ、美女が入ってきた。女が「背中を流しましょう」と言うので任せたが、女は二人の血を吸い尽くして姿を消した。棲んでいた土地を旅館にされた蛇が女に化けたのだという。（郷土史蹟伝説研究会『増補　豊後伝説集　全』、隈井良幸『大分の消えゆく民話』）

ボーロ

大分県臼杵《うすき》市《し》海辺《あまべ》の中央に椋《むく》の木があり、その下の笹藪《ささやぶ》からポーと出て丈高く立つ。見越し入道とは違い、下から見ると消えてしまう。ここを伐ろうとしても触り（障《さわ》りのことか）があって伐ることができないという。（瀬川清子「怪異」『民間伝承』第五巻第一号）

【ま】

マキカブリ

大分県豊後高田市でいうユキアイ（コラム参照）の類。

屋山山中に現れたもので、剣道をする時に頭に巻く豆絞り（手拭い）を被っており、瘦《や》せた男の姿をしている。マキカブリに遭うと病気になるという。

九〇歳になる馬場氏は、七〇歳の頃、山に入った際にマキカブリと出くわし、それ以来二〇年間病気持ちなのだという。（松本和久『平成一五年度卒業論文　妖怪についての考察―豊後高田市都甲、及び周辺地域の闇と妖怪の思想―』）

マトーシ

大分県日田市でいう引っ張る怪。

穴森地域と荒山地域との間にマクナギという場所がある。旧道の頃、一人の行商人が荷を担いでマクナギを通ると、荷を何かに引っ張られた。しかし、周りには誰もおらず、このようなことがときどき起こった。正体はわからず、マクナギは気持ちの悪い場所と伝わる。（大分県教育委員会（編）『天瀬町赤岩　玖珠町北山田の民俗―玖珠川ダム水没地区民俗資料緊急調査―』）

眞門庵のぬれ草鞋［まもんあんのぬれわらじ］

岡城下七不思議の一つ。竹田市でいう、後をつけてくる足音の怪。
夜、屏風《びょうぶ》ヶ渕《ふち》の川沿いの小道を通りかかると、眞門庵の付近で、濡れた草鞋で歩くようなピチャピチャベタベタという足音が後ろからついてくる。振り返っても誰もいない。提灯《ちょうちん》の明かりで道を照らしてみると、誰もいなかったはずの小道に今濡れたような草鞋の足跡がついていたという。（岡本香村『竹田奇聞』中、竹田・直入小中学校図工・美術教育研究会（編）『竹田直入の民話』）
県内では他に臼杵《うすき》市《し》で**柳の精**が後をついてくるといわれている。県外だと奈良県のべとべとさんや、福井県のビシャが附く、京都府のピシャどん、香川県のシリウマオイなどが似た妖怪として挙げられる。

溝川の小豆洗［みぞがわのあずきあらい］

大分県竹田市大字竹田溝川の音の怪。岡城下七不思議の一つ。
深夜に小豆を洗うような音がする。おさんという名の古狸《ふるだぬき》の仕業《しわざ》であるという。（岡本香村『竹田奇聞』中、竹田市史刊行会（編）『竹田市史』下巻）
小豆洗いの項目も参照。

亡者船［もうじゃせん］

大分県東国東《ひがしくにさき》郡姫島村でいうあやかしの類の中でも船の形をしているもの。

河野憲一「国東・姫島村の漁民伝承」（『伝承文学研究』通巻二五号）によると亡者船から柄杓《ひしゃく》を求められたら、船に潮を汲《く》み込まれて沈没しないよう、柄杓の底を抜いて渡すのだという。（国際日本文化研究センター「怪異・妖怪伝承データベース」）

明治三八年（一九〇五）旧暦一〇月に現れたものは、まず油布に点火したような怪火が海上に現れ、漁具の手石を投げつけるたびに火は四散したかと思えば、すぐ一塊になって両子山《ふたごさん》のほうへ飛んでいき、再び元の海面に戻ってくることを繰り返した。夢中で陸地のほうへ船を漕《こ》げば、三本マストのアイノコ船（和洋折衷の貨物船）が近くに投錨《とうびょう》しているのが見えたので、その貨物船の風下に自分たちの船を着けようとした瞬間にアイノコ船は消えてしまったという。その際、その場に錨《いかり》を下ろし、一番鶏が鳴いて東の空が白みはじめるまで「南無金比羅《こんぴら》大明神ー」を唱えたため助かったという。亡者船が現れる前でも船霊様《ふなだまさま》は激しくチチチチと鳴いて危険を予告する。（大分県東国東郡姫島村教育委員会内姫島村史編纂委員会（編）『姫島村史』）

モーレイ

大分県北海部郡《きたあまべ》海辺村《あまべ》津留（現・臼杵市《うすきし》）でいうあやかしの類。

瀬川清子「怪異」（『民間伝承』第五巻第一号）や同「海の人々（二）」（『ひだびと』通巻七四号）に報告されている。

沖に出て、汽船がどんどんやって来る幻を見た時はモーレイにつけられたといって、船の火所の灰を撒《ま》く。また、日和《ひより》の悪い雨の降る日には向こうにチロチロと船の灯りが見えることがあり、これも海で死んだモーレイであるため、「船をよけんか」と言えば消えてしまうとされる。海で死んだモーレイは「柄杓《ひしゃく》を貸せ」と言うこともあるという。（「怪異」『民間伝承』第五巻第一号、国際日本文化研究センター「怪異・妖怪伝承データベース」）

モマ

大分県臼杵市《うすきし》に出た動物の怪。竹藪《たけやぶ》にいるとされ、闇夜には宙を飛ぶ。モマは「ギャーッ」という、人が絞め殺されるような声を出す。正体はムササビであるという。（村上あや「名残りの花　うすきあれこれ　四五」『大分合同新聞』）

臼杵市内には他にコウモリが年経たものである**野ぶすま**の伝承がある。また、宮崎県にも**モマ**の伝承がある。

【や】

やかん太郎 ［やかんたろう］

大分県黒岳に現れた年老いた大猿の怪物。

昔、黒岳北東側の麓《ふもと》にある阿蘇野《あその》の寺の半鐘が何者かに盗まれ、行方知れずとなった。間もなくして、黒岳で猟師が怪物と遭遇するようになった。その怪物にいくら矢を射ても平気で、そのうえ恐ろしく逃げ足が速いため、怪物の正体を誰も見極めることができずにいた。矢が怪物に当たってもカーンと撥《は》ね返ってしまうことから、この怪物を「やかん太郎」と呼ぶようになった。

やかん太郎は次第に増長して酷《ひど》く暴れ回るようになり、人里のほうにも現れるようになった。困った人々は協議の末、狩りのうまい猟師三人を選び、やかん太郎退治を懇願した。依頼を受けた三人が七日間氏神に籠もって怪物退治の願掛けを行ったところ、「たくさんの矢を怪物に射て、残り一本になったら逃げ出せ。すると怪物は襲いかかってくる」というお告げを得た。三人はお告げに従い、たくさんの矢を用意して黒岳へ分け入った。やかん太郎に遭遇した三人はさっそく矢を射かけるが、すべて撥ね返されてしまう。矢も少なくなったため逃げ出すと、やかん太郎は三人めがけて追いかけてくる。またたく間に三人とやかん太郎との距離は縮まり、三人が間近に迫った怪物の胸めがけて最後の矢を放ったところ、手応えがあり、やかん太郎を討ち取ることができた。みるとその怪物は紛失していた寺の半鐘を頭に被った、年経た大猿であったという。（小野喜美夫『飯田の民話と伝説』）

また直入《なおいり》郡（現・竹田市）久住山《くじゅうさん》の麓の小倉峠付近に現れていたという悪戯者《いたずらもの》の猿も棲み処《か》としている地名を取って黒山やかん太郎と呼ばれている。コッチイ石小太郎、高畑太郎兵衛と呼ばれている二匹の狸《たぬき》とともに人を化かしては悪戯していたため、この三匹を合わせて「朽網《くたみ》三太郎」と呼んでいる。（朝日新聞社（編）「新豊州夜話　四」）

柳の精 ［やなぎのせい］

臼杵市《うすきし》でいう、後をつけてくる足音の怪。臼杵ミワリークラブの発行物では「べとべとさん」や「米山の怪」という名前で紹介されている。

昔、臼杵市北海添の米山付近にある稲葉屋敷に柳の木が生えていた。話者の祖母が夜にそこを通りかかると後ろから足音がついてくる。後ろを見ても誰もいないのに、足音だけがついてきている。こういう場合は般若心経を唱えると良いと祖母は知っていたが、買い物の帰りで荷物が重く、般若心経を唱える余裕がなかった。とうとうそのまま家に帰りついてしまい、玄関先まで足音はついてきた。しばらくの間、玄関先で足踏みする音が聞こえていたが、いつの間にか音は止んでいたという。これはその柳の精の仕業《しわざ》であるとされる。

現在、その柳の木は枯れてなくなっている。

臼杵ミワリークラブのメンバーである古谷美和氏より聞き取り。

似た妖怪に栃木県河内郡上三川町《かみのかわまち》の曲り松がある。（『日本怪異妖怪事典　関東』）

山アロ ［やまあろ］

大分県日出生台《ひじゅうだい》でいう山童《やまわろ》の類。

山アロは日出生台のテノン谷に棲んでおり、三つぐらいの男の子のような姿をしている。人に悪戯《いたずら》しないため、樵《きこり》や炭焼きは弁当を山アロに与えて可愛がり、山アロも人間の仕事を見学しては仕事を手伝った。しかし、テノン谷を支配しているのは自分だという尊大ぶったところも山アロにはあった。伐り倒した木を樵が切ろうとしたが、木が動いて鋸《のこぎり》が使いにくく、山アロらも手を貸して木を押さえた。それでも木が動くため、樵がかすがいを持ち出して木に打ち込んだことで固定することができた。これを見た山アロは自分のできないことをしたと怒り、かすがいを引き抜いて投げ捨ててしまった。また、樵が薪割りをしている側で山アロが見物していたが、割れた薪の破片が山アロの頭に当たった。驚いた山アロは樵が投げつけたと勘違いし、「加勢しているのになぜ投げるか」と腹を立て大声で怒鳴った。物凄《ものすご》い声に打たれて樵は死んでしまったという。以来、人々は山アロの機嫌を損ねないように気を付け、子どもたちが泣くと「それ山アロが来る」といって脅かすようになったという。（朝日新聞社（編）「新豊州夜話　九」）

山父［やまちち］

大分県日田市でいう覚《さと》り、おもいの類。枯れ木のように痩《や》せ、青い火が燃えているような目をした爺《じじい》。毎日、桶屋《おけや》の作業をじっと見ては、桶屋の思うことを次々と言い当てる。餅《もち》を焼けば、全部食べてしまう。仕返しの焼き石を見抜くも、意図せず跳ね飛んできた桶の輪用の青竹が頬に当たってしまい、退散する。（隈井良幸『大分の消えゆく民話』）

山姫［やまひめ］

大分県宇佐市、中津市、日田市、玖珠《くす》郡玖珠町、竹田市、佐伯市《さいきし》でいう山に現れる女性姿の妖怪。

　宇佐郡院内町平原（現・宇佐市院内町平原）では川には**川姫**、山には山姫がいるといい、綺麗な娘だと考えられている。日岳《ひのたけ》では夜に炭を焼いていると美しい娘が来ることがあり、血を吸われて不自由な体になるか死ぬという。（院内町教育委員会内院内町誌刊行会（編）『院内町誌』）

　下毛郡三光村（現・中津市三光地域）でも山姫は山に棲んでいるといい、どんなに暗くとも顔の目鼻立ちから着物の模様まではっきり見えるという。（三光村誌刊行委員会（編）『三光村誌』）

　下毛郡耶馬渓《やばけい》町（現・中津市耶馬渓町）では山に行った川姫を山姫と呼んでいる。（耶馬渓町史編集委員会（編）『耶馬渓町史』）

　日田郡天瀬町《あまがせまち》赤岩（現・日田市天瀬町）では、山姫は人間に魔がついて化けたもので、恐ろしい姿をしているという。（大分県教育委員会（編）『天瀬町赤岩　玖珠町北山田の民俗―玖珠川ダム水没地区民俗資料緊急調査―』）

　また、日田では次のような話もある。

　ある日、一人の若侍が山路を急いでいると、猟師に狙われている、子猿を抱いた大猿に遭遇した。若侍はいくらかのお金を猟師に渡し、猿を助けて逃がした。再び山路を進んでいると、絣《かすり》の着物に絣の帯、絣の足袋を身に着けた若く美しい女とすれ違った。すると辺りは暗くなり、足が急に重くなった。足を引きずるようにして歩くと、今度は年寄りの樵《きこり》に出くわした。樵が言うには、若侍がすれ違った妙な女は山姫でこの山の主だという。山姫に見込まれると歩けなくなると聞いた若侍は樵の勧めもあり、樵の小屋に泊まることにした。しばらくすると、小屋の覗き窓から先ほどの大猿が飛び込み、蕗《ふき》の葉の包みを置いてすぐさま去って行った。時間が経ち、若侍がうとうとしていると、若侍の目の前に山姫が現れた。若侍はとっさに、大猿が置いて行った包みを山姫に向かって投げたところ、大きな唸《うな》り声をあげて、山姫は消えた。翌朝、辺りを見てみると、たくさんのナメクジが大きな蛇の死骸の上を這《は》っていたという。（ＮＴＴ日田電報電話局編集委員会（編）『豊後日田の昔ばなし』）

玖珠町でも山姫は知られていたが、その存在を信じている人はほとんどいないという。（玖珠町史編纂委員会（編）『玖珠町史』下巻）

昔、二人の旅人が大分郡庄内町阿蘇野（現・由布市庄内町阿蘇野）を経て、玖珠郡九重町田野へと向かっていた。黒岳の麓《ふもと》を過ぎると、道端に美女が佇《たたず》んでいたため、旅人の一人が声をかけた。女も田野へ行くとのことで、同道を申し出たところ、女は旅人の前で舌を出した。女の舌はヘラヘラと伸び、地面に届いてとぐろを巻いた。それを見て驚いたもう一人の旅人は田野まで走り逃げたが、友人がいつまで経ってもやって来ない。近所の人々に事情を話し、弓鉄砲を持って女と遭遇した場所へ行ってみると、声をかけた旅人が血を吸われて死んでいたという。（土屋北彦『おおいた文庫三　大分の民話《伝説》』）

佐伯市畑野浦にある観音様が祀《まつ》られている谷と西野浦の本谷に山姫がいるとされる。畑野浦では山姫は二面の顔をしているとされ、前は美しい顔であるが、後ろは恐ろしい鬼の形相なのだという。西野浦では大変美しい姿で、腰の辺りまで髪を長く垂らしているといい、山姫から見つめられると祟られるとされている。（平木修一『入津湾の民俗』）

福岡県、宮崎県、鹿児島県、薩南諸島のほか、九州外では神奈川県、岡山県に**山姫**の話が見受けられる。

山童［やまわろ］

高崎山（大分県大分市、別府市、由布市）や乙原《おとばる》の深山に現れたという怪物。

永正年間（一五〇四〜二一）に高崎山の麓《ふもと》から赤松谷にあった大森林の皆伐を手伝ったとされる。この大森林は伐りつくすのに二年はかかると思われていたが、山童が手伝ってくれたおかげで半年も経たないうちに伐りつくすことができたという。見た目は一〇歳くらいの子どもに似て、毛は柿色、手は長く、ものも言わずに杣人《そまびと》や炭焼きが伐り倒した大木を軽々とひっかたげて積み場へ運ぶ。昼になると食い物をねだり、塩気の物は嫌うのかいっさい食わず、人が食い物を与えると山の中へ逃げてしまう。人間より先には行かず、杣人も山童との付き合い方のコツを知って、順序良く仕事をこなした。大森林を伐りつくした後、祟りを恐れてこの地に山神祠を建て、山童を祀《まつ》った。これが高崎山の西麓、鳴川の細道を四〇〇メートル登った所にあるという山神社で、山商売の人は必ずここにお参りをするという。（堀藤吉郎『別府の伝説と情話』）

山姥［やまんば］

大分県日田市、宇佐市、国東《くにさき》郡国東町（現・国東市）、東国東郡姫島村、杵築《きつきし》市、玖珠《くす》郡玖珠町でいう山に現れる女性姿の妖怪。

日田郡天瀬町《あまがせまち》（現・日田市天瀬町）、宇佐市、東国東郡安岐町《あきまち》（現・国東市安岐町）、東国東郡武蔵町（現・国東市武蔵町）、杵築市では「天道さんの金の鎖」の話に登場し、蕎麦《そば》の茎や根元、ほうれん草の根、ススキの根が赤いのは山姥の血で染まったからだと説明している。（天瀬町（編）『天瀬町誌』、関敬吾『日本昔話大成』一〇、国際日本文化研究センター「怪異・妖怪伝承データベース」、田城擴『ふるさとに残る「武蔵の昔話」』、土屋北彦『語りによる日本の民話七　豊後杵築の民話』）

宇佐市では「牛方山姥」の話も語られており、大根と馬を食った山姥が釜で煮殺されている。（『日本昔話大成』一〇）

東国東郡姫島村では「ヘボ出世」という話に山姥は登場している。泣いて外に出された子どもを山姥が連れ去り、三つある倉の番をさせた。子どもは倉の中にいた馬に乗って逃げると、山姥が追いかけてきた。倉の中にあった水徳利《みずどっくり》を投げると大きな川になったが、山姥は川を越えて来る。次は火徳利を投げたところ、火事になって山姥は焼け死んだという。（東国東郡小学校国語部会（編）『東国東のむかしばなし』）

玖珠郡玖珠町では、山姥はなめくじが嫌いであるとされる。山姥に襲われた旅人がとっさに小川の石に貼りついていたなめくじを投げつけると、山姥は血を流して逃げ去ったという。（玖珠町史編纂委員会（編）『玖珠町史』下巻）

人を襲うことが多い山姥であるが、国東郡国東町には山姥のお産を助け、名づけ親になったところ、お礼に「使うだけの金が出る箱」と「一代のうちに使うほどの糸が入っている箱」をもらった夫婦の話がある。（『東国東のむかしばなし』）

雪女郎［ゆきおなご］

大分県佐伯《さいき》市吸ヶ谷に出たという雪女の類。

年の瀬も迫ったある日、雪が降り積もり、椎茸《しいたけ》を作っている一八人の山師たちが宇目の里に帰れず、山小屋に閉じ込められた。退屈しのぎに百物語を催してから皆が寝静まった頃、入り口の戸の隙間から粉雪が流れ込み人の姿に変わった。髪は足元まで伸び、目と眉《まゆ》は針金のように細くつり上がり、口は耳まで裂けていた。雪女郎は山師の上に身を屈《かが》めて一人一人血を吸って、夜が明けると粉雪となって消え去った。山の神の助言によって竈《かまど》の下に隠れ、一人無事であった手伝いの女は村まで駆け下り、一部始終を話した。村人たちは山師小屋のあった所を吸ヶ谷と呼ぶようになったという。（日本児童文学者協会（編）『大分県の民話』）

雪姫［ゆきひめ］

大分県中津市犬ヶ岳に出たという雪女の類。

中津市小屋の原に喜三郎という人がおり、月の木村から嫁をもらった。冬のある日、嫁は実家に里歩きに行ったが、雪に降り込められて帰ることができなくなった。迎えに行こうと月の木村に向かった喜三郎が犬ヶ岳の腰まで来ると、どこからともなくピーシャラ、ドンコと妙な音楽が聞こえてきた。雪が降る空中を綺麗なお姫様が三人、浮遊して舞を舞っている。真っ白な上衣から真紅の下衣の襟や袖口、裾等が覗いている。後ろに垂らした漆黒の髪は背丈ほどの長さがあり、宙返りするたびに衣が翻って真っ白なふくらはぎが露わになるが、大理石のようなその足は一本だけであった。呆気に取られている喜三郎に一人の姫がすうっと近寄ると、喜三郎のうなじを抱いてキスをして舞い上がる。二人目、三人目の姫も同じように続く。一〇日後、村人たちの捜索により、雪の中から喜三郎の死体が発見されたという。（耶馬渓町史編集委員会（編）『耶馬渓町史』）

湯飲みばあさん［ゆのみばあさん］

大分県臼杵《うすき》市《し》でいう妖怪。

家にいるはずもないお婆さんがお茶を勧めてくる。飲まないと祟る。（早川徹『平成一五年度卒業論文　大分県における山・海・城下町の妖怪観の相違～臼杵藩に見る妖怪～』）

ようかいリリー

大分県から『新・学校の怪談』三に投稿された話。

「リリーさん、リリーさん、うちに遊びに来てください」と言って、指を三回鳴らすと、ようかいリリーが出てくる。鏡を向けて「リリー去れ、リリー去れ」と言うと、鏡の中へ戻っていくという。（常光徹『新・学校の怪談』三）

朝里樹『日本現代怪異事典』によると、一九九六年七月二〇日に関西テレビで放送されたスペシャルドラマ『学校の怪談R』の第二話「妖怪リリーちゃん」で作られたキャラクターが学校の怪談として発展したものと考えられている。大分県の他に、兵庫県からもリリーさんの話について報告されている。

四回婆さん［よんかいばあさん］

大分県臼杵《うすき》市《し》のある小学校でいう便所の怪。

小学校のトイレの四番目の個室で四回流すと四回婆さんが出てくる。

筆者聞き取り。

【ら】

龍神［りゅうじん］

杉谷宗重「豊後国方々物怪之事」（『大友興廃記』）に記されている人語を話した馬。豊臣秀吉が受け賜わった名馬で、「世は今ばかりぞ」と喋《しゃべ》った。「この馬は物を言うわ」とある人が言えば、「我にてはなき」と喋る。（垣本言雄『大分県郷土史料集成　戦記篇（二）』）

【わ】

若狒々［わかひひ］

百井塘雨「強勇」（『笈埃《きゅうあい》随筆』）に次のような話が載る。

杵築《きつき》家中に何某《なにがし》という人がいた。常に殺生を好み、山野に暮らし、鳥獣を狙い歩いていた。ある夜、いつものように獣道から山へ入った。夜が明けようかという頃、向こうに何か怪しく光るものがあったが、いまだに闇夜であるためによく見えなかった。「これは獣ではないだろう、なにものであるか確かめてやろう」と思った何某は弾を込め、少しも疑問に思わずに撃った。もともと手練《てだ》れであれば、外れはしなかったが、突如、その怪しいものはこちらに向かって走ってきた。その体は目に余るばかりの異形で、両目は稲妻のようであった。何某は手早く弾を二個込め、続けざまに撃ち込んだが、怪しいものは少しもたじろがず、何某の鉄砲を摑《つか》んで引っ張り取ろうとした。何某は大力の持ち主であったので、日頃の一〇倍の力を出して、向こうにやるものかとこちらへ引き戻した。互いにあなたこなたと引き合っているうちに何某のほうが引き勝ったところ、かの怪しいものはどこへ行ったのか見えなくなった。宿へ帰ってから鉄砲を見ると筒を強く摑んだものと見えて、末端まで左右に太く、指くらいの深さの爪痕と思われる筋が彫られていた。剛強の人でなければたまったものではなかったであろう。その後、何某にはなんら障《さわ》りもなかった。どのような妖物かもわからないが、あれが若狒々というものであろうか。鍛えた鉄筒を摑み切るとは、恐ろしいと感想を漏らすことさえ愚かに思えると何某は

語ったという。この銃は「露沾」という銘でその家にあると伝える。（日本随筆大成編輯部（編）『日本随筆大成』第二期一二）

悪い風［わるいかぜ］

大分県別府市、大分市でいう魔風の類。別府市では正体不明の悪霊に憑《つ》かれた状態の一つとされる。道を歩いていて、急に足や腰が痛みだすと悪い風に当たったという。（別府市（編）『別府市誌』）

大分市九六位山の大内《おおち》では、道を歩いていて急に足腰が病むと、悪い風に打たれた、もしくは全身様にさわられたという。（大分市教育委員会『九六位山麓の民俗』）

わんうり火［わんうりび］

大分県大分市でいう光物、怪火の類。牧の御霊社の前から東原へ上る所にある小山と呼ばれる小さい丘の辺り、もしくは大迫の山沿いの道に出たとされる。椀《わん》を売っていた行商人が博打に負けて自殺して以来、夜な夜なこの場所で火が動くという。（佐藤芳雄（編）『牧のあゆみ』）

椀売ろうの火［わんうろうのひ］

大分県大分市でいう光物、怪火の類。昔、大分郡東大分村萩原の辺りに紀州から椀を売りに来る正直な人がいた。毎日「椀売ろう、椀売ろう」と言いながら売り歩いていたが、ある日松栄山中腹で悪者に殺されて金を奪われた。その夜からときどき怪しい火の玉が山の中腹をうろうろするようになった。特に雨の降る日に多く出るといい、人々はこれを椀売ろうの火と呼んでいる。（郷土史蹟伝説研究会『増補　豊後伝説集　全』）

COLUMN

小豆妖怪連合軍04

本書をはじめ、『日本怪異妖怪事典』シリーズの東北、関東、中部、近畿、中国、四国を見ていただければわかると思うが、小豆洗いをはじめとする小豆妖怪たちの伝承は東北から九州まで広く分布している。

小豆を洗うような音がするという点が共通しているほか、歌を伴っていたり、若い女もしくは老婆が洗っていたりするという地域は多く見られ、子ども脅しにその名が使われる事例も多々存在する。

広範囲で共通する部分が多い妖怪であっても、個々の伝承を見ていくと、他とは違う特徴を有すものが目に留まることがあって面白い。

岩手県遠野市のあずぎとぎは目が一〇〇もある化け物で人を襲う。埼玉県志木市幸町の地獄谷の小豆婆は通行人を捕まえて淵《ふち》に叩きこむ。山梨県北巨摩郡長坂町上中丸（現・北杜市長坂町中丸）のあづきそぎばんばあは、うろたえる人を大笊《おおざる》で木の上へとすくいあげる。兵庫県養父《やぶ》郡養父町浅野（現・養父市浅野）の穴岩の前を花嫁が通ると老婆姿の小豆洗いに攫《さら》われるといい、通り終わるまで穴に注連縄《しめなわ》を張っていた。島根県松江市にあった小豆研ぎ橋の近くで謡曲「杜若《かきつばた》」を謡うと災難が降りかかるとされ、愛媛県南宇和郡愛南町一本松には、口止めしていたにもかかわらず、自分のことを他人に話した武士を八つ裂きにした小豆とぎの話がある。

九州では福岡県のあずきとぎにイマニモの怪の特徴が、熊本県の小豆とぎには再度の怪の特徴が混ぜられて語られている。大分県の赤豆洗にいたっては転がり出る怪であり、最早なぜ「あづきあらい」と呼ばれているのかわからない。

〔参考文献〕
・小松和彦・常光徹（監修）、香川雅信・飯倉義之（編）『47都道府県・妖怪伝承百科』
・土井中照（編著）『アトラス地域文化新書　八　すらすら読めてすっきりわかる　えひめの伝説〜妖怪編〜』

宮崎県

【あ】

赤猫の変化［あかねこのへんげ］

宮崎県西都市《さいとし》でいう化け猫。

農民の婆さんを食い殺して婆さんに化け、狩人である隣人の金佐を狙った。金佐から猪《いのしし》撃ち用の鉛弾は四つ用意していること、高ショク山には右から登ることを聞き出すと、高ショク山の三合目にて金佐を襲った。茶釜《ちゃがま》のフタで四つの鉛弾を防いだが、金佐が三つ持っていた鉄弾で反撃されてしまった。（比江島重孝（編）『日本の民話　四三　日向の民話』第二集）

赤はげぎつね［あかはげぎつね］

宮崎県児湯郡新富町新田赤はげの化け狐。

息子に化けてお爺《じい》さんに鉄砲の筒先を向けて驚かしたり、貧乏人に化けて金持ちどんの信用を得、五〇両騙《だま》し取ったりする。（宮崎県民話研究会（編）『読みがたり宮崎のむかし話』）

一升ビンの妖怪［いっしょうびんのようかい］

宮崎県延岡市北浦町でいう転がる怪。

市振《いちぶり》の墓場に通じる小道におり、一升ビンがコロコロ転がるように移動する。ずんぐりとしており、ツチノコのような形をしているという。（北浦町（編）『北浦町史　通史編』）

ウグメ

宮崎県でいう産女《うぶめ》の類。

妊娠した女が死ぬとウグメになるとされる。

通行人に子どもを抱かせるが、抱いたその子どもは重い石になっているという。（佐藤清明『現行全国妖怪辞典』）

ウゲの窓の瀬［うげのまどのせ］

宮崎県高千穂三ヶ所川上流にある淵《ふち》。椀《わん》貸《か》し淵の類。

穿《う》げ明神という水神を祀《まつ》っており、前日に必要な膳椀《ぜんわん》の数を頼んでおき、翌朝穿げに行ってみると願った数分の膳椀が揃《そろ》えてある。とある男が祝儀で借りた膳と椀を返そうとしたところ、一つ足りないことに気が付いた。仕方なく似た椀を加えて素知らぬ顔で返したところ、二度と椀も膳も借りることができなくなったという。（宮崎県

（企画・編）『みやざきの神話と伝承101』、甲斐亮典（編著）『ふるさとの伝説　山里が伝えてきたもの』、大島暁雄・松崎憲三・宮本袈裟雄・那賀教史『日本民俗調査報告書集成　九州・沖縄の民俗　宮崎県編』）

馬ん首［うまんくび］

宮崎県延岡市でいう馬の首の類。

馬ん首が下がるという場所がある。昔、山と川に挟まれたその場所はよく湧き水でぬかるみ、馬が滑落していた。馬の供養塔として馬頭観音が祀《まつ》られているが、山道を覆うようにして大木の枝が伸びており、そこに馬の生首がぶら下がるという。

話者の母曰く、学校からの帰り、そこを通る時に暗くなっていると、怖くて走って通り抜けていたという。（坐間巳朗@zamamirow氏のツイート）

宮崎県の他に福岡県、熊本県、大分県、鹿児島県に**馬の首**の話がある。

大ダコ［おおだこ］

宮崎県の昔話に登場する大きなタコ。

おかみさんが汁物の具にしようと畑のナスビをちぎっていると、ナスビの側に大きなタコの足が一本覗かせていた。これも具にしようとおかみさんはタコの足を切って持って帰った。そんな日が続いた八日目の朝、最後の一本を切ろうとしたおかみさんであったが、手元にタコの足が巻きつき、海に引っ張り込まれて、タコに食べられてしまったという。（矢口裕康（編）『ふるさとお話の旅　一二　宮崎　宮崎のげなげな語り』）

筬火［おさび］

宮崎県延岡市でいう光物、怪火の類。

雨夜になると三角池に二つの火の玉が喧嘩するように現れる。

筬とは機織《はたお》りの際に使用するもので、長方形の枠の中に櫛《くし》の歯のようなものが連なっている。縦糸の位置を整えて、緯糸《よこいと》を織り込むために使う道具である。（新村出（編）『広辞苑　第二版補訂版』）

家財道具が大変貴重であり、筬がとても大切な物であった頃、とある女が近所の女に筬を貸したのだが、両人の間で筬を「返せ」「返した」と喧嘩になった。近所の人々の仲裁により一時は収まったが、偶然、両名とも野仕事のために三角池へと出かけた。夜になっても二人の女は帰って来ず、村人たちが総出で探していたところ、三角池の方角に二つの怪火が現れ、互いにもつれては離れ、離れてはもつれを繰り返していた。不思議に思った人々が近寄ると火は消え去ったが、三角池には探していた女二人の溺《でき》死体《したい》が浮かんでいた。よほど激しく争ったのか、お互いの衣服は裂かれており、傷もかなり多く、一方は指を千切られ、もう一方は耳を食い千切られていた。その後、毎日夜になると二つの火の玉が出てはもつれて離れ、離れてはもつれて喧嘩し、分かれて飛び去っては消えるようになった。年月が経つにつれて筬火の出現する頻度は減っていったものの、明治二四、五年（一八九一、九二）頃までは、雨の降る晩にはときどき見かけることがあったという。

柳田国男の「妖怪名彙」では、筬火の情報元を『延岡雑記』と記しているが、これは『延岡雑談』の誤字であるようだ。『今昔、日本の妖怪　百鬼夜行からゲゲゲまで』によると、『延岡雑談』とは、昭和六年（一九三一）頃に『延岡新聞』で泉穀一郎が連載していたものをまとめたものだという。（宮崎県総合博物館（編）『今昔、日本の妖怪　百鬼夜行からゲゲゲまで』、柳田国男「妖怪名彙（六）」『民間伝承』第四巻第六号）

怖いモン［おじいもん］

宮崎県延岡市北方町でいう子ども脅しの類。

悪いことをする子どもには「山から怖いモンが来る」と言っていた。（坐間巳朗@zamamirow氏のツイート）

おしず

宮崎県梅北の雄児石《おごいし》村（現・都城市梅北町）にいたという女中。

都城と鹿児島県志布志《しぶし》市の街道筋にあった村に一軒の茶店があり、この茶店ではオカベ（豆腐）も作って売っていた。この茶店におしずという一七、八歳の女中がいた。大変馬好きであり、主人に隠れて馬にきらす（オカラ、豆腐かす）を食べさせていたが、いつからかオカベの材料の大豆も馬に与えるようになっていた。これを知った主人がおしずを叱ったところ、おしずはそれを苦にして、首を括《くく》って死んだ。その後、この村では人間や牛馬に悪い病が流行った。死んだおしずの祟りではないかとされ、供養塔を建て、お祀《まつ》りしたところ悪い病はピタリと止んだ。この供養塔は雄児石どんと呼ばれ、村の名前も雄児石になったという。（宮崎県民話研究会（編）『宮崎の伝説』）

オジムン

宮崎県の妖怪。

「日向地方妖怪種目」には、床の下から出る、と書かれている。（日野巌「日向地方妖怪種目」『民族』第二巻第三号）

床下から出る妖怪は他に福岡県の**床下坊主**《とこしたぼうず》がある。

おせり様［おせりさま］

宮崎県東臼杵《ひがしうすき》郡西郷村田代（現・東臼杵郡美郷町《みさとちょう》西郷田代）のおせりの滝の主。椀《わん》貸《か》し淵《ぶち》の類。子ども脅しにも用いられる。

「おせり様、何月何日に村で会席があるので何人前の膳椀《ぜんわん》一式お貸しください」と祈願すると、翌日には滝壺《たきつぼ》の水の上に膳と椀が頼まれた数ほど浮かんでいる。ある日、とある若者が膳の足を折ってしまい、飯粒で貼り合わせて返したところ、二度と貸さなくなったという。

また、いつの頃からか三人の娘が田代にやって来て田仕事を手伝ってくれるようになった。とある若者が娘たちがどこからやって来ているのか確かめようと、後をつけると娘たちはおせりの滝の中へと入って行った。水面に首だけ出した娘たちは若者を見つめるとやがて水中へと消え去った。以来、村に娘たちは来なくなったという。

上記のようなことがあったためか、どこの家でも子どもが悪戯《いたずら》すると「悪いこつすると、おせりさんに連れていくど」と言うようになったという。（甲斐亮典（編著）『ふるさとの伝説　山里が伝えてきたもの』、日本児童文学者協会（編）『宮崎県の民話』、宮崎県民話研究会（編）『宮崎の伝説』）

おとき狐 ［おときぎつね］

宮崎県東諸県《ひがしもろかた》郡森永村（現・国富町森永）のときが原にいるという化け狐。

三味線弾きの女や芸者に化けるのがうまい女狐だという。（有吉弘行（画）・稲葉三重子（話）『宮崎の昔ばなし』、宮崎県民話研究会（編）『読みがたり宮崎のむかし話』）

小払とどろ ［おばらいとどろ］

宮崎県東臼杵《ひがしうすき》郡諸塚村《もろつかそん》小払にある淵《ふち》。椀《わん》貸《か》し淵の類。

「お頼み申そう。膳《ぜん》と椀をお頼み申そう」と言うと、淵の中から美しい手が差し伸べられて、必要な数だけの膳椀を出してくれるという。とある若者二人が借りた膳椀を返す際に手の主を引き上げてひと目見てみようと、片方ずつ腕を摑《つか》んで引っ張った。しかし、逆に淵の底へと引っ張り込まれてしまい、二人の若者は**ヒョスボ**に変えられてしまった。手の主は年経たヒョスボであった。以来、膳椀を貸してくれなくなったとされる。（甲斐亮典（編著）『ふるさとの伝説　山里が伝えてきたもの』、矢口裕康（編）『ふるさとお話の旅　一二　宮崎　宮崎のげなげな語り』）

おゆき

宮崎県都城市庄内町関の尾の滝の伝説に登場する腰元。静女ともお静とも呼ばれる。

ツツジの花が咲く頃になると関の尾の滝の滝壺《たきつぼ》に赤い盃《さかずき》が浮かぶ。これは殿の前で屁《へ》をしたとなじられた腰元が滝壺に身を投げたためだという。（宮崎県（企画・編）『みやざきの神話と伝承１０１』、比江島重孝（編）『日本の民話　四三　日向の民話』第二集、比江島重孝・竹崎有斐『日本の伝説　三一　宮崎の伝説』、宮崎県民話研究会（編）『宮崎の伝説』）

女の幽霊 ［おんなのゆうれい］

宮崎県都城篠池（現・都城市都島町）に出たという幽霊。産女《うぶめ》の類。「花房」（『荘内地理志』巻六一）に記載されてあるもの。

野村某という人が篠池の辺りで女の幽霊から子どもを預かり抱いたが、石を抱いているように重かった。しばらくして帰ってきた幽霊は苦しみから逃れることができたとお礼を述べた。野村は礼として字をうまく書けるようにしてもらい、硯《すずり》を与えられたという。（都城市史編さん委員会（編）『都城市史　別編　民俗・文化財』）

大分県にもお礼に能書家にしてくれた**産《うぶ》女《め》**の話がある。

【か】

火車［かしゃ］

宮崎県児湯郡富田村（現・新富町）や銀鏡《しろみ》（現・西都市《さいとし》大字銀鏡）、上揚《かみあげ》（現・西都市大字上揚）でいう死体を奪うもの。猫の怪。葬式の最中、黒雲が湧き、棺《ひつぎ》の中の死体を取っていく。死体を探すと大木の枝に死体、もしくは死者の着物が引っかかっているという。富田村では火車は猫の祟りだとされ、銀鏡、上揚では棺の上に抜いた刀を載せておくと火車に死体を掴《つか》まれないとされている。（比江島重孝（編）『日本の民話　一四　日向の民話』第一集、同『日本の民話　四三　日向の民話』第二集）

カゼ

宮崎県でいう魔風の類。

「日向地方妖怪種目」には、カゼに逢うと病気になる、と書かれている。カゼの出る場所は決まっており、その場所を通ってきて「気持ちが悪い」と訴えると「あそこはよくカゼが出る所だ」などと言われるという。（日野巌「日向地方妖怪種目」『民族』第二巻第三号）

児湯郡西米良村《にしめらそん》では現在生きている人が他人を呪い、対象者が病死したうえにさらに他人にも呪いが感染する場合、人名を上に付けて、ウネメカゼ、ゴロゼカゼなどと言う。（民俗學研究所『綜合日本民俗語彙』）

東諸県郡《ひがしもろかた》では、首くくりのあった所に出るといい、これに遭うと病気になるという。（日野巌・日野綏彦『日本妖怪変化語彙』）

ガモジン

宮崎県宮崎市や西都市《さいとし》でいう化け物、妖怪を総称する児童語、子ども脅しの類。「泣き止まないとガモジンが来るぞ」と子どもに言っていたという。（宮崎県総合博物館（編）『今昔、日本の妖怪　百鬼夜行からゲゲゲまで』）

ガラッパ

宮崎県宮崎郡田野町（現・宮崎市田野町）、北諸県《きたもろかた》郡高崎町（現・都城市高崎町）、えびの市でいう水怪。高崎町ではガグレとも呼ぶ。（高崎町史編纂委員会（編）『高崎町史』）

宮崎郡田野町七野に熊一という者が住んでおり、奥山で一晩明かした際に、山神たちの会話を耳にし、自分の子が五歳の年の五月五日にガラッパに命を取られる運命にあることを知る。運命の日、子どもはどうしても川へ水浴びに行くという。母親は握り飯を持たせようと思ったが、炊きあがった飯がなく、竹の皮に米を包んで炊こうとした。その際、桶《おけ》に入れていた灰汁《あく》に包みを落としてしまい、母親は仕方なく、そのまま鍋の中に入れて炊きあげ、子どもにその角まきを持たせて送り出した。熊一が子どもの後をつけて見張っていると、いつの間にか見知らぬ子どもが自分の子と水浴びをしている。川底に引っ張り込まれる前に助けようと、熊一はしばらく様子をうかがうことにした。子どもは腹が減ったため、飯を食べようと、角まきを取り出したが、ぐるぐる巻きにした藁《わら》を解くことができなかった。見知らぬ子どもに化けたガラッパに渡してみたが、ガラッパも解くことができず、解くことに夢中になっているうちに、頭の皿の水が乾ききってしまった。角まきの藁を解くことも子どもを取ることも諦めたガラッパは角まきを川原の石に叩きつけ、川に潜ると水底へと姿を消した。以来、五月五日には角まきを作り、子どもたちを川へ行かさず、元気な子どもに育つように男の子を祝うようになったという。（矢口裕康（編）『ふるさとお話の旅　一二　宮崎　宮崎のげなげな語り』）

えびの市ではガラッパに引き込まれると、引き込まれた者はなかなか見つからず、いなくなった場所から遠くない川底に端座させられているとされる。ガラッパに引き込まれる前には、その者に雑魚《ざこ》がたくさんたかるという。

えびの市飯野の上江に長者が住んでいた。長者の下男が馬を洗うために川へ行き、岸の杭に手綱を縛ると、馬が暴れて、杭を引き抜いて屋敷へと帰った。よく見ると、縛り付けた杭はガラッパで、引きずられた際に頭の皿の水がすべてこぼれてしまった。捕まったガラッパを一目見ようと、多くの見物人が長者の屋敷を訪れた。人がいなくなってから、屋敷の下女もガラッパを見たが、ガラッパの顔がおかしく、悪戯心《いたずらごころ》を起こして、ガラッパに桶《おけ》の水をかけた。しかし、ガラッパは元気を取り戻し、手綱を断ち切ると、川へと逃げ去った。数日後、屋敷の雨戸が叩かれ、誰もいないのに、土間に川魚がたくさん置かれていた。長者はガラッパが自分に持ってきた物だと思い、さっそく料理して魚を食べたが、腹痛を起こして苦しみ、長者の家は死に絶えてしまった。ただ一人、下女は生き残り、ガラッパから毎晩川魚を送られ、一人暮らしの一生を送ったという。

　西諸県郡加久藤《かくとう》村徳満（現・えびの市）の者で竹上武熊という人がおり、風戸の小学校に通学していた。武熊はガラッパと遊び友達で、小学校から帰ると、いつもガラッパと遊んでいた。他人が近寄っても平気でガラッパと遊んでおり、武熊から「それそこにいるじゃないか」と言われても、他人にはガラッパの姿が見えなかったという。（宮崎県民話研究会（編）『宮崎の伝説』、楢木範行『日向馬関田の伝承』）

かりこ坊［かりこぼう］

宮崎県児湯郡東米良村銀鏡《しろみ》（現・西都市《さいとし》大字銀鏡）でいう山の神。

　狩人たちは一匹もモマ（ムササビ）が獲れないと「山の神がモマに知恵ばつけて、おどすばっかりじゃ」と呟《つぶや》く。この山の神がかりこ坊だとされる。かりこ坊は川へ入ると水神に、山に上ると山神になるという。彦三郎という人が夕暮れの山道を帰っていると、山の尾根からシャーシャーと鋭く響くつむじ風が流れてきた。そして、風の塊は銀鏡川へじゃぽんと飛び込み、この際、石ころを投げたようなものが見えたという。（宮崎県（編）『宮崎県史　別編　民俗』）

　銀鏡川上流にお伊勢の岩屋という洞窟《どうくつ》がある。風の宮とも麻藪《あさやぶ》の岩屋とも呼ばれ、高さ四尺（約一・二メートル）、幅一間（約一・八メートル）余りで、洞窟は阿蘇山へと連なっているという。ある時、この洞窟に参拝者があった。洞窟に不浄が入るとかりこ坊が祟るとされ、参拝者にもその旨を伝えたが、返答する者はいなかった。しかし、洞窟に入った途端、シャーシャーシャーと空気を引き裂くような風の音が鋭く響き渡った。轟々《ごうごう》たる妖気は三分間以上も続き、周辺の木の枝は折れ、岩土は飛び、全山落雷に包まれた。「かりこ坊が怒ったぞ」と村人が騒いだところ、遠くからやって来ていた参拝者の一人が喪中であることがわかったという。（比江島重孝・竹崎有斐『日本の伝説　三一　宮崎の伝説』）

カリコボウズ

宮崎県児湯郡西米良村《にしめらそん》でいう山の怪。狩子坊主、カリコボーズとも表記。

　五、六歳くらいの子どものような姿をしているというが、主に音や声についての話が多く語られる。一〇月から一一月頃になると、カリコボウズは川から上がって山に入る。西米良村では冬になると「ホーイ、ホーイ、ホーイ」という声が聞こえてくることがあるが、これは山の尾根伝いに山頂へ上がっていくカリコボウズの声であるという。山の尾根の末端や、谷尻、堂の前はカリコボウズの通り道になっている所であり、これらの場所に作業小屋を建てると、夜中に家が揺すられるという。また、村人が山や川べりで仕事をしている際に突然木が倒れる音がしたり、岩壁が崩れ落ちる音がしたりするのは、人々がカリコボウズの気に入らないことをしたためだという。

カリコボウズは口笛がうまく、うっかり口笛を鳴らすとカリコボウズが近づいてくるとされる。また、カリコボウズは風呂が好きともいい、村人が寝静まった頃にこっそりと風呂に入りに来る。人の気配がすると、すぐに姿を消すため、風呂に入っているカリコボウズの姿を見た人はいない。しかし、カリコボウズが入った湯は生臭いにおいがするため、カリコボウズが入ったとすぐわかるとされる。そのため、山村では風呂には必ず蓋《ふた》をしておけと言っている。（甲斐亮典（編著）『ふるさとの伝説　山里が伝えてきたもの』）

西米良村では村の観光、村興《むらおこ》しの一つとしてカリコボウズが使用されている。マスコットキャラクター「カリコボーズのホイホイくん」をはじめ、「かりこぼうず大橋」「カリコボーズ街道」など、村の至る所にカリコボウズの名前が見受けられる。（宮崎県西米良村観光協会『かりこぼん　平成の桃源郷へようこそ』）

ガワッパ

宮崎県西臼杵《にしうすき》郡高千穂町や宮崎郡清武町（現・宮崎市清武町）でいう水怪。

高千穂町のガワッパについては宮崎県教育委員会（編）『民俗資料緊急調査報告書―高千穂地方の民俗―』に記されている。ガワッパはケツゴを抜くといい、川の中に長く居るとガワッパが引くという。また、ガワッパの頭には皿があり、この皿に水があると千万力を発揮するとされている。（大島暁雄・松崎憲三・宮本袈裟雄・那賀教史『日本民俗調査報告書集成　九州・沖縄の民俗　宮崎県編』）

清武町では八重川にかかる槙ノ札橋の下に棲んでいるとされる。槙ノ札橋近くに住む爺《じい》さんの夢枕に立ち、川底の馬鍬《まぐわ》を取り除いて欲しいと頼んだ。馬鍬を取り除いてくれたお礼に毎朝物置の編《あ》み笠《がさ》掛けの木の枝に魚を掛けておいた。何年か経つとこの木の枝が腐ったため、大きな針金で鉤《かぎ》を作って柱に括《くく》りつけておいたところ、翌朝からガワッパは一匹も魚を掛けなくなった。ガワッパが金属を怖がったためだという。（矢口裕康（編）『ふるさとお話の旅　一二　宮崎　宮崎のげなげな語り』）

川の坊主［かわのぼうず］

宮崎県西臼杵《にしうすき》郡五ヶ瀬町でいう水怪。

山奥の村に炭焼きをする山師がいた。ある日、村で宴会があり、薄暗い中を山のほうへ帰っていると、川に差し掛かった道の真ん中に坊主頭の男の子が立っている。男の子は「山師どん、相撲《すもう》を取ろうや」と言うと、いきなり山師の脚に飛びついた。山師は飛びついてくる男の子を取っては投げ、取っては投げしているうちに、男の子の数は一五、六人に増えていた。さらに、男の子の腕を取るとするりと腕が伸びるため相撲が取りにくい。山師は一晩中相撲を取り、夜明けになると男の子は姿を消していた。山師が村の長老にその話をすると、「油断すると川に引っ張り込まれて尻子を取られる。そこを通る時はおっぱん（仏様に供えたご飯）を食うてから行け」と教わった。山師がおっぱんを食べてから、先日の場所を通ると、再び川の坊主が現れ、相撲を挑んできた。山師が一匹取って投げたところ、川の坊主は「お前の目が光るわい」と恐ろしがり、先日のように続けざまに出るということはなかったという。（甲斐亮典（編著）『ふるさとの伝説　山里が伝えてきたもの』）

ガワラドン［がわらどん］

宮崎県東諸県郡《ひがしもろかたぐん》綾町でいう水怪。

ガワラドンは小さく、骨と皮ばかりの痩《や》せた体をしている。頭の皿に水が溜まっていると、力が強くなるといい、川にいては人の尻子を抜くとされている。

綾町の南川の淵《ふち》で、あるにせどん（若者）が馬を洗っていると、ガワラドンが淵から現れた。にせどんはガワラドンに相撲《すもう》を取ろうと勝負を挑んだ。にせどんが逆立ちをして見せると、ガワラドンはすぐに真似をして逆立ちをしてしまい、皿の水がこぼれてしまった。ガワラドンはたちまち淵に飛び込むと、皿に水を溜めてから再び現れ、にせどんに相撲を挑んだ。そこで、にせどんは再び逆立ちをして見せ、ガワラドンが真似して水をこぼした隙に、素早くガワラドンを取り押さえ、馬の手綱で縛ると、家へと連れて帰った。そして、厩《うまや》の柱に太い縄でガワラドンを縛り付けると、何日も放置しておいた。痩せていたガワラドンであったが、さらに痩せてしまい、連日見物人も多かった。ある日、ガワラドンに水をかけると力が強くなると知らずに、この家のおかみさんが「ざまあみよ」と米のとぎ汁をガワラドンの頭からひっかけた。しばらくしてから、おかみさんがガワラドンの様子を見に行くと、荒縄が引きちぎられており、ガワラドンがいなくなっている。にせどんはおかみさんを叱り、おかみさんもにせどんに謝ったが、ガワラドンは二度と戻ってはこなかった。しかし、以後、南川の淵で水難事故は起こらなくなったという。（矢口裕康（編）『ふるさとお話の旅　一二　宮崎　宮崎のげなげな語り』）

ガワロ

宮崎県宮崎郡佐土原町《さどわらちょう》（現・宮崎市佐土原町）、西臼杵郡《にしうすき》五ヶ瀬町でいう水怪。

宮崎郡佐土原町の下浦に小さな池があり、ガワロの巣になっていた。ある日、酒に酔った男が水浴びをしていたガワロに石を投げたところ、ガワロの背中に当たり、ガワロは悲鳴をあげて水の中へと沈んでいった。ガワロを殺してしまったと思った男は家に帰りついた途端高い熱を出して寝込んでしまった。男が寝ている蚊帳《かや》の周りに大きな黒猫がやって来て、蚊帳の周囲をぐるぐると回りはじめた。これを見た家族はガワロの仕業《しわざ》だと思い、鎌や包丁、刀などの鉄気《かなけ》の物を蚊帳の周りに置いた。それでも黒猫は蚊帳の周囲を回るため、法者に頼んで拝んでもらった。一ヶ月余りの間、法者が祈《き》禱《とう》してくれたおかげで、黒猫の姿は見えなくなり、男も病気が治った。次の日、近くの畑へ男は麦刈りへと出かけた。しかし、夜になっても男は帰ってこなかったため、家族が捜索してみると、男は麦畑の中で鎌を握ったまま気を失って死んでいた。男の尻からは血が流れており、これを見た村人は「ガワロがケツゴをとったわい」と言ったという。（矢口裕康（編）『ふるさとお話の旅　一二　宮崎　宮崎のげなげな語り』）

西臼杵郡五ヶ瀬町で語られた、犬が猫を追い回す由来譚《たん》にガワロが登場している。主人の名刀が盗まれたため、犬と猫が取り返したが、猫が川に名刀を落としてしまう。怒った犬が川岸で昼寝をしていると、ガワロが犬を引っ張り込もうと現れた。しかし、犬は目を覚ますとガワロの尻に噛《か》みついた。犬は命を助ける代わりに川に沈んだ名刀をガワロに取って来させた。名刀を取り戻した犬が主人の家に帰ると、猫が名刀を犬から奪い取り、手柄を横取りした。これにより、犬と猫は仲が悪くなったという。（宮崎県民話研究会（編）『読みがたり宮崎のむかし話』）

佐土原町の話に見られるように、ガワロをはじめとする水怪の類は鉄気を嫌うとされる。しかし、鎌を持った男からケツゴを抜いたり、川底から名刀を拾ってきたりと、ガワロは他の水怪に比べると金属に対して少々耐性があるようだ。

狐の太郎左衛門 ［きつねのたろうざえもん］

宮崎県延岡市愛宕《あたご》山麓の柚子ガ谷に棲む化け狐。村人たちからは太郎左、もしくは太郎左狐と呼ばれる。

太郎左が頭に芋蔓《いもづる》を二、三回降りかけて琵琶《びわ》法師に化けた。それを目撃していた若者が琵琶法師の後を追うと、農民の家へと琵琶法師は入って行った。戸の節穴から覗いていた若者であったが、ふいに「危ないじゃないか」と声を掛けられた。戸の節穴だと思っていたものは馬の尻の穴であった。

太郎左を退治しようと村で一番賢い若者が、夕方に馬をひいて柚子ガ谷の近くに出向いた。峠道まで来ると大声でおっかさんを呼んだ。声を聞いた太郎左は婆さんに化けて若者の前に現れた。若者は婆さんを馬に乗せると、落ちると危ないからと馬の鞍《くら》に婆さんを綱で固く縛り付けた。若者の家に着くと、縛り付けた婆さんが木の切り株に変わっている。怒った若者が火に切り株をくべたところ、太郎左は火の中から飛び出し、家の中へと逃げ込んだ。若者が後を追うと、仏壇のおっかさんの位牌《いはい》が二つ並んでいる。若者は「おっかさん、おっかさんと呼べば、本物の位牌はゆらゆら揺れて返事をする」と言ったところ、太郎左はゆらゆら揺れてしまい、若者に取り押さえられた。太郎左はしきりに謝り、若者も仏壇の前で殺生はしたくないと、そっと太郎左を逃がした。

ある梅雨時の頃、豪雨により五ヶ瀬の橋が流され、川を渡す人足たちが出稼ぎをしていた。懲りていない太郎左は渡し人足に化けては、運んでいた旅人を頭から川に突き落としていた。そこへ薩摩（鹿児島県）の飛脚が通りかかり、太郎左の人足に川を渡してもらうことにした。武道を心得ていた飛脚は、川の水を切る足音とは別に、狐の尻尾がちゃぷちゃぷと水を叩いている音に気が付いた。飛脚は短刀で人足の背中を突き刺した。刺された人足は向こう岸に辿《たど》り着くと、倒れて動かなくなった。しかし、いつまでも狐の姿に変わらずに人足の姿のままであったため、飛脚は「人を殺してしまったか」と人足の側を離れずに見守った。一夜明けると、人足の姿は狐の姿へと変わり、太郎左はそのまま死んでしまったという。（有吉弘行（画）・稲葉三重子（話）『宮崎の昔ばなし』、比江島重孝（編）『日向の民話』第一集）

佐賀県の**ばばしゃん狐**など、似た話は他にもいくつか見受けられる。

木彫りの龍 ［きぼりのりゅう］

宮崎県児湯郡西《にし》米《め》良《ら》村《そん》の蛇淵《じゃぶち》の伝説。

米良に安左衛門と十兵衛（安左と平十とも）という漆《うるし》かきを生業《なりわい》とする兄弟がいた。漆かきは殺しかきともいい、漆が取れる木の幹から枝まで傷をつけて樹液を搾り取り、搾り取った木を枯らしてしまう。そのため、山の奥へ奥へと入って漆を取っていく必要があった。漆が取れる木を探さないといけないため、一日中山の中を探し回っても漆の木が一本も見つからないこともある。木を見つけても漆が溜まるのを待たねばならないという大変な仕事であった。ある日、安左衛門が山に入って仕事をしている最中に、誤って漆かきのための道具（鎌や鉈《なた》、山刀とも）を蛇淵に落としてしまう。蛇淵に潜って道具を探していると、淵の底に木から滴り落ちた上等な漆が溜まっていることに安左衛門は気が付いた。漆を入れる容器に淵底の漆を掬《すく》い取り、それを売って暮らすようになった。兄の安左衛門が以前よりも山に入らないにもかかわらず、上等な漆を取ってきては高値で取引していることに疑問を感じた十兵衛は、こっそり安左衛門の跡をつけてみることにした。蛇淵の底から漆を掬い取っていることを知った十兵衛は自分もこの淵から漆を取ることにした。一方、十兵衛が蛇淵から漆を取っていることに気が付いた安左衛門は蛇淵の漆を独り占めにするために、本物と見紛うばかりの木彫りの龍を手に入れると、重石をつけて蛇淵に沈めておいた。案の定、淵で龍を目撃した十兵衛は蛇淵に潜らなくなった。これで独り占めできたと喜んだ安左衛門であったが、蛇淵に潜ってみると生きた龍がいる。木彫りの龍が動くはずがなく、見間違いだともう一度潜ってみるが、やはり龍は動いており、安左衛門に襲いかかった。この際、安左衛門は龍に殺されたとも、蛇淵に近づかなくなったともいわれており、二度と淵の底の漆を手に入れることはできなくなった。

　この木彫りの龍であるが、彫り物師に新しく彫らせたとも、球磨表で買ったとも、森の中にあった社《やしろ》の欄干《らんかん》にあったものを借りてきたとも語られる。

　安左衛門が死んだ場合、その後日談が二種類ある。

　一つは安左衛門には臨月を迎えた妻がおり、悲しんだ妻は龍を呪って、二一日の願をかけた。満願の夜に白無垢《しろむく》を着て、短刀を口にくわえて蛇淵に入った妻は、竜を殺すことができたが、妻も淵から戻らなかったという。

　もう一つは帰ってこない兄を心配して、十兵衛が蛇淵に行ってみると、安左衛門の死体と木彫りの龍を見つけた。龍に刻まれていた彫師の銘を頼りに元の社に木彫りの龍を返し、漆で儲《もう》けたお金で社を修復したという。（宮崎県（企画・編）『みやざきの神話と伝承１０１』、日本児童文学者協会（編）『宮崎県の民話』、比江島重孝・竹崎有斐『日本の伝説　三一　宮崎の伝説』）

霧女［きりおんな］

宮崎県霧島の東麓に棲むという女性姿の妖怪。タクシー怪談。正体は年老いた化け狸《だぬき》とも白い着物を着た修験者だともいう。

　色が白く、面長の美人の姿をしている。霧の深い日に独り旅の男を狙い、現れると男に寄り添ってくる。男が霧女を口説こうとするとたちまち姿を消してしまうとされる。

　また、ときどき自動車を呼び止めては乗せてもらい、数十分後には姿を消してしまう。霧女が座っていたシートはしっとり濡れているという。（都城市史編さん委員会（編）『都城市史　別編　民俗・文化財』）

キンタカコウ

宮崎県東臼杵《ひがしうすき》郡西郷村（現・美郷町《みさとちょう》西郷）でいう憑《つ》き物。

　国学院大学民俗学研究会「宮崎県東臼杵郡西郷村」（『民俗採訪』昭和三八年度号）に紹介されている。

　キンタカコウは犬神のようなもので、人に食らいつくとされるものの、犬神よりも位は高いという。子どもがキンタカコウに憑かれると大人でも知らないようなことを口走る。また、キンタカコウは家筋によって憑くとされ、キンタカコウに憑かれた者は風持ちと呼ばれる。

　風持ちであるが、キンタカコウに憑かれた人のみの呼称ではないようで、犬神持ちも風持ちと呼んでいる。ヒジリ神と呼ばれる祈禱師《きとうし》がおり、ヒジリ神たちは風持ちを落とすという。（国際日本文化研究センター「怪異・妖怪伝承データベース」）

串間の怪物［くしまのかいぶつ］

宮崎県串間市の足跡の怪。

一九八二年、畑に長さ一一センチ、幅四

センチの足跡が発見された。形は人間の幼児のようであったが、三本指であり、ジャンプして移動したかのように一メートル間隔で足跡が残されていた。（人文社編集部『日本の謎と不思議大全　西日本編』）

鯨の精［くじらのせい］

宮崎県の昔話に登場する海の王。物食う魚の類。

女の姿で鯨とり船の親方の元に現れ、伊勢参りの鯨を取らないようにお願いするが、一隻《せき》の船が三三尋《ひろ》（約六〇メートル）もある大鯨を取ってしまう。大鯨の腹を切ってみると、親方が鯨の精に与えた粟《あわ》ご飯が出てきたという。（矢口裕康（編）『ふるさとお話の旅　一二　宮崎　宮崎のげなげな語り』）

件［くだん］

宮崎県でいう予言する怪物。宮崎県（編）『宮崎県史　資料編　民俗　二』には次のように記している。

人頭獣体の怪物で、天変地異や世の中が大きく変わる際に出現し、予言をして三日で死ぬとされる。昭和の初め頃、ある村に件が生まれた。間もなく、第二次世界大戦が始まったという。

小松和彦・常光徹（監修）『47都道府県・妖怪伝承百科』や宮崎県総合博物館（編）『今昔、日本の妖怪　百鬼夜行からゲゲゲまで』には、昭和の初め頃に東臼杵《ひがしうすき》郡椎葉村《しいばそん》にて件が「第二次世界大戦が間もなく始まる」と予言したと書かれている。

口だけさん［くちだけさん］

宮崎県からの投稿として、真宵魅鬼（編著）『マジこわ！　本当にあった⁉　こわ～い話』に掲載されたもの。

暗闇の中、手を叩きながら「口だけさん、こちら」と言い続けると目の前に「口だけさん」という霊が出現する。激しい息遣いが聞こえることで出現したかわかるという。明かりをつけると「口だけさん」は消える。

クラババ

宮崎県でいう庫《くら》の中にいる妖怪。庫婆か。サンド笠《がさ》を被り、杖をついている。庫から庫へと移るという。（日野巌「日向地方妖怪種目」『民族』第二巻第三号）

クロちゃん

宮崎県西臼杵《にしうすき》郡高千穂町の個人宅に現れたという妖怪。

その家の男性は子どもの頃、「クロちゃん」と一緒に遊んでいた。黒い肌に顔には目だけがある。ダッコちゃん人形をスマートにしたような感じの妖怪だという。（「妖怪を求めた映像集団　かわうそ商会」『怪』三四号）

黒猫の怪［くろねこのかい］

宮崎県五ヶ所村嶽に現れた猫の怪。

嶽に九右衛門という鉄砲の名人がおり、一〇〇〇頭のシシ（猪《いのしし》や鹿）を獲る願を立て、とうとう九九九頭のシシを獲った。念願の一〇〇〇頭目を獲るために囲炉裏端《いろりばた》で一二発の鉄砲弾を作っていると、一匹の黒猫が近づいてきて、弾を一つずつ触り出した。九右衛門は気にも留めずに弾を作り上げると、筒ヶ嶽へと出かけた。夜も更けた頃、どこからか九右衛門を呼ぶ声がし、真っ黒な怪物が近づいてくる。九右衛門は弾を込め、怪物に狙いを定めて鉄砲を放つが、いくら撃っても怪物に当たらない。一一発撃ち続け、とうとう残り一発となり、九右衛門は弓矢八幡の名を念じながら最後の弾を撃ったところ、見事に怪物へと命中した。怪物は叫び声をあげて、麓《ふもと》のほうへと落ちていった。九右衛門が血の跡を辿《たど》ると、自宅の竈《かまど》の下へと続いており、竈の中には鉄砲玉を触っていた黒猫が血に染まって死んでいた。このことを知った九右衛門の母が諭し、九右衛門は狩りをやめ、観音菩薩《かんのんぼさつ》を信仰して、静かに暮らしたという。（甲斐亮典（編著）『ふるさとの伝説　山里が伝えてきたもの』、宮崎県民話研究会（編）『宮崎の伝説』）

下女の亡霊［げじょのぼうれい］

宮崎県北諸県《きたもろかた》郡高崎町（現・都城市高崎町）でいう怪談。皿屋敷、皿数えの類。

とある長者がおり、大勢の作男や下女を雇っていた。田植えの頃には数人の賄方《まかないかた》だけを家に残して朝暗いうちから皆で田植えに出かけた。賄方の下女たちはこの時期は大変忙しくなり、夜もろくに眠ることができず、疲れ切っていた。昼食後の頃、長者の家の下を流れる野尻川で、一人の下女が目籠に食後の御器を入れて洗っていた。しかし、長者が使っている一組一〇個の漆塗《うるしぬ》りの椀《わん》を一つ、川に落としてしまい、御器は梅雨上がりの川の流れに巻き込まれて見えなくなった。血の気が引いた下女は残りの御器を数えるものの、やはり九つしかなく、下女は泣く泣く長者の家へと帰った。怒った長者に命じられ、下女は野尻川を探したものの見つからず、川岸の松の木に首を括《くく》って死んだ。一年経ち、田植えの時期の大雨の夜、一つ足りなくなった御器を仕舞っている土蔵から、死んだ下女の声が聞こえてくるようになった。「一つ、二つ、三つ」と数えていき、九つまで数え上げるとわあっと泣き声をあげ、しばらくするとまた「一つ、二つ、三つ」と数えはじめる。以来、毎年田植え時になると、下女の亡霊が御器を数えにやって来るようになった。また、長者の子は全員喋《しゃべ》ることができなかったり、目が見えなかったりする子ばかりが産まれたという。（比江島重孝（編）『日本の民話　一四　日向の民話』第一集、宮崎県民話研究会（編）『読みがたり宮崎のむかし話』）

ゲドー

宮崎県西臼杵《にしうすき》郡でいう憑《つ》き物。犬神と同じもの。高千穂でも人に憑く外道の家筋をゲドモチと呼んでいる。（日野巌「附　日本妖怪変化語彙」『動物妖怪譚』下）

ゲドー（外道）は主に島根県と広島県で言われている筋を作る（特定の家筋に取り憑く）憑き物であり、山口県には犬外道というものもある。徳島県にも外道と呼ばれるものがあるが、こちらは人を恨んで自殺した者がなるといい、恨む対象の家に憑き、衰微させるという。（石塚尊俊『日本の憑きもの　俗信は今も生きている』、喜田貞吉（編著）・山田野理夫（編）『憑物』）

コヅ

宮崎県の妖怪、もしくは梟《ふくろう》についての俗信。

コヅが啼《な》くと人が死ぬとされる。コヅが啼いた際は箕《み》を叩くと災いを防ぐことができるという。（日野巌「日向地方妖怪種目」『民族』第二巻第三号）

大分県豊後高田市には梟との鳴き比べに負けると死ぬという話がある。

また、静岡県志太郡（現・藤枝市など）ではオクンボ（梟）の鳴き声を真似ると鳴き負けたほうが死ぬといい（民俗學研究所『綜合日本民俗語彙』）、島根県では梟が年経た「よぞく」と声を掛け合う話がある。

琴塚［ことづか］

宮崎県延岡市東海《とうみ》でいう椀貸《わんか》し塚の類。東海の近くに小高い山があり、この山裾《やますそ》の横穴に一人の山姥《やまんば》が棲んでいた。村人たちはこの山姥に祝い事用のお椀やお膳《ぜん》などさまざまな品物を貸してもらっていた。しかし、この山姥は人に顔を見せることを嫌い、人と応対する時は背中を向けたまま行い、頼まれた品物は翌日、横穴の前に並べておいた。ある日、力自慢の若者が山姥の顔を一目見ようと横穴へ向かい、穴の中で後ろ向きのまま静かに座っていた山姥の腕を握って無理に顔を見ようとした。驚いた山姥はすさまじい叫び声をあげ、その激しさに若者は気を失った。若者が意識を取り戻した頃にはすでに山姥はいなくなっており、山姥がいない横穴の中から琴の音に似た美しくもあわれな音が流れてくるようになった。それにより、山姥が棲んでいたこの山を琴塚と呼ぶようになったという。（有吉弘行（画）・稲葉三重子（話）『宮崎の昔ばなし』、比江島重孝（編）『日本の民話一四　日向の民話』第一集、宮崎県民話研究会（編）『宮崎の伝説』）

小坊主［こぼうず］

宮崎県西諸県《にしもろかた》郡加《か》久《く》藤《とう》村永江浦（現・えびの市）でいう水怪。

永江浦の甚作爺が永江浦川の淵《ふち》の上を通ると、小坊主が手を引っ張った。甚作爺が小坊主に何事かと尋ねると、小坊主は淵のほうを指すため、潜ってみると金物があった。この金物を取り除いて欲しいと頼む小坊主に甚作爺は「お前が村の者に悪いことをしなければ、取り除いてやる」と言って、小坊主と約束した。以来、永江浦ではカワドレ（溺死者《できししゃ》）はなくなったという。（楢木範行『日向馬関田の伝承』）

【さ】

逆巻大明神 ［さかまきだいみょうじん］

宮崎県西臼杵《にしうすき》郡日之影町崎の原にある祠《ほこら》。

竜天橋の近くの村に住む男が竜天橋付近の山裾の斜面を焼き畑にするために、木や草を切り払いはじめた。この場所に大きな木があり、木の根元の洞穴に雌雄の大蛇が棲んでいた。男は知らずにその木に登り、枝を切り落としていく。雌蛇がお産を控えて洞穴の中で休んでいるため、大蛇は木を揺すって男を落とそうとしたが、男が歌う仕事歌に聞き惚《ほ》れてしまい、男を落とすことができなかった。大蛇は男の夢枕に立ち、「火を入れるのを七日待ってくれれば幸福をもたらす」と告げたものの、男は信用せずに火を入れ、雌蛇は産まれたばかりの子蛇とともに焼け死んだ。雄蛇は産後の雌蛇のために二神山の乳ヶ岩屋まで薬を求めに出かけており、その帰りに棲み処《か》に火を入れられたことを知った。怒り狂った雄蛇は男の家に巻き付いて家を倒し、その後も男に災いをもたらした。後悔した男は大蛇の恨みを慰めるために祠《ほこら》を建てて、逆巻大明神として祀った。そして、山の斜面が見える近くの森には礼拝する所を設け、朝夕大蛇の霊魂に祈りを捧げたという。（宮崎県（企画・編）『みやざきの神話と伝承１０１』）

逆巻大明神の祠堂《しどう》がどこにあったのかわからなくなっており、日之影町宮水の宮水神社に逆巻大明神が合祀されている。（甲斐亮典（編著）『ふるさとの伝説　山里が伝えてきたもの』）

佐助のゆうれい［さすけのゆうれい］

宮崎県東諸県《ひがしもろかた》郡綾町の幽霊。

山奥に薩摩藩（鹿児島県）の秘密の金山があった。ある時、そこの金山の鉱夫たちが砂金を持って逃げた。鉱夫たちの中に佐助という者がおり、逃げ遅れ、金山に隠れていたが、役人に捕まった。佐助は斬首となったが、その後、佐助のゆうれいが「砂金をかえせー」と言って現れるようになったため、佐助の墓が建てられたという。（宮崎県民話研究会（編）『宮崎の伝説』）

サンボン

宮崎県東臼杵《ひがしうすき》郡北方村（現・延岡市北方町）でいう水怪。

三ヶ尻浩「南豊後から北日向へ―旅と方言―」（『旅と伝説』八巻七号）に紹介されている。サンボンという名前は指が三本という言い伝えが由来と考えられている。（民俗學研究所『綜合日本民俗語彙』、国際日本文化研究センター「怪異・妖怪伝承データベース」）

似た名称の妖怪に大分県豊後大野市の**サンボンユビ**がある。

三輪車のおばあさん［さんりんしゃのおばあさん］

渡辺節子・岩倉千春（編著）『夢で田中にふりむくな』に紹介されているもの。

宮崎に住む人の話によれば、夜中に海岸沿いの広い道路で三輪車をこぐ音がする。深夜、車を運転している人がふと横を見ると、隣に三輪車をこぐおばあさんが並んで走っている。一〇〇キロで飛ばしても平気で並んでこいでいるため、アクセルを思いきり踏んで走っているうちにいつの間にか消えていたという。

シイ

宮崎県西臼杵《にしうすき》郡高千穂町尾平越えに出たという牛馬を害する獣。宮崎県教育委員会（編）『民俗資料緊急調査報告書―高千穂地方の民俗―』には次のように記している。

牛馬の目にはよく見えるが、人間の目には滅多に見えることはないとされる。黒っぽい細長い体をしており、シイを殴ったり斬ったりしてもいっこうに効き目がない。牛馬の血を吸うとされ、また数珠玉《じゅずだま》も好むため、厩《うまや》の近くに数珠玉を植えるものではないという。

尾平越え近くの中島に栗拾いに来た夫婦が、見たことがない黒っぽい動物に遭遇した。その動物は二人の周りをぐるぐる回るため、妻は恐ろしくなり、夫が手頃な木でその動物を殴りつけた。ところが、その動物はケロリとしており、何回も殴ってみたが、いっこうに効き目がない。そのうち、急にその動物の姿が見えなくなり、栗拾いを再開したものの、再び現れたため、夫婦は家に帰ることにした。近所の猟師はその話を聞くと「それはシイだ」と夫婦に告げたという。

『天津田日記』には、天保三年（一八三二）六月中旬に現れたシイについて記している。肥後（熊本県）領野尻近辺にシイが出現し、牛に被害をもたらした。これを知って、五ヶ所村の者たちもシイを警戒し、六月二八日、二九日、七月朔日《さくじつ》（一日）の三日間、鐘と太鼓を用いてシイを追い回したという。（大島暁雄・松崎憲三・宮本袈裟雄・那賀教史『日本民俗調査報告書集成　九州・沖縄の民俗　宮崎県編』）

ジャ

宮崎県でいう水辺の妖怪。

池からジャが上下する。ジャの池の水を減らして、魚を捕ると雨が降る。

また、雪の中にもいるという。（日野巌「日向地方妖怪種目」『民族』第二巻第三号）

重箱ばば［じゅうばこばば］

宮崎県宮崎市吉村町でいう化け狸《だぬき》。通行人に「重箱婆じゃー、ごっそう（ご馳走）はいらんかえ」と言って背中に石のようなものを担がせるという。（加藤恵「県別日本妖怪事典」『歴史読本　臨時増刊　特集「異界の日本史　鬼・天狗・妖怪の謎」』平成元年一二月増刊号）

　また、夜遅くに重箱を提げて通っていると、重箱の中のご馳走欲しさに婆に化けて近寄っては「重箱ばばあじゃ、重箱ばばあじゃ」と人の背中から震え声をかけるともいう。

　重箱ばばを退治しようと、ひょうきんな男が重箱ばばが出る峠の坂道に行き、小さな鐘と太鼓をチンチンドンドンチンチンドンドンとやたら叩きまわった。重箱ばばはおもしろおかしく踊る男を見て「これは重箱ばばあよりおもしろいぞ」と、真似をすることにした。夜になると、峠の坂道から村里までチンチンドンドンチンチンドンドンと賑《にぎ》やかな鐘太鼓に似た物音が聞こえてくるようになった。村人たちは「今夜も重箱ばばあがチンチンドンドンやっちょるが。ご苦労さんじゃが、狸ばやしの化狸どん」と噂《うわさ》した。しかし、ひと月も経つと、賑やかな狸ばやしが聞こえなくなった。ある日、村人たちが峠道を歩いていると、椎《しい》の木の茂った山陰に狸の穴を見つけた。穴の前には茶《ちゃ》碗《わん》の欠片《かけら》がたくさん散らばっており、穴の奥には大きな古狸が体中傷だらけになって死んでいた。重箱ばばは茶碗の欠片を自分の体に叩きつけて踊ることで、狸ばやしを鳴らしていたという。（比江島重孝（編）『日本の民話　一四　日向の民話』第一集）

白装束の死神さま［しろしょうぞくのしにがみさま］

宮崎県児湯《こゆ》郡富田村（現・児湯郡新富町）でいう一つ家の怪。

　仲の良い爺《じい》さんと婆さんがおり、婆さんは「自分が早く死んだら寺に入れて拝んでくれ」と爺さんに言い、爺さんは「自分が早く死んだら、神様になるから床の前に祀《まつ》ってくれ」と婆さんに言った。爺さんが先に死んだため、遺体を納棺し、約束どおり床の前に祀っておいた。すると棺《ひつぎ》の中から「ばば、おるかい。ばば、おるかい」と尋ねる声がする。婆さんは気味が悪いと思いつつも「おる、おる。おる、おる」と返事した。返事をしないでいると次第に声が荒々しくなり「ばば、おるかい。ばば、おるかい」と大声で喚《わめ》き立てる。毎日尋ねてくるため、婆さんはすっかり困ってしまった。ある日、小鯛《こだい》売りの魚屋のおかみさんが、婆さんの家にやって来た。婆さんはおかみさんが持ってきた魚を値切らずにすべて買うことにし、とっておきの一両小判をおかみさんに渡した。おかみさんが釣銭を用意できないでいると、婆さんは近くの庄屋の所へ両替に行ってくるからとおかみさんに留守番を頼んだ。「ばば、おるかい」と子どもが呼ぶので「おる、おる」と言っておいてくれ、とおかみさんに頼むと、婆さんは走って、家から逃げ出してしまった。縁先に腰かけて、おかみさんが婆さんの帰りを待っていると、「ばば、おるかい。ばば、おるかい」という声がした。言われたとおり「おる、おる」とおかみさんは返事をした。しばらくすると、再び「ばば、おるかい。ばば、おるかい」という声がする。うるさく思い、返事をしないでいると激しい声で「ばば、おるかい。ばば、おるかい」と叫びあげる。恐ろしくなったおかみさんが外へ逃げ出すと、白装束姿の爺さんが棺から抜け出して、おかみさんを追いかけた。一里（約三・九キロ）ばかり行くと松の木があり、おかみさんは木の上へと登った。その松の木に白装束の死神さまも登ってくるため、おかみさんは六回念仏を唱えた。念仏を唱えはじめると、死神さまは成仏し、松の木の下に崩れ落ちたという。（比江島重孝（編）『日本の民話　一四　日向の民話』第一集）

シロビン坂 ［しろびんさか］

宮崎県都城市野々《のの》美谷《みたに》城下麓集落にある坂。亡霊。

シロビン坂を下る時に白い瓶がコトコト追っかけてくることがある。戦が行われた際に討ち死にした侍のシロジンバカ（死霊神墓）が、麓集落の山林のあちこちにあり、その侍の亡霊が白瓶となって追いかけてくるのだという。（都城市史編さん委員会（編）『都城市史　別編　民俗・文化財』）

煤け提灯 ［すすけぢょうちん］

宮崎県えびの市でいう光物の類。

仕明の墓から古川西の墓の間を往来するという。（楢木範行『日向馬関田の伝承』）

セコ

宮崎県山間部や北方でいう山の怪。北方ではセコボウズとも呼ぶ。

西臼杵《にしうすき》郡日之影町見立《みたて》煤市《すすいち》ではセコと**ヒヨウスンボ**は別物とされる。セコは山の尾根伝いを「ヒョイヒョイ」といって渡っていく鳥のようなものだという。炭焼きの人が小屋を建てる時には「セコの出る所には家を建てるな」と言うという。（北浦町（編）『北浦町史　通史編』、日之影町（編）『日之影町史　九　資料編　四　民俗』）

西臼杵《にしうすき》郡三ヶ所村（現・西臼杵郡五ヶ瀬町）では次のような話がある。

山道で雨が降りだしたため、登校途中の女の子が傘を取りに引き返していたところ、側の萱《かや》の藪《やぶ》の中から誰かが手を出してその女の子の袖を引っ張った。女の子は驚き、「何をするか」と言って振り切ると、嘴《くちばし》のあるセコが藪の中へと逃げ込んだ。学校に行き、先生に話すと、その子が学校から帰る時に他の二人の子どもに頼み、その子を二人の間に挟んで帰るように取り計らってくれた。その子が「セコが出たのはこの辺りだった」と話すと、セコがヌッと藪の中から顔を出した。三人は傘でセコを突きやると大急ぎで逃げ帰ったという。（丸山学『熊本県民俗事典』）

セッチンババ

宮崎県でいう便所に現れる妖怪。

紙を忘れて便所へ行くと、セッチンババが尻を撫《な》でるという。（日野巌「日向地方妖怪種目」『民族』第二巻第三号）

似た名前の妖怪で大分県臼杵《うすき》市《し》に**せんちん婆さん**というのがある。

また、沖縄県の**カミー**の話もセッチンババに類似している。

【た】

第四コースの怪［だいよんこーすのかい］

宮崎県でいうプールの第四コースの怪談。

鈴木綾『大妻』第一一号に記されている。

ある小学校ではプールの第四コースで泳ぐのは不吉だといわれている。第四コースで泳いでいると、髪の毛が足に絡まって溺《おぼ》れそうになったり、誰かに足を引っ張られたりするという。（松谷みよ子『現代民話考　七』）

タテクリカエシ

　宮崎県東臼杵《ひがしうすき》郡北浦町島野浦（現・延岡市島浦町）でいう縦回転で移動する妖怪。百歩ヘビとも呼ぶ。

　五〇センチぐらいのビール瓶ほどの大きさで太く短い。立っては倒れるという動作によって移動し、動く際にはドスンドスンという音がする。移動すると、砂浜に六〇センチ間隔でタテクリカエシが動いた跡が残っているという。また、転がったり飛んだりすることもあるとされる。（北浦町（編）『北浦町史　通史編』）

谷坂の怪［たにさかのかい］

　宮崎県児湯郡高鍋町の砂撒《ま》きの怪。

　昭和三五年（一九六〇）頃、夕方、谷坂のお墓の下を通るとおじもんが出るといい、頭上から土や砂がぱらぱら落ちてくる。

　数人の女生徒がここを通りかかった際、土や砂が落ちてきた。後ろから来る友達を見ると髪の毛が針金のように上向きで逆立っていた。女生徒たちは叫んで、坂を走って逃げた。友達が泣き泣き追いついた頃にはいつものおかっぱに戻っていたという。（宮崎県（編）『宮崎県史　別編　民俗』）

俵蛇［たわらへび］

　宮崎県でいう槌蛇《つちへび》の類。

　俵に似た形状の蛇の意。

　肥後（熊本県）や薩摩（鹿児島県）でも**俵蛇**の名称が使われる。（坂井久光「槌の子　その後」『あしなか』通巻一四〇号、山本素石『逃げろツチノコ』）

チッチ

　宮崎県東臼杵《ひがしうすき》郡椎葉村《しいばそん》不土野でいう付きまとう音の怪。正体は名称不明の鳥とされる。

　宮崎県（編）『宮崎県史　資料編　民俗一』に紹介されている。

　夜道を歩いていると、頭上でチッチッと鳴き声がする。気に留めずにいたが、しばらくすると前後左右でうるさく付きまといはじめ、家の近くまで鳴き声は付いてきた。鳴き声がする方向を見ても暗くて見えず、石を投げてみても効果がないという。

チンチン坂［ちんちんざか］

　宮崎県宮崎郡清武町（現・宮崎市清武町）でいう音の怪。下中野から平野へ行く途中の旧道にある花立坂のこと。

　花立坂で六部（巡礼者）が盗人に殺されて、金を奪われた。以来、この場所では「チンチンチンチン」と六部が叩く鉦《かね》の音が聞こえてくるようになり、花立坂をチンチン坂と呼ぶようになったという。

　この六部は中野の八幡神社に参詣するために松の木陰で一休みしていたところを襲われたとされている他に、比江島重孝氏が紹介する話では、花立坂の森の中に六部は住んでいたとされている。

六部は托鉢《たくはつ》で得た銭を壺《つぼ》に貯めては、毎晩貯めた銭を数えていた。しかし、ある年の春先の頃、銭を数えているところを盗人に見られて、殺されたうえに銭を盗まれてしまう。六部の死後、春先の頃になると、花立坂付近で六部が托鉢の時に鳴らしていた鐘の音が響くようになり、坂を通る人を送り迎えするように、上で鳴ったり、下で鳴ったりした。村の人々は殺された六部が盗られた壺の金を探しているのだろうと考え、六部が住んでいた場所に墓を建てたが、鐘の音は鳴り止まなかったという。（甲斐亮典（編著）『ふるさとの伝説　山里が伝えてきたもの』、宮崎県民話研究会（編）『宮崎の伝説』、比江島重孝・竹崎有斐『日本の伝説　三一　宮崎の伝説』）

躓田 ［つまづった］

宮崎県えびの市でいう忌地の類。別府の前に九升蒔のツマヅッタという田がある。その田を作ると躓《つまず》くという。（楢木範行『日向馬関田の伝承』）

天くづし ［てんくづし］

宮崎県えびの市矢岳山でいう空木《からき》倒しの類。

雨の降る日、山中で一山木を倒すような音がする。これは天狗の仕業《しわざ》であるという。（楢木範行『日向馬関田の伝承』）

鹿児島県にも同名で**テンクヅシ**という音の怪が伝わっている。

テンコロ蛇 ［てんころへび］

宮崎県西臼杵《にしうすき》郡高千穂でいう槌蛇《つちへび》の類。宮崎県教育委員会（編）『民俗資料緊急調査報告書―高千穂地方の民俗―』には次のように記されている。

長さ一尺、胴回り一尺（それぞれ約三〇センチ）で、藁《わら》細工の際に使う藁槌のような形をしている。この蛇を見た人は多いが、危害を加えられたという話はない。（大島暁雄・松崎憲三・宮本袈裟雄・那賀教史『日本民俗調査報告書集成　九州・沖縄の民俗　宮崎県編』）

トッテンタテクリの杵五郎 ［とってんたてくりのきねごろう］

宮崎県西都《さいと》市《し》尾八重《おはえ》でいう縦回転で移動する妖怪。

縦杵に似た姿をしており、全体が一本の足のようだという。立っては倒れ、また立っては倒れるという動作を繰り返して移動する。猪《いのしし》が泥浴びをするニタには、さまざまな妖怪が現れるとされるが、トッテンタテクリの杵五郎はニタに最初に出現する妖怪なのだという。（北浦町（編）『北浦町史　通史編』）

トンゴシ婆 ［とんごしばばぁ］

宮崎県児湯郡高鍋町坂本村のお崎のはなに出たという今にもの怪（コラム参照）。

お崎のはなは崖の下を通る狭い道で、道の片側は坂本の田に水を引くための井手が流れている。ここに壊れかかった茅葺《かやぶ》き屋根の水車小屋が一軒だけあり、ときどき白髪のお婆さんが「ゴシゴシ」とお米や小豆などを磨いでいた。悪口などを言うと、このお婆さんが追いかけてきていたという。ある晩、二人の青年がお崎のはなを通りかかった。「今もトンゴシ婆ァがおりゃるどかい」と冗談を言いながら井手を覗くと、口が耳の下まで裂けた白髪の婆さんが「今もおります、トンゴシトンゴシ」と言って、こちらを見上げていた。驚いた青年たちは地を這《は》うように逃げ帰ったが、「今もおります、トンゴシトンゴシ」と言って婆さんが追いかけてきたという。（宮崎県（編）『宮崎県史　別編　民俗』）

【な】

無いもん食う［ないもんくう］

宮崎県西臼杵《にしうすき》郡高千穂や延岡市北方町でいう子ども脅しの怪。

箸《はし》で茶碗《ちゃわん》を叩く子どもに「無いもん食うが来っが！」と言って注意する。（大島暁雄・松崎憲三・宮本袈裟雄・那賀教史『日本民俗調査報告書集成　九州・沖縄の民俗　宮崎県編』、坐間巳朗@zamamirow氏のツイート）

七つバエのクモ［ななつばえのくも］

宮崎県日南市油津《あぶらつ》の七つバエでいう水蜘《みずぐ》蛛《も》の類。

ある男が七つバエに魚釣りに行った。家族からは魚釣りを止められたが、馴れた場所だからと男は向かった。浜辺で魚が釣れるのを待っていると、海の底から「もう、いいかい。もう、いいかい」という声がした。すると、海の中からクモが糸を吐きながら現れ、男が履いている足半草履《あしなかぞうり》に糸を巻き付けた。海の底から「もういいかい。もういいかい」というかすかな声が繰り返し響いていたが、男は魚釣りに夢中で一心に魚がかかるのを待っていた。クモの糸がしっかり足半草履に巻きつくと、男は海の底へずるずると引っ張り込まれてしまったという。（比江島重孝（編）『日本の民話　四三　日向の民話』第二集）

水蜘蛛の話は池や淵《ふち》であることが多いが、この話では海が舞台となっている。

ナベノフタ

宮崎県児湯郡高鍋町でいう器物が下がる怪。

ウトノヤマという場所は樹齢六〇〇年ほどの太い大木が密生しており、昼も暗い気味の悪い場所であった。ここにはナベノフタが下がるといわれており、村人たちは怖がってあまり通らない場所だという。（宮崎県（編）『宮崎県史　別編　民俗』）

ナンドババ

宮崎県の妖怪。ナンドバジョとも。「日向地方妖怪種目」には、暗い所に居る、と書かれている。（日野巌「日向地方妖怪種目」『民族』第二巻第三号）

奈良県、兵庫県、岡山県、香川県にもナンドババの話がある。

ニュードー

宮崎県東諸県《ひがしもろかた》郡の妖怪。

福岡県や愛知県、青森県の**入道坊主**と似た妖怪と思われる。（日野巌「附　日本妖怪変化語彙」『動物妖怪譚』下）

猫股［ねこまた］

宮崎県宮崎郡佐土原町《さどわらちょう》（現・宮崎市佐土原町）でいう猫の怪。年老いて尾が二つに分かれた猫でよく化けるとされる。

貧しい暮らしをしていた爺《じい》さんと婆さんの家に変化ものが出てきて、婆さんを眠らせてしまった。ちょうどそこへ座頭が宿を借りにやって来た。変化ものに怖気《おじけ》づいていた爺さんは座頭に宿を貸すと、「茶菓子を買ってくる」と言って家を出ていった。座頭が留守番をしていると、夜中に裏の山からワリワリワリと大きな音が響き、何者かが戸をガリガリガリと齧《かじ》った。座頭が耳を澄ましていると「ここをあけ。ここをあけ」と怒鳴り声が聞こえてきた。座頭が戸を開けると、変化ものが部屋に上がってきた。座頭が恐る恐る近寄って、変化ものを撫《な》でさせてもらうと、それは猫股であることがわかった。座頭は猫股の尻尾を握りしめると、懐から短刀を取り出して猫股に突き刺した。猫股は跳ねまわって土間に落ちると、息絶えた。しばらくすると、婆さんが目を覚まし、夜明けには爺さんが帰ってきた。座頭から猫股退治の話を聞いた爺さんは座頭にお礼を言い、しきりに謝ったという。（比江島重孝（編）『日本の民話　四三　日向の民話』第二集）

#【は】

ばば石［ばばいし］

宮崎県西臼杵《にしうすき》郡五ヶ瀬町の栗の谷にある石。

この石は婆さんに化けるといい、よく下の田へ芹《せり》摘《つ》みに行っていた。川で魚を獲っている子どもに「こらこら、そこん魚はとるんじゃないばい」と話しかけ、子どもを驚かせた。気味が悪くなった村人が物知りに相談し、坊さんに頼んでお経をあげてもらってからは出なくなったという。（宮崎県民話研究会（編）『宮崎の伝説』）

母狐［ははぎつね］

宮崎県児湯郡西都市《さいとし》の化け狐。

ある御殿医の所に一人の女が立派な駕籠《かご》を用意して迎えに来た。御殿医は長者の身内の者であろうと思い、駕籠に乗って、案内の女の後についていった。広い野原を通り、山道を登っていくと、大きな家の前へと到着した。御殿医は駕籠を降りると、奥の部屋に寝かされた病気の子どもを診た。子どもの病気はかなり重く、持ち合わせの薬では対処しきれなかった。いったん、その夜の薬を与えると、再び駕籠で送られて家へと帰った。翌日、御殿医は使いの者に子どものための薬を届けさせた。使いの男は御殿医に教えられた道を進むと、山道の崖にあった大きな狐の穴へと辿《たど》り着いた。穴の中には一匹の狐が息絶えた子狐を抱いて座っていた。側には御殿医が置いて行った薬の包みが散らばっていたという。（比江島重孝（編）『日本の民話　一四　日向の民話』第一集）

ばばどんのゆうれい

宮崎県児湯《こゆ》郡富田村（現・新富町）でいう一つ家の怪。

一人の六部（巡礼者）が訪れた村で農家の爺《じい》さんから宿を借りた。その家はじじどん一人だけで、ばばどんがいなかった。夜中になると「じい、おるか。じい、おるか」というばばどんの声が聞こえてきた。その声に「おります、おります」とじじどんが返事をする。しばらく呼び合っているうちに六部が寝ている部屋の床下から「ぞろりんがったん、ぞろりんがったん」と怪しい物音が聞こえてきた。床下から長櫃《ながびつ》を引いた白髪の婆さんの幽霊が出てくると「ぞろりんがったん、ぞろりんがったん」と大きな長櫃に足をかけたまま六部を追いかけた。慌てた六部は庭に走り出ると、庭の柿の木へとよじ登った。長櫃を引いた幽霊は「じい、おりゃるか。じい、おりゃるか」と呼びながら「ぞろりんがったん、ぞろりんがったん」と柿の木に登りはじめた。六部が咄嗟《とっさ》にお経を唱えたところ、幽霊は凄《すさ》まじい音を立てて、柿の木の下へと落ち、六部は助かった。以来、ばばどんの幽霊が出ることはなくなった。じじとばばは先に死んだほうを床下へ埋める約束をしていたという。（比江島重孝（編）『日本の民話　一四　日向の民話』一集）

ヒダマ

宮崎県でいう人魂。火玉、火魂とも表記。「日向地方妖怪種目」によると、ヒダマは尾を引いており、ヒダマが出ると悪いことがあると記されている。米一粒を囲炉裏《いろり》に入れると一升に増えて、ヒダマになるという。

えびの市ではヒダマが出た所、もしくは着いた所は火事が起こるとされる。ヒダマに気が付いたら、郷中の者を招いて祈念を行うという。（佐藤清明『現行全国妖怪辞典』、日野巌「日向地方妖怪種目」『民族』第二巻第三号、楢木範行『日向馬関田の伝承』）

同様の妖怪に佐賀県、熊本県の**天火**、沖縄県の**ピダマ**がある。また、富山県、鹿児島県でも人魂のことをヒダマと呼んでいる。

ヒダリ神［ひだりがみ］

宮崎県東臼杵郡《ひがしうすき》北浦町（現・延岡市北浦町）でいう餓鬼憑《つ》きの類。ヒダリとはひだるい、ひもじい、空腹になるの意。

山仕事や狩猟などで山に入ったら、昼食のご飯を一口分、飯一粒でも良いので、必ず残しておかないとヒダリ神に取り憑かれるとされる。ヒダリ神が取り憑くと、急に力が出なくなったり、動けなくなったりする。そういう状態に陥った際は残しておいた飯を食べれば元気になるという。（北浦町（編）『北浦町史　通史編』）

日向尾畑新蔵坊［ひゅうがおばたしんぞうぼう］

『天狗経』に記されている四十八天狗の一つ。宮崎県の大天狗。（知切光歳『天狗考　上巻』）

ヒョウスボ

宮崎県北部でいう水怪。

西臼杵郡《にしうすき》日之影町鹿川では、ヒョウスボは夕方に川へ来て、夜明けには山へ上がっていく。それに伴い、水神になったり、山の神になったりする。そのため、夕方にキュウリを採りに行くものではないといい、採った時は一番に水神様に供えるものだという。

ヒョウスボの通り道であるウジがあり、ヒョウスボはオバネ（峰や山頂）を通るものだと伝える。ある人が山小屋に泊まったところ、激しく家を揺さぶられたため、「お神酒《みき》が欲しいつか？　明日持ってくるわ」

と言うことでおさまった。これはヒョウスボの仕業《しわざ》であるという。

この他、鹿川では、ヒョウスボはケツゴ（尻）を引くといわれている。

見立煤市《みたてすすいち》では、夜釣りなどでハチノコのような良い餌《えさ》ばかり使うと「ヒョウスボが出るぞ」と言われる。（日之影町（編）『日之影町史　九　資料編　四　民俗』）

延岡市北方町では、川へ遊びに行く時は「ヒョウスボさんに気をつけろ」と言われていた。日によっては「ヒョウズンボに気をつけろ」とも言われていたという。（坐間巳朗@zamamirow氏のツイート）話者曰く、祖父母は「ヒョウズンボ」と呼ぶことが多く、母は「ヒョウスボさん」と呼ぶことが多かったと語る。

また、北方町にはヒョウスボ除けに猿の手を馬小屋の軒に下げていた家が以前あったという。

延岡市愛宕山《あたごやま》の尾根が川に突き出ている所をオサキといい、ソバの花の咲く頃になるとオサキから「ヒョウ、ヒョウ」というヒョウスボの声を聞くことがある。これはヒョウスボが尾根づたいに山へ上がっていく際の声なのだという。

東臼杵《ひがしうすき》郡門川町《かどかわちょう》では川での水難除けに「ヒョウスボドン。金丸の一統じゃ、悪さをしやんな」と唱える。これは金丸という人が悪戯者《いたずらもの》のヒョウスボを懲らしめた、もしくは大蛇に子どもを呑まれて困っていたヒョウスボを助けた際の約束に由来するという。

東臼杵郡諸塚村《もろつかそん》では昔、ヒョウスボが毎晩日暮れ頃に高い声でおらんだ（叫んだ）。占い師によると「これは村に火難がかかっている知らせだ」という。そこで、毎月二四日に美郷町《みさとちょう》北郷区の宇納間《うなま》にある地蔵尊へ、村から二人ずつお参りをしたことで火難を逃れることができた。

また、諸塚村の亀淵にはヒョウスボがいるから水浴びをするなと伝えられている。ある男が何気なく亀淵のほうを見ると、岩の上にヒョウスボがいた。そのまま見続けていると、ヒョウスボは男を眺めてから水中へと飛び込んだ。帰宅した男は悪寒に襲われて寝込むことになり、「水神の祟りではないか」ということで法者に祈禱《きとう》してもらい、回復したという。（和田寛（編）『河童伝承大事典』）

久田樹生『南の鬼談　九州四県怪奇巡霊』には西臼杵郡高千穂町に住んでいたという女性が小学生時代にひょうすぼを目撃した話を載せている。冬の林の中で、子どもくらいの背丈で毛むくじゃらの猿のようなものが、「ひょーおっ、ちょーおっ」と甲高い声をあげていた。女性が悲鳴をあげると、それは走って逃げた。女性の母親曰く、ひょうすぼに攫《さら》われて尻の穴から大事なものを盗られると死ぬという。

ヒョウスンボ

宮崎県児湯郡木城町、宮崎郡佐土原町《さどわらちょう》（現・宮崎市佐土原町）、東諸県《ひがしもろかた》郡国富町、児湯郡高鍋町、西臼杵《にしうすき》郡日之影町でいう水怪。

木城町高城に数百年も前から代々続く家があり、延徳元年（一四八九）頃から高城ぐすりと呼ばれる家伝薬を作ってきた。この高城ぐすりは骨接《つ》ぎ、腹痛、センシャク、打撲症に効果があるとされ、昭和一九年（一九四四）四月、政府が企業整備のために制度を変更するまで家伝薬の製造を続けていた。この薬はヒョウスンボに教えられたものだと伝えられている。

昔、この家の先祖が馬に乗って川を渡っている最中にヒョウスンボにじゃれつかれ、思うように川を渡ることができなかった。小刀でヒョウスンボを切りつけると、ヒョウスンボの右手を切り落とした。その夜からヒョウスンボが家にやって来ては「腕を返してくれ、腕を返してくれ」と嘆願するようになった。ヒョウスンボは毎晩しつこくやって来ていて、七日目の夜には「七日過ぎると腕が繋《つな》がらなくなるから、今晩中に腕を返してください」と頼んできた。それでも先祖は腕を返そうとしなかったため、切られた腕も繋がる薬の作り方を教えるので腕を返して欲しいとヒョウスンボは言った。先祖はヒョウスンボに腕を返し、ヒョウスンボも先祖に骨接ぎの薬の作り方を教えた。その薬は山桃の木の皮と精製された茶の葉に、もち米を混ぜ、粘るようにしたものだった。教えられたとおりに作った薬は効果も勝《すぐ》れ、非常によく売れた。

創業してから約四六〇年目に薬の製造業を返納するまで薬は作られ続け、薬を作らなくなっても、一二月三一日の夜にはヒョウスンボの手を切ったとされる川の端にお神酒《みき》などを供え、あらゆるものの供養を行っているという。（矢口裕康（編）『ふるさとお話の旅　一二　宮崎　宮崎のげなげな語り』）

宮崎郡佐土原町では次のような話がある。

にせどん（若者）が川へ馬入れに行くと、馬の足にヒョウスンボが噛《か》みついた。驚いた馬は跳ねながら家へと飛んで帰り、にせどんも慌てて家へ帰ってみると、ヒョウスンボが馬の足に噛みついたまま気を失っていた。怒ったにせどんは厩《うまや》の柱にヒョウスンボを縛り付けた。しばらくすると、この家のおかみさんが馬に飲ませるために、米のとぎ汁を持ってきた。柱にヒョウスンボが縛り付けられているのを見たおかみさんは「なんというざまじゃ」と言いながら米のとぎ汁をヒョウスンボに被せた。頭の皿に水を受けたヒョウスンボは力を発揮し、縄を切って逃げ出した。ひょうすんぼの皿に水をかけてしまい、おかみさんは残念がったという。（比江島重孝（編）『日本の民話　四三　日向の民話』第二集）

東諸県郡国富町にも馬に悪戯《いたずら》をして人間に捕まったヒョウスンボの話がある。

大脇の川にヒョウスンボが棲んでおり、五月になるとヒョウスンボたちの悪戯が酷《ひど》くなり、村人たちはたいそう困っていた。田植えの後、川の中瀬で鍬《くわ》や馬を洗っていると、ヒョウスンボたちは馬の尻尾につかまって悪戯し、そのたびに馬が暴れるため、洗うことができなかった。ある日、村のおじやんが中瀬に行き、馬を洗おうとすると、ヒョウスンボが馬の尻尾を引っ張った。おじやんが大声を出して怒ってもヒョウスンボは悪戯をやめなかった。おじやんはヒョウスンボを懲らしめようと、そっと近づくと、さあっとヒョウスンボを捕まえ、馬の鞍《くら》に縛り付けた。ヒョウスンボは何度も許しを請うが、おじやんは決して許さず、知らん顔をして馬を洗った。すると、声を聞きつけた仲間のヒョウスンボが現れ、「決して悪戯をしないと証文を書くから許してくれ」とおじやんに頼んだ。そこでようやくおじやんは縛り付けておいたヒョウスンボを解放した。ヒョウスンボは大きい石を拾ってくると、「倉頭から三名まで、ひょうすんぼはいたずらはせん」と書いておじやんに渡した。それ以来、大脇辺りの子どもたちは川で溺《おぼ》れなくなったという。（宮崎県民話研究会（編）『読みがたり宮崎のむかし話』）

児湯郡高鍋町には「ひょうすんぼの謀《はか》りごと」と題してヒョウスンボが狸《たぬき》と狐を嵌《は》める話がある。

毛作の山に知恵のある狐がおり、三ツ橋の竹藪《たけやぶ》に大そう偉い狸がいた。二匹とも自慢屋であり、どちらの化け方が優れているかよく喧嘩し、なかなか勝負がつかないでいた。ある秋の満月の晩、小薄のヒョウスンボがこの狐と狸を呼び出した。今から重箱包みを持った爺《じい》さんがやって来るが、どちらがあの重箱のご馳走を取り上げられるかやってみよ、とヒョウスンボは二匹をけしかけた。素早い毛作の狐は綺麗な娘に化けると、腹痛を装い、苦しそうにお腹を押さえてしゃがみ込んだ。娘に気が付いた爺さんが心配して近づくと、狐は重箱を取って逃げようとした。しかし、重箱は手拭いによって腰に結わえ付けてあったため、取ることができなかった。次に狸は橋の上で道いっぱいに広がるほどの大石に化けて、狸寝入りを始めた。知らずに近づいてきた爺さんは石を退けようとしたが、なかなか動かず、疲れた爺さんは石に腰かけると、そのまま居眠りを始めた。狸は腰に結んだ重箱を取ろうと思ったが、腰に重箱はなかった。先ほど狐に重箱を取られそうになったため、懐《ふところ》に重箱を入れたようであった。狸は爺さんの懐に手を伸ばしたが、寝ぼけた爺さんに手を噛まれて失敗した。それを見ていたヒョウスンボは「欲深く、自分の知恵に溺れるから失敗する。人間を騙《だま》す方法なんか簡単だ」と笑った。狐と狸が人間を騙す方法をヒョウスンボに尋ねると、「雨がしょぼしょぼ振る晩にご馳走を持ってきたら教えてやる」とヒョウスンボは答えた。約束の晩、ご馳走を用意した狐と狸がヒョウスンボを待っていると、「ヒュール、ヒュール……」とヒョウスンボの鳴き声が聞こえてきた。しかし、ヒョウスンボの姿は見えないため、あちこち探しているうちに夜が明けた。狐も狸も人間に捕まる前にと、さっさとねぐらへと逃げだしたが、二匹が持ってきたご馳走はそのままヒョウスンボが持って帰った。次の日もその次の日も声だけで、ヒョウスンボは一度も姿を見せなかったという。（宮崎県（編）『宮崎県史　別編　民俗』）

見立煤市《みたてすすいち》ではヒョウスンボは川におり、

川原で相撲《すもう》を取ることがある。釣りをする際に良い餌《えさ》ばかり使っていると、「ヒョウスンボがつくど」と言われる。ヒョウスンボと**セコ**は別物だという。

西臼杵郡日之影町では、ヒョウスンボは水神様の使いだともいわれ、人目につかない得体の知れないものとされている。ヒョウ、ヒョウと鳴き、春の彼岸から秋の彼岸までは川に棲み、秋の彼岸からは山に棲みつく。頭に皿があり、皿に水がなくなると何もできなくなるため、「ヒョウスンボに出遭ったら、逆相撲を取れ」と言っていた。子どもが川へ泳ぎにいく時、「気をつけんとヒョウスンボにケツゴを取られるぞ」と親がよく脅かしていたという（日之影町（編）『日之影町史　九　資料編　四　民俗』）

ヒョウスンボウ

宮崎県宮崎市、児湯郡高鍋町でいう水怪。

宮崎市の曽山寺の奥に内山という所があり、その山奥に家があった。この家は庭先に風呂を設けていたが、毎晩ヒョウスンボウが風呂に入りに来るため、夜遅くに風呂に入るとお湯がぬるぬるして油が浮いており、生臭くなっていた。この話を聞いた人が「ヒョウスンボウが来て困っているなら、猿を養うと良い。ヒョウスンボウは猿が怖くて風呂に入りに来なくなる」と教えてくれた。さっそく猟師に頼んで猿を生け捕りにしてもらい、猿に綱をつけて風呂の側に繋《つな》いでおいた。すると、ヒョウスンボウは二度と風呂に入りに来なくなったという。（矢口裕康（編）『ふるさとお話の旅　一二　宮崎　宮崎のげなげな語り』）

児湯郡高鍋町にはヒョウスンボウに水源を教えてもらった話がある。

昔、高鍋藩の秋月家に偉い殿様がおり、あまり豊かではない藩内の人々の暮らしを良くするために、農作物の生産量を高めたいと考えていた。当時、高鍋には用水路が一本もなく、雨水だけが頼りであったため、田んぼには水が少なかった。ある年の春、殿様の枕元にお堀端の茂みに暮らす、年を経た大きなヒョウスンボウが両手をついて現れ、お城の裏山に水源があることを教えた。殿様は側近三名の侍に裏山の水源地探索を命じ、三名の侍は三日かけて裏山の水源地を見つけ出した。発見の報を聞いた殿様はさっそく工事に着手し、用水路ができると貧乏だった領民の暮らしも次第に豊かになっていったという。（宮崎県（編）『宮崎県史　別編　民俗』）

宮崎市のヒョウスンボウは「ひょいー、ひょいー、ひょういー」と鳴き、高鍋町のヒョウスンボウは「ヒュルル、ヒュルル」と鳴くとされる。雨がショボショボ降る晩には決まって、堀脇の茂みからヒュルル、ヒュルルと鳴きながら、黒い影が次から次へと飛ぶように出てきて消えていったという。

ヒョース坊［ひょーすぼう］

宮崎県東臼杵《ひがしうすき》郡諸塚村《もろつかそん》でいう水怪、山の

怪、音の怪。

ヒョース坊は秋頃、川から尾根伝いに山に登るとされ、春先までは山で過ごす。家代、立岩、黒葛原《つづらのはる》にはヒョース坊の通り路と伝えられる場所があるといい、昭和二〇年代（一九四五〜五四）頃までは山に登るヒョース坊の声が聞こえていた。山に登る時、ヒョース坊は仲間同士で声を掛け合い、相互に場所を知らせ合うとされる。昭和三〇年（一九五五）頃まで、諸塚村と日之影町の境にある真弓岳ではヒョース坊が山に登る時の「ホーイ、ホーイ」という鳴き声が聞かれたという。また、風呂が好きで、人が寝静まった頃に、風呂に入りに来る。ヒョース坊が入った風呂は赤黒く濁り、生臭いにおいがするという。松明《たいまつ》は嫌うとされ、犬のような唸《うな》り声を出すため、人間が一〇歩ぐらい後戻りすると、何事もなかったかのように「ホイ、ホイ」と鳴きながら山を登っていく。ヒョース坊に出遭うと猟犬は尻尾を丸めて後ずさりし、吠えることができなくなる。馬はヒョース坊が通り過ぎるまで立ち止まって動かなくなるという。ヒョース坊は人に姿を見せることはなく、たとえ姿を見ても村人はそのことを口にしたがらない。ヒョース坊に関わると祟りが生じたり、仕返しされるからだという。

諸塚村恵後《えご》の崎にヒョース坊が棲んでいた。ある晩、馬を乗り回して遊び過ぎたヒョース坊が、馬の手綱を自身の体に結び、河原の石を枕に眠ってしまった。夜明け近くになり、馬は帰る頃になったので、ヒョース坊を括《くく》ったまま、自分の厩《うまや》へと走って帰った。この際、急に引っ張られたため、ヒョース坊は頭の皿の水がこぼれてしまい、力が抜けてしまった。朝、この家の婆さんが馬に飲ませるための雑水を厩に持ってきた。すると、手綱を体に巻き付けたまま、ヒョース坊が弱って泣いているのを見つけた。婆さんは悪戯者《いたずらもの》のヒョース坊を懲らしめようと思い、水桶《みずおけ》の雑水をヒョース坊に向かってひっかけた。頭の皿に水が溜まったヒョース坊は力を取り戻し、手綱を振り切ると、川のほうへと逃げた。以後、ヒョース坊は厩に来て悪さをすることはなくなったという。

諸塚村に村の伝説について調べている成松清則という方がおり、ヒョース坊の話を多く採集している。以下の話は成松氏が採集したものである。

明治初期の頃、諸塚村川の口に喜太治という若者がいた。川の口の北西に乗り越しと呼ばれる尾根があり、この尾根はヒョース坊の通り道となっていた。川の口のどの家からも間近に見える尾根で、ヒョース坊が移動する時季になると、「ヒョーウ、ヒョーウ」という声がどの家でも聞こえていた。ある年の一〇月、神社の祭礼に奉納する臼《うす》太鼓《だいこ》踊りの練習日を相談する集会があり、終了後に焼酎《しょうちゅう》が振る舞われた。そのうち、話題はヒョース坊のことになり、喜太治が「明日の晩、ヒョース坊を捕まえてくる」と言いだした。あくる日の晩、喜太治は支度すると乗り越しへと向かい、ヒョース坊を待ち受けた。しばらくすると、「ヒョー、ヒョー」という声が聞こえはじめたため、喜太治は仁王立《におうだ》ちになって構えた。ヒョース坊の声は次第に近づいてきたが、喜太治のすぐ近くで止まった。喜太治が身構えていると、股の下を何か冷たいものが触ったような感覚を覚え、再び「ヒョー、ヒョー」という声が上のほうから聞こえてきた。喜太治は辺りを見回したが、力が抜けてその場に座り込んでしまった。その後、「喜太治はヒョース坊から男の急所を撫《な》でられた」ということになり、訳のわからない話を「喜太治がヒョース」と言いはじめた。また、信用できない人を「喜太治がヒョス」と言っている。

昭和の初め頃、諸塚村に仲の良い二人の若者がいた。二人は椎茸《しいたけ》を生産しており、仕事が一段落する一二月には、作業小屋に二人だけが残った。夕食を済ませ、横になって寝ていると、遠くのほうから何かざわめいた声が聞こえてきた。声は作業小屋に近づき、小屋の前まで来ると、「グッ、グッ、グッ、グッ」という声がし、小屋の周りを回りはじめた。間もなく、庭に石が落ちたような大きな音がしたかと思うと、小屋全体が大きく揺れはじめた。二人は念仏を唱えながら必死に耐えていたが、緊張感のあまり、気が遠くなった。朝になり、目覚めた二人が外に出てみたが、昨夜聞いたような大きな石が落ちたような痕跡は見当たらなかった。二人は山を下りて村に帰ると、長老に昨夜の出来事を話した。長老曰く、それはヒョース坊で、今度山へ行く時は焼酎を供えておけと教えられた。年が明けて、山小屋へ行った二人は毎日焼酎を山に供えたところ、その後何事も起こらなかったという。

昭和八年（一九三三）頃、真弓岳で大規模な杉の造林計画が実施されることになり、作業員たちが小屋に泊まり込んで、植林作業を行った。植林のために村の若者一五人ほどが山に泊まったが、一〇月半ば頃、毎晩のように小屋の横をヒョース坊が鳴き声を立てながら通り抜けていき、山頂へと登っていった。若者たちも初めは黙って気配を感じていたが、ある晩一人が、毎晩うるさいから皆でヒョース坊の鳴き声を真似してみようと言いだした。大声で一斉に「ホーイ、ホーイ」と真似してみたところ、外のヒョース坊の動きが止まったが、五分も経たずに山小屋が大きく揺れはじめ、灯りは消え、生臭いにおいが辺りに立ち込めはじめた。慌てた若者たちの一人が焼酎瓶を持って外へ飛び出し、めんぱ（木製容器）に焼酎を注ぐと、「ヒョース坊どん、ヒョース坊どん悪うございました。もう鳴き声は真似しませんからこらえてください」と言い、あちこちに焼酎を注いで回った。やがて、小屋は動かなくなり、元の静けさへと戻った。しばらくすると、山頂に向かって遠ざかっていくヒョース坊の鳴き声が聞こえてきたという。

昭和一八年（一九四三）頃、諸塚村男石《おとこいし》に清一という人がいた。秋のある日の夜明け、自転車で仕事場へと向かっていると、道下にある渡し舟の上で、ヒョース坊が相撲《すもう》を取っているのを目撃した。足が動かず、しばらく見ていると、一方のヒョース坊が仰向けに倒れた際に清一氏のほうを見た。人に気づいた二匹はあっという間に川の中へと飛び込んだ。気分が悪くなり、寒気がしはじめた清一氏は、仕事に行く気もしなくなり、そこから家へと引き返したという。

昭和二一年（一九四六）頃、浅藪《あさやぶ》という集落に八人ほどの小学生がおり、集団登下校の引率を六年生の吾郎という児童が行っていた。一〇月に入ったある日の午後四時頃、いつものように下級生を引率して帰っていると、谷の下のほうから突然木を伐るような音が聞こえはじめた。皆で下のほうを覗いてみるが、よく見えなかったため、吾郎がかばんを置いて、谷を下りて見に行くことにした。視界が開けた所まで下り、音のするほうを見ると誰かが木を伐っていた。そこは奈須という人の山であったので、吾郎は奈須氏の名前を呼んだが、振り向く様子もなく、木を伐り続けている。木の間からその人の姿をよく見ると、小さい体は丸裸で白く、ざんぎり頭。その小さい体に不釣り合いな大きな斧《おの》を振るっていた。吾郎はその異様な姿に気味が悪くなり、急いで斜面を這《は》い上がって、皆が待っている道端へと辿《たど》り着くことができた。その時、木が倒れる音がし、皆「魔物じゃ」と言いながら急いで家へと帰った。吾郎が母に見てきたことを話すと、母曰くそれはヒョース坊で、あそこはヒョース坊の通り道だという。その日は、浅藪にかかる橋の下で、人々が梶《かじ》の木の皮をはぐ作業をする日で、母が吾郎から聞いた出来事を皆にしたところ、山主の奈須氏は「無断でうちの木を伐る奴は許さない」と言って、話の場所に行ってみることにした。現場に着いてみると、伐り倒された木はなく、いつものように杉は立っており、踏み荒らされた形跡もなかったという。

昭和五七年（一九八二）頃、諸塚村に田中という釣りが好きな人がいた。一〇月のある日、諸塚ダム周辺の釣り場に田中氏は出かけた。この場所は前面に中洲があるが、日が暮れた頃、その中洲のほうから砂を踏む音が聞こえてきた。踏む音は田中氏の真正面一〇メートル辺りで止まった。田中氏は懐中電灯で音がした所を照らしてみるが、葦《あし》が生えているばかりで何も見えない。辺りを確かめようと、懐中電灯の明かりをくるくる回してみると、突然地面を踏み鳴らす音がし、「ギャーッ」という異様な鳴き声が響き渡った。今まで聞いたことがない鳴き声だったので、もう一度確かめようと、懐中電灯で正面を照らしてみると、さらに強烈な声がする。ヒョース坊だと思った田中氏は何もかも放り出して川岸を這い上がり、車に飛び乗ると一目散に家へと帰ったという。（甲斐亮典（編著）『ふるさとの伝説　山里が伝えてきたもの』）

ヒョスボ

宮崎県東臼杵《ひがしうすき》郡、西臼杵《にしうすき》郡高千穂町でいう水怪。

東臼杵郡東郷村（現・日向市東郷町）に次のような話がある。

子どもたちが川の中に白い小石を投げ込

み、取り合いっこをしているところへ一匹のヒョスボが現れた。自分も取り合いっこに交ぜて早よぐら（早い競べ）しよう、勝った者にはこの魚をやると言って、ヒョスボは笹《ささ》の串に刺した魚を子どもたちに見せた。子どもたちはヒョスボも交ぜて、石の取り合いっこをしたが、水かきがあるヒョスボに誰も勝てない。そのうち、一番大きな子どもが「俺が相手になる」と、一番深い所に石を投げ込んで、ヒョスボと一緒に飛び込んだ。しかし、いくら待っても大きな子どもは浮かび上がってこなかった。子どもがヒョスボにしがみつかれたと村中で大騒ぎになり、若者たちは篝火《かがりび》を焚いて、谷川を探し回った。翌日の昼過ぎ、ヒョスボが岸に姿を現したため、村の若者たちは勢いだってヒョスボを取り囲んだ。ヒョスボが昨日の悪戯《いたずら》を謝るため、村人たちはヒョスボに「あの川の岩が腐るまで悪さをしてはならん」と約束させた。ヒョスボは約束を守り、時折その岩に登っては「まだ腐らないだろうか」と爪の長い水かきの手で岩を撫《な》でまわすという。

東臼杵郡門川の中山神社に剣術に優れている、金丸どんという神官がいた。ある晴れた秋の日、村の土橋を金丸どんが渡っていると、橋の下からヒョスボが現れ、自分の子どもを呑んでしまう大蛇を退治してくれないかと金丸どんに頼んだ。その晩、金丸どんが準備をして土橋の下で待っていると、大蛇が現れた。金丸どんは早業で刀を振り、大蛇をたちまちのうちに退治した。大蛇退治のお礼をしたいと言うヒョスボに金丸どんは「俺の子孫だけでも悪さをしないように」と約束させた。その後、村の子どもたちは「ヒョスボ、ヒョスボ。金丸どんの一党じゃ。悪さすんなよ」と唱えてから、川で泳ぐようになったという。（有吉弘行（画）・稲葉三重子（話）『宮崎の昔ばなし』、比江島重孝（編）『日本の民話　一四　日向の民話』第一集）

東臼杵郡諸塚村《もろつかそん》に**小払《おばらい》とどろ**と呼ばれる淵《ふち》があり、小払とどろの主は年経たヒョスボだとされている。頼めば淵から美しい手を出し、膳椀《ぜんわん》を貸してくれていたが、二人の若者が手の主の姿を見たいがために、美しい手を引っ張り上げようとしたところ、逆に引っ張り込まれた。引っ張り込まれた若者二人はヒョスボに変えられ、「二度としないから人間に戻してくれ」と毎晩ヒョウ、ヒョウと悲しい声で泣くという。（矢口裕康（編）『ふるさとお話の旅　一二　宮崎　宮崎のげなげな語り』）

フナモーレ

宮崎県東臼杵《ひがしうすき》郡北浦町（現・延岡市北浦町）でいうあやかしの類。船亡霊の意。

水死した男の亡霊だとされ、沖で漁をしていると、海中からモーレが出てきて「エナガ（柄の長い柄杓《ひしゃく》）を貸せー、エナガを貸せー」と言ってくる。モーレは借りたエナガで海水を汲《く》み、船に注いで沈めてしまうため、モーレにエナガを貸す時は、エナガの底を抜いて渡さないといけないとされる。また、フナモーレが船を摑《つか》み、船の速力が落ちることがある。そういう時は焼いた竹の竿《さお》で船べりをかき混ぜるとフナモーレが離れるという。

手漕《てこ》ぎの船を使用していた頃、船べりから足を海に出していると、船脚が遅くなってしまうため、「フナモーレから海に引きずり込まれる」と言って、戒めていたという。

フナモーレも他の地域で語られる船幽霊同様に幻の船を見せることがある。

昭和二〇年（一九四五）に巻き網漁船エビス丸が高知県室戸岬沖でエンジントラブルにより遭難した。遭難して二日目の夜、甲板に出ていた人たちがこちらに近づく二、三艘《そう》の船を目撃し、救助の船が来たと喜んだ。ところが、日本籍の船は左が赤、右が青の灯りを側面に付けることになっているにもかかわらず、近づいてきた船は灯りが左右逆に灯っていた。妙だなと思っていると、その船はエビス丸の周りを回るとスーッと消えてしまったという。（北浦町（編）『北浦町史　通史編』）

古酢っつぼ ［ふるすっつぼ］

宮崎県日南市の昔話。古道具の怪。

長い間使われていなかった酢つぼが、夜な夜な小さい声で「おっから　すっつぼチョンカーラリン」と歌い、寝ている爺《じい》さんと婆さんの周りを動き回った。明かりを灯されると消えるが、犯人を捕まえようと爺さんが暗闇の中で隠し持っていた棒を振り回したため、古い酢つぼは割れてしまったという。（日本児童文学者協会（編）『宮崎県の民話』）

似たような話で大分県臼杵市《うすきし》に小皿、お椀《わん》、鍋が歌い踊る**空き家の化け物**という話がある。

蛇権現 ［へびごんげん］

宮崎県南那珂《みなみなか》郡北郷町（現・日南市北郷町）の大戸野神社に祀《まつ》られている大蛇。

大戸野峠の東斜面には茅野《かやの》が広がっており、峠を下りた所にある黒荷田《くろにた》という集落の人たちが毎年、野焼きを行っていた。この野焼き作業は村人総出で行っており、その世話を庄屋が担っていた。ある年の野焼きのための火入れ前夜、庄屋の家に一人の女が訪ねてきた。「大戸野に住んでいる者だが、子ども二人が病気のため、明日の野焼きを延期して欲しい」と頼んできた。野焼き作業は村で決まったことであるため、延ばすことはできないと庄屋は女の頼みを断った。翌日、予定どおり火入れを行い、野焼き作業は順調に進んだ。残り火がないかと、焼け跡を点検していると、二匹の子蛇を庇《かば》うようにして、一匹の大蛇が焼け死んでいるのが見つかった。以来、村では子どもが囲炉裏《いろり》の火で火傷したり、病気が流行ったり、飢饉《ききん》が起こったりした。村人たちは蛇の祟りだと恐れ、大戸野神社を建てて蛇権現と呼んで、蛇の霊を祀った。これにより、祟りは鎮まったという。（宮崎県（企画・編）『みやざきの神話と伝承101』、甲斐亮典（編著）『ふるさとの伝説　山里が伝えてきたもの』）

ホイホイドン

宮崎県東臼杵郡《ひがしうすき》椎葉村《しいばそん》でいう音の怪。

夕方などに山やヒエ畑、川向こうなど遠くから「ホイ、ホイ」と呼びかける者がいる。近所の人が呼びかけているのだろうと思い「ホイ、ホイ」と応えていると、いきなり数メートル近い場所から「ホイ、ホイ」と叫ぶ声がする。姿がわからず、瞬時に移動したことで声の主がホイホイドンであったことに気づくという。「千口万口ホイホイ」と唱えるとホイホイドンに勝てるという。

また、尾根すじはホイホイドンの通り道であり、ここには物を置かないようにしている。鉈《なた》や鋸《のこぎり》などの刃物も決して置かないが、どうしても作業等で置かなくてはならない場合は「山の神様、この刃物を置き申す。気をつけてたもれ」と言う習慣が残っているという。（北浦町（編）『北浦町史　通史編』、宮崎県（編）『宮崎県史　資料編　民俗　二』）

同様の妖怪に**ヨイヨイ**がある。

坊さんが溺死した場所

［ぼうさんができしした ばしょ］

宮崎県延岡市北方町でいう忌地の類。子ども脅しの類。

坊さんが転落し、溺死《できし》した場所で遊ぶと山の中から攫《さら》いに来るという。（坐間巳朗@zamamirow 氏のツイート）

ボヅ

宮崎県南那珂郡《みなみなか》（現・日南市、串間市）の妖怪。「日本妖怪変化語彙」には【坊主の義】とある。（佐藤清明『現行全国妖怪辞典』、日野巌「附　日本妖怪変化語彙」『動物妖怪譚』下）

ぼんぜん猿

［ぼんぜんざる］

宮崎県宮崎郡佐土原町《さどわらちょう》（現・宮崎市佐土原町）でいう猿の怪。ぼんぜん猿とは古猿、年老いた猿の意。

毎晩、堤（池）の土手にじんきち（糸車）を抱えた変化ものが出るという噂《うわさ》があった。ある狩人がこのじんきち変化を仕留めようと鉄砲を撃ってみたが、じんきち変化はニカッと笑って逃げて行ってしまう。そこで、仲間内で腕がたつと評判の女猟師のヤマオさんに相談すると、じんきちの車の軸を狙うようにと助言された。助言どおり、軸を狙って撃つと、じんきち変化は笑わず、ガラガラガラと気味の悪い音を立てて逃げて行った。血の跡を辿《たど》ると池の向こうに穴があり、狩人が穴の入り口で耳を澄ますと、「おまえが仇《かたき》を取ってくれ」という声が聞こえた。二、三年後、狩人の家に赤子が生まれたので、子守りとして一五、六歳の娘を雇った。一年経ち、赤子の誕生祝いを行うために神官を呼ぶことにした。誕生祝いのご馳走で吸い物を出したが、神官の吸い物に入れていたはずの大きな魚が入っていなかった。その後もちょくちょく台所の魚がなくなり、ときどき子守り娘の姿が急に見えなくなることがあった。怪しんだ狩人は天井裏から子守り娘を撃ち殺した。変化ものの正体は二四時間はそのまま変わらないといわれており、次の日の夕暮れに娘はぼんぜん猿になったという。

　また、古寺の化け物の一体としてもぼんぜん猿が登場する話もある。泉水に棲む古い大きな片目の鯉と裏山に棲む古い白鶏とともに、寺にやって来た人を襲っていた。化け物たちは節のない火吹き竹を出入口としており、化け物退治の際に、小僧が火吹き竹を割ったところ、中には血がいっぱい溜まっていたという。（比江島重孝（編）『日本の民話　四三　日向の民話』第二集）

【ま】

松八重婆 ［まつやえばばあ］

宮崎県米良の松八重に棲んでいた山姥《やまんば》。胸毛を生やした恐ろしい山姥だとされ、七人の侍を家来にしていた。普段は山小屋に棲んでおり、盗賊を働いては盗んだお金を椿原という場所に穴を掘って埋めていた。

　松八重婆の死後、椿原の金倉を掘ってみたが、金は出てこなかったという。（比江島重孝（編）『日本の民話　四三　日向の民話』第二集）

豆狸 ［まめだぬき］

『絵本百物語』巻第二に描かれている狸。

　元禄（一六八八～一七〇四）の頃、南部の俳諧師《はいかいし》である魯山が宮崎県の高千穂で風雅な人に出会い、その人の家で両吟の連句を行った。魯山が「八畳を月に目のりのすまひかな」と発句を詠み、「雨のふる家のあきの造作」「菊の名に酒買ふ程は銭有て」「わすれては又捨た世をなき」と挙句まで出来上がった。魯山は、いつまでもこの家に留まって風流を楽しみたいと思った。しかし、食べ物は温かいが、火の気が絶えていたために煙草を吸いはじめたところ、誤って吸い殻を畳に落としてしまう。たちまち畳が一度にめくり上がり、魯山は大地に投げ出され、かの家は消えて野原が広がっていた。同じ里の人にこのことを話すと、それは豆狸の仕業《しわざ》であろうと語った。魯山が座敷と思っていたのは豆狸の陰嚢《いんのう》であったという。（竹原春泉『桃山人夜話～絵本百物語〜』）

馬渡天狗［まわたりてんぐ］

宮崎県北諸県郡《きたもろかた》三股町高野山に住む天狗。

木挽《こび》きを生業《なりわい》としており、大木を伐採したり、木々を渡って枝打ちをしたりする。

ある時、殿様の御殿に大樹の枝が影を落としていて困るため、大樹の中ほどから伐り除くことになった。御殿のほうへ大樹が倒れてこないように伐らないといけないということもあり、名人である馬渡天狗に頼むことにした。馬渡天狗は見事な手さばきで大樹を中ほどから伐り除き、それを見ていた殿様や家老たちは感嘆の声をあげ、労をねぎらった。一仕事終え、安堵《あんど》した馬渡天狗は木の上で一服し、キセルを大樹の幹に当ててはたいた。その際、吸い殻が殿様の頭上に落ち、吸い殻の残り火によって殿様の月代《さかやき》が焼けてしまった。これにより、殿様は馬渡天狗を打ち首にしようとした。周囲はとりなしたものの打ち首から罪一等減じて、馬渡天狗は切腹させられてしまった。その後、馬渡天狗の亡霊が木から木へ飛び歩いては祟ったといい、村人たちは供養のために天狗堂を建てたという。（宮崎県（企画・編）『みやざきの神話と伝承101』、宮崎県民話研究会（編）『宮崎の伝説』）

天狗とされているが、話を見るとただ天狗と呼ばれていた人間ではないかとも思えてくる。

万太郎狐［まんたろうぎつね］

宮崎県東諸県郡《ひがしもろかた》国富町森永の化け狐。

ある日、村の若者たちに唆《そそのか》されて、馬鹿子と呼ばれている頭の悪い少年が万太郎狐に会いに行かされた。馬鹿子は万太郎狐のいる山へ行くと「遊びに来た」と言って、万太郎狐を呼んだ。万太郎狐は姿を現すと、馬鹿子に金儲《かねもう》けを持ち掛けた。万太郎狐は別嬪《べっぴん》の芸者に化けると、町の芸者屋に売れと言う。万太郎狐は馬鹿子の頭に二、三枚の笹《ささ》の葉を降りかけると、首筋を激しくどつき、馬鹿子の姿を品の良い旦那へと変えた。馬鹿子と万太郎狐は本庄の芸者屋へ行くと、身売りの取引を始めた。芸者屋の主人から娘の戸籍抄本を求められたが、万太郎狐が「自分は孤児で、戸籍抄本はない」と助け舟を出し、六〇両で身売りが決まった。事前に打ち合わせていたとおり、馬鹿子は便所へ行く振りをして金を持って逃げ、万太郎狐も一晩のうちに芸者屋から逃げ去ったという。

芸者屋から逃げた万太郎狐は農民に化けると、今度は分限者（金持ち）の源次郎を化かそうと、源次郎の家へと向かった。源次郎の所へ行くと、万太郎狐は籠の中から、鳩《はと》の子のような小さい鶏三羽を見せて、源次郎へと渡した。喜んだ源次郎は小さい鶏を鶏小屋の中へと入れたが、いつの間にか農民に化けた万太郎狐がいなくなっていることに気が付き、鶏小屋を見てみると、中にいた鶏がすべていなくなってしまっていたという。

また、次のような話もある。

山の中を一人の木挽《こび》きが歩いていると、小さな猪《いのしし》の子が木挽きに近づいてきた。木挽きは猪の子を捕まえようとするが、猪の子はスルスルと手の下を逃げる。木挽きは猪の子を追いかけ、あちらこちらへと猪の子を追い詰め、猪の子を押さえつけた。すると、猪の子だと思ったのは熊蜂の巣で、たくさんの熊蜂に飛び掛かられた。これも万太郎狐の悪戯《いたずら》だという。（宮崎県民話研究会（編）『宮崎の伝説』、比江島重孝（編）『日本の民話　一四　日向の民話』第一集）

万太郎ぎつねの孫［まんたろうぎつねのまご］

宮崎県東諸県《ひがしもろかた》郡高岡町（現・宮崎市高岡町）の化け狐。

背中に白い毛が生えているとされる。

ある日、やんぼしどん（山伏）が高岡へ行くためにさけのん坂を上がっていると、道端の大きな松の木の根元に万太郎ぎつねの孫が昼寝をしているところを見つけた。驚かしてやろうと、やんぼしどんは狐の耳に法螺貝《ほらがい》を当てて、思いっきり吹いた。驚いた狐はやんぼしどんの姿を確かめると、ふらつきながら山の中へと逃げていった。

その姿に大笑いしたやんぼしどんは高岡で用事を済ませると、再びさけのん坂を通った。坂を下っていると、草むらにリンドウの花が咲いていることに気が付き、手折ろうと屈《かが》んだところ、急に辺りが薄暗くなった。やんぼしどんは不思議に思いながらも、先へと進むと、向こうの曲がり角から葬式の行列が現れ、こちらへと向かってきた。やんぼしどんが道の脇へと行き、行列が通り過ぎるのを待っていると、霊屋《たまや》の中から白い着物を着た幽霊が現れ、やんぼしどんへと飛びかかった。やんぼしどんは叫び声をあげて逃げたが、幽霊は後を追ってくる。やんぼしどんが大きな松の木に登れば、幽霊も松の木を登り、やんぼしどんの足を引っ張った。幽霊から逃れようと、やんぼしどんが木の上から飛び降り、尻もちをつくと、周囲には大勢の村人たちが集まっていた。やんぼしどんは狐の仕返しにあい、力なく家へと帰ったという。（宮崎県民話研究会（編）『読みがたり宮崎のむかし話』）

万太郎狐の項目も参照。

ミサキ

宮崎県西臼杵《にしうすき》郡日之影町でいう後を付いてくる動物の怪。

夕方、山から家まで帰る際、後ろをつけてくる動物がおり、昔の人はそれをミサキと呼んでいた。チュチュという鳴き声だけで正体はわからないという。（日之影町（編）『日之影町史　九　資料編　四　民俗』）

メゴスリ

宮崎県串間市大平広野集落でいう来訪神。竹で編んだ籠をメゴといい、スリは擂粉木《すりこぎ》の意と考えられている。メゴもスリも子孫繁栄、五穀豊穣を願う象徴であるという。

メゴスリの姿は龍をかたどった鬼神の風貌だという。かすりのモンペをはき、筒袖の仕事着、シュロ皮製の蓑《みの》を着け、わらしべつきの太綱でたすき掛けにしている。手拭いを男被りにし、注連縄《しめなわ》を額に結び、角状に固定する。赤あるいは青の鬼面をしており、手甲すね当てにシュロ皮を荒縄で縛り付けており、わらしべつきの足半《あしなか》を履いている。

陰暦八月一五日に、広野集落中央の小高い丘にある上ん堂に四、五体現れる。藁苞《わらづと》の叩き棒を携え、モグラモチ役の子どもを三〇人ばかり率いて民家に練り込む。庭先で「モグラモチャ、ドンドコセー、焼米をくれんかの。焼米をくれんやちゃ鬼になれ蛇になれ」と歌いながら藁苞で地面を叩く。足半を脱ぎ捨てると十五夜月見の祝い座に上がり込んでは、家人客人に無礼講を働く、祝儀を要求するなど傍若無人に振る舞うという。（宮崎県（企画・編）『みやざきの神話と伝承１０１』）

目ひとつ五郎 ［めひとつごろう］

一つ目の小僧の妖怪。同名の妖怪は長崎県や鹿児島県にも伝わっており、**一つ目五郎**という名前の妖怪が大分県にも伝わっている。

宮崎県日南市では「牛方山姥」の系統で、目ひとつ五郎の話がある。

ここの目ひとつ五郎は、体は小さくても力は大変強く、日暮れに山から下りてきては人を捕らえて食べるとされる。

ある冬の日、駄賃とりの春蔵どんが油津《あぶらつ》（日南市）の港で魚を買い、飫肥《おび》街道を通って、飫肥へと帰っていた。一里松から星倉の坂へ通りかかったところ、「おーい、おーい」と目ひとつ五郎が両手を振り上げて追いかけてきた。春蔵どんは目ひとつ五郎の要求に仕方なく従い、魚、馬を次々に置いて、必死に逃げた。街道沿いの一軒家に逃げ込み天井裏の隅に身を潜めたが、そこは目ひとつ五郎の家であった。魚と馬で満腹になった目ひとつ五郎の呟《つぶや》きから、釜の中に寝たことを知った春蔵どんは、釜の蓋《ふた》の上に大きな石を載せ、裏山で鉈《なた》を使い、枯れ木を切り倒して釜の側まで運び、釜の下に放り込んで火をつけた。それまでの間、目ひとつ五郎は暢気《のんき》に鼻歌を歌っていた。釜が熱くなったことに気が付いた目ひとつ五郎は暴れ、蓋の大石がゴトゴトと揺れだした。春蔵どんは目ひとつ五郎への恨みを大声で叫ぶと一軒家を飛び出して、町まで逃げ帰った。目ひとつ五郎がその後どうなったかはわからない。（日本児童文学者協会（編）『宮崎県の民話』）

モーレ

宮崎県波瀬川原に出るという亡霊。海岸部では亡霊のことをモーレ、モーレン、モーリンと呼んでいる。

江戸時代に豊後国（大分県）から奉公に来ていた旧家の女中が金の延べ棒を盗んだと疑われた。家主からはこの女中を殺すように命じられていたが、男たちは国境近くの波瀬川原で逃がしてやれば故郷へと帰るだろうと考え、女中を船に乗せて波瀬川原へと来た。しかし、陣ケ峰から見張っているかもしれないという話になり、けっきょく、この女中を殺してしまった。それ以来、波瀬川原にはモーレが出るようになったという。（北浦町（編）『北浦町史　通史編』）

持見の穴谷［もちみのあなんたに］

宮崎県児湯郡木城町《きじょうちょう》持見にあったとされる椀貸《わんか》し穴。

深い鍾乳洞《しょうにゅうどう》であり、ここに物持ちの美しい女が棲んでいた。漆塗《うるしぬ》りの膳《ぜん》や椀といった高級な調度品は何でも揃《そろ》っており、村で大勢集まる会席が行われる際は、この洞窟《どうくつ》で必要な膳椀の数を頼んで借りることにしていた。洞窟の入り口で手を叩いて必要な物を頼み、「どうぞ、お貸しくだされ」と言うと、後ろを向いて女が現れ、入口まで頼まれた数の膳椀を持って来て、後ろ向きのまま対応した。村の若者たちは一目、この女の顔を見たいと思っていたところ、若者が膳椀を借りに行くことになった。洞窟へ行き、美女が出てくると、若者たちの一人が、「お前はいつも後ろ向きで物を渡すが、一度くらいは顔を見せてくれても良いではないか」と女に抱きつき、振り向かせようとした。すると女は強い力で若者を振りほどき、洞窟の奥へと素早く立ち去った。以後、洞窟から女は出てこなくなり、二度と膳や椀を借りることはできなくなってしまったという。（比江島重孝・竹崎有斐『日本の伝説　三一　宮崎の伝説』、甲斐亮典（編著）『ふるさとの伝説　山里が伝えてきたもの』）

モマ

宮崎県の動物の怪、もしくはムササビについての俗信。

川狩に行って、モマの声を聞くと、大急ぎで家に帰るという。（日野巌「日向地方妖怪種目」『民族』第二巻第三号）

大分県臼杵市《うすきし》には人が首を絞められるような叫び声をあげる**モマ**の話がある。

【や】

ヤカンコカシ

宮崎県西臼杵《にしうすき》郡高千穂でいう転がる音の怪。

宮崎県教育委員会（編）『民俗資料緊急調査報告書―高千穂地方の民俗―』によると、姿を見た者はいないが、子どもにとって恐ろしいものの一つであるとされる。

夜中、寂しい道を独りで通ると、山の上から薬缶《やかん》を転がすような音が落ちてくる。驚いて逃げると静かになるという。（大島暁雄・松崎憲三・宮本袈裟雄・那賀教史『日本民俗調査報告書集成　九州・沖縄の民俗　宮崎県編』）

似たような妖怪に大分県臼杵市の**水甕転《はんどこか》し**がある。

家鳴り屋敷［やなりやしき］

宮崎県都城市にあるという空き屋敷。家鳴りの怪。

この屋敷では、かつて自殺した者がいたとも、ある侍が自分の妻を斬り殺したともいわれている。そんな屋敷を、誰かが格安で手に入れ、井戸を掘り、住宅を新築して入居した。しかし、ときどき井戸がダバーン、ダバーンと鳴動して波立ち、夜中になるとズシーン、ズシーンと家鳴りが続いたため、その人は怖気《おじけ》づいて出て行ったという。（都城市史編さん委員会（編）『都城市史　別編　民俗・文化財』）

ヤマオナゴ

宮崎県東諸県《ひがしもろかた》郡でいう山の怪。遅い時間に山へ行くと山オナゴに血を吸われるという。（日野巌「附　日本妖怪変化語彙」『動物妖怪譚』下）

山女［やまおんな］

宮崎県西臼杵《にしうすき》郡日之影町お姫山、日向国（宮崎県）飫肥《おび》領の山中でいう山に出る女性姿の怪。

黒く長い髪をしており、裸で色は白い。人に似ているが人ではなく、深山にはままいるものだとされる。『西遊記』や『野翁物語』では飫肥領の山中に仕掛けた獣用の罠《わな》に山女がかかって死んでいた話について記している。（橘南谿（著）・宗政五十緒（校注）『東西遊記　二』、柳田国男『妖怪談義』）

『見立尋常高等小学校区域神話伝説』には日之影町の山女について記している。

お姫山という山があり、昔、猟師が猟に出かけると、水の滴るような美しい女だが、背中側は恐ろしい髭爺《ひげじじい》の怪物を目撃することがあった。ゆえにこの山をお姫山と呼ぶのだという。

元禄（一六八八〜一七〇四）の頃、鉱山が始まるくらいの時期の離れに一軒の工夫長屋があった。二〇余人の若者と、賄《まかな》いのための若い女が一人おり、若者たちは夜が明けるくらいに仕事に出ることが常であった。ある朝、女はいつもどおり起きて昨夜準備しておいたご飯を炊いていると眠気に襲われた。突然、炊事場の向こうから時ならぬ物音がして、女は驚いて目が覚め、様子をうかがったが、誰一人起きた様子がない。不審に思っていると、コトコトと騒がしい物音がして人がいないのに戸がスーッと開き、真っ暗闇な外から一陣の風とともに美女の顔が戸の隙間に差し込まれた。美しい髪は雪のごとく、眼は異様に輝き、白い歯に真っ赤な唇をしていた。これを見た女は冷水を浴びせられたような思いがし、気が遠くなった。しばらくして夜が明けたが、誰一人起きてこないため、女は不思議に思い、若者たちを一人一人起こしてみると、その咽喉《いんこう》には牙で噛《か》み付かれた痕跡があり、冷たい骸《むくろ》となっていた。山女がニコリと笑って白い歯を見せた時、人の生き血を吸うといわれている。女は毎朝灯明を明かし、ご飯を供えて神仏を念じていた功徳により、一人生き残ることができたという。（日之影町（編）『日之影町史　九　資料編四　民俗』）

山姫［やまひめ］

山の妖怪。
宮崎県えびの市の山姫は洗い髪であり、良い声で歌うという。（楢木範行『日向馬関田の伝承』）
福岡県、大分県、鹿児島県、薩南諸島のほか、九州外では神奈川県、岡山県に山姫の話が見受けられる。

山んじい［やまんじい］

宮崎県東臼杵《ひがしうすき》郡諸塚村《もろつかそん》七ツ山の由来に登場する山の主。
竹崎有斐「宮崎伝説十三選」（『日本の伝説　三一　宮崎の伝説』）によると、三ツ山には一本足で目が三つある「三ツ山太郎」、四ツ山には一本足で目が四つある「四ツ山太郎」という山んじいがいるという。四ツ山太郎は三ツ山太郎より強く、三ツ山を横取りしようとしていた。そこで三ツ山太郎は猟の名人である九右ヱ門に助太刀《すけだち》を依頼した。山んじい同士の闘いの最中、三ツ山太郎が合図を出し、九右ヱ門は四ツ山太郎を撃ち取った。戦いに勝ち、二つの山の主になれた三ツ山太郎であったが、四ツ山太郎に引っ掻かれた傷跡から腐って死んでしまった。主がいなくなったため、二つの山を合わせて七ツ山と呼ぶようになったという。（比江島重孝・竹崎有斐『日本の伝説　三一　宮崎の伝説』）
「宮崎伝説十三選」では山んじいとなっているが、同書の比江島重孝「宮崎伝説散歩」や宮崎県民話研究会（編）『宮崎の伝説』では豪傑となっている。
また桜田勝徳「椎葉紀行」によると、三

ツ山五郎と四ツ山五郎とが喧嘩して仲直りしたため、七ツ山と呼ぶようになったという。（桜田勝徳「椎葉紀行」『桜田勝徳著作集』七）

山姥［やまんば］

宮崎県児湯郡都農町《つのちょう》、東臼杵郡《ひがしうすき》北浦町（現・延岡市北浦町）でいう山の怪、老婆姿の怪物。

児湯郡都農町の平山の井堰ん元を過ぎ、坂道を登ると左側の岩場に老松が生えている。老松のほうに山姥がおり、一年に何回か人の生き血を吸うという。そのため、山道を通る時はこの松のほうを絶対に見てはいけないと語られる。（都農町（編）『都農町史』）

小灌木《しょうかんぼく》で樹皮は薄茶色、ウツギに似た木の樹皮が白くなることがあり、東臼杵郡北浦町や北川町（現・延岡市北川町）ではこれをヤマンバのセンタクノリと呼んでいる。これは山姥が洗濯糊《せんたくのり》をこの木にかけたため、その糊が付いて白くなっているのだとされる。（北浦町（編）『北浦町史　通史編』）

山姥の横穴［やまんばのよこあな］

宮崎県延岡市稲葉崎でいう椀《わん》貸《か》し穴。

物持ちの山姥が棲んでいるとされ、横穴の前に行って会席に必要な椀や膳《ぜん》を頼むと、穴の中から美しい手が出てきて頼んだ数だけの道具を貸してくれるという。数人の若者がその手を摑《つか》んで穴から引っ張り出そうとしたところ、つるつると滑って手を摑むことができずに若者は尻もちをついた。すると、穴の中から大きな笑い声がし、「さあ、今度はお前たちの手を引き抜いてあげよう」と言った。若者たちは怖くなって逃げ出したが、以後、椀や膳を借りることはできなくなったという。（宮崎県（企画・編）『みやざきの神話と伝承101』、甲斐亮典（編著）『ふるさとの伝説　山里が伝えてきたもの』）

山んばば［やまんばば］

宮崎県西都市《さいとし》でいう呼び子の怪。

夜中に山の中から「ヨイ」と呼ぶ声がする。これに「オイ」と返事をすると、再び「ヨイ」と声をかけられる。これは山んばばの声比べであり、声比べにやり負けたら食い殺されるとされる。

炭焼き小屋の親父が山んばばの声比べに引っかかったが、旅の坊さんが一夜の宿のお礼にと置いて行った琵琶《びわ》を弾くことで代返し続けたところ、声比べの難から逃れることができたという。（宮崎県民話研究会（編）『読みがたり宮崎のむかし話』）

ヤムボシ

宮崎県でいう山の怪。ヤムブシとも。

坊主が首を縊《くく》った所には必ず出るとされる。

また、夜、山に行くとヤムボシが隠すと

いう。（日野巌「日向地方妖怪種目」『民族』第二巻第三号）

雪女〔ゆきおんな〕

宮崎県西都市《さいとし》でいう雪の山中に現れる女性姿の妖怪。

長い洗い髪を肩に垂らし、白い着物を着ている。雪の上に足跡も残さず移動する。（宮崎県民話研究会（編）『読みがたり宮崎のむかし話』）

雪バジョ〔ゆきばじょ〕

宮崎県えびの市でいう子ども脅しの類。

寒い晩に子どもが泣くと、あやすために「雪バジョが出てくる」と言う。（楢木範行『日向馬関田の伝承』）

鹿児島県でも雪が降る日に**ユキバジョ**が出るといい、佐賀県にも雪の日の子ども脅しに**雪《ゆき》ン姥《ば》**がある。

ユリ

宮崎県都城市でいう幽霊。

死者の霊だけではなく、怪異現象全般をユリと呼ぶこともある。「ユリが出た」という言い方の他に「ユリにおしけられた（幽霊に押さえつけられた）」という言い方もされ、実例として「おしけられた」と言う方が多いという。（都城市史編さん委員会（編）『都城市史　別編　民俗・文化財』）

ヨイヨイ

宮崎県東臼杵《ひがしうすき》郡椎葉村《しいばそん》でいう音の怪。

夕方などに山やヒエ畑、川向こうなど遠くから「ホイ、ホイ」と呼びかける者がいる。近所の人が呼びかけているのだろうと思い「ホイ、ホイ」と応えているといきなり数メートル近い場所から「ホイ、ホイ」と叫ぶ声がする。姿がわからず、瞬時に移動したことで声の主がヨイヨイであったことに気づくという。（北浦町（編）『北浦町史　通史編』）

山道や夜道で「ヨイヨイ」と呼びかけられても、それに応えてはいけないとされる。知らずに応えた場合は「千口万口ホイホイ」と唱えれば、ヨイヨイに勝てるという。（宮崎県（編）『宮崎県史　資料編　民俗　一』）

同様の妖怪に**ホイホイドン**がある。

四時ばば〔よじばば〕

宮崎県日向市から投稿されたトイレの怪。

四時になると学校のトイレに四時ばばが出てくる。この時間にトイレへ行くと吸い込まれて出てこられなくなるという。（日本民話の会 学校の怪談編集委員会（編著）『学校の怪談　一三　幽霊によばれた校長先生』）

夜哭石［よなきいし］

宮崎県西臼杵《にしうすき》郡高千穂町大字三田井《みたい》神代川にあったという石。

四、五尺（約一・二〜一・五メートル）ほどの岩で、村に異変があると、声を発して告げたという。終戦後、神代川護岸工事の関係により五六〇メートル上流の護岸壁の上へと移された。その後、特に異変もなく、泣き声も聞かないとされる。（宮崎県（編）『宮崎県史　別編　民俗』）

【ら】

龍宮女房とひょうたん小僧［りゅうぐうにょうぼうとひょうたんこぞう］

宮崎県西臼杵《にしうすき》郡日之影町の異類婚姻譚《たん》。

昔、七折村の徳富に龍宮へ通じているといわれる龍宮淵《りゅうぐうぶち》があった。近くに与平という貧乏で正直者の若い男が住んでいた。与平は薪売りの帰りに、腰のふくべ（ひょうたん）に酒を買ってきては龍宮淵に一日無事で過ごせたお礼を述べ、杯一杯の酒をたらしては、自分も飲むことを日課としていた。年の暮れ、なんとか人並みに正月を祝いたいと門松を町で売り歩いた。しかし、山に近い町であったため、ほとんど売れ残り、いつもの酒も買えなかった。与平は帰りに淵で一休みすると、一日の報告をし、水中には松がないだろうと思い、門松をいつもの酒の代わりに淵へ流した。帰宅途中、後ろから龍宮の娘がやって来て日頃のお礼を述べ、与平の元へと嫁いだ。嫁は懐《ふところ》からひょうたんのような人形「ひょうたん小僧」を取り出した。与平が望むと、ひょうたん小僧は空のふくべからうまい酒を出し、口から米や鯉を吐き出すとみごとな食事を作った。一晩のうちに汚い小屋を手頃な家へと作り替えた。日頃のお礼にと、近所の者を呼んでご馳走を振る舞い、与平は訳を話した。噂《うわさ》を聞いた庄屋は嫉妬し、与平に「みごとみごとと、恐い恐いと、あっぷあっぷを持ってこい。できなければひょうたん小僧を差し出せ」と無理難題を突き付けた。嫁が庄屋の元へと行き、与平のふくべから小さい小僧を出して踊らせると、庄屋は「みごとみごと」と言った。あと二つが思いつかないと、嫁は庄屋にそのふくべを渡した。するとふくべから酒があふれ出し、押さえても蓋《ふた》をしても止まらず、庄屋は「恐い恐い」とふくべを放り出した。酒の洪水に庄屋は「あっぷあっぷ」ともがき、屋敷も人もたちまち谷川へと流されてしまった。その後、与平は分限者（金持ち）となった。嫁はひょうたん小僧を連れて淵へ帰ったのか、与平の寿命がつきた後には何も残らなかったという。（比江島重孝・竹崎有斐『日本の伝説　三一　宮崎の伝説』）

【わ】

ワウ

子ども脅しの怪。

宮崎県えびの市では、子どもをあやす際に「ワウが出てくる」と言う。（楢木範行『日向馬関田の伝承』）

鹿児島県

【あ】

鮑貝［あわびがい］

鹿児島県下甑島《しもこしきしま》手打麓でいう生物由来譚《たん》。

上り一里（約三・九キロ）、下り一里という所に小村があり、夫婦が暮らしていた。子どもがいない二人は「自分たちのうち、どちらかが死んでも再婚しない」と話し合っていた。そのうち、妻が死んだが、男は一人で暮らせないと後嬶《あとかか》を迎え入れた。後嬶が家に慣れるまで男は夜の外出をしなかったが、後嬶が慣れた頃に麓のほうへと出かけることにした。一緒に連れて行って欲しいという嬶をなだめた男は嬶を籠に入れて、家の梁《はり》に吊り下げておいて、出かけて行った。夜になると、死んだ前妻がやって来た。手探りで後嬶を探すも見つからない前妻は、自分の鼈甲《べっこう》の櫛《くし》を棚から取り出すと、櫛の歯を一つ火にくべた。すると歯が「ウッチ」と言うので、内を探すが見つからない。もう一度歯をくべると「ソット」と言うので、外を探すが見つからない。もう一本くべると「ハッチ」と言うので梁のことだろうと、とうとう後嬶を見つけ出し、首を踏み抜いて、棚に入れて前妻は出て行った。男が帰って灯りをつけてみると、後嬶の首がただ瞬きをしている。男が逃げ出すと、後嬶の首も男を追いかけた。男が上り一里下り一里を走り下っていると、首も男の足に食いつきそうなぐらい走って来る。男が手打のある家に走り込むと、地方行きの船が出るところであったので「一緒に乗せてくれ」と、船に飛び乗った。首は船に乗り遅れたが、夫の草履《ぞうり》が片方残っていたため、首は草履をくわえて海へと飛び込んだ。それが磯の鮑になったのだという。（柳田国男（編）・岩倉市郎（採録）『日本昔話記録　一一　鹿児島県甑島昔話集　復刻版』）

磯女［いそおんな］

鹿児島県でいう海に現れる女性の姿の妖怪。

中甑《なかこしき》では、磯女が艫綱《ともづな》をたぐって、船に乗り込んでくる場所があるため、決して艫綱を取らない（艫綱を使って、船を繋《つな》がない）。（桜田勝徳「漁村民俗誌」『桜田勝徳著作集』一）

薩摩川内市上甑町瀬上にはときどき海の藻が引っかかるグミの木が岸辺の藪《やぶ》に生えていた。その木の近くには必ず磯女がいたといい、その正体はタコだという。（下野敏見『鹿児島ふるさとの昔話』三）

磯女の伝承は鹿児島県の他に佐賀県、長崎県、熊本県にも存在する。

磯姫 ［いそひめ］

鹿児島県出水《いずみ》汐見《しおみ》でいう海に出る女性の妖怪。

美しい女の姿をしているというが、磯姫に顔を向けると、人はすぐに死んでしまう。人を見ると血を吸うという。

磯姫は船がかりをしている船人の邪魔をするともいう。知らない土地に船がかりした時は艫綱《ともづな》をとらずに（艫綱を使って、船を繋《つな》がないで）、錨《いかり》だけ下ろしておくようにと伝えている。（桜田勝徳「出水の海」『桜田勝徳著作集』七）

一反木綿 ［いったんもめん］

鹿児島県志布志市《しぶしし》や肝属《きもつき》郡でいう怪物。夜間に一反ほどの長さの布状の物体が人を襲う。伝承の一反木綿については**イッタンモンメン**の項目を参照。ここでは口頭伝承以外の「一反木綿」について記述する。

一反木綿は柳田国男の「妖怪名彙」で紹介されたものが有名であり、この紹介文を基に水木しげるはゲゲゲの鬼太郎の仲間として「一反もめん」というキャラクターを登場させている。

山田野理夫の『おばけ文庫　三　べとべとさん』に谷口山三郎という人が白い布に襲われ、脇差で斬ると、布は消えて血しぶきが手に付いていたという話を「いったんもめん」の箇所にて紹介している。山田の創作話であるとみられるが、人文社編集部『ものしりシリーズ　諸国怪談奇談集成　江戸諸国百物語　西日本編』に何を参考にしたのか不明であるが、次のような話が紹介されている。霧の夜、野山で侍がヒラヒラと舞い近づく、平べったい物体に襲われた。刀で斬りつけるが一度すり抜けてしまい、角度を変えて斬ることでその物体から逃れた。腰に巻き付いていた部分は足元に落ち、残りは山奥へと飛び去った。足元の物体と刀には血が付着していたという。「一反木綿」の項目に紹介されている話ではあるが、『江戸諸国百物語』では、この物体を一反木綿とは断定していない。山田や『江戸諸国百物語』が参考にした元の文章があるのかもしれない。

イッタンモンメン

鹿児島県志布志市《しぶしし》や肝属《きもつき》郡でいう怪物。

一般的には一反《いったん》木綿《もめん》と呼ばれるが、肝属郡ではイッタンモンメン（野村傳四『大隅肝属郡方言集』）やいったんもんめと呼ぶ。子ども脅しに使われていたようで、子どもの帰りが遅くならないように「いったんもめんが出るよ」と注意していたという。鹿児島県では子ども脅し用の恐ろしいものとしてメンが使われる。親の言うことを聞かないと「メンが来るぞ」という言い方をする。そのため、イッタンモンメンは一反の木綿ではなく、一反物のようなメンの意であるという説もある。（小松和彦・常光徹（監修）『47都道府県・妖怪伝承百科』）『大隅肝属郡方言集』や「妖怪名彙」には、夜間に一反ほどの長さの布状の物体が人を襲うと紹介している。（『大隅肝属郡方言集』、柳田国男「妖怪名彙（四）」『民間伝承』通巻第三十七号）

この他、権現山から一反木綿が来る。轟《とどろ》の滝で一反木綿が水浴びをしていた。四十《しじゅう》九所《くしょ》神社前で復数の一反木綿が子どもの周りを飛び回っていた。くるくる回りながら飛び、捕まえた人を巻き込んで天に昇っていく。田床にある人家の門前の椿《つばき》の木に一反もめんが出た。一反木綿がよく現れる神社があり、一反木綿が最後尾の子どもを襲うため、子どもたちはこの神社の前を走って通り抜けた、といった話がある。（宮本幸枝『大人が楽しむ地図帳　津々浦々「お化け」生息マップ』、「九州農政局　肝属中部農業水利事業所地域情報　肝属・一反木綿伝承を追いかけて」、国際日本文化研究センター「怪異・妖怪伝承データベース」、「映画で活躍する妖怪四十七士を選ぼう」『怪』二五号）

その正体は、夜間の飛行時に長く伸びたように見えるムササビだという説もある。

また、肝属郡肝付町では土葬時に白い旗を立てて弔う風習があり、その白い布が風に飛ばされたのを見間違えた、その白い布に故人の無念が乗り移り妖怪となった、墓場にある白い布の怖いイメージからイッタンモンメンという話を昔の人が想像した、といった説もある。（「所さんの目がテン！」二〇一〇年一二月一一日放送回「ゲゲゲ!!妖怪が居た!!」、「ねこのいる事務所、税理士窪田、今日も生涯の一日なり！　妖怪人気度Ｎｏ１、一反木綿が舞う！　肝付町」、「九州農政局　肝属中部農業水利事業所地域情報　肝属・一反木綿伝承を追いかけて」、「一攫千金！　日本ルー列島」二〇〇八年四月一八日放送回）

犬の亡霊［いんのもうれい］

鹿児島県下甑《しもこしき》島でいう音の怪。

五月の霧の深い頃、山で犬の鳴き声を聞くことがある。これは昔、山へ猪狩《いのししが》りに行って、その際に死んだ犬の霊がそのまま山に残っているのだとされる。（民俗學研究所『綜合日本民俗語彙』）

馬のクツ［うまのくつ］

鹿児島県でいう馬の首の類。クツは首の意。

大きな木に馬の首が下がっている化け物だという。（佐藤清明『現行全国妖怪辞典』）

海女［うみおんな］

鹿児島県下甑島《しもこしきしま》手打に現れたとされる女性姿の妖怪。

鰹《かつお》漁を行っていた漁師が船上から潮を汲《く》もうとしたところ、海中に引きずり込まれた。その漁師の死体は一週間経っても発見できず、人々は海女に取られたのだろうと噂《うわさ》した。また、福岡県大島沖の海女のように海上を歩くものもときどきいるという。（桜田勝徳「漁村民俗誌」『桜田勝徳著作集』

一）

海坊主［うみぼうず］

鹿児島県でいうあやかし、海上に現れる人型の妖怪。

山下弥三左衛門『潜水奇談』には次のような話が記されている、夏に夜釣りをしていると、有明湾に一万トンもあろうかという黒船が現れた。黒煙をあげ、速度も落とさずに目の前の砂浜へと突っ込んだ。驚き、帰宅しようと釣りの道具をまとめていると、大入道が真上から見下ろしていたという。（千葉幹夫（編）『全国妖怪事典』）

「怪異を訪ねて」（『大法輪』）には、昭和九年（一九三四）、黒島から鹿児島へと戻るポンポン船の甲板上で早川孝太郎が目撃したものについての話が紹介されている。夜一〇時から一一時、湾口を過ぎた頃、用を足そうと甲板に立ち、ふと白い航路のほうに目をやると真っ暗な海上に一人の壮漢が見えた。その男は筋骨たくましい上半身を水上に出し、立ち泳ぎのように直立していた。水を掻《か》いて泳いでいるわけでもないのに、船と同じ速度で同じ間隔を保ちながら船の後をついてきている。しばらくするとその男は「あーあ」と大きなあくびをした。「これは生きた人間ではない」という考えがよぎった早川は船室へと駆け込んだという。その話を聞いていた鈴木棠三が「一体そういうのは、何と呼ぶべきものなのでしょうね」と問うと、「海坊主というのじゃあないかなぁ」と早川は答えたという。（今野圓輔（編著）『日本怪談集—幽霊篇—』）

海牛［うんむし］

鹿児島県大隅半島の鹿児島湾沿いの地域で広く伝承される怪物、牛の怪。

角の生えた黒い牛の姿をしており、吠《ほ》え声が恐ろしいとされる。

盆の後の二七日の夕方、海難事故などで死んだ人の精霊を祀《まつ》るブツアガイという行事が行われる。この行事で盆の行事すべてが終了するため「仏事の終わり」の意でブツアガイ（仏上がり）と呼ぶ。このブツアガイ以後、海で泳いだりすると海牛が海から上がってくるといわれている。そのため、子どもたちは浜辺に出たりして遊ばなくなるという。（小野重朗『民俗神の系譜—南九州を中心に—』）

苧績み婆［おうみばばあ］

鹿児島県始良《あいら》市《し》加治木町でいう老婆姿の化け物。

加治木高校付近にかつてあった稲荷神社の石垣の上に、夜になると現れたとされる。

噂《うわさ》を聞いた一人の若い男が、苧績み婆の退治に出かけた。丑《うし》三つ時（午前二時頃）に神社をそっとうかがうと、八〇余ばかりの老婆が石垣に腰を掛け、足を垂れて、苧を績んでいた。白髪の老婆はふと若者のほうを見るとにたにたと笑った。その顔は物《もの》凄《すご》く、若者は思わず刀を振り上げて老婆を斬りつけた。しかし、何の手応えもなく、ただカラカラという笑い声が闇のしじまにこだまするばかりであったという。（椋鳩十・有馬英子『日本の伝説　一一　鹿児島の伝説』）

大ツガネ［おおつがね］

鹿児島県薩摩川内市上甑町《かみこしきちょう》中甑で語られた寺の化け物の話。化け蟹《がに》の類。ツガネとはモクズガニの意。

本土のほうから寺に坊さんが来ても二日経たないうちにいなくなってしまう。何人来てもいなくなり、死骸も見当たらない。ある日、頑固な坊さんがこの寺にやって来た。村の者は引き留めたが、聞かずに寺に居座った。真夜中になり、御堂の仏様の裾《すそ》の所で坊さんが座っていると、「下を見んな、下を見んな」と叫んでくる者がいる。坊さんはその声を聞くと御堂をわざと揺すってガラガラと音を立て、叫ぶ者が近くまで来た時、「下を見らんとあかんよ。下を見れ」と太い声で叫んだ。すると「お寺の御堂は崩えたか。俺も見られた」と言って、叫んでいた者は裏口のほうから出て行ってしまった。

翌朝、坊さんの無事を確認した村人たちは、昨晩来たという怪物が何ものであったのか、手分けして探してみることにした。すると、四畝《せ》（約四アール）ある田んぼに大きなツガネがひっくり返って死んでいるのが見つかった。坊さんを何人も取って食っていたのはそのツガネで、体はどこもかしこも太く、太い指は曲がり、白く光っていた。だが、昨晩は飯にありつけなかったために死んでいたという。（下野敏見『鹿児島ふるさとの昔話』二）

おさん狐［おさんぎつね］

鹿児島県曽於《そお》郡（現・曽於市）でいう古狐。

志布志《しぶし》の宝満寺の和尚が夏井まで法事に行っての帰り、おさん狐が棲んでいる天神原を通った。その和尚は酒と角力《すもう》が好きであった。酒を飲み、お土産の油揚げを提げて帰っていた和尚を見て、おさん狐は相撲《すもう》取りに化けて、和尚に挑んだ。その頃、寺では和尚の帰りが遅いため、小僧の珍念が迎えに行くことにした。珍念が天神原に着くと、和尚が松の大木と角力を取っており、お土産はなくなっていた。

翌日、小僧は大きな白いまゆ袋を持って、天神原へと向かった。そこで和尚を呼ぶと、和尚に化けたおさん狐が出てきた。珍念が「今日は和尚さんは酔っぱらっていませんね」と言うと狐の和尚は酔っぱらいだした。珍念が「和尚さんは酔っぱらうと、足がだるいから袋に入れて担いで帰れと言うが」と言うと狐の和尚は珍念が用意した袋へと入った。珍念はそのまま寺へと袋を担いで帰った。珍念と和尚が狐を叩くための天秤棒を用意し、袋を開けたところ、狐が飛び出した。狐は本尊の仏様に化けたが、珍念に「本物の仏様は線香をあげて鉦《かね》を叩くとすぐ首を振る」と言われて首を振ってしまい、再び捕らえられた。珍念は「狐を味噌汁にして食べよう」と提案したが、和尚は「命だけは助けてやれ。しかし今後は人を騙《だま》すな」と言って、狐を放した。のち、おさん狐は人を騙さなくなったという。（有馬英子『鹿児島昔話集』、村田熙（編）『［新版］日本の民話　二八　薩摩・大隅の民話』）

お浪［おなみ］

鹿児島県曽於《そお》郡（現・曽於市）でいう大蛇と化した娘。

昔、志布志《しぶし》の麓に床次という裕福な家があった。しかし、子どもがいないため、庭先に祀《まつ》ってある龍神に「子どもを授けてください」と毎日願掛けをしていた。やがて二人の間に女の子が生まれた。二人はお浪と名づけて大切に育てた。成長したお浪は賢く美しい娘へと育った。しかし、ときどき何か考え込んでいる様子が見受けられるようになった。お浪が年頃の娘になった頃、お浪の履いている草履《ぞうり》が朝になると濡れており、髪を梳《す》くと髪の根元から血が噴き出るようになった。ある日、お浪は両親に霧島山へ自分を連れて行くようにせがんだ。二人はお浪を連れて霧島山を登ると、山の上の大きな池のふちへと辿《たど》り着いた。すると、お浪は池へと飛び込み、池の中ほどまで泳ぐと、池の底へと姿を隠した。両親が泣きながら「お浪よ、もう一度姿を見せてくれ」と叫ぶと、池に大きな波が起こり、恐ろしい大蛇が姿を現した。これにより、霧島山のその池を「お浪の池」と呼ぶようになり、今では「大浪の池」と呼ぶようになった。

また、志布志の床次家の庭先の龍神の所からは綺麗な水が湧き出ている。これは霧島の大浪の池に通じているとされる。床次家の人々は霧島山に登ることは止められているという。（村田熙（編）『［新版］日本の民話　二八　薩摩・大隅の民話』）

【か】

海上の武士［かいじょうのぶし］

鹿児島県下甑島《しもこしきしま》手打に現れたとされる海の怪。

灯台の側にてとある漁夫が、海上をこちらに向かってのしのしと歩いてくる高足駄を履いた武士のような姿を見た。驚いた漁夫は村役人にこのことを告げたが、騒ぎを聞いて皆が出て来た頃には、その武士の姿は海の彼方《かなた》へと歩き去って行きつつあったという。

また、ある夜、海から侍が上がってきたが、夜が明けぬうちにまた海へ帰っていっ

たという。（桜田勝徳「漁村民俗誌」『桜田勝徳著作集』一）
　鹿児島県には**海女**や**海坊主**のように、海上を移動する人型の妖怪の話をまま見かける。

開聞トンネルの怪［かいもんとんねるのかい］

鹿児島県指宿市《いぶすきし》の開聞岳を一周する開聞トンネルについての怪談。

　車でトンネルを通り過ぎると後部座席がびっしょり濡れていた、トンネルの天井からぶら下がる女を見ると事故に遭う、左の壁に車が引っ張られるなどといわれる。また、開聞岳にはかつて旧日本軍の基地があったため、軍人の霊の目撃譚が多いという。（吉田悠軌（編著）『ホラースポット探訪ナビ』）

ガウル

鹿児島県出水《いずみ》郡長島町伊唐《いから》でいう水怪。音楽を好むため、夜に口笛を吹くとガウルにとられるという。

　また、伊唐に住む子どもに龍の絵を見せたところ「ガウルだ」と言ったという。（桜田勝徳「出水の海」『桜田勝徳著作集』七）

ガゴドンのソラ

鹿児島県曽於《そお》郡大隅町（現・曽於市大隅町）でいう子ども脅しの類。「各地方『ガゴゼ』一束」（『民族と歴史』六巻五号）に紹介されているもの。

　子どもを脅かす際、両手の小指で口を左右に広げ、両方の親指を耳たぶの下辺りに当て、両食指（人差し指）で両目の下睫毛《まつげ》を下げて「ガゴドンのソラ」と言う。寂しい場所を通る際にも「ガゴドンのソラ」と唱えて走りだす。ここでいうガゴとは河童のことだという。（国際日本文化研究センター「怪異・妖怪伝承データベース」、小松和彦（監修）『日本怪異妖怪大事典』）

かじゃねこ

鹿児島県曽於《そお》郡志布志町《しぶしちょう》（現・志布志市）でいうあの世のお迎え、火の車。

　国学院大学民俗学研究会「潤ヶ野　口承文芸」（『民俗採訪』昭和六三年度号）に書かれているもの。

　悪人が死ぬと、かじゃねことといって、火の車が迎えに来るという。（国際日本文化研究センター「怪異・妖怪伝承データベース」、小松和彦（監修）『日本怪異妖怪大事典』）

カゼ

鹿児島県でいう魔風、ユキアイ（コラム参照）の類。
　肝属《きもつき》郡では、夜間、人に災いをもたらす風とされる。普通の風ではなく、「〇〇さんな昨夜風に当いやったげな」などという。（野村傳四『大隅肝属郡方言集』）
　桜島高免（現・鹿児島市高免町）では、

山道などで神や悪霊に遭って病気になるのを風に逢うたといい、急に頭が痛くなるのをカザフクレと呼ぶ。（民俗學研究所『綜合日本民俗語彙』）

肩たたきババア［かたたたきばばあ］

鹿児島県鹿児島市から日本民話の会 学校の怪談編集委員会（編）『学校の怪談スペシャル』三に投稿されたもの。

校門に現れ、子どもの肩を叩く。右に振り向くと恐ろしい顔の老婆がハサミを持って立っているが、左を向くと何もないという。（朝里樹『日本現代怪異事典』）

かめつぼの化物［かめつぼのばけもの］

鹿児島県鹿児島市の昔話に登場する化け物。

昔、牧園の辺りに狩人がいた。水をもらおうと麦藁《むぎわら》を壁にした掘っ立て小屋の家を訪ねると、一五、六の娘が一人泣いていた。事情を聞くと、毎夜口だけの恐ろしいものがやって来て、父と母が食べられ、今夜は自分が食べられる番だという。狩人は娘を長持ちに入れると、自分は長持ちの上に座り、夜を待った。暗くなってくると二キロばかり先のほうから「ウオーン、ウオーン、ウオーン」と叫びながら来るものがある。狩人が鉄砲を構えていると「食《か》もう」と大きい口が入って来た。すかさず撃つと「ウオーン、ウオーン」と叫びながら逃げて行った。夜が明けてみると、酢がこぼれ落ちている。酢の跡を辿《たど》ると福山の酢を造っている倉の中へと続いていた。倉の中には大きなかめつぼがいくつもあり、真ん中の一つだけが空っぽで、底に穴が開いていた。それは一〇〇〇年以上経ったかめであった。一〇〇〇年以上経つと不届きをするようになるという。（有馬英子『鹿児島昔話集』）

ガラッパ

鹿児島県でいう水怪。

鹿児島市ではガラッパを見た人は死ぬとされている。「ガラッパの頭の皿を打たない」と約束した人が約束を破って、皿を打ったため、次々と出てくるガラッパたちに相撲《すもう》を挑まれて精神に異常をきたしてしまったという話がある。

また、ドクダミをガラッパグサと呼び、ドクダミの花が咲く頃に、ガラッパが海から上がり、小雨が降る夜中に渡りを行うとされる。（民俗學研究所『綜合日本民俗語彙』）

大隅ではガラッパはミッツドンとも呼ばれ、指が三本あるとされる。馬の足跡に溜まった濁った水にはガラッパが一〇〇〇匹棲んでいる。タカ黍《きび》の団子を食べるとガラッパに化かされないという。

彼岸頃の夕方に軽くヒョヒィヒョヒィと鳴く、ヒックイドリという鳥がいる。この鳥が春の彼岸に鳴くとガラッパが川に出るところだといい、秋の彼岸に鳴くとガラッパが山へ帰るところだという。（野村傳四『大隅肝属郡方言集』、桜田勝徳「大隅百引

村採訪記」『桜田勝徳著作集』四）

枕崎市別府、真茅《まかや》のガランドンや日置郡伊集院町入佐（現・鹿児島市入佐町）のガランデンドンはガラッパの神で、水神であるという。（小野重朗『民俗神の系譜―南九州を中心に―』）

姶良《あいら》川（鹿屋市）に棲むガラッパたちが、幼い頃の神武天皇狭野尊《さののみこと》と御母君玉依姫《たまよりひめの》尊《みこと》を襲い、逆に腕を斬られる話がある。（椋鳩十・有馬英子『日本の伝説　一一　鹿児島の伝説』）

川んにいじ［かわんにいじ］

鹿児島県甑島《こしきしま》でいう水怪。

川んにいじとは「連中、人々」の意。川んにいじとは川の連中、川の人たちを意味する。

薩摩郡里村薗下（現・薩摩川内市）では次のような話がある。

昔、川端に爺《じい》さんが一人、貧乏暮らしをしていた。昼は一日中薪を拾い、晩には火を焚いて寝ていた。ある冷える晩に爺さんが寝ていると、川んにいじが爺さんの家に集まって来た。「温《ぬっ》かな温かな」と言いながら、並んで火に当たっている。焚火を消す前だったが、火を消してしまってはこの川のものたちに引っ張り込まれてろくなことにならない。しかし、川んにいじは焚き物をくべる方法を知らないので、このままでは火が消えてしまう。爺さんはそう考えていたが、川んにいじは出て行かない様子であったため、爺さんは火が消えて寒くなったことで目を覚ましたふりをした。そして、庭のほうへ降りると太い焚き物をどっさり持ってきては囲炉裏《いろり》にくべた。「これで温かろう」と一晩中火を焚いた。温まっていた川んにいじが「これは何かお礼をしなければいけない」と話していると夜が明けはじめた。夜が明ける前にと川んにいじは散り散りに去っていったが、爺さんが黙って寝ている間に家にゴトゴトチャラチャラと何かを投げつけた。「鍋の欠片《かけら》や茶碗の欠片でも集めてきたのだろうか」と思い、夜が明けてから外に出てみると、大判小判の銭を山盛り持ってきてくれていたという。（荒木博之（編）『昔話研究資料叢書　五　甑島の昔話』）

ガワンバッチョ

鹿児島県阿久根市や出水《いずみ》郡東町（現・長島町）でいう水怪。

四、五歳の子どものような格好をしており、頭頂部は禿《は》げて皿を載せているように見える。このように伝わる一方、ガワンバッチョは姿を見せず、声だけが聞こえるともいう。牛にはガワンバッチョの姿が見えるため、ガワンバッチョがいると前へ進もうとしないとされる。

春の彼岸になれば川や田んぼに出てきて、秋の彼岸に山へと帰る。ガワンバッチョが川から山へ上がると川の水はきれいになるという。ガワンバッチョは一匹が「ヒー」と鳴くと、もう一匹は「ヨー（ヒョー）」と鳴く。奥山で霞《かすみ》がかかった時であれば、昼であってもガワンバッチョが喚《わめ》くという。

また、寒くなるとガワンバッチョは炭焼き小屋の火に当たりに来るともいう。

　ガワンバッチョは人真似を好む。そのため、ガワンバッチョに相撲《すもう》を挑まれた際は頭を下げたり、頭を振ったりして、その真似をさせることで頭の水をこぼさせてから取り組めばよいとされる。

　ガワンバッチョは馬のたてがみを結んで解《ほど》けなくする、川で人を溺《おぼ》れさせる、人に祟るなどともいわれている。ガワンバッチョの手を包丁で斬り落とした人が取り返されないように手を箱に入れて厳重にしまっておいたところ、次々と不幸なことが続いたという。また、ガワンバッチョに騙《だま》されて沖へと出て行った男がいた。気づいた若者たちが網で男を引き上げたところ、「まだ用が済んでいないのに引き上げて邪魔をした」とガワンバッチョの怒りを買い、引き上げた人たちは祟られたという。（和田寛（編）『河童伝承大事典』）

ガンバッチョ

鹿児島県出水《いずみ》市でいう水怪。

　身長は一メートルから一・二メートル、七、八歳の子どもほどの大きさであるという。猿に似てはいるものの猿ではなく、猿はガンバッチョを見ると摑《つか》み合いの喧嘩をするため、猿回しは猿に袋を被せて川を渡る。

　春の彼岸頃に川へと下り、秋の彼岸頃に山へと上がる。秋の夜、特に雨模様の夜に、「ヒョー、ヒョー」と鳴いて、小川や谷川づたいに通っていく。

　ザリガニやダクマエビ、キュウリやナスが好物であるとされる。畑に入り込んで、キュウリやナスを傷物にしてしまうが、初物を近くの川や井戸に供えると、悪戯《いたずら》をしなくなるという。また、相撲《すもう》を取ることも好み、溝の中でガンバッチョたちが相撲を取っていることもある。ガンバッチョと相撲を取る際は、互いに一礼してから取ると、ガンバッチョの頭の皿の水がこぼれるので、負けることはない。しかし、投げ倒しても投げ倒しても次々に相撲を挑んでくるため、へとへとに疲れ切ってしまう。逃げてもガンバッチョたちは執拗《しつよう》に後を追ってくるという。

　ガンバッチョは子どもや馬を水中に引きずり込む。夜、馬小屋に入り込んでは、馬の尻尾やたてがみをクチャクチャに結んでしまうという。（和田寛（編）『河童伝承大事典』）

口裂け女 ［くちさけおんな］

鹿児島県阿久根市でいう女性姿の怪人。『鹿児島民俗』通巻八四号に紹介されているもの。

　容姿の特徴としては、爪が長く、化粧の粉を振りまいたような白い顔をしており、目はつり上がっている。髪の毛は長くぼさぼさとも、短髪であるともいう。耳まで裂けた口には口紅を塗っており、大きなマスクをつけている。

「あたしきれい？」と尋ねてきて「きれい」と答えると「これでも？」と言ってマスクを取るという、口裂け女としては典型的な話の他に次のような話も採取されている。

口裂け女は失恋した女が自殺してなったもので、人に優しくし、接近したところで、その大きな口でブチューッとキスをする。

夜、病気で苦しんでいる姿を装い、その姿を見て近づいてきた人に、マスクを取った姿を見せて驚かせるともいう。（国際日本文化研究センター「怪異・妖怪伝承データベース」）

最後の脅かし方は典型的な方法ではあるが、たちの悪い悪戯《いたずら》な気がする。

クヮジャ

鹿児島県肝属《きもつき》郡でいう猫の怪。

牡猫が年を取るとクヮジャに化けるという。（野村傳四『大隅肝属郡方言集』）

【さ】

下ぃ股［さがぃまた］

鹿児島県川辺《かわなべ》郡知覧町（現・南九州市知覧町）でいう生物の部位が上から下がる怪で、子ども脅しの類。「下がり股」の意。
木からぶら下がっては、下を通る人間を股で挟み、上に引っ張り上げて喰うとされる。親は子どもに「サガィマタがさがって、夜が入らんうちに早う戻らんにゃ」などと言っていたという。竹迫のヤシガマと呼ばれる道やせと道、門之浦のドン坂という森が茂った坂の大きな木にサガィマタがいたと語られている。（下野敏見（編）『知覧町民俗資料調査報告書　二　知覧町の民俗』）
引っ張り上げて喰うとはいわないが、大分県の**泥足**や毛むくじゃらの脛《すね》が下がる**今にも石**が下ぃ股に近い妖怪か。
外国ではアフリカにアサンボサム、ササボンサムという樹上から足を垂らし、人を襲う怪物がいる。

上半身だけの人［じょうはんしんだけのひと］

鹿児島経済大学（現・鹿児島国際大学）でかなり多くの人が知っているという上半身だけの怪。

雨の降る深夜、指宿《いぶすき》スカイラインを車で走行中にふとバックミラーを見ると、上半身だけで下半身がない、ヘルメットを被った人が手を地面につけて走って、後ろを追いかけてきていた。振り返っても何もないにもかかわらず、バックミラーにはしっかり映っているという。（池田香代子・大島広志・高津美保子・常光徹・渡辺節子・藤原一晃（編著）『走るお婆さん　日本の現代伝説』）

白いスカイライン〔しろいすかいらいん〕

鹿児島県でいう自動車の怪談。幽霊自動車、「死ねばよかったのに」の類。

指宿《いぶすき》スカイラインを走っていると、後方から白いスカイラインがこちらを煽《あお》ってくる。そしてコーナーであるにもかかわらず、白いスカイラインはまっすぐ行き、それにつられてこちらもまっすぐ行ってしまうと、壁にぶつかって命を落とすという。

この話を聞いた指宿スカイラインに詳しい人が、その白いスカイラインの正体を確かめようと、その場所へと向かった。他の車を先に行かせ、例の白いスカイラインを待っていたところ、噂《うわさ》どおり、白いスカイラインが煽ってきた。白いスカイラインはコーナーをまっすぐ行ったが、その人はコーナーの箇所を知っていたため、ギリギリのところでブレーキを踏み、命拾いをした。ふと、その人が後ろを振り返ると後部座席に女性が座っていた。「死ねばよかったのに」と一言言って、女性は消えたという。（近藤雅樹・高津美保子・常光徹・三原幸久・渡辺節子・藤原一晃（編著）『魔女の伝言板　日本の現代伝説』）

白犬〔しろいぬ〕

鹿児島県日置市に現れた白い犬。安山登「安山怪談録」（『南九州郷土研究』通巻二二号）に記されている。

明治末期に安山家と西野家との屋敷の間の木陰で、長い毛を振り乱した白い犬が頻《ひん》繁《ぱん》に寝ていた。この犬の正体は河童か狐ではないかとされた。（国際日本文化研究センター「怪異・妖怪伝承データベース」、小松和彦（監修）『日本怪異妖怪大事典』）

正体を怪しまれたということは、普通の白い犬とはどこか違っていたのだろうか。

スジンドン

鹿児島県肝属《きもつき》郡百引《ももびき》村（現・鹿屋市）でいう山と川を往来する怪。

鳥のように鳴き、二月、八月の彼岸に地面もしくは空を通っていく。春は川へ下り、秋には山へ帰るという。（民俗學研究所『綜合日本民俗語彙』）

空木倒し〔そらきだおし〕

鹿児島県肝属《きもつき》郡百引《ももびき》村（現・鹿屋市）でいう山中の音の怪。空木《からき》倒しの類。

ヤマノカミノキダオシともいい、一定の場所に起きるとされる。普通に木を伐《き》り倒す際の音と比べると欠けたところがある。斧《おの》を振るって木を伐る音、木が倒れる音はするが、牛に木を引かせるための穴を材木に開ける音はしないという。（民俗學研究所『綜合日本民俗語彙』、千葉幹夫（編）『全国妖怪事典』）

【た】

大蓋［たにぐく］

豊後国（大分県）の初代国司大友能直《よしなお》の編纂《へんさん》とされる奇書『上記《うえつふみ》』に書かれた魔物。

隅の国（鹿児島県）の山に大きな谷があり、そこに迷い込んで生きて帰ってきた者は一人もいないと、村人たちの間で言い伝えられていた。碩田《おおきた》の国（大分県）天津日《あまつひ》嗣《つぎ》の兄弟である神玉国光尊という豪勇な男がその言い伝えを聞き、災いの根を断とうと谷へ向かった。谷で親を失った与三五郎、与三六郎、与三八郎ら三兄弟とともに、谷底の小径を辿《たど》っていくと奥深くに岩屋が見えてきた。岩屋に踏み込むと中から家の大きさほどもある大蓋が現れた。三兄弟を伸《の》して呑み込もうとする大蓋に、尊は十拳《とつか》の劔《つるぎ》で大蓋の腹を突き刺し、大蓋の両手をつかむと岩の間めがけて投げつけた。ひっくり返った大蓋の腹の上に駆け上がった尊は劔で大蓋をずたずたに切り裂き、大蓋を退治したという。（土屋北彦（編）『日本の民話　五九　大分の民話　第二集』）

俵蛇［たわらへび］

薩摩（鹿児島県）でいう槌蛇《つちへび》の類。

俵に似た形状の蛇の意。

肥後（熊本県）や宮崎県でも**俵蛇**の名称が使われる。（坂井久光「槌の子　その後」『あしなか』通巻一四〇号、山本素石『逃げろツチノコ』）

椿杵［つばきぎね］

鹿児島県鹿児島市の昔話に登場する化け物。

七人家族の家があったが、毎晩一人ずついなくなっていた。隣の人が長持ちに隠れてこの家で留守番をしていると、夜に恐ろしいものが出てきた。恐ろしいものは夜が明ける前に隣人を見つけ出すことができず、床下のほうで音をさせたかと思うと、出て行ってしまった。夜が明けて探してみると杵があり、打ち割ってみると、杵の中には血が入っていた。椿の木で杵を作って、一〇〇〇年すると人を化かし、不届きをするようになるという。そのため椿杵は作るものではないとされている。（有馬英子『鹿児島昔話集』）

テンクヅシ

鹿児島県肝属《きもつき》郡でいう音の怪。

山が崩れるような大音響が聞こえることがある。しかし、音がしたと思われる現場へ行ってみても何も変わったところはない。これは天狗《てんぐ》が立てる音であるという。（野村傳四『大隅肝属郡方言集』）

長崎県の**石投げんじょ**と似た現象か。

宮崎県では空木《からき》倒しの類を**天くづし**と呼んでいる。

豆腐の怪［とうふのかい］

薩州（鹿児島県）今泉で起きた怪事件。

ある朝、今泉の町のあちこちに夥《おびただ》しい数の豆腐が置かれていた。また、街道には一〇丁二〇丁ずつうずたかくして捨てられていた。その数、おおよそ一〇〇丁の豆腐であった。初めは町の人々も自分の所だけだと思い「誰の悪戯《いたずら》であろうか」と呟《つぶや》いていたが、次第にあちこちで騒ぎになり、これは狐狸《こり》が人を惑わせているのではないかと怪しみ恐れて豆腐を触ってみる人はいなかった。昼になり、暮れになっても何も起きず、他に疑わしいこともなかったため、各々豆腐を取り入れて食べてみたが、何の祟りもなかった。後日、近くの豆腐屋などに尋ねてはみたものの、その日特に多く売れたという豆腐屋はなかった。どこから集められ、どういう訳があったものなのかは結局わからずじまいであったという。（橘南谿（著）・宗政五十緒（校注）『東西遊記二』）

トックリヘビ

薩摩（鹿児島県）でいう槌蛇《つちへび》の類。

徳利《とっくり》のような形状の蛇の意。

近江（滋賀県）、肥後（熊本県）、大分県でも**トックリヘビ**の名称が使われる。（山本素石『逃げろツチノコ』）

トビムン

鹿児島県肝属郡《きもつき》でいう怪火、光物の類。ヒカイムンとも。

夜間に光を発して天空を飛ぶという。（野村傳四『大隅肝属郡方言集』）

飛び物、光物の意か。

【な】

仲よしの森［なかよしのもり］

鹿児島県鹿児島市から日本民話の会 学校の怪談編集委員会（編）『学校の怪談 一二 体育館であそぶ霊』に投稿された異世界譚《たん》。

以前は墓があったという小学校に「仲よしの森」と呼ばれる場所がある。ここに真夜中に一人でいると、その人を呼ぶ声が聞こえてきて、声のほうへ行くと、違う世界に行ってしまい、二度と帰れなくなるという。

二反ばえ［にたんばえ］

鹿児島県曽《そ》於《お》郡志布志《しぶし》町《ちょう》（現・志布志市）でいう忌《い》み地。

国学院大学民俗学研究会「潤ヶ野　口承文芸」（『民俗採訪』昭和六三年度号）に書かれているもの。

中川内は二反反物が生える場所でニタンバエと呼ばれた、夜になるとニタンバエが出るという野原があって人が住めなかった、ニタンバエは二反の反物である、などという。（国際日本文化研究センター「怪異・妖怪伝承データベース」、小松和彦（監修）『日本怪異妖怪大事典』）

また、「はえる」とは積み重ねるという意味、もしくは原が転化したものともいう。（氷厘亭氷泉「二反ばえvs一反木綿」『大佐用』第二九号）

【は】

パタパタさん

鹿児島県でいう上半身だけの怪。

福岡県筑紫野市の女性が友人から聞いた話として投稿されている。

鹿児島のある高校にパタパタさんが出るという。校門の塀の上に肘《ひじ》をついたお爺《じい》さんがニコニコと嬉しそうに笑いながら、バレーボールをして遊んでいた女の子たちを見ていた。女の子たちはお爺さんをバレーに誘うが、ニコニコしているだけで、参加しようとはしない。時間も遅くなり、お爺さんに挨拶して帰ろうと、女の子たちが校門に向かうと、お爺さんには下半身がなかった。お爺さんは突然、地面スレスレを滑るようにして、凄《すご》いスピードで女の子たちを笑顔のまま追いかけはじめた。その際、するはずのない足音がパタパタと聞こえたという。（日本民話の会 学校の怪談編集委員会（編）『学校の怪談　一三　幽霊に呼ばれた校長先生』）

半助がオツ［はんすけがおつ］

鹿児島県阿久根市近くの山中にある崖の地名由来譚《たん》、取付く引付くの類。

明治一〇年（一八七七）頃、四助と三助という二人がいた。ある日、四助が山に入ったところ雨に降られて、土手の陰で休んでいると、辺りに人がいないにもかかわらず、どこからか「崩ゆ崩ゆ」という声が聞こえた。四助は「崩ゆなら崩えて見よ」と返答すると、その土手が崩れて、多くの山の薯《いも》が手もかけずに取ることができた。三助は四助から話を聞くと、大いに羨《うらや》み、同じ山へと向かった。松の木の下を通るとどこからともなく「流る流る」という声がした。「流るるなら流れてみよ」と三助が答えたところ、松脂《まつやに》がどっと流れてきて三助の体を引き包み、三助は動けなくなった。三助の父親である半助が松明《たいまつ》を持って三助を捜しに山へ入り、「おーい」と呼ぶと「おーい」という声が返ってきた。声に近づき松明の火を向けたところ、松脂に火が燃え移り、三助は焼けてしまった。父の半助はこれに驚き、足を踏み外して落ちてしまったため、ここを半助がオツと呼ぶようになったという。（柳田国男『妖怪談義』）

貧乏神［びんぼうがみ］

鹿児島県出水《いずみ》や志布志《しぶし》市でいう家に憑《つ》いて貧しくさせる神。

出水郡伊唐《いから》島では大晦日の晩に囲炉裏端《いろりばた》で夜遅くまで咄《はなし》をする。この晩、棟木が見えるまで火を焚くと貧乏神が出ていくとされる。（桜田勝徳「出水の海」『桜田勝徳著作集』七）

志布志市志布志町には次のような昔話がある。どんなに働いても貧乏なままの夫婦がいた。いつまでも貧乏なのは貧乏神が棲みついているからに違いないと、床下から何から家中を生松葉で燻《いぶ》した。二九日の晩、体の小さな神が家の中から転《まろ》び出てきた。「これで儲《もう》かるようになる」と夫婦は喜んだ。大晦日の晩、戸を叩くものがある。夫婦が戸を開けて見てみると追い出した貧乏神が来ていた。「お前のような者はいらない」と夫婦が言うと、「実は残していたものがある。それが気がかりになって帰ってきた。お前の所に身持ちの妻を忘れていた。あとはよろしく頼む」と貧乏神は言うと去っていったという。（有馬英子『鹿児島昔話集』）

フクロウ

鹿児島県でいうフクロウの俗信。

フクロウが低く飛ぶと嵐になる、フクロウが鳴くと人が死ぬ、夜に鳴くと人が死ぬ、不吉だといわれている。（鈴木棠三『日本俗信辞典　動・植物編』）

ヘジゴロ

鹿児島県でいう水怪。河童の意。鹿児島県教育会（編）『鹿児島方言集』にはヘヂコロの表記が見受けられる。（千葉幹夫（編）『全国妖怪事典』、日野巌「附　日本妖怪変化語彙」『動物妖怪譚』下）

似た名称に鹿児島県の東部山村のヘンコロがある。丸山学の「九州の河童」（『民俗えっせい』）に紹介されている名称で、丸山はヒョースボと同系統の名称と見ている。（和田寛（編）『河童伝承大事典』）

河童をなぜヘジゴロ、ヘヂコロ、ヘンコロと呼ぶのかは不明。筆者がヘンコロに似ていると感じる名称に和歌山県のフンゴロボシ、ウンガラボシがある。

【ま】

メヒトツゴロ

鹿児島県肝属《きもつき》郡でいう怪物。目が一つで、夜に現れるとされる。（野村傳四『大隅肝属郡方言集』）

メヒトツゴロならぬ**目一つ五郎**（**目ひとつ五郎**）の名称であれば、長崎県、熊本県、宮崎県、薩南諸島に話が見受けられる。

メンドン

鹿児島県大隅半島でいう子ども脅しの類。肝属《きもつき》郡では幽霊、おばけの意。夕方、子どもが遅くまで外で遊んでいたり、親の言うことを聞かなかったりすると「メンドンが来るぞ」と脅す。（野村傳四『大隅肝属郡方言集』、小松和彦・常光徹（監修）『47都道府県・妖怪伝承百科』）

揖宿《いぶすき》郡山川町（現・指宿市《いぶすきし》）では一月一六日に魔除け行事として「メンドン」が行われている。（日野巌「附 日本妖怪変化語彙」『動物妖怪譚』下）

平成三〇年（二〇一八）一一月二九日、ユネスコ無形文化遺産に「来訪神：仮面・仮装の神々」として一〇件の来訪神が登録された。そのうち、鹿児島郡三島村硫黄島のメンドンも登録されている。（「鹿児島県／「来訪神：仮面・仮装の神々」のユネスコ無形文化遺産登録について」）

硫黄島のメンドンは旧暦八月一日、二日に行われる八朔《はっさく》太鼓踊りに出現して、踊り手の邪魔をしたり、見物人を柴で叩いたりする。メンドンは「天下御免」とされており、メンドンの行いは咎《とが》められず、厄払いになるとされる。（「国立民族学博物館　民族学研究アーカイブス　メンドン」）

モイ

鹿児島県志布志市《しぶしし》志布志町西町でいうあやかしの類。

モイが出る時は必ず櫓《ろ》を漕《こ》ぐ囃子《はやし》だけが聞こえてくる。どこからどういうふうに舟が現れるかはわからないが、囃子が聞こえたかと思うと、突然、一〇人も二〇人もの声が入り乱れた大きな声がする。その中から必ず「おーい、アカダシのアカトイ（垢《あか》だし。浸水の水だし用の垢とり）を貸せぇ」という声が聞こえてくる。そういう時は垢とりの柄杓《ひしゃく》の底を打ち開けて貸すものであるという。もし、水を入れた垢とりを貸すとモイはその垢とりで水を浴びせてくるため、舟が沈んでしまうことがある。

しかし、底を打ち開けた垢とりをモイに貸して逃げても、モイは追いかけてくる。その際、モイは何丁櫓かの櫓の音をさせて来る。そういう場合、モイの櫓の音に合わせて舟を漕ぐものではない。もし、モイの櫓に合わせて舟を漕ぐと、浅瀬の波打ち際に乗り上げてしまう。そのため、可能な限り音に対して知らん顔をして上を向き、星を見て櫓をゆっくりゆっくり漕いでいくとモイの櫓から逃れることができるという。（下野敏見『鹿児島ふるさとの昔話』三）

モウレェ、**モリ**の項目も参照。

モウレェ

鹿児島県甑島《こしきしま》でいうあやかしの類。亡霊の意。

モウレェは船になることがあり、その船は灯が暗いにもかかわらず、引いた帆の糸までがはっきりと見える。普通の船では見えないのでこの船はモウレェであるとわかるという。（民俗學研究所『綜合日本民俗語彙』）

甑島瀬々野浦ではモウレェの魂は昼に山へ上り、夜に海へ下る。なるべく早く上陸して山へ行こうと焦るために船に取り付いて船人を殺すことになるのだという。

中甑では、船のジュウキ（船梁《ふなばり》の意）の先に穴が開いているのは、モウレェが出てきた際にオキイ（燠《おき》の意）を立てるためである。幽霊は燠を見ると逃げていくとされる。

平良《たいら》では大晦日の夜にモウレェを見に行こうとする人が以前はよくおり、モウレェは海に青い火を焚いていたというが、この節はなくなってしまったとされる。（桜田勝徳「漁村民俗誌」『桜田勝徳著作集』一）

県内ではモウレェの他に**モイ**、**モリ**の名称がある。また海に現れる化け物、妖怪を甑島では**もうれん**と呼んでいる。**モレ**という名称もあるが、こちらは特に海の亡霊と限定しているかは定かではない。

もうれん

鹿児島県甑島《こしきしま》でいう海の化け物、妖怪。

鹿島村藺牟田《いむた》（現・薩摩川内市鹿島町藺牟田）に一つ目のもうれんが現れた話がある。

昔、夜漁の好きな男がおり、毎晩魚釣りに出かけていた。家族からは「大概で止めないと恐ろっかもんが出たりするよ」と言われていたが、なんの恐ろしいものが出たりするものかと、夜釣りに行っていた。その男は魚を釣ると、必ず最初に釣った魚は山んじょどん（山の神様）へ捧げるために、山へめがけて投げていた。ある晩、魚を釣っていたところ、大雨が降りだした。男はあちこち歩き回ると、大きな洞穴を見つけて中へ入り、魚を焼きながら雨が止むのを待った。ふと洞穴の奥を見ると、ギラギラと光る一つ目が瞬きもしないで、男を睨《にら》んでいた。家族の言うとおりであったと男は思ったが、内心おびえながらも「どうせ狙われてしまっているから仕方がないが、そう睨んでないでこっちへ来て焼き魚でも食わないか」と一つ目に話しかけた。男も魚を食べていると、山のほうから鶏の鳴き声がした。その声に今までじっとしていた一つ目も体を動かした。さらにもう一鳴き聞こえてきたかと思うと、そのもうれんは男を突きのけて、海へ向かって飛んで行ってしまった。そこへ狸《たぬき》を支配している総大将の妻と名乗る女が洞穴へと来た。日頃、男がくれる魚で子どもに食べさせることができている。その恩返しに、鶏の鳴き真似をして男を助けたのだという。（荒木博之（編）『昔話研究資料叢書　五　甑島の昔話』）

モリ

鹿児島県志布志市《しぶしし》志布志町西町でいうあやかしの類。モリとは亡霊、舟幽霊の意。七、八月の蒸し暑くハエンカゼ（南の風）が吹くような晩にはモリと遭うという。（下野敏見『鹿児島ふるさとの昔話』三）

モイや**モウレェ**の項目も参照。

モレ

鹿児島県肝属《きもつき》郡でいう亡霊。ボコンともいう。（佐藤清明『現行全国妖怪辞典』、野村傳四『大隅肝属郡方言集』）

県内では似た名称に**モイ**、**モウレェ**、**モリ**という呼び名もあるが、主に海に現れる亡霊をそう呼んでいる。

【や】

ヤコ

鹿児島県でいう憑《つ》き物。人に憑く狐をヤコと呼び、狐憑きをヤコツキと呼ぶ。憑いたヤコを落とすのはヤコバナシと呼ぶ。

恨む相手に故意にヤコをつけることができたようで、ヤコの好物である魚と小豆飯を一週間ほどヤコに与え、今度は対象者の通る場所に魚と小豆飯を置いておくと、一週間くらいでヤコが憑くようになるという。

ヤコに憑かれると半分病人のようになる。また、着物に毛が付いていたり、ヤコの足跡が肩に付いていたりする。

ヤコバナシは夫婦の法者が行う。女性のほうはミコと呼ばれ、ミコが祈禱《きとう》するとヤコが欲しい物を喋《しゃべ》りはじめる。男の法者がそれを家人に取り次ぎ、家人は言われた物をこしらえておいたツト（藁《わら》や竹の皮で作った容器）に入れていく。ヤコが欲しがる物は好物の魚、小豆飯が多いという。最後にそのツトにヤコを封じ込め、梅や桑《くわ》でできた三尺二寸（約九六センチ）の弓と墓の山の竹で作った三尺（約九〇センチ）ほどの矢で四方を射り、経を唱えてヤコを送る。家人はミコに指示された方角にある川の端か人が通らない場所にツトを置く。ツトを置いて帰る際に振り向くと、再度ヤコに取り憑かれるという。

ヤコを飼っている人が死ぬとヤコはあちこちに散らばり、人にいろいろと災いをもたらすとされる。（野村傳四『大隅肝属郡方言集』、谷川健一「全国憑きもの報告集成」『日本民俗文化資料集成　七　憑きもの』）

やってこ

鹿児島県鹿児島市の昔話に登場する化け蜘蛛《ぐも》。「やってこ」とは足高蜘蛛の意。

毎晩、牧神の丘に座頭が来て、琵琶《びわ》を弾きながら歌を歌っていた。三人兄弟の長男が座頭の所に行ったきり帰ってこない。次男も座頭の所に行くことにした。三男はこっそり次男の後をつけてみた。座頭は歌い終わって一休みした後、次男とびんた（頭）の弾き合いを始めた。座頭が次男のびんたを弾くと次男の頭は打ち割れて次男は死んでしまった。その様子を隠れて見ていた三男は仇《かたき》を討とうと、羽釜と鑿《のみ》を持って座頭の所へ向かった。びんたの弾き合いをすることになり、座頭が弾いた。三男は頭に羽釜を被っていたが、三センチほどの厚さの羽釜が座頭の弾きで打ち割れてしまった。今度は三男が弾くことになり、座頭の頭に鑿の角を当てて打ち割った。座頭は丘から転げ落ちたかと思うと戻って来なかった。

翌日、村の人たちと血の跡を辿《たど》ると、石の洞穴の中で一〇〇〇年は経とうかというやってこが死にかかっていた。何もかも一〇〇〇年経てば不届きをするようになるという。（有馬英子『鹿児島昔話集』）

『曽呂利物語』に六〇歳ぐらいの女に化けた足高蜘蛛の変化《へんげ》が登場する話がある。また、足高蜘蛛ではないが、大猫が住職に化けて座頭と頭を張り合う話も収録されている。

山寺の怪物 ［やまでらのかいぶつ］

鹿児島県志布志《しぶし》市志布志町の昔話に登場する怪物たち。

ある夜、山寺で一人の小僧が留守番をしていた。しばらくすると何者かが騒ぎながら寺へと近づいてきた。恐ろしくなった小僧は納戸に隠れると節穴から様子をうかがった。行灯《あんどん》の火に照らし出されたのは「横座のフーエ」と名乗る古い火吹き竹、「きんつくりんのコケッコー」と鳴く古い鶏、「一

○○○年のコーイ」と叫ぶ親分格の千年鯉であった。集まった怪物たちは和尚を取って食おうと話し合っていたが、夜が明けたのでおのおの元いた場所へと戻っていった。小僧から事情を聞いた和尚は経文を書いた札を台所の火吹き竹に巻き付けた。庭の古鶏の首にも札を巻くと、鶏はたちまちひっくり返った。池にも札を流し、塩を撒《ま》くことで怪物たちを皆退治したという。（有馬英子『鹿児島昔話集』、下野敏見『鹿児島ふるさとの昔話』三）

ヤマノカミノキダオシ

鹿児島県肝属《きもつき》郡百引《ももびき》村（現・鹿屋市輝北町）でいう山中の音の怪。空木《からき》倒しの類。

ヤマノカミノキダオシまたはソラキダオシというものは、決まった場所に起こるとされ、普通に木を伐《き》り倒す際の音と比べると欠けたところがあるという。斧《おの》を振るって木を伐る音、木が倒れる音はするが、牛に木を引かせるための穴を材木に開ける音はしないという。（民俗學研究所『綜合日本民俗語彙』）

山姫［やまひめ］

鹿児島県肝属《きもつき》郡牛根村（現・垂水《たるみず》市）でいう山の女性の怪。

山に入る男から血を吸い取るといって恐れられている。（民俗學研究所『綜合日本民俗語彙』）

福岡県、大分県、宮崎県、薩南諸島のほか、九州外では神奈川県、岡山県に山姫の話が見受けられる。

山童［やまわろ］

薩州（鹿児島県）でいう山中にいる人型の妖怪。

山の寺という所は山童が多い。その形は大きな猿に似ていて、毛は黒く、常に人のように二本足で立って歩く。この寺などに毎度来ては食物を盗み食うが、塩気があるものを嫌う。

杣人《そまびと》が山深くまで入って、大きな木を伐り出し、峰を越え、谷を渡らないといけないような状況の時、山童に握り飯を与えて頼めば、どんな大木であろうと軽々と引っ担げて杣人の手助けをしてくれる。大木を運ぶ際、山童は人と同じように、必ず大木の後ろのほうに立って、人より先に立って行くことを嫌う。飯を与えて山童を使役すれば、毎日来て手伝ってくれる。飯は仕事の後に与える。初めに飯を与えると飯を食べ終え次第逃げ去ってしまうためである。

山童のほうから人に危害を加えることはないが、こちらから山童を打つ、もしくは殺そうと思うと、不思議なことに祟りがある。発狂したり、大病を患ったり、火事を被ったりなどさまざまな災害が起こり、祈《き》禱《とう》や医薬も効き目がない。それゆえに、人は皆山童を大いに恐れ敬って、山童に手を出すことはないという。（橘南谿（著）・宗政五十緒（校注）『東西遊記』二）

山姥［やまんば］

鹿児島県でいう人食い老婆。主に「天道さんの金の鎖」の類や「牛方山姥」の類の民話に登場する。

志布志《しぶし》市有明町蓬原《ふつはら》で語られた話では、ユズリ葉を門松や注連縄《しめなわ》、鏡餅《かがみもち》に添えて祝う由来譚《たん》となっている。山姥に捕まりそうになった姉と弟がいたが、「ユズイユズイの木さぁん、助けてくいやーい。正月三日間はあなたを祝い申すから」と叫ぶと天から綺麗な駕籠《かご》が下りてきて、姉と弟はそれに乗って天へと上がった。山姥も真似したが、下りてきたのは壊れた駕籠であり、綱が切れて岩の上に落ち、乗っていた山姥は潰《つぶ》れてしまったという。

鹿屋市輝北町平房下平房や曽於《そお》市財部《たからべ》町《ちょう》大川原で採取された話では天の綱ではなく、子どもが下ろした帯となっている。樹上の子どもを捕まえようとした山姥は帯を摑《つか》んで上るが、あともう少しというところで子どもが帯を手放したため、真下の池に落ちて死んでいる。

志布志市有明町蓬原では「天道さんの金の鎖」の他に、トラ茱萸《ぐみ》の由来譚も語られている。娘を守るために山姥と大格闘して死んだトラ犬を埋葬し、その場所に植えた茱萸の木がトラ茱萸となったという。

南九州市知覧町や曽於市財部町大川原では母馬を山姥に食われた子馬が、百足《むかで》、熊蜂、卵、牛の糞《ふん》、搗《つ》き臼《うす》、栗、コッテ牛、山太郎蟹《やまたろうがに》などに黍団子《きびだんご》を与えて仲間にし、親の仇《かたき》を討つ話が採取されている。（有馬英子『かごしま・民話の世界』、下野敏見『鹿児島ふるさとの昔話』、同『鹿児島ふるさとの昔話』二、同『鹿児島ふるさとの昔話』三）

ユキバジョ

鹿児島県薩摩地方でいう雪の怪。バジョとは「老いたる」の意。雪の降る日に出る妖女だという。（民俗學研究所『綜合日本民俗語彙』）

宮崎県でも子どもを脅しに**雪バジョ**の名前が使われる。

【わ】

わだわいかもん

鹿児島県薩摩川内市甑島《こしきしま》でいう妖怪の意。（民俗學研究所『綜合日本民俗語彙』）

妖怪を「わだわいかもん」と呼ぶ例は柳田国男（編）・岩倉市郎（採録）『日本昔話記録　一一　鹿児島県甑島昔話集』に見える。「蜘蛛《くも》の化け物　その二」および「三太郎犬」にて正体がわからない化け物を「わだわいかもん」と呼んでおり、その正体はどちらの話でも一〇〇〇年生きたヌシトコブ（家の中に住む蜘蛛）である。また、両話とも話者は下甑島手打麓の曽木主源太氏で、下甑島手打浜の川端龍左衛門氏が語る「蜘蛛の化け物　その一」では「わだわいかもん」という語は使われていない。

災いをもたらす者という意味で「わだわいかもん」であろうか。

悪い風 ［わるいかぜ］

鹿児島県出水《いずみ》郡大川内村（現・出水市）でいうユキアイ（コラム参照）、魔風の類。

場所は決まっていないが、道の曲がり角で悪い風に遭うことが多く、夜の一時、二時頃が悪い。生ぬるい風であり、これにかかった者は「そこへ来た来た」としきりに叫ぶが、全快するとそのことを覚えていないという。（民俗學研究所『綜合日本民俗語彙』）

茨城県、千葉県、静岡県、高知県、大分県にも悪い風の伝承がある。

ワロドン

鹿児島県肝属《きもつき》郡百引《ももびき》村（現・鹿屋市輝北町）でいう水怪。河童に対する山での忌《い》み言葉と思われる。オジドンとも呼ぶ。

駒の足跡に溜まった水に一〇〇〇匹も棲むといい、ワロドンがいると水が濁り、犬も逃げるという。

ワロドンは切れ切れに切っても元の体に戻ることができるといわれており、一切れ呑んでしまうと良いとされる。

ワロドンは鉄が嫌いだという。（民俗學研究所『綜合日本民俗語彙』）

沖縄県

【あ】

アカガンター

沖縄県でいう家に現れる子どもの妖怪。枕返しの類。

赤い髪をした赤ん坊の姿をしている。古い家の広間に出る、柱の陰や襖《ふすま》や障子の隙間から出るなどともいう。枕をひっくり返したり、寝ている人を押さえつけたりする。全身真っ赤なため、火事の前触れと解釈されることもある。アカガンターが現れた際はユタ（巫女《みこ》）、もしくはノロ（神女）に頼み、ヒヌカン（竈《かまど》の神）に拝んでもらわなければその家に災いが起こるとされている。（千葉幹夫（編）『全国妖怪事典』、小原猛（著）・三木静（絵）『琉球妖怪大図鑑』下、比嘉淳子『沖縄マジムン図鑑』）

アカナー

沖縄県でいう月の影模様の由来譚《たん》。

アカナーは純真な性格をしており、全身が真っ赤な猿に似た姿とも少年ともいわれている。一緒に暮らしていた悪賢い猿の計略にはまり、猿に殺されてしまうと泣いていたところを月によって天上世界へと引き上げられた。以来、月への恩に報いるために水を汲《く》んでいるという。沖縄県では月の影の模様は、月のために水を汲んだ桶《おけ》を担ぐアカナーの姿であるという。

また、月と太陽に、人間に不死の水と死の水を与えてくるように言われたアカナーが人間の元へ行く途中、蛇に不死の水を飲まれてしまい、その罰として桶を担いだまま立たされることになったという話もある。アカナーのことを歌ったわらべ歌も存在する。（西原松生（編著）『カラー　沖縄の怪談』、伊波南哲（編）『日本の民話　一一　沖縄の民話』）

アカマター

生き物としてのアカマタは奄美《あまみ》諸島や沖縄諸島に分布する、赤と黒の斑《まだら》模様の体色をした蛇。夜行性でかつ攻撃的であり、人家の近くや、森林に生息する。（今泉吉典・宇田川竜男（監修）『ポケット科学図鑑　六　動物』、大渕希郷（監修）『新ポケット版　学研の図鑑　一七　爬虫類・両生類』）

伝承上ではアカマター、赤マター、斑蛇と表記される。『山原の土俗』や『儀間の民話』に話が見受けられる。

地べたに置かれたカマンタなどの鍋蓋《なべぶた》の下や、壊れた案山子《かかし》の下で孵《ふ》化し、成育したアカマターは人を騙《だま》すとされる。主に女性が狙われ、地面や女性の小用の跡に尾を用いて字を書くことで、女性をたぶらかし、子を孕《はら》ませる。化かされた女性にはアカマターが美しい男性の姿に見えているという。書かれた字を消すか、アカマターを殺すことで難を逃れられるとされ、身籠もったアカマターの子は三月三日に浜へ下り、ウルジナと呼ばれる砂を踏むことで流産することができるという。（島袋源七『山原の土俗』、読谷村教育委員会 歴史民俗資料館（編）『儀間の民話』、池田弥三郎ほか（編）『日本民俗誌大系　第一巻　沖縄』）

アカングァーイユ

赤子魚の意。沖縄本島および、周辺離島でいう人魚の類。顔、体、胴体までは人間であり、その後ろは鰭《ひれ》も尾びれもある魚であるという。名前は、人間の赤ん坊に似た泣き声に由来する。（小松和彦・常光徹（監修）『47都道府県・妖怪伝承百科』）

中国古代の地理書である『山海経《せんがいきょう》』によれば、人魚の声は嬰児《えいじ》のようである（高馬三良（訳）『山海経　中国古代の神話世界』）と記されているため、アカングァーイユも中国由来の知識に基づくものか。

アカングワーマジムン

沖縄県でいう股潜《またくぐ》りの怪。

金城朝永「琉球妖怪変化種目」によれば、アカングワーマジムンは赤ん坊の死霊とされる。四つん這《ば》いで人の股の間を潜ろうとし、潜られた人はマブイ（魂）を取られて死ぬという。（小松和彦（責任編集）『怪異の民俗学　二　妖怪』）

アフイラーマジムン

沖縄県でいう股潜《またくぐ》りの怪。

金城朝永「琉球妖怪変化種目」によれば、アフイラーマジムンは家鴨《あひる》のお化けで、しきりに人の股を潜ろうとし、潜られた人は死ぬという。ある農夫がアフイラーマジムンに遭遇し、拾った石を打ち付けるとアフイラーマジムンはたくさんの蛍となって、その農夫の周りを飛び囲んだ。鶏の声が聞こえると、蛍たちは消え去ったという。（小松和彦（責任編集）『怪異の民俗学　二　妖怪』）

アンカジ

沖縄県の妖怪の一つ。『沖縄大百科事典』下巻「妖怪」の項目にはいくつか沖縄県の妖怪の名前が挙げられており、アンカジもそこに記されている。詳細は不明。ともに記されているイチャイカジも関連しているものか。（沖縄大百科事典刊行事務局（編）『沖縄大百科事典』下巻）

イシナギマジムン

沖縄県名護市屋我地島《やがじしま》に出たという飛礫《つぶて》の怪。石投げおばけの意。

夜に屋我地島のオランダ墓周辺を歩くとイシナギマジムンに石を投げられたという。（小原猛（著）・三木静（絵）『琉球妖怪大図

鑑』上）

似た妖怪に熊本県の**シバカキ**がある。

遺念火［いにんびー］

沖縄県でいう光物、怪火の類。

遺念火は人の霊魂から発生するとされる。那覇《なは》市では生前惨殺された者や怨恨を含む者が、復讐のために青白い火を怨敵の家に向けるものであるという。（徳元英隆（文）・安室二三雄（絵）『おきなわの怪談』、佐藤清明『現行全国妖怪辞典』）

遺念火の話は多くあり、出る場所が決まっているため、「〇〇（出現地名）の遺念火」と紹介される。火が一つだけ出ることもあるが、多くは悲恋話を伴っており、男と女の二つの火が出現することが多い。

首里市識名坂《しちなんだびら》（現・那覇市）は遺念火が出る場所として特に有名であり、その他に国頭《くにがみ》郡名護町（現・名護市）の東江《あがりえ》東部と安和《あわ》、国頭郡本部村浦崎（現・本部町）、本部半島備瀬崎、国頭郡羽地村《はねじそん》（現・名護市）の稲嶺と伊差川、うるま市栄野比《えのび》天願川の大井河原、謝苅坂、大道松原、島尻郡具志《ぐし》頭村《かみそん》（現・八重瀬町）の川平良井戸、中頭《なかがみ》郡中城村伊集《なかぐすくそんいじゅ》、宮古島カママミネ等に遺念火が出るとされる。宮古島では遺念火をプィスダマと呼ぶ。

識名坂の遺念火については**刀自待火**《とじまちゃーびー》を参照。（徳元英隆（文）・安室二三雄（絵）『おきなわの怪談』、長嶺操・徳元英隆『沖縄の伝説散歩』、西原松生（編著）『カラー　沖縄の怪談』、民俗學研究所『綜合日本民俗語彙』、小原猛（著）・三木静（絵）『琉球妖怪大図鑑』下、池田弥三郎ほか（編）『日本民俗誌大系　第一巻　沖縄』、小松和彦（責任編集）『怪異の民俗学　二　妖怪』）

岩火［いわび］

沖縄県中頭《なかがみ》地方でいう火の怪。

島袋源七『山原の土俗』に「火の化け物」として紹介されている。

岩火は道の端や真ん中にあるもので、ただ見て通れば差し支えはないと伝えられる。

ある人が夜に隣村から帰っていると、道の真ん中で岩火が燃え上がっていた。良い機縁だと、その人は岩火の側に近寄り、煙草に火をつけた。煙草を喫《の》んで家へ帰るとたちまちその人の精は取られて死んでしまったという。（池田弥三郎ほか（編）『日本民俗誌大系　第一巻　沖縄』）

インヌフィークーテアッチュン

沖縄県中頭《なかがみ》郡の妖怪。

犬が火をくわえて歩く妖怪だという。（佐藤清明『現行全国妖怪辞典』）

インマーザァービ

沖縄県でいう光物、怪火の類。

半身は赤く、長髪を垂らしている。夜に海浜を過ぎる火玉であるという。これに出逢うと泥土を食わされるとされ、獲った魚の左目をえぐり取られるという。（日野巌「附　日本妖怪変化語彙」『動物妖怪譚』下、岩崎卓爾（著）・伝統と現代社編集部（編）『岩崎卓爾一巻全集』）

ウシマジムン

沖縄県でいう道具の怪。

金城朝永「琉球妖怪変化種目」によると、ウシマジムンは牛の化け物であり、棺《ひつぎ》を入れる龕が牛に化けたものであるという。夜遅く、空手の名人が突進してきた一頭の赤牛と大格闘となった。名人は両方の角をへし折って組み伏せたが、自身も疲れにより気を失った。夜が明けて気が付けば、角だと思って握っていたのは龕《がん》の両側に付いている鳥型の飾りだったという。（小松和彦（責任編集）『怪異の民俗学　二　妖怪』）

真っ黒い牛のように大きいものをウシマジムンと呼ぶ事例もある（今野圓輔『日本怪談集　妖怪篇』上）が、牛の亡霊、牛が化けた妖怪ではなく、主に龕や龕が牛に化けたものをウシマジムンと呼んでいるようである。

歌うしゃれこうべ ［うたうしゃれこうべ］

沖縄県でいう歌う髑髏《どくろ》。本土の歌う骸骨の話よりは卒塔婆小町《そとばこまち》の話に近い。

国頭郡《くにがみ》大宜味村《おおぎみそん》喜如嘉《きじょか》の大川ベークでは、毒蛇に嚙《か》まれて人知れず死んでしまった女が白骨となり、誰にも発見されぬまま木の枝（もしくは竹）に持ち上げられてしまった。「クチャベーヌ　フキバ　ミカラジン　ヤムイ　サンカミジ　フシヤ　ヌミン　ナラヌ（東風が吹けば頭が痛む。死人に供える三日水が欲しいのに飲むこともできない）」と歌っていたところ、樵《きこり》に発見されたことで供養された。

島袋源七『山原の土俗』では、このしゃれこうべが見つかってから、大川ベークは恐ろしい所だとされていると記している。

知念村久手堅《くでけん》（現・南城市知念久手堅）や越来《ごえく》間切《まぎり》（現・沖縄市）にも類話がある。（西原松生（編著）『カラー　沖縄の怪談』、徳元英隆（文）・安室二三雄（絵）『おきなわの怪談』、池田弥三郎ほか（編）『日本民俗誌大系　第一巻　沖縄』）

馬人間 ［うまにんげん］

沖縄県浦添市から学校の怪談編集委員会（編）『学校の怪談』四に投稿された怪人。

夜一〇時にある学校の運動場を、顔は馬で、体は人間の怪人が走っているという。

朝里樹命名。（朝里樹『日本現代怪異事典』）

ウミマー

沖縄県名護市安和《あわ》でいうあやかしの類。新里幸昭「沖縄の妖怪」（『沖縄文化研究』二一号）に記述があるもの。

海におり、人の足を引っ張って溺《おぼ》れさせる。川にいるものをマー、海にいるものをウミマーと呼び、区別している。（黒史郎『ムー民俗奇譚　妖怪補遺々々』）

浦添の妖怪「うらぞえのようかい」

沖縄県浦添市の伝説。

琉球王国時代、首里から浦添へ通じる途中の丘には妖怪が出没し、道行く人を悩ませていた。日承上人が金剛経を写した小石を埋め、金剛嶺と記した碑を建てたことで妖怪は退散した。この時建てた塚を経塚と呼んでいる。（長嶺操・徳元英隆『沖縄の伝説散歩』）

また、浦添には英祖王と尚寧王《しょうねいおう》の墳墓である浦添ユードゥリがある。ここはよくマジムンが集まる場所だという。ある武士がマジムンを退治しようと、杖《つえ》と金槌《かなづち》と羽釜《はがま》を身につけて、浦添ユードゥリへと向かった。そこでマジムンたちと喧嘩をした。武士は羽釜を被っているため殴られても痛くなく、一方、武士は金槌で殴るのでマジムンは「痛い痛い」と逃げ去った。翌日、マジムンたちが逃げた所を見ると、叩きつけられた古いミシゲー（しゃもじ）や古道具があったという。（読谷村教育委員会　歴史民俗資料館（編）『儀間の民話』）

ウヮーグヮーマジムン

沖縄県でいう豚の怪、股潜《またくぐ》りの怪。

金城朝永「琉球妖怪変化種目」によると、豚のお化けをウヮーグヮーマジムンと呼ぶ。

夜、野外で蛇皮線などを弾いて若い男女が遊んでいると見知らぬ人が飛び入りで参加してくることがある。その際「ウワーンタ、グーグーンタ（豚武太、グーグー武太）」という囃子《はやし》を唄うと、その参加者がウヮーグヮーマジムンなら逃げ出すという。

また、豚の姿で現れ、しきりに股を潜ろうとする。股を潜られるとマブイを取られて死ぬ。（小松和彦（責任編集）『怪異の民俗学　二　妖怪』）

エイ女房の子ども「えいにょうぼうのこども」

沖縄県波照間島、宮古島市でいう異類婚姻譚《たん》。

波照間島のとある漁師が、夜に大きなマンタを釣り上げた。自分を見つめるマンタの目に女を感じた漁師はそのマンタを犯し、家に連れて帰るわけにいかないため、海へと放した。数年後、夜の海で漁師が釣りをしていると、海の中からエイの子どもが顔を出し、「お父さん、お父さん」と呼んだ。訝《いぶか》しむ漁師になおエイの子どもは「私の家へ一緒に行きましょう。お母さんが待っています」と誘う。その言葉に自分がかつて抱いたマンタのことを思い出した漁師は、エイの子どもの背に摑《つか》まって、海中の御殿へと連れて行かれた。御殿にはあのマンタがおり、毎日ご馳走とともに漁師をもてなした。しかし、漁師が「家族も心配しているだろうから、そろそろ帰らなければならない」と告げると、マンタは土産に龍宮の壺《つぼ》を差し出した。帰ってきた漁師は壺を畑に隠しておいた。龍宮の壺は欲しい物を願うと何でも出してくれる壺であり、漁師は昼になると、壺に向かって好物を願った。妻は漁師に弁当を作って渡していたが、毎日弁当が手つかずのまま返ってくるため、不思議に思った。ある日、畑にいる夫の様子をうかがうと、夫はご馳走を並べて食べていた。驚いた妻が大声をあげて飛び出すと、夫は壺を見られては大変と慌てて、畑の排水溝に隠してしまった。以来、龍宮の壺がどこにあるのかわからなくなってしまったという。（『日本の民話・妖怪　語りおろし　エイ女房』）

堀田吉雄「南島の人魚譚（講演）」（『フォクロア』通巻三六・三七・三八号）には宮古島の話が紹介されている。宮古島にマサリヤという男がおり、ある日大きなエイを釣り上げた。エイは美女に変わり、マサリヤと一夜をともにした。マサリヤが浜辺を歩いていると、子どもが現れて、マサリヤをエイが待つ龍宮へと連れて行った。龍宮の土産に、いくらでも美酒が出てくる瑠璃《るり》壺《つぼ》をもらったマサリヤはこの壺を誰にも見せなかった。しかし、だんだん豊かになり、驕《おご》ったマサリヤが多くの人に壺を見せてしまったところ、瑠璃壺は白鳥となって東へと飛び立ってしまったという。（国際日本文化研究センター「怪異・妖怪伝承データベース」）

また、上記の話の他に、マサリヤが釣り上げた魚は目の下三尺（約九〇センチ）ほどのスク（アイゴ）だったという話もある。（伊波南哲（編）『日本の民話　一一　沖縄の民話』）

オジーマジムン

沖縄県山原《やんばる》地方（県北部）の家に棲みつくとされる妖怪。家の中から変な歌声が聞こえたり、イラブチャー（ナンヨウブダイ）が生きたまま風呂場で跳ねていたりするのはたいていオジーマジムンの悪戯《いたずら》であるという。（『妖怪大戦争』全日本妖怪推進委員会（編）『写真で見る日本妖怪大図鑑』）

『写真で見る日本妖怪大図鑑』は映画の平成版『妖怪大戦争』に登場する妖怪を紹介した図鑑である。資料に基づく妖怪の他に、映画用に創作した妖怪も混ぜて掲載している。このオジーマジムンも参考にしたと思われる資料が見当たらないため、映画オリジナルの妖怪なのかもしれない。

お化けうなぎ［おばけうなぎ］

沖縄県久米島仲里村（現・久米島町）の池に棲んでいた大うなぎ。水瓶《みずがめ》ほどの太さで、人を呑み込む。

ある夏、牛を丸呑みにし、腹が膨れて思うように動けないところをタルーという若者に灰をばら撒《ま》かれたことで粘液を失い、天秤棒《てんびんぼう》で頭を打ち砕かれ、退治された。（石川きよ子『沖縄昔ばなしの世界』）

【か】

ガーナー森［がーなーむい］

沖縄県那覇市鏡原町《なはしきょうはらちょう》の那覇大橋近くにある小高い丘。ガーナーとはガチョウ、たんこぶの意。水鳥が多くいつもガーガー鳴いていたため、または形がガチョウやたんこぶに似ていることが名の由来とされる。

ガーナー森はかつて漫湖《まんこ》に棲む怪物で、河口周辺の村を襲っていた。真玉橋村《まだんばしむら》（現・豊見城市《とみぐすくし》真玉橋）を襲おうとしていたところを、神に投げつけられた二、三個の大岩によって動きを止められ、口を開けたままガーナー森は岩となった。真玉橋村では、神への感謝のしるしと、ガーナー森の口から出る魔風を押し返すために石獅子を村の入り口に安置した。（西原松生（編著）『カラー　沖縄の怪談』、長嶺操・徳元英隆『沖縄の伝説散歩』）

片足ピンザ［かたばぐびんさ］

沖縄県宮古島のガングリユマタに出るという山羊《やぎ》の妖怪。ピンザとは山羊の意。

片足ピンザが前足二本を地面にガンと打ち付け、一本の後ろ足の蹄《ひづめ》で道路をえぐるようにグリ～と音を立てて移動するため、ここをガングリユマタ（ユマタは四辻《よつつじ》の意）と呼ぶのだという。その他、片足ピンザが缶を蹴《け》る音や龕《がん》に関係している等の説がある。

片足ピンザに頭上を飛び越されると魂を抜かれてしまう。そのため、飛び越えられる瞬間に片足ピンザの足を摑《つか》むと難を逃れられるという。

また、後ろから抱きついてくる、車道に飛び出してくるともいわれる。（黒史郎『ムー民俗奇譚　妖怪補遺々々』、「ごーやーどっとネット　沖縄都市伝説情報」、「宮古島キッズネット」）

ガマク婆［がまくばばぁ］

沖縄県宮古島の牛方山姥譚《やまんばたん》。

ガマク婆は口が耳まで裂けた鬼婆。馬の背に積んだ大根と馬一頭を平らげ、大釜で寝るが、蓋《ふた》に大石を載せられ、焼き殺されてしまう。（徳元英隆（文）・安室二三雄（絵）『おきなわの怪談』）

カミー

沖縄県の幽霊譚《たん》、便所の怪。

昔、ある家にカミーという名前の老婆がいた。カミーが便所に入ったところ、足が弱っていたために肥壺《こえつぼ》に落ちて死んでしまった。葬式も済み、しばらくした後、カミーの住んでいた家に子連れの客が来た。この子どもが便意を催し、便所に入るとトイレットペーパーがなかった。そこで子どもが大きな声で「紙ー」と叫んだところ、「ぬーが？（何だね）」と言って、氷のように冷たい手が伸びてきて、子どもの尻をするりと撫《な》でたという。（西原松生（編著）『カラー沖縄の怪談』）

宮崎県にも似たものに**セッチンババ**がある。

カムロー

沖縄県でいう水怪。

金城朝永「琉球妖怪変化種目」によると、井戸に棲んでおり、小児等が井戸を覗くと引き入れてしまうという。また、古井戸を覗いた際に水面の影をカムローに取られた人は病弱になることがあるとされる。（小松和彦（責任編集）『怪異の民俗学　二　妖怪』）

カワカムロウ

沖縄県でいう水怪。

折口信夫「沖縄採訪記」に記されている。以前はよく人間を池などに引き入れたという。（千葉幹夫（編）『全国妖怪事典』）

龕の精［がんのせい］

沖縄県国頭《くにがみ》郡今帰仁村《なきじんそん》運天《うんてん》のブンブン坂に出た怪物。

島袋源七『山原の土俗』に紹介されているもの。

龕の精は大きな牛になったり、馬になったりして人に向かう。時には人の足音とギーギーと荷物を担いだ時のような音が通るのが聞こえる。それは人が死にかけている家とを往復している龕の精が立てている音であるとされ、ギーギーが龕、足音は死人を担ぐ人の足音だという。（池田弥三郎ほか（編）『日本民俗誌大系　第一巻　沖縄』）

キーヌシー

沖縄県でいう木の精。

大木に宿るもので、キジムナーと違って木から飛び出すことはないとされる。キーヌシーがもがき苦しむ時は、夜中に木が倒れるような音がするも、実際には何も起こっていないということがある。音がしてからしばらく経つとキーヌシーの宿る大木が枯死しているという。（今野圓輔『日本怪談集　妖怪篇』下）

キジムナー

沖縄県でいう古木を棲《す》み処《か》とする精霊、妖怪。

主にガジュマルやウスク（クワ科の常緑高木）の古木に棲みついているとされ、赤毛の童《わらわ》のような姿をしている。悪戯《いたずら》好きであり、どんな隙間も抜けることができるため、屋内に侵入して寝ている人を押さえつけることがある。
　魚獲りがうまく、地上を歩くように水面を歩いては、蟹《かに》や魚の目玉を取り食らう。キジムナーと親しくなることで、ともに獲った大量の魚を売って金持ちになることができる。毎晩魚獲りに誘われるため、嫌気がさしてキジムナーを追い払ってしまうと貧乏になる。ましてや、キジムナーの棲み処である古木を焼いたり、伐り倒したりすると、家を焼かれる等の仕返しをされる。「魚はもういらないから、他に金持ちになる方法があれば教えてくれ」と伝えたところ、黄金の入った甕《かめ》をもらったという話もある。（読谷村教育委員会・歴史民俗資料館（編）『儀間の民話』、不思議な世界を考える会（編）『怪異百物語』一、西原松生（編著）『カラー　沖縄の怪談』、今野圓輔『日本怪談集　妖怪篇』下、松谷みよ子『現代民話考』一、日本民話の会（編）『新しい日本の語り　三　おかつ新三郎ふたり語り』、池田弥三郎ほか（編）『日本民俗誌大系　第一巻沖縄』）
　よく「キムジナー」と名前を間違えてしまうことが多いが、「木のマジムン（沖縄県でおばけの意）」→「キマジムン」→「キジムン」→「キジムナー」と考えると覚えやすい。

後生からの使者［ぐそーからのししゃ］

沖縄県のあの世の使い。

　二人組で、夜に機《はた》を織っていた美女のマブイ（魂）を抜き取るが、偶然居合わせた美女の夫により、マブイを取り返されてしまう。夜に機を織るとあの世の人にマブイを取られるという。（西原松生（編著）『カラー　沖縄の怪談』）

口裂け女［くちさけおんな］

沖縄県でいう怪人の類。野村純一『江戸東京の噂話』に記述があるもの。

　那覇市《なはし》国際通りにかつてあった三越デパート前に現れたという。

首長幽霊［くびながゆうれい］

沖縄県国頭《くにがみ》郡の幽霊。

　その名のとおり、首の長い幽霊である。（佐藤清明『現行全国妖怪辞典』、日野巌「附日本妖怪変化語彙」『動物妖怪譚』下）

ケタケタ幽霊［けたけたゆうれい］

沖縄県から池田香代子ほか（編著）『ピアスの白い糸』に報告されたもの。

　電柱の陰から現れて、人を追いかける。転ぶ、もしくは角を曲がることで助かるという。（朝里樹『日本現代怪異事典』）

コイナー

沖縄県石垣島でいう怪鳥。

　夜に南方海上から鳴き渡ってくる。コイナーの声を聞くのは吉兆であるという。松《たい》明《まつ》を焚くことで、コイナーを迎える。コイナーはクイナという鳥のことで、赤貝が化したものだとされる。（岩崎卓爾（著）・伝統と現代社編集部（編）『岩崎卓爾一巻全集』）

コイナーはクイナという鳥のことであるという。（日野巌「附　日本妖怪変化語彙」『動物妖怪譚』下）

コーミ

沖縄県でいう怪鳥。

不吉な鳥といわれるが、見た人はいない。葬式前の晩、もしくは数日前に葬列の道を「コーン、コーン」と鳴きながら辿《たど》ることで、まだ死んでいないその人の死を予知するという。（徳元英隆（文）・安室二三雄（絵）『おきなわの怪談』）

子育て幽霊［こそだてゆうれい］

沖縄県中頭《なかがみ》郡読谷村《よみたんそん》でいうテーラシカマグチの由来譚《たん》。

テーラシカマグチは午前中は現世の人であるが、午後は後生の人になることができるという。

妊娠した女が死んだため葬ったが、墓で赤子が生まれた。母親は幽霊となって、お店で飴玉《あめだま》等の菓子を買い、子どもに与えていた。菓子の代金は、店主が母親から受け取った際はきちんとしたお金だが、母親が店を出ると打ち紙（焼香事などに用いる紙銭）へと変わってしまう。不思議に思った店主が調査したことで、墓に赤子が入っていることが判明し、連れ出して育てた。この赤子がテーラシカマグチだという。

首里が舞台となっている話では店主が母親の後をつけたことで、赤子を発見しているが、那覇《なは》が舞台の話ではここが少し異なっている。水を入れた洗面器を用意し、お金を受け取ってすぐに洗面器に入れることで打ち紙だと見破り母親を捕まえる。問いただすと母親は事情を説明し、家の場所を伝えた。店主が伝えられた家に行き、墓を開けさせると棺箱《かんばこ》の外を赤子が這《は》い回っていたという展開になっている。（読谷村教育委員会・歴史民俗資料館（編）『儀間の民話』）

ゴリラ女房［ごりらにょうぼう］

沖縄県中頭《なかがみ》郡読谷村《よみたんそん》儀間《ぎま》の民話。

とある探検隊の若者が未開の島で大きなゴリラに捕まった。群れのボスであるゴリラとまる一年同棲生活を送り、ゴリラとの間に子どもをも設けた。しかし、いつかはここから逃げねばと若者は考えており、ゴリラたちに気づかれないよう脱出用のいかだを作り上げた。完成したいかだで逃げようとしたところをボスゴリラに見られてしまった。ボスゴリラは怒り、我を忘れて我が子の両足を摑《つか》み、思わずその子を引き裂いてしまったという。（読谷村教育委員会・歴史民俗資料館（編）『儀間の民話』）

ちなみに筆者はゴリラ女房を妖怪とは見なしていない。人語を喋《しゃべ》るわけでもなく、変化するわけでもなく、サイズが異常というわけでもなく、未知の怪物というわけでもなく、吉凶の前触れというわけでもない。このゴリラ女房という話は見ず知らずの島で雌ゴリラに強姦された男の冒険譚《たん》なのである。ゴリラ女房は妖怪好きの間でも話題になる物語であるが、妖怪好きは得てして民話好きである。また、題名が「鶴女房」「蛤《はまぐり》女房」「飯食わず女房」等の異類婚姻譚に通じる。確かに異類ではあるが、この話で男と強引に共同生活を送るのは、変化することのないゴリラというただの動物なのである。

　ではなぜ、今回ここに記したかといえば、先に述べたように妖怪好きの間ではしばしば話題になるため、妖怪怪異の類ではないが、予備知識としてここに載せておく。

【さ】

ザー

沖縄県宮古島でいう女性姿の妖怪、幽霊。死霊とも呪術によって生きながら化け物となった女性ともされる。

『現行全国妖怪辞典』では、失恋した女が垂髪の幽霊になったものを「ザァー」と記載している。（佐藤清明『現行全国妖怪辞典』）

　岡本恵昭「南島の妖怪について——宮古島の場合——」（『南島研究』二九号）やウルカ・友「のすたる島みゃーく」（『月刊みやこ時評』第一六号）ではザーになる呪法を紹介している。

　ザーは男に裏切られたり、想い人に捨てられたりなどで想いを遂げることができなかった女が、相手のことを恨み、丑《うし》三つ時（夜中の二時頃）に自ら変ずるものとされる。生きながら化けた女が男を苦しめるものだという。

　ザーになるには、夜半にフール（豚便所の意。ウヮーフールとも）に入り、祈り事を行って、家の周囲を三周する。カヤを抜き取って口にくわえ、頭髪を垂らし、頭頂に米三粒を置き、ロウソクが立った盆を載せて家を出て四つ辻《つじ》に立つ。四つ辻に辿《たど》り着くまでに火が消えてしまった場合は最初からやり直す。また、おにぎりを三個作り、それぞれ一本ずつ線香を立てて、これらを頭に載せる。最寄りの豚小舎に行き、周囲を三周巡るという方法もある。こうしてザー女になり、ザーに恨まれた男は病にかかり、痩《や》せ細って死ぬとされる。

　宮古郡城辺町《ぐすくべちょう》（現・宮古島市）の西城ではザーになった女が、自分を捨てて新しい恋人の元へ会いに行く男を襲う話がある。男がバスに乗り、ザラツキという場所に差し掛かると、急にバスが停まってしまう。バスがずるずると後ろへ引きずられていくため、後方を見ると林の中から牛の胴体ほどもある太い腕がバスの後部バンパーを摑《つか》んでいた。林の上空には長い髪の毛を振り乱し、目をランランと光らせ、耳元まで口が裂けた女の顔が浮かんでいたという。（黒史郎『ムー民俗奇譚　妖怪補遺々々』、小原猛（著）・三木静（絵）『琉球妖怪大図鑑』下）

ザン

沖縄県石垣島に現れたという人魚。

上勢頭亨『竹富島誌　民話・民俗篇』には以下のような話が紹介されている。

尚穆王《しょうぼくおう》（一七三九〜九四）の頃のこと、夜遅くに石垣島の浜辺で野底村の若者たちが遊んでいると、静かな海のほうから美しい女の声が聞こえてきた。声に驚いた若者たちであったが、声の主を訪ねてみようという話になり、翌朝、若者のうち三人が船に乗って出発した。漁夫であった三人が網を引いてみると午前中は大漁であった。午後になり、網を引くとあまりにも重いため、三人がかりで船に網を引き上げると、頭と肩と胸は美しい女、胴と尾は魚の生き物がかかっていた。「きれいなザン（人魚）だ。すばらしいおみやげができた」と若者たちは喜んだが、ザンは悲しそうに泣きだした。「私は空気中では生きてゆけません。海の中の私の家に帰してください」。ザンの言葉を聞いた三人はザンを網の中から抱き上げると、そっと海の中へと放した。元気を取り戻したザンは助けてくれたお礼として、ほどなく大津波が若者たちの村を襲うこと、早く山へ逃げたほうが良いことを告げ、海中深くへ姿を消した。若者たちは急いで村へ帰ると、今あったことを皆に伝え、近くの山へと避難させた。しかし、野底村近くの白保村の人たちは三人の警告を無視した。その日の夕刻、いつものように海沿いの平地で白保村の人たちが働いていると、壁のような大波が島に向かって襲いかかってきた。この津波は、明和八年（一七七一）の大津波だという。（今野圓輔『日本怪談集　妖怪篇』下）

椎の木の精 [しいのきのせい]

沖縄県国頭《くにがみ》郡大宜味《おおぎみ》村喜如嘉《きじょか》でいう古木の精。

島袋源七『山原の土俗』に紹介されているもの。

昔、大宜味村喜如嘉に一人の娘がおり、ある日、山に椎の実を拾いに出かけた。山奥まで行ったが、椎の実がないために早めに帰宅にかかった。しかし、あまりにも山奥に入ったため道に迷ってしまい、日が暮れて進むこともできなくなった。娘は一夜を明かすために大きな古木の下へと足を延ばした。夜半と思われる頃、大勢の人々が踊っているような気配がしたため、娘は何気なく頭を上げてみると、周辺の様子が変わっていた。青々とした芝の上で緑の衣を着た人々が踊っており、娘は驚きのあまり居住まいを正した。今まで自分が休んでいた大きな古木もなくなっており、娘がその場から逃げようとすると、後ろから大きな猪《いのしし》が追いかけてきた。娘はますます狼狽《うろた》えて、踊っている座の中へと入り込んでしまった。するとそこに白いひげを長く垂らした翁《おきな》がおり、娘を抱き上げた。夜が明け、娘は気が付くと元の山におり、大木の枝の股にしがみついて寝ていた。娘が夜半の出来事を考えつつ見上げると、その木には枝もたわわに椎の実がなっていた。娘は木の精に救われ、椎の実をもらえたことを感謝し、家へと帰ったという。（池田弥三郎ほか（編）『日本民俗誌大系　第一巻　沖縄』）

ジーワーワ

沖縄県国頭《くにがみ》郡大宜味村《おおぎみそん》謝名城《じゃなぐすく》でいう化け物。化け石の類。

「おきなわの妖怪」（『不思議な世界を考える会　会報』四号）に紹介されているもの。漢字では地豚と表記する。ジーワーワ石という石があり、これが夜になると豚に化けて、道を歩き回るという。（水木しげる（画）・村上健司（編著）『日本妖怪大事典』）

シェーマ

沖縄県国頭《くにがみ》郡本部町、国頭郡恩納村《おんなそん》に出る妖怪。**キジムナー**の一種、もしくは別名の一つと紹介されることがある。

本部町のシェーマは顔が赤く、髪がぼさぼさで、背が低い。シェーマは木に棲み、夏は川で漁をしているが、寒がりなため、冬は漁に行かず、北風が吹くような所へも行かず、山に行くという。何匹かで小屋にやって来ては釜口で火にあたる。少しでも人の気配を感じるとぱっといなくなってしまう。八重岳の炭焼き小屋にシェーマはよく現れたという。また、海にもシェーマはおり、海上で火をつける。この火はシェーマ火と呼ばれ、初めは一つだった火が、二つ、三つ、四つと増えたかと思うと、最後にはまた一つの火に戻ったという。本部町では、キジムナーは人を騙《だま》すが、シェーマは悪い奴ではないとされている。

恩納村のシェーマは頭を殴ると背が小さくなり、横から殴ると大きくなる。やはり木に棲むものと海に棲むものがおり、木に棲むシェーマはカタツムリを食べる。そのため、シェーマが棲んでいるガジュマルの根元にはよくカタツムリの殻が落ちているという。海に棲むシェーマは松明《たいまつ》を持っている。漁がうまく、魚の目玉だけを食べる。

和田寛（編）『河童伝承大事典』には右の二ヶ所の話の出典が明記されていないが、辻雄二「キジムナーの伝承―その展開と比較―」（『日本民俗学』通巻一七九号）を参照にしたと思われる。

その他にシェーマは蛸《たこ》と屁《へ》を嫌う。雌のシェーマは男の人に覆い被さって乳首を、雄のシェーマは女の人に覆い被さって睾丸《こうがん》を口にくわえさせるという。（『河童伝承大事典』、小松和彦（監修）『日本怪異妖怪大事典』、国際日本文化研究センター「怪異・

妖怪伝承データベース」）

夏は川、冬は山へ行くという本部町のシェーマの特徴は熊野地方（和歌山県・三重県）のゴーライとカシャンボ、高知県の猿《えん》猴《こう》と芝天、島根県隠岐島および九州の**セコ**など、西日本各地の河童と山童の特徴に類似している。

セーマの項目も参照。

シチマジムン

沖縄県山原《やんばる》地方、島尻郡、久高島でいう魔物、化け物。シチともジームンとも呼ばれる。

島袋源七『山原の土俗』によるとシチマジムンは形の見えないぼんやりとした雲か風みたいなもので、軽快な動作をするものであるという。板戸の節穴のような所からも出入りできるのみならず、その中から人を連れ出すこともできるという。一週間も二週間も人を連れ出して迷わし、時には墓穴の中に押し込める。これをシチニムタリユン、もしくはムンニムタリユンと呼ぶ。シチマジムンに出遭った際は男なら褌《ふんどし》、女ならメーチャー（ハカマ）を外して打ち振る、もしくは頭に被ることで迷わされることはないという。木や草にしがみついておき、鶏が鳴きだすとシチマジムンはその人を離すとされる。（池田弥三郎ほか（編）『日本民俗誌大系　第一巻　沖縄』）

島尻郡のシチマジムンは犬の姿から急に美女の姿へと変わり、かと思えば家鴨《あひる》の姿に変化するという。（佐藤清明『現行全国妖怪辞典』）

金城朝永「琉球妖怪変化種目」には、シチマジムンは真っ黒で山道を歩くと前に立ち塞《ふさ》がって人の邪魔をするものだという。クルク山のシチマジムンが山原では有名だとされる。（小松和彦（責任編集）『怪異の民俗学　二　妖怪』）

高橋恵子『沖縄の御願ことば辞典』では、シチマジムンは魔物の中でも最も恐ろしいものと紹介している。天まで届いたり、地面いっぱいに広がったりする得体の知れない魔物で、いくらでも広がるため逃げようがないという。（水木しげる（画）・村上健司（編著）『日本妖怪大事典』）

琉球大学民俗研究クラブ発行『沖縄民俗』通巻一号の「妖怪変化」には久高島のシチマジムンが紹介されている。形は大きな柱状であり、地面からまっすぐ天にも届くばかりに立っている。シチマジムンに押さえられたら死ぬとされ、シチマジムンを見たらすぐに「ハチ、ハチ、ハチ」と唱えなければならない。これは「シチ（七）」は「ハチ（八）」には敵わないためであるという。（国際日本文化研究センター「怪異・妖怪伝承データベース」）

似た名前、もしくは同類の妖怪に**ヒチマジムン**、ムヌ、薩南諸島の**シチ**、**ムン**がある。

己亥の火 ［しっぬび］

沖縄県でいう光物、怪火の類。

己亥《つちのとい》（シツ）の夜に墓から燃え出てくる

怪火の一団。青い火は凶、赤い火は半凶であるという。（日野巌「附　日本妖怪変化語彙」『動物妖怪譚』下）

舌長幽霊［しばながゆうれい］

沖縄県国頭郡《くにがみ》でいう幽霊。

その名のとおり舌の長い幽霊か。

国頭郡には幽霊が多いそうで、舌長の他にも首長、山羊《やぎ》、豚、牛といった幽霊が出るという。（佐藤清明『現行全国妖怪辞典』）

シューカーワタイ

潮川渡の意。

沖縄県本島では異郷の空で死んだ者の祟りのことをそう呼ぶ。最も恐ろしいものであると考えられている。（民俗学研究所『綜合日本民俗語彙』）

シリー

沖縄県那覇市《なはし》でいう死霊。

亡者の中でも成仏しないで夜間に迷い歩くものをシリーと呼ぶようだ。（佐藤清明『現行全国妖怪辞典』）

セーマ

沖縄県国頭郡《くにがみ》今帰仁村《なきじんそん》古宇利島《こうりじま》や羽地《はねじ》内海やがんな島に出る妖怪。名前は精魔の意。**キジムナー**の一種、もしくは別名の一つとされる。

古宇利島のセーマは赤子のように小さい体をしているとされる。目は丸く、赤い髪の毛をボサボサと振り乱している。カタツムリやアフリカマイマイなどの殻を石で割って食べるため、セーマが棲む木の下にはそれらの殻が転がっているという。

古宇利島にプーチャー屋と呼ばれる家があり、そこにはかつて、高さ三メートルほどの大きなガジュマルの木があった。このガジュマルに赤毛で赤肌のセーマが棲んでおり、カマドーおばぁという人がこのセーマに何度も押さえられたという話がある。（小原猛（著）・三木静（絵）『琉球妖怪大図鑑』下）

やがんな島のセーマは仲宗根幸市「死者の島やがんな島について」（『南島研究』一九号）に報告されている。

やがんな島は死者を葬る島であり、普通の人間の立ち入りはタブーとされている。この島に人が入ると、雄のセーマは自分の性器を、雌のセーマは乳房を人の口に突っ込み窒息死させるという。（村上健司（編著）『妖怪事典』）

シェーマの項目も参照。

【た】

タチッチュ

沖縄県山原《やんばる》地方（県北部）でいう子《こ》攫《さら》いの怪。

金城朝永「琉球妖怪変化種目」によると、タチッチュという名前の漢字表記は嶽人としている。

夕方、山から杖《つえ》をついて下りてきては子どもを攫っていく。非常に力が強く、村の中でも力が強い若者がタチッチュと角力《すもう》をとってても勝つ者はいないとされている。（小松和彦（責任編集）『怪異の民俗学　二　妖怪』）

タッチュー

沖縄県の妖怪の一つ。『沖縄大百科事典』下巻「妖怪」の項目にはいくつか沖縄県の妖怪の名前が挙げられており、タッチューもそこに記されている。詳細は不明。（沖縄大百科事典刊行事務局（編）『沖縄大百科事典』下巻）「妖怪」の項目に記載されている妖怪は先行資料があるものが多く、また、表記違いと思われる名称もいくつか見受けられる。タッチューも金城朝永「琉球妖怪変化種目」にある**タチッチュ**のことなのかもしれない。

ダンガサマジムン

沖縄県に出たという路傍の怪。雨傘お化けの意。

路傍にてダンガサマジムンから脅かされた、ダンガサマジムンがくるくると回転しながら襲ってきたという話がある。（小原猛（著）・三木静（絵）『琉球妖怪大図鑑』上）

傘の妖怪なので、おそらく傘を広げた状態で竹トンボのように回転しながら襲うものと想像するが、もしも、傘を閉じた状態で縦回転するのであれば、高知県の手杵《てぎね》の棒や大分県の**一つ目五郎**などの類になるだろう。

チーアンメー

沖縄県国頭《くにがみ》郡今帰仁《なきじん》村古宇利《こうり》島《じま》に出たという怪人。チーアンメーとは乳母の意。

古宇利島では赤子が病気で死ぬと、使い古した布切れに包んでアカングヮー墓に埋葬した。トゥンジ浜の近くの崖《がけ》の中腹にアカングヮー墓があり、近くの坂の上に松の木が一本生えている。夕刻になると、その松の下にチーアンメーは出ていたという。

チーアンメーは前髪を垂らし、大きな乳をぶらつかせて、いつも寂しそうな表情で立っていたとされる。チーアンメーが西側を向いて現れると必ず一週間以内に西側の集落の赤子が死に、東側を向いて立つと、東側の集落の赤子が亡くなった。連日現れた場合はチーアンメーが立った日数だけ赤子が亡くなったという記録も残っているという。（小原猛（著）・三木静（絵）『琉球妖怪大図鑑』上）

ヂーヂーウヮー小［ぢーぢーうゎーぐゎ］

沖縄県沖縄市でいう妖怪。

崎原恒新「沖縄における霊魂観資料」（『南島研究』一九号）に紹介されているもの。

ヂーヂーと鳴く小豚の妖怪で、人に害をなさないという。ヂーヂーウヮー小を捕まえて縛っておくと、棺桶《かんおけ》の切れ端になっている。そのため、棺桶の切れ端は焼いて処分するものだという。（村上健司（編著）『妖怪事典』）

乳の親［ちーのうや］

沖縄県国頭《くにがみ》郡の国頭村・大宜味村《おおぎみそん》・今帰《なき》仁村《じんそん》でいう後生の住人。

島袋源七『山原の土俗』に紹介されているもの。

乳の親はきわめて優しい顔をした女で、黒髪は長く洗髪をしたように垂らしている。また、乳が特別に大きいとされている。

嬰児《えいじ》や六歳以下の小児が死んだ場合、後生では乳の親が乳を飲ませて養ってくれるとされ、小児が死んだ際には必ず御重を盛って乳の親に頼むお祭りがあるという。

国頭村や大宜味村には死んだ童子を葬るための童墓という墓がある。七歳以下の子どもが死んだ時は龕《がん》には入れず、ただ棺《ひつぎ》に入れて葬式を行う。この童墓に乳の親はいるとされる。

今帰仁村では童墓や水面に乳の親がおり、子どもを奪い去るとされる。水中にいる乳の親に子どもを引きずり込まれないようにするため、幼児に鏡を見せるものではないという。幼児に鏡を見せると、水面も鏡だと思い、水辺に行きたがるようになるからだという。

大宜味村喜如嘉《きじょか》のとある若夫人が第二子を出産したが、この子どもが風邪により病床についた。祖父母親類たちも看病に努め、その甲斐《かい》もあって子どもの容態も良くなっていった。安心していた頃、子どもの寝室の戸口を半間（約九〇センチ）ほど開けておいたところ、その戸口の前に大きな乳の女がニコニコしながら両手を広げて「こっちおいで」をしていることに若夫人が気付いた。途端、女の姿は消え、若夫人は驚いて祖父母を呼び起こしたが、時すでに遅く、子どもには異変が起きていた。自分の側で寝ていたと思っていた我が子はいくら揺り起こしても答えず体は次第に冷たくなっていったという。

主に死んだ幼子を養う乳の親であるが、墓の中で生きている幼児のために毎晩お菓子を買ってくる飴《あめ》買い幽霊譚《たん》を乳の親の仕《し》業《わざ》とする話もある。（池田弥三郎ほか（編）『日本民俗誌大系　第一巻　沖縄』）

チグトゥ

沖縄県でいう怪音。音に関する俗信。崎原恒新「沖縄における霊魂観資料」(『南島研究』一九号)に紹介されているもの。

チグトゥとは死の予兆のことである。家の中で、鋸《のこぎり》や鉋《かんな》、板を置く音などの大工仕事の音が聞こえる。これは棺桶《かんおけ》を作る音であり、この音がした家からは死者が出る。また、家族が談笑している声が、外では泣いているように聞こえる時も、死者が出るという。(村上健司(編著)『妖怪事典』)

島尻郡伊是名村《いぜなそん》をはじめ、県内各地で「シグトゥを聞く」といって、大工仕事の音が聞こえてくるのは不吉されている。(黒史郎『ムー民俗奇譚　妖怪補遺々々』)

シグトゥは仕事を意味する言葉のため、チグトゥも同義の言葉であろう。

チニブマジムン

沖縄県本島北部でいう通行妨害の怪。竹垣お化けの意。

『琉球妖怪大図鑑』の著者である小原猛氏が村落のお年寄りから取材したもの。

昔、夜道を歩いているといきなり竹垣のようなものが道を塞《ふさ》ぐことがあった。左右どちらへ歩いても竹垣が延々と続いている。やがて竹垣はまるで波打つようにうねりだし、人間を襲ったという。襲われた人間はマブイ(魂)を取られておかしくなってしまうとされる。(小原猛(著)・三木静(絵)『琉球妖怪大図鑑』上)

壺のマジムン [つぼのまじむん]

沖縄県でいう化け物。

佐喜眞興英『南島説話』に紹介されているもの。

山羊《やぎ》に化けては、通る人を悩ませ、数えきれないほどの人命を奪った。正体は洞窟の中にあった壺であり、この壺を黒縄で縛ると、化け物は出なくなったという。(千葉幹夫(編)『全国妖怪事典』)

テクテク

沖縄県那覇市《なはし》からの投稿。逆立ち幽霊の類か。

体育館にテクテクという逆立ちお化けが出るという。(日本民話の会　学校の怪談編集委員会(編著)『学校の怪談　一三　幽霊によばれた校長先生』)

テクテク

沖縄県でいう上半身だけの怪。

中頭《なかがみ》郡からの投稿によると、テクテクは下半身がない、もしくは下が見えない子どもの幽霊。走りが速く、放課後によくいるという。

また、宜野湾市からも「てくてく」とい

う表記で情報が寄せられている。夜、学校へ行くと、上半身だけの人がいる。遭うと凄《すご》いスピードで駆け寄ってきて、下半身を切り取ってしまう。この際、咄嗟《とっさ》にこけると助かるとされる。（日本民話の会 学校の怪談編集委員会（編著）『学校の怪談 一三 幽霊によばれた校長先生』）

テケテケ

沖縄県の妖怪。

那覇市《なはし》にはテケテケがいると噂《うわさ》される小学校がある。暗い体育倉庫に棲みついており、一人で体育倉庫に入ってきた人を殺すとされる。投稿者が友達と噂の体育倉庫に行ったところ、跳び箱の後ろに何かがいた。友達が見てみると、それは「キーッ」と叫んで消えた。投稿者たちが教室まで逃げ戻ると、友達の腕がちょっと切れていたという。（日本民話の会 学校の怪談編集委員会（編著）『学校の怪談 一三 幽霊に呼ばれた校長先生』）

また、沖縄県から松山ひろしのサイト「現代奇談」へ寄せられた情報がある。

公園で遊んでいると、近くに停めている車の屋根に、頬杖《ほおづえ》をついた状態でこちらを見ている少年がいる。その少年をしばらく見ていると、顔と腕と上半身だけでテケテケ〜ッと近づいてくる。怖くなってしゃがむといつの間にかいなくなっているという。（松山ひろし『カシマさんを追う』）

刀自待火［とじまちゃーびー］

沖縄県でいう光物、怪火の類。刀自とは妻の意。

金城朝永「琉球妖怪変化種目」には、各地に刀自待火の話があり、特に首里の識名《しちなん》平《だ》（現・那覇市《なはし》）の話が有名だという。

首里に豆腐を売っている美しい妻がいた。とある男が横恋慕し、市からその妻が帰ってくるのを待ち受け、偽って「お前の夫はお前の帰りが遅いのに失望して、橋から身を投げて死んだ」と告げた。妻は夫の後を慕うつもりで身を投げた。後に、夫も妻の死を知り、同じ橋から身を投げてしまう。それからというもの、提灯《ちょうちん》大の火が一つ現れ、別のほうからももう一つ火の玉がやって来る。二つの火の玉は合してゆらゆらと立ち上って消えたかと思うと再び現れるようになった。これは二人のマブイ（魂）だという。（小松和彦（責任編集）『怪異の民俗学 二 妖怪』）この話は識名平の**遺念火《いにんびー》**としてよく知られている。

【な】

仲西［なかにし］

沖縄県でいう妖怪。

金城朝永「琉球妖怪変化種目」によると、晩方に、那覇《なは》と泊《とまり》の間にある塩田潟原《かたばる》の潮渡橋の付近で「仲西へーイ」と呼ぶと仲西が出てくるという。（小松和彦（責任編集）『怪異の民俗学　二　妖怪』）

中村渠ぬスー［なかんだかりぬすー］

沖縄県中頭《なかがみ》郡読谷村《よみたんそん》儀間《ぎま》のモーイ親方の民話に登場する幽霊。

ある日の夜、モーイ親方が学校から帰っていると、南城市中村渠の墓の中で洗骨をしている人を見かけた。どうしてこんな夜中にそのようなことをしているのか、モーイ親方が尋ねると洗骨している人は貧乏で昼はお金が必要なため仕事をしており、夜にやるしかないと答える。そこでモーイ親方がお金をその人に渡したことで、昼に洗骨を行うことができた。その後、モーイ親方が中村渠の墓の前を通ると、幽霊が現れた。モーイ親方のおかげで立派に洗骨されて後生も極楽で、幽霊はその恩を返したいという。そこでモーイ親方は「中村渠ぬスーよーいと呼んだら、いつでもすぐに出てきて私のために尽くして欲しい」と幽霊と約束した。

ある時、那覇市《なはし》首里の上様からモーイ親方の親に「今日中に饒波《のは》、満名から税金を取ってこい」という命令が下った。一晩で首里から饒波や満名まで行けるはずがないため、父親は困ってしまった。事情を聞いたモーイ親方は中村渠の墓へ行くと「中村渠ぬスーよーい」と呼んだ。すぐに現れた幽霊はモーイ親方から相談されると、モーイ親方を背中に乗せて一夜で饒波、満名まで連れて行った。そしてモーイ親方はその夜のうちに税金を集めることができたという。（読谷村教育委員会・歴史民俗資料館（編）『儀間の民話』）

ニシトービ

沖縄県石垣島でいう光物、怪火の類。夜、海中から出てくるという。（日野巌「附　日本妖怪変化語彙」『動物妖怪譚』下）

【は】

恥うすい坂［はじうすいびら］

沖縄県名護市源河《げんか》と国頭《くにがみ》郡東村有銘《あるめ》の間にある坂。

恥うすい坂を通る際には、木の葉を置かなければ道に迷うとされる。

昔、源河の若者と有銘の娘が恥うすい坂で逢瀬《おうせ》を楽しんでいた。とある晩、村の毛《もう》遊《あそ》び（未婚の男女の夜遊び）を断れなかった若者は逢瀬の時間になっても抜け出せずにいた。約束の時間になっても若者が現れないため、娘が源河へ行くと、若者は源河の娘と踊っていた。有銘の娘は悲しみのあまり恥うすい坂で命を絶った。遅れて坂へとやって来た若者であったが、娘が自害したことを知ると、自身も娘の後を追って自害した。自害した二人の着物の裾《すそ》がはだけたままになっていたため、哀れに思った村人が二人の姿を木の葉で覆った。このことから、坂の名を恥うすい坂と呼ぶようになり、坂を通る際に木の葉を置くようになったという。（長嶺操・徳元英隆『沖縄の伝説散歩』）

ハダカヌユー

ユタの間で語り継がれているという妖怪。ハダカユーとも。裸《はだか》の世の意。

まだ琉球（沖縄）という国が確立されておらず、多くの人間が石器などを使って暮らしていた頃、旱魃《かんばつ》により多くの人間が死んだ。そんな中、一部の人間が生き残るために共食いを繰り返した。共食いにより魂が穢《けが》れたことで、彼らは死んでもグソー（あの世）に行くことができず、魂のまま地上に留まることになった。この魂は彼らが生きていた時代に由来してハダカヌユーと呼ばれるようになった。

ハダカヌユーは身長一メートルほどで、首がなく、全体的に真っ黒い姿をしている。古い貝塚や御嶽《うたき》（神を祀《まつ》った場所）の側などにいることが多いとされ、人間に取り憑《つ》いたり、神様に化けたりするといわれている。山間部など海から離れているにもかかわらず、強烈な潮のにおいがする場合はハダカヌユーが近くにいるとされている。

いくつかの御嶽には特に邪悪なハダカヌユーが封じ込められているという。（小原猛（著）・三木静（絵）『琉球妖怪大図鑑』下）

パチパチマジムン

沖縄県うるま市栄野比《えのび》でいう音の怪。チミパチパチマジムンとも。

具志川市史編さん委員会（編）『具志川市史』第三巻に紹介されている。

西表城《いりむてぃぐすく》に現れるとされる。パチパチと音

を鳴らしながら歩く。姿は見えず、爪を鳴らしているのかもわからないという。（黒史郎『ムー民俗奇譚　妖怪補遺々々』）

ハチハンバー

沖縄県の妖怪。

鉢かぶりの妖怪とされるが、詳細不明。（国際日本文化研究センター「怪異・妖怪伝承データベース」）

ヒージャーマジムン

沖縄県国頭《くにがみ》郡大宜味《おおぎみ》村《そん》や宜野座村漢那《かんな》でいう山羊《やぎ》の妖怪。（黒史郎『ムー民俗奇譚　妖怪補遺々々』）

ピーシャーヤナムン

沖縄県でいう山羊《やぎ》の妖怪。『現行全国妖怪辞典』には山羊の幽霊と記されている。（佐藤清明『現行全国妖怪辞典』）

情報の乏しいピーシャーヤナムンであるが、映画の平成版『妖怪大戦争』に登場している。
山原《やんばる》地方（県北部）に棲む山羊の魔物で、幻術で小さい白山羊をたくさん出現させ、夜道を行く人の股の下を潜《くぐ》らせて、驚かせる。股を潜られた人は精気を抜かれて死んでしまうとされている。（『妖怪大戦争』全日本妖怪推進委員会（編）『写真で見る日本妖怪大図鑑』）
これらの説明は股を潜る妖怪に多く見られる特徴である。

ピーダーマドゥムン

沖縄県国頭《くにがみ》郡国頭村奥でいう山羊《やぎ》の妖怪。（黒史郎『ムー民俗奇譚　妖怪補遺々々』）

ピダマ

沖縄県石垣島でいう光物、怪火の類。天から降り、下界に火事を起こす。その煙は空へ昇って雲となり、その雲に乗って、ピダマは空へ帰るという。（日野巌「附　日本妖怪変化語彙」『動物妖怪譚』下）
似たものに佐賀県、熊本県の**天火**がある。

ヒタマガヒ

沖縄県中頭《なかがみ》郡でいう怪奇現象。

火花や煙が遠方から見えることをいう。昭和二年（一九二七）頃の大火の際、四、五日前にヒタマガヒが確認されたという。（佐藤清明『現行全国妖怪辞典』）

ヒチマジムン

沖縄県国頭《くにがみ》郡・中頭《なかがみ》郡でいう迷わす怪。幽霊の一種とされる。色問いの怪（色を選ばせる怪異）に通じるところもある。

島袋源七『山原の土俗』によると、ヒチマジムンは道の辻々《つじつじ》におり、道を通る人を迷わすものだという。風のように走り、水面を駆け回り、山岳河川を実に速く跋渉《ばっしょう》する。
　人に対して、赤飯か白飯のどちらか一つをふるまおうと問いかける。その際、赤飯が欲しいと答えた人には赤土を食べさせ、白飯を望む人は海へと連れていき、波の泡沫を食べさせる。
　ヒチマジムンに出遭った際には、男は褌《ふんどし》を取って頭に鉢巻きをし、女であれば腰巻を取って頭から被れば迷わされたり、連れ出されたりすることはないとされる。（池田弥三郎ほか（編）『日本民俗誌大系　第一巻　沖縄』）
　柳田国男「漁村語彙（六）」（『島』昭和九年前期号）によると、筵《むしろ》を持って夜道を歩いたり、櫛《くし》を挿して行ったりするとヒチマジムンに連れられるという。（国際日本文化研究センター「怪異・妖怪伝承データベース」）
　ヒチマジムンの話は琉球（沖縄）の至る所で聞くことができるという。国頭地方で迷わされた者が、一夜にして二、三〇里（約七八〜一一七キロ）も離れた所に捨てられていたという話もある。
　首里（現・那覇《なは》市）のとある人が辻町へ行こうとしたところ、那覇潟原《かたばる》にいるヒチマジムンによって道を迷わされ、辻町とは反対の国頭街道を通って牧港（現・浦添市）の港内を歩き回っていたところを漁夫によって助けられた。
　国頭郡羽地村伊差川（現・名護市伊差川）の美しい娘が、とある夜に用事を済ませて帰る最中に道を見失い、さ迷い歩くこととなった。岩石の屹立《きつりつ》している所や深山の奥、波の音が高い磯辺といった所を幾度となく歩き回された。娘の家族も親類ともども娘を探したがいっこうに行方が知れない。二週間経とうかという頃に、とある墓地の荒れ墓の中から人を呼ぶ声が聞こえる。墓を開けて見ると探していた娘が半死半生の体《てい》でうなっていた。娘がいた場所は人が通れるほどの開けた出入口もなく、ただ小さい穴があっただけだったという。（『日本民俗誌大系　第一巻　沖縄』）
　あちこちで話が聞けたというヒチマジムンであるが、『現行全国妖怪辞典』には昔は多かったが、今は稀《まれ》になったと書かれている。（佐藤清明『現行全国妖怪辞典』）
シチマジムンの項目も参照。

ピヂャーマジムン

　沖縄県国頭《くにがみ》郡国頭村奥間半地および名護市振慶名《ぶりけな》でいう山羊《やぎ》の妖怪。（黒史郎『ムー民俗奇譚　妖怪補遺々々』）

ピンザマヅモノ［ぴんざまづもの］

　沖縄県宮古島でいう山羊《やぎ》の化け物。（佐藤清明『現行全国妖怪辞典』）

ファードリ

　沖縄県石垣島でいう怪鳥と思われるもの。
　五月上旬に渡ってくるといい、「ガッガッ」と鳴く。三度鳴くのは稔《みのり》であるが、二声鳴くのは半凶、一声鳴くのは大凶であるという。（岩崎卓爾（著）・伝統と現代社編集部（編）『岩崎卓爾一巻全集』）

ファチハンバ

沖縄県国頭《くにがみ》郡大宜味《おおぎみ》村《そん》の怪物。名前は鉢被り者の意。

奥山におり、人に危害を加えると言い伝えられる奇怪な動物であるという。（国際日本文化研究センター「怪異・妖怪伝承データベース」、小松和彦（監修）『日本怪異妖怪大事典』）

大宜味村喜如嘉《きじょか》辺り、ウフガーベークという川やキンジ山と呼ばれた場所にクブ道といって杉の生えた場所があった。そこは古戦場で、そのさらに奥にクルチャという木材が採れる場所があった。クルチャは大正時代（一九一二～二六）の末頃に、サトウキビの搾り汁を入れる樽《たる》の材料として使われていた。その場所にファチハンバが毎晩現れ、クルチャを運ぶ人々を襲った。村人は木材や松明《たいまつ》で、襲ってきたファチハンバと戦ったと伝える。（小原猛（著）・三木静（絵）『琉球妖怪大図鑑』下）

フィフィマジムン

沖縄県の妖怪の一つ。『沖縄大百科事典』下巻「妖怪」の項目にはいくつか沖縄県の妖怪の名前が挙げられており、フィフィマジムンもそこに記されている。詳細は不明。（沖縄大百科事典刊行事務局（編）『沖縄大百科事典』下巻）

フィフィは口笛を意味する言葉のようであるが、久米島では**キジムナー**のことであるという。（ウェブサイト「TRAVELER OKINAWA」「【FIFI PARLOR】名護にNEWオープン！　北部ドライブで立ち寄りたい海辺のパーラー」）

『琉球妖怪大図鑑』上によると、久米島のフィーフィーは火の玉になって、空をフィーフィーと飛ぶという。（小原猛（著）・三木静（絵）『琉球妖怪大図鑑』上）

フージョーの音［ふーじょーのおと］

沖縄県島尻郡玉城村《たまぐすくそん》字富里《ふさと》（現・南城市玉城富里）でいう、ついてくる音の怪。フージョーとは煙草入れの意。

フージョーの音だけがついてくることがあるが、ある地点まで来ると音は急に消えるという。（西原松生（編著）『カラー　沖縄の怪談』）

フーマジムン

沖縄県に出たという布状の妖怪。帆お化けの意。

船の帆のようなフーマジムンが、空にひらひらと浮かんでいる。フーマジムンはひらひらしながら近づいてくると、見ている者の首を絞めて殺すという。（小原猛（著）・三木静（絵）『琉球妖怪大図鑑』上）

新潟県佐渡島の衾《ふすま》や愛知県の布団被せ、鹿児島県の**イッタンモンメン**などの類か。

布団の怪［ふとんのかい］

沖縄県の怪談。器物の怪。

宮古民話の会（編）『ゆがたい　宮古島の民話』には宮古郡城辺町《ぐすくべちょう》（現・宮古島市）の話が記されている。

太平洋戦争が終わった後の頃、とある村の夫婦に結婚一〇年目でやっと一人の男の子が生まれた。村の人々を集めて、盛大に誕生祝いを行っていたところ、赤子を寝かせていた裏座（八重山諸島で寝間の意）から叫び声がした。夫婦が裏座に飛び込むと、赤子を寝かせている布団がバタバタと上下に揺れている。赤子は布団の下でグッタリとなっている。父親は夢中で布団をはぎ取ると庭に投げ出したが、布団はそれでもバタバタと揺れ動いている。村の人々は布団の中に魔物がいるのだろうと、棒で布団を打ちつけたが、それでも布団は動くため、今度は鎌で布団を切り裂いた。布団の切りくずはなお土煙をあげながら、バタバタと揺れ動いていたが、次第に力尽きたように動かなくなり風にまかせて宙を舞った。人々が布団の切れ端を集めて調べてみると、布団の四つ角に人の爪を髪の毛で巻いたものが縫い込まれていた。この布団は行商から買い求めた物であったが、おそらく墓荒らしが掘り出した布団であり、悪霊が乗り移っていたと思われる。誕生祝いの翌日は葬式になってしまったという。（松谷みよ子『現代民話考』五）

日本民話の会（編）『新しい日本の語り　三　おかつ新三郎ふたり語り』には民宿のおじいが語ったという話が収録されている。上記の話に似ているが少し異なる部分もある。

戦後、アメリカがやって来て少し経った頃、とある集落に女の子が生まれた。村で祝い事を行っていたところ、赤子を寝かせていた奥の部屋から叫び声がした。夫婦が奥の部屋に飛び込むと、赤子を寝かせている布団が上下に揺れている。父親は布団をはぎ取り、母親は赤子を抱きかかえた。手当をしたところ、しゃっくりをしながらも赤子はかぼそい声で泣きだした。父親ははぎ取った布団を外に投げつけたが、それでも布団はバタンバタンと動いている。村の人々は棒や鎌を手に、布団を叩いたり切りつけたりしたが、なお布団は暴れる。この様子を見ていた一人のユタが「叩くではない。たくさんのマブイ（魂）がおるわ」と大声をあげて人々を止めた。ユタは布団に駆け寄ると手を合わせ、唱え事をすると布団は動かなくなった。布団の中身を見ると綿ではなく人の髪の毛が詰められていた。ユタが「元の場所のぬしらのガマへ、墓へと、飛んでいけ」と大声をあげると、風が吹いて、中の髪の毛が空高く舞い上がって、四方へと飛んで行った。古着屋から買った布団の中身はガマで集団自決したマブイの髪の毛であったという。（『新しい日本の語り　三　おかつ新三郎ふたり語り』）

ブナジ

沖縄県石垣島でいう怪鳥。

ブナジとは婢《はしため》を意味する。神の使いであるという。（日野巌「附　日本妖怪変化語彙」『動物妖怪譚』下）

【ま】

マー

沖縄県国頭《くにがみ》郡、名護市、久米島でいう水怪。

金城朝永「琉球妖怪変化種目」では、形態は漠然としており、牛の鳴き声をすると紹介している。（小松和彦（責任編集）『怪異の民俗学　二　妖怪』）

新里幸昭「沖縄の妖怪」（『沖縄文化研究』二一号）によると、国頭郡や名護市のマーは蛸《たこ》や入道雲のような姿をしているとされる。深みに棲み、人を引き込んで溺《おぼ》れさせる。マーは溺死者の霊がなったもので、次の犠牲者を出さないと成仏できないため、人を溺れさせるという。

原田信之「沖縄・久米島の『マー』と『カーボーザー』―南島の妖怪譚をめぐって―」（『南島研究』第三三号）では久米島のマーについて次のように紹介している。

久米島のマーは川や池で死んだ人の霊が水の中に棲みついたもので、人を水中に引きずり込んで溺死《できし》させる。人が溺死した川や池にマーがいるとされ、一人で泳いでいると「マーに引っ張られるぞ」と脅されるという。また次のような話もある。

昔、人里近い川に一匹のマーがいた。小さい子どもの姿をしており、子どもの影が水面に映り込んだり、子どもが一人で水遊びをしていたりすると、足をすくって水中に引きずり込んでしまう。ある爺《じい》さんがこのマーを捕まえて頑丈な綱で縛り上げ、豚便所の後ろに生えているウスク（クワ科の常緑高木）の根元に括《くく》りつけておいた。水気のなくなったマーは力を失い、四、五日も経つと枯れ枝のようになって動かなくなった。ある日、婆さんが便所で用を足して戻る時、マーが「婆さんの股間を見たぞ」と言って笑い出した。怒った婆さんがヤコウガイの殻に入れていた水をマーに引っ掛けると、マーは水気を得て元気を取り戻し、綱を切って川へ逃げてしまったという。（黒史郎『ムー民俗奇譚　妖怪補遺々々』）

久米島では、海で死んだ者はマーにならないとされるが、名護市安和《あわ》では海にもいるとされ、**ウミマー**と呼んでいる。マーに似ている池の魔物にクムイヌマァーというものもある。

マーザァービ

沖縄県石垣島でいう光物、怪火の類。

宮良《みやら》湾に出没する。赤い髪を垂らしており、マーザァービが現れると漁獲がないという。（日野巌「附　日本妖怪変化語彙」『動物妖怪譚』下）

キジムナー火やブナガヤ火を伴うと漁に恵まれるとされるので、これらとマーザァービは異なるものか。

マーチャービ

沖縄県石垣島でいう光物、怪火の類。

暗夜に赤い火の玉となって、道行く人を家まで送る。別れる際に礼を言わないと頭髪を焼かれるという。（日野巌「附　日本妖怪変化語彙」『動物妖怪譚』下）

夜道を送る怪火の話はヨーロッパのほうにも見られる。

薪マジムン［まきまじむん］

沖縄県うるま市喜仲でいう薪の妖怪。変化、光物の類か。

具志川市史編さん委員会（編）『具志川市史』第三巻に紹介されている。

灯籠のように歩くマジムンがおり、これを捕まえて懲らしめたところ、三〇センチほどの薪になったという。（黒史郎『ムー民俗奇譚　妖怪補遺々々』）

マゾームス

沖縄県石垣島でいう化け物、妖怪を意味する言葉。（佐藤清明『現行全国妖怪辞典』）

マヤーツクグル

沖縄県石垣島でいうフクロウの俗信。

ツクグルとはフクロウのことで、マヤーツクグルは冥土《めいど》の使者であるという。（日野巌「附　日本妖怪変化語彙」『動物妖怪譚』下）

ミンツクグルともいう。

見えてるくせにの兵隊［みえてるくせにのへいたい］

沖縄県那覇《なは》市国際通りにて、特定の人には見えるというもの。

見える人には兵隊の行進が見えるという。わざと目をそらしていると、その人の側を通り過ぎながら「見えてるくせに」と言うとされる。（渡辺節子・岩倉千春（編著）『夢で田中にふりむくな』）

ミシゲーマジムン

沖縄県でいう器物の怪。飯笥《しゃもじ》お化けの意。金城朝永「琉球妖怪変化種目」ではナビケーマジムン（ナビケーは鍋笥。杓子《しゃくし》お化けの意）とともに紹介されているが、事例は怪しいことをしたミシゲーの話のほうが多く記されている。

夜半、戸を叩く者がいるので開けて見ると一本のミシゲーが倒れていた。

夜半に賑《にぎ》やかな蛇皮線の音がするため、外に出てみると毛遊《もうあそ》び（未婚の男女の夜遊び）をしている男女がいた。コーガーキー（頬《ほお》かむり）をして仲間に加わり、飲んだり舞ったりするうちに夜が明けてきたので、だんだんと去って行き、皆消え去ってしまった。疲れて寝ころび、朝起きてみるとミシゲーやナビケー、箸《はし》の散乱している床下で寝ていた。

農夫が夜道で蹲《うずくま》っている一匹の牛を見つけた。どこかから逃げ出した牛だろうかと、自宅の牛屋に入れてサトウキビの葉を食わせた。朝起きて牛屋を覗いてみると、うずたかく積み上げたキビの葉の上に一本のミシゲーが載っかっていたという。（小松和彦（責任編集）『怪異の民俗学　二　妖怪』）

耳切坊主［みみちりぼーじ］

沖縄県の子守歌に登場する怪僧。那覇《なは》のお寺、悟道院の坊さんである、黒金座主《クルガニザァーシ》のこと。黒金座主の名は体が大きく、色黒であったことに由来する。

金城朝永「琉球妖怪変化種目」をはじめ、多くの資料に耳切坊主の伝説について記されている。

黒金座主は説教もうまく、碁《ご》の腕前も高く、座主の元には多くの信者がいた。しかし、座主は妖術を用いて若い娘を眠らせて悪さを働いているという噂《うわさ》が立った。そのことを聞いた尚敬王は弟の北谷《ちゃたん》王子に宝刀を預け、黒金座主を成敗するように命じた。場所は資料によって王子が住んでいる北谷御殿とも悟道院ともされるが、その場所で王子と座主は賭《か》け碁を行うことにした。王子は髷《まげ》もしくは足、座主は耳を賭けた。碁が進むと座主は次第に不利になってきたため、妖術で王子を眠らせようとした。王子は隠し持っていた針を自分に刺して眠気を覚ましつつ、術にかかった振りをした。座主が油断して王子に近づくと、すかさず王子は宝刀で座主の片耳を斬った。その傷口は首まで達しており、座主は恨み言を吐いて死んだとも、毒蜘蛛《どくぐも》に化けて王子を襲おうとしたが、逆に斬られて退治されたともいわれている。以来、北谷御殿の角に耳のない坊さんの亡霊が立つようになり、男の子が生まれても早死にするようになった。座主の呪いを避けるために、男の子が生まれると王子は屋敷の者に「大女が生まれた」と叫ばせるようにした。それにより、男の子が生まれても早死にすることはなくなったという。

この伝説に由来し、「大村御殿（北谷御殿を指す）の角には耳切坊主が立っている。幾人も幾人も立っている。三、四人立っている。鎌や小刀を持っていて、泣いてる童の耳をグスグスと切ってしまう」という内容の子守歌が唄われるようになったとされる。

この耳切坊主こと黒金座主は盛海上人のことだとされ、政治批判をしたために北谷王子に粛清されたともいわれている。（徳元英隆（文）・安室二三雄（絵）『おきなわの怪談』、長嶺操・徳元英隆『沖縄の伝説散歩』、石川きよ子『沖縄昔ばなしの世界』、読谷村教育委員会・歴史民俗資料館（編）『儀間の民話』、小松和彦（責任編集）『怪異の民俗学　二　妖怪』）

ミンツクグル

沖縄県石垣島でいうフクロウの俗信。

ツクグルとはフクロウのことで、ミンツクグルは冥土《めいど》の使いであるという。（日野巌「附　日本妖怪変化語彙」『動物妖怪譚』下）

マヤーツクグルともいう。

モーモー松 ［もーもーまつ］

沖縄県うるま市でいう木の怪および音の怪。

具志川市史編さん委員会（編）『具志川市史』第三巻に紹介されている。

モーモー松は石川の近くにある松で、この松に石を投げるとモーモー鳴いたという。（黒史郎『ムー民俗奇譚　妖怪補遺々々』）

【や】

ヤナムヌ

沖縄県でいう妖怪、悪者を意味する言葉。

嫌な者ということか。

（日野巌「附　日本妖怪変化語彙」『動物妖怪譚』下）

大和の幽霊船 ［やまとのゆうれいせん］

沖縄県の屋慶名《やけな》海峡に現れるという幽霊船。

ときどき海峡のほうから櫓《ろ》の音や船歌が聞こえることがある。晴天の日に海峡に目をやると帆を上げた幽霊船が見えるが、たちまち消え失せるという。

屋慶名海峡はうるま市の藪地島《やぶちじま》と屋慶名港に挟まれた天然の水路であり、ここを通る際はヒガシウーカン（東大神）と呼ばれる岸辺の祠《ほこら》の前で帆を下ろし、頭を下げてから船を走らせるというしきたりがあった。そうしなければ海が荒れ、船を進めることができなくなってしまう。このしきたりを知らない大和（本土）の軍船が通りかかり、乗っていた兵士たちがこの祠の石の香炉で刀を研いでしまった。すると、たちまち船は転覆させられ、海の底へ沈んでいったとされる。この時沈んだ軍船が幽霊船として現れるという。（徳元英隆（文）・安室二三雄（絵）『おきなわの怪談』）

軍船を転覆させたのはご神体として祀《まつ》られていたベーベーク（スイジガイ）であるという話もある。祀られていたベーベークが這《は》い出して水中へ潜ると船と同様の大きさになった。驚いた兵士が逃げる間もなく、ベーベークは船を一気に転覆させてしまったという。（小原猛（著）・三木静（絵）『琉球妖怪大図鑑』下）

ユーリー

沖縄県那覇《なは》市、国頭《くにがみ》郡今帰仁村《なきじんそん》でいう人型の妖怪。

妖怪変化の総称として使われるが、金城朝永「琉球妖怪変化種目」によると、那覇市では主に人間の死霊のことを指すという。（小松和彦（責任編集）『怪異の民俗学二　妖怪』）ユーリーは髪を乱し、舌を垂らした姿をしており、日没から鶏鳴までの間、墓地や僻地《へきち》を横行するという。（佐藤清明『現行全国妖怪辞典』）

島袋源七『山原の土俗』には今帰仁村のユーリーについて書かれているが、見越し入道や「三枚のお札」に登場する山姥《やまんば》に特徴が似ている。

ユーリーは主に白い着物を身につけており、長い髪の毛が顔を覆っている。身の丈が高いものの、自由自在に低くも高くもなる。今帰仁村天底《あめそこ》の馬場の辺りに出るユーリーは天に繋《つな》がるほど高いものであるという。今帰仁村運天では、ユーリーに出遭ったら「シータカ、シータカ」と言うことでユーリーを高くし、次に「シーヒク、シーヒク」と唱えることでユーリーを低くすることができる。そこを鞭《むち》や木の枝でぶちのめすと、ユーリーは蛍火のような青光りを四方に散らすという。（池田弥三郎ほか（編）『日本民俗誌大系　第一巻　沖縄』）

ヨーガービ

沖縄県糸満市の辺りでいう光物、怪火の類。

旧暦八月八日に海上に現れる。門柱にススキとクワの枝を刺して、これを祝うという。（日野巌「附　日本妖怪変化語彙」『動物妖怪譚』下）

ヨーラサー

沖縄県でいう怪鳥。火吹鳥。

夕空を鳴きながら渡ってゆくという。

（日野巌「附　日本妖怪変化語彙」『動物妖怪譚』下）

ヨナタマ

沖縄県宮古島市下地島でいう人魚。ヨナイタマとも。

ヨナタマは顔が人間で、体が魚の姿をしており、よくものを言うとされる。

昔、下地島に木泊という集落があり、その漁師がヨナタマを捕まえた。ヨナタマは浜辺で食べる習わしになっていた。この時の調理方法は炭火で炙《あぶ》ったとも、鍋《なべ》で煮たともされる。その頃、木泊の隣村の人々は、夜中に鶏が雛《ひな》を連れて外へと逃げていくのを目撃した。不審に思った人々は浜辺とは正反対の伊良部島のほうへと鶏を追いかけて行った。また、ヨナタマを捕まえた漁師の隣の家の子どもが「伊良部島に行きたい」とにわかに泣きだした。困った母親は泣く子どもをあやしながら外へと出た。浜辺ではヨナタマが大声で海に助けを求めていた。すると、沖のほうからヨナタマを呼ぶ声が響いてきた。この声は仲間のヨナタマの声とも龍宮の神の声ともされている。捕まっていたヨナタマは、今から人間に食べられようとしていて動けない現状を伝え、迎えの津波を送って欲しいと訴えた。その声のやりとりを聞いた隣家の母親は子どもをおぶって伊良部島へと走った。母親が下地島を離れた頃、大津波が下地島を襲い、人家や畑が跡形もなく洗い流された。下地島に通り池という池があり、ここはかつて木泊村があった場所だという。（源武雄（編著）『沖縄の伝説』、長嶺操・徳元英隆『沖縄の伝説散歩』、小原猛（著）・三木静（絵）『琉球妖怪大図鑑』上）

この時の大津波も**ザン**と同じく明和の大津波（一七七一）のことではないかと思われるが、『沖縄の伝説』の編著者である源武雄は、幾多の津波伝説が残っていることから文献以前の昔にも大津波が頻々《ひんぴん》に起こっていたのではないかと推測している。

【ら】

ラッキーオバケ

沖縄県宜野湾市からポプラ社編集部（編）『映画「学校の怪談」によせられたこわーいうわさ』に投稿されたおばけ。

マンホールの中に潜んでおり、午後七時七分七秒になると出現する。ラッキーオバケに遭遇すると不幸になるという。（朝里樹『日本現代怪異事典』）

【わ】

ワーマヅモノ

沖縄県宮古島でいう豚の化け物。（佐藤清明『現行全国妖怪辞典』）

鹿児島県（薩南諸島）

【あ】

アサンドヤマヌチュウトラミンチクウ

鹿児島県大島郡徳之島町でいう怪鳥、もしくはフクロウの俗信。阿山堂山（アサンドヤマヌ）の人取り（チュウトラ）耳梟（ミンチクウ）の意。

徳富重成「徳之島の怪異―尾母を中心とした―」（『雑記集成』三）に紹介されているもの。

ミンチクウは梟《ふくろう》の一種で、ミンとは耳、もしくはこの鳥の鳴き声に由来するという。人を迷わし連れ去っては命を奪うとされる。（黒史郎『ムー民俗奇譚　妖怪補遺々々』）

アムログオナグ

鹿児島県奄美大島でいう亡霊、面影、あやかしの類。

海に入って死んだ人の姿が現れて、青い火を持って海岸を歩くという。（佐藤清明『現行全国妖怪辞典』）

徳之島の**キミマサ火**もアムログオナグの類か。

アモレオナグ

鹿児島県奄美大島でいう天女。さまざまな話があるが、おおかた二種類の話に分類される。

一つは天女の羽衣伝説の類で、地上に降りたアモレオナグが水浴洗髪している間に、飛衣を盗まれてしまい天に帰れず人間と結婚する話である。もう一つは、偶然アモレオナグに遭遇し、危害を加えられるというものである。アモレオナグは恐ろしい笑みを浮かべている、白い風呂敷包みの荷物を背負っているといった特徴がある。笠利《かさり》地方では、アモレオナグは人と連れだって歩く時、必ず人の後ろをついて歩き、先に歩く人の背縫い糸を抜いて、その人の魂を奪い去ってしまうと伝えられる。（昇曙夢「奄美大島に伝はるあもれをなぐの伝説（一）」『旅と伝説』創刊号、同「奄美大島に伝はるあもれをなぐの伝説（二）」『旅と伝説』第二号、島尾敏雄・島尾ミホ・田畑英勝『日本の伝説　二三　奄美の伝説』、民俗學研究所『綜合日本民俗語彙』）

アモロウナグ

鹿児島県奄美大島でいう天女。樹木が鬱《うっ》蒼《そう》と生い茂る渓谷の淵《ふち》や滝壺《たきつぼ》の水溜まりで水浴びをする。危害を加えられる話はないが、恐れられるという。（恵原義盛「奄美大島の妖怪」『自然と文化』一九八四年秋季号）

アヤヒゴの化物［あやひごのばけもの］

鹿児島県大島郡大和村《やまとそん》の昔話に出てくる化け物。アヤヒゴとはヒカゲヘゴというヘゴ科のシダ植物のこと。アヤヒゴは一〇〇〇年経つと化けるという。

昔、狩人たちが誰一人帰ってこない場所があった。大変豪胆な狩人が真相を突き止めようとその場所に向かい、足をたてて（膝を立ててての意か）待っていた。すると、強く足を摑《つか》む者が現れた。狩人がソーッと足を摑む者に触れてみるとヘゴのような手触りがした。狩人が天に向けて鉄砲を撃つと、美しい女が迫のほうへ行くのが見えた。翌朝、迫へ行ってみると真っ黒いガヤヒゴとアヤヒゴがあった。アヤヒゴに泥が撥《は》ねて白い斑点がたくさん付いていたので、「やって来たのはきっとこいつだろう」とアヤヒゴを斧《おの》で切った。その夜、例の場所で再び待ってみたが、何も現れなかったという。

（田畑英勝（編）『奄美大島昔話集』）

イイクムィした妻の幽霊［いいくむぃしたつまのゆうれい］

鹿児島県大島郡大和村《やまとそん》の怪談。イイクムィとは口約束の意。

お互いどちらが先に死んでも新しい伴侶をもらわないようにとイイクムィした。妻が先に死んだが、間もないうちに男は後妻をもらった。男は外出して家におらず、新しい妻が夜なべ仕事をしていると先妻の幽霊がやって来て「自分が死んだ時は妻をもらわないと言ったのに、妻をもらっていて憎らしい。私がやって来たと言ったら承知しないぞ」と言って帰った。後妻は男に「毎晩幽霊が来て、私はもう怖くてここに居れない」と語ってしまった。男は藁《わら》一束を先妻の死体の所に持っていくと「このやろう、家にばかり通ってくると承知しないぞ。俺が焼き殺してやるから」と言って火をつけて焼いた。しかし、幽霊は現れて「昨夜まで白かった人が今晩は黒くなったなあ」と言って、男も女もひっかき殺してしまった。そのため、イイクムィというのはしないものだという。（田畑英勝（編）『奄美大島昔話集』）

冒頭は一つ家の怪を思わせるが、内容としては「豊後の国何がしの女ばう死骸を漆《うるし》にて塗りたる事」（『諸国百物語』）に近い。

醫王島光徳坊［いおうがしまこうとくぼう］

『天狗経』に記されている四十八天狗の一つ。鹿児島県硫黄島の天狗。（知切光歳『天狗考』上巻）

磯坊主［いそぼうず］

鹿児島県吐噶喇《とから》列島でいう水怪。下野敏見「磯坊主とケンムン—南島妖怪物語—」（『フォークロア南九州—基層文化の探究—』）に紹介されている。

磯坊主は頭の頂に皿があり、そこに水が入っている。海にも山にも棲んでおり、よく人に祟《たた》る。

平島《たいらじま》に住む子どもが磯坊主を見て、高い熱を出した。ネーシババ（巫女《ふじょ》）に頼んでお祓《はら》いをしてもらったところ回復したという。

平島では磯坊主の通り道に網を仕掛けると、一匹も魚が掛からないという。（和田寛（編）『河童伝承大事典』）

イマジョ

鹿児島県大島郡瀬戸内町でいう怪談、禁忌、俗信。女性姿の怪。今女、いま女とも表記し、イマジョウ、イマジョウ小《ぐわー》とも呼ぶ。

明治（一八六八～一九一二）よりも前、瀬戸内町が東間切、西間切などと呼ばれていた頃のこと、嘉鉄《かてつ》に住むユカリチュ（旧家、金持ち）の元で働くヤンチュ（家人、奴隷のような境遇）にイマジョという小名瀬出身の女がいた。イマジョは働き者であったが、その美貌からユカリチュの主人はイマジョを妾《めかけ》にしてしまった。嫉妬した本妻はイマジョに辛くあたるようになった。昼夜問わず酷使し、食べ物もろくに与えず、毎日の重労働に休む暇も与えなかった。また、小さい倉に入れ、手足を縛って折檻《せっかん》を加えた。ある日、本妻はイマジョを柱に括《くく》りつけると、真っ赤に焼いた火箸《ひばし》をイマジョの喉や陰部に差し込み、イマジョを責め殺してしまった。イマジョの死体は納戸の土中に埋め、彼女の死をイマジョの親兄弟に知らせなかった。イマジョが死んだことを噂《うわさ》に聞いたイマジョの親兄弟は死体を掘り出すと、小名瀬へと持ち帰って葬った。その際、イマジョの口に刃物を咥《くわ》えさせ、イマジョの墓には根のない竹を逆さに立て、「この無念はきっとはらせ」と告げた。逆さ竹は根付いてぐんぐん育った。そして、イマジョの墓に参る度に、その竹を揺り動かしては「悔しいだろうイマジョ、悔しかったら仇《かたき》を取れ」と言い続けた。以来、主人の家では持ち船が沈んで大損害を被り、家族からは自殺者や病人が相次いで出て、火事も起こる等の異変が続いた。イマジョの力が鈍ったと感じると、親兄弟は「イマジョ廃れるなよ」と言いながら、しきりに墓の竹を動かした。そうすることで、主人の血統はことごとく根絶やしとなった。しかし、イマジョの祟りは収まらず、イマジョの親戚にも祟りがおよび、一族もたいがい死んでしまった。イマジョの祟りが巻き起こる最中、関係があると思われる家々の門口に、白い風呂敷包みを抱えたイマジョが立っている様子が見られたという。

何年経てもイマジョの姿は瀬戸内町近辺でたびたび目撃され続けたとされ、ときどき現れては、イマジョのヒキハラ（血縁者）に障《さわ》りをなしたと伝えられる。地元の人々から大変恐れられており、イマジョの話を知っていてもなかなか話したがらない。

イマジョの亡霊は雨曇りの日によく現れたといい、生ぬるい風が吹いたかと思うと、白い風呂敷包みを背負った女が現れる。バスに乗った若い女がいつの間にかいなくなってしまう。酔っ払いがイマジョに崖《がけ》から押し落とされた。イマジョが小舟に便乗して加計呂麻島《かけろまじま》に渡ろうとした。訪問してきた女にお茶請《ちゃう》けを出し、女は口にして帰ったが、お茶請けはそのまま座敷に残っていた。女が白布を買っていったが、置いて行ったお金は枯葉で、持って帰ったと思われた白布も店内に残されたままだった。洗濯からの帰りに遭遇した女から「近いうちに山の手の家で騒動が起こる」と告げられ、気を病んでいると数日後に幼児が大火傷を負った。「浜に大きなコブシメ（イカの一種）が浮いてるから見に行け」という夢を見せられた男が翌朝浜に行ってみると、コブシメではなく、取り殺された子どもが打ち上げられていた、といった話がある。（島尾敏雄・島尾ミホ・田畑英勝『日本の伝説二三　奄美の伝説』、黒史郎『ムー民俗奇譚妖怪補遺々々』、下野敏見『鹿児島ふるさとの昔話』二、田畑千秋『奄美大島の口承説話』、金久正『復刻　奄美に生きる日本古代文化』）

いわとしがみ

鹿児島県大島郡徳之島町でいう民間神。山と海を往来する怪。

金棒をガランガランと打ち鳴らしながら山から下り、海へと入る。いわとしがみが入った海には目玉を抜かれた魚が浮いているとされる。（徳之島民俗研究学会（編）『徳之島民俗誌』）

ユワタシ神の項目も参照。

インマオ

鹿児島県大島郡瀬戸内町でいう妖怪。インマオウ、インマオー、インマホとも。

野間吉夫『シマの生活誌』や登山修「奄美大島瀬戸内町の民間信仰」（『南島研究』通巻二二号）、登山修「インマオ」（『奄美民俗ノート』六・七号）によると、インマオは大きな犬のような姿をしており、耳が長く垂れ下がっている。後生からの使いであり、霊魂を捕るために人が死ぬ直前に墓から来るという。また、夏の夜に浜辺で寝ていた若者がいた。そこにインマオがやって来て若者の体を長い舌でなめたところ、その若者はやがて死んだという。

『奄美民俗ノート』四号および五号、下野敏見『鹿児島ふるさとの昔話』三、鹿児島民俗学会（編）『奄美の島かけろまの民俗』にはインマオウ（インマオー）の話が紹介されている。インマオウはタオルのような体をしており、白く丸い模様が顔にあるという。また、尻尾を巻いた大きな犬の形をしているとも、頭と尾が犬、顔が猫で、犬と猫の両方が混ざったような声をしているともされる。犬猫の子どもを捨てるインビャクという場所を通る際にはインマオウの声が聞こえるという。インマオウの姿を見た者は数日で死ぬというが、生垣に隠れたインマオウを見かけた男が数年後に早逝したという話もある。インマオウは死期を知らせるといい、一年も前から病床の床下に死人を呼びに来るという。

『鹿児島ふるさとの昔話』二に紹介されている瀬戸内町芝のインマオーは先に紹介したインマオたちとは少し異なっている。ある夜、林の中の道を五〇歳ぐらいの人が歩いていたが、大きな体をしたインマオーに出遭い、息をポーッと吹きかけられた。帰宅すると寒気がして熱を出し、寝込んでしまったという。（民俗學研究所『綜合日本民俗語彙』、国際日本文化研究センター「怪異・妖怪伝承データベース」、小松和彦（監修）『日本怪異妖怪大事典』、下野敏見『鹿児島ふるさとの昔話』二、同『鹿児島ふるさとの昔話』三）

芝のインマオーの話は魔風やユキアイ（コラム参照）などに見られる特徴である。

インミャオ

鹿児島県大島郡瀬戸内町花徳《けどく》でいう妖怪。

田畑英勝「奄美物語　その一」（『季刊　民話』通巻八号）に紹介されている。大きな耳をしており、山羊《やぎ》とも犬ともつかないもの。パチャパチャとその大きな耳の音を立てながら山道をやって来るといい、インミャオと行き違い、振り返ってもインミャオの姿はすでに見えないとされる。（村上健司（編著）『妖怪事典』、国際日本文化研究センター「怪異・妖怪伝承データベース」）

長野県の迎え犬とはまた違う性質の妖怪のようである。

うぐいす娘［うぐいすむすめ］

鹿児島県熊毛郡上屋久町（現・屋久島町）でいう「鶯《うぐいす》浄土」に登場するウグイス。

ある寒い日に山で男が晩の肴《さかな》にしようと小鳥を探していた。しかし、獲物はさっぱり見つからず、山や谷を渡り歩くうちに奥山へと入り込んでいた。すると、向こうの谷間で一人の娘が田んぼを耕していた。仕事を終えた娘が帰るので、男がそっと後をつけると、一軒の家へと辿《たど》り着いた。いつの間にか日が暮れていたため、男はその家に泊めてもらうことにした。家には娘が一人だけで、他には誰もおらず、また、娘がお茶をいれると、お茶はひとりでに男のほうへと寄った。翌朝、「向こうの林の中の小屋に行くので、自分が出てくるまで小屋の戸を決して開けないで欲しい」と娘は頼んだ。寂しくなった男は小屋の中を覗くことにし、小屋の戸をそっと開けてみた。小屋の中には一本の梅の木が生えており、梅の木の天辺には一羽のうぐいすが鳴いていた。男が不思議がっていると、そこに娘が現れた。自分はうぐいすであり、人間になって男と一緒に暮らそうと思っていた。そのための修行を小屋の中でしていたのに、と残念そうに告げると娘の姿は消え、どこからかうぐいすの美しい声が聞こえた。男が慌てて辺りを見渡すと、どこにもうぐいすはおらず、男が泊まった家も覗いた小屋もなくなっており、広い野原になっていたという。（下野敏見（編）『日本の民話　三七　屋久島の民話』第一集）

兎の怪［うさぎのかい］

鹿児島県大島郡大和村《やまとそん》でいう人食い兎。猿神退治譚《たん》の類。

ある島で毎晩、餅《もち》一組と人間を一人ずつ連れ去られていた。村の人がだいぶ連れ去られていたある日、勇気ある二人が餅を叺《かます》（藁筵《わらむしろ》を二つ折りにして作った袋）に担いで持っていったところ、白い兎がたくさん現れ、口々に何か唱えながらしきりに東に向かって頭を下げて拝んでいた。その様子から、兎が坊さんになって村に来ては人間と餅を食べていたことが判明した。犯人の正体を知った二人は婆さんが飼っている大犬を借りてきて、餅を食べていた兎を一匹ずつ食い殺させた。以来、村の人を盗られることはなくなったという。（田畑英勝（編）『奄美大島昔話集』）

歌い骸骨［うたいがいこつ］

鹿児島県大島郡瀬戸内町の昔話、怪談。本土の歌う骸骨の類であるが、こちらは敵《かたき》討《う》ちの話ではなく、母親の骸骨が我が子を援助する話となっている。

ある人が山道を歩いていると、頭蓋骨《ずがいこつ》がしきりに歌を歌っていた。骸骨に近寄ると、「自分を金持ちの所に持っていって賭けをしろ。歌を歌って金儲《かねもう》けをさせてやるから」と言うので、金持ちの所に持っていったが、まったく歌わなかった。金持ちの所からの帰り道、「ここの家は籾《もみ》を持たない家だったから声が出なかった。次の家では踊らせてみよ」と骸骨は話した。次の日、別の金持ちの所へ行き、踊らせると骸骨はさかんに踊った。賭けた物を受け取った帰り、その骸骨が「自分はお前の母親だよ」と言ったという。（田畑英勝（編）『奄美大島昔話集』）

歌うさらし骨［うたうさらしぼね］

鹿児島県熊毛郡屋久町（現・屋久島町）でいう歌う骸骨。

ある金持ちの旦那が歌い手の女を三人頼み、歌ってもらった。そのうちの一人は声の調子がたいそう優れていたが、灯りから離れて座敷の隅で歌っていた。旦那がその女の声を誉め、座敷の真ん中で歌うよう促したところ、女の顔がカボチャのような二目と見られない容姿であったため、旦那はその女を笑いものにした。大恥をかいた女は残念なあまり、山の中へと入り、死んだ。それから何年か経ち、ある夜、一人の男が山道を歩いていると、声の良い人が近くで歌っているのが聞こえた。声のするほうへ近づくと、真っ白くなった首だけのさらし骨が歌っていた。さらし骨から事情を聞いた男はさらし骨を背負い、日本中の村々を歩き回ることにした。とある村に着き、いざ宿を借りようとしたところ、「一人なら良いが、そんな骨と一緒に貸すことはできない」と断られてしまう。隣村に行ってみても同様であったため、男は「このさらし骨を背負っている限りいつまでも宿をとれない。こんなものどこかに失せてしまえ」と言って、近くの田んぼの水口に行った。「お前は田の神様になれ」と男は言うと、さらし骨をぽんと投げ捨ててしまった。それにより、田の神様は元はこのさらし骨であるのだという。（下野敏見（編）『屋久島の民話』第二集）

大島郡瀬戸内町の**歌い骸骨**同様、こちらも敵討《かたきう》ちの体《てい》を成していない。髑髏《どくろ》とともに旅をするも、疎ましくなり、水辺に捨てる話としては、林花翁『三河雀』巻三に記されている後仏の話がある。後仏は異相の人の髑髏で作る外法で、身の栄雅を極めるための宝だという。その代わり、常に後仏が離れずに身に付きまとい、譬《たと》えがたい苦しみを味わう。山形県羽黒山の一人の僧が後仏の苦しみから逃れたいと思っていた。ある夜、長野県善光寺へ行脚《あんぎゃ》する旨を後《うしろ》仏《ぼとけ》に話すと、後仏は「河に入ると術がことごとく果ててしまうため、道中大河に気を付けてくれ」と語る。それを聞いた僧は後仏を笈《おい》の中に入れると、善光寺の前にある犀川《さいがわ》に投げ入れ、そのまま流してしまったという。（喜田貞吉（編著）・山田野理夫（編）『憑物』）

宇婆［うば］

鹿児島県奄美大島でいう山の怪。『南島雑話』ではケンモンの一種と記している。

山で人を迷わしたり、後ろから「ウイ」と声をかけたりする。「ウイ」と声をかけられて振り向いても何もいないという。似た妖怪に**ヤマンボ**、ケンモンがいる。（名越左源太『南島雑話』二、村上健司（編著）『妖怪事典』、恵原義盛「奄美大島の妖怪」『自然と文化』一九八四年秋季号）

ウマツ

鹿児島県大島郡瀬戸内町でいう怪火。

登山修「奄美大島瀬戸内町嘉鉄の昔話（上）」（『南島研究』通巻二五号）によると、イチャビキ（イカ釣り）の際に見かけたウマツ（怪火）を袖の下から覗くと、神様のような姿の白衣を着た人がはっきり見えたという。（怪異・妖怪伝承データベース「怪異・妖怪伝承データベース」）

海鹿［うみしか］

鹿児島県屋久島の海に現れる怪物。

首は馬に似ている大きく黒いもの。鹿が走るような速さで泳ぎ、人を食べるとされる。特に五月一六日に出現すると伝える。

五月一六日に屋久曽根という漁場で、一《いっ》湊《そう》のカツオ船がカツオを釣っていた。そこへ海鹿が現れたため、急いで帰り支度をして、帆を揚げて屋久島へと向かった。しかし、逆風のため、船がなかなか進まず、カツオを二、三匹ずつ海に投げ込んでは命がけで櫓《ろ》を漕《こ》いだ。カツオを食べ終えた海鹿はたちまち船へと迫り、船に乗り上がろうとする。一湊の矢筈岳《やはずだけ》の近くまで船が行くと、艫櫓《ともろ》押しの漁師が櫓で力強く海鹿の口を突いた。すると、海鹿はもうついてこなくなり、船は一湊の港に着くことができた。その後、五月一六日には、絶対に海に行かないようになったという。（下野敏見（編）『日本の民話　三七　屋久島の民話』第一集）

また、五月一六日に一湊の矢筈の鼻へ永田の精助という若者が竿突《さおつき》の棒を持って、潜水に行った。そこへ志戸子《しとご》の沖のほうから海鹿が泳いできたため、精助は慌てて瀬の穴に隠れて、竿突の棒を構えた。幸いにも海鹿は精助に気が付かずに通り過ぎ、精助は無事であったという。

出現した日について言及されていないが、次のような話もある。

四つ瀬の浜から、夫婦連れが茅《かや》と焚物を舟に積み、永田へと向かった。その時、舟の後方から海鹿が追ってきて、舟の周りをぐるぐる回った。夫は妻に、海鹿に噛《か》まれないように舟底に這《は》いつくばっておくように言い、自分は一生懸命に櫓を漕いだ。そのうち、海鹿は舟を離れて、永田岬のほうへ去ろうとしたが、夕日に照らされた夫の影法師が海に映ると、海鹿は跳び上がって夫の影法師を食べてしまった。その後、三年経て、夫は病気で死んだ。「たとえ鱶《ふか》でも我が影法師を噛ますんな」と、漁師たちは言うという。（下野敏見『南日本の民俗文化誌　一　鹿児島昔話集』）

海塞ぎ［うみふさぎ］

鹿児島県奄美大島でいう進路妨害の怪であるが、海塞ぎは海に現れ、船の行く手を塞ぐ。慌てずに目を瞑《つぶ》り、念仏でも唱えていると消えるという。（恵原義盛「奄美大島の妖怪」『自然と文化』一九八四年秋季号）

大きなコブイ［おおきなこぶい］

鹿児島県熊毛郡上屋久町（現・屋久島町）でいう大蜘蛛《おおぐも》。コブイとは蜘蛛の意。

山へ狩人が鹿捕りに行き、鹿の通り道の間伏の所に木の枝で棚を作ると、棚に上がって鹿が現れるのを待った。いっこうに鹿が現れない中、突然琵琶《びわ》弾きが現れ、狩人がいる棚の上へと登ってきた。琵琶弾きは琵琶を弾きながら狩人の鉄砲の側に寄ると、鉄砲の火縄をシュンと消してしまった。狩人は素早く火縄を準備すると、琵琶弾きを狙って撃った。棚から転げ落ちた琵琶弾きをよく見ると、それは人間ではなく、大きなコブイであった。コブイはいつも涙のような汁を出しているので、その汁で火縄を消したのだろうという。（下野敏見（編）『日本の民話　三七　屋久島の民話』第一集）

大きな白い大根［おおきなしろいだいこん］

鹿児島県熊毛郡屋久町（現・屋久島町）でいう大根の化け物。

ある村のとある山下の野に、夜になるとメン（化け物）が出るといわれていた。化け物を退治しようと、三〇人ほどの若者が棒切れを持って出かけた。「メンがいたら声をかけよう。返答をしなかったら打ち殺せ」と示し合わせておいた。化け物が現れ、若者たちが「おーい」と声をかけた。すると化け物はぐっと大きくなった。もう一度「おーい」と声をかけると化け物はずんと大きくなる。「三度声をかけて返答しなかったら打ち殺せ」と三度目の声かけをした。返答はなく、化け物はどんどん大きくなった。若者たちは棒切れを振り上げて化け物を攻め、突き殺してみるとそれは大きな白い大根であった。それで三度追い声（肥）をして太らない大根はないという。（下野敏見（編）『屋久島の民話』第二集、有馬英子『鹿児島昔話集』）

化け物は出てこないが、同じく声と肥をかけた話として、鳥取県の笑い話「だるごえ違い」がある。

【か】

カゼ

鹿児島県奄美大島でいうユキアイ（コラム参照）、魔風の類。

墓道などで、辺りに風は吹いていないのに、生暖かい風が掠《かす》めて悪寒がし、帰宅してから着物を脱ぐと体のどこかに斑紋が生じていて、間もなく高熱が出る。医師に診てもらってもわからないが、ユタに祓《はら》ってもらうことで治るとされる。（恵原義盛「奄美大島の妖怪」『自然と文化』一九八四年秋季号）

カタキラウワ

鹿児島県奄美大島でいう股潜《またくぐ》りの怪（股を潜り抜けることで、人に危害を加える妖怪）、豚の怪。片身豚と表記。片切れ豚の意か。

恵原義盛「奄美怪異談抄」（『南海日日新聞』）に紹介されている。

仔豚の形をしているが、よく見ると影がないとされる。カタキラウワに股を潜られると、その人は魂を抜かれて死ぬか、性器を駄目にされて腑《ふぬ》抜けになるという。そのため、カタキラウワに気づいたら、股を潜られる前に目を瞑《つぶ》り、股をはすかいに踏み交わして立ち止まれば、カタキラウワは自ら去っていく、もしくはその下を潜られても災いはないという。ただし、大正一一年（一九二二）にナベという娘がカタキラウワに遭遇し、対処法を試みたところ、死ぬことも腑抜けになることもなかったが、熱を出してしばらく寝込んだという話がある。（今野圓輔『日本怪談集　妖怪篇』上）

カディマサ

鹿児島県大島郡徳之島町でいう怪談。首切り浜の伝説。

花時名《けどきな》という所にカディマサという人がいた。カディマサは他のもう二人とともに当部《とうべ》へ行って赤牛を盗んできた。盗んできた赤牛はカディマサの家の柱に括《くく》りつけ、どう処理するか三人で話していたところへ、カディマサの子どもが起きてきて、赤牛を見た。三人は赤牛を殺して売りさばき、大《おお》儲《もう》けしたが、当部から牛を探しにやって来た。カディマサの家でも牛の行方を尋ねるが、カディマサは知らないと答える。ところがカディマサの子どもがこの家に赤牛がいたことを言いそうになったので、カディマサは目を光らせて子どもを黙らせようとしたが、「父さんの目の怖いこと、昨晩の赤牛の目のようだ」と子どもは言ってしまった。赤牛を盗んだことがばれた三人は亀津の首切り浜に連れて行かれた。首を斬る時は、うつむかせ、ホイホイと声をかける。刀をあちこちでカンと打ち鳴らすことで意識をなくし、恐れる者から首を切っていく。しかし、カディマサはいっこうに恐れず、「私にもそのようなことをすれば、お前の刀を奪い取って殺してやる」と言った。カディマサがいざうつむくと、すぐに首を斬られた。すると、カディマサの首は三間（約五・四メートル）ほど飛び、目を瞬かせ、口いっぱいに砂を噛《か》んだ。そして、自分の首を斬った者の袴《はかま》の裾に噛み付いたので、皆刀を担いで逃げてしまった。以来、毎日カディマサの幽霊が首を斬った者の家に現れては目を光らせるので、とうとうカディマサの首を斬った者は死んでしまった。そのようなことがあり、首切り浜で首を斬るということはなくなったという。（福田晃・岩瀬博・松山光秀・徳富重成『南島昔話叢書　三　徳之島の昔話』）

カデモーサ

鹿児島県大島郡徳之島町亀津でいう山中の怪。

田畑英勝「奄美物語　その一」（『季刊　民話』通巻八号）に紹介されているもの。

大木を倒す音や牛に木を引かせる音、石が落ちてくる音がしたり、石が飛んできたりする。そういう時は迫ぐだりに神が通る（迫は谷の意。神が迫（谷）を下っていく）ため、谷間を行かずに峰になった所を行くと良いとされる。神の姿は見える人にしか見えない。木を引く音を聞いた者が追いつこうと音を追ってみたが、追いつけなかったという。（村上健司（編著）『妖怪事典』）

ガラッパ

鹿児島県種子島や吐噶喇《とから》列島、奄美大島などでいう水怪。

種子島中之町では、ガラッパは石に投げつけても死なないが、木の根に投げつけると死ぬとされる。ガラッパと相撲《すもう》を取りはじめる際、ガラッパは「俺の皿にかもうな」、人間は「俺の尻にかもうな」と言ってから相撲を始める。溺《おぼ》れた人間の肛門が引っ込んでいるのは、ガラッパとの相撲に負け、ガラッパに尻を抜かれたためだという。

タギリ川へある人が草切りに行った。「相撲取ろうから、来い、来い」とガラッパに言うと、ガラッパが来て相撲を取った。ガラッパを何度も投げつけたが、続々とかかってきてついにはガラッパにその人は負けてしまった。その後、その人は精神に異常をきたしてしまい、ガラッパを斬るために常に刀を差して歩くようになったという。

種子島向井町では、ガラッパは川の石の下を棲み処《か》としているとされる。大川に行った人が石の上で居眠りをしているガラッパを目撃した。気づいたガラッパが川に飛び込んだが、波紋が一つも起こらなかったという。（下野敏見『種子島の民俗』一）

吐噶喇列島のガラッパについては下野敏見『トカラ列島民俗誌』第一巻に紹介されている。

十島村悪石島《あくせきじま》では、ガラッパは頭に皿があり、体は細いという。手足が異常に長く、座れば膝頭が頭より高い位置に来るという。春の彼岸に川へ降り、秋の彼岸に山へ登るとされ、人に対し、悪戯《いたずら》したり、憑《つ》いたりする。山でびっくりすることに出遭う、道に迷う、目にゴミが入る、腹が痛む、異音を聞くといった異変はすべてガラッパの仕《し》業《わざ》だとされる。素足でガラッパの悪口を言うと、何キロメートルも先にいるガラッパに聞こえて仕返しをされる。履物を履いていれば良いというが、山でガラッパのことを口に出してはならないとされている。しかし、悪い面ばかりではないようで、ガラッパの釣り針には魚がよく食らいつくといい、ガラッパと同志になると魚がよく釣れるようになるという。またガラッパはもともと大工の同士であったという。

十島村平島《たいらじま》のガラッパも座ると、膝頭が頭の高さと同じ位置になるという。日高福一という人が、イガフグを取りに行き、岩陰で火を焚いて横になっていたところ、ガラッパがやって来て火の側に座った。ガラッパの口からは臭い涎《よだれ》がダラダラと垂れており、これにより日高氏は寝込むことになってしまったという。

　有馬英子（編）『福島ナヲマツ昔話集』によれば大島郡大和村《やまとそん》津名久《つなぐ》では、ガラッパは子どもを水中に引き込もうとしたり、相撲を取ろうとしたりするという。ある子どもが一人で歩いていると、ガラッパに引き込まれそうになったが、危うく引き込まれずに済んだ。その際、「この子は先祖棚にあげたご飯を食べており、先祖が引き戻すためどうしても引くことができない」とガラッパが言ったという。（石川純一郎『新版河童の世界』）

ガラル

　鹿児島県吐噶喇《とから》列島でいう水怪。他に**ガラッパ**、**ガワッパ**、ガッパ、ガウルという呼び名もあり、磯にいるためイソンコと呼ぶこともある。（千葉幹夫（編）『全国妖怪事典』）

ガワッパ

　鹿児島県屋久島でいう子ども姿の水怪。小坊主に化けて、大瀬という場所へ誘う。人が溺《おぼ》れて死ぬのは、ガワッパに尻子玉を抜かれるためであるという。

　熊毛郡上屋久町（現・屋久島町）では、ある男が酔って帰っていると、四、五人の子どもが男に相撲《すもう》を挑んできた。男が片っ端から子どもたちの腕を取って振り回すと、腕が長くなって抜けたという話がある。（千葉幹夫（編）『全国妖怪事典』）

ガワロ

　鹿児島県奄美群島の喜界島でいう水怪。ネィブイガーローともいう。髪が赤く、頭に皿がある。相撲《すもう》を挑んでくることがあり、海辺の岩で居眠りしているところを漁師に見つけられることもあるという。（民俗學研究所『綜合日本民俗語彙』）

　岐阜県高山地方、和歌山県日高郡、宮崎県宮崎市佐土原町《さどわらちょう》と西臼杵《にしうすき》郡五ヶ瀬町にも**ガワロ**と呼ばれる水怪がある。（日野巌「附日本妖怪変化語彙」『動物妖怪譚』下）

棺桶のなかの妻［かんおけのなかのつま］

　鹿児島県熊毛郡南種子町の怪談に登場する動く死体。一つ家の怪の類。

　ある所に仲の良い夫婦がおり、どっちが先に死んでも墓に埋めずに床の間に置いておこうと相談した。妻のほうが早く死に、夫は約束どおり妻の死体を入れた棺桶《かんおけ》を床の間に置いた。すると毎晩「よいそこ、おるかい」と言って棺桶が動きだして寝ている夫のほうへと来る。夫は「よいそこ、おらい」と言って棺桶を布団の中へ入れて寝かす。だんだん恐ろしくなった夫は棺桶を墓に埋めたが、「よいそこ、おるかい」と言って毎晩やって来る。夫が寺の和尚に相談すると、和尚は夫を裸にし、背中に「南無妙法蓮華経」と書いた。そして、裸のまま棺桶を埋めている墓の側に一晩中立っておくようにと言い、どんなことがあっても声を出したり、逃げたりしないようにと念を押した。夜、夫が墓の側で立っていると、棺桶が出てきて夫の家へと向かった。夫が安心していると、棺桶は急いで引き返してきて、中から物凄《ものすご》い形相をした妻が現れた。妻は夫のほうを見ると「このお札は、俺のにょうれんぼうに似ている」と言いながら、夫の体を撫《な》でまわしはじめた。歯を食いしばって夫が堪えていると、妻は夫の背中に書かれてある妻自身の命日を見つけた。「早くも四十九日になったか。もう行かないといけない」と呟《つぶや》くと、妻は棺桶に入って、墓の中へと戻って行った。その後、二度と棺桶は出てこなかったという。（下野敏見（編）『日本の民話　三三　種子島の民話　第一集』）

カンザーメン

鹿児島県西之表市でいう子ども脅しの怪。

　カンザーとは草の葉で作られた四角い背負い袋のこと。このカンザーを背負った**メン**を島民はカンザーメンと呼んでいた。子どもたちが夜遅くまで遊んでいると、「遅くまで遊んでいるとカンザーメンが来るよ」とよく言っていたという。（和田寛（編）『河童伝承大事典』）

鬼界ヶ島伽藍坊［きかいがしまがらんぼう］

『天狗経』に記されている四十八天狗の一つ。鹿児島県種子島や吐噶喇《とから》列島の天狗。（知切光歳『天狗考』上巻）

鬼人の鳥［きじんのとり］

鹿児島県熊毛郡屋久町（現・屋久島町）の民話に登場する人食い鳥。人間を食べないと体が焼けるとされる。

　昔、両親と息子と娘の四人が暮らしていた。父親は狩人であったが、二人の子どもは殺生を止めて欲しいと思っていた。いくら頼んでも父親は相手にしてくれないため、息子は熊の皮を被って、熊の通り道を歩いた。父親は息子だと気が付かずに、鉄砲を放ち、息子を殺してしまう。悔やんだ父親は息子の死体とともに家へ帰った。父親の手により息子が死んだことを知った母親は空を激しく睨《にら》むと、一瞬にして鬼人の鳥と化し、夕闇の彼方《かなた》へと飛んで行った。父親は娘に家を任せると、自ら鉄砲で死んだ。鬼人の鳥となった母親は、昼間は雲の中に隠れて、夜になると地上に下りて人間を食べた。ある日、娘の元に鬼人の鳥が現れた。鬼人の鳥は自分を撃ち取る方法を娘に告げると、雲の間へと消え去った。弟の四十九日が済んだ頃、突然殿様が鬼人の鳥を射落とすためにやって来た。娘は鬼人の鳥に言われたとおり、殿様に未練の鐘を作ってもらい、鐘の前で手招きすると、鬼人の鳥が舞い降りた。娘が鐘を撞《つ》くと、鬼人の鳥は嬉しそうに羽ばたいた。そこを狙って、殿様の家来たちは矢を放ち、鬼人の鳥を退治することができた。未練の鐘の音によって、母親の魂は初めて先の世へと行くことができたという。（下野敏見（編）『日本の民話　三八　屋久島の民話　第二集』）

キミマサ火 ［きみまさまち］

鹿児島県徳之島兼久《かねく》でいう怪火、幽霊火の類。

昔、兼久にキミマサという人がいた。ある日、魚獲りのために穴の中へと潜り、そのまま出られなくなり、死んでしまった。それ以来、キミマサの死んだ日には必ず、その霊が火を灯して出るといわれている。妻の夢にも現れて「自分が松明《たいまつ》で通るから、それを見たら自分だと思え」と言った。

キミマサ火は人に危害を及ぼすことはなかったという。（島尾敏雄・島尾ミホ・田畑英勝『日本の伝説　二三　奄美の伝説』）

クイキリウシ

鹿児島県徳之島阿布木名《あぶきな》地区（現・大島郡天城町天城）の白牛の坂に出る牛の怪。田畑英勝「奄美物語」（『季刊　民話』第八号）に紹介されている。

クイキリウシとは首切り牛の意で、その名のとおり首の切れた牛が出るという。（今野圓輔『日本怪談集　妖怪篇』上）

クビキリウヮ

鹿児島県奄美大島徳之島、喜界島でいう豚の怪。クイキラウヮとも。首切れ豚の意。

夜の道で頭を切り取られた豚が人を襲うという。（黒史郎『ムー民俗奇譚　妖怪補遺々々』、小原猛（著）・三木静（絵）『琉球妖怪大図鑑』上）

クビキリャヤギ

鹿児島県でいう山羊《やぎ》の妖怪。首切れ山羊。

その名のとおり、首がない山羊。（黒史郎『ムー民俗奇譚　妖怪補遺々々』）

鞍掛猫 ［くらかけみや］

鹿児島県奄美群島の沖永良部島《おきのえらぶじま》でいう猫の怪。子ども脅しの類。

夜中に鳴く猫を鞍掛猫と呼ぶ。非常に恐れられており、子どもが泣き止まない時は「鞍掛猫が来るぞ」と言って脅すという。（民俗學研究所『綜合日本民俗語彙』）

ケッケマッケの鳥 ［けっけまっけのとり］

鹿児島県加計呂麻島《かけろまじま》にいるという鳥。

羽根に赤と黒が混ざった、雄鶏のような鳥で、一〇メートルぐらい先にちらっと姿を見せると、それっきり消えてしまう。ケッケマッケの鳥は人目に触れることを恐れるが、村人もこの鳥に遭うと運が悪いといって避けるという。

この鳥はもともと、ユカリッチュ（奄美大島にあった貴族階級）に使われていた女の家人（奴隷）であった。主人があまりにも無理やり働かせるので、彼女は主人を殺し、山へと逃げ込んだ。いつしかこの女はケッケマッケの鳥へと変わってしまった。主人を殺して逃げる際に、まだ乳飲み子であった我が子を置いてきてしまったため、その子を思い、胸乳が腫《は》れた。それでケッケマッケの鳥も右側の胸が少し膨らんでいるという。（西原松生（編著）『カラー　沖縄の怪談』）

ケンムン

鹿児島県奄美大島や徳之島でいう怪物、化け物、妖怪変化。ケィンムン、クィンムン、キンムン、ケンモン、ケモンとも表記されるが、これは現地ではkïnmunと呼んでいるためである。ケンムンの語義は未詳とされ、「化の物」あるいは「怪の物」が訛《なま》ったものと考察されるが、田畑英勝氏曰く、kïは木や毛の意味に使用されることはあっても、化（ke）の意味には使われない発音だという。ゆえに「木の物」あるいは「毛の物」ではないかという説も見受けられる。ガジュマルやアコウの木を棲み処《か》とする点や、**ケンムンマチ**といって火を灯す点などから沖縄県の**キジムナー**の類として受け取られたり、相撲《すもう》を取ることを好む点、頭に力水もしくは油を溜めておく皿がある点などから河童の類とも解釈されたりするが、他の妖怪との共通点を見ていくのであれば、十島村の**ガラッパ**や熊本県の**ヤマワロ**、宮崎県の**ヒョース坊**に四国の芝天はもちろんのこと、天狗や狐に鎌鼬《かまいたち》、中国大陸のトッケビやマレーシアに伝わるとされる木株の精（小株の精とも）と共通するところもある。そのため、一概に具体的な怪異妖怪の仲間とは呼べず、ガジュマルやアコウの木を棲み処とする小柄な人型の怪物、あるいは陸上で遭遇する妖怪変化の総称としてケンムンという名前は用いられている印象を受ける。恵原義盛氏によると、奄美大島では「妖怪」に該当する言葉として「マイナムン」があるといい、古老たちが言うケンモンは幽霊を含まないマイナムンの総称である場合が多いという。ケンムンの話とは奄美の怪物の話、妖怪変化の話といっても過言ではなく、下野敏見氏によれば、奄美群島全域のケンムン話を採集したらおそらく何万話にも達するだろうと見られている。それだけケンムン話は多く、枚挙にいとまがない。

『南島雑話』では「水蝹」と表記し、ケンモン、カワタロ（カハタラウ）、山ワロと読ませている。相撲を好み、人に逢うと相撲を挑んでくるというが、ケンモンの姿を見る人は少ない。かつて、人に仇《あだ》をなすことはせず、薪を背負っている人に逢うと、ケンモン自ら加勢する。そして、里が近くなり、煙や人家を見ると逃げ去ってしまうと記している。

数多《あまた》の資料にケンムンと相撲を取ったという話が記されているため、相撲を好むという記述に間違いはない。ケンムン自ら仇をなすことはないものの、ケンムンの悪口を言ったり、棲み処としている木を伐採したり、ケンムンを泣かせるような目に遭わせたりすると、ケンムンに仕返しをされる。また、ケンムンに遭遇し、家に帰りつくとそのまま熱を出して寝込んだという話もまま見受けられる（逆に、ケンムンを恐れることなく、悪口を言わないと熱が出るともいわれる）。ケンムンと一緒に魚を獲る話はあるものの、薪を運ぶのを手伝ってくれたという話はあまり見かけない。また、煙や人家を見ると逃げ去るとあるが、小屋にやって来ては火にあたるケンムンの話がいくつかあり、逃げるどころか「退け」と言ってもその場から動こうとしない。

　ケンムンの姿であるが、人型の場合、二歳くらいから八歳くらいの子どものようだと形容される。頭はおかっぱで油もしくは力水を溜めておく皿があるとされ、頭髪および体毛は赤い。また肌はぬるぬるしているともいう。足は長く竹のように細い。特に脛《すね》が長いとされ、両膝を立てて座るが、頭はいつも脛の間に挟んでいるという。両膝を立てる座り方を島では「ケンムン坐《い》り」と呼んで好まれない。砂浜にケンムンの足跡が残っていることがあり、その形は竹筒を押したような跡だという。においも特徴的で、よく雄山羊《やぎ》のにおいに似ていると語られるほか、ケンムンを摑《つか》んだ手を嗅《か》いでみるとモグラのような青臭いにおいがしたという話もある。姿について述べたものの、ケンムンは何にでも化けるとも決まった形はないともいわれている。犬や猫、仔馬、豚、魚の他、相手次第で似た姿をとったり、周囲と同じ物に化けることもできるという。美女に化けてはタクシーを拾い、運転手がフッと気が付いて振り向くといなくなっているという話もある。

　河童が大陸から日本へ渡ってきた、大工が術をかけた藁人形《わらにんぎょう》が河童になった、入水した平家が河童となった、といった起源譚《たん》があるように、ケンムンにもいくつか起源譚が伝えられている。

　ジャワ島がケンムンの原産地であり、一億六〇〇〇万年の間に奄美までやって来た。大工の神であるテンゴの神が呪《まじな》いをかけた藁人形がケンムンになった。継母にいじめられていた兄弟が太陽神テダクモガナシによってケンモンとウバに変えられた。美しい妻を奪うためにユネザワを殺したネブザワという男が神によって半人半獣のケンモンに変えられたといった話がある。人間がケンムンになった話に関連して、ケンムンは本名で呼ばれることを嫌うとされる。そのため、先のネブザワをはじめ、アザガワリ、ジロウ・タロウ、ノブサダといった名前を山で使ってはいけない、ケンムンを呼ぶのに使ってはいけないといわれている。

　ケンムンが嫌うものとしては他にタコがある。ケンムンはタコをヤツデマルと呼んでおり、巻きつかれて難儀するという。ケンムンと漁《あさ》りに行って、充分収穫してケンムンに離れて欲しい時はタコを取っていなくても「ミツタコじゃが」と叫んで、後ろに何か投げるとケンムンが離れるため、その隙に後ろを見ずに家に帰るのだという。ギブと呼ばれる貝も、過去に手を挟まれて酷《ひど》い目に遭ったことからケンムンはこの貝だけは嫌うとされる。

　嫌うわけではないようだが、左巻きのものをケンムンは避けるという。夜、ケンムンが群れをなして海に行くが、その際に洗濯物を汚されて困る家があった。そこで、左握り（左に回して、握ること）の握り飯を膳《ぜん》に供えて縁側に出しておいたところ、翌朝には食べ尽くしてあり、悪戯《いたずら》もされなくなったという。また、ケンムンの群れに出くわし、馬が立ち往生した時は、馬を左に三回回して鞭《むち》打つとケンムンの群れが退散し、馬が進んだという話もある。

　ケンモンに相撲で勝つ呪いとして、サラシの腹巻に鉄瓶の蓋《ふた》を仕込むという方法がある。腹巻に触れたケンムンはグニャグニャと崩れ落ちてしまい、逃げ去っていくという。ケンモンは金物に触れると無力になり、七つの金物があると神通力を失うとされる。七条線が刻まれた斧《おの》を携えておくとケンモンが近寄らないという。しかし、河童のように金物を嫌っているというわけではないようで、ケンムンに銃身を捻《ね》じ曲げられた、使っていた鎌を隠された、持っていたカミソリが松の木の枝の上に置かれていたといった話がある。

　ケンムンは魚と貝を常食としており、火を灯して夜の磯辺で漁りを行う。指先や頭上の皿の油に火を灯す、または、よだれや鼻垂れが灯りになるとされる。関東や和歌山県、佐賀県などでは狐のよだれが光るといわれており、また和歌山県紀の川付近では蜘蛛《くも》のよだれが光るといわれているため、ケンムンのよだれが光るという説明もこれらに通じるところがある。ケンムンは魚の目玉を特に欲しがり、魚獲りに行って近くにケンムンがいると、獲れた魚すべて目玉を抜かれて片目になっている。また、魚だけではなく、苦手としているタコや、猪《いのしし》からも目玉を抜くという。抜くまでいかないが、ケンムンを追った犬が目を突かれて真っ赤に腫れた、ケンムンが悪戯で馬の片目を突いて塞《ふさ》いだといった話があるほか、ケンムンの祟りで目を突かれて失明し、隻眼《せきがん》になった人もいるという。ケンムンに石を投げたら口を捻《ひね》られ耳の下に移動した、ガジュマルの木を伐採したら睾丸《こうがん》が一〇倍に大きくなり歩くのに難儀するようになったなどの祟りの話があるが、時にはケンムン自ら手をかけることもある。ケンムンの怒りを買った男が集会所に逃げ込み蒸籠《せいろ》の中に隠れたところ、ケンムンがやって来て敷居を枕にして寝ていた者を殺した。屋根に隠れていた男が見つかって煮えたぎる釜にぶち込まれて小さく刻まれた。太鼓の下に隠れた男の馬が舌を抜かれて吊り下げられたといった話がある。軍政長官マッカーサーの命令により、仮刑務所を設置するにあたってケンモンが宿るガジュマルの木を伐り尽くしたところ、ケンモンがいなくなった。しかし、アメリカでマッカーサーが死んだという報があった後、ケンモンが再び目撃されるようになり、「ケンモンはアメリカに渡ってマッカーサーを祟り、マッカーサーが死んだので帰って来たのだ」と村人たちは噂《うわさ》し合ったという。この他、出血を伴わない傷を負わせられたという話も見受けられる。

　怖い一面があるケンムンであるが、付き合い方次第のようで、ケンムンと仲良くなってタコ獲り名人になったという人の話もある。その人が銛《もり》突《つ》き漁を行っているところにケンモンがやって来た。魚が取れればケンモンに投げ与え、タコが捕れれば、ケンモンに投げずに、自分が座っている舟の敷板の下へと隠し入れた。それを見たケンモンは安心し、その人にタコが巣喰っている穴を教えるようになったという。（稲田浩二・大島建彦・川端豊彦・福田晃・三原幸久『日本昔話事典』、小松和彦（監修）『日本怪異妖怪大事典』、田畑英勝「奄美の妖怪について」『琉大史学』第五号、恵原義盛「奄美大島の妖怪」『自然と文化』一九八四年秋季号、今野圓輔『日本怪談集　妖怪篇』下、徳之島民俗研究学会『徳之島民俗誌』、名越左源太『南島雑話』二、田畑英勝（編）『奄美大島昔話集』、不思議な世界を考える会（編）『怪異百物語』一、松谷みよ子『現代民話考』一、下野敏見『鹿児島ふるさとの昔話』二、同『鹿児島ふるさとの昔話』三、田畑千秋『奄美大島の口承説話』、金久正『復刻　奄美に生きる日本古代文化』、佐藤清明『現行全国妖怪辞典』、高野秀行『アジア未知動物紀行』、東喜望『沖縄・奄美の説話と伝承』、文英吉『奄美大島物語　増補版』、福田晃・岩瀬博・松山光秀・徳富重成『南島昔話叢書　三　徳之島の昔話』、島尾敏雄・島尾ミホ・田畑英勝『日本の伝説　二三　奄美の伝説』、恵原義盛「奄美のケンモン」『日本民俗文化資料集成　八　妖怪』、石川純一郎『新版　河童の世界』）

ケンムンマチ

鹿児島県奄美大島でいう光物、怪火の類。ケンモンマチ、ケンモンウマツ、ケンムン提灯《ちょうちん》とも。マチ、ウマツとは火や光のこと。夜、思わぬ所に光が見えると「ケンモンマチが出た」という。夜に山や海で明滅する光の列をケンムンマチといって恐れられている。

　暗い夜に海岸などに出ていると人通りの少ない向かいの山の中腹辺りに、青白い光が明滅している。早く動いたりゆっくり動いたりしているうちに一点の火が三つにも四つにも分かれ、再び一つになる。浜伝いにやって来たかと思うと、河童が出るとされる水門尻まで来て、消えてしまうという。これをケンモンウマツと呼ぶ。

　大島郡徳之島町では雨のそぼ降る夕方などにガジュマルやアコウなどの木の周りに青い火玉が灯ることがあり、これをケンムンマチと呼んでいる。

　名瀬市（現・奄美市名瀬）では、朝戸を流れている川の側の道にケンムン提灯がたくさん出たという。

　根瀬部《ねせぶ》崎の磯で貝を獲っていた女が、

先々の方向に同じように貝を獲っていると思しき灯りが見えたので、追いつこうと灯のほうへ向かうと、灯も先へ先へと移動していく。そうしているうちに覚えのない所まで来てしまい、村の方向もわからなくなったため、目を瞑《つぶ》り、心を静め、しばらくしてから目を開けると根瀬部崎とは反対のヒロ崎のほうに来ていたという。（和田寛（編）『河童伝承大事典』）

　根瀬部崎の話はヨーロッパの怪火の話に似ている。

【さ】

先島丸［さきしままる］

　鹿児島県熊毛郡上屋久町宮之浦（現・屋久島町宮之浦）でいう死者の魂が乗る船。

　屋久島では死者の魂は舟であの世へ行くとされ、宮之浦や楠川《くすがわ》では海の向こうの先島という所へ行くという。盆の一三日には先島から先祖がやって来て、一六日には先島に戻る。宮之浦や楠川では葬式直後から一年ほど、墓石を建てるまでは木造の霊屋《たまや》を墓地に建て、霊屋の後ろの壁に墨字で「先島丸」と書いて、舟の絵を描く。昭和三六年（一九六一）頃には動力船が描かれているが、以前は帆掛け船が描かれていた。

　ある年の盆の一六日、宮之浦の荒木という男が、出張で永田へ行くことになった。宮之浦から永田までは六里（約二三・四キロ）あり、移動手段が徒歩ということもあって、暑さを少しでも避け、朝の陰があるうちに行こうと思い、午前二時に出発した。一里（約三・九キロ）ほど行くと泊河という場所があり、その手前に振腰という尾根を回る所がある。道を登りつめると、泊河の浦を一望できる見晴らしの良い所になっているため、荒木はそこまで行って、煙草を吸おうとした。その時、泊河の浦からガヤガヤと大勢の声が聞こえてきた。下を覗いてみると、明かりを灯し、帆に「先島丸」と書いた舟が何百艘《そう》も浮かんでおり、浦いっぱいにひしめき合っていた。驚いた荒木は思わず叫び、吸っていた煙草を落とした。荒木はもう一本煙草を取り出し、火をつけて、再び下を覗いてみたところ、先ほどまであった先島丸は一艘も見当たらず、賑《にぎ》やかだった人声も消え失せていたという。

（下野敏見（編）『日本の民話　三八　屋久島の民話　第二集』、同『鹿児島ふるさとの昔話』）

ジーヌムン

鹿児島県大島郡徳之島町でいう股潜《またくぐ》りの怪。ジルムンとも呼ぶ。

夜道に現れて、人の股下を潜る。ジーヌムンに股を潜られると、その人は死ぬという。

ジーヌムンは雨スダレ（軒下）に埋めた子どもの霊であるという。（国際日本文化研究センター「怪異・妖怪伝承データベース」）似た名前と性質の妖怪に**ジロムン**がいる。

シカタ

鹿児島県奄美大島でいう音の怪。死形の意と考察される。

長く病床にある際、シカタが出て地面を叩き固める音がする。すると病人は死んでしまうという。（佐藤清明『現行全国妖怪辞典』）

志自岐丸の船幽霊 ［しじきまるのふなゆうれい］

鹿児島県種子島でいう幽霊船の類。軍艦の幽霊。

大正八年（一九一九）八月、種子島沖で志自岐丸という軍艦が沈んだ。それからというもの志自岐丸の船幽霊が何度も現れる。

夜釣りをしていると、何百という電気を灯した軍艦が、かねて浅瀬である所を通っていくという。（下野敏見『種子島の民俗』一、今野圓輔（編著）『日本怪談集―幽霊篇―』）

シチ

鹿児島県大島郡喜界村浦原（現・喜界町浦原）でいう妖怪、幽霊。天と地を繋《つな》ぐ大円柱のようなもので、シチは難産で死んだ者の幽霊とされる。

モレー（物もらい）に化けた二十三夜様を丁重にもてなした亭主がいた。ある日、モレーに呼ばれて、亭主はたくさんのご馳走をいただいた。月が出たため、亭主が帰ろうとすると、モレーが一本の刀を持ってきて、「先へ行くとシチが三本並んで立っているから、風上に回って、真ん中のシチをこの刀で斬れ」と教えた。亭主がモレーの家を出ると、黒白黄の三本のシチが立っている。言われたとおり、風上に回り、真ん中の黄色のシチを刀で斬ると、亭主を埋めてしまうほどの黄金がガラガラと落ちてきた。亭主はその黄金を持ち帰って大金持ちになったという。（柳田国男（編）・岩倉市郎（採録）『鹿児島県喜界島昔話集』）

沖縄県の**シチマジムン**の項目も参照。

死人の霊魂 ［しにんのれいこん］

鹿児島県奄美群島の沖永良部島《おきのえらぶじま》の怪談。

知名町上城《かみしろ》のネーチニャという海岸にある墓場に現れる霊魂。

朧月夜《おぼろづきよ》にある漁師がネーチニャの墓場を通った。墓場の中では、大勢の人が三味線を弾いて、歌ったり踊ったりしていた。自分より三味線や歌が上手なのが癪《しゃく》にさわって、漁師はその座に小石を投げつけた。ところが、三味線や歌が止み、ガヤガヤと騒いだかと思うと「あの者を摑《つか》もう」という声がした。それを聞いた漁師は海岸に逃げだすと、後から大勢の者が追いかけてきた。漁師は砂浜に来ると後ろ向きに逃げ、小舟のある所に来ると、小舟を一回りして小舟をひっくり返し、その中に隠れた。すると、大勢の者が「確かにここまで来たが、足跡が向こうへ行っている」と言って皆で足跡の向かっているほうへ行ってしまった。一番鶏が鳴き、夜が明けたので漁師は安心して帰宅した。一ヶ月後、とある祝いの席で漁師はこの話をしたが、話が済むと同時に死んでしまった。あの時、墓場で遊んでいた大勢の者は死人の霊魂で、石を投げた漁師をいつも探していた。漁師があの時のことを祝いの席で話したために、こいつが石を投げた奴だということが、死人の霊魂に突き止められて殺された。以来、上城の人たちは夜に海岸へ行かないようになったという。（田畑英勝（編）『奄美大島昔話集』）

シマーブー

鹿児島県奄美群島の喜界島でいう進路妨害の怪。

枝を広げた木のような怪物だとされ、夜、人の行く手に突然現れ、通行を妨げるという。（民俗學研究所『綜合日本民俗語彙』）

ジャー

鹿児島県大島郡与論町でいう魔物、悪魔、鬼。飯食わず女房の話に登場する。

背中に口があり、生米をうんと詰め込んだり、五、六升の飯を一度に食べたり、人間や牛馬を一気に食べたりするとされている。（田畑英勝（編）『奄美大島昔話集』）

白髪獅子の化け物［しらがししのばけもの］

鹿児島県大島郡宇検村《うけんそん》部連でいう化け物。

猪《いのしし》がたくさん捕れた時は、一頭でもそのまま置いておかずに、穴を掘り、丁寧に葬らないといけない。そのままにしておくと、白髪獅子の化け物になり、捕った人に祟りがくるとされる。（下野敏見『鹿児島ふるさとの昔話』二）

『鹿児島ふるさとの昔話』二には「白髪獅子の化け物」と表記しているが、猪の祟りの話なのであれば、「白髪猪の化け物」が正しい表記であろうか。

ジロムン

鹿児島県大島郡瀬戸内町でいう股潜《またくぐ》りの怪。

田畑英勝「奄美物語」（『季刊　民話』第

八号）に紹介されている。

真っ白いジロムンも黒いジロムンもいるといい、兎《うさぎ》のように素早く動き跳び回る。人に障《さわ》ることはないとされるが、ジロムンを見る時は両足をはすかいに交差して股下を潜《くぐ》られないようにしないと災難があるという。

八月の人の顔がわかるかわからないかぐらいの時間帯に小勝《こがち》の先端で中原国重という人がジロムンに遭遇したが、ジロムンはすぐに山へ消えていったという。（今野圓輔『日本怪談集　妖怪篇』上）

似た名前と性質の妖怪にジルムンとも呼ばれる**ジーヌムン**がいる。あるいは同一の妖怪か。

好魔風［すきまかぜ］

鹿児島県鹿児島郡十島村口ノ島でいう魔風、ユキアイ（コラム参照）の類。

好魔風と行き合うと病気になる、またはぶっ倒されることがあるという。巫子《みこ》を頼むことで、好魔風を退散させてもらう。（民俗學研究所『綜合日本民俗語彙』）

千年ながらめ［せんねんながらめ］

鹿児島県熊毛郡屋久町（現・屋久島町）の異類婚姻譚《たん》に登場する貝。飯食わず女房の類で、女房の正体がながらめとなっている。ながらめとは屋久島、種子島などの南の海に棲んでいるアワビの一種。

ある所に夫婦連れがいたが、夫がいくら働いても貧しいままであった。夫は妻に留守番をさせ、自分は旅に行くフリをして、床下に屈《かが》んで妻の行動を覗いた。夫がいない間に妻は、大釜を据えて、小豆三升を煮、米三升を炊き、混ぜて小豆飯にして大きなどんぶりに盛った。大きな朝鮮サバ八つとうたて大根三本を大鍋に入れて煮しめた。妻の食事が終わった頃を見計らい、夫は庭に回って大きく咳払《せきばら》いをした。妻は大慌てで大釜や大鍋、どんぶりを隠すと、布団を引っ張り出して寝込んだ。夫は家に入ると、妻に具合を尋ねた。急に腹が痛みだしたと妻が言うため、夫は妻の大きな腹を擦りながら「アーズキ三升、米三升、さば八つ、とうたて三本、大飯じゃった、お腹がつうろん、さあろん、痛かんど」と言った。驚き呻《うめ》くのも忘れた妻に向かって、夫はすべて見ていたことを告げ、離縁を言い渡した。妻は泣いて許しを請うも聞き入れられず、家を出ていくことにした。妻がどこに行くのか、夫が見ていると妻は海辺へ向かい、海の中へと入っていく。すると、妻の姿は大きな貝に変わり、ピューッと潮を吹いて海の中に消えてしまった。千年ながらめが人間に化けていたのだという。（下野敏見（編）『日本の民話　三七　屋久島の民話』第一集）

千年ぬ人取り［せんねんぬちゅとり］

鹿児島県名瀬市（現・奄美市名瀬）でいう古道具の怪。

毎日毎日、ある村に人取りが来ては人を

攫《さら》っていく。ある日、村の大胆な人が人取りの後をつけると、山の中の寺へと入って行った。しばらくすると、寺の中で「ウシ屋ヌウシウシ」「バン屋ヌバンバン」と言いながら踊っている者たちがいる。大胆な人は自分も踊ろうと、裸になって体中に塩をたくさんつけて「シュ屋ヌスス」と言って踊りに加わった。すると今まで踊っていた者たちが声だけ発し続けて姿を消してしまった。夜明けになると、ゴソゴソという音が神棚と床下へと消えた。大胆な人が音が消えた所を探してみると、神棚から臼《うす》の欠片《かけら》が、床下から盤の欠片が見つかった。これら二つの欠片を割ってみると、中には血が入っていた。一〇〇〇年経た臼の欠片と盤の欠片が化けて人取りをしていたことがわかった。

何でも一〇〇〇年経てば人取りをするといわれている。（田畑英勝（編）『奄美大島昔話集』）

千年ハスマ［せんねんはすま］

鹿児島県屋久島モッチョム岳の麓《ふもと》の鯛《たい》の川の大淵《おおぶち》に棲んでいた妖怪。ハスマとはエビの意。

モッチョム岳麓の原地域に宮本左門之助という腕利きの侍がいた。ある年、原の先の山口という所に盗賊が出るという話を聞き、左門之助は盗賊退治に向かった。左門之助が山口を目指して登る最中、山を下りてくる盗賊と出くわした。盗賊は両太刀を用いて斬りかかり、左門之助と激しい斬り合いとなったが、負けてどこかへ逃げ去った。左門之助が血の跡を辿《たど》ると、岩屋へと続いており、中には人間の死骸がごろごろあり、奥には大きなハスマが両方のハサミをだらりと垂らして死んでいたという。（下野敏見（編）『日本の民話　三七　屋久島の民話』第一集）

【た】

種豚［たねぶた］

鹿児島県大島郡与論町でいう豚の怪。

ある所に綺麗な女がおり、その女の家では一〇年余り飼われていた種豚がいた。この種豚は毎晩美男子に化けては女の家へ通っていた。ある日、別の男が女の家に来てみると、女は豚と遊んでいた。驚いた男が「豚と遊んでいる」と大声で言うと、豚は泣きながら小屋へと入って行った。豚や猫などは長く飼うものではないといわれている。（田畑英勝（編）『奄美大島昔話集』）

卵顔の人［たまごがおのひと］

鹿児島県大島郡徳之島町でいう顔のパーツがない恐ろしいもの、再度の怪。

昔、ある村はずれにある、人通りが少なく眺めの良い陸浜に一人の女の人が寂しそうに海を眺めていた。そこを通りかかった旅の男が、その女の美しさに惹《ひ》かれ、からかってみようという悪戯心《いたずらごころ》を起こし、後ろからちょっと肩を叩いた。驚いて振り向いた女の顔は目も鼻も口もない、つるんつるんした卵顔であった。驚いた男は怖さのあまり村まで命の限り駆けた。村に着くと道の真ん中に人力車がいた。男は「早く隣村まで連れていってくれ」と言って、人力車に飛び乗ろうとした。車夫が何をそんなに恐ろしがっているのか尋ねると、男は今しがた見たものを話した。「こんな顔の人ですか」と車夫は自分の顔を撫《な》でるとたちまち卵顔の人へと変わった。男はますます驚き、そこを逃げ出してとある人の家に逃げ込んだ。怖がっている理由を尋ねられ、男は卵顔の恐ろしい人を見たと繰り返し答えた。すると「こんな顔の人でしたか」とその家の人が自分の顔を撫でるとたちまちその人も卵顔になってしまったという。（田畑英勝（編）『奄美大島昔話集』）

タンゴクレレ

鹿児島県奄美大島でいうあやかしの類。桶《おけ》呉《く》れよの意。

夜に航行していると、後ろのほうから淡い光が追いかけてくる気配がし、「タンゴクレレー」という叫び声が近づいてくる。無視してもどこまでもついてくるため、小桶の底を抜いて投げてやると消えてしまうという。底がついたままの桶を投げ渡すとその桶で船に水を汲《く》み込んで沈めてしまうとされる。（恵原義盛「奄美大島の妖怪」『自然と文化』一九八四年秋季号）

チカバク

鹿児島県大島郡徳之島町でいう転がり出る怪。ユキアイ（コラム参照）の類か。チカバコとも。

本田碩孝「井上カナ媼昔語り」（『南島研究』三〇号）に紹介されている。

小型の箱の姿をしており、人の魂を奪い取るという。

夜に宝島の人が白い箱が転がっていたのを目撃し、三日目に死んだ。また、夜に綱を綯《な》っていた男性のもとにクヮラクヮラクヮラーと小さな箱が回ってきたが、その後五日目に死んだという。（黒史郎『ムー民俗奇譚　妖怪補遺々々』）

ちょかめん

鹿児島県種子島上中《かみなか》から島間《しまま》までの途中にある一里塚の坂道に出たという転がり出る怪。ちょかとは鹿児島県辺りでいう土瓶の意。

　黒もしくは赤、蒲色《かばいろ》の大きなちょかの形をしているとされる。人に出遭うと必ず上に向かって坂を転がっていく。現れる時は前のほうでコトンという何か落ちたような音を立て、谷底のほうから、ガタンと山を揺るがすような地響きを立てて消える。次郎ざあという爺《じい》さんがちょかめんに出遭い、一週間寝込んだという。（下野敏見（編）『日本の民話　三三　種子島の民話　第一集』）

チリモヌ

　鹿児島県奄美大島にいるという獣。治利毛奴とも表記し、またザヒモンとも呼ばれる。

　色は薄黒く、尾は短い。豚の子のようで、猫の類に似ている。大きさは猫程度とも鼬《いたち》程度ともいわれる。また、名前はあるが、形はないともいう。不浄の獣とされ、人が死んだ時に敷く筵《むしろ》や、死人の衣類、雑具、川に捨てた物などに宿るとされる。道行く人の股を潜《くぐ》るといい、潜られた人はたちまち病気になって死ぬという。（名越左源太『南島雑話』二）

辻神［つじがみ］

　鹿児島県熊毛郡上屋久町宮之浦（現・屋久島町宮之浦）でいう魔神。

　丁字路の突き当たり正面に家を建てると、辻神が入り込んで病人が絶えないようになるという。辻神などの魔除けの目的で丁字路の突き当たりには石敢當《いしがんとう》という碑石を立てる。（民俗學研究所『綜合日本民俗語彙』）

寺の怪物［てらのかいぶつ］

　鹿児島県熊毛郡屋久町（現・屋久島町）でいう怪物。一〇〇〇年経った鶏の骨。

　何人和尚が務めても、すぐに何者かに殺されてしまう寺があった。何人目かの和尚がやって来て、正体を見届けようと一晩中寝ずに待った。真夜中頃、「くっくっくっ、くっくっくっ」という声がした。和尚が辺りを見渡すと、寺の隅から大変丈の高いものがくっくっくっ、くっくっくっと言いながら、のそっのそっと出てきた。和尚が一心にお題目を唱えると、怪物は後ずさりし、元の隅のほうへと引っ込んだ。和尚が寺の隅に行ってみると、そこには「うとうげ」という骨壺《こつつぼ》があり、中には一〇〇〇年も経った鶏の骨が一片入っていた。和尚は鶏の骨でも一〇〇〇年経てば人餌を取るのかと感心し、骨を供養して丁重に埋めた。以後、寺に怪物は出なくなったという。（下野敏見（編）『日本の民話　三七　屋久島の民話　第一集』）

唐船淵の主［とうせんぶちのぬし］

　鹿児島県熊毛郡上屋久町宮之浦（現・屋久島町宮之浦）の民話に登場する淵の主。

　正体は大ガラッパだとされる。

宮之浦にカラスばかり獲っていた狩人がおり、次第にカラスが減ってきたため、猿や鹿を獲って暮らすようになった。ある日、道に迷い、鉈折岳《なたおれだけ》の裏の辺りで夜を明かすことにした。大木の根を枕にしていたところ、東の山ん神と西の山ん神の会話を耳にし、産まれてくる自分の子が七つになる年の五月に川捕りになる運命であることを知る。カラスはカラス天狗といって、天狗の生まれ変わりのため、狩人は天狗の罰が当たったのだという。狩人の子が七つになり、五月になると、狩人は二つ弾の銃を側に置き、子どもを抱いていた。日が暮れる頃、一人の美しい女がやって来た。益救《やく》神社の巫女《みこ》と名乗る女は子どもの祝いの祓《はら》いをしてやると言って、子どもを連れて行こうとした。女の赤い袴《はかま》の裾が濡れていることに気が付いた狩人は銃を構えた。女は子どもを手放して逃げていき、宮之浦川川上の唐船淵に逃げ込もうとした。狩人が銃を放つと、美しい女の姿は消え、髪を振り乱した化け物がのたうちながら淵へと入って行った。以後、化け物は姿を見せることはなく、狩人は猟を止め、子どもは一〇〇歳まで生きたという。（下野敏見（編）『日本の民話　三八　屋久島の民話　第二集』、有馬英子『鹿児島昔話集』）

トッショ墓［とっしょばか］

鹿児島県大島郡喜界町城久《ぐすく》にある墓。夜、この墓では幽霊が賑《にぎ》やかに歌かけをしているという。

とある四、五人でそこへ行き、三味線を弾いて歌かけを行っていたところ、自分たちも歌かけをさせてくれと言って幽霊が加わり、三味線に合わさずに勝手に歌いだした。幽霊は「三味線の弦をうんと締めてくれ」と頼むが、そのたびに三味線の弦を緩めた。糸を締め過ぎると三味線の弦が切れて歌が途切れる。歌かけは歌が途切れたほうの負けになり、後生の人との歌かけで負けたら命を取られてしまう。あるいは糸を締めると締めた分だけ首が絞まり、糸が切れた際に命を取られるともいう。そのため、幽霊との歌かけの最中、弦を締めて欲しいと頼まれても、糸を締めてはいけないとされている。午前三時頃、歌もたけなわとなった時に、懐に入れていた鶏が歌った。すると「サンカ（人間界）の者は羽を叩くものを持っているからもういけない」と言って、幽霊は消え失せてしまった。

幽霊の姿ははっきりと見えないが、人の影のようなものが座っているのが見えたという。（島尾敏雄・島尾ミホ・田畑英勝『日本の伝説　二三　奄美の伝説』）

歌かけをする幽霊、亡者を**マジャムン**と呼んでいる事例もある。

後生の人との歌かけに負けると命を取られるという言い伝えは、呼び子の怪に対する考え方に似ている。

【な】

ナプタブ

鹿児島県大島郡瀬戸内町の加計呂麻島《かけろまじま》でいう蛇の怪。有鱗目《ゆうりんもく》ナミヘビ科のアカマタを加計呂麻島ではナプタブと呼んでいる。

ニシキヘビのような大きな赤い蛇で、男のナプタブと女のナプタブがいる。女が男のナプタブに、男が女のナプタブに小便をかけると、ナプタブは人間に化けて毎晩、その人の家に通うという。ナプタブが化ける時は天から地まで柱になり、まっすぐ立っている。ヘソから上が急所なため、自分のヘソの高さから上を叩けば、柱は倒れてナプタブに戻る。ナプタブは七つに切っても死なないとされ、女たちはナプタブを見ても殺さない。ナプタブは一週間や二〇日くらい一ヶ所に留まって動かないことがある。エサが不足すると、鱗《うろこ》を立ててにおいを出すことでハエを集める。鱗を閉めるとハエの脚が押さえられ、捕らえたハエを順々に舐《な》めて食べるという。また、ナプタブはアオダイショウを頭から呑むこともあるという。（下野敏見『鹿児島ふるさとの昔話』三）

マッタブ、**マッティブ**、沖縄県の**アカマター**の項目も参照。また、天から地まで柱のように立つ妖怪に喜界島の**シチ**、沖縄県の**シチマジムン**がある。

奈麻戸奴加奈之［なまとぬかなし］

鹿児島県大島郡瀬戸内町の加計呂麻島《かけろまじま》でいう耕作の神、大牛。特に西間切、東間切のノロ（祝女）である真須知の一派に信仰されている。常の牛より大きく、八本の角と八本の足（『南島雑話』の挿絵では、前後八本ずつで計一六本の足が描かれている）を有す。腹と腿《もも》に白い星があり、声はチャルメラに似ている。島民にとってナマトンカナシは生神であり、ナマトンカナシが出現すると、島民は頭を地に付ける。（名越左源太『南島雑話』二）

都成南峰『奄美史談』や小野重朗『奄美民俗文化の研究』によると、旧暦二月の初《はつみ》壬《ずのえ》の日のオーホリ（お送り祭り）と四月の初壬の日のオムケ（お迎え祭り）の際に出現するとされる。この時期は南島の雨期にあたり、農耕の盛行期であるという。（小野重朗『民俗神の系譜—南九州を中心に—』、小松和彦・常光徹（監修）『47都道府県・妖怪伝承百科』、小原猛（著）・三木静（絵）『琉球妖怪大図鑑』上）

ナンカマジュムン

鹿児島県喜界島でいう魔物。七日魔物の

意。

喜界島では、正月七日の夕方、雨戸や簾《すだれ》を叩くことでナンカマジュムンを追い払うという。（民俗學研究所『綜合日本民俗語彙』）

濡れ嫁女［ぬれよめじょ］

鹿児島県種子島でいう女性姿の妖怪、亡霊。ヌレヨメジョー、ヌリヨメジョとも呼ばれ、山姫と呼ぶ所もある。産女《うぶめ》の類として語られることが多いが、中には河童などの水怪を想起させる話もあり、洗い髪で長髪の怪女をヌレヨメジョウと呼称している印象を受ける。

産女の類としてのヌレヨメジョウの話は鹿児島県立中種子高等学校地歴部『種子島民俗』六号や、下野敏見「種子島広田の民俗」（『民俗研究』通巻六号）、同「中種子口碑集」（『種子島の民俗』一）、同『タネガシマの四季』に見受けられる。

熊毛郡では、子どもが生まれないまま母親が死ぬと、夫が箕《み》の上によく切れる鎌を置き、焼酎《しょうちゅう》を飲んでから女の腹を鎌で切って中の子を取り出し、埋葬する。腹の子どもを出さないまま埋めた場合、母親はヌレヨメジョウとなって、夜に出てきてはワヤク（悪戯《いたずら》・乱暴・邪魔などの意）をするという。ヌレヨメジョウは子どもを抱いてくれと頼んでくる。子どもを預かって抱いている間ヌレヨメジョウは日本中を回っているとされ、子どもが泣かないといつまでも引き取りに来ない。子どもの尻をつねってわざと泣かせると、たちまちヌレヨメジョウが引き取りに現れる。この際、子どもを預かった相手が男の場合は筆を、女の場合はメシガー（しゃもじ）を与えたという話もある。（『種子島の民俗』一、国際日本文化研究センター「怪異・妖怪伝承データベース」、小松和彦（監修）『日本怪異妖怪大事典』、関山守彌（編著）『日本の海の幽霊・妖怪』）

他のヌレヨメジョウの話としては次のようなものがある。

『種子島民俗』六号によると、熊毛郡南種子町では、雨がしとしと降る日にきんごという場所でヌレヨメジョウが出るという。また、西之表市ではヌレヨメジョーは綺麗な着物を着た美人で、微笑みながら佇《たたず》んでいるとされる。黒石平や無線入口といった場所に出るというが、特に雨がしょぼしょぼ降る杉山付近にヌレヨメジョーが出るという。（「怪異・妖怪伝承データベース」）

熊毛郡中種子町秋佐野の上流にある柳の元という場所に男渕女渕《おぶちめぶち》という渕がある。この渕には大きな柳の木がなびいており、ここにヌレヨメジョーが出たとされる。ヌレヨメジョーは髪の毛が三尺（約九〇センチ）もある美人で、柳の枝に座って髪を梳《す》いていたという。

西之表市と中種子町の境界になっている二つ川は昔から恐ろしい所とされ、河童や濡れ嫁じょう、**メン**が出るといわれていた。ある晩、日高惣八という人が傘と提灯《ちょうちん》を持って、西之表から野間のほうへ帰る際に、二つ川まで来た。そこに綺麗な嫁じょうが現れて、一緒に行こうと惣八の後ろを歩く。恐ろしく感じていた惣八は牧川まで来ると灯りをつけて米を搗《つ》いていた家があったため、「この家に用事があり、寄っていく」と女に告げた。女が「お前は中へ入ったら出てこないだろうから、俺に傘と提灯を預けておけ」と言うので、傘と提灯を預けて家の中へ入った。真っ青になった惣八を見て、家の中の人も驚き、今夜はここに泊まるように勧めた。外から女が惣八を呼ぶが、惣八は出ていかなかった。しばらくすると、提灯と傘を噛《か》み破るような音がし、「こら、しもうた。あの二つ川で尻を抜けばよかったものを」という女の声がしたという。（『種子島の民俗』一）

『タネガシマの四季』によると、種子島のヌリヨメジョは化粧好きだといい、白粉《おしろい》を真っ白に塗り、頭には銀の簪《かんざし》を着け、洗い髪を振り乱しながら出てくるとされる。山から出るため山姫とも呼ばれたという。（『日本の海の幽霊・妖怪』）

明治末年（一九一二）の頃、熊毛郡の野間小学校に若い先生が赴任し、夜にオルガンの練習をしていると、美人の濡れ嫁じょうが先生の側に立って、じっと見ていた。不思議に思った若い先生は地元出身である校長に尋ねてみた。大塩平八郎の乱に連座して、大阪からヌイという女性が種子島に流人としてやって来た。ヌイは横目役（監視役）であった石堂家に預けられたが、その家の長男と恋仲になってしまう。許されることではなく、二人の仲は裂かれ、悲しんだヌイは死に、ヌイの死体が埋められた場所は校舎の上にある桜の木の所だという。ヌイの話をした翌日、校長は若い先生を伴い、ヌイの菩提寺《ぼだいじ》である日輪寺へ行き、ヌイの霊を弔ったという。（松谷みよ子『現代民話考』七）

ネィタの化物［ねぃたのばけもの］

鹿児島県奄美大島名瀬市（現・奄美市名瀬）でいう覚《さとり》、おもいの類。ネィタとはネタ、ヌタとも呼ばれ、奥山の大木などが倒れて、その根方に水が溜まり、猪《いのしし》が体を擦ったり、水浴びをしたりするような場所のこと。

昔、大熊にサネカという狩人がいた。ある夜、キョウの裏の奥山にネィタがあるので、そこで夜待ちしに行った。日暮れ頃、ハチハチと音がするので、猪が来たかと木の上で待ち構えていると、猪ではなく化け物がやって来た。サネカが「猪じゃないが、はてな」と思うと、化け物は「猪じゃないが、はてな」と言い、サネカが「こわいもんじゃ」と思うと化け物は「こわくまであるものか。ケレレン、ケレレン」と言った。そこでサネカは天に向かって鉄砲を鳴らすと、何を思っても化け物は言わなくなった、今のうちだと、キョウの裏の浜へ逃げると、塩焚き小屋の人に匿《かくま》ってもらうことにした。一時間ばかりすると「サネカ、サネカ」と呼びながら来る者があり、隠れている小屋まで訪ねてきた。小屋にいた人たちが「サネカという人はここにはいない。小宿にいるよ」と嘘《うそ》をつくと、海の上を二、三人が飛んでいった。小宿ではサネカという人がおり、「サネカ、サネカ」という呼び声に「おお」と返事をした。すると一打ちに小宿のサネカは殺されてしまった。そういうわけで、この地では同じ名前をつけないという。（田畑英勝（編）『奄美大島昔話集』）

ネィブイガーロー

鹿児島県奄美群島の喜界島でいう水怪。ガワロともいう。

髪が赤く、頭に皿がある。相撲《すもう》を挑んでくることがあり、海辺の岩で居眠りしてるところを漁師に見つけられることもあるという。（民俗學研究所『綜合日本民俗語彙』）

呪い殺された者「のろいころされたもの」

鹿児島県大島郡龍郷町《たつごうちょう》でいう怪談。あの世の者、後生の者。

ある人が親戚の病気見舞いに行くために夜道を歩いていると、途中で一人の男と道連れになった。その男も同じ親戚の家に行くところだと言うが、知り合いだというだけで名前を明かさない。通常、くしゃみをしたら「クスクオレ（糞食《くそ》らえ）」と言うものだが、この男は「病人がくしゃみをしても、クスクオレと言うなよ」とその人に言った。親戚の家に到着したが、夜もだいぶ更けていたので、看病、見舞いに来ていた一同休むことになった。看病の人たちが寝静まった頃、急に病人がヒュンヒュンと息苦しそうにうめき声をあげはじめた。そーっと覗くと道連れになった男が病人の上に馬乗りになって、病人の鼻から素麺《そうめん》のようなものを両手で手繰り出していた。手繰り出されるたびに病人はうめき声をあげていた。その時、病人が大きなくしゃみをした。そこでその人が「クスクオレ」と言ってやると、今まで病人に馬乗りになって鼻から何かを手繰っていた悪魔が「イエーキキ、ナーイキャン（ええくそ、もうだめだ）」と言った。「あれほどクスクオレと言うなと言ったのに、お前がクスクオレと言ったために目的を達成できなくなった。自分はこの病人の先祖に呪い殺された者で、その仕返しにその一族を皆殺しにしてやるつもりだった。この病人を取り殺せば自分の望みが叶うはずだったのに、残念なことをした」と言って立ち去った。看病の人たちを起こし、一部始終を話したところ、誰一人、道連れに一緒に来た人に気が付いていなかったという。（田畑英勝（編）『奄美大島昔話集』）

【は】

ハギキラウヮークヮ

鹿児島県名瀬市（現・奄美市名瀬）でいう豚の怪、転がり出る怪。足（脛《はぎ》）切れ豚の意。

田畑英勝「奄美物語」（『季刊　民話』第八号）に紹介されている。

宵のうちに窪田医院と前原小父の家の間で福永ウシヨという人が長さ二尺五寸（約七五センチ）くらいの俵のようなモノがクリクリ転がってきたのを目撃したという。（今野圓輔『日本怪談集　妖怪篇』上、小松和彦（監修）『日本怪異妖怪大事典』）

『日本怪談集　妖怪篇』をはじめ、多くの書籍でハギハラウヮークヮと紹介されているが、ハギキラウヮークヮが正しい表記のようである。

また、俵のような形をした足のない豚という姿は、本土の槌蛇《つちへび》（俵蛇）に似ている気がする。

ハニマノカブル

鹿児島県奄美群島の沖永良部島《おきのえらぶじま》でいう怪物、子ども脅しの類。

野間吉夫『シマの生活誌』に紹介されている。正体はわからないものの、子どもたちが泣く際に「ハニマノカブルが来た」と言うと泣きやむという。

若狭越前（福井県）の言葉で売りさばく荷のことを「ハニマ」と呼ぶが、これはハニマノカブルとは関係がないと思われる。（民俗學研究所『綜合日本民俗語彙』）

ピイーイ鳩［ぴいーいばと］

鹿児島県奄美大島でいう怪鳥。

七回怪音を発すると間もなく人が死ぬという。（佐藤清明『現行全国妖怪辞典』）

飛行機の幽霊［ひこうきのゆうれい］

鹿児島県喜界島で目撃されたもの。面影、幻の類か。

茂野幽考「南島の夏の生活と怪談」（『ドルメン』三巻九号）に載っている怪談。白昼、中空に飛行機の幽霊がいるのを島民が見つけ、大騒ぎとなった。（国際日本文化研究センター「怪異・妖怪伝承データベース」）

ヒザマ

鹿児島県奄美群島の沖永良部島《おきのえらぶじま》でいう邪神。天火などの怪火の類。（民俗學研究所『綜合日本民俗語彙』、恵原義盛「奄美大島

の妖怪」『自然と文化』一九八四年秋季号）

奄美大島のヒザマは火玉と表記し、かなり明るい火の玉が流れ飛び、消える。ヒザマが出た所、もしくは落ちた所などに近いうちに火事が起こるとされ、恐れられる。（「奄美大島の妖怪」『自然と文化』一九八四年秋季号）

沖永良部島のヒザマは胡麻塩色の羽毛を生やし、頬が赤い鶏の姿をしている。火事が起こるのは、ヒザマの仕業《しわざ》とされ、家にヒザマがついたと言われると、すぐにユタを招き、ヒザマ追い出しの儀を行った。空の甕《かめ》や桶《おけ》にヒザマは宿るといわれており、これらの容器は水を入れておくか、伏せて置くことでヒザマが入らないようにする。また、ヒザマのような見た目の鶏を飼うことは嫌われたとされる。（『綜合日本民俗語彙』）

ひょうたんめん

鹿児島県西之表市でいう瓢箪《ひょうたん》の形をした化け物。「牛方山姥」の話であるが、途中「天道さんの金の鎖」に見られる展開も混じる。

乙次郎孫次郎という人が馬とともに塩を買って帰る途中、ひょうたんめんが出るといわれる山を通った。早く山を抜けようとしたが、後ろから「その塩を食わせろ」とひょうたんめんが叫んで来た。塩を食わせないと馬を食うと怒鳴るため、乙次郎孫次郎は塩をその場に置いて、走って逃げた。ひょうたんめんが塩を食べている間に逃げるものの、今度は「馬を食わせろ」とひょうたんめんが追いかけてくる。ひょうたんめんが馬を食わせないならお前を食うと言って乙次郎孫次郎に追いつこうとしていたため、乙次郎孫次郎は仕方なく馬をその場に置いて逃げた。ひょうたんめんが馬を引き裂いて血だらけの肉を食べている間に、乙次郎孫次郎は小川の脇の松の木によじ登った。馬を食いつくしたひょうたんめんは小川の水面に映った乙次郎孫次郎の姿を見ると、川の中にいたのかと勢いよく飛び込んだ。しかし、川が浅いためいやというほど頭を打ち付けた。水面に乙次郎孫次郎の姿が映るたびに襲いかかるが、そのたびに頭を打つ。その様子を見て、乙次郎孫次郎はつい笑い声を立ててしまい、ひょうたんめんに見つかってしまう。ひょうたんめんからどうやって登ったのか訊かれた乙次郎孫次郎は松の木に巻き付いている太いかずらを伝って登ったと答えた。ひょうたんめんはすかさずかずらに飛びついて木を登り、乙次郎孫次郎の足元まで来たが、乙次郎孫次郎によって鉈《なた》でかずらを切られてしまい、下の川に落ちて腰骨を強く打ち付けた。懲りたひょうたんめんは自身の家へと帰ると、風呂を沸かして湯船に入った。ひょうたんめんの後をつけていた乙次郎孫次郎は風呂の蓋《ふた》をひょうたんめんの頭上から素早く被せると、大きな石をその上に載せて、どんどん火を焚いた。ひょうたんめんは真っ赤に焼けて死に、乙次郎孫次郎はひょうたんめんの家にあった宝物を持ち帰ったという。（下野敏見（編）『日本の民話　三

三　種子島の民話　第一集』）

ブナガヤー

鹿児島県奄美大島でいう小さい人型の妖怪。

赤毛であり、大きさは七、八〇センチほどだという。チョコチョコと走り、わずかの間走って歩く。川の波打ち際で漁をするとされる。（不思議な世界を考える会（編）『怪異百物語』一）

ほすまた・あやぐゎ

鹿児島県大島郡徳之島町でいう幽霊。

避病舎（伝染病患者を収容する病院）で死んだ年の若い美しい婦人が成仏できず、幽霊となって避病舎の前の辻に現れたという。（徳之島民俗研究学会『徳之島民俗誌』）

【ま】

マジャムン

鹿児島県奄美群島喜界島でいう亡者、化け物。

ある村の男が夜遅くに見知らぬ男から歌賭に誘われた。二人で歌い出すと、見知らぬ男が三味線の糸を締めてくれとさかんに言う。もう締まらないと村の男が言ってもなお締めてくれという。近くに住んでいた婆が二人の様子に気が付き、鶏を二人の前に突き出した。すると見知らぬ男は鶏を見るや驚いて逃げ出した。

マジャムンはよく人と歌賭を行うが、この時、人間は歌に負けてもいけないし、三味の糸を強く締めてもいけない。三味線の糸が切れると後生へ連れていかれるという。（民俗學研究所『綜合日本民俗語彙』）

トッショ墓の項目も参照。

マッタブ

鹿児島県奄美大島でいう蛇の怪。有鱗目《ゆうりんもく》ナミヘビ科のアカマタを奄美大島ではマッタブと呼んでいる。麻津多武、綾蛇、蝮蛇とも表記し、カラッチフ、アヤベレジャコヘビとも呼ぶ。

『南島雑話』によると、長さは一尺六、七寸（約四八～五一センチ）から三尺（九〇センチ）ほどで、五色の綾があり、麝香《じゃこう》のような香りがする。ハブと出遭うと、自らの鱗《うろこ》でハブを巻き摺《ず》り、ハブの鱗を落として食べるとされる。ゆえにハブもマッタブを忌み、マッタブの香りがあると、ハブは逃げ去るという。また、マッタブは男子の姿に化けては婦女をたぶらかすため、女子に恐れられており、マッタブの香りも忌まわれる。マッタブを見かければすぐに殺してしまうとされる。（名越左源太『南島雑話』二）

奄美大島では四月の午《うま》の日を（午日、ウマネから転じて）マーネと呼び、この日はマッタブの害を避けるために、おつゆにビラ（ニラ）を入れて食べるという所が島全域にみられる。また、浜下りを行うことで身を清めるという。（下野敏見「奄美大島の年中行事（上）四月〜七月」『日本民俗学』第一〇三号、上江洲均『南島の民俗文化』）

叶みち子他「龍郷村川内」（『奄美民俗』九号）によると、龍郷町《たつごうちょう》では四月初午にビラゾネ（ニラの煮物）を食べれば、マツタブの子は堕りるとされている。（国際日本文化研究センター「怪異・妖怪伝承データベース」）

また、宇検村《うけんそん》阿室《あむろ》では、マッタブに小便をかけると、別嬪《べっぴん》、もしくは美男子に化けて出てくるという、ある女がマッタブに小便をかけたところ、その晩、女の家に以前から好きであった男に化けたマッタブが入ってきた。女が男の背中に手を回すと、鱗のようなものがカサカサしている。翌日、婆さんに相談すると、長い糸をつけた針をその鱗の間に差し込むように言われた。そのとおりにし、朝、糸を辿《たど》ってみると川縁の石垣の中へと続いていた。婆さんに事の次第を告げたところ、マッタブの子を孕《はら》んでいるかもしれないため、ビラモンジョ（ニラの酢味噌《すみそ》和え）と麦飯を一緒に食べるようにと教えられる。女がビラモンジョと麦飯を食べたところ、マッタブの子がたくさん堕りた。この話に由来して、四月の浜下りの際に、女の子はビラモンジョと麦飯を必ず食べることになっているという。（下野敏見『鹿児島ふるさとの昔話』三）

ナプタブ、**マッティブ**、沖縄県の**アカマター**の項目も参照。

マッティブ

鹿児島県奄美群島徳之島でいう蛇の怪。

有鱗目《ゆうりんもく》ナミヘビ科のアカマタを徳之島ではマッティブと呼んでいる。

赤と黒が交互に配列された美しい模様をしている。神聖な蛇とされており、マッティブガナシと呼ぶこともある。また、マッティブを見ても殺さないという。しかし、男に化けたマッティブに娘が孕《はら》まされたという話は多くあり、座敷で産んでみるとマッティブの子がさらさらと笊《ざる》にこぼれ落ちた、海で産むと生まれたすべてのマッティブがぞろぞろと海の沖のほうへと潜って行った、といった話が天城町にある。そのため、娘は野原などで眠ってはいけない、女は石垣や藪《やぶ》に小便をしてはいけないといわれている。天城町与名間《よなま》では、六月野蒜《のびる》を食べさせたことでマッティブの子を全部堕ろすことができたという。

また、女だけではなく男もマッティブに化かされる。

徳之島北東部の海岸沿いに山という集落があり、二人の農民が畑仕事をしていた。一人の男が眠りこけて妙なことをしていたので、仲間の男がその男の頬にビンタをした。男は目を覚まして「綺麗な娘が手招きをしているのが見えないのか」という。仲間の男には見えず、「お前、あれはマッティブだ。マッティブに化かされているのか」と何度もビンタをすることで、男を目覚めさせたという。（福田晃・岩瀬博・松山光秀・徳富重成『南島昔話叢書　三　徳之島の昔話』）

ナプタブ、**マッタブ**、沖縄県の**アカマター**の項目も参照。

ミチダキの悪霊［みちだきのあくりょう］

鹿児島県大島郡徳之島町でいう路傍の怪。憑《つ》き物、特にユキアイ（コラム参照）の類だろうか。

松山光秀「採集資料」（『南島研究』通巻三四号）に紹介されている。

道を進んでいると、悪霊が後ろから抱きつくことがあるという。その際、ミチダキの神が人を守ってくれるとされ、ミチダキの神は祖先神であるともいう。（国際日本文化研究センター「怪異・妖怪伝承データベース」）

三好入道［みよしにゅうどう］

鹿児島県種子島でいう大入道、黒坊主の類。

夜一〇時頃、道を歩いていると大きな松の木のような真っ暗で背の高いものが出てくる。真っ暗なため、足も何もわからないが、マントを着たようにサラサラサラ、サラサラサラと音を立てて通るという。（下野敏見『種子島の民俗』一）

ミンキラウヮ［みんきらうゎ］

鹿児島県奄美市名瀬大字根瀬部、名瀬市（現・奄美市名瀬）、大島郡龍郷町《たつごうちょう》、大島郡徳之島町でいう股潜《またくぐ》りの怪。豚の怪。耳切れ豚を意味し、耳無豚と表記される。ミンキラワー、ミンキラー・ウヮーグヮー、ミンキラウヮックヮ（耳切れ子豚）とも。

恵原義盛「奄美怪異談抄」（『南海日日新聞』）には次のように紹介されている。

永田川沿いや神社の鳥居前付近、名瀬市内の税務署付近に出るという。ミンキラウワは人の股を潜るもので、ミンキラウワに股を潜られたら、その人は魂を抜かれて死ぬか、性器を駄目にされて腑抜《ふぬ》けになるといわれている。ミンキラウワに気づいたら、とっさに両足をはすかいに踏み交わして立つとミンキラウワが自ら去るといい、たとえ交わした足の下を潜られたとしても災いはないという。特に娘がユマグレアキ（夕まぐれ歩き）すると、ミンキラウワが出るといって戒められた。（今野圓輔『日本怪談集　妖怪篇』上）

龍郷町のミンキラウヮックヮは黒い子豚のような姿をしているというが、普通の人には見ることができないとされている。

徳之島町の井之川にはフーシンコと呼ばれる大きな珊瑚《さんご》岩があり、ここにミンキラワーはいるという。月夜の晩、フーシンコの辺りを中学生たちが歩いていると、フーシンコから畦道《あぜみち》に沿って、子豚のようなものが何匹も飛び出すのを見た。そこへ知人の女性が通りかかり、中学生たちは彼女にも見せようとフーシンコまで連れて行って、飛び出す子豚を見せた。その女性はその年に亡くなったという。（黒史郎『ムー民俗奇譚　妖怪補遺々々』）

ムィティチゴロ

鹿児島県徳之島阿布木名《あぶきな》地区でいう股潜《またくぐ》りの怪。豚の怪。一つ目、片目の豚。田畑英勝「奄美物語」（『季刊　民話』第八号）に紹介されている。

ムィティチゴロに股を潜られると死ぬとされ、ムィティチゴロが出る場所を通る時は足をはすかいに交差して歩いたという。

（今野圓輔『日本怪談集　妖怪篇』上）

娘のモーエ［むすめのもーえ］

鹿児島県熊毛郡屋久町（現・屋久島町）の怪談に登場する亡霊。モーエとは亡霊の意。妄念か。

ある所に小さい頃からお伊勢参りに行きたいと思っていた若者がいた。なかなか男ぶりが良い「よか二才《にせ》さん」であった若者は願いが叶い、ある年お伊勢参りに出かけた。とある村に差し掛かると、小川で一人の娘が洗濯をしていた。娘は若者に声をかけ、その若者がお伊勢参りに行くと知ると、自分も連れて行って欲しいと言った。一人でお伊勢参りに行くと決めていた若者は娘の懇願をきっぱり断って去って行った。断られた娘は嘆き悲しみ近くの井戸へ飛び込んで死んだ。しかし、娘の無念が凝り固まり、モーエとなり、若者を食い殺すために地上へ現れた。お伊勢様に参詣できた若者は神様から今夜限りの命であると告げられる。「小川にいた娘の思いがモーエとなり、若者の命を狙っている。日本国中どこにいてもそのモーエから食い殺されて死ぬ運命である。しかし、わしの言うことを聞けば助かることもできる」と神様は語った。若者が承諾すると、神様は若者の背中に墨で「南無妙法蓮華経」と書き、「今晩、墓場に行ってじっと屈《かが》んでいるように」と告げた。その晩、神様に言われた墓に若者は行くと、裸になり、じっと立ち尽くした。夜中になると恐ろしい姿をしたモーエが墓から出てきて、若者の体を撫《な》でまわした。「大きな塔婆じゃな」と言いながら、しばらく若者の体中を撫でまわすと、モーエは世間へ出て行った。夜明けの鶏が鳴くと、モーエは墓場に戻ってきて、若者を見つけることができなかったことを愚痴ると若者の体を撫でまわし、墓の中へと入った。夜が明けると、若者は神様の所へ行き、一部始終を申し上げた。神様は若者に「今夜も墓場に行って、裸になって立っておくように」と言うと、若者の背中に墨で「七年忌」と書いた。その晩も若者は裸になって墓場に立っていると、真夜中に再び恐ろしい姿のモーエは現れた。若者の体を撫でまわすと「もう七年忌になったか」と呟《つぶや》き、急いで世間に出て行った。夜明けの鶏の声がするとモーエは戻ってきて、若者を探し出せなかったことを嘆き、おいおい泣きながら墓の中へ消えた。神様の元に来た若者に、神様は「もう一晩気張らないと命はない」と言い、若者の体に特別大きな字で死んだ娘の名前と「三十三年忌」という文字を書いた。その晩も裸になった若者が墓場に立っていると、髪を振り乱し、歯をむき出し、怒りに震えるモーエが現れ、若者の体を撫でまわした。「はや三十三年忌か」とモーエは驚くと、若者の鼻の穴に指を突っ込んだり、耳をほじくったりした。若者だとは気づかないモーエは「今夜こそ食い殺してやる」と叫ぶと、世間へ飛び出していった。鶏が鳴くと、モーエは戻ってきて「三十三年忌になってもまだあの二才は見つからない。あの二才も先の世に行ってしまったか。もう娑婆《しゃば》で探すのはやめた。先の世で見つけてやる」と言って、モーエは墓の中へ消えた。夜が明けて神様の元へ行くと「もう大丈夫だ。娘の魂は成仏した。お前が幼い時からお伊勢参りをしたいと念願していたことをわしはよく知っている。安心して暮らしなさい」と神様は告げた。若者はお礼を申し上げると、元気よく国元へ帰ったという。（下野敏見（編）『日本の民話　三八　屋久島の民話　第二集』）

棺桶《かんおけ》のなかの妻に話が似ているが、全体としてはドイツ、オーストリア、ポーランドなどヨーロッパの民話に見られる「黒いお姫様」「真夜中の王女」等の話に近い。

ムン

鹿児島県奄美群島の沖永良部島《おきのえらぶじま》でいう妖怪、迷わす怪の類。

ムンは人をたぶらかし、道を迷わせるという。（民俗學研究所『綜合日本民俗語彙』）

ムンバ

鹿児島県大島郡伊仙町でいう洞穴や枯れ木にいる妖怪。（日野巖「附　日本妖怪変化語彙」『動物妖怪譚』下）

ムン場か？

ムンマジムン

鹿児島県奄美群島の沖永良部島《おきのえらぶじま》でいう妖怪。

体から霊魂が離れて人間が死に至るのはムンマジムンの仕業《しわざ》だとされる。（民俗學研究所『綜合日本民俗語彙』）

目一つ五郎 ［めひとつごろう］

鹿児島県熊毛郡南種子町でいう一つ目の人食い鬼。

飲み水を汲《く》むために見知らぬ港に上陸した舟乗りは、大きな目一つ五郎に捕まってしまう。崖《がけ》の下の洞穴に入れられた舟乗りは、穴の奥に何十頭もの馬がいることに気が付くと、その場から逃げる策を思いついた。穴の入り口で火を焚いている目一つ五郎に忍び寄った舟乗りは、真っ赤に燃える薪を一本、目一つ五郎の目に突っ込んだ。目一つ五郎は舟乗りに摑《つか》みかかろうとするも、舟乗りは馬の間を逃げ回って捕まえることができない。そこで、目一つ五郎は手探りで馬を穴の外へと出しはじめた。舟乗りは馬の皮を被ると、馬の後ろをついて行った。目一つ五郎は一匹ずつ馬を撫《な》でて外へ出し、馬の皮を被った舟乗りも「これも馬じゃ」と通してしまった。目一つ五郎の元から逃げ出せた舟乗りは小川で水を汲むと、無事に自分の舟へと帰ったという。（下野敏見（編）『日本の民話　三三　種子島の民話　第一集』）

メン

鹿児島県屋久島や種子島でいう妖怪、化け物、お化け。

屋久島の鳥越の谷に現れたメンは目が一つ、口が一つ、足が一本という姿をしている。楠川《くすがわ》から宮之浦まで、琴助太郎という人が塩二俵を馬に積んで帰っている最中に、後ろからメンが大声で呼びかけ、塩を舐《な》めさせるように要求した。琴助太郎は塩を一俵置いて逃げ出すが、塩を舐め終えたメンがさらに塩を要求する。もう一俵も置いていくが、メンはたちまちその塩も舐め終え、今度は馬を食わせろと言う。馬を置いて、宮之浦の入口の釈迦堂《しゃかどう》まで走ってきた琴助太郎は側の大きな木の上へと登った。馬を食べ終えたメンは、琴助太郎が登っている木の下まで来ると、木の根元に穴を掘り、木を倒そうとする。根元をすっかり掘られてしまい、今にも木が倒れそうになっていた時、琴助太郎がいつも可愛がっていた大きな猫がそこにやって来た。猫は木の根元を掘っているメンに飛びかかると、メンの目に爪を打ち込んだ。たった一つの目を傷つけられたメンは呻《うめ》いて転げまわり、その隙に琴助太郎は木から下りると、猫と一緒に我が家へと逃げ込んだという。（下野敏見（編）『日本の民話　三七　屋久島の民話　第一集』）

種子島では春に山からメンが下りてくると、川の水が濁り、秋に山へとメンが登ると、川の水が澄むとされる。人気のない晩にヒョウヒョウと鳴きながら夜空を渡るという。（古市ふみ子「種子ヶ島の河童」『女性と経験』一巻一号）

西之表市と熊毛郡中種子町の境界、深川と牧川の中間にある二つ川は昔から恐ろしい所だとされ、ここにメンが出るという。また、坂元村落の公民館から浜津脇へ行く道の楠川という所にもメンが出たといい、ある僧が六尺（約一・八メートル）ばかりの石に「南無妙法蓮華経」と書いて、楠川に立て、メンを供養したという。（下野敏見『種子島の民俗』一）

熊毛郡南種子町では、メンと相撲《すもう》を取ったという話が多い。人がメンと相撲を取る時に人は「尻よ、尻よ、尻を触るな」と言い、メンは「頭よ、頭よ、頭を触るな」と言う。メンと相撲を取っても他人からは一人で相撲を取っているようにしか見えないとされる。田無川のメンは小さい子どもぐらいの大きさで髪が垂れているという。（和田寛（編）『河童伝承大事典』）

お化け、化け物を意味するメンの使用例としては、**大きな白い大根**、**カンザーメン**、**ちょかめん**、**ひょうたんめん**、**メンコー**の話があげられる。また、鹿児島県本土の方では似たものとして**メンドン**がある。

メンコー

鹿児島県熊毛郡中種子町、南種子町、西之表市でいう妖怪、水怪の類。

鹿児島県立中種子高等学校地歴部『種子島民俗』第二号・第六号・第一四号、下野敏見『種子島の民俗』一に事例が見受けられる。

中種子町の坂元の下の荒崎海岸は夜になると、火玉が上がり、崖《がけ》の上から砂がバラバラと撒《ま》かれることがあった。人間の片腕だけが目の前にヌッと出たり、渚《なぎさ》に赤ん坊の泣き声がしたりした。そこで日良という上人が三メートルほどの大石に「南無妙法蓮華経」と刻み、崖下の清水が流れ落ちる場所に石碑として建てた。何千回も題目を唱えたことで、メンコーは出なくなったという。（『種子島の民俗』一）

南種子町では、**ガワッパ**の別名がメンコーだという。相撲《すもう》を取るのが好きだとされるが、人と相撲を取っても端から見るとメンコーの姿は見えずに一人で相撲を取っているように見えるという。メンコーに尻を取られると、その人は死んでしまうとされる。頭に水を貯めており、その水が除けられると弱るという。鳥の巣という名の場所やれんにじ、ととろきという名の山道にもメンコーは出るとされる。れんにじのメンコーは美しい女であるという。

西之表市西之表の奥山で赤ん坊が泣いていることがあるが、それはメンコーだといわれている。（国際日本文化研究センター「怪異・妖怪伝承データベース」）

西之表市住吉の寺ン里という場所の側に大木があり、ここにメンコーが出るといわれている。（『種子島の民俗』一）

種子泊から中種子町岩岡梶潟《かじがた》へ行く途中に鳥越という所があり、一番鶏が鳴くまでの間は、水が湧いている辺りにメンコーが出るという。一番鶏が鳴けば、メンコーはいなくなるという。（鮫島義一郎「鳥越のメンコー」『種子島民俗』第一四号）

【や】

山犬の王［やまいぬのおう］

鹿児島県熊毛郡屋久町（現・屋久島町）でいう異類婚姻譚《たん》。類話に小池婆、鍛冶ヶ嬶《かか》、新屋の婆、藤助の嬶などがある。

たちが浜という所に矢次郎という者がおり、ある日、おかめという女が嫁ぎに来た。幾日か過ぎた頃、隣村の狩人が村に悪さをする山犬を殺すために罠《わな》を用意していたところ、罠ができる前に山犬の王がやって来てしまった。人間を噛《か》んだことがある山犬はどこでも人間に飛びかかってくるといわれており、その山犬の王も狩人に飛びかかった。しかし、狩人が山刀で山犬の王の眉《み》間《けん》を切りつけると、山犬の王は鳴き叫びながら山へと逃げて行った。その日、おかめは眉間を押さえて、矢次郎の家に戻ってきた。おかめが言うには、川の側で転び、打ち所が悪くて怪我をしたという。しかし、おかめのその傷はたちまち治ってしまっていた。ある日、隣村の狩人が矢次郎の家にやって来て、一晩の宿を求めた。すると、狩人を見たおかめは突然山犬の王の姿になり、家の外へと飛び出した。「あれは人食い犬で、この前わしから山刀で打ち切られた山犬の王である」と狩人は語った。夜に矢次郎が眠ると、おかめは身震いしては大きな犬になって外へ出かけ、毎晩毎晩人を食っていたという。（下野敏見（編）『日本の民話　三八　屋久島の民話　第二集』）

山鳥［やまどり］

鹿児島県熊毛郡上屋久町（現・屋久島町）でいう動物報恩譚《たん》。動物報恩譚の中でも人の姿に化けて恩返しするタイプの鳥。

早くに父を亡くし、母親と一緒に暮らしていた息子がいた。正月も近い頃、里へ買い物しに出かけた息子は坂道を行く途中、罠《わな》にかかった山鳥を見つけた。山鳥を助けた息子であったが、罠を仕掛けた人も捕まえた鳥を売って正月を越そうとしていたのだろうと思い、買い物のための銭を罠の側に置いて家へと帰った。その晩、見知らぬ娘が道に迷ったため、今晩泊めて欲しいと訪ねてきた。翌朝、娘は朝早くから家の手伝いをしてくれた。翌朝も同様で、娘がなかなか出発せずに家のために働いてくれるため、母親は娘に息子の嫁になってくれないかと言った。娘は快く承知し、その後も一生懸命に働いた。ある日、隣村に悪者が出た。息子は弓が達者であったため、悪者退治を頼まれた。これを聞いた娘は「わたしのおばさんの矢を借りて射れば、退治できるでしょう」と言い、一本の太い矢を持ってきた。娘は自分が助けてもらった山鳥であることを告げ、どんなものでも射通すことができる山鳥の宝の矢を息子に渡した。娘の姿は山鳥へと変わり、峠の山を目指して飛んで行った。息子は山鳥の宝の矢で悪者を退治して、村人から感謝された。その後、山鳥の宝の矢によって息子はどんどん出世し、良い暮らしをしたという。（下野敏見（編）『日本の民話　三七　屋久島の民話　第一集』）

山猫［やまねこ］

鹿児島県大島郡瀬戸内町でいう猫の怪。島で飼っていた猫が山に登って棲み、長い年月が経つうちに山猫と呼ばれるようになったとされる。家から出て、三年経つ猫は家に入れてはいけないという。

ある所に名狩人がおり、島にはネィンゴロ（妾《めかけ》）がおり、本妻の所にはあまり帰っていなかった。ある日、山へ狩人が行く途中で、三年前に家出した猫に会った。猫は狩人に「自分と太刀打ちしよう」と申し込み、狩人は承知して太刀打ちすることにした。しかし、山猫は、狩人が朝夕先祖に供えるお初を食べていることを知り、「私はあなたに敵わない。今晩、ネィンゴロの家に帰って薬缶《やかん》をかけるガギ（自在鉤《じざいかぎ》）が動いた時は、私があなたを打ちに来る時である。その時は短刀を抜いて真ん中を切れ」と言って逃げ去った。ネィンゴロの家に帰った狩人はガギが動くと、短刀を抜いてガギを真っ二つに切った。しかし、切られたものはガギではなく、ネィンゴロであったという。（田畑英勝（編）『奄美大島昔話集』）

山のおん助［やまのおんすけ］

鹿児島県屋久島七子岳とエボシ岳の間のアラケのミノオに現れる山の怪物。音の怪。

ある年の秋、アラケのミノオの岩屋で佐々木という人とその兄が野宿することになった。焚火をしていると「オーイ」という声がする。佐々木は岩屋の前に飛び出してみるが、何もいない。しばらくすると再び「オーイ、オーイ」と声がするので、佐々木も「オーイ、オーイ」と返事をした。その時兄が「返事をするな。決して叫ぶな」と注意した。山であれに答えてはいかんと言う。あれはなにかと、兄にしつこく尋ねたところ、あれは山のおん助だという。しばらくすると、また岩屋の入り口から先ほどより大きな声で「オイ」と呼びかけられた。佐々木は驚いて「オイ」と返事をしてしまった。佐々木が燃え木を声がするほうへ投げつけると、声がしなくなった。ところが、頭上の岩壁を爪で引っ掻いたり、大木が倒れる音がしたり、山崩れの音がしたりして騒々しいことになり、二人は一睡もできなかった。朝になると静かになったが、仕事の都合でもう一晩その岩屋に泊まることになった。すると、昨晩よりもさらに烈《はげ》しい騒々しさで、佐々木はたまりかねて鉄砲を撃ち込んだが、さっぱり効き目がなかった。夜が明けてから、二人は岩屋を引き揚げて一キロ半ほど下の紅葉ガ田尾という所で休むと、そこは何事もなかったという。（下野敏見（編）『日本の民話　三八　屋久

島の民話　第二集』）

山姫［やまひめ］

鹿児島県屋久島の山に出る女性姿の妖怪。木の精ともされる。

洗い髪を束ねて後ろに垂らし、緋《ひ》の袴《はかま》をはいた綺麗な女の姿とも、丈は高く、紫髪で腰には羊歯《しだ》のようなものを巻きつけていたとも、縦縞《たてじま》の着物を着て、髪は踵《かかと》まで垂れ下がっていたともされる。

山姫は後ろ向きで現れ、横に顔を振って横顔を見せる。この際に笑うが、山姫の笑いに釣り込まれてこちらも笑うと、山姫が飛びついてきて、首の血を吸われてしまう。山姫が笑っても笑わずに睨《にら》みつける、山姫が笑う前にこちらが先に笑う、草鞋《わらじ》の鼻緒を切って唾《つば》をかけて投げる、カイノ（背負い道具）の紐《ひも》をちぎって投げる等をすれば良いとされる。また、山姫が怒っている時は安全ともいう。

旧暦八月の上天気の日、一八人の青年たちが、初穂の麦を岳《たけ》の神様にあげるために、岳詣りに行った。途中で日が暮れたため、山に泊まることになったが、飯炊きだけ起きて、朝の準備をしていた。ふと気が付くと、女が現れて眠っている青年一人一人に跨《また》がって乗っていた。飯炊きが陰から見ているうちに女は去って行き、飯炊きが眠っている青年たちを起こそうとしたところ、全員血を吸われて死んでいたという。

この他、旧暦正月、五月、九月の山の神祭りの日には山姫が祭りの潮水汲《く》みにタンゴ（担い桶《おけ》、釣瓶《つるべ》）を下げて降りてくるため、絶対山に行ってはいけない。山姫は三味線を弾き、歌を歌うこともある、赤ん坊を抱いていることもある、地獄谷で竹切りをしていた男が山姫に出遭って一週間寝込んだ、などの話がある。（下野敏見（編）『日本の民話　三八　屋久島の民話　第二集』、同『鹿児島ふるさとの昔話』）

九州では他に福岡県、大分県、宮崎県、鹿児島県に、九州外では神奈川県、岡山県に山姫の話が見受けられる。

山姥［やまんば］

鹿児島県屋久島モッチョム岳から現れる老婆姿の妖怪。「子馬の仇討《かたきうち》」寄りの「牛方山姥」の類。

尾之間《おのあいだ》の伝七という人が原地域へシビの魚を売りに出かけた。馬にシビの魚を積み、子馬も一緒に連れていると、山姥が現れ、シビの魚を嚙《か》ませるように要求してきた。嚙ませないと伝七を嚙むと山姥が脅すので、伝七はシビの魚を皆山姥に嚙ませた。シビの魚を嚙み終えた山姥は馬を嚙ませんかと追いかけてきた。追いついた山姥は馬の足を一本嚙み切った。山姥がもう一本足を嚙ませろと要求するので、伝七は馬の体ごと山姥に与えた。「今度は子馬を嚙まれる」と思った伝七は子馬を追い立て、やっと村に辿《たど》り着くことができた。「子馬。母馬は山姥に嚙まれてしまった。仇討をしてくるからな」と人に子馬を預けると、山刀を持って、モッチョム岳の下にある山姥の家へと向かった。山姥の家は留守であったため、伝七は山刀で脅しながら辺りの品物に命令した。山姥が帰ってきて、囲炉裏《いろり》の火で温まろうとすると、灰の中に隠れていた卵がはじけて山姥の目に入った。山姥が尻もちをつくと、立っていた畳針が山姥の尻に突き刺さった。痛み苦しむ山姥の上に臼《うす》が落ちてきて、山姥の頭を打ち割った。山姥を退治した伝七は子馬の元へと戻って、親の仇を討ったことを子馬に告げたという。（下野敏見（編）『日本の民話　三七　屋久島の民話　第一集』）

ヤマンボ

鹿児島県奄美大島でいう山の怪。

恵原義盛「奄美怪異談抄」（『南海日日新聞』）に紹介されているもの。

小さい子どもの姿をしており、大木の根元に座っている。人が近寄ると、その人の背後に回って姿を見せず、山で悪いことをした人であれば、道に迷わせて引き回し、山から出られなくしてしまうという。

ある日、ナオマツとマンヅルという二人の気の強い娘が、他の者と離れて山奥へと分け入った。大木の下に椎《しい》の実がたくさん積もっており、二人はテル（負い籠）いっぱいに拾い、着ていた着物で急ごしらえの袋を作り、その中にも椎の実一粒残さず拾い込んだ。サントキ（申《さる》の刻。午後四時頃）さがりに二人は山を下ろうとしたが、いつまでも覚えのある道に出られず、山を上り下りしているうちに同じ場所に戻ってきてしまった。ナオマツが「ウーイ」と叫ぶとすぐ近くから人の声ではない声で「ウーイ」と返ってきた。「大木の実を拾う時は全部拾わずに一部はヤマンボのために残すものだ」と祖母から聞かされたことをナオマツは思い出し、マンヅルにそのことを伝えると、二人は大木の根元に拾った椎の実を全部こぼしてナーデル（空籠）を背負って歩きだした。すると間もなく覚えのある道に出ることができた。これはヤマンボにワヤク（悪戯《いたずら》・乱暴・邪魔の意）されたのだという。

また、山に反射して返る音、コダマ、やまびこ、エコーも奄美ではヤマンボと呼んでいる。（今野圓輔『日本怪談集　妖怪篇』上）

ユッカロカイ

鹿児島県大島郡住用村《すみようそん》（現・奄美市住用町）でいうおんぶお化けの類。

山間に気味の悪い場所があり、元日の朝にそこへ行くと「ユッカロカイ、ユッカロカイ」と声をかけられる。貧乏人で胆力のある子が元旦にそこへ行き、声に対して「ユッカルならユッカレィ」と言った。同時に後ろから何かがピシャッと引っ付いてきた。どんなに体を揺さぶってもぴったりくっついており何が付いているのかわからない。急いで家へ帰ると、人々がその子を見て「金のかねを後ろにつけて帰って来るよ」と言った。家族はその子を表の入り口から中に入れて、床の間に座らせると腰についた大きな金のかたまりが落ちた。これにより、その子の家は大金持ちになったという。（田畑英勝（編）『奄美大島昔話集』）

ユナワ

鹿児島県大島郡徳之島町でいう股潜《またくぐ》りの怪。ユナウヮとも。夜の豚の意とされる。豚に似た化け物。

夜に群れをなして走り、人の股を潜りぬけていく。股を潜られた人は死ぬとされる。（徳之島民俗研究学会『徳之島民俗誌』）

徳富重成「徳之島の怪異―尾母を中心とした―」（『雑記集成　三』）には徳之島町尾《お》母《も》のクラシミチ（暗い道）という小道に出たユナウヮの話が載る。チョロチョロと小走りしながら人に近づいたり、遠ざかったりするといい、逃げ隠れしながら、時には地面をコロコロと転がって人を惑わす。人の股を潜ろうとするため、足を交差して立っていれば、ユナウヮは股を潜るのを諦めるという。（黒史郎『ムー民俗奇譚　妖怪補遺々々』）

ユワタシ神［ゆわたしがみ］

鹿児島県大島郡徳之島町でいう民間神、ユキアイ（コラム参照）の類。イワトシ神（**いわとしがみ**）、イワムトゥヌ神とも。

夜の海辺をさまよい、出遭った人の命を奪うとされる悪神。昔、戦争していた者の幽霊であり、大将方は馬に乗って、所々で鉄砲を撃っては行き来をする。ユワタシ神の近くではその姿は見えないが、遠くからはその姿を見ることができる。

手々《てて》地域の若い女が畑から家に帰ろうとしていたところ、向こうから殿様が来る様子が見えた。殿様が通ってから出発しようとその場で待っていたが、いくら待っても来ないため、家に戻ることにした。ところが帰宅した途端「頭が痛い」と言って病みつき、寝込むとそのまますぐ死んでしまったという。

伊仙町喜念ではイワムトゥヌ神（ユワタシ、ユワトシの神）と呼び、福の神のような性質となっている。

夕暮れの海辺でイワムトゥヌ神が宝物を積んで「喜念のシマタリの奥さんが愛敬のない人であれば、糸木名《いときな》地域の米富の所へ運ぼう」と話しているのを、シマタリは聞いた。我が子が泣いたため、外からの呼びかけに返事できなかったと妻が言ったことから、米富の元へイワムトゥヌ神が福を運んだことを知ったシマタリはさっそく、馬商を装い、米富の家へ向かった。米富の家で談合中、昼食を出されたため、シマタリは向かいにあった米富の膳《ぜん》と自分の膳を交換して食べた。それにより、シマタリは福を取り返すことができたという。（福田晃・岩瀬博・松山光秀・徳富重成『南島昔話叢書　三　徳之島の昔話』）

ヨハトシ、**ヨワタシカミ**の項目も参照。

ヨーネ米［よーねごめ］

鹿児島県大島郡徳之島町でいう音の怪。

静か餅《もち》の類。

本田碩孝「徳之島の妖怪」（『南島研究』第二九号）に紹介されているもの。

ある家で「へーい、へーい」という声とともに何か重たい物が屋内に投げ込まれるような「どーんどん」という音が響いた。これは米俵を投げ込む音で、ヨーネ米が家に打ち込まれたのだと言っている。ヨーネ米が打ち込まれた年は豊作であったという。（黒史郎『ムー民俗奇譚　妖怪補遺々々』）

ヨハトシ

鹿児島県奄美大島でいう夜行さんの類。夜半人とも表記。

夜半に侍の幽霊が首のない馬に乗って通ることがあり、その際水鶏《くいな》が先触れをする。灯が灯っている家にヨハトシは入ってくるが、爪を隠せばその人は助かるという。（佐藤清明『現行全国妖怪辞典』）

日野巌の「日本妖怪変化語彙」、村上健司の『妖怪事典』ではヨハシトと表記している。「日本妖怪変化語彙」の改版時に補足を行った村上氏曰く、【夜半人の読みは、変化語彙にあるヨハシトの方が自然であろう】としている。（日野巌「附　日本妖怪変化語彙」『動物妖怪譚』下）

奄美大島には馬に乗り、遭遇した人に危害を加える妖怪に**ユワタシ神**、**ヨワタシカミ**がある。ユワタシ神はイワトシ神（**いわとしがみ**）とも呼ばれる。また、夜半は「やはん」とも「よわ」とも読む。これらの呼び方を考慮すると、ヨハトシは「ヨハシト」ではなく、またそのまま「ヨハトシ」と読むのでもなく、「ヨワトシ」と読むのではないかと思われる。

ヨワタシカミ

鹿児島県大島郡徳之島町井之川でいうユキアイ（コラム参照）の類。

ヨワタシカミは大勢で馬に乗って通る悪神とされ、これに出遭うとたちまち命を取られるという。（民俗學研究所『綜合日本民俗語彙』）

ユワタシ神、**ヨハトシ**の項目も参照。

【わ】

ワンド坂［わんどざか］

鹿児島県大島郡龍郷町《たつごうちょう》秋名と奄美市名瀬大字芦花部《あしけぶ》との境のイケ山の谷間にあるという坂。山彦、鸚鵡石《おうむいし》の類。**ケンムン**の仕業《しわざ》とされる。

ワンド坂に立って「ホイホイ」と声をかけると、「ホイホイ」と答え、「タルヨ（誰か）」と言うと「タルヨ」と返り、「ワンド（私よ）」と言えば「ワンド」と答える。そのため、ワンド坂と呼ばれている。（島尾敏雄・島尾ミホ・田畑英勝『日本の伝説　二三　奄美の伝説』）

ンマチ

鹿児島県大島郡伊仙町でいう亡魂の妖怪。（日野巌「附　日本妖怪変化語彙」『動物妖怪譚』下）

徳之島には**ケンムンマチ**、**キミマサ火**など、怪火をマチと呼ぶことが多い。また、大島郡では怪火を**ウマツ**と呼んでおり、ンマチとの関連が疑われる。

COLUMN 05

南の来訪神

本文中でも紹介した、宮崎県のメゴスリや鹿児島県のメンドンの他にも、南九州および沖縄県には仮面・仮装の来訪神行事がいくつか見受けられる。

鹿児島県薩摩川内市甑島《こしきじま》のトシドンは一二月三一日に訪れる神である。トシドンは鼻の長い鬼のような顔をしており、首のない馬に乗って山からやってくる。各家を訪れては、子どもたちに良い子になるよう脅し諭し、年餅を与える。年餅をもらわないと年を取ることができないとされる。同系列の行事に西之表市のトシトイドンや屋久島宮之浦のトシノカンサマがある。

鹿児島県鹿児島郡十島村悪石島のボゼは旧暦七月一六日に出現する。女性や子どもを追いかけ回し、手にしたボゼマラという棒の先端に塗ってあるアカシュ（赤土）を人々に擦りつける。擦りつけられた人には幸福が訪れるという。

沖縄県宮古島市のパーントゥの行事は島尻では「パーントゥ・プナカ」の名で旧暦九月上旬に、野原《のばる》では「サティパロウ」と呼ばれ、旧暦一二月の最後の丑《うし》の日に行われる。サティパロウでは一体のパーントゥが踊るが、プナカのパーントゥは三体で、遭遇した人々に厄除けの泥を塗りつける。

沖縄県石垣市川平《かびら》のマユンガナシは年の節目に現れる。旧暦九月に行われる節《しち》祭りの初日、戊《つちのえ》戌《いぬ》に二人一組で家々を訪問し、祝福していく。

沖縄県八重山郡竹富町波照間島のフサマラーは雨乞いの神とされる。旧暦七月の盆行事ムシャーマの仮面行列に現れ、村中の井戸を巡るという。

［参考文献］
・萩原秀三郎『山と森の神　目でみる民俗神シリーズ』一
・比嘉康雄「琉球列島の草荘神」『自然と文化　二六　秋季号　特集＝草荘神　豊穣をもたらす来訪神』
・平辰彦『来訪神事典』

九州・沖縄広域

【あ】

あぶらこき

武井周作『魚鑑《うおかがみ》』に紹介されている怪魚。ほうず、ぬるとも。

肥前（佐賀県・長崎県）の漁人、熊野の漁人が語るところによると、時化《しけ》の際、沖にて船舶が出遭うことがある。どこが端なのかもわからないほどの体を船上にうちかけ、大きな綱を引き渡すように、ぬるりぬるりと扱《こ》き渡っていく。これは人を害そうとしているのではなく、自身の油を取るために行っている。「放図無し」ゆえにほうずと呼び、ぬるぬると扱き渡るがゆえにぬると呼ぶ。いかなるものが老いたものなのか知る人はいないという。（伊藤龍平『江戸幻獣博物誌』）

ほうずについては森春樹『蓬生談』にも「ほうづ」の名で記されている。

北国廻船の船人が語るところによると、沖掛かり（船が沖に停泊すること）の際、蛇のごとく長いものが二時（四時間）ばかり静かに行くことがある。その長さはどれほどあるかも計り知れないという。江戸の梅君麟之進の話すところによると、それはホウツというものであるという。讃岐（香川県）の丸亀の沖で、暁頃に碇《いかり》を巻こうとしていたところ、遥《はる》か遠くの鳴門《なると》のほうから波の上を、幼子が戯れに細引き（細い縄）を引っ張って打ち振って波を形作るように来ること甚《はなは》だ速く、見る間に塩飽《しわく》の沖へと来て沈んでいった。その長さは何十丈とも計り知れず、長さに対して胴回りは細い。これが俗にいう「ホウツモナキ」のホウツであると語る。森春樹は、ホウツモナキとは「法度もなき」という意味であろうと記している。（森春樹『蓬生談』中巻）

アヤカシ

山口県から九州北部の海岸でいう海の怪。主に船の進行を妨げ、沈没事故に誘い、船人を溺《おぼ》れさせる存在。

海上で死んだ者の魂がドシ（仲間）を捕るためにアヤカシとなって現れる。アヤカシは風に逆らって舟を走らせてくるといい、沖に漂流物を拾いに行く人がよく見るという。アヤカシが現れたら、盥《たらい》と水を用いて供養すれば消え失せる、オカマサマの灰を撒《ま》けば良いが、灰が穢《けが》れていると効果がない、などとされる。（民俗學研究所『綜合日本民俗語彙』）

いくじ

西海（九州の海）、南海（近畿・四国側の海）にいるというもの。根岸鎮衛『耳嚢《みみぶくろ》』巻之三に載る。

色はウナギに似たとてつもなく長いものが、二日あるいは三日の間、船のへさきにかかることがある。「いくじなき」という言葉はこれが由来であろうとされる。船を害するものではないという。（根岸鎮衛（著）・長谷川強（校注）『耳嚢』上）

井くち［いくち］

西海（九州の海）にいるとされる魚。津村淙菴『譚海《たんかい》』巻の八に載る。

井くちが船を越える際に、その油が船に入るため、これをかき出すという。巻の九にある、常陸（茨城県）の外海にいるという「ゐくち」と同じものか。（原田伴彦・竹内利美・平山敏治郎（編）『日本庶民生活史料集成』第八巻）

礒撫［いそなで］

肥前松浦（佐賀県・長崎県）の沖に出る魚。竹原春泉『絵本百物語』に描かれている。

形は鱶《ふか》に似て大きく、尾には鉄のような針が逆向きに生えている。この尾で船中の人を海へと撫《な》で込み、食べてしまう。北風が荒く吹く時に現れる。（竹原春泉『桃山人夜話～絵本百物語～』）

姑獲鳥［うぶめどり］

九州でいう産女《うぶめ》の類、もしくは怪鳥。

小雨の降る夜に不意に姿を現す。姑獲鳥がいる所には必ず燐火《りんか》がある。形はカモメに似ていて大きく、鳴き声もカモメに似ている。よく婦人の姿に変わり、子を連れていて、人に遭うと子を負うてくれと頼む。人が恐れて逃げ出すとその人を憎み、逃げた人は激しい寒気に襲われて、高熱が出て死に至ることがある。強剛な者が姑獲鳥の頼みを聞き、子を負うてやれば危害はない。また、子を負うたまま人家に近づくと背は軽くなり、子は姿を消しているという。（寺島良安（著）、島田勇雄・竹島淳夫・樋口元巳（訳注）『和漢三才図会』）

海蛇［うみへび］

神田玄泉『日東魚譜』に紹介されている怪魚。

夜に西海（九州の海）を航海している船の縁を、胴回り三尺（約九〇センチ）、首尾が見えない灰黒色の怪物が過ぎることがある。この怪物が去った後、船内には数升分の油が落ちている。漁師はこの怪物を海蛇と呼び、人に害をなすことはないが、捕まえられたこともないという。

ともに掲載されている図版には「ツノヂ」という名称が記されている。貝原益軒『大和本草』によると「つのじ」とは肉に脂の多い鱶《ふか》の類であるという。（伊藤龍平『江戸幻獣博物誌』）

海坊主［うみぼうず］

和尚魚《おしょううお》とも。

西海（九州の海）にいるとされる。体はスッポンで人面、頭髪はない。大きなものだと五、六尺（約一・五〜一・八メートル）ある。漁人が言うには、これを見ることは不祥（縁起が悪いこと）である。捕らえようとしても漁網は役に立たないとされるが、偶然これを捕まえることもある。殺そうとすると、手を拱《こまぬ》き（両手を胸の前で組み）、涙を流して救いを乞う様を見せる。そこで「お前の命は助けてやろう。その代わり、今後私の漁に徒《いたずら》をしてはいけないぞ」と言うと、西に向かい天を仰ぐ仕草をする。これは了承したという合図であり、そこで扶《たす》けて放してやる。（寺島良安（著）・島田勇雄・竹島淳夫・樋口元巳（訳注）『和漢三才図会』）

和尚魚は、王大海『海島逸志』に載っている海和尚とよく同一視されるが、和尚魚がスッポンの体であるのに対し、『海島逸志』の海和尚は全身が人に似ている。

西日本化物・妖怪同好会発行の同人誌『怪魅型』第参号に掲載された、妖怪司書の本棚「〈入亀入道〉考」では、中国における和尚魚は「坊主頭の人面亀」のイメージが固定化されているが、海和尚は文献ごとに多様な姿で説明され、確固たるイメージを持ち得ていないと論じている。

裏S区の悪霊 ［うらえすくのあくりょう］

「死ぬ程洒落にならない怖い話を集めてみない？」一六〇に二〇〇七年三月一四日に書き込まれたもの。掲示板に書き込まれた文章から察するに九州で多く語られるミサキ風、死霊風（コラム参照）の類か。

裏S区（現在は別の名称）は九州のとある被差別地域のこと。差別の仕方は憑《つ》き物筋に対するものに近いが、憑き物筋ではない模様。憑依者《ひょういしゃ》および憑依者への接し方が、裏S区外の文化とはあまりにも異なるため、この地域が避けられている様子。

悪霊の名前があるようだが、体験者がよく覚えていない、またあまり口に出してはいけない名前のようで、文中では××××と表記している。裏S区が霊の通り道であるため、憑霊現象が多く、視《み》える者も多いという。この××××から逃れるには自分のほうが優位に見せるために笑うことであり、憑《つ》いた人間から追い出す際には笑いながら殴り、××××によって死んだ人の葬儀やその葬儀中の家の前を通る時は笑いながら通り過ぎないといけないとされる。（「サンブログ【洒落怖名作】裏S区」、朝里樹『日本現代怪異事典　副読本』）

【か】

壁男［かべおとこ］

常光徹『学校の怪談』五に掲載されているもの。

九州のとある学校で、かつて職人が壁に塗り込まれて行方不明になった。その後、七月一五日に壁を叩くと、内側から叩き返す音がする、「外に出してくれ」という声がする、壁に人型の黒い染みが浮かび上がるなどの怪異現象が起こるという。（朝里樹『日本現代怪異事典』）

川童子［かわどうじ］

九州の水怪。松浦静山（著）、中村幸彦・中野三敏（校訂）『甲子《かっし》夜話』巻六五に紹介されている。

李時珍（編）『本草綱目』の水虎や河伯を九州では川童子と呼ぶ。（国際日本文化研究センター「怪異・妖怪伝承データベース」）

鬼八［きはち］

走健《はせたける》（または「はしりたける」と読む）、鬼八法師、鬼八三千王とも呼ばれる。鬼八は熊本県阿蘇の豪士とも、宮崎県高千穂蘭の里の部族の長、宮崎県二上山乳ヶ窟《ちちがいわや》を根城にしていた魔性の者ともされる。

熊本県では次のように伝えられている。

阿蘇大明神こと健磐竜命《たけいわたつのみこと》は鬼八という豪傑を家来にしていた。健磐竜命は弓の名人であり、弓を射ることを楽しみにしていた。鬼八は空を駆けるように足が速く、また怪力を有していて、健磐竜命が射た矢を拾ってくるのが役目であった。健磐竜命は鬼八をお供にして、往生岳に登ると、的石と呼ばれる大石に向かって矢を放った。矢が放たれると、鬼八は一目散に駆け、矢を拾ってくると、往生岳にいる健磐竜命に渡した。鬼八から矢を受け取った健磐竜命はその矢をつがえると再び放った。放たれた矢を追って、鬼八は再び拾いに駆ける。これを九九回も繰り返し、疲れて面倒臭くなった鬼八は拾った矢を足の指で挟むと、往生岳の健磐竜命に向かって蹴返《けかえ》した。鬼八の無礼な行いに怒った健磐竜命は刃（剣もしくは矛《ほこ》）を抜くと、鬼八を殺そうとした。その場を逃げ出した鬼八は根子岳《ねこだけ》のオクドを蹴破り、南郷谷のほうに抜け、穿戸《うげと》を手で突き破って、矢部まで来たが、健磐竜命に追いつかれてしまった。矢で押さえつけられた鬼八は苦し紛れに屁《へ》を八回放った。屁に面食らった健磐竜命の隙をつき、鬼八は宮崎県三田井境の窓の瀬に逃げ、五ヶ瀬川を挟んで健磐竜命と戦うことになった。お互い岩や大木を投げ合って争ったが、鬼八が負けて生け捕られた。健磐竜命はすぐさま鬼八の首を刎《は》ねたが、切られた首が元のように繋《つな》がり、鬼八は生き返ってしまう。手や足を斬っても首と同様に切り口に再び繋がってしまう有様であった。そこで健磐竜命は首と手足をバラバラに切り離すと繋がる前に手足と胴をそれぞれ離れた場所に埋めた。鬼八が切り殺された場所が高千穂峡下流の鬼切端で、手や足を埋めた場所が各地の鬼塚、胴体を埋めた場所が高千穂にある鬼八墓だとされる。残った鬼八の首であるが、斬首と同時に天へと舞い上がり、怨霊となった。六月の暑い時期になると、天から霜を降らせて、健磐竜命が作った作物を枯らし、九月には早霜によって稲を枯らした。多くの人々が食べ物に困るようになったため、健磐竜命は鬼八を阿蘇谷の真ん中に下宮として祀《まつ》ることにした。阿蘇の霜宮の御神体は鬼八の首で、箱に入れられて厳重に封をしているという。この箱を開けて首を見ると目が潰《つぶ》れるとされる。秋口には鬼八の首を暖めるために火焚き神事が行われる。上役犬原《かみやくいんばる》、下役犬原、高原の三ヶ所の中から一二、三歳くらいの少女が一人選ばれ、旧暦七月七日（八月一三日とも）から五九日間、霜宮の近くにある火焚殿の中に籠もって火を焚き続けることで、鬼八の首の傷が寒さで疼《うず》かないようにするという。（荒木精之（編）『日本の民話　二七　肥後の民話』、荒木精之・牛島盛光・奥野広隆・浜名志松『日本の伝説　二六　熊本の伝説』、日本児童文学者協会（編）『熊本県の民話』、熊本史談会（編）『肥後の民話と伝説』）

熊本県では健磐竜命の家来として語られていた鬼八であるが、宮崎県の伝説では異なる内容の話であっても一貫して悪者として描かれている。

鬼八は健脚で、風のように駆けるとされ、昼間に棲み処《か》を出ては阿蘇山の麓《ふもと》まで荒らしまわり、夜になると岩屋の奥深くへと隠れてしまう。高千穂近郷の人々は鬼八の悪事に苦しめられていた。

ある日、高千穂の十社大明神である御毛《みけ》沼命《ぬのみこと》が塩井の池のほとりを歩いていると、美しい女に出遭った。御毛沼命は方々を尋ねて、この女が阿佐羅媛《あさらひめ》という名前で、凶賊である鬼八の妻であることを知った。阿佐羅媛は三田井の池に棲む龍女の化身だともされる。御毛沼命は阿佐羅媛を鬼八の元から引き離すために、鬼八と戦った。この際、夜になると鬼八が岩屋の中に籠もってしまうため、御毛沼命は扇で夕日を留め、家路の途中の鬼八を急襲した。あるいは、虚空を駆けて逃げ回る鬼八を捕らえるために、神馬に乗って虚空を駆け、鬼八を斬ることができたとも語られる。御毛沼命に斬られた鬼八の死体は地中に埋められたものの、一夜経つと、たとえ手足が斬られていようとも元の姿で蘇り、再び姿を現した。蘇った鬼八に御毛沼命は思案に暮れたが、田部重高もしくは時田大臣という人が再び鬼八を退治した。この際に、鬼八の死体を分葬することにした。頭は加尾羽、手足は尾羽子、胴は祝部に別々に埋めた。こうして、鬼八が蘇ることは二度となかった。御毛沼命が鬼八を斬った剣は鬼切丸と呼ばれ、高千穂神社の社宝となっている。（宮崎県民話研究会（編）『宮崎の伝説』、比江島重孝（編）『日本の民話　一四　日向の民話』第一集、比江島重孝・竹崎有斐『日本の伝説　三一　宮崎の伝説』）

　御毛沼命と鬼八の話であるが、阿佐羅媛が登場しないものもある。

　高千穂の宮にいた御毛沼命（三毛入命）は兄弟たちとともに東遷のため、船で出発したが、強い風波に押し流され、本隊と離れてしまい、高千穂へ引き返すことにした。その頃、鬼八があちこちを荒らしまわり、人々を苦しめていたため、御毛沼命は鬼八を退治することにした。御毛沼命が高千穂に戻ってくることを知った鬼八は悪霊を呼び、先々で大雨を降らせることで御毛沼命の邪魔をした。御毛沼命が雨を止めるために天の神々に祈念したところ、たちまち雨は止んで、日が差しはじめた。高千穂に戻ってきた御毛沼命は苦心の末に鬼八を退治したという。

　また違う話では、十社大明神が鬼八を退治するために、右大臣富高、左大臣田部をはじめ、総勢四四名で鬼八の根城である乳ヶ窟に攻め込んだ。窟の入り口を塞《ふさ》がれた鬼八は太さ一尺（約三〇センチ）角、長さ一丈三尺（約三・九メートル）の石杖を持って、別の出入り口から逃走し、二上山を駆け下りて、三ケ所の内の口、諸塚《もろつか》、椎葉《しいば》へと逃げた。十社大明神たちと争いながら、米良《めら》、八代、阿蘇へと追われていき、祖母山を経て上野《かみの》へ出て、押方へと戻った。こうして鬼八が逃げ続けてから七日経過し、戦いの中で四四名いた十社大明神の軍勢も大明神と富高、田部の三人のみとなっていた。三田井原で追い詰められた鬼八はとうとう討ち取られるが、八尺（約二・四メートル）四方の石を載せて埋葬したにもかかわらず、石を動かして蘇るため、鬼八の体を三つに切り分けて分葬したという。

　退治された鬼八であるが、蘇りはしなかったものの、祟りによって早霜が降り、作物が被害にあった。また、村の娘を生贄《いけにえ》に出すよう要求してきたとも、祝部の前の塚に毎年生贄を捧げることで鬼八の霊を慰めることにしたともいわれている。（宮崎県（企画・編）『みやざきの神話と伝承１０１』、『日本の伝説　三一　宮崎の伝説』）

　生贄の娘であるが、戦国期に甲斐宗摂という人物が捧げる生贄を猪《いのしし》に替えたとされる。（永松敦「阿蘇・高千穂の鬼八伝説　狩猟・野焼きとの関連性」『〈妖怪文化叢書〉妖怪文化の伝統と創造―絵巻・草子からマンガ・ラノベまで』）

九千坊［くせんぼう］

中国の黄河に棲んでいた河童一族の親分。

　大昔、黄河を下り、黄梅若という怪物の襲撃から逃れ、海を泳いで渡って九州の八代の浜（熊本県八代市）に辿《たど》り着き、九州一の大河である球磨《くま》川に棲みついた。河童一族の九〇〇〇匹という数は、黄河にいた頃からとも、球磨川に棲みついてから増えたともいわれている。

　ある時、いたずらをした河童が村人に捕らえられ、「この大石が水の流れですり減って消えるまではいたずらはしない」と誓い、そして年に一度、祭りをしてもらいたいと請うた。その祭りは、河童が捕らえられ祭りを願った五月一八日と定め、「オレオレデーライタ川祭」と名づけて毎年開催されることになった。（石川純一郎『新版河童の世界』、牛島盛光（編著）『肥後の伝説』、九州河童の会（編）『九州河童紀行』）

　河童が約束した石は大きな自然石であり、これを引き上げて石碑にしたとされるが、八代市徳の淵《ふち》にある河童渡来の碑は昭和二九年（一九五四）六月に中島町の史蹟保存会の人たちが口伝に基づいて建立したもの。河童が約束したという石は「ガラッパ石」と呼ばれ、三五〇年来の橋石であったという。

「オレオレデーライタ」であるが、中国語では「句呉人《くごじん》、句呉人、多数来た」という意味だとされ、また朝鮮半島の言葉では「永らく、永らく、成就なさいよ」という意味になるという。（『九州河童紀行』）

　球磨川に棲みついた河童一族と九千坊であるが、球磨川から久留米（現・福岡県久留米市）の筑後川に移り住み、水天宮のお使いになったという話もある。

　九〇〇〇匹の頭である九千坊は乱暴者で田畑を荒らしたり、女子どもをかどわかしたりした。また、加藤清正の児小姓《ちごこしょう》が河童に引かれて水中へと没した。これに怒った肥後（熊本県）の領主、加藤清正は河童の天敵である猿を九州中から集め河童を攻め立てた。他所《よそ》に逃げないように高僧を集めて河童の動きを封じさせ、川上から毒薬を流し、大量の焼石を淵へと投げ込ませた。降参した九千坊は再三詫《わ》びを入れ、久留米の有馬公の許しを得て、肥後を立ち去り、筑後川へと移っていったという。（『新版河童の世界』）

　九千坊には上記の他にも多くの逸話が語られている。

乳鬼子［ちおじ］

乳鬼子は日州臼杵《うすき》郡河内（現・宮崎県東臼杵郡門川町川内）で産まれ、黒原山を根城にしていた鬼。

　身長六尺八寸（約二メートル）、全身には苔《こけ》が生え、茨木童子もかくやというほどの肥満体であった。胸は厚く、一尺三寸（約三九センチ）ある両の乳は腰まで垂れ下がっており、この乳を結んで首にかけていた。眼は鏡のようであり、髪や髭《ひげ》は針のよう、口は広く裂け、耳は肩まで下がっていた。手下の強盗と徒党を組んでは、際限なく猪《いのしし》、鹿、兎《うさぎ》、猿などを捕り食らっていた。それに飽き足らず、毎夜、高千穂、南江、豊後（大分県）を徘徊《はいかい》しては人民を悩まし、人々の首さえも捕り食らっていたという。

応永八年（一四〇一）、時の探題大友出羽守から乳鬼子退治の命を受けた入道道鉄こと奥嶽兵衛四郎親氏は家来一人を連れ、深夜に黒原山へと向かった。奥嶽郷の朧ヶ原《ろうがはら》にて乳鬼子と行き逢った道鉄はタブの木に登り、樹上から乳鬼子に向かって、続けざまに矢を七本放つが、何かに弾き飛ばされてしまう。「矢は是《これ》までなり。もはや射尽くしたり。汝《なんじ》が心任せにすべし」と道鉄が言うと、乳鬼子は被っていたものを脱いで、道鉄に近づいてきた。道鉄が隠し持っていた大狩又二本を射ると、乳鬼子は山も崩れるかと思うほどの叫び声をあげて死んだ。初めの矢が七本とも当たらなかったのは、乳鬼子が黒金の釜を被っていたためであった。乳鬼子が死んだことで、残党も散り散りに逃げ失せたという。（波多野政男（編）『続緒方町誌』、緒方町立歴史民俗資料館緒方町誌編纂室（編）『緒方町誌　区誌編』）

土大根の兵［つちおおねのつわもの］

吉田兼好『徒然草』第六八段に出てくるもの。

筑紫（福岡県、古くは九州を指す）に、土大根は万《よろず》に効果のある薬として毎朝二つずつ焼いて食べていた者がいた。ある時、この者の館の留守中に敵が攻めてきたが、館の中から兵が二人出てきて戦い、敵を皆追い返してしまった。不思議に思い、この者がどこの兵であるか尋ねると「毎朝食べてくれている土大根である」と言って消え失せたという。（西尾実・安良岡康作（校注）『新訂　徒然草』）

トツメンボウ

肥前（佐賀県・長崎県）でいう槌蛇《つちへび》の類。（山本素石『逃げろツチノコ』）

「トツメンボウ」ならぬ「とちめんぼう」とは栃《とち》の実を粉状にしたものに、米粉もしくは麦粉を加えてともにこね、薄く延ばしてそばのようにした食品「栃麺《とちめん》」を作る際に使用する棒のことである。

また、栃麺は冷えて固くなるとよく延ばせないため、急いで栃麺棒を使わなければならない。転じて、あわてふためくことを「とちめく」という。以上のことからあわてることを、うろたえることを栃麺棒もしくはとちめく坊と呼ぶ。（新村出（編）『広辞苑　第二版補訂版』）

もしくは単純に凸《とつ》字型の麺棒で「凸麺棒」であろうか。

英彦山豊前坊［ひこさんぶぜんぼう］

福岡県と大分県の県境にある英彦山の高住神社に祀《まつ》られている九州の天狗《てんぐ》の首領。英彦山は修験霊場として全国的に名高い場所である。英彦山豊前坊は日本八大天狗の一つであるほか、『天狗経』の四十八天狗にもその名が記されており、全国的に有名な天狗の代表として頻出する。

天津日子忍骨命《あまつひこおしほねのみこと》が天下った旧跡を役《えんの》行者《ぎょうじゃ》が訪ねた際に、役行者の祝福に豊前坊が現れたという伝承がある。

山本作兵衛（画・文）・森本弘行（編）・田川市石炭資料館（監修）『筑豊炭坑絵物語』には次のような噂《うわさ》が流れたことが記されている。明治三六年（一九〇三）の初夏の頃には、朝倉郡秋月（現・福岡県朝倉市）に豊前坊が現れた。古処山《こしょさん》の谷間から流れ出る湧水は難病治療に効果がある霊水であると語ったという。

また、国学院大学民俗学研究会（編）『民俗採訪』昭和三八年度号には宮崎県東臼杵《ひがしうすき》郡西郷村（現・美郷町《みさとちょう》）で起こった話が記されている。豊前坊を信仰していた家の牛が危険な場所から転げ落ち、瀕死《ひんし》の状態であったが、回復した。これは豊前坊に救われたためだという。

（知切光歳『天狗考』上、小松和彦・常光徹（監修）『47都道府県・妖怪伝承百科』、小松和彦（監修）『日本怪異妖怪大事典』）

降る火［ふるひ］

肥前（佐賀県・長崎県）では火が降ることがある。革の雪駄《せった》で扇《あお》ぎ追えば、火は他の家に移るという。中には「今度の火災は何某《なにがし》が屋上に降ってきた火を雪駄で追い回し、我が家に火が付いたことが原因なので、新しい家の費用を何某から払っていただきたい」という請願が代官に提出されている。（菅茶山『筆のすさび』）

上記の話は山田野理夫により「肥前の火吹鳥」という題で多少アレンジされ、『日本妖怪集』に収録されている。

【ま】

ミミズク

九州でいうミミズクの俗信。

ミミズクが多く鳴けば人が死ぬという。（鈴木棠三『日本俗信辞典　動・植物編』）

ミミズクではなく**フクロウ**（**梟**）の鳴き声と人の死に関する俗信は佐賀県、大分県、宮崎県、鹿児島県に見受けられる。

【や】

雪坊主［ゆきぼうず］

立石敏夫「雪女」（『あしなか』通巻四四号）に紹介されている九州地方の子攫《こさら》いの怪。

冬の夜にヒュウ、ヒュウと叫びながら、外を出歩く子どもを攫ってゆくという。

その他

（物語・絵画など）

アマビエ

京都大学附属図書館に所蔵されている瓦版に書かれているもの。

肥後国（熊本県）の海中に毎夜光るものが出るため、役人が見に行くと、口は尖《とが》り、体には鱗《うろこ》がある、長髪の三足獣が現れた。「私は海中に住むアマビエと申す者である。当年より六ヶ年の間は諸国豊作であるが、それに伴い、病も流行る。早々に私を写して人々に見せるように」と言って、海中へと潜った。この写しは役人により江戸へと伝えられたという。瓦版には弘化三年（一八四六）四月中旬とも記されている。

アマビエと同じように予言する三足獣にアマビコがある。アマビコについて書かれた資料は多く見受けられるが、アマビエの名称はこの瓦版一点のみのため、アマビエはアマビコの誤記ではないかとされている。（湯本豪一「予言する幻獣―アマビコを中心に―」『日本妖怪学大全』）

二〇二〇年より、新型コロナウイルス感染症が世界中で大流行しはじめた。そんな中「疫病を予言した妖怪は面白いと思ってもらえるのではないか」という思いのもと、妖怪掛け軸作家大蛇堂《おろちどう》氏が二〇二〇年二月二七日にツイッターにて自作のアマビエ掛け軸を紹介。それをきっかけに多くの創作活動者が自作のアマビエ作品を発表した。「アマビエチャレンジ」の流行をメディアも大きく取り上げ、同年四月には厚生労働省が感染拡大防止の啓発用アイコンにアマビエを採用するまでになった。ブームの中、アマビエは各人各様に表現され、変容しており、アマビエ濫用《らんよう》に目を光らせている、アマビエに騙されちゃなんねえおじさんas峰守ひろかず氏は【二〇二〇年以降のビエは妖怪や予言獣というより「著作権フリーで疫病退散祈願のシンボルでもある、妖怪という設定のゆるキャラ」という位置付けになっている】と評している。

骨董市《こっとういち》などで三〇〇円で販売していた令和のアマビエ作品が作者の与《あずか》り知らぬところで、「尼比恵」の名で古物としてネットオークションに出品され約二六万円で落札された。ブームの陰で紛《まが》い物や誤った情報も多く出回るようになり、二〇二〇年以後のアマビエに関する現物、情報には慎重に取り組まなければならない。（香川雅信『図説日本妖怪史』、大蛇堂「アマビエ騒動の顛末」『怪と幽』五号、アマビエに騙されちゃなんねえおじさんas峰守ひろかず「いつも隣にビエがいた　アマビエ出現事例集　二〇二〇・〇二〜二〇二一・〇三」『怪魅型』第参号、能町みね子「言葉尻とらえ隊　四五〇」『週刊文春』二〇二一年五月二十七日号）

尼彦［あまびこ］

明治の新聞記事や肉筆画に描かれているもの。あま彦とも。

肥後国（熊本県）に尼彦が現れたと書いた資料がいくつか見受けられる。熊本御領分真字郡や青沼郡磯野浜に猿のような声で人を呼ぶ光る怪物が現れた。柴田という者が見届けに行くと猿に似た三足獣がおり、「我は海中に住む尼彦と申す者である。当年より六ヶ年は豊作であるが、諸国に病が流行り、人間が六分通り死ぬ。だが、我の姿を書き写したものを見れば、病を免《まぬが》れる。この事を人々に知らせよ」と告げて消え去ったとされる。（湯本豪一「予言する幻獣――アマビコを中心に――」『日本妖怪学大全』）

天保一四年（一八四三）から一五年にかけてアマビコを描き写すことが流行している。猿に似た三足獣の姿は、文化一一年（一八一四）の流言に登場する「三疋《びき》の猿」が「三足の猿」と誤って伝えられたと考えられている。（香川雅信『図説　日本妖怪史』）

朝里樹（監修）・氷厘亭氷泉『日本怪異妖怪事典　関東』「その他」の章のあまびこの項目も参照。

尼彦入道［あまびこにゅうどう］

湯本豪一所蔵の絵図に描かれているもの。

日向国（宮崎県）イリノ浜（架空の地名）沖に現れたとされる。熊本士族の柴田右太郎に「六年は豊作の年となるが、悪病が流行る」と告げ、入道の姿を朝夕見れば、難を逃れられると伝える。（湯本豪一『日本の幻獣図譜　大江戸不思議生物出現録』）

また、明治九年（一八七六）六月二一日付の『長野新聞』にも同名の怪物についての記事が掲載されている。こちらは出現場所が肥後（熊本県）の海中となっているほか、載せられている図も先述の尼彦入道とは異なっている。「六年は豊作だが、難病が流行し六部通りも人が死ぬ。難病を逃れるには尼彦入道の姿を描いて朝夕拝め」と告げたという。（湯本豪一（編）『帝都妖怪新聞』）

アリエ

明治九年（一八七六）六月一七日付『山梨日日新聞』、六月三〇日付『長野新聞』に記されているもの。

肥後国（熊本県）青鳥郡（架空の地名）に現れたとされる。夜な夜な海中から現れては往来を歩き回る怪物がいた。気味が悪く、誰も寄り付かなかったが、旧熊本藩士がこの怪物に近づいたところ、怪物は語りはじめた。自分はアリエといって、海中鱗獣の首領である。六年の間は豊作だがコロリ（赤痢《せきり》）が流行し、世の人の六分通りが死ぬ。自分の姿を描き、朝夕拝むことで死を免れると告げたという。

噂《うわさ》は広まり、肥後では各家にアリエを描いた紙が貼られている。山梨でも同様な紙が貼られていると『山梨日日新聞』にて報じられている。この記事を『長野新聞』は紹介し、民衆を惑わす妄説を信じることを戒めている。（湯本豪一『妖怪あつめ』、同（編）『帝都妖怪新聞』）

市坊主［いちぼうず］

勝川春英『異魔話武可誌』『怪談百鬼図会』、十返舎一九『列国怪談聞書帖』に「肥前の国　市坊主」と題して描かれている化け物。掲載されているのは絵のみであり、物語等の説明文はない。眼をギョロつかせ、舌をペロペロと出した真っ黒い大入道が山を乗り越えようと、頂に脚をかけている様が描かれている。（棚橋正博（校訂）『十返舎一九集』）

江馬務『日本妖怪変化史』には『怪談百鬼図会』を出典とした市坊主の絵が掲載されているが、タイトルは大入道となっており、水木しげるもこれを元に大入道の妖怪画を描いている。

また、斎藤守弘が児童向け雑誌の記事で紹介した「ずんべら」は、この市坊主、もしくは『日本妖怪変化史』の大入道を元に創作されたと思われる。「ずんべら」は佐藤有文の『いちばんくわしい日本妖怪図鑑』にて島根県の妖怪とされている。

異鳥［いちょう］

湯本豪一所蔵の木版印刷物に描かれているもの。

肥前国平戸（長崎県平戸市）に現れたとされる神の使い。年来の凶作による人々の憂いを憐《あわ》れみ、神のお告げを伝えるために飛来した。来年から七年の間は大豊作と同時に九死に一生の悪病が流行り、多くの人が死ぬ。我の姿を見た者はこの病を逃れ、万福長久となる、と言ってどこかへと飛び去ってしまった。（湯本豪一『日本の幻獣図譜　大江戸不思議生物出現録』）

茨木童子の幽霊［いばらきどうじのゆうれい］

暦応元年（一三三八）八月下旬、薩摩国（鹿児島県）の大石兵六が、吉野（現・鹿児島市吉野町）の実方《さねかた》から白銀坂の間に現れる化け狐を退治する、毛利正直『大石兵六夢物語』に登場する化け物。狐が化けたもの。

磨いた鏡に朱を注いだような眼、耳元まで裂けた口には上下の歯が生え違い、赤銅の針金を伸ばしたような、逆立った髪をしている。切り落とされていないほうの、熊手のような左腕で兵六の耳を引っ張った。（伊牟田經久『『大石兵六夢物語』のすべて』）

宇蛇［うじゃ］

寛永元年（一六二四）頃の薩摩（鹿児島県）で大石兵六という若侍が妖狐を退治する絵巻物、毛利正直『大石兵六物語絵巻』に登場する化け物。狐が化けたもの。（宮崎県総合博物館（編）『今昔、日本の妖怪　百鬼夜行からゲゲゲまで』、兵庫県立歴史博物館・京都国際マンガミュージアム（編）『図説　妖怪画の系譜』）

鯰《なまず》のような頭に西瓜《すいか》のような眼、紅の舌を炎のようにちらつかせ、二〇尋《ひろ》（約三〇〜三六メートル）もあろうという体は真瓜の皮のような鱗《うろこ》に覆われている。牟礼《むれ》の岡を八分ばかり上がった所で兵六の前に現れ、兵六の片足か片手を呑もうと襲い掛かった。（伊牟田經久『『大石兵六夢物語』のすべて』）

牛わく丸［うしわくまる］

暦応元年（一三三八）八月下旬、薩摩国（鹿児島県）の大石兵六が、吉野（現・鹿児島市吉野町）の実方《さねかた》から白銀坂の間に現れる化け狐を退治する『大石兵六夢物語』に登場する化け物。狐が化けたもの。

鳶《とび》の形をした石に似ており、腹は黄色く虎のような斑《まだら》模様、背は真っ黒でたくさんの疣《いぼ》が生えている。眼は十五夜の月に劣らぬほど爛々《らんらん》と輝いており、口は広く鼻は尖《とが》り、紅の猛火のような長い舌を持つ。

戦場の最中のような大音響を轟《とどろ》かし、砂は飛び、岩は動き、岡谷はどよめき、ずしりずしりとその姿を現した。「我こそは蒲の冠者源範頼《のりより》の弟で牛わく丸という者。兵六追討の討手を命じられ、牟礼《むれ》の岡より逆落とし、腰骨を一つ打ち折ってしまった」など名乗る。泣きわめく兵六を両の手で丸め押さえ、目をむいて呑み込もうとする。（伊牟田經久『『大石兵六夢物語』のすべて』）

鬼土鼠［おにつちねずみ］

福岡県立美術館に寄託された「化物尽くし絵巻」に記載されている怪物。

筑後国松崎山（福岡県北九州市）で、地の底からうめくような声が聞こえ、地響きがしていた。その場所に住んでいた人が声のする所を掘り返してみると怪物がいた。これは鬼土鼠というものであろうと、老人が言ったという。（兵庫県立歴史博物館・京都国際マンガミュージアム（編）『図説　妖怪画の系譜』）

描かれた姿は、他の「化物尽くし絵巻」にて「牛鬼」と称される化け物と似ている。しかし、鬼土鼠が実際に「牛鬼」のような化け物の姿をしていたのか、「鬼土鼠」の伝承が存在するのかは不明。

【か】

海人 ［かいじん］

「大海奇物」（『長崎聞見録』巻之五）に記されている珍獣、異獣、怪物の類。

形は人の体と違わないが、手足に水かきがあり、全身に肉皮が垂れ、まるで袴《はかま》を着ているように見える。陸地に上がっても数日の間は死なずに生きている。（広川獬「長崎聞見録」『長崎文献叢書』第一集第五巻）

海人は『長崎聞見録』の他に、貝原益軒『大和本草』や恒亭主人『万物夜話』にもその名が見受けられる。『大和本草』は『長崎聞見録』よりも詳細に記述してあり、『万物夜話』の記述は先の二書とは異なっている。

『万物夜話』によれば、海人は南海（近畿・四国側の海）におり、僧の形に似ている。船に上がってくることがあり、これが現れたら船人は黙って、海人が海に戻るまで動かない。そうしなければ、大風が起こって、船が覆るという。（日野巌『動物妖怪譚』上）

『万物夜話』の記述は海坊主や船幽霊の特徴に似ている。

鬼女山姥 ［きじょやまんば］

暦応元年（一三三八）八月下旬、薩摩国（鹿児島県）の大石兵六が、吉野（現・鹿児島市吉野町）の実方《さねかた》から白銀坂の間に現れる化け狐を退治する『大石兵六夢物語』に登場する化け物。狐が化けたもの。

顔に白粉《おしろい》、唇に紅、頭には弓の鬢張《びんは》りをし、矢の根のかんざしを挿して、三日月形に眉墨《まゆずみ》を青く引き、トベラのような匂いをさせ、鹿の子絞りの小袖に山にかかる雲のように帯を身につけた大女房の姿で現れる。兵六が逃げると、棕櫚《しゅろ》の皮のような髪に、額には枯れ木のような角を生やした山姥の姿へと変わり、撞木《しゅもく》を振り上げて、兵六を追いかけた。兵六が「南無妙法蓮華経」と唱えると、悪鬼女の姿は消え、狐の本体が現れて、足を引きずるようにしてどこへともなく消え失せた。（伊牟田經久『『大石兵六夢物語』のすべて』）

鞍馬小坊主 ［くらまこぼうず］

暦応元年（一三三八）八月下旬、薩摩国（鹿児島県）の大石兵六が、吉野（現・鹿児島市吉野町）の実方《さねかた》から白銀坂の間に現れる化け狐を退治する『大石兵六夢物語』に登場する化け物。狐が化けたもの。

素っ裸で目口がはっきりしない面の小坊主のような姿をしている。影法師のように兵六に付きまとい、相撲《すもう》を挑んでくる。兵六が刀で斬ろうとしても右へ左へとかわし、捕まえようとすれば眼前に寄り、尻を突き付けて屁《へ》を一発放つ。屁を合図に黒い小坊主、赤坊主、山吹色の口なし坊主、鼻欠け坊主があちこちから現れて、九重に兵六を取り囲み、仲間を呼び寄せては暴れ回る。兵六にすがりつき、まとわりつくも、兵六が光明真言を唱えると萎《しお》れるように消え失せた。周囲を見れば、小さな松茸《まつたけ》が残らず踏み折られて道の行く手に倒れていた。（伊牟田經久『『大石兵六夢物語』のすべて』）

このつきとっこう

寛永元年（一六二四）頃の薩摩（鹿児島県）で大石兵六という若侍が妖狐を退治する絵巻物『大石兵六物語絵巻』に登場する化け物。狐が化けたもの。（宮崎県総合博物館（編）『今昔、日本の妖怪　百鬼夜行からゲゲゲまで』、兵庫県立歴史博物館・京都国際マンガミュージアム（編）『図説　妖怪画の系譜』）

首筋はなく、二つの眼は光り渡り、鼻長く、口は尖《とが》り、左右に翼がある。牟礼《むれ》の岡からさまざまな化け物に出遭って、兵六は気力が尽き果てていた。「今は何時であろうか。早く夜が明けないか」と兵六が独り言を漏らすと草むらから「今は丑《うし》の刻（午前二時頃）」とこのつきとっこうが声をかけて飛び掛かる。（伊牟田經久『『大石兵六夢物語』のすべて』）

【さ】

重富一眼坊［しげとみいちがんぼう］

暦応元年（一三三八）八月下旬、薩摩国（鹿児島県）の大石兵六が、吉野（現・鹿児島市吉野町）の実方《さねかた》から白銀坂の間に現れる化け狐を退治する『大石兵六夢物語』に登場する化け物。狐が化けたもの。

高くそびえる鼻、耳元まで裂けた鰐口《わにぐち》、曇りのない鏡のように光り輝く一眼をした、見上げるような大山伏の姿をしている。重富のほうから鐃鈸《にょうはち》（仏家、寺院で用いる金属製の打楽器）の音を響かせ、声高に観音経を唱えながら兵六の前に現れる。長講釈を垂れ、兵六を食らおうと、にっこり笑って近づく。命乞《いのちご》いし、念仏を唱える兵六に「なにをそんなに震えているのか。人を助けるのが出家の役目。一祈りしてさしあげよう」と和らげた声で言うと、数珠《じゅず》を持ち、唾《つば》を吐き散らしながら祈りだした。すると、兵六は正気を取り戻し、「この化け物め」と一眼坊を斬りつけた。しかし、そこに一眼坊の姿はなく、石地蔵があるばかりであった。（伊牟田經久『『大石兵六夢物語』のすべて』）

志々古里［ししこり］

　福岡県立美術館に寄託された「化物尽くし絵巻」に記載されている怪物。

　豊前国奈良林村で牛馬が一匹残らず消え失せた。厩《うまや》の見張りをしていた藤助の所だけは無事であったが、ある夜、生臭いにおいを放つものが藤助の牛を一呑みにしてしまった。藤助は庄屋とともに近くの深山を捜索し、においがする岩穴を見つけた。岩を起こすと厩で見た怪物がいたため、竹槍《たけやり》で刺して仕留めた。この怪物は高さが六尺（約一・八メートル）、八畳敷ほどの大きさで、口の広さは一丈一尺（約三・三メートル）あったという。

　描かれた姿は、他の「化物尽くし絵巻」にて「おどろおどろ」や「おとろし」等と称される化け物と似ている。しかし、志々古里が実際に「おとろし」などのような化け物の姿をしていたのか、「志々古里」の伝承が存在するのかは不明。

　豊前国奈良林村であるが、大分県豊後高田市界《さかい》に楢林《ならばやし》という地域が存在する。ここは慶長五年（一六〇〇）には豊前中津藩細川領、寛永九年（一六三二）には豊前竜王藩松平領であったため、この地域であった可能性がある。ウィキペディアでは【現在の福岡県飯塚市網分字奈良林か】と記載しているが、この地域がかつて豊前地域であったという情報は見つけられていない。

十二支之獣［じゅうにしのけもの］

　湯本豪一所蔵の絵図に描かれているもの。

　筑前国天拝山《てんぱいざん》（福岡県筑紫野市）に出現したとされる。

　天拝山の麓《ふもと》に心正しく孝行者で信仰心の厚い巳之作という者がいた。巳之作が元旦に山を拝んでいると、紫雲がたなびき、神代より栄位したる十二支の獣と名乗る怪物が現れた。自分の姿を描き写し家に貼り、朝夕信心すれば家内和合にして災難から免《まぬが》れることができる。我が姿を世上に広めるようにとその獣は告げた。（湯本豪一『日本の幻獣図譜　大江戸不思議生物出現録』）

神社姫［じんじゃひめ］

　文政二年（一八一九）に赤痢《せきり》が流行した際に出回ったという絵図に描かれているもの。加藤曳尾庵の『我衣』にも記述が見受けられる。

『我衣』には次のように記されている。

文政二年四月一八日に肥前国（佐賀県・長崎県）のとある浜辺に魚らしきものが上がってきたのを猟師である八兵衛という者が見つけた。その魚が言うには、我は龍宮からの使者で神社姫という者である。当年より七年は豊作の年となる。この際コロリ（赤痢）という病が流行する。我が姿を画に写して見せれば、その病を免《まぬが》れ、長寿となると語る。神社姫は丈が二丈（約六メートル）余りで、腹は紅のように赤かったという。（常光徹『学校の怪談　口承文芸の研究一』）

神社姫について書いたものは他にもあり、湯本豪一が所蔵する二点の肉筆画にも肥前国に現れた神社姫のことが描かれている。

文政二年二月七日に平戸浜に現れた神社姫は七年間の豊作とコロリの流行を告げ、神社姫の姿を見た者はその難を免れるという。この神社姫は三丈五尺八寸（約一〇・七メートル）余りあり、腹に玉が三つ、尾に三本の剣を持ち、頭には二本の角が生え、髪を振り乱している。

文政二年四月九日に葦野浜に現れた神社姫は龍宮からの使いであるといい、七年の豊作とコロリ流行を予言した。

また、似た名前で大神社姫というものもあり、こちらは越後国（新潟県）に現れている。（湯本豪一『日本の幻獣図譜　大江戸不思議生物出現録』）

朝里樹（監修）・氷厘亭氷泉『日本怪異妖怪事典　関東』「その他」の章の神社姫の項目も参照。

【た】

田がらし［たがらし］

山内重昭『世界怪奇スリラー全集　二　世界のモンスター』にて紹介されている化け物。

田畑の土中や井戸に入り込む。頭のてっぺんや目玉など体中どこにでも口があり、その口から水を吸い込むが、どれだけ水を飲んでも体は膨れ上がらない。そのため、田がらしが棲みついた場所では作物がたちまち枯れてしまう。カンカン照りの太陽を好むが、海や川、雨によりその超能力を奪われてしまうとされる。

山内重昭の創作妖怪と思われるが、佐藤有文『日本妖怪図鑑』の「日本の妖怪地図」では、なぜか佐賀県の妖怪として田がらしが紹介されている。

土蜘蛛の精 ［つちぐものせい］

柳下亭種員・二世柳亭種彦・柳水亭種清『白縫譚《しらぬいものがたり》』に登場する魔性のもの。豊後国大分郡錦が嶽（物語上の架空の地名と思われるが、現在の大分県由布市および別府市の辺りを想定か）の山の主。

菊地家の領地になってから山を荒らし、その上、自分を退治しようとする菊地家を滅ぼすため、菊地に裏切られた宗隣の娘である若菜姫に妖術を授ける。蜘蛛《くも》を操る、一〇〇里（約三九〇キロ）を瞬く間に移動するなどの力を持つが、菊地家に伝わる花形の名鏡によって術が破れる。（高田衛（監修）・佐藤至子（編）『白縫譚』）

錦が嶽のモデルは木綿岳とも呼ばれる由布岳（大分県）のことと思われる。

てれめんちっぺい

寛永元年（一六二四）頃の薩摩（鹿児島県）で大石兵六という若侍が妖狐を退治する絵巻物『大石兵六物語絵巻』に登場する化け物。狐が化けたもの。（宮崎県総合博物館（編）『今昔、日本の妖怪　百鬼夜行からゲゲゲまで』）

文中に容姿についての描写がないが、絵のほうには角と毛髪がない**宇蛇**《うじゃ》のような姿が描かれている。頬紅太郎から六、七町（約六五四～七六三メートル）ばかり走り逃げ、もう何もないかと油断していた兵六の襟元から現れる。片袖を摑《つか》んで引き留めるてれめんちっぺいに対し、兵六は袖を引きちぎって逃れる。（伊牟田經久『『大石兵六夢物語』のすべて』）

【な】

人魚 ［にんぎょ］

湯本豪一所蔵の絵図に書かれているもの。

肥後国（熊本県）の海中から出現したとされる。

顔は女性のようで、長さ一〇間（約一八メートル）、幅三尺（約九〇センチ）余り、髪は長く二本の角を有す。体には三つの玉があり、尾は金魚のよう。夜丑《うし》ノ刻（午前二時頃）に乾《いぬい》（北西）の方角から現れる星を見ると「おつとせい」という病にかかる。しかし、この魚の姿を見た人はこの病にかかからないという。このことは肥後から大坂へと伝えられた。（湯本豪一『日本の幻獣図譜　大江戸不思議生物出現録』）

抜け首［ぬけくび］

暦応元年（一三三八）八月下旬、薩摩国（鹿児島県）の大石兵六が、吉野（現・鹿児島市吉野町）の実方《さねかた》から白銀坂の間に現れる化け狐を退治する『大石兵六夢物語』に登場する化け物。狐が化けたもの。

吉野の二軒茶屋の女二人組の姿をしている。色気で兵六にすがりつこうとするも、長居は無用と兵六に断られる。逃げ出す兵六に抜け首となって、舌をぺろりぺろりと出しながら迫った。（伊牟田經久『『大石兵六夢物語』のすべて』）

ぬっぺっ坊［ぬっぺっぽう］

暦応元年（一三三八）八月下旬、薩摩国（鹿児島県）の大石兵六が、吉野（現・鹿児島市吉野町）の実方《さねかた》から白銀坂の間に現れる化け狐を退治する『大石兵六夢物語』に登場する化け物。狐が化けたもの。

重ねた西瓜《すいか》に目口が付いたような姿をしている。くだらぬ口上を並べ立て、天上天下唯我独尊とばかりに両手を広げて、茂みから飛び出す。兵六が刀で斬りつけると、ぬっぺっ坊は消え失せ、鼠《ねずみ》の皮衣が一つ落ちていた。（伊牟田經久『『大石兵六夢物語』のすべて』）

ぬっぺっぽう

寛永元年（一六二四）頃の薩摩（鹿児島県）で大石兵六という若侍が妖狐を退治する絵巻物『大石兵六物語絵巻』に登場する化け物。狐が化けたもの。（宮崎県総合博物館（編）『今昔、日本の妖怪　百鬼夜行からゲゲゲまで』、兵庫県立歴史博物館・京都国際マンガミュージアム（編）『図説　妖怪画の系譜』）

錆《さ》びた薬缶《やかん》のような青色をしており、どこが目口かわからない大きな人の姿をしている。「あのとっこうはここまで来ないか」と振り返る兵六に釣鐘に似た大声で「とっこうは来ないぞ」と声をかけ、ゆらりゆらりと現れる。前方は川、後ろからはぬっぺっぽうに挟まれた兵六が金剛寺の住職から授かった光明真言不動の慈救《じく》の呪を唱えると、ぬっぺっぽうは消え失せた。（伊牟田經久『『大石兵六夢物語』のすべて』）

文中の描写と違い、馬のように面の長い、色白の女の化け物が描かれている。

ぬらりひょん

寛永元年（一六二四）頃の薩摩（鹿児島県）で大石兵六という若侍が妖狐を退治する絵巻物『大石兵六物語絵巻』に登場する化け物。狐が化けたもの。（宮崎県総合博物館（編）『今昔、日本の妖怪　百鬼夜行からゲゲゲまで』、兵庫県立歴史博物館・京都国際マンガミュージアム（編）『図説　妖怪画の系譜』）

長さ一丈（約三メートル）余りの面、ビードロ（ガラス）の肌に細首、糸目（糸のように細い目）、鼻筋高く、口は広く、緋《ひ》の衣に袈裟《けさ》をかけて水晶の数珠《じゅず》を手にしている。**三眼《みつめ》猴猿《こうえん》**から逃げる兵六に「片足か片手か噛《か》ませて行かなければ一口にしてやる」と声をかけた。兵六は泣きわめいて逃げた。（伊牟田經久『『大石兵六夢物語』のすべて』）

野女［のおんな］

『怪奇談絵詞』に記載されている妖怪。

延享（一七四四～四八）の頃、筑前国上座郡赤谷村（現・福岡県朝倉市）山奥の谷川に現れたもの。薪《たきぎ》取りに来ていた久六という男が野女に組み付かれたがこれを投げ飛ばした。しかし、再び飛び掛かってきたため、投げ飛ばすことを繰り返し、久六はなんとか宿へと逃げ失せた。気絶した久六を介抱したところ、息を吹き返したが大変生臭かったという。（湯本豪一（編著）『妖怪百物語絵巻』、宮野弘樹「福岡市博物館常設展示室（部門別）解説　福岡のばけもの」）

【は】

ひでり鬼［ひでりおに］

福岡県立美術館に寄託された「化物尽くし絵巻」に記載されている怪物。

筑前国宗像《むなかた》郡（福岡県宗像市、福津市）に現れた宗像御前の怨霊。空を飛び、人に危害を加える。目撃者も多かったという。（兵庫県立歴史博物館・京都国際マンガミュージアム（編）『図説　妖怪画の系譜』）

描かれた姿は、他の「化物尽くし絵巻」にて「がごぜ」や「赤入道」等と称される化け物と似ている。しかし、ひでり鬼が実際にがごぜなどのような化け物の姿をしていたのか、ひでり鬼の伝承が存在するのかは不明。

中国の文献には旱魃鬼《かんばつき》、魃鬼《ばっき》という日照りをもたらす存在の名前が見受けられるが、ひでり鬼との関連も不明である。

姫魚 ［ひめぎょ］

国立歴史民俗博物館や西尾市岩瀬文庫所蔵の絵図に描かれているもの。肥前国平戸（長崎県平戸市）に現れたという龍宮からの使い。（宮崎県総合博物館（編）『今昔、日本の妖怪　百鬼夜行からゲゲゲまで』）

頬紅太郎 ［ほうべんたろう］

寛永元年（一六二四）頃の薩摩（鹿児島県）で大石兵六という若侍が妖狐を退治する絵巻物『大石兵六物語絵巻』に登場する化け物。狐が化けたもの。（宮崎県総合博物館（編）『今昔、日本の妖怪　百鬼夜行からゲゲゲまで』）

真っ黒な髪を振り乱し、唇赤く、眼は光り、手足は熊のようで、爪は尖《とが》っている。**ぬらりひょん**から逃げる兵六に崖の上から「相撲《すもう》でも腕押しでも心次第に一勝負」と山谷に響くほどの大声をかけ、爪を振り立てて襲い掛かる。（伊牟田經久『『大石兵六夢物語』のすべて』）

【ま】

三つ眼の旧猿坊 ［みつまなこのきゅうえんぼう］

暦応元年（一三三八）八月下旬、薩摩国（鹿児島県）の大石兵六が、吉野（現・鹿児島市吉野町）の実方《さねかた》から白銀坂の間に現れる化け狐を退治する『大石兵六夢物語』に登場する化け物。狐が化けたもの。

三つ眼の化け物。猿一〇〇〇年を経て狒々《ひひ》となり、狒々万年経て猴阿弥《こうあみ》となる、三つ眼の旧猿坊は近頃立身出世して、この猴阿弥となったのだと自称する。兵六の過去の悪行を並べ立て、襟首を摑《つか》み引き寄せると、その三つの眼で兵六を睨《にら》みつけた。

（伊牟田經久『『大石兵六夢物語』のすべて』）

三眼猴猿［みつめこうえん］

寛永元年（一六二四）頃の薩摩（鹿児島県）で大石兵六という若侍が妖狐を退治する絵巻物『大石兵六物語絵巻』に登場する化け物。狐が化けたもの。（宮崎県総合博物館（編）『今昔、日本の妖怪　百鬼夜行からゲゲゲまで』、兵庫県立歴史博物館・京都国際マンガミュージアム（編）『図説　妖怪画の系譜』）

百千の棕櫚《しゅろ》たわしを一つに束ねたような姿をしており、三つの光る眼に大きな口には長い牙が生えている。**蓑姥《みのば》じょう**を追い払って先を急ぐ兵六の前に現れ、松の梢《こずえ》から飛び掛かった。兵六が刀で払い斬ると、三眼猴猿は泡のように消え失せるが、再び現れる。兵六は再度斬りつけるも、三眼猴猿はその度に消えては現れを繰り返し「そのように悪いことをすると頭から一噛《ひとか》みにばりばり噛むぞ」と兵六に飛び掛かった。兵六は刀を投げ捨てて命の限り逃げたという。（伊牟田經久『『大石兵六夢物語』のすべて』）

蓑姥じょう［みのばじょう］

寛永元年（一六二四）頃の薩摩（鹿児島県）で大石兵六という若侍が妖狐を退治する絵巻物『大石兵六物語絵巻』に登場する化け物。狐が化けたもの。（宮崎県総合博物館（編）『今昔、日本の妖怪　百鬼夜行からゲゲゲまで』、兵庫県立歴史博物館・京都国際マンガミュージアム（編）『図説　妖怪画の系譜』）

一丈（約三メートル）余りもある巨大な顔をした老婆の姿をしている。眼光は鏡に当たった光のようで、目尻は下がり、皺《しわ》が多い梅干し面、三枚の歯には鉄漿《かね》（お歯黒）、頬に紅をつけている。**宇蛇《うじゃ》**から逃れた兵六の前に現れ、兵六を抱き取ろうと大手を広げて覆い掛かったが、兵六に刀で抵抗されて消え失せた。（伊牟田經久『『大石兵六夢物語』のすべて』）

【や】

山辺赤蟹［やまべあかがに］

曆応元年（一三三八）八月下旬、薩摩国（鹿児島県）の大石兵六が、吉野（現・鹿児島市吉野町）の実方《さねかた》から白銀坂の間に現れる化け狐を退治する『大石兵六夢物語』に登場する化け物。狐が化けたもの。

刺股《さすまた》に毛が生えたような長い手を持っている。

岩木橋の下から手を差し伸ばして、兵六の足を摑《つか》んで離さない。名乗ると山辺赤蟹は「このやつこ行くも帰るも捕らまへて引くも引かぬもあしがらの関」と一首の歌を叫ぶ。これを聞いた兵六は泣き声で「かささぎの渡せる橋に住む蟹の　赤きを見れば身ぞ冷えにける」と詠む。すっかり感嘆した山辺赤蟹は兵六の足を放した。（伊牟田經久『『大石兵六夢物語』のすべて』）

【ら】

ラガル［らがる］

広川獬《かい》「大海奇物」（『長崎聞見録』巻之五）に記されている珍獣、異獣、怪物の類。

全長は二丈（約六メートル）ぐらいあり、尾が長い。鱗甲《りんこう》は金属や石に勝るほど堅く、鎗刃《そうじん》で突き破ることもできない。歯は鋸《のこぎり》のようで、足に鋭い爪がある。気性は猛悪。夜は海中にいて、諸魚を取り食らう。時には上陸して獣を追い、人を食う。陸での歩みは遅いが、海中では速く移動する。ラガルは小さい魚は食べないため、数百種の小魚はラガルとともにいることで、他の魚に食べられることを避ける。生まれた子どもは鶏卵ぐらいの大きさである。陸に上がる際に毒気を含んだ涎《よだれ》を吐く。人も動物も誤ってこの涎を踏めば、すぐに倒れ死んでしまう。ラガルの声は高く、人を見れば怒って叫び鳴く。

ラガルの腹には二尺（約六〇センチ）ばかり軟らかい箇所がある。三尺（約九〇センチ）くらいのとある魚はラガルの下腹部を刺して殺す。また、陸上に鼠《ねずみ》に似た生き物がおり、ラガルなどの大型動物の口が開くとすぐに飛び込んで、腸を食べる。この生き物に嚙《か》まれれば、皆苦しんで死ぬ。さらに、雑腹蘭（サフランの意）という草があり、これを植えておけば、ラガルは恐れて来ないという。（広川獬「長崎聞見録」『長崎文献叢書』第一集第五巻）

朝里樹『日本怪異妖怪事典　北海道』「広域」の章の刺加而大《らかるた》の項目も参照。

落斯馬［らしま］

広川獬《かい》「大海奇物」（『長崎聞見録』巻之五）に記されている珍獣、異獣、怪物の類。

全長は四丈（約一二メートル）くらいで、短い前足がある。鱗甲《りんこう》は堅く、刀も通らない。額に二つの角があり、鈎状《かぎじょう》に曲がっている。この角を岸辺の石に掛けて寝る。まれに海面に浮かび現れることがある。（広川獬「長崎聞見録」『長崎文献叢書』第一集第五巻）

朝里樹『日本怪異妖怪事典　北海道』のチカイタチベ（樺太）、シカツイタシベ（広域）、落斯馬《らしま》（広域）の項目も参照。

老婆の妖怪［ろうばのようかい］

『怪奇談絵詞』に記載されている妖怪。絵巻には名称が記されていないが、解説書の多くは「老婆の妖怪」と表記している。

筑前国穂波郡（福岡県嘉穂郡、飯塚市、嘉麻市）に大きな寺があった。奥の小居間に泊まった人は皆自害して死んでしまう。住職が止めるのも聞かず、ある男が例の部屋に泊まった。夜、男が寝ていると夢現《ゆめうつつ》に恐ろしい婆《ばばぁ》が現れ、男をくすぐった。脇差は住職に預けていたため、手持ちの扇子で何度も婆を打つが、ことごとく自分の体を打つはめになった。今までここに泊まって死んでしまった人は、自分を斬りつけて死んでしまったのだろうという。

この老婆であるが、特徴的な肌をしている。湯本豪一（編著）『妖怪百物語絵巻』では「鯨《くじら》はだ」、宮野弘樹「福岡市博物館　常設展示室（部門別）解説　福岡のばけもの」では「鮫《さめ》はだ」と翻刻している。

五十音順索引

この索引は、本書収録の全怪異・妖怪を五十音順に配列したものである。

あ

か

さ

ま

や

部類別索引

この索引は、本書収録の項目を部類別にまとめたものである。見出しは五十音順に配列してある。複数該当するものは重複して掲載してもいる。

石・岩

磯・浜辺

鼬（いたち）

一月

一本足

井戸

怪物

河童・水怪

嘉禎

蟹（かに）

属性別索引

この索引は、本書収録の項目のうち属性別にできるものをまとめたものである。関連する人物・作品での横のまとまりも、主なものをこちらに挙げた。

一〇〇〇年

増減

俗信

訴訟

卒塔婆小町

対応策

体験談

退治・討伐

平教経

宝化物

健磐竜命（たけいわたつのみこと）

蛸の足

祟り

五十音順
部類別
属性別

おわりに

私が妖怪というものにどっぷりはまり込んだきっかけは、二〇〇五年に公開された『妖怪大戦争』でした。紆余《うよ》曲折あり、二〇〇五年の冬にディスクで鑑賞したのですが、私は衝撃を受けました。今まで妖怪といえば、水木しげる大先生の漫画や図鑑で見る形が基本だと思っていたのですが、映画に登場する妖怪たちは絶妙に違う姿をしていました。また、私が知らなかった妖怪も多く登場し、「妖怪って自由に描いていいんだ」「妖怪は全部でどのくらいいるんだろう」「私はどのくらいの妖怪を知っているだろう」という思いにかられました。そして、学校でもらってきたプリントの裏に自分なりの妖怪の姿を描き、知っている妖怪の名前をずらずらと書き出していきました。

大学時代には、卒業論文で大分県の妖怪について取り組みました。その際、妖怪図鑑や妖怪事典に載っていないだけで、大分県にも妖怪伝承はたくさんあることに気づきました。以来、大分県の妖怪の調査と収集、普及に取り組んでいます。

本書の監修者である朝里樹さんとはお互い大学在学中にＳＮＳを通じて知り合い、かれこれ一〇年来の付き合いになります。二〇二〇年九月、朝里さんから本書執筆のお話を戴き、しかも、私の出身地である大分県だけではなく九州・沖縄全土について書いて欲しいと頼まれた時は、白澤図の挿絵を頼まれる田村福太郎（みなぎ得一『足洗邸の住人たち。』）の姿が脳裏に浮かびました（「大変やー!!」）。

朝里さんが公務員をしながら忙しく活躍されている様子はＳＮＳ越しに見ており、「私にも手伝えることはないだろうか」とは思っていました。しかし実際に働きながら事典作成に取り組んでみると、想像以上に大変な作業でした。各県の妖怪名簿を作成し、図書館や通販サイトで資料を探し、自宅や前職でお世話になったホテル、ファストフード店内で、原稿を進めました。しかし、順調に進んだのは最初だけ。職場の労働環境がどんどん変わり、なかなか原稿が進まない時もありました。心待ちにしていた皆様には深くお詫び申し上げます。

本書はおおよそ一〇三〇項目ほどの怪異・妖怪を収録しています。しかし、本書に九州・沖縄の怪異・妖怪全てが掲載されているわけではありません。限られた時間、体力の中、断腸の思いで削った項目がいくつもありますし、本文原稿の執筆、整理が終わった後に未確認だった資料が判明することもありました。また、令和五年七月には、福岡県鞍手《くらて》郡鞍手町にて新たに見つかった妖怪絵巻（怪奇談絵巻？）が民放のテレビ番組に登場し、話題となりました。

こういった状況は既刊の各地方も同様で、『日本怪異妖怪事典』シリーズを全巻揃《そろ》えたとしても漏れてしまっている怪異・妖怪はかなりたくさん存在するのです。全ての怪異妖怪を収録した事典を作ることはかなり無理がある話なのですが、過去に、そしてこれから後に刊行されていく妖怪事典を遍《あまね》く収集精査していけば、遥か未来にはきっと、より完全に近い怪異妖怪事典が生み出されていることでしょう。その頃には、私はいないかもしれませんが、そんな未来がこれから訪れるかと思うと、楽しみで楽しみで仕方がありません。完全に近い怪異妖怪事典完成の一助に本書も加わることができたのなら、これに勝る喜びはありません。

最後になりましたが、執筆を応援し、かつ健康を心配してくれた両親、職場の上司先輩方、情報提供や相談等で協力していただいた既刊執筆陣の皆様、本書に素敵なカバーイラストを飾っていただいた一夕斎ソラトさん、監修していただいた朝里樹さん、何度もスケジュール調整を行ってくれた歴代担当編集の皆様並びに本書作成流通に携わっていただいた皆々様、多くの伝承記録を伝え、編み、残してくださいました先人の皆々様、そして、本書を手に取ってくださいました読者の皆様に、心より厚く御礼を申し上げます。ありがとうございました。

令和五年度の葉月が終わり始まる時期の闇夜にて

闇の中のジェイ

- 小松和彦（責任編集）『怪異の民俗学 2　妖怪』2000 年、河出書房新社
- 西原松生（編著）『カラー　沖縄の怪談』1973 年、月刊沖縄社
- 高馬三良（訳）『山海経　中国古代の神話世界』1994 年、平凡社
- 伝統と現代社編集部（編）『岩崎卓爾一巻全集』1974 年、伝統と現代社
- 徳元英隆（文）、安室二三雄（絵）『おきなわの怪談』2010 年、沖縄文化社
- 長嶺操・徳元英隆『沖縄の伝説散歩』2004 年、沖縄文化社
- 日本民話の会（編）『新しい日本の語り 3　おかつ新三郎ふたり語り』2013 年、悠書館
- 比嘉淳子『沖縄マジムン図鑑』2013 年、主婦の友社
- 松谷みよ子『現代民話考 5　死の知らせ・あの世へ行った話』2003 年、筑摩書房
- 『妖怪大戦争』全日本妖怪推進委員会（幹事：京極夏彦）（編）『写真で見る日本妖怪大図鑑』2005 年、角川書店
- 読谷村教育委員会 歴史民俗資料館（編）『儀間の民話　読谷村民話資料集5』1983 年、読谷村教育委員会 歴史民俗資料館

【鹿児島県（薩南諸島）】

- 文英吉『奄美大島物語　増補版』2008 年、南方新社
- 金久正『復刻　奄美に生きる日本古代文化』2011 年、南方新社
- 島尾敏雄・島尾ミホ・田畑英勝『日本の伝説 23　奄美の伝説』1977 年、角川書店
- 下野敏見『種子島の民俗Ⅰ』1982 年、法政大学出版
- 下野敏見（編）『[新版] 日本の民話 33　種子島の民話　第 1 集』2016 年、未来社
- 下野敏見（編）『[新版] 日本の民話 37　屋久島の民話　第 1 集』2016 年、未来社
- 下野敏見（編）『[新版] 日本の民話 38　屋久島の民話　第 2 集』2016 年、未来社
- 高野秀行『アジア未知動物紀行　ベトナム・奄美・アフガニスタン』2013 年、講談社
- 田畑千秋『南島文化叢書 23　奄美大島の口承説話―川畑豊忠翁、二十三夜の語り―』2005 年、第一書房
- 田畑英勝（編）『全国昔話資料集成 15　奄美大島昔話集』1978 年、岩崎美術者
- 徳之島民俗研究学会『徳之島民俗誌』1962 年、奄美社
- 福田晃・岩瀬博・松山光秀・徳富重成『南島昔話叢書 3　徳之島の昔話』1984 年、同朋舎出版

- 昇曙夢「奄美大島に伝はる「あもれをなぐ」の伝説（1）」『旅と伝説　創刊号』1928 年、三元社
- 昇曙夢「奄美大島に伝はる「あもれをなぐ」の伝説（2）」『旅と伝説　第 2 号』1928 年、三元社
- 恵原義盛「奄美大島の妖怪」『自然と文化　1984 年秋季号』日本ナショナルトラスト

- 比江島重孝（編）『［新版］日本の民話 43　日向の民話　第 2 集』2016 年、未来社
- 日之影町（編）『日之影町史 9　資料編 4　民俗』2000 年、日之影町
- 松谷みよ子『現代民話考 7　学校　笑いと怪談　学童疎開』2003 年、筑摩書房
- 都城市史編さん委員会（編）『都城市史　別編　民俗・文化財』1996 年、都城市
- 宮崎県（編）『宮崎県史　別編　民俗』1999 年、宮崎県
- 宮崎県西米良村観光協会『かりこぼん　平成の桃源郷へようこそ』
- 宮崎県民話研究会（編）『宮崎の伝説』1977 年、日本標準
- 宮崎県民話研究会（編）『読みがたり宮崎のむかし話』2005 年、日本標準
- 矢口裕康（編）『ふるさとお話の旅 12　宮崎　宮崎のげなげな語り』2005 年、星の環会

- 日野巌「日向地方妖怪種目」『民族　第 2 巻第 3 号』1927 年、民族発行所
- 柳田国男「妖怪名彙（6）」『民間伝承　第 4 巻第 6 号』1939 年、民間伝承の会
- 「妖怪を求めた映像集団　かわうそ商会」『怪　vol.0034』2011 年、角川書店

【鹿児島県】

- 有馬英子『鹿児島昔話集』1974 年、岩崎美術社
- 有馬英子『かごしま文庫 81　かごしま・民話の世界』2003 年、春苑堂出版
- 池田香代子・大島広志・高津美保子・常光徹・渡辺節子・藤原一晃（編著）『走るお婆さん　日本の現代伝説』1996 年、白水社
- 近藤雅樹・高津美保子・常光徹・三原幸久・渡辺節子・藤原一晃（編著）『魔女の伝言板　日本の現代伝説』1995 年、白水社
- 桜田勝徳『桜田勝徳著作集　第 4 巻　離島と山村の民俗』1981 年、名著出版
- 下野敏見『鹿児島ふるさとの昔話　2』2012 年、南方新社
- 下野敏見『鹿児島ふるさとの昔話　3』2015 年、南方新社
- 下野敏見（編）『知覧町民俗資料調査報告書（2）　知覧町の民俗』1991 年、知覧町教育委員会
- 人文社編集部『ものしりシリーズ　諸国怪談奇談集成　江戸諸国百物語　西日本編』2005 年、人文社
- 高田衛（編・校注）『江戸怪談集　中』1989 年、岩波書店
- 野村傳四『大隅肝属郡方言集』1942 年、中央公論社
- 宮本幸枝『大人が楽しむ地図帳　津々浦々「お化け」生息マップ』2005 年、技術評論社
- 椋鳩十・有馬英子『日本の伝説 11　鹿児島の伝説』1976 年、角川書店
- 村田熙（編）『［新版］日本の民話 28　薩摩・大隅の民話』2016 年、未来社
- 山田野理夫『おばけ文庫 3　べとべとさん』1976 年、太平出版社

- 「映画で活躍する妖怪四十七士を選ぼう」『怪　vol.0025』2008 年、角川書店

【沖縄県】

- 池田弥三郎・大藤時彦・牧田茂・和歌森太郎（編）『日本民俗誌大系　第 1 巻　沖縄』1974 年、角川書店
- 石川きよ子『沖縄昔ばなしの世界』1991 年、沖縄文化社
- 伊波南哲（編）『［新版］日本の民話 11　沖縄の民話』2015 年、未来社
- 今泉吉典・宇田川竜男（監修）『ポケット科学図鑑 6　動物』1984 年、学習研究社
- 大渕希郷（監修）『新ポケット版　学研の図鑑 17　爬虫類・両生類』2013 年、学研プラス
- 沖縄大百科事典刊行事務局（編）『沖縄大百科事典　下巻』1983 年、沖縄タイムス社
- 小原猛（著）、三木静（絵）『琉球妖怪大図鑑　上』2015 年、琉球新報社
- 小原猛（著）、三木静（絵）『琉球妖怪大図鑑　下』2015 年、琉球新報社

- 朝日新聞社（編）「新豊州夜話（30）　豌豆亀」『朝日新聞』1960 年、朝日新聞社
- 朝日新聞社（編）「新豊州夜話（39）　馬鬼の怪」『朝日新聞』1960 年、朝日新聞社
- 朝日新聞（編）「大分むかしむかし　クモ淵」『朝日新聞』1971 年、朝日新聞社
- 朝日新聞（編）「大分むかしむかし　たんぽこたん」『朝日新聞』1972 年、朝日新聞社
- 朝日新聞（編）「大分むかしむかし　えんど亀」『朝日新聞』1972 年、朝日新聞社
- 朝日新聞（編）「大分むかしむかし　おさん狐」『朝日新聞』1972 年、朝日新聞社
- 一宮左内「大分県の犬神」『民間伝承　第 15 巻第 2 号』1951 年、民間伝承の会
- 臼杵ミワリークラブ「うすき妖怪マップ」『うすき市報　vol.079』
- 榎田伯人「百貫五兵衛」『郷土研究　第 1 巻第 10 号』1913 年、郷土研究社
- おおいたインフォメーションハウス編集部「おおいた珍遺産」『月刊シティ情報おおいた　vol.296』2009 年、おおいたインフォメーションハウス
- 久多羅木東浦「妊娠出産育児に関する臼杵地方の民俗（下）」『臼杵史談　第 3 巻第 18 号』1978 年、歴史図書社
- 郷田洋文「東九州の行事伝承（3）」『西郊民俗　通巻 8 号』1959 年、西郊民俗談話会
- 後藤貞夫「北海部郡昔話―大分県北海部郡臼杵町―」『昔話研究　第 1 巻 3 号』1935 年、三元社
- 後藤貞夫「北海部郡昔話（2）―大分県北海部郡臼杵町―」『昔話研究　第 1 巻第 4 号』1935 年、三元社
- 是永桂一「津久見の物語　後世へ」『大分合同新聞　夕刊』2017 年、大分合同新聞社
- 今野圓助「10　妖怪資料（その 2）」『日本の俗信 2　俗信と迷信』1980 年、洞史社
- 瀬川清子「怪異」『民間伝承　第 5 巻第 1 号』1939 年、民間伝承の会
- 瀬々秀樹「大分県真玉地方の昔話」『昔話―研究と資料　第 3 号』1974 年、三弥井書店
- 武石邦男「日田の伝説」『日田文化　第 33 号』1991 年、日田市立博物館
- 田坂保「玖珠の古語り」『玖珠郡史談　第 27 号』1992 年、玖珠郡史談会
- 三浦魯一「両豊民間信仰」『郷土研究　第 1 巻第 5 号』1913 年、郷土研究社
- 村上あや「うすきの花びら　11」『大分合同新聞』大分合同新聞社
- 村上あや「うすきの花びら　34」『大分合同新聞』大分合同新聞社
- 村上あや「名残りの花　うすきあれこれ〈45〉」『大分合同新聞』1987 年、大分合同新聞社
- 村上健司「妖怪ウォーカー　鬼の巻」『怪　第霊号』1997 年、角川書店
- 物部玉来「諸国の俗信」『民間伝承　第 6 巻第 2 号』1940 年、民間伝承の会
- 吉井正治「臼杵の文化財（264）　海辺歴史散策 4　海辺のいろいろ 1、臼杵に鉄道を 6 二、下ノ江駅鳥越稲荷大明神（イ）」『臼津タイムズ』2008 年

【宮崎県】

- 有吉弘行（画）、稲葉三重子（話）『宮崎の昔ばなし』横山百貨店
- 大島暁雄・松崎憲三・宮本袈裟雄・那賀教史『日本民俗調査報告書集成　九州・沖縄の民俗　宮崎県編』1996 年、三一書房
- 甲斐亮典（編著）『ふるさとの伝説　山里が伝えてきたもの』2014 年、鉱脈社
- 北浦町（編）『北浦町史　通史編』2002 年、北浦町
- 久田樹生『南の鬼談　九州四県怪奇巡霊』2020 年、竹書房
- 高崎町史編纂委員会（編）『高崎町史』1990 年、高崎町
- 都農町（編）『都農町史』1998 年、都農町
- 楢木範行『柳田国男の本棚　第 11 巻　日向馬関田の伝承』1997 年、大空社
- 日本児童文学者協会（編）『（県別ふるさとの民話）宮崎県の民話（オンデマンド版）』2000 年、偕成社
- 比江島重孝・竹崎有斐『日本の伝説 31　宮崎の伝説』1979 年、角川書店
- 比江島重孝（編）『［新版］日本の民話 14　日向の民話　第 1 集』2015 年、未来社

- 早川徹『平成 15 年度卒業論文　大分県における山･海･城下町の妖怪観の相違～臼杵藩に見る妖怪～』2003 年
- 東国東郡小学校国語部会（編）『東国東のむかしばなし』1987 年、大分合同新聞社
- 平川毅「ふるさとの歴史再発見講座　カッパからみた江戸時代人の自然観」2014 年、大分市歴史資料館
- 平木修一『入津湾の民俗』1974 年、北九州大学民俗研究会
- 平瀬徹斎『日本山海名物図会』1979 年、名著刊行会
- 平山喜英（編著）『豊後野津のおとぎばなし』1988 年、野津町の文化を育てる会
- ひろせみほ『キミ住む街の河童のはなし』2011 年、ひろせみほ
- 藤澤勝美『大人から子どもへの臼杵の歴史物語』1991 年、朝日新聞西部事業開発室編集出版センター
- 古川古松軒（原著）『西遊雑記　大分県の部』2006 年、杵築史談会
- 豊後高田市郷土研究会『郷土研究　第 1、2、3 集　第 1 集』1975 年、豊後高田市郷土研究会
- 千歳村アカデミアの会（編）『第 2 集　わしどうん村ん昔ばなし　千歳村の伝説・民話・地名民俗等』1995 年、千歳村アカデミアの会
- 堀藤吉郎『別府の伝説と情話』1956 年、別府民間伝承研究会
- 本耶馬渓町史刊行会（編）『本耶馬渓町史』1987 年、本耶馬渓町
- 松下康子『耶馬の里ばなし』1986 年、草の根の会
- 松谷みよ子『現代の民話』2000 年、中央公論新社
- 松本和久『平成 15 年度卒業論文　妖怪についての考察―豊後高田市都甲、及び周辺地域の闇と妖怪の思想―』2003 年
- 三重町役場企画商工観光課（編）『大分県三重町誌　総集編』1987 年、三重町
- 宮崎一枝（編）『昔話研究資料叢書 2　国東半島の昔話』1969 年、三弥井書店
- 昔話研究懇話会（編）『昔話―研究と資料　第 3 号』1974 年、三弥井書店
- 武蔵大学人文学部日本民俗史演習『大分県国東半島武蔵町の民俗』2006 年、武蔵大学人文学部日本民俗史演習宮本研究室
- 牧野桂一（編著）『植田のむかしばなし』1983 年、植田郷土史研究会
- 森春樹『蓬生談　上巻』1958 年、大分縣日田市教育委員會
- 森春樹『蓬生談　下巻』1960 年、大分縣日田市教育委員會
- 柳田国男（編）『山村生活の研究』1975 年、国書刊行会
- 柳田国男（編）、鈴木清美（採録）『日本昔話記録 10　大分県直入郡昔話集』1973 年、三省堂
- 柳田国男『山の人生』2013 年、角川学芸出版
- 耶馬渓町史編集委員会（編）『耶馬渓町史』1975 年、耶馬渓町史編集委員会
- 山口直樹『日本妖怪ミイラ大全』2014 年、学研パブリッシング
- 弥生町誌編さん委員会（編）『弥生町誌』1996 年、弥生町
- 湯布院町誌編集委員会（編）『町誌『湯布院』別巻』1989 年、湯布院町誌刊行期成会
- 湯本豪一『日本幻獣図説』2005 年、河出書房新社
- 吉野裕（訳）『風土記』2000 年、平凡社
- 和歌森太郎（編）『くにさき　西日本民俗・文化における地位』1960 年、吉川弘文館
- 渡辺克己『大分今昔』1964 年、大分合同新聞社
- 香々地町誌刊行会（編）『香々地町誌』1979 年、香々地町誌刊行会
- 日出町『日出町誌　本編』1986 年、大分県速見郡日出町
- 別府市（編）『別府市誌』1985 年、別府市役所 別府市長 脇屋長可

- 朝日新聞社（編）「新豊州夜話（4）　朽網三太郎の話（上）」『朝日新聞』1960 年、朝日新聞社
- 朝日新聞社（編）「新豊州夜話（9）　日出生台の山アロ」『朝日新聞』1960 年、朝日新聞社
- 朝日新聞社（編）「新豊州夜話（26）　大力玄蕃」『朝日新聞』1960 年、朝日新聞社

報告～』1992年、九重町教育委員会
- 是永勉『別府今昔　復刻版』2010年、大分合同新聞社
- 佐伯市教育委員会・佐伯市高齢者教室（編）『佐伯の昔話』1988年、佐伯市教育長 柴田義夫
- 佐伯市史編さん委員会（編）『佐伯市史』1974年、佐伯市
- 酒井富三『臼杵町誌（豊州新報連載）昭和14年7月～昭和15年2月』1940年、臼杵図書館
- 酒井富蔵『大田村史』1966年、大田村教育委員会
- 坂ノ市公民館・豊海大学（編）『佐尉郷　坂ノ市小佐井郷土史』1981年、坂ノ市公民館長 仲築間英行　河野太助
- 佐藤正義『郷土ひとりある記』1966年、中津郷土会
- 佐藤満洋（編）『直入古談　1-6号　第5号』1964年、直入古談会
- 佐藤芳雄（編）『牧のあゆみ』1978年、牧ついたち会
- 三光村誌刊行委員会（編）『三光村誌』1988年、三光村
- 下ノ江鳥越稲荷世話人「下ノ江鳥越稲荷大明神縁起」
- 昭和56年度宇目町青年教室『宇目の昔ばなし』1982年
- 関敬吾『日本昔話大成10』1980年、角川書店
- 染矢多喜男『日本の民俗44　大分』1973年、第一法規出版
- 高田衛（編・校注）『江戸怪談集　下』1989年、岩波書店
- 竹田市史刊行会（編）『竹田市史　下巻』1987年、大分県竹田市会会 竹田市史刊行会
- 竹田市誌編集委員会（編）『竹田市誌　第2巻』2009年、竹田市
- 竹田・直入小中学校 図工・美術教育研究会（編）『竹田直入の民話』1981年、竹田・直入小中学校 図工・美術教育研究会
- 竹本正夫『大正も遠くなりにけり―その1』2001年、大分プリント社
- 竹本正夫『大正も遠くなりにけり―その2』2001年、大分プリント社
- 竹本正夫『大正も遠くなりにけり―その4』2005年、大分プリント社
- 田城擴『ふるさとに残る「武蔵の昔話」―第1集―』1978年、武蔵町教育委員会
- 田城擴『ふるさとに残る「武蔵の昔話」―第2集―』1980年、武蔵町教育委員会
- 太刀川清（校注）『百物語怪談集成』1987年、国書刊行会
- 千歳村アカデミアの会（編）『わしどうん村ん昔ばなし　千歳村の伝説・民話・地名民俗等』1993年、千歳村アカデミアの会
- 千葉徳爾『狩猟伝承研究』1969年、風間書房
- 町長 神野専一（編）『野津町誌』1965年、町長 神野専一
- 津久見市（編）『津久見市誌』1985年、津久見市誌編さん室
- 土屋北彦（編著）『大分県の民話5』1991年、つちや軽印刷
- 土屋北彦（編）『日本の民話49　大分の民話』1972年、未来社
- 土屋北彦『おおいた文庫③　大分の民話《伝説》』1980年、アドバンス大分
- 常光徹『新・学校の怪談3』2007年、講談社
- 常光徹（編著）『みんなの学校の怪談　赤本』1995年、講談社
- 鶴見町誌編さん委員会（編）『鶴見町誌』2000年、鶴見町
- 直入町誌刊行会編集委員会（編）『直入町誌』1984年、大分県直入郡直入町役場内直入町教育委員会
- 直良信夫『子供の歳時記』1983年、佼成出版社
- 中津江村誌編集委員会（編）『中津江村誌』1989年、中津江村教育委員会
- 日本児童文学者協会（編）『大分県の民話』1983年、偕成社
- 野津町誌編さん室（編）『野津町誌　下』1993年、野津町
- 挟間町誌編集委員会（編）『挾間町誌』1984年、挾間町誌刊行会

- 臼杵市史編さん室（編）『臼杵市史　下』1992年、臼杵市
- 臼杵妖怪共存地区管理委員会・臼杵ミワリークラブ『うすき妖怪マップ』
- 臼杵妖怪共存地区管理委員会・臼杵ミワリークラブ『臼杵の妖怪リスト』
- 臼杵妖怪共存地区管理委員会・臼杵ミワリークラブ『うすきあるきMAP8　うすきミワリーマップ』
- 臼杵妖怪共存地区管理委員会・臼杵ミワリークラブ（編）『亀城下異談』2009年
- 梅木秀徳・辺見じゅん『日本の伝説49　大分の伝説』1980年、角川書店
- 宇目町誌編纂委員会（編）『宇目町誌』1991年、宇目町
- NTT日田電報電話局編集委員会（編）『豊後日田の昔ばなし』1987年、NTT日田電報電話局編集委員会
- 大分県北海部郡大在小学校郷土史編集委員会『わたしたちの郷土　第1集　伝説編』1959年、大分県北海部郡大在村
- 大分県教育委員会（編）『天瀬町赤岩　玖珠町北山田の民俗―玖珠川ダム水没地区民俗資料緊急調査―　大分県文化財調査報告　第22・23輯』1971年、大分県教育委員会
- 大分県教育委員会（編）『耶馬渓町の民俗―耶馬渓ダム水没地区民俗資料緊急調査―　大分県文化財調査報告　第25輯』1972年、大分県教育委員会
- 大分県教育委員会（編）『米水津村宮野浦の民俗　大分県文化財調査報告　第27輯』1973年、大分県教育委員会
- 大分縣教育會（編）『大分縣郷土傳説及び民謠』1931年、豊州印刷所
- 大分県小学校教育研究会国語部会（編著）『大分の伝説』1978年、日本標準
- 大分県小学校教育研究会国語部会（編著）『読みがたり大分のむかし話』2004年、日本標準
- 大分県総務部総務課（編）『大分県史　民俗篇』1986年、大分県
- 大分県東国東郡姫島村教育委員会内姫島村史編纂委員会（編）『姫島村史』1986年、大分県東国東郡姫島村教育委員会内姫島村史編纂委員会
- 大分県民具研究会（編）『大分の民俗』1992年、葦書房
- 大分合同新聞社・梅木秀徳『大分の伝説　下巻』1974年、大分図書
- 大分市教育委員会『九六位山麓の民俗』1982年、大分市教育委員会
- 大分市教育委員会（編）『国分寺地域の民俗』1983年、大分市教育委員会
- 大山町誌編纂委員会（編）『大山町誌』1995年、大分県日田郡大山町役場
- 岡本香村『竹田奇聞　上』1975年、竹屋書店
- 岡本香村『竹田奇聞　中』1975年、竹屋書店
- 沖山宗雄（監修・指導）『新ポケット版　学研の図鑑⑨　魚』2010年、学研教育出版
- 小野喜美夫『飯田の民話と伝説』1983年、九重町公民館
- 垣本言雄『大分県郷土史料集成（地誌篇）』1973年、臨川書店
- 垣本言雄『大分県郷土史料集成　上巻』1973年、臨川書店
- 蒲江町教育委員会（編）『蒲江町史』1977年、大分県南海部郡蒲江町
- 上浦町誌編さん委員会（編）『上浦町誌』1996年、上浦町
- 河野伸枝『大分の昔ばなし』マルトウ物産販売
- 郷土史蹟伝説研究会『増補　豊後伝説集　全』1932年、郷土史蹟傳説研究會
- 清川村誌刊行会（編）『清川村誌』1979年、清川村長 加藤久
- 久住町誌編集委員会（編）『久住町誌』1984年、久住町
- 玖珠町史編纂委員会（編）『玖珠町史　下巻』2001年、玖珠町教育委員会
- 国見町史編集委員会（編）『国見町史』1993年、国見町
- 隈井良幸『大分の消えゆく民話』2007年、大分合同新聞社
- 九重町（編）『九重町誌　上巻』1995年、九重町
- 九重町教育委員会「町誌編纂室」（編）『九重町文化財調査報告　第19輯　九重町の民俗～郷土資料調査

【熊本県】

- 阿蘇町町史編さん委員会（編）『阿蘇町史　第 2 巻　資料編』2004 年、阿蘇町
- 木村祐章（編）『全国昔話資料集成 6　肥後昔話集』1974 年、岩崎美術社
- 京極夏彦『文庫版　妖怪の理　妖怪の檻』2011 年、角川書店
- 久保孝夫『女子高生が語る不思議な話』1997 年、青森県文芸協会出版部
- 熊本県小学校教育研究会国語部会（編著）『熊本のむかし話』1973 年、日本標準
- 小山勝清（著）、高田宏（編）『心の民俗誌』1998 年、五曜書房
- 常光徹（編著）『みんなの学校の怪談　緑本』1995 年、講談社
- 那須良輔『むだばなし』1958 年、彌生書房
- 日本放送協会（編）『日本伝説名彙』1950 年、日本放送出版協会
- 濱名志松『天草・霊験の神々』1990 年、国書刊行会
- 浜名志松（編）『［新版］日本の民話 47　天草の民話』2016 年、未来社
- 益城町史編さん委員会（編）『益城町史』1989 年、益城町
- 丸山学『熊本県民俗事典』1965 年、日本談義社

- 化野燐「妖怪人類学フィールドワーク　『妖怪大戦争』に出演する妖怪たちの故郷を訪ねて　油すましとスネコスリ」『怪　vol.0018』
- 小寺融吉「船幽霊」『旅と伝説　通巻 54 号』1932 年、三元社
- 阪田文一「各地俗信比較　1、熊本県八代郡鏡町附近の例」『民族　第 2 巻第 6 号』1927 年、民族発行所
- 塗り佶「ヌリカベイデオロギー」『怪魅型』2019 年、西日本化物・妖怪同好会
- 能田太郎「北肥後霊木誌」『旅と伝説　通巻 53 号』1932 年、三元社
- 能田太郎「玉名郡昔話（3）」『昔話研究　第 1 巻第 4 号』1935 年、三元社
- 深野誠一「妖怪焼酎の誕生」『怪　vol.0043』2014 年、KADOKAWA
- 柳田国男「妖怪名彙（2）」『民間伝承　通巻第 35 号』1938 年、民間伝承の会
- 柳田国男「妖怪名彙（3）」『民間伝承　通巻第 36 号』1938 年、民間伝承の会
- 「特別座談会　二つの妖怪絵巻からぬりかべの謎を探る」『怪　vol.0024』2008 年、角川書店

【大分県】

- 芥川龍男・渡辺宏紀（編）『国東半島の民話　第 1 集』1978 年、文献出版
- 芥川龍男・渡辺宏紀（編）『国東半島の民話　第 2 集』1978 年、文献出版
- 朝里樹（監修）、氷厘亭氷泉（著）『日本怪異妖怪事典　関東』2021 年、笠間書院
- 朝地史談会（編）『あさじ昔ばなし』1994 年、朝地史談会
- 安心院地区心身すこやか事業推進会（編）『伝説、民話を探るあじむの里』1990 年、安心院地区心身すこやか事業推進会
- 安心院町誌編集委員会（編）『安心院町誌』1970 年、安心院町誌編集委員会
- 阿部隆好『豊岡古人語集』1979 年、竹屋書店
- 天瀬町（編）『天瀬町誌』1986 年、天瀬町教育委員会
- 池田弥三郎・大藤時彦・牧田茂・和歌森太郎（監修）『日本民俗誌大系　第 10 巻　未刊資料Ⅰ』1976 年、角川書店
- 石塚尊俊『日本の憑きもの―俗信は今も生きている』1999 年、未来社
- 犬飼町誌刊行会（編）『犬飼町誌』1978 年、犬飼町長 大塚辰雄
- 院内町教育委員会内院内町誌刊行会（編）『院内町誌』1983 年、院内町教育委員会内院内町誌刊行会
- 宇佐郡教育会（編）『宇佐郡誌』1983 年、国書刊行会
- 臼杵市教育委員会社会教育課（編）『臼杵石仏地域の民俗』1978 年、臼杵市教育委員会

- 北波多村史執筆委員会（編）『北波多村史　自然　集落誌・民俗編』2008 年、唐津市
- 厳木町史編纂委員会（編）『厳木町史　上巻』2007 年、佐賀県唐津市
- 玄海町町史編纂委員会（編）『玄海町の民俗』1997 年、佐賀県玄海町教育委員会
- 後藤道雄（編）『新佐賀夜話』1954 年、「新佐賀夜話」編纂会
- 佐賀県小学校教育研究会国語部会（編著）『佐賀のむかし話』1977 年、日本標準
- 柴田宵曲（編）『奇談異聞辞典』2008 年、筑摩書房
- 鳥栖市誌編纂委員会（編）『鳥栖市誌資料編　第 11 集　とすの口承文芸』2008 年、鳥栖市
- 富岡行昌『日本民話　唐津かんねの昔』1976 年、講談社
- 日本民俗学会（編）『離島生活の研究』1966 年、集英社
- 日本民話の会 学校の怪談編集委員会（編）『学校の怪談 12　体育館であそぶ霊』1992 年、ポプラ社
- 日本民話の会 学校の怪談編集委員会（編）『学校の怪談 14　こっくりさん、きてください』1993 年、ポプラ社
- 日本民話の会 学校の怪談編集委員会（編）『学校の怪談　学校の七不思議』2006 年、ポプラ社
- 日本民話の会 学校の怪談編集委員会（編）『学校の怪談　遠足に幽霊がついてきた』2006 年、ポプラ社
- 東雅夫『妖怪伝説奇聞』2005 年、学習研究社
- 藤田正雄『横枕郷土誌』1981 年、佐賀県東松浦郡相知町横枕
- 辺見じゅん・佛坂勝男・宮地武彦『日本の伝説 38　佐賀の伝説』1979 年、角川書店
- 松浦静山（著）、中村幸彦・中野三敏（校訂）『甲子夜話　1』1977 年、平凡社
- 宮地武彦（編著）『昔話研究資料叢書　別巻　肥前伊万里の昔話と伝説』1986 年、三弥井書店
- 宮地武彦（編）『［新版］日本の民話 60　佐賀の民話　第 1 集』2016 年、未来社
- 宮地武彦（編）『［新版］日本の民話 71　佐賀の民話　第 2 集』2017 年、未来社
- 宮地武彦（監修）、北九州大学民俗研究会（編）『波多の民話』1974 年、北九州大学民俗研究会

【長崎県】

- 井之口章次『日本の俗信』1975 年、弘文堂
- 大島暁雄・松崎憲三・宮本袈裟雄・立平進（編）『日本民俗調査報告書集成　九州・沖縄の民俗　長崎県編』1996 年、三一書房
- 岡野雄一『ペコロスの母に会いに行く』2012 年、西日本新聞社
- 久保清・橋浦泰雄『五島民俗図誌』1934 年、一誠社
- 佐々木宏幹『聖と呪力』1989 年、青弓社
- 関敬吾『全国昔話資料集成 21　島原半島昔話集』1977 年、岩崎美術社
- 瀧山政太郎『対馬南部方言集』1944 年、中央公論社
- 永島正一『長崎ものしり手帳』1997 年、葦書房
- 福江市史編集委員会（編）『福江市史　上巻』1995 年、福江市
- 前田和義『ふる里の方言と風習』2007 年
- 松浦静山（著）、中村幸彦・中野三敏（校訂）『甲子夜話　2』2006 年、平凡社
- 柳田国男（編）、山口麻太郎（採録）『日本昔話記録 13　長崎県壱岐島昔話集』1973 年、三省堂
- 山口麻太郎『壱岐島方言集』1930 年、刀江書院
- 山口麻太郎『続壱岐島方言集』1937 年、春陽堂書店
- 山口麻太郎（編著）『西海の伝説』1974 年、第一法規出版
- 吉松祐一（編）『［新版］日本の民話 48　長崎の民話』2016 年、未来社

- 榊木敏「海の驚異」『旅と伝説　通巻 8 号』1928 年、三元社

【聞き取り】

- 父親、教師、友人、知人、イベント参加者等より聞いた話

【福岡県】

- 朝里樹『21 世紀日本怪異ガイド 100』2021 年、星海社
- 朝日新聞筑豊支局（編）『〔新装版〕ふるさと筑豊―民話と史実を探る―』1993 年、朝日カルチャーセンター
- 大島暁雄・松崎憲三・宮本袈裟雄・佐々木哲哉（編）『日本民俗調査報告書集成　九州・沖縄の民俗　福岡県編』1996 年、三一書房
- 岡島秀治（監修・指導）『ポケット版　学研の図鑑①　昆虫』2002 年、学研教育出版
- 加来宣幸（編）『［新版］日本の民話 30　福岡の民話　第 1 集』2016 年、未来社
- 加来宣幸（編）『［新版］日本の民話 52　福岡の民話　第 2 集』2016 年、未来社
- 春日市史編さん委員会（編）『春日市史　下巻』1994 年、春日市
- 勝山町史編纂委員会（編）『勝山町史　下巻』2006 年、勝山町
- 北九州市史編さん委員会（編）『北九州市史　民俗』1989 年、北九州市
- 椎田町史編纂委員会（編）『椎田町史　民俗編』2005 年、椎田町
- 重松敏美『豊刕　求菩提山修験文化　攷』1969 年、豊前市教育委員会
- 千里眼あゆみ編集グループ（編）『民話千里眼―おはなし北九州―』1972 年、めがねの千里眼
- 高橋文太郎『山と人と生活』1943 年、金星堂
- 武田静澄『民俗随筆　河童・天狗・妖怪』1956 年、河出書房
- 太宰府市史編さん委員会（編）『太宰府市史　民俗資料編』1993 年、太宰府市
- 筑紫野市史編さん委員会（編）『筑紫野市史　民俗編』1999 年、筑紫野市
- 常光徹『学校の怪談　「A」小学校の非常階段』2010 年、講談社
- 並木伸一郎『眠れないほど面白い都市伝説』2010 年、三笠書房
- 日本児童文学者協会（編）『福岡県の民話』1979 年、偕成社
- 福岡県教育会（編著）『全国昔話資料集成 11　福岡昔話集（原題―福岡県童話）』1975 年、岩崎美術社
- 福岡シティ銀行「博多に強くなろう」編纂室（編）『博多に強くなろう　1』1989 年、葦書房
- 山中耕作　第五輯「大分・福岡の伝説分類案　その（3）」『西南学院大学古典文学研究　第五輯』1986 年、西南学院大学学術研究所山中（耕）研究室　西南学院大学国語国文学会古典文学研究会
- 湯本豪一（編）『大正期怪異妖怪記事資料集成　上』2014 年、国書刊行会
- 劉寒吉・角田嘉久『日本の伝説 33　福岡の伝説』1979 年、角川書店
- 若宮町誌編さん委員会（編）『若宮町誌　下巻』2003 年、若宮町

- 猫侍「うすきみわりぃ活動報告　研究発表　臼杵のカベヌリ」『怪　vol.0016』2004 年、角川書店
- 水野葉舟「妖怪名彙」『民間伝承　第 4 巻第 7 号』1939 年、民間伝承の会

【佐賀県】

- 有田町史編纂委員会（編）『有田皿山の方言　有田町史　別編』1985 年、有田町
- 伊藤清司（監修）、宮田登（編）『ふるさとの伝説 4　鬼・妖怪』1990 年、ぎょうせい
- 市場直次郎『日本の民俗 41　佐賀』1972 年、第一法規出版
- 稲田浩二・小沢俊夫（編）『日本昔話通観　第 23 巻　福岡・佐賀・大分』1980 年、同朋舎出版
- 伊万里市史編さん委員会（編）『伊万里市史　民俗・生活・宗教編』2005 年、伊万里市
- 大島暁雄・松崎憲三・宮本袈裟雄・佛坂勝男（編）『日本民俗調査報告書集成 41　九州・沖縄の民俗　佐賀県編』1996 年、三一書房
- 北茂安町史話伝説編集委員会（編）『北茂安町の史話伝説』1983 年、北茂安町

http://test-minpaku.com/museum/exhibition/main/japan/04
- 税理士窪田「ねこのいる事務所、税理士窪田、今日も生涯の一日なり！　妖怪人気度No1、一反木綿が舞う！　肝付町」
  http://blog.taxlawfirm.jp/?eid=652685
- 対島観光物産協会「Ghost of Tsushima（ゴーストオブツシマ）と対馬の妖怪について」
  https://www.tsushima-net.org/news/got-20200818/
- TRAVELER OKINAWA「【FIFI PARLOR】名護にNEWオープン！　北部ドライブで立ち寄りたい海辺のパーラー」
  https://traveler-okinawa.com/2020/08/18/fifi-parlor/
- 農林水産省「九州農政局　肝属中部農業水利事業所地域の情報　肝属・一反木綿伝承を追いかけて」
  https://www.maff.go.jp/kyusyu/seibibu/kokuei/13/index2.html
- 氷厘亭氷泉「二反ばえvs一反木綿」『大佐用　第29号』2013年、妖怪仝友会
  https://yokaidoyukai.ho-zuki.com/taisayo29.htm
- 廣田龍平「妖怪と、人類学的な雑記」
  https://youkai.hatenablog.jp/entry/20130313/1363194057
- 深海地区振興会「どんくのつぶやき　磯女の噺」
  http://www.shinkaigyo.jp
- 宮若市「旧犬鳴トンネルについて（映画『犬鳴村』）」
  https://www.city.miyawaka.lg.jp/kiji003447582/index.html
- 「ごーやーどっとネット　沖縄都市伝説情報」
  https://www.goyah.net/okinawa_legend/tear/pinza.html
- 「怖い話まとめブログ」
  https://nazolog.com/blog-entry-6199.html
- 「サンブログ　【洒落怖名作】裏S区」
  https://sanblo.com/uraesuku/
- | Tatsuya's HomePage　大分県観光地いろいろ　刈門の滝」
  http://cya.sakura.ne.jp/tabi/east/udo.htm
- 「長崎市の民話・伝説」
  http://www.2shin.net/lore/minwa/nagasaki.html
- 「スーちゃん　エイ女房」
  http://www.rg-youkai.com/tales/ja/47_okinawa/18_einyoubou.html
- 「宮古島キッズネット　ガングリユマタ　片足ピンザの話」
  https://miyakojima-kids.net/B-ganguriyumata.html

- 「妖怪横好き」2013年6月5日小場佐昭吾氏のコメント
- 小場佐昭吾氏のFacebookページ2014年7月15日投稿
- 坐間巳朗@zamamirow氏のツイート
- 塗り佶@Plaster_wall氏のツイート

【テレビ番組】
- 「一攫千金！　日本ルー列島」2008年4月18日放送
- 「所さんの目がテン！　ゲゲゲ!!　妖怪が居た!!」2010年12月11日放送

- 森春樹『蓬生談　中巻　井上家教育振興会日田郷土史料第 2 回配本』1959 年、大分縣日田市教育委員會
- 柳田国男『妖怪談義』1977 年、講談社
- 柳田国男『一目小僧その他』2013 年、角川学芸出版
- 山内重昭『世界怪奇スリラー全集 2　世界のモンスター』1968 年、秋田書店
- 山口敏太郎・天野ミチヒロ『決定版！　本当にいる日本・世界の「未知生物」案内』2007 年、笠倉出版社
- 山田野理夫（編著）『日本妖怪集　北から南から』1971 年、潮文社
- 山本素石『逃げろツチノコ』2016 年、山と溪谷社
- 湯本豪一（編）『地方発明治妖怪ニュース』2001 年、柏書房
- 湯本豪一『妖怪あつめ』2002 年、角川書店
- 湯本豪一（編著）『妖怪百物語絵巻』2003 年、国書刊行会
- 湯本豪一『日本の幻獣図譜―大江戸不思議生物出現録』2016 年、東京美術
- 吉田悠軌（編著）『ホラースポット探訪ナビ』2014 年、学研パブリッシング
- 和歌森太郎（編）『くにさき　西日本民俗・文化における地位』1960 年、吉川弘文館
- 渡辺節子・岩倉千春（編著）『夢で田中にふりむくな』1996 年、ジャパンタイムズ
- 和田寛（編）『河童伝承大事典』2005 年、岩田書院

- アマビエに騙されちゃなんねえおじさん as 峰守ひろかず「いつも隣にビエがいた　アマビエ出現事例集 2020・02～2021・03」『怪魅型　第参号』2021 年、西日本化物・妖怪同好会
- 臼杵ミワリークラブ「うすきみわりぃ活動報告」『怪　vol.0016』2004 年、角川書店
- 大蛇堂「アマビエ騒動の顚末」『怪と幽　vol.005』2020 年、KADOKAWA
- 加藤恵「［特別企画］県別日本妖怪事典」『歴史読本　臨時増刊　特集「異界の日本史　鬼・天狗・妖怪の謎」平成元年 12 月増刊号　通巻 515 号』1989 年、新人物往来社
- 坂井久光「槌の子 その後」『あしなか　140』1974 年、山村民俗の会
- 立石敏夫「雪女」『あしなか　通巻 44 号』1955 年、山村民俗の会
- 能町みね子「言葉尻とらえ隊　450」『週刊文春　2021 年 5 月 27 日号』文藝春秋
- 比嘉康雄「琉球列島の草荘神」『自然と文化 26　秋季号　特集＝草荘神　豊穣をもたらす来訪神』1989 年、財団法人 観光資源保護財団 日本ナショナルトラスト
- 広川獬「長崎聞見録」『長崎文献叢書　第 1 集第 5 巻』1975 年、長崎文献社
- 柳田国男「妖怪名彙（4）」『民間伝承　通巻第 37 号』1938 年、民間伝承の会
- 妖怪司書の本棚「〈入亀入道〉考」『怪魅型　第参号』2021 年、西日本化物・妖怪同好会

【論文】

- 一宮左内「大分県の犬神」『民間伝承　第 15 巻第 2 号』1951 年、民間伝承の会

【WEB サイト】

- 鹿児島県教育委員会「「来訪神：仮面・仮装の神々」のユネスコ無形文化遺産登録について」
  https://www.pref.kagoshima.jp/ba08/kyoiku-bunka/bunkazai/kyoik_bunzai_shirase/documents/raihoshin.html
- 工藤浩美「工藤浩美の東へ西へ　夜声はちょう」
  https://www.hicareer.jp/blognews/kudo/22415.html
- 玄海町「おじいさんの昔話―第 10 話」
  https://www.town.genkai.lg.jp/site/kankou/1333.html
- 国際日本文化研究センター「怪異・妖怪伝承データベース」
  https://www.nichibun.ac.jp/YoukaiDB/
- 国立民族学博物館「民族学研究アーカイブス　メンドン」

- 鈴木棠三『日本俗信辞典　動・植物編』1982 年、角川書店
- 関山守彌（編著）『日本の海の幽霊・妖怪』2005 年、中央公論新社
- 平辰彦『来訪神事典』2020 年、新紀元社
- 高田衛（監修）、佐藤至子（編）『白縫譚　上』2006 年、国書刊行会
- 高田衛（監修）、佐藤至子（編）『白縫譚　下』2006 年、国書刊行会
- 竹原春泉『桃山人夜話〜絵本百物語〜』2006 年、角川書店
- 橘南谿（著）、宗政五十緒（校注）『東西遊記 2』1974 年、平凡社
- 棚橋正博（校訂）『十返舎一九集』1997 年、国書刊行会
- 谷川健一（編）『日本民俗文化資料集成　第 7 巻　憑きもの』1990 年、三一書房
- 知切光歳『天狗考（上巻）』1973 年、濤書房
- 千葉幹夫（編）『全国妖怪事典』1995 年、小学館
- 土屋北彦（編）『日本の民話 59　大分の民話　第 2 集』1976 年、未来社
- 常光徹『学校の怪談　口承文芸の研究 I』2002 年、角川書店
- 寺島良安（著）、島田勇雄・竹島淳夫・樋口元巳（訳注）『和漢三才図会　6』1987 年、平凡社
- 寺島良安（著）、島田勇雄・竹島淳夫・樋口元巳（訳注）『和漢三才図会　7』1987 年、平凡社
- 東條操（編）『全国方言辞典』1951 年、東京堂出版
- 西尾実・安良岡康作（校注）『新訂　徒然草』1928 年、岩波書店
- 日本随筆大成編輯部（編）『日本随筆大成　第 1 期 1』1975 年、吉川弘文館
- 日本随筆大成編輯部（編）『日本随筆大成　第 2 期 12』1974 年、吉川弘文館
- 日本随筆大成編輯部（編）『日本随筆大成　第 3 期 3』1976 年、吉川弘文館
- 日本民話の会 学校の怪談編集委員会（編著）『学校の怪談 13　幽霊によばれた校長先生』1993 年、ポプラ社
- 根岸鎮衛（著）、長谷川強（校注）『耳嚢（上）』1991 年、岩波書店
- 根岸鎮衛（著）、長谷川強（校注）『耳嚢（下）』1991 年、岩波書店
- 萩原秀三郎『山と森の神　目でみる民俗神シリーズ 1』1988 年、東京美術
- 波多野政男（編）『続緒方町誌』1958 年、大分県大野郡緒方町役場
- 原田伴彦・竹内利美・平山敏治郎（編）『日本庶民生活史料集成　第 8 巻　見聞記』1969 年、三一書房
- 日野巌『動物妖怪譚（上）』2006 年、中央公論新社
- 日野巌『動物妖怪譚（下）』2006 年、中央公論新社
- 兵庫県立歴史博物館・京都国際マンガミュージアム（編）『図説　妖怪画の系譜』2009 年、河出書房新社
- 不思議な世界を考える会（編）『怪異百物語 1　現代の妖怪』2003 年、ポプラ社
- 松谷みよ子『現代民話考 1　河童・天狗・神かくし』2003 年、筑摩書房
- 松山ひろし『呪いの都市伝説　カシマさんを追う』2004 年、アールズ出版
- 真宵魅鬼（編著）『マジこわ！　本当にあった⁉　こわ〜い話』2014 年、ナツメ社
- 宮崎県（企画・編）『ふるさと再発見 4　みやざきの神話と伝承 101』2002 年、宮崎日日新聞社
- 宮崎県総合博物館（編）『特別展　今昔、日本の妖怪〜百鬼夜行からゲゲゲまで〜』2015 年、宮崎県総合博物館
- 宮野弘樹「福岡市博物館　常設展示室（部門別）解説　福岡のばけもの」2007 年、福岡市博物館
- 民俗學研究所『改訂綜合日本民俗語彙　第 1 巻　アーキ』1955 年、平凡社
- 民俗學研究所『改訂綜合日本民俗語彙　第 2 巻　クーチ』1955 年、平凡社
- 民俗學研究所『改訂綜合日本民俗語彙　第 3 巻　ツーヘ』1955 年、平凡社
- 民俗學研究所『改訂綜合日本民俗語彙　第 4 巻　ホーン』1956 年、平凡社
- 村上健司（編著）『妖怪事典』2000 年、毎日新聞社
- 村上健司（編著）『日本妖怪大事典』2005 年、角川書店

参考資料

※まず総合的な内容が含まれる資料（「広域」「その他」の他、2県以上使用しているものを含む）を挙げ、次に特定地域の話題のみに関する資料をまとめた。WEBサイトは現在閲覧できないものも含む。

【書籍資料】

- 朝里樹『日本現代怪異事典』2018年、笠間書院
- 朝里樹『日本現代怪異事典 副読本』2019年、笠間書院
- 朝里樹『山の怪異大事典』2021年、宝島社
- 荒木精之（編）『［新版］日本の民話27　肥後の民話』2015年、未来社
- 荒木精之・牛島盛光・奥野広隆・浜名志松『日本の伝説26　熊本の伝説』1978年、角川書店
- 池田弥三郎・大藤時彦・牧田茂・和歌森太郎（編）『日本民俗誌大系　第2巻　九州』1975年、角川書店
- 石川純一郎『新版　河童の世界』1985年、時事通信社
- 市場直次郎（編著）『豊国筑紫路の伝説』1973年、第一法規出版
- 伊藤龍平『江戸幻獣博物誌　妖怪と未確認動物のはざまで』2010年、青弓社
- 稲田浩二・大島建彦・川端豊彦・福田晃・三原幸久『日本昔話事典』1977年、弘文堂
- 伊牟田經久『『大石兵六夢物語』のすべて』2007年、南方新社
- 牛島盛光（編著）『肥後の伝説』1974年、第一法規出版
- 江馬務『日本妖怪変化史』1976年、中央公論新社
- 緒方町立歴史民俗資料館緒方町誌編纂室（編）『緒方町誌　区誌編』2001年、緒方町
- 小野重朗『民俗神の系譜—南九州を中心に—』1981年、法政大学出版局
- 香川雅信『図説　日本妖怪史』2022年、河出書房新社
- 金沢敦子・中島忠雄・山中耕作（編）『日本の民話11　九州（1）』1979年、ぎょうせい
- 喜田貞吉（編著）、山田野理夫（編）『憑物』1988年、宝文館出版
- 北村孝一（監修）『故事俗信ことわざ大辞典　第2版』2012年、小学館
- 九州河童の会（編）『九州河童紀行』1993年、葦書房
- 黒史郎『ムー民俗奇譚　妖怪補遺々々』2019年、学研プラス
- 小松和彦（編）『日本妖怪学大全』2003年、小学館
- 小松和彦（編）『〈妖怪文化叢書〉妖怪文化の伝統と創造—絵巻・草紙からマンガ・ラノベまで』2010年、せりか書房
- 小松和彦（監修）『日本怪異妖怪大事典』2013年、東京堂出版
- 小松和彦・常光徹（監修）『47都道府県・妖怪伝承百科』2017年、丸善出版
- 今野圓輔（編著）『日本怪談集—幽霊篇—』1969年、社会思想社
- 今野圓輔『日本怪談集　妖怪篇（上）』2004年、中央公論新社
- 今野圓輔『日本怪談集　妖怪篇（下）』2004年、中央公論新社
- 桜田勝徳『桜田勝徳著作集　第1巻　漁村民俗誌』1980年、名著出版
- 桜田勝徳『桜田勝徳著作集　第6巻　未刊採訪記〔Ⅰ〕』1981年、名著出版
- 桜田勝徳『桜田勝徳著作集　第7巻　未刊採訪記〔Ⅱ〕・回想記』1982年、名著出版
- 佐藤有文『いちばんくわしい日本妖怪図鑑〈復刻版〉』2016年、復刊ドットコム
- 佐藤清明『現行全国妖怪辞典』1935年、中国民俗学会
- 下野敏見『鹿児島ふるさとの昔話』2006年、南方新社
- 人文社編集部『日本の謎と不思議大全　西日本編』2006年、人文社
- 新村出（編）『広辞苑　第2版補訂版』1976年、岩波書店
- 杉原丈夫・石崎直義（編）『［新版］日本の民話73　若狭・越前の民話　第2集』2017年、未来社

【監修】

朝里 樹（あさざと・いつき）

怪異妖怪愛好家・作家。1990年、北海道に生まれる。2014年、法政大学文学部卒業。日本文学専攻。現在公務員として働く傍ら、在野で怪異・妖怪の収集・研究を行う。著書に『日本現代怪異事典』（笠間書院）、『日本のおかしな現代妖怪図鑑』（幻冬舎）、『日本現代怪異事典 副読本』（笠間書院）、『歴史人物怪異談事典』（幻冬舎）、『世界現代怪異事典』（笠間書院）、『つい、見たくなる怪異な世界』（三笠書房）、『山の怪異大事典』（宝島社）、『日本怪異妖怪事典 北海道』（笠間書院）、『21世紀日本怪異ガイド100』（星海社）、『玉藻前アンソロジー　殺之巻・生之巻』（文学通信）、「放課後ゆ～れい部の事件ファイル」シリーズ（集英社）、『続・日本現代怪異事典』（笠間書院）ほか。

【著者】

闇の中のジェイ（やみのなかのじぇい）

1990年、大分県生まれ。「豊妖組合」代表。2013年、別府大学文学部卒業。豆腐製造業の傍ら、大分県内の妖怪譚について調査・収集を行う。2014年、大分県妖怪の普及および展示活動を行う団体「豊妖組合」を設立。豊妖組合とは「豊州の妖怪の組合」、「妖怪豊かな組合」の意。HN「闇の中のジェイ」は本名のイニシャルと漫画『墓場鬼太郎』に登場する吸血鬼「霧の中のジョニー」にちなむ。共著に『47都道府県・妖怪伝承百科』※別名義（丸善出版）、同人誌『怪魅型』（西日本化物・妖怪同好会）。妖怪の他、ポケモンと自創作を愛でる日々。

日本怪異妖怪事典 九州・沖縄

令和5年（2023）10月20日　初版第1刷発行

監修 ―――― 朝里 樹
著者 ―――― 闇の中のジェイ
カバー・扉イラスト ―― 一夕斎ソラト
発行者 ―――― 池田圭子
発行所 ―――― 笠間書院
〒101-0064　東京都千代田区神田猿楽町2-2-3
電話:03-3295-1331　FAX:03-3294-0996
https://kasamashoin.jp/
mail:info@kasamashoin.co.jp

ISBN 978-4-305-70991-2　C0539

アートディレクション ―― 細山田光宣
装幀・デザイン ―――― 鎌内 文（細山田デザイン事務所）
本文組版 ―――――― キャップス
印刷／製本 ――――― 大日本印刷

本書収録の事項には、現在の社会通念から見て不適切と思われる表現が含まれておりますが、史料的な価値を考慮し、当時のものをそのまま採用しております。ご了承ください。